国家社科基金
后期资助项目

商周族群移徙与地名变迁

赵庆淼／著

上海古籍出版社

2023年度国家社科基金后期资助项目

（项目批准号：23FZSA002）

国家社科基金后期资助项目
出版说明

　　后期资助项目是国家社科基金设立的一类重要项目,旨在鼓励广大社科研究者潜心治学,支持基础研究多出优秀成果。它是经过严格评审,从接近完成的科研成果中遴选立项的。为扩大后期资助项目的影响,更好地推动学术发展,促进成果转化,全国哲学社会科学工作办公室按照"统一设计、统一标识、统一版式、形成系列"的总体要求,组织出版国家社科基金后期资助项目成果。

全国哲学社会科学工作办公室

落其实者思其树,

饮其流者怀其源。

——庾信《徵调曲》

序

  研究历史,时空关系至为重要,故历史地理研究始终是历史学研究的重要内容。在先秦史领域,族群与地理的关联,更是格外显著而特殊。先秦族氏组织的活动以所依附的地理空间为基础,并往往呈现出族名和地名的高度统一,而族群的迁徙居处,通常又会造成国族名、地名的产生、沿革及移徙。所以,地名和国族名的变迁,自可作为探索上古族群源流的重要切入点。这种人群迁移与地名流动的关系,不仅反映了中国早期国家的某些特质,同时亦可在世界文明史的发展长河中寻见共性因素,其重要性及研究意义是不言而喻的。自民国以来,不少学者都对商周族群与地理的关系有所涉足,相关成果亦不绝如缕,但时至今日,如何在这一传统课题研究的深厚背景下,在新资料涌现的形势下,于研究思路与方法上有所更新,提出新见解,取得新突破,这是非常必要的,当然也具有相当难度。

  赵庆淼博士《商周族群移徙与地名变迁》一书,即是在上述背景下围绕这一专题所完成的专著。从内容来看,本书可谓很好地兼顾了传承与创新,其突出特点表现在以下三个方面:

  一是在具体问题上,作者能够充分结合近年来新发现的资料,在先贤研究基础上不断补充和修订以往的认识,尤其是针对一些疑难聚讼的专题,更潜心钻研,力求有所廓清,从而形成更为合理的新见。

  二是注重研究对象的整体性,作"由点及面"的系统考察,通过现象分析与规律总结,努力提升研究的理论高度,弥补了以往研究"零篇散秩"的局面。

  三是坚持多学科交叉的研究思路,努力吸收与借鉴古文献、古文字、考古及历史地理等不同学科的新成果,体现出宽广的学术视野,同时注重方法论的创新和完善,这一点尤为值得提倡。

总体而言,本书应该说是迄今在这一课题研究方面最系统、深入的新著。

就我初读后的体会,本书具体的学术成绩可归纳为如下几点:

一、重新审视了以往在利用古代地名、国族名、古史传说、金文族名铭文和考古遗存等资料中所作研究之得失,对这些资料的内涵重新审视并恰当运用,订正了不少以往研究之疏误,并提出了自己的新见。

二、对古代地名本身的整理与研究着力甚多,诸如地名的构词形式、地名与国族名和人名的"三位一体"关系以及同地异名、异地同名、地名流动等特殊现象,作者皆加以系统、细致而透彻的梳理与辨析,这自然亦为本书研究族群移徙建立了可信的空间坐标,所做工作中有许多为前贤所未及。

三、注重历史与地理的有机结合。作者充分关注上古地名、国族名与族群活动的内在关联,并以前者的"变"与"迁"为线索,对先秦国族移徙的史实和地理背景作了较为全面的考述,每每辨正前说,所论亦多有胜意,为考察先秦族群源流与早期国家政治实体的空间分布,提供了直观的空间图景。

四、系统提出"地名组群"和"族名铭文重见"的研究思路对于考察古史地理和探索族群源流所具有的意义,并在第六章运用上述方法,选取古济水周边、海岱与汾域、晋南与淮汉以及燕辽、海岱至江淮等区域作为研究对象,重点考察并揭示有关地域之间的族群交流和政治联动,其思路与研究角度具有开创性,从而形成了若干独到见解。

赵庆淼博士早年就读于南开大学历史学院,毕业后在北京大学历史学系继续从事博士后研究,两校均是中国上古史研究的传统重镇。在这样理想的学术平台的培养下,加之个人的不懈耕耘,庆淼在若干重要学术刊物上陆续发表了不少颇有影响的学术论著,展现出很好的学术素养和突出的独立科研能力,其学术见解亦得到了学界的认可与关注。

本书是作者在博士学位论文的基础上,历经多年修订、打磨而成,相信它的面世,定会引起学界的瞩目。

当然，先秦史领域向来以艰深复杂著称，而多学科交叉的综合研究，对于学者在各个相关学术领域方面的积淀与修养，更有着很高的要求。本书只是作者在漫长学术之路上的一个里程碑，其中所提出的见解是否皆合理，对具体材料的处理是否得当，还期待广大同仁的批评指正。希望庆淼博士在先秦史研究中继续努力，汲取新资料、拓展新视野，同时诚恳地倾听同行学者的意见，于古史研究及相关领域不断贡献出更多的佳作。

朱凤瀚

2024年7月8日于北京大学

序

　　最近十余年来,商周地理问题越来越引起先秦史研究者的重视。究其原因,主要有两点:一是大家纷纷意识到商周地理研究本身的薄弱;二是商周历史研究似乎进入了瓶颈期,如何作出更精细深入的推进,需要有新的窗口和理念,地理恰好是最适合同时也是最紧要的切入点,毕竟人、地、时是历史叙事的核心三要素,相互间密不可分。近年涌现的《商代地理与方国》(孙亚冰、林欢,2010)、《从淮夷族群到编户齐民——周代淮水流域族群冲突的地理学观察》(朱继平,2011)、《殷代商王国政治地理结构研究》(韦心滢,2013)、《徙封:西周封国政治地理的结构—过程》(于薇,2022)、《周代黄淮地区夷夏政治地理研究》(鄢国盛,2023)等论著,便是上古史研究转型最有力的表现。上述著作,大抵体现出释地与考史的两种倾向,但都紧紧抓住了以地理为视角深究商周史的实质。这是当下活跃于学术一线的中青年学者群体,给上古史研究带来的新气象。毫无疑问,赵庆淼博士新著《商周族群移徙与地名变迁》,也是其中非常重要的一份子,惟其侧重点有所不同,时代跨度与空间范围也更大些。

　　《商周族群移徙与地名变迁》一书,是以"人地互动"为主旨,透过传世文献与出土文字资料中普遍存在的"异地同名"现象,以揭示商周时期族群流动与地名变迁间所存在的互为表里的复杂关系。这既是一种商周地理地名学的理论建构,也可看作是以地名系统、地理框架为突破口的探寻商周族群流动与华夏民族互融过程的考史论著。其论述律例兼顾,并具有鲜明的理论建树意图,与那些繁琐考据而"不见森林"的"流行风尚",大相异趣。

　　理论体系与研究思路范式的提出与完善,不仅要有高屋建瓴的思辨能力，更需要以扎实可信的实证研究为基础。这一方面，赵庆淼博士做得尤为出色，以"先秦地域之间的族群交流"一章最是典型。他在系统整理殷墟甲骨文、商周金文、传世文献、考古遗存等多种材料所含地名信息的基础上，甄选出古济水流域、海岱与汾域、晋南与淮汉以及燕辽、海岱至江淮等重点区域，作为具体剖析的对象，对那些具有"异地同名"关系的"地名组群"，逐一考辨产生时代的早晚顺序，复原相关地域间的族群交流活动，阐发现象背后的政治联动等历史要素，最终彰显"地名组群"和"族名铭文重见"在考察古史地理、探索族群源流中的高效性。此中所体现的思路与方法，可谓别开生面。再如他以系列地名的关联度作为线索，将"地随族迁"的类型归纳为"完整式""区别式"和"复合式"三种，进而通过细致的考证分析，逐次梳理每种类型所涵括的代表性案例，使读者对众多古国古族的源流形成更为真切直观的认知。针对古史传说及相关遗迹在空间分布上所呈现的复杂性，作者亦不人云亦云，轻下断语，而是扎扎实实地通过一系列推本溯源的考辨工作，努力揭示其背后隐含着人群流动与后世"层累"的可能性。此外，作者还注意到先秦地名空间流动机制、景观的长时段变化特征及成因，明确指出：从商周时期的"地随族迁"为主到战国秦汉阶段随着中原王朝的"张大一统"而向外推移的转变，实与早期国家的转型紧密相关。诸如此类的创获，皆可圈可点，充分展现出一位史学工作者应有的眼光与素养。

《商周族群移徙与地名变迁》一书的初稿，为庆淼于2016年5月完成的博士学位论文。当时匿审专家与答辩委员会的诸位学界前辈，都给予了很高的评价。印象最深的是赵伯雄先生在答辩会上公开给予的评语，大意是讲日后若有学者从事同类课题研究，《商周族群移徙与地名变迁》一文，恐怕是无法轻易绕开的。在我看来，赵先生的夸赞是公允的，绝非出于长者对晚辈的偏私。其后数年，庆淼又不断吸收学界新见，反复打磨修订，无论内容与篇幅都有极大的扩充，质量上也有了新的提升。相信本书的出版，定会引起学界的关注和重视。

赵庆淼博士是南开历史学科的青年才俊，具有扎实的基础与宏通的视野，通过自身十余年来的不懈努力，不仅在先秦史学界稳稳站住了脚跟，而且展现出了很高的学术天赋，不断有颇具洞见的佳作问世，取得了有目共睹的成绩。惟三代古史研究，尤其事关商周地名地理，对从业者的素质要求更为严苛，要达到"以地见人"的学术目标，又谈何容易。在商周新旧地名地理体系之争尚处胶着阶段，要准确判断地名形成的早晚并清晰揭示其背后复杂的族群流动现象及相应的历史成因，个中困难可想而知。地理不仅仅是历史演进的"舞台"，更是一种史学研究的必备方法，脱离了准确空间场域的历史叙事，定是空洞抽象的，既难做到细节丰满、形神具备，更遑论史学研究所要求的对现象背后的本质把握。所以，希望已上"百尺竿头"的赵生，能持勇毅果敢之心，继续在"地理历史学"领域勤勉耕耘，为学界贡献更多更精彩的学术佳作。这一要求，于赵生言，或许不算太高。

2024 年 11 月 30 日

目　录

序 …………………………………………………… 朱凤瀚　1

序 ………………………………………………………… 陈　絜　1

绪　论 ………………………………………………………………… 1

第一章　族群迁徙的基本类型与研究途径 ……………………… 31
 第一节　商周族群迁徙的类型及特征 ………………………… 31
 第二节　探索商周族群迁徙的五条途径 ……………………… 37
  一、叙事性的文字记载 ………………………………………… 37
  二、隐性的地名线索和"地名组群" …………………………… 42
  三、金文族名资料 ……………………………………………… 48
  四、古史传说 …………………………………………………… 57
  五、考古学文化 ………………………………………………… 61

第二章　地名的语言学考察 ……………………………………… 67
 第一节　商周地名的文例背景 ………………………………… 67
 第二节　地名的构词特点与形成机制 ………………………… 75

第三章　地名的历史学考察（上）………………………………… 88
 第一节　商周地名的来源与转化 ……………………………… 88
 第二节　分合之间：人名、国族名和地名的关联与界限 …… 98
  一、早期人名参与"三位一体"系统的限度 ………………… 98

二、对人名成分属性及"三位一体"问题的基本认识 …… 122
　第三节　国族名与都邑名的关系及"一国二名"问题 ………… 127
　　一、国族名与都邑名的关系演变及其背景 …………… 127
　　二、"一国二名"问题补议 ………………………… 135

第四章　地名的历史学考察（下） ……………………………… 141
　第一节　特殊的地名现象——"同地异名" …………………… 141
　　一、地名改易 …………………………………… 144
　　二、加缀成分 …………………………………… 169
　　三、地名省称 …………………………………… 193
　　四、族群活动与"同地异名"问题 ……………………… 199
　第二节　特殊的地名现象——"异地同名" …………………… 204
　　一、包含国名的"异地同名"释例 ……………………… 207
　　二、其他"异地同名"现象举隅 ………………………… 232
　　三、"异地同名"产生机制的考察 ……………………… 264

第五章　"地随族迁"现象与地名流动 ………………………… 273
　第一节　地名"完整式播迁" …………………………………… 274
　第二节　地名"区别式播迁" …………………………………… 331
　第三节　地名"复合式播迁" …………………………………… 382
　第四节　从"地随族迁"到"张大一统"：地名空间流动机制的
　　　　　变迁 …………………………………………… 404

第六章　先秦地域之间的族群交流
　　　　——基于"地名组群"的重叠现象及其他要素的综合
　　　　考察 ……………………………………………… 412
　第一节　豫东北、鲁西与鲁西南、豫东地区的重名地名群 ……… 413
　　一、相土居"商丘"辨疑 ………………………………… 414
　　二、各组重名地名的文本与地望 ……………………… 418
　　三、"重名地名群"的内部关系及其形成 ……………… 423

第二节　汾水流域与海岱地区的族群交流 …………… 431
　一、汾水流域与海岱地区地名、国族名的重叠现象 ……… 432
　二、重名国族名、地名群的历史学考察 …………………… 470
第三节　晋南与淮、汉地区的族群迁徙 ………………… 490
　一、晋南与淮、汉地区的地名、国族名重叠现象 ………… 491
　二、关联"地名组群"的确立与早期北人南迁 …………… 506
第四节　从海岱到江淮：东方族群的纵向流动景观之一 ……… 532
　一、周代海岱与江淮地区的地名、国族名重叠现象 ……… 534
　二、东土族群的南迁与淮夷之形成 ………………………… 556
第五节　黄河下游与燕辽地区：东方族群的纵向流动景观
　　　　之二 …………………………………………………… 561
　一、武王克商、成王东征与殷遗北奔 ……………………… 562
　二、召公建燕背景下燕国的族群构成及其来源 …………… 569
　三、喀左铜器窖藏性质与意义的再认识 …………………… 586

结　语 ……………………………………………………………… 598

参考文献 …………………………………………………………… 610

附：出土文献著录书籍简称表 …………………………………… 622

后记 ………………………………………………………………… 623

绪　　论

一、研究对象及意义

商周古史地理作为中国早期文明发展的重要空间要素，承载着丰富的历史与文化信息，向来受到学界的高度重视。傅斯年先生曾强调"历史凭借地理而生"，并指出"以考察古地理为研究古史的一个道路"，①足见考察商周地理对于古代历史文化研究的重要意义。

传统历史地理学的研究，主要侧重于地名沿革和文献整理，尤其是在先秦两汉典籍地名的考订方面，坚持以辨正古地名的方位、地望为旨归。诚然，地名考证是探讨商周历史地理的基础，也是古史研究中不可或缺的重要环节。不过，随着出土文献资料的日益丰富及相关领域研究的推进，学界逐渐认识到商周地名绝非孤立的空间要素。一方面，它与古国、古族普遍具有密切联系，如研究者长期关注的国名、族名与地名"三位一体"之现象；另一方面，即使在不同区域的地名之间，其实也存在着交流与联动的关系。

据目前的研究表明，在以商周时期为代表的早期国家阶段，血缘因素和地缘因素长期相互交织，共同构成了维系社会的重要纽带。每个具有内在血缘联系的人群集合——"族"，通常都拥有一个区别于其他血缘组织的标识，即族氏名号——"氏"。② 就这些族氏组织而言，它们不仅是相对独立的政治社会单元，同时也是自成系统的经济单元，在其赖以生存和发展的物质基础中，最关键的要素就是专属领地，或称为族居地。族居地具有地缘属性，所对应的基层地域单位为"邑"（或"里"），一邑可能属于

---

① 傅斯年：《夷夏东西说》，《民族与古代中国史》，上海：上海古籍出版社，2012 年，第 2 页。
② 关于"氏"是血缘组织标识的论述，参见朱凤瀚《商周家族形态研究》（增订本），天津：天津古籍出版社，2004 年，第 15—20 页。

同一家族，也可以包含若干族氏的居民，所以实际上，作为血缘组织的"族"和作为地域组织的"邑"是有机统一的。倘若观察早期族组织名号与其族居地名的关系，不难发现二者之间每每相互重合，这一现象显然有着深刻的历史背景。《左传》隐公八年云：

> 无骇卒，羽父请谥与族。公问族于众仲。众仲对曰："天子建德，因生以赐姓，胙之土而命之氏。诸侯以字，为谥，因以为族。① 官有世功，则有官族。邑亦如之。"公命以字为展氏。

据引文可知，封建制度下的"赐土"与"命氏"，实为不可分割的有机整体。所谓"胙之土而命之氏"，意即天子分封贵族土地的同时，便会以所赐土地之名为其氏名，受封者此后自可另立宗氏。至于诸侯命氏的具体来源，则包括祖先之字、②职官名和邑名三种，其中邑名即属于地名范畴。因此，当时的族氏名号乃至封国之名每与地名相合，也就不足为奇了。③

上揭国族名号取自地名的现象，只是两者统一性的一个方面，我们不能因为周人对于"命氏"制度的刻意强调，而过分夸大其单向作用。客观地说，先秦秦汉时期的相当一部分地名，实际是由早先的国名或族名转化而来。如《国语·齐语》载齐桓公北伐山戎，"刜令支、斩孤竹而南归"。韦昭注："二国，山戎之与也。令支，今为县，属辽西，孤竹之城存焉。"④《汉书·地理志》辽西郡令支县境有所谓"孤竹城"，从字面推测，该地得名应与先秦孤竹部族的活动地域有关。1973 年，辽宁喀左北洞村窖藏发现带有"孤竹"族铭的商末周初青铜器，则为上述联系提供了重要佐证。⑤此外，《汉书·地理志》班固原注曰"故国"者，所涉及的不少汉县之名，均

---

① 关于"诸侯以字为谥因以为族"的句读和理解，学界历来存在不同意见，这一聚讼归根到底，大致滥觞于郑玄、杜预二氏在解经上的分歧。本书基本采用杜预的理解。相关的学术史述评，参见童珊《出土文献所见"以谥为族"的楚王族——附说〈左传〉"诸侯以字为谥因以为族"的读法》，复旦大学出土文献与古文字研究中心编：《出土文献与古文字研究》第 2 辑，上海：复旦大学出版社，2008 年，第 110—130 页。
② 《公羊传》成公十五年云："孙以王父字为氏也。"大意即以祖先之字作为氏名。
③ 先秦文献所反映的周人姓氏观念中，不仅强调"氏"来源于国、邑地名，甚至认为"姓"同样与部族居地有关，如《国语·晋语四》："黄帝以姬水成，炎帝以姜水成。成而异德，故黄帝为姬，炎帝为姜。"周人之所以强调族氏名号源自地名，大概是因为他们热衷于宣扬"命氏"这一规则。至于先秦古姓取自地名之说，则多少带有以今刻古的臆测色彩。参见陈絜《商周姓氏制度研究》，北京：商务印书馆，2007 年，第 238—255 页。
④ 《国语》卷 6《齐语》，上海：上海古籍出版社，1998 年，第 243 页。
⑤ 李学勤：《试论孤竹》，《社会科学战线》1983 年第 2 期。

可追溯并对应至有关先秦古国，如河南郡之"密"、颍川郡之"许"、河内郡之"温""共"，汝南郡则有属县"上蔡""新蔡""南顿"和"项"，凡此俱是直接承自故国之名或略加改造者。

综上不难看出，商周政治组织、血缘集团与地理实体三者是相互紧密联系的要素。这种联系不仅表现为国族的生存和发展依赖于专属领地，同时也体现在国族名号与居邑地名的统一性上。因此，若要深入探讨商周地名的内涵及其沿革变迁，就不但要紧扣地理称谓本身，还必须重视前者背后的人群活动，特别是人、地之间的相互关系，不宜将"探史"与"考地"割裂开来。

由于种种原因，商周国族普遍迁徙靡常、往复不定，早在东汉张衡的《西京赋》中，即有"殷人屡迁，前八后五，居相圯耿，不常厥土"之说。王玉哲先生尝言："当时地广人稀，土无主权，随意利用，有若今日之海洋。所以古代原始民族的流动恒较今日民族之流动为甚。"[1]更为重要的是，早期地名通常具有较强的空间流动性，它往往会随着人群的分衍、迁徙而发生位移，这一现象在世界文明范围内也有普遍意义。例如，英国约克公爵占领了北美的曼哈顿岛后，乃将当地更名为纽约（NewYork），至于大希腊（Magna Grecia，亚平宁半岛南部的希腊殖民城邦）和希腊（Grecia，罗马人对希腊本土的称呼）、大不列颠（La Grande Bretagne）和布列塔尼（La Bretagne，今法国西部的一个地区）等，皆是相近的情形。对此，前苏联学者茹克科维奇总结道："开发者往往根据他原来所知道的地方加以地理类推而给无名土地命名。"[2]观察上古族群的迁徙过程，我们不难发现其中同样也蕴含着上述通则。具体来说，即某一国族因原居于△地，便经常以地名"△"作为自身的名号，然而在其择土他迁之后，有时非但不会变更原先的国族名号，反而继续以"△"来命名其新的族居地，即"一个民族每迁至一地，往往即以他们的旧居地名，名此新土"。[3] 我们不妨称此现象为"地随族迁"。这与魏晋南北朝时期的"侨州郡县"，在外观层面上存在一定的相似性。[4]

---

[1] 王玉哲：《楚族故地及其迁徙路线》，《古史集林》，北京：中华书局，2002年，第258页。
[2] 茹克科维奇著，崔志升译：《普通地名学》，北京：高等教育出版社，1983年，第29页。
[3] 王玉哲：《楚族故地及其迁徙路线》，《古史集林》，第258页。
[4] 东晋南朝政府为安置永嘉前后南渡的北方侨民，曾按其原籍郡县地名，另在江南地区设置州、郡、县地方政府，并最终有部分地名保留下来。但是，此种"侨州郡县"属于地方行政系统的移植，同战国以前地名随族群而流动的现象尚有本质区别。

前揭现象反映的正是族群活动对于地名变迁的作用,反之就移徙的人群而言,其国族名号的沿袭与更替,同样也会受到徙居地名的影响,此即郦道元所说的"寓其居而生其称,宅其业而表其邑"。① 关于这一问题,傅斯年先生尝言:"夫封邑迁移,旧号不改,在周先例甚多,郑其著者。鲁、燕移封,不失旧号。吕以新就大国,定宅济水,乃用新号。"② 李学勤先生也说:"诸侯国常以都邑之名为国名,迁都后可改用新名,也可袭用旧名。"③ 所论甚为辨证合理。因此,在上古方国、部族的迁徙过程中,国族名号与地名通常是相互作用、相互制约的要素,而造成这种现象的根源,则在于当时国族名号与地名的普遍合一性。不过我们也要注意到,所谓国族名与地名的"合一",绝不单纯指两者在字面上保持一致,同时也表现为一种动态的、历时性的紧密联系。

总之,在早期国族频繁迁移的历史背景下,倘若迁徙者采用徙居地名作为自身名号,便会导致国族名称的变革;而原居地名一旦随迁徙者流动到新的居地,则又会造成相同地名在地理空间上的"复制"和"移植",由此势必产生一系列特殊的地名现象。无论是横向的地名流动,抑或纵向的地名沿革,往往都与人群移徙保持着密切的关联。④ 一般来说,古代族群的迁移愈是频繁,国族名号和地名变迁的问题就会愈加复杂。因此,二者之关系可以作为考察早期人类社群、政治组织与地理空间有机统一的一个侧面。

王玉哲先生曾指出:"一个民族及其文化的来源,和这个民族的发祥地以及其迁徙的路线有着重大的关系。"⑤ 而辨析地名遗迹出现的早晚关系及其传播轨迹,正是探索古代族群分布与源流的重要途径。如夏、商、周三族的起源与有关地名的重名现象,均是学术积淀丰富的传统课题。随着清华简等出土文献的刊布,楚人的徙居轨迹与"秦人东来说"再度引起世人的关注;而湖北境内的考古新发现,亦使"曾、随之谜"重新引发了学界热烈的讨论。倘若我们不局限于一国一族、一时一地,而将视野扩展到整个先秦地理版图,同时借助"异地同名""同地异名"及"复合地名"等

---

① 郦道元著,陈桥驿校证:《水经注校证》卷26,北京:中华书局,2007年,第620页。
② 傅斯年:《大东小东说》,《"中研院"历史语言研究所集刊》第2本第1分,1930年。
③ 李学勤:《宜侯夨簋与吴国》,《文物》1985年第7期。
④ 顾颉刚先生曾撰文谈及"地名之变与迁",所谓"变"即纵向的地名改易,"迁"则指横向的地名流动,而本书所讨论的"地名变迁",正是涵盖上述两个方面。参见顾颉刚:《顾颉刚读书笔记》卷12,北京:中华书局,2011年,第353—354页。
⑤ 王玉哲:《楚族故地及其迁徙路线》,《古史集林》,第256页。

特殊现象，①深入探讨并揭示其中蕴含的族群活动史迹，这对于重新审视早期国家阶段的时空架构与文明源流，无疑具有相应的学术意义。

此外，但凡在古史地理研究遇到"瓶颈"且亟需突破的阶段，历史考察往往需要追溯到地名命名与沿革问题上来，而地理考证通常也离不开地名用词的语文分析，尤其是对地名构词及其形成机制的探讨，这样方可更准确地把握和解读古代地名资料所蕴含的特殊信息。另一方面，茹克科维奇曾指出："历史分析能使我们对地理名称的词源了解得更加确切，加上地理分析，就能阐明地理名称的起源和出现的原因。这就是历史为地名学'服务'。"②如是，通过对地名资料的系统整理与分类，进而探讨古代地名的命名、更名依据等问题，不仅有助于推进中国地名学史的研究，同时亦可为现代地名学理论、方法的探讨和总结，提供更为丰富的借鉴。

二、简要的学术史回顾

（一）文献积累期

传统地理学在先秦时期尚处于萌芽阶段。传世典籍与出土文献中保留了大量地名资料，表明当时已经存在较为系统的地理观念和地名表达形式。战国秦汉以后，针对古代地名来源的解释逐渐出现，③如东汉刘熙《释名》中的《释州国》一卷，即从"声训"角度对列国及州、郡的名称作了系统阐释。管见所及，较早从人群移徙的角度来解释地名者，似当首推班固的《汉书·地理志》。如《汉志》河内郡朝歌县注："纣所都，周武王弟康叔所封，更名卫。"④又，汝南郡新蔡县注："蔡平侯自蔡徙此，后二世徙下蔡。"⑤尽管班氏所论未必尽皆准确，但往往成为后世推究地名沿革及相关史迹的出发点。

汉唐时期学者对古代国族移徙与地名变迁的认识，大致可以分为两类：其一是以儒家经典注释为代表的"经学系统"，再者是以史书、地志作

---

① 顾名思义，所谓"复合地名"，是由多个单音节词构成，至少含有两个"专名"词素的地名形式。这一概念似为地名学研究者首倡，后为古史学界吸收并加以运用。参见饶宗颐《说沚与冒及沚戯——卜辞复合人名研究举例》，《故宫博物院院刊》2000年第6期。
② 茹克科维奇著，崔志升译：《普通地名学》，第62页。
③ 《水经注·汝水》引《世本》云："上蔡也，九江有下蔡，故称上。"按前揭文字与《世本》正文内容明显有别，雷学淇已疑该文出自《世本·居篇》注，应是正确的意见。参见宋衷注，秦嘉谟等辑《世本八种》，雷学淇辑本，北京：中华书局，2008年，第98页。
④ 《汉书》卷28《地理志》，北京：中华书局，1962年，第1554页。
⑤ 《汉书》卷28《地理志》，第1561—1562页。

为研究对象的"史志系统"。

"经学系统"中最具代表性者,当举《春秋释例》为例。杜预不但精于史地考证,而且尤擅根据现象进行归纳,《释例》一书中的《土地名》三卷,即其研治《春秋》经传地名的成绩之总结。① 杜氏对于"异地同名"和"同地异名"现象格外关注,当时学者因不谙"异地同名"之理,故难免有"张冠李戴"之举,杜氏对此亦多有批评。唐初孔颖达撰作《五经正义》,其中不乏以国族迁徙而推求地名来源之论。如《左传》僖公二十五年"秋,秦、晋伐鄀"下杜注云:"鄀本在商密,秦、楚界上小国,其后迁于南郡鄀县。"正义曰:"(鄀)后始迁于鄀县,国至彼县而灭,故彼县专得鄀名。"②另据孔疏所保留之汉魏学者的论述,我们亦可了解时人对于特殊地名现象的部分认识。如王肃尝以《小雅·六月》"侵镐及方"之"镐"为镐京,王基驳议道:"据下章云'来归自镐,我行永久',言吉甫自镐来归,犹《春秋》'公至自晋''公至自楚',亦从晋、楚归来也。故刘向曰:'千里之镐犹以为远。'"③是谓《六月》镐地当与镐京有别。

汉晋之际为《汉书》作注的张晏、韦昭、臣瓒、晋灼、孟康诸家,在释地方面皆颇有建树。其中,应劭不仅借助方位辨正和人群迁徙等因素探讨地名之由来,而且尤擅综理先秦氏名、人名、谥号与地名的复杂关系,所论对后世研究的影响至为深远。郦道元《水经注》和《史记》三家注,围绕古代地名沿革及国族名与地名的关系亦时有阐释发明。例如,针对斟寻、斟灌并见于中原和东方之现象,郦氏曾凝练地指出:"是盖寓其居而生其称,宅其业而表其邑,纵遗文沿袭,亭郭有传,未可以彼有'灌'目,谓专此为非;舍此'寻'名,而专彼为是。"④这是很值得称道的。

唐宋时期的地理学著作及政书、笔记等文献中,也有涉及相关主题的讨论或总结。如杜佑首倡"丹阳移徙说",他在《通典》归州秭归县下云:"昔周成王封楚熊绎,初都丹阳,今县东南故城是也。后移枝江,亦曰丹阳。"⑤又《通典·州郡十》莱州条云:"春秋莱子国也。齐侯迁莱子于郳,在齐国之东,故曰东莱。"⑥郑樵《通志·都邑略》详细梳理了上古三代及

---

① 杜预:《春秋释例》卷5—7,北京:中华书局,1985年,第103—320页。
② 孔颖达:《春秋左传正义》卷16,阮元校刻《十三经注疏》,北京:中华书局,2009年,第3952页。
③ 孔颖达:《毛诗正义》卷10,阮元校刻《十三经注疏》,第909页。
④ 郦道元著,陈桥驿校证:《水经注校证》卷26,第620页。
⑤ 杜佑撰,王文锦等点校:《通典》卷183,北京:中华书局,1988年,第4867页。
⑥ 杜佑撰,王文锦等点校:《通典》卷180,第4774页。

诸侯、方国都邑的迁移情况。① 此外,《梦溪笔谈》《通鉴地理通释》等著作,均对"异地同名"和"同地异名"现象有所阐发,②是其突出特点。

清代是传统考据学发展的鼎盛时期,地理学的成就也达到了空前程度。据学者统计,清人地名研究的专著便达百部左右,卷数逾千。③ 谭其骧先生主编的七卷本《清人文集地理类汇编》,则是汇集清儒研治地理学成果的皇皇巨作。清代学者较为突出的贡献之一,是对"异地同名"和"同地异名"例的归纳和阐释,如顾炎武《日知录·地名》、④阎若璩《四书释地》、⑤朱彝尊《春秋地名考序》、⑥顾栋高《春秋大事表·列国地名考异》⑦等著述俱有精辟之论。顾栋高所撰《春秋列国都邑表》,对当时列国都邑的变更情况一一加以标注,可谓厥功至伟。⑧ 金鹗通过观察各历史阶段"中岳"的不同方位,提出"中岳之名,历代随帝都而移焉"的观点。⑨ 雷学淇认为,郑桓公伐郐而居"郑父之丘",因号曰"郑",犹如微子之称宋公、康叔之称卫叔,并非初封在郑也。⑩ 日人竹添光鸿敏锐地注意到周人都邑称"京"的现象,他在《毛诗会笺》中尝言:"公刘居京,因其故名,配以众义,谓之'京师'……然在周人实为发祥之地。故虽邦邑屡迁,而'京'名未改。"⑪

综上,古代学者围绕商周国族迁徙与地名变迁问题的讨论,主要集中在史实表述和史料辨析层面,即便不少判断有失准确,也为后世"按图索骥"提供了线索和指向。尤其是在"异地同名"和"同地异名"现象方面,还形成了一些初步的抽象性认知,往往不乏真知灼见。前人所完成的释例工作,更为今日之研究提供了诸多便利。

---

① 郑樵撰,王树民点校:《通志二十略·都邑略》,北京:中华书局,1995年,第564—572页。
② 沈括著,胡道静校证:《新校证梦溪笔谈》卷3,北京:中华书局,1957年,第39—40页;王应麟著,傅林祥点校:《通鉴地理通释·序》,北京:中华书局,2013年,第2页。
③ 华林甫:《中国地名学源流》,长沙:湖南人民出版社,2002年,第362页。
④ 顾炎武著,陈垣校注:《日知录校注》卷4,合肥:安徽大学出版社,2007年,第232—233页。
⑤ 阎若璩:《四书释地》"武城""南阳""莘"诸条,《清经解》卷20,上海:上海书店,1988年,第1册,第77—78页。
⑥ 朱彝尊:《曝书亭集》卷34,《国学基本丛书》本,上海:世界书局,1937年,第426—427页。
⑦ 顾栋高辑,吴树平、李解民点校:《春秋大事表》卷6,北京:中华书局,1993年,第689—700页。
⑧ 顾栋高辑,吴树平、李解民点校:《春秋大事表》卷7,第703—887页。
⑨ 金鹗:《求古录礼说》卷1,济南:山东友谊社,1992年,第79页。
⑩ 雷学淇:《竹书纪年义证》卷26,台北:艺文印书馆,1977年,第398页。
⑪ 竹添光鸿:《毛诗会笺》卷16,台北:大通书局,1975年,第1616页。

（二）近现代研究期

晚清民国以降，随着现代地理学、考古学的兴起和传统学术的发展，新旧学科交互激荡，为古史地理研究注入了新的活力。于是，学术界不仅强调对传统地理学成果的继承，同时也进一步扩展研究思路和探索领域，并注重运用甲骨、金文等古文字材料来进行综合考察。

王国维撰《鬼方、昆夷、玁狁考》，由文字、音韵入手，通过梳理殷周以来"鬼方"名号及其活动地域的嬗变情况，推定"鬼方""昆夷""熏育""猃狁"皆系一族之种，只是"随世异名，因地殊号"而已。① 除了"商之国号，本于地名"之说，②王氏还主张盘庚所迁之"殷"当为安阳殷墟，并提出"殷商"之号"起于地名之殷"等意见。③ 上述一系列著名论断，在当时产生了"道夫先路"的影响。

傅斯年先生《大东小东说》一文，先论《诗经》"小东""大东"分别相当于秦汉东郡和岱、海之间，进而依据地名重名现象，指出周初燕、鲁、齐三国之始封皆在成周东南，后徙封于蓟丘、曲阜、营丘等地。傅氏认为，"小、大之别，每分后先"，"小东"在先，乃周公东征所定，"大东"在后，为伯禽子孙所经营，并由此探讨了周初方域自西渐东之拓展大势。④

钱穆先生《周初地理考》通过对先周史事、遗迹与相关地名的梳理，结合"禹迹"与姜姓族群的活动地域，考证周人起源于古冀州之地，而非自古以来通常认为的渭水流域。钱氏提纲挈领地指出："盖古人迁徙无常，一族之人，散而之四方，则每以其故居逐而名其新邑，而其一族相传之故事，亦遂随其族人足迹所到，而递播以递远焉。"⑤这篇名作一经发表，便引起了学界广泛的关注，古地名与人群迁徙的内在关联也日益得到研究者的重视。

郑德坤先生所撰《层化的河水流域地名及其解释》一文，对古代文献中出现的地名"层化"问题加以系统探讨，认为上述现象当是民族迁移的结果，并提出"以故土地名名新土是后来汉族的常习"这一卓识。⑥ 齐思和先生也是较早接受西方人文地理学思想，并强调治史当以地理、文化并

---

① 王国维：《鬼方、昆夷、玁狁考》，《观堂集林》卷13，北京：中华书局，1959年，第583—606页。
② 王国维：《说商》，《观堂集林》卷12，第516页。
③ 王国维：《说殷》，《观堂集林》卷12，第525页。
④ 傅斯年：《大东小东说》，《"中研院"历史语言研究所集刊》第2本第1分，1930年。
⑤ 钱穆：《周初地理考》，《燕京学报》第10期，1931年。
⑥ 郑德坤：《层化的河水流域地名及其解释》，《燕京学报》第11期，1932年。

重的代表性人物。氏著《西周地理考》遍举古今中外因人群移徙所致的地名播迁之例,指出"同地名之分布"和"新地名之孳乳"当为探索族群活动的一条重要路径,进而通过周初地名的"移植"来探讨"周人势力东扩之次第"。①

郭沫若先生在《金文所无考》中认为,《逸周书·作雒》的"熊盈"即楚先祖鬻熊,楚族原居于淮水下游,与徐、奄等同属"东国",后来受到周人压迫才南徙江汉。② 胡厚宣先生则从甲骨文"楚"字入手,结合楚族来源、地名重名现象与"周公奔楚"史事,推测楚族之先盖为黄河下游的东方民族,并对其辗转迁徙情况做了勾勒。③ 王献唐先生认为费、祊双声,皆源自风姓,而沂泗地区有费、有祊,与风姓集团居地相近,均是"族迁名随"的结果。④

蒙文通、丁山先生研治先秦民族史,不仅兼顾"考史"与"释地",同时也对民族文化报以关注。丁氏认为夏民族曾居河西之地,故当地得有"大夏"之名。周人因之,"故周初诰命,往往自称有夏"。⑤ 蒙氏所撰《中国古代民族移徙考》,对先秦华、夷各族的迁徙轨迹加以梳理,每结合地名而立说,发覆之论俯拾皆是。⑥

顾颉刚、童书业先生对本专题的研究可谓贡献卓著。顾先生在地名学领域耕耘已久,他长期关注古代地名的构词、变更、移徙与地名层化、一地两名问题,并通过丰富的释例加以讨论,涵盖地名的命名缘起、地名沿革等方面,这在他所撰写的"读书笔记"中俱有详细体现。⑦ 顾氏极为重视地名流动与族群迁徙的关系,他早年撰《"四岳"与"五岳"》一文,主张"四岳"为姜姓集团始居之地,后随齐、吕、诸戎东迁而移植于四方,并分化出齐之"东岳"、晋之"太岳"及阴戎之"中岳",由此揭示出"岳"自专名演变为通名的历史脉络。⑧ 此外,顾先生通过检视周公东征与东方民族大迁徙的历史背景,系统考证了西周徐、奄、蒲姑、淮夷等部族的南迁轨迹,⑨同

---

① 齐思和:《西周地理考》,《中国史探研》,北京:中华书局,1981年,第27—49页。
② 郭沫若:《金文所无考》,《金文丛考》,北京:人民出版社,1954年,第56页。
③ 胡厚宣:《楚民族源于东方考》,北京大学潜社史学丛书,1934年。
④ 王献唐:《炎黄氏族文化考》,济南:齐鲁书社,1985年,第578页。
⑤ 丁山:《古代神话与民族》,北京:商务印书馆,2005年,第8页。
⑥ 蒙文通:《中国古代民族移徙考》,《禹贡半月刊》第7卷第6、7合期,1937年。
⑦ 参见顾颉刚《顾颉刚读书笔记·篇目分类索引》,北京:中华书局,2011年,第211—215页。
⑧ 顾颉刚:《"四岳"与"五岳"》,《史林杂识初编》,北京:中华书局,1963年,第34—45页。
⑨ 顾颉刚:《奄和蒲姑的南迁——周公东征史事考证四之四》,《文史》第31辑,北京:中华书局,1988年,第1—16页;顾颉刚:《徐和淮夷的迁、留——周公东征史事考证四之五》,《文史》第32辑,北京:中华书局,1990年,第1—28页。

时提出武庚北奔后立国于燕和肃慎之间，建都曰"亳"，别号"北殷"，并对周初北土的政治地理形势有所发明。① 童先生在讨论西周吴国的徙封问题时，敏锐地注意到晋南地区与汉水流域之间存在着地名重合的现象，他说："汾水流域之国，汉水流域多有之。汾水流域有唐，即晋，其附近有虞；汉水流域亦有唐国，而无虞国，疑吴即是也。"② 这一思路为探索"异地同名"背后的历史信息指明了方向，其学术意义已远远超过个案研究本身。

改革开放以后，各地考古事业的推进及古文字学、历史地理学等相关学科的发展，为探讨先秦国族的源流问题创造了良好的条件。研究者不但重视发掘地名的史料价值，同时也强调出土文献与同时期考古遗存的结合，迄今取得的成绩令人瞩目。下面，不妨按专题择要予以介绍。

罗、王以下至于董作宾、陈梦家、岛邦男、钟柏生、吉德炜等学者，都曾围绕甲骨刻辞与文献所见的"商""亳"等地展开讨论，而上述重名地名的具体地望及其内在关联，即为诸家争讼的焦点所在。③ 王玉哲先生指出："这些称'商'的地名，大概是由商族最早的一个名商的居地，随着他们的后裔到各处移徙，而把商这个原名也带到各地去而层化出来的。"④ 在王先生看来，众多名"亳"之地的出现同样是商人频繁徙居的结果，他进而结合"商""亳"的分布与考古学文化分析，对早期商族的来源及其移徙轨迹做了详细探讨。⑤ 关于相土居"商丘"的地望及名实关系，孙淼、郑杰祥等先生均力主濮阳说，强调宋地称"商"当在西周以后，并认为早期商族徙居今濮阳境内，故有"商丘"之谓，并非商人"以地为氏"。⑥

学界关于周族源流与地名关系的研究，主要集中在两个方面：一是如

---

① 顾颉刚：《三监的结局——周公东征史事考证四之三》，《文史》第30辑，北京：中华书局，1988年，第1—24页。
② 童书业：《春秋左传研究》（校订本），北京：中华书局，2006年，第319页。
③ 参见董作宾《殷历谱》下编卷九·日谱三，南京："中研院"历史语言研究所，1945年，第62—63页；陈梦家《殷虚卜辞综述》，北京：中华书局，1988年，第249—252、255—264页；岛邦男著，濮茅左、顾伟良译《殷墟卜辞研究》，上海：上海古籍出版社，2006年，第689—695页；钟柏生《殷商卜辞地理论丛》，台北：艺文印书馆，1987年，第39—50页；Keightley, David N. (吉德炜). "The Late Shang State: When, Where, and What?"（商代晚期国家：何时、何地、何物？）. In David N. Keightley, ed., *The Origins of Chinese Civilization*（中国文明的起源）. Berkeley, Cal.: University of California Press, 1983. pp. 532-534.
④ 王玉哲：《商族的来源地望试探》，《历史研究》1984年第1期。
⑤ 王玉哲：《商族的来源地望试探》，《历史研究》1984年第1期。
⑥ 孙淼：《古商丘考——商族起源地探讨》，中国先秦史学会秘书处编：《先秦史研究》，昆明：云南民族出版社，1987年，第222—235页；郑杰祥：《商代地理概论》，郑州：中州古籍出版社，1994年，第20—24页。

何利用"异地同名"现象和国族参照点,来探讨先周族的来源及其迁徙轨迹;二是殷墟甲骨文中的"周"与姬周的关系以及周族的得名问题。

自钱穆先生提出周人起源于河东以来,研究者或直接采用其说,或利用考古资料加以补正,有力地推动了相关认识的深化。① 王玉哲先生根据与周人关系密切的国族名、地名多见于山西的现象,系统论证先周族所居之"周原"当指晋地的"太原",并认为太王自汾域豳地西迁岐下,遂以原居地名称后者为"周原"。② 晁福林先生主张,古公以前的周人居住在汾水流域,只称为"汾"而不称"周",殷墟甲骨文中的"周"为"琱"字初文,是指与姬周并无瓜葛的另一部族。③ 此外,尹盛平、曹玮、张天恩等先生则在坚持周为西方旧族的前提下,对太王迁岐而改国号曰"周"的传统说法提出质疑,力主周人早在武丁时期便已称"周",而岐下周原当是取自先周族的名号。④

唐兰先生认为,周之国号原来称"京",因公刘居"京"地而得名,太王迁岐后虽然改称为"周",但"周""京"仍然并用,故有"京宫""京室"之谓。⑤ 董珊先生曾撰文指出,出现"周"的甲骨刻辞在时代上不晚于殷墟文化二期,而太王迁岐的年代约当考古学上的殷墟文化三期,由于两者在时间和名号上均难以吻合,所以殷墟甲骨文中的"周"当与灭商的姬姓周人无关,而传世文献所载周族名号来源于地名的说法,尚不宜轻易否定。⑥

至此,不妨兼谈一下夏商周三族来源异同的问题。李民、张国硕等先生曾据族群遗迹和地名分布情况,系统提出"夏商周三族同源于晋南"之说,所论颇具新意。⑦ 近年刊布的清华简《汤处于汤丘》中,则有"汤处于汤丘,娶妻于有莘"之记载,整理者将"汤丘"与甲骨文"唐"地及《左传》

---

① 陈梦家:《殷虚卜辞综述》,第292页;邹衡:《论先周文化》,《夏商周考古学论文集》(第二版),北京:科学出版社,2001年,第297—356页。
② 王玉哲:《先周族最早来源于山西》,《中华文史论丛》1982年第3辑。
③ 晁福林:《从甲骨卜辞看姬周族的国号及其相关诸问题》,《古文字研究》第18辑,北京:中华书局,1992年,第202—219页。
④ 尹盛平:《周文化考古研究论集》,北京:文物出版社,2012年,第100—105页;曹玮:《也论金文中的"周"》,《周原遗址与西周铜器研究》,北京:科学出版社,2004年,第108页;张天恩:《关中商代文化研究》,北京:文物出版社,2004年,第75页。
⑤ 唐兰:《西周青铜器铭文分代史征》,上海:上海古籍出版社,2016年,第214页。
⑥ 董珊:《试论殷墟卜辞之"周"为金文中的妘姓之琱》,《中国国家博物馆馆刊》2013年第7期。
⑦ 李民、张国硕:《夏商周三族源流探索》,郑州:河南人民出版社,1998年。

"夏墟"等相联系，进而申论商族来源于山西的可能性。① 不过，鉴于"三代同源"论的产生有其特殊的历史背景，②加之"异地同名"的存在也要充分考虑。因此，就这一问题现状而言，依然是线索远胜于证据，不妨谨慎对待。如沈长云先生认为，周人自称的"夏"乃是上古秦晋方言中"大"的意思，晋南的"夏墟"亦即"大夏"之墟，这些都与夏族、夏后氏并无关系。③

楚人的族源及其迁徙路线，也是长期聚讼纷纭的问题。④ 石泉先生通过对同时期国族关系与地名群的动态考察，复于传统"丹淅说"的基础上，提出了"商县—丹淅说"，力主楚人在西周晚期以前一直活动于丹江河谷沿线。⑤ 是说论证深刻，影响颇为深远。石先生的突出贡献，在于建立了一套内部互洽的地名体系，并将整个先秦江汉地区的政治地理信息展现其中。⑥ 王辉先生则认为，鬻熊时期的楚人尚居住在关中地区，熊绎以后始迁荆山，故周原甲骨有楚子、楚伯，金文所见宗周畿内亦有荆族、荆地。⑦ 王玉哲先生主张楚族最初兴起于河南中部，其后东迁苏、鲁之间，周初复南徙江淮地区，熊绎所居之"丹阳"即在当涂一带，直到西周晚期才最终迁至江汉平原。⑧ 不过，由于"当涂说"与较多文献和出土资料的记载龃龉不合，因而在学界并不流行，但楚人起源于中原说却得到了越来越多的关注。如杜正胜先生认为，散居在鲁南、苏皖、江汉等地的"祝融八姓"苗裔多可称"楚"，故上述区域之内多见"楚"地。⑨ 沈长云、杜勇等先生也相继撰文，主张早期楚族原居于中原的"楚丘"，商末周初遂南迁

---

① 清华大学出土文献研究与保护中心编，李学勤主编：《清华大学藏战国竹简》（伍），上海：中西书局，2015年，第134页。
② 上古时期疆域一统、民族同源、世系一脉相承的现象，多半出自战国秦汉学者的追述甚至建构。20世纪20年代以来，历经"古史辨"运动的洗礼，"三代同源"说的根基实际已出现动摇，而傅斯年的"夷夏东西说"、蒙文通和徐旭生的"三集团说"，正是在这种潮流下应运而生的。
③ 沈长云：《周人北来说》，《上古史探研》，北京：中华书局，2002年，第116页。
④ 相关学术史梳理，详参徐少华、尹弘兵《楚都丹阳探索》，北京：科学出版社，2017年。
⑤ 石泉：《楚都丹阳地望新探》，《古代荆楚地理新探》，武汉：武汉大学出版社，1988年，第174—199页。
⑥ 事实上，这一体系也造成了部分地名局部北移。如石先生认为，魏晋以前的江陵县在今宜城一带，遂将古江陵及其周边地名尽数移至汉水中游地区。不过，从江陵凤凰山西汉简牍的记载来看，汉代江陵县治就在现今的荆州市区附近。
⑦ 王辉：《周畿内地名小考》，《一粟集》，台北：艺文印书馆，2001年，第151—153页。
⑧ 王玉哲：《楚族故地及其迁徙路线》，《古史集林》，第256—284页。
⑨ 杜正胜：《导论——中国上古史研究的一些关键问题》，杜正胜主编：《中国上古史论文选集》，台北：华世出版社，1979年，第46页。

汉水流域。①

　　清华简《楚居》的刊布，为探讨战国以前楚人的活动轨迹提供了重要契机，研究成果亦颇为丰硕。② 关于楚族起源和早期族居地问题，"荆山说"、③"关中说"④和"丹江上游说"⑤继续保持着争鸣的局面，而"中原说"⑥似乎得到了更多的证据支持。目前看来，我们至少可以确定以下两点：首先，楚人以"楚"或"荆"作为国族名号，当缘自该族早先的某种风俗习惯，而与地名无涉；第二，"郢"作为春秋早期以后楚国"王居"的通称，最初得名于江汉平原的某种地貌特征。

　　关于秦人的起源及其迁徙问题，学界一直存在"东方说"和"西方说"并峙的局面。王国维、蒙文通、俞伟超、王辉等学者均持传说观点，主张嬴秦本为西戎之族。⑦"东方说"肇端于傅斯年《夷夏东西说》一文，其后不断有研究者提出积极的证据。⑧ 如段连勤先生认为，"西垂"是相对于山东曹县的"垂"地而言，这一地名是由夷族的秦人从东方带来的，⑨可谓颇富胜意。不过，即便在主张"秦人东来说"的学者内部，对于早期秦族迁徙

---

① 沈长云：《谈〈令簋〉中的楚及相关诸问题》，《上古史探研》，第175—186页；杜勇：《令簋、禽簋中的"伐楚"问题》，《中国历史文物》2002年第2期。
② 可参看李学勤《论清华简〈楚居〉中的古史传说》，《中国史研究》2011年第1期；赵平安《试释〈楚居〉中的一组地名》，《中国史研究》2011年第1期等。
③ 清华大学出土文献研究与保护中心编，李学勤主编：《清华大学藏战国竹简》（壹），上海：中西书局，2010年，第183页；李家浩：《谈清华战国竹简〈楚居〉的"夷屯"及其他——兼谈包山楚简的"埜人"等》，清华大学出土文献研究与保护中心编，李学勤主编：《出土文献》第2辑，上海：中西书局，2011年，第55—66页。
④ 周宏伟：《楚人源于关中平原新证——以清华简〈楚居〉相关地名的考释为中心》，《中国历史地理论丛》2012年第2期。
⑤ 高崇文：《清华简〈楚居〉所载楚早期居地辨析》，《江汉考古》2011年第4期。
⑥ 杜勇：《清华简〈楚居〉所见楚人早期居邑考》，《中国国家博物馆馆刊》2013年第11期；郑杰祥：《清华简〈楚居〉所记楚族起源地的探讨》，《中国国家博物馆馆刊》2015年第1期；笪浩波：《从清华简〈楚居〉看楚史的若干问题》，《中国史研究》2015年第1期；尹弘兵：《多维视野下的楚先祖季连居地》，《中国史研究》2017年第2期。
⑦ 王国维：《秦都邑考》，《观堂集林》卷12，第529—533页；蒙文通：《周秦少数民族研究》，上海：龙门联合书局，1958年，第22—25页；俞伟超：《古代"西戎"和"羌""胡"考古学文化归属问题的探讨》，《先秦两汉考古学论集》，北京：文物出版社，第180—192页；王辉：《古文字所见的早期秦、楚》，李宗焜主编：《古文字与古代史》第2辑，台北："中研院"历史语言研究所，2009年，第165—188页。
⑧ 徐旭生：《中国古史的传说时代》（增订本），北京：文物出版社，1985年，第56页；韩伟：《关于秦人族属及文化渊源管见》，《文物》1986年第4期；尚志儒：《早期嬴秦西迁史迹的考察》，《中国史研究》1990年第1期。
⑨ 段连勤：《关于夷族的西迁和秦嬴的起源地、族属问题》，《人文杂志》专刊《先秦史论文集》，1982年，第166—175页。

时间和路线的认识亦有出入。如顾颉刚先生提出,秦人是在周公东征之后西迁的。① 赵化成先生则认为,秦人至迟在商末已活动于甘肃东部地区。② 王玉哲先生基于"异地同名"和"异代同名"现象的考察,指出秦祖中潏所保之"西垂"在今山西境内,由此勾勒出秦人自东土故地先徙晋南,后迁陕西"犬丘",最终扩张至陇西"犬丘"的整个过程。③ 李学勤、王洪军先生据清华简《系年》的记载,对秦族来源及其西迁史事进行系统探讨,并就金文"秦夷""成秦人"的内涵加以阐释。④ 朱凤瀚先生则通过《秦本纪》与《系年》的对读,重点探讨了秦人的族源、世系、族群分衍及迁徙路径等问题。⑤ 梁云先生新近出版的专著《西垂有声》,结合考古资料对早期秦族历史与文化作了全面考察,论述最为系统。⑥

周代诸侯国的分封与徙封,是体现族群迁徙与地名变迁关系的重要史实素材。这方面研究的不断推进,很大程度上依赖于出土文献提供的新知。如郑国的始封地问题,学界一直存在"华县说""新郑说"与"凤翔说"之分歧。"华县说"滥觞于《汉书·地理志》与郑玄《诗谱》。"新郑说"则由《汉志》臣瓒注最早提出,所据乃古本《纪年》"周自穆王以下都于西郑"之记载,后为郭沫若等所从。⑦ "凤翔说"虽然相对晚出,但在当代颇具影响,钱穆、卢连成、尚志儒、李峰等学者俱力主是说。⑧ 陈梦家先生据《世本》"桓公居棫林,徙拾",指出"棫林"在雍,亦即"西郑",其后徙于京兆郑县的"拾",对诸说有所折中。⑨ 裘锡圭先生则认为,河南叶县东北

---

① 顾颉刚:《周公东征和东方各族的迁徙——周公东征史事考证四之一》,《文史》第27辑,北京:中华书局,1986年,第1—14页。
② 赵化成:《寻找秦文化渊源的新线索》,《文博》1987年第1期。
③ 王玉哲:《中华民族早期源流》,天津:天津古籍出版社,2010年,第277—286页。
④ 李学勤:《清华简关于秦人始源的重要发现》,《光明日报》2011年9月8日,第11版;王洪军:《新史料发现与"秦族东来说"的坐实》,《中国社会科学》2013年第2期。
⑤ 朱凤瀚:《清华简〈系年〉所记西周史事考》,李宗焜主编《第四届国际汉学会议论文集:出土材料与新视野》,台北:"中研院"历史语言研究所,2013年,第441—460页。
⑥ 梁云:《西垂有声:〈史记·秦本纪〉的考古学解读》,北京:生活·读书·新知三联书店,2020年。
⑦ 郭沫若:《两周金文辞大系图录考释》,《郭沫若全集·考古编》第8册,北京:科学出版社,2002年,第92页。
⑧ 钱穆:《史记地名考》,北京:商务印书馆,2001年,第359页;卢连成:《周都淢郑考》,《考古与文物》丛刊第2号《古文字论集》(一),1983年,第8—11页;尚志儒:《郑、棫林之故地及其源流探讨》,《古文字研究》第13辑,北京:中华书局,1986年,第438—450页;李峰著,徐峰译、汤惠生校:《西周的灭亡:中国早期国家的地理和政治危机》,上海:上海古籍出版社,2007年,第278—284页。
⑨ 陈梦家:《西周铜器断代》,北京:中华书局,2004年,第181—182页。

的"棫林"可能与桓公始封地有关。① 李仲操先生亦主"西郑"在今凤翔县境，但同时强调郑之始封当以"华县说"为是。② 近来，周宏伟先生又提出新说，认为郑国初封在今陕西兴平东南的古"槐里"。③

周代吴国的分封及其与虞、矢、宜等国族之间的关系，也是学界热衷探讨的问题。徐中舒先生曾据《史记》"太伯、仲雍奔荆蛮"之说，推断太伯君吴始于江汉流域，其后才东徙吴地。④ 1954年，江苏丹徒烟墩山出土了西周早期的宜侯吴簋，铭文记载王命虞侯徙封至宜地任侯的过程。经过长期的讨论商榷，分歧主要集中在以下两个方面：其一，长江下游地区的吴国是否为周室后裔；第二，宜侯吴簋是否为早期吴器。倾向于《史记》《汉书》的学者，一般坚持认为簋铭的"虞侯"非吴国之君，系吴之同宗。如唐兰、李学勤等先生认为，所谓"迁侯于宜"，是指吴侯从无锡梅里徙封至丹徒一带的宜地。⑤ 刘启益先生认为太伯所奔之吴实系汧河流域的矢，而宜侯吴簋是仲雍后裔自矢徙封江南地区的证据。⑥ 此说得到了沈长云先生的局部支持。⑦ 王晖先生则认为，虞侯所封之俎地在今江苏邳州市境内，春秋以后吴人经邗地辗转南迁，最终定都于太湖流域。⑧ 另一种意见主张宜侯吴簋并非吴国之器。如黄盛璋先生认为"虞侯"即晋南虞国之君，所徙封之宜地当在河南宜阳，而宜侯吴簋是作为"舶来品"出现在丹徒烟墩山遗存的。⑨ 曹锦炎先生则将"虞"字改释为"虎"，主张宜为近畿之地。⑩ 胡进驻、曹定云二位先生均认为宜侯吴簋系战争掠取而来，其族属并非吴人。⑪ 陈絜先生指出宜地当在周初"东国"境内，具体即今山东

---

① 裘锡圭：《说𢦏簋的两个地名——棫林和胡》，《考古与文物》丛刊第2号《古文字论集》（一），1983年，第4—7页。
② 李仲操：《谈西郑地望》，《文博》1998年第5期。
③ 周宏伟：《西周都城诸问题试解》，《中国历史地理论丛》2014年第1期。
④ 徐中舒：《殷周之际史迹之检讨》，《徐中舒历史论文选辑》，北京：中华书局，1998年，第658—662页。
⑤ 唐兰：《宜侯矢簋考释》，《考古学报》1956年第2期；李学勤：《宜侯矢簋与吴国》，《文物》1985年第7期。
⑥ 刘启益：《西周矢国铜器的新发现与有关的历史地理问题》，《考古与文物》1982年第2期。
⑦ 沈长云：《谈铜器铭文中的"夨王"及相关历史问题》，《考古与文物》1989年第6期。不过，沈先生认为"矢"字当释作"夨"，读为"吴"，与刘先生的看法有所不同。
⑧ 王晖：《西周春秋吴都迁徙考》，《历史研究》2000年第5期。
⑨ 黄盛璋：《铜器铭文中的宜、虞、矢的地望及其与吴国的关系》，《考古学报》1983年第3期。
⑩ 曹锦炎：《关于〈宜侯矢簋〉铭文的几点看法》，《东南文化》1990年第5期。
⑪ 胡进驻：《矢国、虞国与吴国史迹略考》，《华夏考古》2003年第3期；曹定云：《古文"夏"字再考——兼论夏矢、宜侯矢、乍册矢为一人》，《考古学研究》（五），北京：科学出版社，2003年，第482—492页。

莱芜一带。①

　　曾、随二国的名号与关系问题,学界一直存在"一国二名"和"曾、随两国"的争论。李学勤、石泉、何浩等学者力主"一国二名"说,认为曾即《左传》中的汉东随国。② 对此,徐中舒先生曾解释道:"缯是原来的国名,随是后来迁到的都城,以新都作为国名,故缯可以称作随。"③杨宽、钱林书、于豪亮等学者则持"曾、随两国"说,认为曾、随名号自分,不可等同。④ 新蔡葛陵楚简发表后,陈伟先生根据简文出现"随侯"之称,提出"一国二名"说值得重新考虑。⑤ 吴良宝先生则指出,"一国二名"现象存在自称和他称不同情况,应予区别对待,他国称曾为"随",与曾人自称曰"曾"并无矛盾。⑥ 近年刊布的新资料,使"曾、随之谜"再度引起了人们的关注。2011年,曹锦炎和张昌平二位先生分别撰文讨论随仲芈加鼎,认为该铭可以视作曾、随二国的证据。⑦ 几乎同时,随州文峰塔东周墓地先后发掘出土了曾侯與编钟(M1∶1)和随大司马行戈(M21∶1)。据钟铭记载,曾国曾在"吴师入郢"之役中有功于楚,与文献所见随国的角色完全相同,这就为"一国二名"说提供了有力的证据支持。⑧ 另一方面,张昌平先生则结合戈铭"随"为自称的现象,强调曾、随都有自称和他称本国之名,不应视作同一个国家。⑨

　　以单一或成组地名为线索来考察国族活动的研究,除了李学勤先生《试论孤竹》、裘锡圭先生《释"无终"》等耳熟能详的名作之外,⑩还有不

---

① 陈絜、刘洋:《宜侯吴簋与宜地地望》,《中原文物》2018年第3期。
② 李学勤:《曾国之谜》,《新出青铜器研究》(增订版),北京:人民美术出版社,2016年,第124—127页;石泉:《古代曾国——随国地望初探》,《古代荆楚地理初探》,第84—104页;何浩:《楚灭国研究》,武汉:武汉出版社,1989年,第288页。
③ 徐中舒:《先秦史论稿》,成都:巴蜀书社,1992年,第188页。
④ 杨宽、钱林书:《曾国之谜试探》,《复旦学报》(社会科学版)1980年第3期;于豪亮:《曾侯乙墓出土于随县解》,《于豪亮学术文存》,北京:中华书局,1985年,第55—61页。
⑤ 陈伟:《读新蔡简札记(四则)》,中山大学古文字研究所编:《康乐集——曾宪通教授七十寿庆论文集》,广州:中山大学出版社,2006年,第81页。
⑥ 吴良宝:《再谈曾国之谜》,吉林大学边疆考古研究中心编:《新果集——庆祝林沄先生七十华诞论文集》,北京:科学出版社,2009年,第626—631页。
⑦ 曹锦炎:《"曾"、"随"二国的证据——论新发现的随仲芈加鼎》,《江汉考古》2011年第4期;张昌平:《随仲芈加鼎的时代特征及其他》,《江汉考古》2011年第4期。
⑧ 湖北省文物考古研究所、随州市博物馆:《随州文峰塔M1(曾侯與墓)、M2发掘简报》,《江汉考古》2014年第4期;徐少华:《论随州文峰塔一号墓的年代及其学术价值》,《江汉考古》2014年第4期;徐少华:《曾侯與钟铭和曾(随)若干问题释疑》,李宗焜主编:《古文字与古代史》第5辑,台北:"中研院"历史语言研究所,2017年,第169—186页。
⑨ 张昌平:《曾随之谜再检视》,《中国国家博物馆刊》2015年第11期。
⑩ 李学勤:《试论孤竹》,《社会科学战线》1983年第2期;裘锡圭:《释"无终"》,《裘锡圭学术文集》第3卷,上海:复旦大学出版社,2012年,第61—66页。

少颇具代表性的成果。比如，赵俪生先生基于地名随人群移徙的通则，指出灌（观）、鄸、杞等地名分别见于河南、山东之现象，都是相关国族东迁的结果。① 赵铁寒先生所撰《殷商群亳地理方位考实》《晋国始封地望考》及《太原辨》等一系列专文，针对国族迁徙与地名流动的问题多有发覆之论。② 杜正胜先生利用"景山""楚丘""曹""顾"及"昆吾之观"这一地名群，考证商汤"景亳之会"的地点当在濮阳境内，进而对夏商之际昆吾氏的分衍迁徙加以探讨。③ 沈长云先生在考订杞国地望基础上，并就"夏余"的播迁轨迹作了考察。④ 马承源等先生认为，周武王分封其子于河内"邢"地，乃至鄂侯南迁至南阳盆地的"西鄂"。⑤ 董珊先生结合新见疑尊、疑卣铭文，进一步推测周初鄂国可能徙封于南阳以北的"雉"地。⑥ 彭裕商先生基于虢氏东迁史事的辨析，廓清了文献所见诸"虢"地的源流关系。⑦ 陈昭容先生根据虞、芮同吴（虞）山、芮水的空间联系，进而结合"𠆢"字释读与芮国铜器的文化因素分析，提出西周早期虞、芮两国位于汧河流域的可能性。⑧ 于薇女士针对虞、邢、鲁、申四国的徙封问题加以考察，并强调应该重视西周国家空间格局的动态变化。⑨

需要特别提到的是陈槃先生所著《春秋大事表列国爵姓及存灭表譔异》。⑩ 该书以顾栋高《春秋大事表》所列国族为纲，所举事类为目，逐条补充相关传世典籍、出土文献及考古资料，并援引晚近学者之论说，间或参以己意，汇为一编，纤屑靡遗。每涉一国一族之史事，必依据古史传说、

---

① 赵俪生：《说上古部落迁徙与地名方位的转移》，《齐鲁学刊》1986年第5期。
② 赵铁寒：《古史考述》，台北：正中书局，1965年。
③ 杜正胜：《古代社会与国家》，台北：允晨文化事业股份有限公司，1990年，第254—257页。
④ 沈长云：《说殷周古文字中的杞——兼说夏后氏后裔的迁播》，《上古史探研》，第75—82页。
⑤ 马承源主编：《商周青铜器铭文选》第3卷，北京：文物出版社，1988年，第102页。
⑥ 董珊：《疑尊、疑卣考释》，《中国国家博物馆刊》2012年第9期。
⑦ 彭裕商：《虢国东迁考》，《历史研究》2006年第5期。
⑧ Chen Chao-jung. "On the possibility that the two Western Zhou states Yu and Rui were originally located in the Jian River valley". In *Imprints of Kinship: Studies of Recently Discovered Bronze Inscriptions from Ancient China*. edited by Edward L. Shaughnessy, HongKong: The Chinese University Press, 2017. pp.189-208.
⑨ 于薇：《西周封国徙封的文献举证——以宜侯夨簋铭文等四篇文献为中心》，《中国历史地理论丛》2013年第1期。
⑩ 陈槃：《春秋大事表列国爵姓及存灭表譔异》（线装七册），台北："中研院"历史语言研究所，1969年；又《春秋大事表列国爵姓及存灭表譔异》（三订本），上海：上海古籍出版社，2009年。

文物遗迹与地名资料进行综合考察,力求廓清其来源及迁徙路线。是书视野宏阔,征引博洽,甄考精审,堪称近世研治商周古国、古族源流的集成之作。不过,作者对"异地同名"现象与人群活动之关系的认识,偶有绝对化的倾向。

徐少华先生《周代南土历史地理与文化》一书,通盘考察了周代南土诸国的族系、地望和源流问题,尤其是针对申、许、蔡、厉等国迁徙及相关地名沿革的讨论,多有独到见解。[①] 他近年发表的《复器、复国与楚复县考析》、[②]《"平王走(奔)西申"及相关史地考论》[③]等系列论文,在考订复、申等国族属、地望的同时,亦对上古姜姓、媿姓族群的活动轨迹作了探讨。此外,李学勤先生《东周与秦代文明》、[④]何浩先生《楚灭国研究》、[⑤]曲英杰先生《先秦都城复原研究》、[⑥]陈伟先生《楚东国地理研究》、[⑦]任伟先生《西周封国考疑》、[⑧]何景成先生《商周青铜器族氏铭文研究》、[⑨]王震中先生《商族起源与先商社会变迁》、[⑩]严志斌先生《商代青铜器铭文研究》[⑪]等专著中,均有涉及古代国族迁徙与地名沿革的相关探索,所论具有相应的参考价值。

近年来,围绕商周地名与族群活动的关系问题,学术界又出现了一些颇富新意的成果和研究趋势。例如,于薇女士通过全面梳理晋南与鄂东豫西地区之间的"异地同名"现象,提出人群流动当是形成上述"重名地名群"的主要因素。[⑫]董珊先生则以"曾、随之谜"的困境为切入点,深入探讨了先秦国名、都邑名与地名的相互关系,继而凝练地指出:"若长时段观察历史上族名、国名沿革,无论继承或更改,都是在不同族群之间不断

---

① 徐少华:《周代南土历史地理与文化》,武汉:武汉大学出版社,1994年,第37页。
② 徐少华:《复器、复国与楚复县考析》,《"中研院"历史语言研究所集刊》第80本第2分,2009年。
③ 徐少华:《"平王走(奔)西申"及相关史地考论》,《历史研究》2015年第2期。
④ 李学勤:《东周与秦代文明》(增订本),上海:上海人民出版社,2007年。
⑤ 何浩:《楚灭国研究》,武汉:武汉出版社,1989年。
⑥ 曲英杰:《先秦都城复原研究》,哈尔滨:黑龙江人民出版社,1991年。
⑦ 陈伟:《楚东国地理研究》,武汉:武汉大学出版社,1992年。
⑧ 任伟:《西周封国考疑》,北京:社会科学文献出版社,2004年。
⑨ 何景成:《商周青铜器族氏铭文研究》,济南:齐鲁书社,2009年。
⑩ 王震中:《商族起源与先商社会变迁》,北京:社会科学文献出版社,2010年。
⑪ 严志斌:《商代青铜器铭文研究》,上海:上海古籍出版社,2017年。
⑫ 于薇:《晋南与鄂东豫西地区两周时期的地名重名现象》,北京大学中国考古学研究中心、北京大学震旦古代文明研究中心编:《古代文明》第12卷,上海:上海古籍出版社,2018年,第169—233页。

接力造成的结果。"①上述研究同时兼顾举例论证和现象阐释两个方面，无疑是值得借鉴和发扬的。

三、面对的问题与期待

商周族群迁徙及所涉地名变迁问题，很早便引起了学术界的关注，尽管当前成绩斐然，令人瞩目，却也存在一定的缺憾。

第一，疑难问题悬而未决，学术意见分歧明显。就客观条件而言，上古族群和地理问题历时久远，牵涉头绪众多，史料的传说色彩相对浓厚，不同历史时段内地理资料的丰富程度亦有差异。研究者经常要面对文献阙如、各种记载纷繁复杂、不同观点胶着难解的现实。比如说，很多国族史事和地名研究的基础，往往在于对出土文献资料的解读，而其中尚有部分文字问题未得到彻底解决，故迟迟难以突破有关"瓶颈"。从主观方面来说，由于学术背景各异，研究者对传世文献、考古遗存和古文字资料的运用，实际很难达到完全兼顾与平衡，学术思想和观点的分歧往往即源于此。另外，对待国族名号与地名的关系及人群移徙与地名变迁的关系，无论是将二者进行割裂，还是将彼此的关联无条件"泛化"，通常都会造成相应的认知偏差。因此，坚持综合运用甲骨、金文、简牍及传世文献等不同类型和层次的史料，同时积极借鉴和吸收考古、古文字、历史地理等相关学科的前沿成果，有助于我们客观面对史料，合理取舍学说，尽可能趋近历史的真实面貌。

第二，研究对象相对孤立，整体性和综合性有待提高。众所周知，上古时期的邦国部族数以千计，由于史载有阙，我们很难将其来龙去脉一一厘清，实际也并无面面俱到的必要。然而不可否认的是，目前的成果多为零篇散帙，相对缺乏长时段和全局性的宏观考察。谭其骧先生主持编绘的《中国历史地图集》第一册（原始社会·夏·商·西周·春秋·战国时期），资料博赡，考证精审，对当时的国族方位及其源流关系每有揭示，是先秦历史地理研究史上的一座丰碑。随着近年来考古学、古文字学、地理学等相关学科的推动，古史地理的研究水平又取得了长足进展，针对研究现状及趋势的梳理、辨析和总结，或可为先秦历史地图的完善提供相应的参考。

第三，研究方法亦有待进一步完善。过去研治古史地理的基本方法，

---

① 董珊：《从"曾国之谜"谈国、族名称的沿革》，李宗焜主编：《古文字与古代史》第5辑，第187—202页。

主要有文献比对法和地名系联法。总的来说,两种方法互有短长,不宜执其一端而有所偏废。过分依赖文献比对,不但夸大了地名的时代延续性(毕竟多数先秦地名未必在秦汉统一国家建立的行政系统中得以保留),而且容易忽视地名本身的空间流动能力,尤其是借助古代传说和音韵通假来确定地望,则更需要慎之又慎。诚如齐思和先生所言,"夫世传古迹,十九出于后人附会;至于求之于音似,则尤其危险"。① 地名系联与干支系联的有机结合,自然较单纯的文献比对更为科学,但具体操作时同样面临一定的问题,以下试作简要说明。

首先,利用同版、同铭及同辞等关系进行族名或地名系联,其实际作用须有所区分,同辞关系揭示出人群对象与地理客体之间的联系往往相对直接,同版、同铭关系则要视具体情况而论。就同版对贞或选卜的诸对象来说,它们通常只是具有类别方面的共性,不一定都存在紧密的空间联系,如祷年卜辞所见各地点的实际间距,无法通过占卜本身加以明确;而田猎卜辞无论是否附有验辞(即可以证实田猎活动成行),均可推知占卜地与相关目的地之间距离有限,倘若彼此相去过远,则田猎活动不具备现实可行性,占卜也就失去了应有的意义。②

其次,对干支系联及其适用条件的基本认识存在差异。③ 比如不明古人的谰日情况,以致人为扩大了两个地点的距离;或是囿于古代师旅"日行三十里"的成见,并在里程计算中加以机械地运用,都会导致一些地理考订上的误判。

再者,系联对象的择取不宜过于宽泛,需要适当区别人名、族名与地名之间的客观界限。具体来说,早期人名、族名与地名的合一性,主要表现在名号同"称"方面,但三者本身并不同"质",至于它们各自所对应的实体,也完全可以在空间上相互分离。毕竟,地理实体具有稳定性,而具体人物和人群集团的流动性则相对较强,所以往往无法断言某一贵族个体或其所属族氏的活动线索,是否可以准确反映同称之国名、地名的客观

---

① 齐思和:《西周地理考》,《中国史探研》,第 27 页。
② 若田猎卜辞中附有"往来亡灾"一类的习语,则进一步表明商王的田猎活动很可能是早出晚归的,那么所涉地名的间距也就不言自明。参见松丸道雄《殷墟卜辭中の田獵地について—殷代國家構造研究のために—》,《东洋文化研究所纪要》第 31 册,东京:东京大学东洋文化研究所,1963 年。
③ 钟柏生、陈炜湛等先生均对干支系联运用存在的问题有重要阐述,指出甲骨刻辞中若缺乏占卜地点、验辞及田猎地之补充说明等信息,便不足以据干支推定有关各地的实际距离。参见钟柏生《殷商卜辞地理论丛》,第 30—33 页;陈炜湛《甲骨文田猎刻辞研究》,广州:中山大学出版社,2018 年,第 75—80 页。

方位。例如,西周晚期的大克鼎铭(《集成》2836)中有一段周王赏赐克土田和民人的记载:

> 王若曰:克,昔余既命汝出入朕命……。锡汝田于埜,锡汝田于渒,锡汝井寓(寓)匓田于㕣以(与)厥臣妾,锡汝田于康,锡汝田于匽,锡汝田于𤰞原,锡汝田于寒山,锡汝史、小臣、霝(灵)龠鼓钟,锡汝井遣(征)匓人,𮕵①锡汝井人奔于量。

据引文可知,周王一共赐给膳夫克七块田地,分散在七个不同地点。所谓"井寓匓田于㕣","寓"有寓居之义,意即位于㕣地的井人所居之匓氏田地。② 由此可知,这块土地的所有者原为匓氏,而井氏只是遣人前往寄居和耕种。然而无论是井人还是匓人在此活动,均不足以体现二氏的族邑井和匓,分别与㕣地存在怎样的空间关系。至于"井征匓人",犹言井氏征发的匓人,该人群既为井氏所役使,想必也同样脱离了本族原有的居地,这就说明人群的流动至多保持与本族的氏名相始终,而跟氏名所对应的族居地并无明确关系。

具体说来,在"A(人名、国族名)+征伐动词+B(人名、国族名或地名)"这一结构中,"A"和"B"所对应的政治地理实体,空间上既有可能接近,也有可能较为悬远。如:

> 1. 丁未卜,宾贞:勿令皋伐舌方,弗其受㞢又。
> 　　　　　　　　　　　　　　　　　　　(《合集》6297,宾)
> 2. 贞:……王勿[令]妇好伐土方。　　(《英藏》152,宾)
> 3. 唯王令明公遣三族伐东国,在𮙯。③ 鲁侯又(有)囚工,用作旅彝。　　　　　　　　　　　　　(鲁侯簋,《集成》4029)
> 4. 过伯从王伐反荆,俘金。　　　　(过伯簋,《集成》3907)

---

① "𮕵"字在此,可有属上或属下两种读法。属上作"井征匓人𮕵",殆为"井征匓人于𮕵"之省,表示井氏所征发的𮕵地之匓人。属下作"𮕵锡汝井人奔于量","𮕵"犹"𮕵嗣"之"𮕵",读为总。窃以为后说似更合理。

② 关于"寓""遣"二字的释读及理解,参见裘锡圭《古文字释读三则》,《裘锡圭学术文集》第 3 卷,第 424—433 页。

③ "𮙯",旧多作不识字处理,或释为"遣",似亦不确。近有学者释为"逝",参见谢明文《释鲁侯簋"逝"字兼谈东周文字中"噬"字的来源》,北京大学出土文献研究所编:《青铜器与金文》第 1 辑,上海:上海古籍出版社,2017 年,第 222—227 页。

5. 唯九月，堆叔从王员征楚荆，在成周。　　（誃簋，《集成》3950）

例1和例2只能表明，"皋"和"妇好"是征伐舌方的代表性人物，至于二者领地相距舌方之远近，若仅从卜辞本身出发，恐怕难以得出确切结论。尽管商王就近征调部属、友邦对敌作战，无疑是合乎情理的；然而诸如妇好、皋、画、望乘、沚馘这些著名贵族，他们为王事而统率族众奔走效命，其活动范围往往不局限于一隅一地。

例3的"明公"一般认为即周公之子明保，据令方彝铭(《集成》9901)可知其身份为王朝执政，地位显赫。按周公家族成员身领王官者，采邑多分布于周畿近地，此"明"或为明公食采之地，①大概亦不例外。就本铭而言，明公只是担任军事统帅而率师东征，其家族封邑自不必密迩东国。相应地，在"周公践奄"(《尚书大传》)、"王伐录子耴"(太保簋，《集成》4140)及"虢仲以王南征，伐南淮夷"(虢仲盨，《集成》4435)等文例中，无论成王、周公、虢仲还是商奄、录子耴和南淮夷，他们的根据地所在都比较明确，人们也向来不会认为彼此接近；然则同理度之，我们恐怕也无由仅据"皋伐舌方"之辞，来直接推定皋族领地与舌方的空间关系。毕竟卜辞"登人若干"②的记载业已表明，商人发动战争的军力往往是通过战前征集的，而这些兵员中有相当一部分，实际就来源于居住在王畿的众多商人家族及被征服的异族人群。

然而从"鲁侯有囚工"之辞来看，③在明公主持的此次东征中，鲁侯显然是一位不可或缺的人物，这不仅因为周公家族与鲁侯之间有血缘纽带，同时也是由鲁国所处的政治地理背景所决定的。但若就此认为，参战一方成员中作为协同、配合身份的对象，一定是在地理空间上接近敌方势力范围者，恐怕也有以偏概全之失。如例4、例5都属于昭王南征器组，铭文中提到从王伐楚的过伯与堆叔，其家族背景均可追溯至东方地区，而与南国本不相涉。其中，过即《左传》襄公四年"处浇于过"之"过"，④杜预注："东莱掖县北有过乡。"在今山东龙口境内。"堆"字从隹、工声，可以对应《春秋》昭公八年"大蒐于红"之"红"，在今山东泰安东北。由此看来，身为东土部族首领的过伯和堆叔，或是千里迢迢率众前来会合王师，也不排除暂居畿内以供

---

① 陈梦家：《西周铜器断代》，第24页。
② 如《英藏》559："丙午卜，㱿贞：勿登人三千乎伐舌方，弗其受㞢又。"
③ 李学勤先生指出，"鲁侯有囚工"在文例上接近《左传》的"诸侯有四夷之功"，这是很有道理的。参见李学勤《由新见青铜器看西周早期的鄂、曾、楚》，《文物》2010年第1期。如是，"囚"则可视作东国区域的地名。
④ 唐兰：《西周青铜器铭文分代史征》，第284页。

王职的可能性,①但无论如何,二者均作为联军成员参与长途南征,这不仅体现出王朝统治者拥有的军事动员能力,同时也表明参战群体往往需要通过集中征调的事实。基于此,不妨反观卜辞中常见的"A+以+B"一类文例,如:

6. 丁未卜,争贞:勿令皋以众伐舌。　　　　　　　(《合集》26,宾)
7. 乙未卜,令望以望人秋于巢。　　　　　　　　(《屯南》751,历)
8. 己亥卜,宾贞:翌庚子步戈人,不㞢。十三月。
   辛丑卜,宾贞:叀替令以戈人伐舌方,敦。十三月。
　　　　　　　　　　　　　　　　　　　　　　(《英藏》564,宾)

浑言之,上揭诸例的"以"均可训为"与",但"以"字之前的对象起到主导作用,故可理解为率领之义。所谓"皋以众"犹言"皋众",是"皋"所率本族之成员。若按前文初步确定的原则,皋族集体活动于舌方的势力范围,并不足以证实皋族的根据地接近舌方,这一推论通过以下两例即可得到佐证。例7言"望"率领"望人"前往巢地,而同时期宾组卜辞《合集》4551又有"奠望人并"的记载,即是说"望人"曾被商王迁至并地加以奠置,可见望族之人的流动性大概较强,他们显然已脱离了原居地——望而彻底受到商人的支配。例8首辞更直接提到庚子日"步戈人",说明"戈人"是经过调遣移动后才得以参与战事,足见其原先的居所亦未必紧邻舌方。

另外,相似的文例尚有"A+比+B"和"A+眔+B"等,如:

9. 贞:令望乘眔舆遏②毌方,③十一月。
   ……舆其遏毌方,告于大甲,十一月。

---

① 該簋出土于西安沣东花园村 M17,墓葬年代约在西周中期穆王前后,墓主是殷遗束氏贵族。若該簋是作为赠赙、联姻等途径流入束氏家族的,则暗示器主可能居住在宗周地区。
② "遏"字原形作"",旧释为"途",近来学界则有释"达"、释"遏"、释"会"等多种意见,皆颇有胜意。今按:甲骨刻辞中以"某方"之类称名形式出现的方国,与商人关系多处在敌对或叛服不定的状态,故笔者暂从释"遏"之说。诸说参见赵平安《"达"字两系说——兼释甲骨文所谓"途"和齐金文中所谓"造"字》,《新出简帛与古文字古文献研究》,北京:商务印书馆,2008 年,第 77—89 页;刘桓《释甲骨文"遣、遏"》,《古文字研究》第 27 辑,北京:中华书局,2008 年,第 96—99 页;朱凤瀚《再读殷墟卜辞中的"众"》,李宗焜主编:《古文字与古代史》第 2 辑,第 15 页。
③ "毌方"之"毌",旧多释为"虎"字。但该字与"虎"差异较为明显,今有学者据其形体特征改释为"貘",或释为"豹"。参见何景成《释甲骨文、金文中的"貘"》,《古文字研究》第 32 辑,北京:中华书局,2018 年,第 62—67 页;陈絜、王旭东《殷墟甲骨中的望乘与望地——兼谈卜辞"虎方"之有无》,《兰州大学学报》(哲学社会科学版)2019 年第 6 期。

……興其遏𢀛方，告于丁，十一月。
……興其遏𢀛方，告于祖乙，十一月。（《合集》6667，宾）
10. 己卯卜，宂贞：令多子族比犬侯戋周，山王事。五月。
（《合集》6812，宾）
贞：令多子族眾犬侯戋周，山王事。（《合集》6813，宾）

例10一言"多子族比犬侯"，一谓"眾犬侯"，可见"比""眾"在含义和用法上是十分接近的，均应理解为同、并、会同之义。① 以往学者或据上揭文例，推测"興"和"犬侯"可能位于征伐敌方的前沿地带，实际无从证实，我们只能由此判断，被"比"者的身份多属于拥有领地和武装的商人诸侯或强族首领。

事实上，考虑到商周统治者经常将服属国族或被征服的异族安置在可以有效控制的区域内，平时为王室提供力役服务，临战则进行集中调遣，因而诸如"A+以+B""A+比+B"所反映的情形，很可能是 A 和 B 率先完成会同的行为，随后再一并出征前往目标地。此外，即便是就近动员人力，也要充分考虑到若干家族成员组成联军戍守前沿地带的可能性，正如卜辞中所见的"五族戍羌方"（《合集》28053）。这样的政治行为，自然容易形成具有后世军区性质的军事据点，或者导致不同族氏背景的人群集中聚居于同一区域性中心聚落，比如在商代晚期的济南大辛庄、②滕州前掌大③及西周早中期的龙口归城等遗址群中，④都可以看到不同家族在同

---

① 刘源：《殷墟"比某"卜辞补说》，《古文字研究》第 27 辑，第 111—116 页。
② 2003 年发掘的济南大辛庄商墓中，M72 和 M86 分别发现了带有"𠂤"字族徽的铜爵，而在 2010 年发掘的 M225 中，又出土了两件带有"𠭴"字族徽的青铜器。参见山东大学东方考古研究中心、山东省文物考古研究所、济南市考古研究所《济南市大辛庄商代居址与墓葬》，《考古》2004 年第 7 期；《济南大辛庄商代遗址考古发掘取得重大成果》，《济南日报》2011 年 4 月 11 日第 8 版。
③ 滕州前掌大遗址内部存在有多处墓地，分别位于河崖头、南岗子和于屯村北等地，彼此年代接近，却又带有明显的分区特征。从墓葬所出铜器铭文来看，其中至少包括"史""鸟"等商系族氏的人群。参见中国社会科学院考古研究所《滕州前掌大墓地》，北京：文物出版社，2005 年；李鲁滕《滕州前掌大村南墓地发掘报告（1998—2001）》，山东省文物考古研究所编《海岱考古》第 3 辑，北京：科学出版社，2010 年，第 227—375 页。
④ 龙口归城及周边遗址出土的西周早中期遗物中，既有芮公叔、纪侯、甫监、莱伯等诸侯、邦君一级贵族所作之器，也有普通周系贵族所作的簋鼎、遇甗及殷遗贵族所作的旅鼎、启尊、启卣及能奚壶，表明当地人群族属的构成恐怕一度较为复杂。在笔者看来，这种现象或与西周早中期之际中原王朝势力的持续东扩有关，而归城遗址可能就是西周贵族为巩固东征成果而在当地设立的一处区域性中心据点。参见中国社会科学院考古研究所、哥伦比亚大学东亚语言和文化系、山东省文物考古研究院编著，李峰、梁中合主编《龙口归城：胶东半岛地区青铜时代国家形成过程的考古学研究（公元前 1000—前 500 年）》，北京：科学出版社，2018 年。

一时期之内并处同地而遗留的线索,这种现象很可能属于某种特定阶段下,中原王朝势力在边域地区推行局部扩张和重点经营的产物。因此,就上述两种情形而言,有关人群从现居地到目的地的流动过程,实际均与其原有族居地了不相涉,这也就意味着,即使存在与地名同称的族名和人名,也不便直接运用于地名的系联工作。

反之,异族入侵之际所袭扰的地点,则往往处在王朝边域附近,相对接近敌方的势力范围,故可作为地名系联和推定空间关系的要素。如:

11. 沚戓告曰:土方征于我东鄙[田,戋]二邑。舌方亦侵我西鄙田。　　　　　　　　　　　　　　　(《合集》6057,宾)
12. 丁巳卜,韦贞:舌方其敦戓。十月。　　(《英藏》571,宾)
13. 唯嚣侯驭方率南淮夷、东夷广伐南国、东国,至于历、内。

(禹鼎,《集成》2833)

14. 玁狁匪茹,整居焦获。侵镐及方,至于泾阳。

(《小雅·六月》)

"我西鄙田"指"沚戓"领地的西鄙之田,"戓"即"沚戓"之省,卜辞屡言"沚戓"属地为舌方所侵扰,无非表明前者处在舌方入寇的前沿地带。相应地,东国、南国及镐、方、泾阳等地理称谓,同样也分别接近东夷、南淮夷和玁狁的势力范围,在廓清王朝边域及异族集团的方位上具有坐标意义。

要之,早期人名、族名和地名的合一性,主要就三者的名号而言。尽管笔者承认这种"三位一体"关系的普遍性,但考虑到贵族个体和部族人群的流动性较强,完全可以脱离族居地而发生迁移,所以在缺乏必要旁证的前提下,仍不宜直接利用人名、族名所反映的人群活动线索,来寻求建立所谓族邑、族居地等地理实体之间的空间联系。职是之故,我们在相关研究中,应将纯粹的地名系联及其结论置于优先地位。

总的来说,尽可能利用时代相近而来源不同的地名资料,进一步完善研究方法,尤其是明确并统一系联的要素和标准,同时处理好"异地同名"和"同地异名"等细节问题,都是今后研究中需要面对的关键所在。另外还需说明的是,目前的商周地名体系主要是基于《汉志》《续汉志》《春秋经传集解》及《水经注》等汉唐之际的文献,历经唐、宋地志的不断补充和总结,又经过清代学者的系统考订逐步建立起来的。长期以来,学术界对于古史地理的认知和探索,主要就以此为基础。但众所周知,这一地名体系并非精确完善,相互矛盾之处不在少数,尚待进一步订讹和补苴。况且,汉晋以后的学者在注释古地名时,或以其所处时代的地名作为参照,或采信了一些后世附会的信息,因而并非所有认识都有准确的沿革依据,需要今人仔细甄别。如东周楚地"章华之台",汉人旧说多以为是在"乾溪",杜预注则言"台,今在华容城内",二者之中必有附会。另外,由于未能厘清早期国族的源流关系,以致对地名溯源的判断失当,甚至产生"本末倒置"的错误结论,也是后代史地考证中经常出现的问题。对此,笔者所持的基本态度是:如果迄今尚无证据表明上述体系对地名方位的安排有误,就尽可能遵循传统说法来展开讨论;倘若通过其他新见史料或研究成果的验证,可知该体系的局部安排确有不妥,则在修订前说的基础上,尝试借助地名沿革或流动等因素来解释致误的原因。

另就现状而言,既有研究主要侧重于深入的个案剖析,在局部考索上细致入微,而对该专题的综合性考察及相关方法论探索,则迄今鲜有涉足,这不能不说略显遗憾。比如,探索上古族群迁徙的科学途径包括哪些？单一和成组地名的重名现象,分别具有何种研究价值？又如"以地为氏"和"以氏名地"这两种机制,分别是以何种条件作为基础？而"同地异名""异地同名"及"复合地名"等特殊地名现象,究竟与族群活动存在何种关联？诸如此类问题,均待研究者进行深入探讨和重点揭示。至于"地随族迁"的类型、特征及其演变情况,也有必要适当加以归纳和总结。在笔者看来,围绕众多个案研究而形成的学术积淀,足以为上述构想的实践提供可能。

有鉴于此,我们希望通过本书的写作,努力将零散的国族、地点与成系统的族群、"地名群"及方域结合起来,将静态的地理称谓与动态的交通线路、族群迁徙结合起来,立足于较为充分的实证研究,试对商周族群活动与地名的沿革、空间流动等问题加以综合考察,重点把握不同区域之间的族群交流与政治联动,以期更全面而系统地展示中国早期文明发展的空间背景。

四、若干概念的说明

在展开讨论之前,尚有必要对本书涉及的几个关键概念作具体阐释。

(一) 国族、族群与民族

"国族"这一概念的内涵,实际包括"国"与"族"两类实体。"国"即邦国(state),相当于早期文献中的"邦",[1]属于政治实体的范畴。"族"即族

---

[1] 赵伯雄:《周代国家形态研究》,长沙:湖南教育出版社,1990年,第162—163页。

氏组织,可以涵盖宗族(clan)、家族(family)等不同层次的对象,属于血缘集团的范畴。① 族组织不仅是血缘性的社会单位,同时也拥有领地、附属人口和相关产业,可以视作一个相对独立的政治经济单元。先秦时期各种形态的邦国实体林立,无论是商国、周邦,抑或分封的诸侯及众多"邦方",普遍都由某一血族组织发展壮大而来,或是以某一血缘集团作为主导、联合其他族氏共同形成的。这些邦国既有一定的地域和分布范围,同时也依赖于血缘纽带的维系,二者紧密结合,造就了商周社会的"家国同构"特质。尽管"国""族"这两类实体具有政治性或社会性的不同倾向,且并非所有的血族组织都可发展到"国"的阶段,但无论它们之间存在着怎样的层级高低和规模悬殊,其成长的基本逻辑总是一致的,即必须经历族氏组织这样一个"前国家形态"的发展阶段,并以某个或某些族氏作为人群共同体的核心与主干。因此,本文探讨商周族群迁徙与地名变迁之间的关系,必须兼顾"国"与"族"这两种层次不同却又关联紧密的研究对象,使用"国族"概念的原因也正在于此。

"族群"(ethnic group)一词属于西方人类学术语,20世纪中叶以后逐渐流行。关于族群的界定,目前尚缺乏一个为学界所普遍接受的明确定义,但多数学者主张"群体认同"是族群的核心要素。"族群认同"即本族意识,相对则有排他性的异族意识。人类学研究表明,族群并非独立存在的社会单元,与其他族群的互动关系是其存在的基础,没有异族意识就没有本族意识,没有"族群边缘"也就无所谓"族群核心"。② 因此,共同的历史记忆和现实遭遇,共同的血缘和体质,共同的语言、宗教、习俗等文化特质,只不过是族群成员表达"认同"的客观依据,而拥有相近文化背景的人却不一定属于同一族群。

人类学家巴斯(F. Barth)认为,族群是当事人出于互动目的对自己和他人进行分类的范畴,就族群形成来说,群体的"边界"具有主要作用,而不是群体本身所附带的血统、文化和语言等特质。他进一步强调"尽管族群分类要考虑到文化差异",但是"在族群单位和文化的相似性与差异之间不存在简单的一一对应关系"。③ 所谓"边界",是指单元和单元之间的

---

① 关于族氏、宗族、家族等词的定义与内涵,参见朱凤瀚《商周家族形态研究》(增订本),第7—24页。
② 王明珂:《华夏边缘:历史记忆与族群认同》,杭州:浙江人民出版社,2013年,第6页。
③ 弗雷德里克·巴斯主编:《族群与边界——文化差异下的社会组织》,北京:商务印书馆,2014年,第14页。

界限。这种单元可以是地理带,可以是文化区,也可以是国家或个体。①王明珂先生指出,人类为了利用或保护环境资源,往往以"结群"的方式来分配、争夺与保护资源领域,这便造成了一种"边界"。②

就先秦时期而言,通过"边界"对族群加以界定也具有可行性。例如在史密簋铭(《新收》636)中,作为"夏余"的杞却被称为"杞夷",从而有别于周人代表的"诸夏",盖由于周、杞一度为敌。③《左传》隐公十一年鲁大夫羽父对薛侯云:"周之宗盟,异姓为后。寡人若朝于薛,不敢与诸任齿。""诸任"的对立面即为"诸姬",彼此自可视作以族姓相别的两个"族群"。但《左传》闵公元年管仲劝齐桓公救邢曰:"戎狄豺狼,不可厌也;诸夏亲昵,不可弃也。"实际上,戎狄也存在与"诸夏"同姓者,如大戎狐姬(《左传》庄公二十八年)、姜戎氏(《左传》襄公十四年)即是明证。综上不难看出,"族群"就是基于一个群体内部的自我认同,并通过强调自身特质来限定我群的"边界"而排除他群。④ 尽管对于不同层次的"族群"而言,它们的"边界"可能是充满变动的,但"边界"本身的维持是"族群"赖以存在的基础。

鉴于本书探讨的迁徙主体,有时并非单一国族,而是具有一定内在联系的国族群体,或者只是来自不同国族的部分人群所组成的松散集合体。此类人群多半具有血缘或地域上的密切关联,并通过政治和文化认同,形成了若干具有外部"边界"的集团,甚至在迁徙和流动方向上也保持着相对的一致性,因此我们引入了相对宽泛的"族群"这一概念。例如,早在武王克商之前,姬姓周人与部分姜姓、姞姓国族往来密切,彼此之间通过联姻、交聘形成某种同盟关系或政治认同;又如在周代山东地区,一度形成了以齐、纪、逄为代表的姜姓列国及"诸妘""诸嬴""诸任"和风姓旧邦等区域性血缘集团,凡此大致皆可以"族群"的概念加以统摄。

需要指出的是,族群与民族在概念上既有联系,又有区别。⑤ 按照斯

---

① 徐峰:《边界与族群认同——论淮夷及其与周人之关系》,王铭铭主编:《中国人类学评论》第 21 辑,北京:世界图书出版公司,2012 年。
② 王明珂:《游牧者的抉择:面对汉帝国的北亚游牧部族》,桂林:广西师范大学出版社,2008 年,第 246 页。
③ 张懋镕:《安康出土的史密簋及其意义》,《文物》1989 年第 7 期。
④ 沈长云先生指出,"夷夏"观念实际是在西周时期才开始产生的,所谓"蛮夷戎狄"最初只是周人对敌对势力的泛称,后来才逐渐转变为以文化和地域来界定族群的名称。参见沈长云《先秦史》,北京:人民出版社,2006 年,第 151—154 页。
⑤ 参见徐杰舜《论族群与民族》,《民族研究》2002 年第 1 期。

大林的定义,民族是历史上形成的具有共同语言、共同地域、共同经济生活及表现于共同文化上的共同心理素质的稳定的共同体。① 族群可以是一个民族,也可以是民族中的次级群体。如蒙文通先生将上古时期的人群划分为河洛民族、江汉民族和海岱民族,②每个"民族"似乎亦可视作一个族群。但是,像海岱民族中分布于胶东地区的"莱夷",就只能称为"族群"而非"民族"。况且,"民族"一词的含义较为复杂,它既包括前资本主义社会阶段的"古代民族",也可以指后资本主义时代的"现代民族",而"现代民族"的概念通常带有较为鲜明的政治色彩,如"美利坚民族""民族国家"等,这些"民族"显然不宜等同于"族群"。③ 为了避免理解上的歧义,同时也考虑到先秦民族与"现代民族"之间的区别,因而本书原则上只使用"族群"的概念。

(二)人口流动与族群迁徙

"人口流动"和"族群迁徙"是人类社会普遍存在的社会现象。所谓"人口流动",是指人群的居住地在地理空间上发生变动和位移,通常包括"人口往复"和"人口迁徙"两种情况。④ "人口往复"强调的是人群流动的往返性,而往复的地点、时间也具有相对限定性,如古代戍卒按规定期限前往戍边和返回原籍。"人口迁徙"指人群从原居地迁往新的居住地,并保持相对稳定的居住状态,其内涵与"移民"过程相近。我们通常所讲的"移民",是指"迁离了原来的居住地而在其他地方定居或居住了较长时间的人口",⑤而区别"移民"和"流动人口"的重要标志,也就在于是否定居或长期居住。

本书使用的"族群迁徙"一词,含义大致相当于"人口迁徙",但也存在着一些细微的区别。具体而言,"族群迁徙"首先必须符合"人口迁徙"的基本条件,其一是具备迁徙主体、迁出地和迁入地等要素,其二要满足定居或长期居住的要求。不同的是,"人口迁徙"的主体可以是一定规模的人群集团,也不排除为若干个体结成的小型群队,他们的行为可能是有组织的,但自发性或无序状的流动同样存在。"族群迁徙"则通常为具有

---

① 斯大林:《民族问题和列宁主义》,《斯大林全集》第11卷,北京:人民出版社,1955年,第286页。
② 蒙文通:《古史甄微》,《蒙文通文集》第5卷,成都:巴蜀书社,1999年,第42—62页。
③ 王玉哲:《中华民族早期源流》,第19—22页。
④ 张国硕:《先秦人口流动民族迁徙与民族认同研究》,郑州:大象出版社,2011年,第14页。
⑤ 葛剑雄主编:《中国移民史》第1卷,福州:福建人民出版社,1997年,第10页。

一定规模的、有组织的"人口迁移",它既包括若干国族的整体性迁移,如春秋晚期楚国将淮河流域的附庸小国内迁楚地;也包括一国内部若干族氏集团的移徙,如武王克商后大批殷遗民家族的播迁。需要说明的是,尽管少数国族在迁徙后仍有返回原居地的现象,但这与一般意义上具有往复性的人口流动俨然有别。因此,本书所讲的"族群迁徙"是不包括"人口往复"的。

(三)层化与地名层化

"层化"一词来源于地质学,原义是指地层之间的相互叠压和覆置。民国时期,有学者援引这一概念进行地名学研究,用以称呼不同区域之间的地名重合现象。郑德坤先生对"地名层化"的内涵有一段具体解释,他说:

> "层化的地名"非地质上构造有所相同,亦非地势形成有所一致而纯粹为地名上的层化。换言之,西方有山名某即东方亦有山同名;北方有城名某即南方亦有城同名,这就是所谓地名层化。[1]

不过,从"层化"一词的原义来看,这一概念并不单纯是指相同事物的重复出现,而更侧重于体现事物的叠压状态和先后形成关系。因此,本书在使用"层化"或"地名层化"的概念时,往往更倾向于强调地名的源流关系,而对待一般意义上的地名重名,我们仍主要采用"重合"或"重叠"等词。

---

[1] 郑德坤:《层化的河水流域地名及其解释》,《郑德坤古史论集选》,北京:商务印书馆,2007年,第110页。

第一章 族群迁徙的基本类型与研究途径

商周时期是中华民族形成与发展的奠基阶段,也是邦国、族邑林立的早期国家向中央集权的统一王朝过渡的重要阶段。这一时期,人口流动和族群迁徙格外频繁,为社会经济发展提供了丰富的物质资源,对外则不断拓展中原王朝的政治版图,同时也有力地推动了民族融合的进程。本章从归纳族群迁徙的类型入手,重点讨论考察商周族群迁徙的若干基本路径。

第一节 商周族群迁徙的类型及特征

葛剑雄先生主编的《中国移民史》一书,以人数、持续时间、涉及范围和影响为标准,并结合移民的性质、民族、迁徙方向、迁徙路线等要素,将中国历史上的移民划分为生存型移民、强制性移民、开发性移民、游牧民族或非华夏族的内徙与西迁及沿海地区的海外移民五类。[①] 考虑到上述研究对象的时代跨度大,所涉事类更为复杂,如单纯的开发性移民、海外移民和游牧民族,在春秋以前都难以找到确切实例,故不宜直接按图索骥。

由于历史背景和文化特质有别,商周时期的族群迁徙活动同样呈现殊异的面貌,对于地名、国族名沿革的影响也各不一致。笔者拟以移徙背景作为分类标准,试将商周时期的族群迁徙划分为"都邑迁徙""分封迁徙""被征服迁徙"和"服事迁徙"若干类型。其中,"都邑迁徙"型是指有关族群随着都邑等中心聚落的转移而发生的主动性迁徙,包括早期商、周

---

① 葛剑雄主编:《中国移民史》第1卷,第54—74页。

等族的迁徙与周代封国的徙都,异族方国迫于中原王朝的军事压力而远播,抑或周边戎狄部族徙居内地、威胁华夏等事例。具体来说,此种类型大致具有以下特征:

1. 族群的迁出地、迁入地及迁徙路线,皆由其中心聚落的迁移方向决定;

2. 迁徙者在其政治、社会组织内部居于主导地位。

需要说明的是,过去人们往往强调三代一脉相承,很容易将其与秦汉以降的改朝换代混为一谈。按照现今学界的基本认识,夏、商和周乃是在相同或相近时段内独立存在、平行发展的三个国族,所谓"三代更迭",只不过是其中一方通过竞争取得了"共主"之位,体现的是不同集团在天下格局中的势力消长和地位沉浮。[1] 从这一层面上讲,所谓的"王朝"实际是以某个国族为主导的时空概念。至于春秋以前的"国",起初亦仅限于国都及其近郊,国与国之间尚未产生严格意义的疆界,后来随着人口不断扩张,吞并周边邑群,国与国的边界才得以互相连属,最终逐渐形成了领土国家。[2] 因此,早期国家阶段的迁都之举往往也被称为"徙国"。

《尚书·盘庚》云:"先王有服,恪谨天命。兹犹不常宁,不常厥邑,于今五邦。"是谓自成汤至于盘庚,商王国的都城已经辗转迁徙了五次,每至一地即相当于建立一处邦国,故曰"五邦"。林沄先生指出:"由一个都鄙群构成的国,所谓'迁都',实际是整个都鄙群的人们一起迁徙。"[3]换句话说,每当国族都邑发生转移的时候,大部分的居民往往都会随之迁徙。鉴于迁徙者在原居地人群中占据主体部分,因而迁徙过程常伴有原居地名的流动现象。

当然,彼时的迁都行为也并非总表现为都邑及其所属人口的整体搬迁,尤其是在某一国族基本确立了势力范围的前提下,统治者也会通过政权中心或行政中枢的转移,以加强对其政治领域的有效控制,同时便于监视和镇戍敌对势力。如周公营洛之后,成王曾将王宅迁移至此,何尊铭(《集成》6014)言"初迁宅于成周",是谓成王所徙者实为象征着最高统治

---

[1] 张光直:《从夏商周三代考古论三代关系与中国古代国家的形成》,《中国青铜时代》,北京:三联书店,1999年,第66—97页。

[2] 王玉哲:《殷商、西周疆域史中的一个重要问题——"点"和"面"的概念》,《古史集林》,第197—203页。

[3] 林沄:《关于中国早期国家形式的几个问题》,《林沄学术文集》,北京:中国大百科全书出版社,1998年,第85—99页。

权力的王居。① 相应的,王朝的行政中枢自然也要随之东迁,周公遗言曰"必葬我成周,以明吾不敢离成王",②而令方尊铭(《集成》6016)所见成周一地亦设有卿事寮和太史寮,凡此均可为证。但是,宗周地区的大批居民则未必尽皆随迁。在这种情形下,迁徙主体基本由社会上层即统治阶层构成,他们在原居地人群中占据主导地位,所以"迁宅"同样也会引起原居地名的移徙或国族名号的变更,但其实例似不如"徙国"普遍。

所谓"分封迁徙",是指由实行分封制度而发生的族群迁徙。众所周知,随着西周王朝推行"授民授疆土"的"封邦建国"运动,大批宗室、姻亲贵族率其家族成员离开故土,徙至受封地区建立了新的根据地,从而形成了"藩屏周室"的局面。就上述迁徙者来说,他们既非原居地同类人群中的主体部分,又在原有的政治、社会组织内部居于次级地位,因而此种类型的显著特征,通常以族组织的分衍作为人群迁徙的前提。例如周公封鲁和召公建燕,均分别由其长子率领部分家族成员就封,对于周、召二氏而言,伯禽封鲁和"克侯于燕"都导致了原有家族组织的分化,实际即相当于"别立宗氏"的过程。这些分族徙居封地之后,往往会采用新的居邑地名作为国族名号,所以"分封迁徙"基本不会造成原居地名的播迁。

不过,广义的分封情形较为复杂,概言之可以分为三种类型:一是分封同姓宗室;二是分封齐、许、申、吕等旧勋功臣和姻娅之亲;三是针对先代"共主"之苗裔实行的"褒封",如陈、杞、宋等。另外,当时尚有难以计数的旧邦古族归附于周,周人可能也会通过一定的形式,对此种服属关系加以承认,故其亦可归入"褒封"之列。在整个周代的"封邦建国"运动中,最为典型者莫过于同姓宗室和功勋贵族的分封。然而这种举措的顺利推行,必须建立在不断占有土地、人口的基础上,所以它往往伴随着周人的军事扩张,同时也需要代表胜利一方的族群根植于此,以巩固和维持对外战争的成果。对此,伊藤道治先生有一段论述极为精辟,不妨迻录如下:

> 当西周的军队得到某一据点时,恐怕就在那里封建指挥官。当时的军队以族的编制为基础,各级指挥官以自己一族的家臣、侍从组成军队,当军队在某地定居时,可以原封不动地转变为领主。③

---

① 参见朱凤瀚《〈召诰〉、〈洛诰〉、何尊与成周》,《历史研究》2006 年第 1 期。
② 《史记》卷 33《鲁周公世家》,北京:中华书局,1982 年,第 1522 页。
③ 伊藤道治著,江蓝生译:《中国古代王朝的形成——以出土资料为主的殷周史研究》,北京:中华书局,2002 年,第 215 页。

至于大批的"褒封"对象,则多半是已经拥有故土、民人的旧邦,即便有所谓"封"者,也无外乎是给予形式上的认可,受到"褒封"即意味着因其故旧,未必皆要另徙他处。因此,"分封迁徙"这一类型通常并不包括"褒封"在内。

顾名思义,"被征服迁徙"是指征服者采取军事或行政手段,强制或迫使被征服的一方进行迁徙。例如,殷墟甲骨文中经常出现"奠×""在×奠""于×奠"之类的记录,据裘锡圭先生研究,上揭文例中的"奠"意即统治者将征服或服属国族的一部分或全部,"奠置"在商人控制的区域之内。① 这种"奠置"被征服的手段,势必会导致有关族群的地域流动。又如周公东征之后,按照西周统治者的"分而治之"策略,大批殷"顽民"群体被陆续迁至成周、岐周等地实行集中管理;部分族氏或沦为周人贵族的附庸,并随前者的分封而徙居新的地域;有些殷遗强宗则被进一步肢解,然后再分别迁往其他地区。② 这些措施一方面有效铲除了潜在敌对势力的威胁,同时也为西周王室和其他周人贵族领地的社会发展提供了丰富的劳动力资源和技术支持。再如东周时期的楚国曾将归附的陈、蔡、许等淮上诸侯内迁楚境,不仅是为了加强楚人对淮北地区的直接控制,而且也可以实现对附庸势力的羁縻和管理。上述各种情况无疑都属于"被征服迁徙"的类型。

在此种迁徙类型下,被征服者往往保持原有的族氏名号,基本不会因为新的居邑地名而更改氏名。至于原居地名是否变动,窃以为当视迁徙主体和迁入地的具体情况而定。如果迁徙主体的族组织结构相对完整,成员的族属成分较为单一,那么从理论上讲,其原居地名很可能会随着有关人群而发生流动,反之则否。另一方面,倘若迁入地位于王畿地区,或为诸侯国都邑等人群构成复杂的高等级聚落,则被征服者迁徙几乎不会造成原居地名的移植。

值得注意的是,异地族群向王朝都邑的集中流入,还存在着一种不甚彰显却又十分普遍的现象,今不妨暂称之为"服事迁徙"型。学界对这种迁徙类型的认识,大致从发现甲骨贞人名与国族名的关联开始,进而考察商周都邑聚落内部的人群构成。如伊藤道治先生曾注意到,贞人出身的

---

① 裘锡圭:《说殷墟卜辞的"奠"——试论商人处置服属者的一种方法》,《"中研院"历史语言研究所集刊》第 64 本第 3 分,1993 年。
② 参见朱凤瀚《商周家族形态研究》(增订本),第 261—290 页。

族与殷王国之间可能存在联合体的关系。① 吉德炜先生则认为,商人的盟友或联姻国族往往会向商王致送贞人。② 张秉权先生也提出过类似看法,并推测贞人可能是"一方之雄的方国首领、服务于中央朝庭者"。③ 陈絜先生通过对殷墟遗址出土族氏铭文的分析,指出该聚落内部的居民并非由单一的子姓商人构成,至少还包括姜姓、妘姓、改姓等族氏。④ 李伯谦先生结合铜器族徽和卜辞资料,提出商王会利用从异姓国族选拔贞人、小臣和武装力量的手段,以加强中央与地方的政治联系。⑤ 严志斌先生认为,基于对殷墟西区墓地出土器铭的梳理,可以揭示出丙、冉、戈等国族成员曾供职或受质于商王朝。⑥ 实际上,上述情况不仅见于晚商阶段和殷墟遗址,而且也广泛存在于西周时代的都邑类聚落。李峰先生即以井、虢、散诸氏为例,提出西周畿内贵族在乡村领有采地的同时,往往又在周原等城市内拥有居所作为据点。⑦ 根据笔者的初步研究,岐周、宗周、成周、丰邑和西郑等地皆呈现出不同来源之贵族人群的聚居现象,而这些诸侯、邦君会在王朝都邑设有分族和居宅,很可能是由于"以共王职"的缘故。⑧

在我们看来,随着商和周人确立了自己在天下格局中的统治地位,外服诸侯及其他服属国族往往会派遣部分家族成员前赴王都,专门听命于最高统治者,从而通过履行相应的职事义务,来维持名义上的从属关系。这种因供职王朝而导致异地族群集中流入的现象,在当时无疑是普遍存在的。不过,考虑到迁徙者移居王都主要是出于服事目的,因而有关国族人群的输出规模恐怕有限,大概无外乎个别的分族,甚至仅为若干族人的

---

① 伊藤道治著,江蓝生译:《中国古代王朝的形成》,第56—57页。
② Keightley, David N. (吉德炜). "The Late Shang State: When, Where, and What?" (商代晚期国家:何时、何地、何物). In David N. Keightley, ed., *The Origins of Chinese Civilization* (中国文明的起源). Berkeley, Cal.: University of California Press, 1983. p. 549.
③ 张秉权:《甲骨文与甲骨学》,台北:国立编译馆,1988年,第433—439页。
④ 陈絜:《试论殷墟聚落居民的族系问题》,《南开学报》(哲学社会科学版)2002年第6期。
⑤ 李伯谦:《从殷墟青铜器族徽所代表的族氏的地理分布看商王朝的统辖范围与统辖措施》,北京大学考古文博学院编:《考古学研究》(六),北京:科学出版社,2006年,第119—153页。
⑥ 严志斌:《殷墟西区墓地所见铜器铭文探讨》,中国社会科学院考古研究所夏商周考古研究室编:《三代考古》第2辑,北京:科学出版社,2006年,第450—458页。
⑦ 李峰著,吴敏娜、胡晓军、许景昭、侯昱文译:《西周的政体:中国早期的官僚制度和国家》,北京:生活·读书·新知三联书店,2010年,第156—160页。
⑧ 详参赵庆淼《西周王畿地区政治地理研究》(北京大学博士后研究工作报告,2018年6月)第四章第三节、第五章第二节的有关论述。

个体家庭组织。① 职是之故,"服事迁徙"型通常不会造成迁徙者原居地名的流动,也不会引起相关国族名号的变化。

总的来说,上述迁徙类型之间既有区别和界限,同时也存在相互交织的可能。在迁徙主体相对单一的前提下,同一次迁徙活动只能对应某种类型;但若迁徙主体较为多元,则相同的史事背景中可能也有不同的迁徙类型并存。如周成王迁宅于成周,实现"宅兹中国"②的政治构想,此举对于周王室而言无疑属于"都邑迁徙"。但在周人贵族之外,尚有以"百工"阶层为代表的大批殷遗民徙居成周,他们中相当一部分应该来自军事征服和人口掠夺,这类群体的流入则可归为"被征服迁徙"的类型。因此,在人群成分相对复杂的情况下,迁徙类型的判断当视迁徙主体的具体类别而定。至于不同迁徙类型与国族名、地名沿革的关系,请参看表1.1所归纳的基本情况。

表1.1 不同迁徙类型与国族名、地名沿革的关系对照表

迁徙类型	亚　　型	对国族名的影响	对原居地名的影响
A. 都邑迁徙	A1. "徙国"	可引起国族名的变迁	会造成"地随族迁"
	A2. 政权中心或行政中枢的转移	可引起国族名的变迁	会造成"地随族迁"
B. 分封迁徙		产生新的国族名	不会造成"地随族迁"

---

① 例如,关于殷墟西区墓地的性质,过去一般认为是商人聚族而葬形成的族墓地。但近年来,学界逐渐对所谓"族墓地"的定性加以反思和重新审视。如唐际根等先生提出,"所谓'殷墟西区墓地',实际上可能是居址与墓地相夹杂的关系"。参见中国社会科学院考古研究所安阳工作队《河南安阳市殷墟孝民屯东南地商代墓葬1989—1999年的发掘》,《考古》2009年第9期。此外也有学者从不同角度指出,殷墟西区墓地所体现的社会组织形态,很可能是以核心家庭为主流的。参见严志斌《殷墟西区墓地所见铜器铭文探讨》,中国社会科学院考古研究所夏商周考古研究室编:《三代考古》第2辑,第450—458页;郜向平《晚商"族墓地"再检视》,北京大学中国考古学研究中心、北京大学震旦古代文明研究中心编《古代文明》第12卷,第123—131页。
② 西周金文的"中国""东国""南国"之"国"字本作"或",不少学者主张读为"域",表示"区域"之义。参见陈梦家《殷虚卜辞综述》,第319—320页;赵伯雄《周代国家形态研究》,第168—169页;平势隆郎著,周洁译《从城市国家到中华:殷周春秋战国》,桂林:广西师范大学出版社,2014年,第46页。笔者亦倾向于这种意见。然而,考虑到《尚书》《诗经》等典籍的用字习惯,我们仍将该字统一隶释为"国",但它与"邦国""国人"的"国"含义并不相同,特此说明。

续表

迁徙类型	亚　　型	对国族名的影响	对原居地名的影响
C. 被征服迁徙	C1. 整体迁徙	不会引起国族名的变迁	会造成"地随族迁"
	C2. 分化迁徙	不会引起国族名的变迁	很少造成"地随族迁"
D. 服事迁徙		不会引起国族名的变迁	不会造成"地随族迁"

第二节　探索商周族群迁徙的五条途径

如前所述,构成族群迁徙的基本条件,首先是具备迁徙主体、迁出地和迁入地等若干要素,再则迁徙主体必须在迁入地定居或者长期居住,另外,族群迁徙通常是具有一定规模、有组织的人群行为,以上三者缺一不可。由此不难看出,探讨古代族群迁徙的关键之处,在于把握人、地两大要素的相互关系,只有通过观察古代人群在地理空间上如何移动和定居,才能最终厘清族群迁徙的来龙去脉。

不过,探索商周族群迁徙的资料来源较为庞杂,除了传世文献和出土文献中直接或间接的叙事性文字外,还包括大量隐性的地名线索、带有传说性质的族群谱系和人物遗迹、考古学文化遗存及背景信息相对明确的铜器族铭等。就这些不同类型的史料而言,研究者对它们的逐步认识和加以利用,曾经历了一个较长的历史阶段,甚至可以说体现了史学研究范式的转变。在本节中,我们不妨围绕上述几种资料,试对相应的探索途径及具体研究方法展开讨论。

一、叙事性的文字记载

关于商周时期的族群迁徙活动,各类典籍和出土文献中存在着大量直接或间接的叙事性记载,这些文字往往最容易为人们所关注和利用,也是探索该问题的主要资料来源。

首先,文献记载中凡明确出现"迁""徙"等表示"迁移""徙居"一类意思的动词,通常可以作为认定族群迁徙的直接标志。如:

盘庚迁于殷,民不适有居。　　　　　　　　(《尚书·盘庚》)

成周既成,迁殷顽民。　　　　　　　　　　　　(《尚书·多士》)
　　唯王初迁宅于成周,复禀武王礼祼自天。　(何尊,《集成》6014)

　　除了迁徙主体和迁入地之外,古代的文字记录常常还会提供更为全面的信息,如迁出地、迁徙时间等要素,甚至包括迁徙的具体细节,有助于我们考察相关的史事背景和族群源流。如:

　　至灵王自为郢徙居秦(干)溪之上,以为处于章[华之台]。
　　　　　　　　　　　　　　　　　　　　　(清华简《楚居》11)
　　二邦伐緒(鄀),徙之审(中)城,回(围)商密。
　　　　　　　　　　　　　　　　　　　　　(清华简《系年》39)

　　"出""复""宅"等动词,也经常用来记录古代人群的移徙活动。如西周早期的麦方尊铭(《集成》6015)言:

　　王令辟井(邢)侯出𢀜(𠂤),①侯于井(邢)。

上铭记载的是周初分封邢侯的经过。"出𠂤"意即迁离周畿附近的𠂤地,"侯于邢"是指前往邢地担任侯的职事,迁出地和迁入地既已明确,邢氏分族随邢侯就封的迁徙路径便不难推知。又《楚居》简14—15有云:

　　王太子以邦复于湫郢,王自鄩吁徙蔡。王太子自湫郢徙居疆郢。

"王太子"即楚简王,此时尚为惠王太子。"邦"即国也。"复"者,归也。

---

① 过去学界多从王国维说,将麦方尊铭的"𢀜"字隶释作"坏",认为该地可对应《禹贡》"大伾",在今河南荥阳西北。但据谭其骧先生研究,《禹贡》"大伾"当在今河南浚县东郊。参见谭其骧《西汉以前的黄河下游河道》,《长水集》(下),北京:人民出版社,1987年,第56—86页。如是,则与鄂侯驭方鼎(《集成》2810)所记周王南征返归成周的路线不甚相协。窃以为尊铭"𢀜"字当隶定为"𠂤",其地可能与成周以东的偃师"西亳"有关。参见拙作《西周金文"𠂤"地识小》,《中原文物》2014年第5期。此外,"𠂤"从毛声,若读为"宅"似同样合宜。《尚书·召诰》:"惟太保先周公相宅。"此"宅"即洛邑之王居。《尔雅·释言》:"宅,居也。"故"出宅"可理解为离开所居之地(前往封国)。

故简文大意是说，王太子将国都迁回湫郢，楚惠王则自鄩呼徙居蔡地。整理者指出，楚惠王与太子别居两地，可能是因为惠王年老，故由太子率领朝臣居国执政。① 又，新蔡葛陵楚简有云：

> 昔我先出自㸸逬，宅兹沮（雎）、章（漳），𦣞（以）选迁尻（处）。
> 　　　　　　　　　　　　　　　　　　　　　（《新蔡》甲三·11、24）

裘锡圭先生认为，简文"㸸"指均水，即今之淅川；"逬"字当释作"遗"，在此可读为"窦"。所谓"㸸窦"，是指淅川一带的地穴。② 其说可从。按古书所云某某"出自"之后，常有系以地名的情况，裘先生曾举《小雅·伐木》"出自幽谷"和《楚居》"前出于乔山"为说。此外，《左传》昭公十六年子产所言"昔我先君桓公与商人皆出自周"，与"昔我先出自㸸逬"的文例完全相同，足资左证。通过对比可知，上揭两则引文都是针对本族来源的追述，"出自"之前的主语作为迁徙主体，其后所接的地名"㸸逬"和"周"均系迁出地，而"宅兹沮、漳"一语，则明确道出了楚人徙居江汉地区的具体位置当在沮漳河流域。

在一些特定的历史背景下，文献中出现的"走之""去国""自窜""出奔"等词，其实往往是指群体性的行为，只是在表述时容易将其归为某一核心人物的事迹。例如：

> 武王胜殷，继公子禄父，释箕子之囚，箕子不忍为周之释，走之朝鲜。武王闻之，因以朝鲜封之。　　　　　　　　　　　　（《尚书大传》）
> 纪侯不能下齐，以与纪季。夏，纪侯大去其国，违齐难也。
> 　　　　　　　　　　　　　　　　　　　　　　　（《左传》庄公四年）
> 夔子不祀祝融与鬻熊，楚人让之。对曰："我先王熊挚有疾，鬼神弗赦，而自窜于夔，吾是以失楚，又何祀焉？"（《左传》僖公二十六年）

所谓"箕子走之朝鲜"，断然不会踽踽独行，当指殷遗贵族携众徙居朝鲜。《左传》庄公四年所记之事，乃因纪侯不能屈身事齐，故委社稷于其弟纪季

---

① 清华大学出土文献研究与保护中心编，李学勤主编：《清华大学藏战国竹简》（壹），第191页。
② 裘锡圭：《说从"耑"声的从"贝"与从"辵"之字》，《文史》2012年第3辑（总第100辑），北京：中华书局，2013年，第9—28页。

而自行离国。杜注："不见迫逐，故不言'奔'；'大去'者，不反之辞。"可见纪侯他迁之后未尝返国，与一般"出奔"的情形有所不同。《左传》僖公二十六年谓楚熊挚因疾失国，避居于夔，故为夔之始祖。然而熊挚曾继任楚君一事，不仅见载于《楚世家》，同时亦为《楚居》所证实。徐少华先生研究指出，楚先王熊挚死后，由其弟熊延代立为君，熊挚的嫡嗣因继任楚君未果，故率族众去楚而奔夔。① 因此，所谓"自窜于夔"，实际是指熊挚后裔徙居夔地、别立宗氏的过程。

有关周代分封史实的文字记录中，凡出现"侯于+地名"之类的文例，亦可视作判断族群迁徙的标志。如：

1. 王曰叔父：建尔元子，俾侯于鲁。　　　　　　　（《鲁颂·閟宫》）
2. 王曰大保：唯乃明乃心，享于乃辟。余大对乃享，令克侯于匽。
　　　　　　　　　　　　　　　　　　（克盉，《新收》1367；克罍，《新收》1368）
3. 㲃公作夔姚簋，遘于王令昜（唐）伯侯于晋。
　　　　　　　　　　　　　　　　　　　　　　　　（㲃公簋，《铭图》4954）
4. 余肇建长父侯于杨，余令汝奠长父，休。
　　　　　　　　　　　　　　　　　　　　　　（四十二年逨鼎，《新收》745）
5. 亦唯汝吕丁，扞辅武王，干敦殷受，咸成商邑……命汝侯于许。
　　　　　　　　　　　　　　　　　　　　　　　（清华简《封许之命》3—5）

凡此"侯于+地名"诸例，皆与前揭麦方尊之"侯于邢"相同，意即受命前往某地担任侯的职事，迁徙主体除了受封贵族之外，理应包括前者的家族成员及其附庸人群。类似者尚有"鄙于+地名""邑于+地名"之例，如沬司土疑簋(《集成》4059)"诞令康侯鄙于卫"、《大雅·崧高》王命申伯"于邑于谢"等。

此外，很多叙事性记载中虽未直接出现表示"迁徙"之义的词语，但通过对关键词的分析和上下文意的梳理，我们亦可揭示出其中蕴含的族群迁徙史实。如《史记·楚世家》载：

熊渠生子三人，当周夷王之时。王室微，诸侯或不朝，相伐。熊渠甚得江汉间民和，乃兴兵伐庸、杨粤，至于鄂。熊渠曰："我蛮夷也，

---

① 徐少华：《夔国历史地理与文化遗存析论》，《中国史研究》2012年第2期。

不与中国之号谥。"乃立其长子康为句亶王,中子红为鄂王,少子执疵为越章王,皆在江上楚蛮之地。①

这段文字记载了楚人在西周晚期一度崛起并向外拓土的情形,其中所反映的族群活动轨迹尤为值得关注。不过,关于熊渠"三子"的名称及其人物关系,《楚世家》与《世本·帝系》《大戴礼记·帝系》所记多有出入。结合清华简《楚居》来看,《楚世家》"熊康""熊红"很可能实为一人,即《楚居》中的"熊䵣",其子则为"熊挚",与"熊延"为兄弟行。② 因此,所谓熊渠立"三子"为王,所体现的只是楚人在扩张过程中不断移徙的史实,而熊渠以下诸君依次徙居的地点,也就指明了楚族的播迁方向。

又如,殷墟卜辞中习见用作动词的"奠"字,宾语常为某国或某族之人:

1. 贞:𢼸(弁)③人率奠于☐。 (《合集》7881,宾)
2. 丙寅贞:王其奠𠂤侯,告祖乙。
……贞:王其奠𠂤侯,告祖乙。 (《合集》32811,历)

一般来说,被奠置的国族通常在商人的控制之下由原居地迁往新的居地,以便商王役使,这点在下列卜辞中可以看得十分清楚:

1. 辛巳卜:王其奠元眔永,皆在盂奠。王弗悔。濼。
(《屯南》1092,无名)
2. 辛酉贞:王令㠱以子方奠于井。 (《合集》33278,历)
3. 辛亥贞:王令㠱以子方奠井。在父丁宗彝。
(《屯南》4366,历)

例1的"元"和"永"均为商王奠置的对象,"盂"则是晚商时期重要的商王田猎地之一,而奠置"元""永"的经过,也就相当于将二族迁往盂地定居的过程。例2、3显系一事多卜的情况,所卜内容即商王命"㠱"统领"子

---

① 《史记》卷40《楚世家》,第1692页。
② 李守奎:《根据〈楚居〉解读史书中熊渠至熊延世序之混乱》,《中国史研究》2011年第1期。
③ 赵平安:《释甲骨文中的"𢼸"和"𠂤"》,《文物》2000年第8期。

方"并将后者奠置在并地。① 凡此均是部分部族成员脱离原居地而迁徙流动的实例。

二、隐性的地名线索和"地名组群"

传世典籍和出土文献中保存了大量的商周地名,它们尽管文字简短,却蕴含着丰富的历史信息。近世以降,随着近代人文地理学和地名学的传入,地名的史料价值渐为人们所关注和揭示,也有不少学者利用地名资料来探讨古代族群的迁徙居处,这无疑是一种行而有效的研究途径。如顾颉刚先生指出:

> 研究历史必及地名,而古代地名素来是读史者的障碍物。其一,那时一地常有数名,或数地共享一名,一不小心就会出岔子,要一一清理非常费事。其二,即使地名本身无大问题,而历代学者的解释又复错综纷纭,一个地名常有二处、三处以至四处的说法,究竟从哪一说才对。其三,地名常因民族的移徙,前人对于古代地名看得过分呆板,对于民族移徙又绝未注意,所以弄得许多地方窒碍难通,现在也必须加以纠正。②

顾先生的这段论述,直接点出了"同地异名""异地同名"和地名的流动性等一系列关键问题,可谓切中肯綮,尤其是强调观察和研究古代地名时,必须具有民族移徙的意识,这无疑是很有启发性的。

不过,就为数众多的地名资料而言,它们所处的文本背景仅有很少一部分牵涉人群迁移,只有建立地名与族群活动之间的客观联系,才能充分揭示出其中所蕴含的历史信息,从而体现前辈学者思想的事实和理论依据。如前所述,族群迁徙不仅要受到地理环境的影响和制约,同时也会对地理客体产生相应的作用,后者反映在国族名号与地名的关系方面,通常有以下两种典型的表现:一是人群徙居迁入地之后,原有的国族名可能会

---

① 裘锡圭先生曾推测,也有可能是"子方"跟"屰"一起去执行某种奠置的任务。参见裘锡圭《说殷墟卜辞的"奠"——试论商人处置服属者的一种方法》,《裘锡圭学术文集》第5卷,第179页。不过,蒋玉斌先生新缀的一版宾组卜辞(蒋一安《三代吉金汉唐乐石拓存》15+《合补》8583)则作"令屰奠子方于并",可知被奠者实为"子方"。参见蒋玉斌《说甲骨新缀所见的"南孟"与"奠子方"》,《汉字汉语研究》2019年第4期。
② 顾颉刚著,王煦华整理:《春秋地名考》(未刊本),北京:国家图书馆出版社,2006年,第3页。

发生改变，并与迁入地地名保持一致，即所谓的"以地为氏"；另一种常见情况，则是迁徙者将旧居地名带到徙居地，从而引起迁入地地名的变更，亦即本书所讲的"地随族迁"。上述这两种现象，是研究者从族群迁徙的大量实例中总结出来的，因而具有一定程度的普遍意义。

从逻辑上讲，既然古代族群的分衍和迁徙经常会引起地名的远播，并由此导致相同地名在地理版图上的重复出现，那么，我们就有理由通过"同地名之分布"或"新地名之孳乳"现象，对相关人群的活动轨迹加以考察。例如，顾颉刚先生在《徐和淮夷的迁、留》一文中，即以不同时空范围内的地名、国族名"淮"为切入点，将商末周初山东境内的潍水、淮夷，与周代南土的淮水、南淮夷加以联系，继而勾勒出周公东征与夷族南迁的政治地理情势。[①] 尽管依照现今的学术标准判断，上述所论在涉及淮夷来源及"淮夷""南淮夷"名号关系的认识上，未免存在不尽准确之处，但地名"淮（潍）"随东方族群移徙而发生流动的可能性，目前仍不宜轻易否定。

不难看出，顾先生的上述实践，首要在于抓住潍水和淮河流域均有夷族定居的这一基本史实，明确了人群与地理的客观联系。继而紧扣周初东夷集团曾经南迁的历史背景，由此构建起不同区域之间国族名和地名的关联，最终将地名的流动与族群的播迁加以衔接。换言之，利用隐性的地名线索来考察古代族群的迁徙活动，首先须确立地名与有关国族的对应关系。这是因为地名仅仅表示地理实体，而国族名才是政治实体或人群集团的标识，不能将二者直接等同，有地名A，并不意味着定然存在国族名A；其次，结合反映国族源流的其他背景资料，明确不同区域地名之间的关联；第三，根据地名或国族名的相对早晚关系，廓清有关人群的迁徙方向，以免得出"本末倒置"的结论。如果脱离了上述若干关键点，仅凭不同地点的地理称谓相同，就率尔判断这一现象是由人群移徙造成的，其结论自然难以令人信服。毕竟，逻辑的合理性和零星线索，终究无法取代确凿证据的力量。

比如说，顾先生在另一篇名作《燕国曾迁汾水流域考》中，同样试图利用地名关系来探讨封国的迁徙问题。他根据山西境内"泽以燕名，山以燕名，戎以燕名"等现象，推断汾水上游一度为召公封域，并认为燕国自河南

---

① 顾颉刚：《徐和淮夷的迁、留——周公东征史事考证四之五》，《文史》第32辑，北京：中华书局，1990年，第1—28页。

郾城徙封至此，乃正式更名为"燕"，后来才迁国于蓟都。① 顾先生由地名重名现象联系到人群的区际流动，进而提出周初燕国可能存在徙封的设想，以当时的学术条件而言，自属难能可贵。不过，无论是郾城抑或晋北的燕山和燕戎，它们同召公之燕都仅为重名而已，并无其他可靠的内在联系，因而难以坐实有关地名与国族之间的对应关系。② 实际上，20世纪70年代以来北京房山琉璃河西周遗址的发掘，特别是克罍、克盉等有铭铜器的出土，业已有力地证明燕国的始封地就在今房山区琉璃河镇一带，并不存在所谓的徙封之举，亦无所谓变更国名的问题。③

综上可见，借助单一地名的分布情况来勾稽古代国族的活动轨迹，并非在任何条件下都完全可行。首先，地名只是反映人群迁徙流动的一种线索，其本身并不等同于国族或族名，就事实而言，地名与国族名终究有合有分，也未必总是会保持一致。因此，尽管"地随族迁"现象相当普遍，却不能视作族群活动的绝对定律。例如，无论是齐胡公徙都薄姑，抑或齐献公还治临淄，均未曾导致国名"齐"的沿革与始封地名"营丘"的迁移，就是非常典型的例子。有学者提出"古代人搬迁地名虽不乏其例，但更多的则是旧地名在原地的沿袭相传"这一观点，④确实应该引起足够重视。另一方面，利用隐性的地名线索来考察人群流动，究竟应该择取哪些地名样本进行系联，同样也是一个颇为棘手的环节。毕竟，先秦地理版图上的"异地同名"现象极为常见，其成因却比较复杂，至于文字、音读相近的地理称谓更是不胜枚举，一旦不能确定这些同名或相似地名的内在联系，我们便无法排除其中存在的偶合可能，⑤然则也就难以将地名"层化"尽皆归因于"地随族迁"。在这种情况下，构建不同区域之间的"地名组群"加

---

① 顾颉刚：《燕国曾迁汾水流域考》，《责善半月刊》第1卷第5期，1940年。民国时期，以傅斯年为代表的学者普遍认为，周初召公封燕原在河南郾城，后随王朝的北土扩张而徙封于蓟。
② 翼城大河口墓地M1出土两件铸有"旨作父辛觯"铭文的三足爵形器，另有一件燕侯旨为"姑妹"所作的铜卣，这些器物大概属于贵族妇女出嫁的媵器，说明燕国在西周早期已与晋南国族保持着密切的往来。联系克盉（《新收》1367）、克罍（《新收》1368）铭文所见燕侯受命役使"驭戎"等部族的情形来看，燕在立国之初的势力范围可能较广，不排除一度进入太行山脉北段及汾水上游地带，周边那些以"燕"为号的地名遗迹也许与此有关。
③ 中国社会科学院考古研究所、北京市文物研究所：《北京琉璃河1193号大墓发掘简报》，《考古》1990年第1期。
④ 尚志儒：《郑、棫林之故地及其源流探讨》，《古文字研究》第13辑，第438—439页。
⑤ 至于单凭一字之异同，就将有关复音节词地名加以归并，则更是非常冒险的。顾颉刚先生对此就有所批评，参见顾颉刚《骊戎不在骊山》，《史林杂识初编》，第55—56页。

以综合考察，则往往具有重要的学术意义。

众所周知，在晚商卜辞田猎地的考订中，郭沫若先生首倡以若干地名系联成组的整体考察方法，对古史地理研究的贡献重大，迄今影响甚巨。① 我们提倡以"地名组群"作为研究的出发点，正是受到上述思路的影响，但在操作手段和学术取向方面犹有一定的分别。② 所谓甲骨文"地名组"或"地名群"，是指利用干支、同版或异版关系对卜辞地名进行系联形成的地名体系。在这样的一个"地名组群"内部，众多地名宛如不规则多边形的若干顶点，彼此之间的空间关系较为稳定，甚至里程明确，故不可随意移动。研究者通过落实其中部分地名的地望范围，便可窥知整个地名体系的大致方位。相较依靠单一地名比对文献的传统手段而言，上述方法有助于减少"异地同名"问题对地理考订的干扰，其科学性是不言而喻的。

相比之下，利用"地名组群"的基本思路来进行族群源流的探索，则是为了尽可能发挥"异地同名"的史学价值，因而所涉及的地名体系，自然也就有了空间分异，宛如一整套地名在不同区域之间"复制"或者"层累"一般。早在民国时期，就有研究者从上述角度探讨古代人群的移徙流动。例如，郑德坤先生曾通过整理《山海经》注释，从中爬梳出三十处地名"层化"的例证，进而结合古代西域与黄河流域地名集中重合的景观，指出此类现象应该视作民族迁移的结果。③ 在当时的学术条件下，郑氏的研究过程尽管尚欠严密，但终究筚路蓝缕，功不可没。最近，亦有学者运用这一思路，在方法上作了更为细致的阐释。如于薇女士援引金祖孟先生的地名"结群"（Gruppierung）概念，进一步提出了"重名地名群"的研究手段。她认为，地名"结群"所依据的"共同的来源"，往往缺乏直接证据，要找到地名之间的逻辑，时间和空间是最直接的入手途径。④ 这是很有见地的。遵循以上思路，作者在晋南地区与鄂东豫西地区筛选了17组两周时期的重名地名，从而确立了一套"重名地名群"，由此对前者的形成及其与人群

---

① 郭沫若：《卜辞通纂·序》，北京：科学出版社，1983年，第13—14页。
② 参见陈絜、赵庆淼《"泰山田猎区"与商末东土地理——以田猎卜辞盂、𢀛诸地地望考察为中心》，《历史研究》2015年第5期；赵庆淼《卜辞之曾地望考》，《中原文物》2015年第4期；赵庆淼《商周汾水流域与山东地区的族群交流——基于"地名组群"重叠现象与古史传说的考察》，《历史研究》2017年第4期。
③ 郑德坤：《层化的河水流域地名及其解释》，《郑德坤古史论集选》，第109—136页。
④ 于薇女士强调的"地名群"概念，是以时间和空间作为筛选地名的标准。而金祖孟先生提出的地名"结群"和"地名群"概念，则是指具有共同的来源、在形式或含义上有类似之处的若干地名。后者更为接近于本书所说的成"组"的同名或关联地名。

迁移的关系加以探讨。①

按照笔者的理解,用于考察族群迁徙的"地名组群",是指由具有同名关系或相似程度较高(暂称为"关联地名")的若干组地名所构成的地名集团。具体而言,如果甲地区有地名 A,乙地区亦然(暂称为 A'),则 A 与 A'即构成一组同名地名。循此办法,倘若研究者通过资料的整理和排比,能够在甲、乙两大相对固定的地理区域之内,陆续择取一定数量且时代相近的同名或关联地名样本,则同样可以借助多边形众顶点之间的平面共存关系,从而在一定程度上克服利用单一地名分布进行研究的不确定性。换言之,"地名组群"的"组",主要是针对并见于不同区域的某个地名而言,而"群"则是基于"组"的量变积累,在某一区域之内人为系联而成的地名体系。所以,同"组"地名必须具有核心词素的重名特征,"群"内地名则至少存在空间联系和大体的共时性。

当然,构建"地名组群"只是整个研究工作的基础,毕竟从完整的逻辑链来看,建立地名体系与族群迁徙之间的可靠关联,终究还是需要通过国族名号作为媒介,并以人群流动的具体史实作为客观依据。因此,研究者只有在"地名组群"内部确定若干组地名与国族名的一一对应关系,方可借助国族名的性质与作用,使有关地名"活起来",完成由指示地理到代表人群的转变。在此基础上,倘若能够进一步捕捉到其中具体国族的迁移线索,或者考证出成组地点之内的居住人群属于同一族氏或具有共同的族系。这样便可结合历史背景、人群族属及移民方向等诸多因素,对各组同名和关联地名所代表的国族加以分类讨论,继而勾勒出特定时期内、不同区域之间的族群迁徙态势。概言之,从"地名组群"的角度来考察族群迁徙,其步骤大致可以简述为:① 寻找同名地名或关联地名的样本——② 寻找人、地对应关系——③ 寻找人群流动的线索。如果说,将孤立地名的重复出现同人群移徙加以衔接,只不过是一种带有或然性的蠡测;那么,在面对整个地名体系发生关联甚至完全重叠时,尤其在部分地名的分布与相关国族的源流呈现一致性的前提下,则很难用巧合来加以解释。因此,基于"地名组群"视角的具体实践,其实并不仅限于样本的数量增加或者同质扩张,而关键是在"群"的内部,明确 A、B、C、D 等若干样本的层次关系;同时亦在"组"的内部,廓清 A 与 A'的早晚关系,这样才能科学

---

① 于薇:《晋南与鄂东豫西地区两周时期的地名重名现象》,北京大学中国考古学研究中心、北京大学震旦古代文明研究中心编:《古代文明》第 12 卷,第 169—233 页。

而充分发挥"群"和"组"的意义。综上不难看出,甲骨文"地名组群"的系联以"释地"为指归,而构建重名或关联"地名组群"的主要目的则在于"考史",这两种殊异的研究取向,充分体现出地名资料所蕴含的不同学术价值。

我们之所以强调构建"地名组群"的方法论意义,自然也有其相应的史实依据。就先秦时期而言,若干具有族属或地缘联系的国族群体,若在相同史事背景的影响下发生迁徙,则往往会采取"集团"式的流动,由此造成的地名播迁,亦最终会表现为区域之间成套地名的关联,而不仅仅是孤立地名的重复出现。比如顾颉刚先生就注意到,以徐、奄、巢、蒲姑等为代表的诸多地名,非唯山东境内所独有,江淮地区亦有之,倘若结合有关国族的族属及周公东征的历史背景加以考察,则可推知上述地名的"层化"现象,或许就是周初东夷部族集中南迁的结果。① 再如,两周之际的南阳地区存在申、吕、谢等地名,申、吕同为姜姓封国,文献之中每每连言,②谢邑则为申伯南迁所封。③ 值得注意的是,相同的一系列地名又集中出现在今河南信阳境内。《通典·州郡十三》申州条曰:"春秋时申国之地。"④唐代申州治今信阳市南。《续汉书·郡国志》新蔡县下:"有大吕亭。"刘昭注:"《地道记》曰'故吕侯国'。"⑤又《诗集传》云:"谢,邑名,申伯所封国也,今在邓州信阳军。"⑥面对上揭申、吕、谢等地名成组重出的特殊现象,很早就有学者敏锐地察觉到其背后可能隐含着人群活动的因素。如马瑞辰就将其中的"吕"区别为二,认为新蔡之吕当系本国,南阳之吕则为周时所封,⑦但惜此说有本末倒置之谬。徐少华先生基于南土申、吕封在南阳的正确认识,并联系春秋中期以后二国的存灭史实,推断楚人曾将作为附庸的申、吕、谢之遗民东迁淮域重新安置,信阳境内的同名之地都是有关

---

① 顾颉刚:《奄和蒲姑的南迁——周公东征史事考证四之四》,《文史》第 31 辑,第 1—16 页;顾颉刚:《徐和淮夷的迁、留——周公东征史事考证四之五》,《文史》第 32 辑,第 1—28 页。按《左传》成公二年载齐人伐鲁北鄙,"遂南侵,及巢丘"。可知"巢丘"在鲁国北境;又《春秋经》文公十二年"楚人围巢",此"巢"为吴、楚边邑,在今安徽六安市东北。
② 《大雅·崧高》曰"维申及甫",《国语·郑语》史伯语亦云"申、吕方强"。
③ 《崧高》云"于邑于谢""因是谢人"。《汉志》南阳郡宛县注:"县南有北筮山。""北筮山"或作"北序山","序"即"谢"也。参见陈奂《诗毛氏传疏》卷 25,济南:山东友谊书社,1992 年,第 1509 页。
④ 杜佑著,王文锦等点校:《通典》卷 183,第 4873 页。
⑤ 《后汉书·志》第 20《郡国二》,北京:中华书局,1965 年,第 3424 页。
⑥ 朱熹:《诗集传》卷 15,上海:上海古籍出版社,1980 年,第 170 页。
⑦ 马瑞辰:《毛诗传笺通释》卷 7,北京:中华书局,1989 年,第 234—235 页。

国族徙居的遗迹。① 目前来说,这种解释不仅最有理据,而且可以得到考古资料的支持。

相似的例子不一而足,"邓"的地名遗迹在空间分布上同样也呈现出上述特征。《汉志》南阳郡邓县原注:"故国。"颜师古注引应劭曰:"邓侯国。"②所言不确。据石泉先生考订,古邓国、汉邓县之地当在今湖北襄阳市西北的邓城遗址。③ 此说已得到考古发现的进一步证实。④《潜夫论·志氏姓》云:"曼姓封于邓,后因氏焉。南阳邓县、上蔡北有古邓城,新蔡北有古邓城。"汪继培笺将上蔡、新蔡之"邓城"合二为一,视同于《春秋》桓公二年的蔡地之"邓"。⑤ 恐非是。据杜注所云,蔡国邓地在"颍川召陵县西南",其位置合于上蔡北之"古邓城",然则新蔡"邓城"自当别为一地,陈槃先生对此已有详论。⑥ 结合春秋楚人东迁申、吕遗民于信阳地区的历史背景来看,邓人亡国后或许也曾遭遇相同的命运,倘若这一推论可以成立,则新蔡"邓城"亦可视作邓国遗民东徙淮域的地名遗迹。

总而言之,关于单一地名存在字面关联或发生重名的原因,仅据现有史料往往难以作出确凿的解释,地名与地名、地名与国族之间可靠的内在联系一旦无法建立,势必就会限制地名资料的学术价值。有鉴于此,我们提倡以构建重名或关联"地名组群"作为出发点,试将出土资料地名与时代相近的文献地名加以整合,由此形成的地名体系信息丰富、系统性强,有利于摒除依靠孤立地名进行研究的弊端,从而提高相关地理考证的科学性,同时也为探索古代族群的迁徙问题开辟出一条有效途径。

三、金文族名资料

这里所讲的金文族名资料,主要包括两大类别:一是商周金文中作为独立成分的族氏铭文,通常也称为"族徽";一是铜器铭文中所见的一般性家族名号,如"某公""某子""某伯""某叔"之类人称中的"某"。

近代以来,历经郭沫若、林沄、朱凤瀚等先生的研究与揭示,族氏铭文

---

① 徐少华:《周代南土历史地理与文化》,第34—38页。
② 《汉书》第28《地理志》,第1564—1565页。
③ 石泉:《古邓国、邓县考》,《古代荆楚地理新探》,第105—126页。
④ 湖北省文物考古研究所等编:《襄阳王坡东周秦汉墓》,北京:科学出版社,2005年,第403—407页。
⑤ 王符撰,汪继培笺,彭铎校正:《潜夫论笺校正》卷9,北京:中华书局,1985年,第458页。
⑥ 陈槃:《春秋大事表列国爵姓及存灭表譔异》(三订本),第390页。

属于殷周家族组织的名号标识,目前已基本成为学界的共识。① 随着内涵和性质的确定,族氏铭文也逐渐步入史料化进程,成为人们探讨先秦家族形态、社会组织和族群源流的重要资料。

众所周知,族氏铭文的内容多则三五字,少则仅作单字,本身所能提供的历史信息非常有限。但是,倘若结合族氏铭文的复合关系、青铜器的分期断代及相关文献记载,尤其是有铭器物的出土背景,讨论的广度和深度则会大不一样。吴振武先生曾指出,族氏铭文的研究当以"整理族氏铭文出土地记录为基础","进而考察先秦族氏的分合与迁徙",②所言至确。毕竟,族氏铭文为殷周家族组织的名号标识,而出土信息则是族氏活动在空间上遗留的线索,二者的结合实际是将人群与地理紧密地联系了起来。就目前所见的大量族氏铭文而言,其中仅有很少一部分可与文献记载相印证,而多数铭文的来历甚至文字释读,都已成为困扰我们的难题。在这种情况下,明确的出土背景则可为考察有关族氏的分布与活动轨迹提供关键的线索。

何景成先生根据记载来源的不同,将具备出土地信息并带有族氏铭文的铜器分为传世品和出土物两大类。他指出,传世品已经脱离了出土环境,即使有出土地点的记载,其可信度也尚存疑,故研究价值相对逊色;出土物包括有具体出土环境的发掘品和采集品,前者的研究价值要大于采集所得,这是因为采集品的出土环境已被破坏,而发掘品往往具有较详细的背景信息。③ 换言之,采集地点与原始埋藏地点是否存在出入,加之出土遗存的性质、器物的共存关系与组合关系等因素,都会影响到推定族群活动地域的准确性。

由于性质相近的缘故,出土背景对于族氏铭文研究的重要价值,同样也适用于广义的金文族名。当然,掌握器物的出土信息,仅是相关工作的前提和基础。下面,我们拟从出土遗存的性质、出土地点的分散性、铜器

---

① 郭沫若:《殷彝中图形文字之一解》,《殷周青铜器铭文研究》,《郭沫若全集·考古编》第4册,第13—22页;林沄:《对早期铜器铭文的几点看法》,《林沄学术文集》,第60—68页;朱凤瀚:《商周青铜器铭文中的复合氏名》,《南开学报》(哲学社会科学版)1983年第3期。不过近来也有学者认为,传统的"族氏铭文"理论在解释上存在诸多问题,并提出所谓"族徽"的实质当为亲称和职官名号。参见曹大志《"族徽"内涵与商代的国家结构》,北京大学中国考古学研究中心、北京大学震旦古代文明研究中心编:《古代文明》第12卷,第71—122页。
② 参见何景成《商周青铜器族氏铭文研究》序,济南:齐鲁书社,2009年。
③ 何景成:《商周青铜器族氏铭文研究》,第20—21页。

的分期断代与复合氏名四个方面,谈谈利用金文族名资料考察族群活动时需要注意的问题。

(一) 出土遗存的性质

不同性质的遗存内出土的金文族名资料,其研究价值往往存在着一定的差异。[①] 客观地说,无论遗存的性质属于遗址、窖藏抑或墓葬,所出遗物的来源都可能并不单一。不过,遗址毕竟是人类生活居住的遗迹,能够提供共存关系与组合关系的铜器材料比较少见,尤其是一些大型遗址,其人群构成相对较为复杂,出土的族名资料也会呈现零散且多元的景象。而在带有家族色彩的墓地和窖藏中,某种族名经常较为集中地出现,它不仅在数量上多于具有共存关系的其他族名,器物的组合特征也会更为鲜明,这些现象均有助于判定遗存的具体族属。

我们知道,除了殷墟、成周等大型都邑类聚落之外,当时各地普遍存在着生则聚族而居、死则聚族而葬的习惯,故家族墓地与其居住地一般不会相去很远,甚至可能就在族邑范围之内。至于聚落内部埋藏家族器用的窖藏,往往与有关人群的居址密迩相邻。从上述层面来说,利用墓葬和窖藏集中出土的金文族名资料来考察族群的分布和活动情况,应该具有较高的科学性。如《左传》昭公二十年下晏子对齐景公之言,谓商诸侯逢伯陵尝居临淄一带,至殷末则为薄姑氏所取代。1979—1985年间,考古工作者在山东济阳刘台子遗址陆续清理了一批西周早期的贵族墓葬,其中出土的多件铜器上均缀有"逢"字族名,表明此即西周以后的逢氏家族墓地所在。[②] 那么,逢人或于殷末周初自临淄局部西迁的轨迹,自可得以窥知。

当然,墓地和窖藏出土铜器带有鲜明的"家族性"特征,往往属于比较理想的情况。实际上,基于不同的时代或地域背景,这类遗存在随葬品来源的复杂程度上,可能甚于遗址。正如有研究表明,西周早期周系贵族铜器墓的族徽构成,普遍呈现出"多而杂"的景象,没有一种族徽在数量上占

[①] 如何景成先生提到,在有具体出土环境的情况下,墓葬的价值要大于窖藏,而窖藏的价值要大于遗址。参见何景成《商周青铜器族氏铭文研究》,第21页。

[②] 德州行署文化局文物组等:《山东济阳刘台子西周早期墓发掘简报》,《文物》1981年第9期;德州地区文化局文物组等:《山东济阳刘台子西周墓地第二次发掘》,《文物》1985年第12期;山东省文物考古研究所:《山东济阳刘台子西周六号墓清理报告》,《文物》1996年第12期;高广仁、邵望平:《海岱文化与齐鲁文明》,南京:江苏教育出版社,2005年,第228页。

据明显优势；①而某些出现频率较高的族徽与所谓"重器"，恐怕也不足以代表墓主及其所属之家族。举例来说，如宝鸡戴家湾出土带有族徽"鼎"的一尊二卣、宝鸡石鼓山 M3 的户卣、户方彝三器及郑州洼刘 M1 的陟尊、陟卣等，都是商文化族徽铜器成组见于西周早期周系贵族墓葬的典型例证，彼此之情形甚为相近，足以进行对比。考虑到上述器物与墓葬的主流文化属性存在明显出入，它们似乎更像是墓主对异族遗物的集中展示，很可能即来源于周人贵族对东方商系集团的战争掠夺，亦即典籍所讲的"分器"。②因此，尽管上述族徽铜器同样系墓葬出土，但在作为随葬品的前提下，显然已经无法代表有关族群的活动轨迹。换言之，我们在利用墓葬所见金文族名资料时，首先务要辨清具体铜器的来源，从而明确器物分布与人群流动究竟是统一抑或相互割裂的。

再如，1955 年在辽宁凌源县海岛营子村的小转山子，发现了匽侯盂、鱼父癸簋、史成卣等 16 件西周青铜器，可能系窖藏出土。③有学者由此推测，该地区在西周早期当为燕人东进的重镇之一。④但是，这批铜器上出现的国族名号不一，而且部分器物的时代特征相对略晚。如唯一的鼎作浅腹盘形，带附耳，口沿下设一圈长尾鸟纹，具有典型的西周中期风格，⑤长体贯耳壶和鸭形尊同样也表现出偏晚特征。另据现场勘查，出土地点附近还可见到一定范围的文化堆积，说明应有同时期遗址存在，而当地居住者的族属，或可解释这些燕国铜器流动并埋藏于此的原因。综合上述迹象来看，凌源海岛营子器群的埋藏时间也许较晚，至少不会早于西周昭王时期，⑥加之器物所有者和埋藏动机一时均难以确定，所以我们不宜单据匽侯盂的出土，便将整个遗存与周初燕国的势力范围联系起来。

（二）出土地点的分散性

平心而论，相同族名铜器集中出土于一地之现象，终究是可遇不可求

---

① 张天宇：《一墓多族徽与商周分界》，《江汉考古》2016 年第 6 期。
② 汤威：《郑州洼刘西周墓出土陟组器拾遗》，北京大学出土文献研究所编：《青铜器与金文》第 2 辑，上海：上海古籍出版社，2018 年，第 432—442 页。
③ 热河省博物馆筹备组：《热河凌源县海岛营子村发现的古代青铜器》，《文物参考资料》1955 年第 8 期。
④ 陈梦家：《西周铜器断代》，第 48—49 页。
⑤ 郭宝钧先生已注意到此鼎纹饰及附耳较为特殊，并谓"不知是否为北疆特制"。参见郭宝钧《商周铜器群综合研究》，文物出版社，1981 年，第 49 页。
⑥ 朱凤瀚：《中国青铜器综论》，上海：上海古籍出版社，2009 年，第 1428 页。

的有限情形,零散地分布于不同地点才是常态。这种分散性对于考察族群的分合与流动,往往也具有正、反两方面的影响。对此,何景成先生曾总结道,即便带有某一族铭的铜器数量较多,但由于其出土地点非常分散,而各个地点的出土数量又颇为零星,且常与缀有其他族铭的铜器伴出,则无助于说明有关族氏的族居地。但他同时又说:"这种零散的出土情况也有可能反映了这些族属在当时的分布就颇为分散。"① 上述意见是比较中肯的,表明出土地点的分散意味着不同的可能性,需要结合实际具体分析。

众所周知,铜器的流动性普遍要强于陶器,因而 A 族铜器出现于 B 地,其来源存在着赠赙、媵嫁、馈赠、掠夺或迁徙携带等多种可能,在缺乏必要证据的前提下,贸然将器物出土地视作有关族氏的居地,无疑具有很大的风险。不过,如果铜器铭文本身可以提供人群活动的内证,那么即便是孤立出现的族名资料,其史学价值也会得到有效彰显。例如,"复"是商周时期非常活跃的强宗大族,该族铜器的分布地域颇为广泛,在今河南、山东、陕西、甘肃和北京等省市均有出土。其中,尤以山东长清和费县发现的两批复器数量较多,北京地区则仅有房山琉璃河西周墓地 M52 出土的一组复鼎、复尊,② 单凭这一信息,似乎很难作出复族分布于燕地的推断。然而,结合复尊铭文(《集成》5978)所记器主受燕侯赐贝而作器的史实,可知西周以后当有复氏贵族定居燕国境内,以服事于燕侯。

另一方面,分析铜器的出土环境和相关历史背景,也有助于研究者利用分散的族名资料来勾稽族群的活动轨迹。比如说,"戈""㠯"等商人族氏的铜器出土数量较大,分布地点亦较为零散。20 世纪 50 年代以来,湘江流域的宁乡、株洲等地屡次出土带有"戈""㠯"等族氏铭文的晚商铜器,风格特征与中原的同时期器物基本一致,出土环境多属于窖藏性质。③ 此外,湖北地区的西周早期遗存中也发现了不少殷遗铜器,其中以

---

① 何景成:《商周青铜器族氏铭文研究》,第 178 页。
② 北京市文物研究所:《琉璃河西周燕国墓地 1973—1977》,北京:文物出版社,1995 年,图版 115。
③ 湖南省博物馆:《三十年来湖南文物考古工作》,《文物考古工作三十年 1949—1979》,北京:文物出版社,1979 年,第 310—324 页;高至喜:《论中国南方出土的商代青铜器》,中国考古学会编:《中国考古学会第七次年会论文集》,北京:文物出版社,1992 年,第 76—88 页;何介钧:《试论湖南出土商代青铜器及商文化向南方传播的几个问题》,《湖南先秦考古学研究》,长沙:岳麓书社,1996 年,第 124—134 页。

江陵万城的"北子"器群①和黄陂鲁台山的"长子狗"器群②为代表。不过,自盘龙城类型衰落以后,商文化在江汉平原便呈现出显著消退的迹象,许多遗址中的同类遗存只延续到中商二三期。至晚商时期早段,商文化的南界已明显向北收缩,长江中游地区则基本为地方性的考古学文化所占据,罕见相当于殷墟时期的商文化遗址。③ 所以我们认为,这批器物应该不会是由晚商阶段南下的商人携带而来,倘若结合殷周易代的历史背景来看,它们很可能属于武王克商和周公东征前后陆续南迁的殷遗民。④

再如,裘锡圭先生将陕西绥德墕头村商墓所出铜戈上的族氏铭文"❀"释为"无终",并联系文献中关于"无终"族属和地域的记载,推测商代"无终"族曾活动于偏西的晋陕交界一带,后来才陆续东迁于山西和河北北部地区。⑤ 尽管出土背景明确的有铭铜器仅在绥德商墓中有所发现,但考虑到"无终"为北狄部族之一,而该遗存也属于北狄系统的考古学文化,这样无疑就降低了"无终"铜器在此出现的偶然性。

总之,利用金文族名资料的出土地来探讨族群活动,最重要的环节在于明确有关铜器与其所有者的空间流动是否存在对应关系,而铭文内证、历史背景及具体遗存的考古信息,都可能会提供关键的线索。

(三)铜器的分期断代

铜器与金文的分期断代是互有交叉、相辅相成的工作,其最终目的都是明确器物的早晚关系,从而建立考古学上的年代序列。通过对铜器与金文的分期,可以辨清有关族氏在不同地点活动的时间先后,这对于考察族群源流有着至关重要的作用。

为说明问题,我们不妨以商周时期的"戈"族为例。"戈"这一族氏铭

---

① 李健:《湖北江陵万城出土西周铜器》,《考古》1963年第2期。
② 黄陂县文化馆、孝感地区博物馆、湖北省博物馆:《湖北黄陂鲁台山两周遗址与墓葬》,《江汉考古》1982年第2期。
③ Bagley, Robert W.(贝格利)."P'an-lung-ch'eng: A Shang City in Hupei". ArtibusAsiae 39.3/4(1977):212. 宋新潮:《殷商文化区域研究》,西安:陕西人民出版社,1991年,第218—221页;中国社会科学院考古研究所:《中国考古学·夏商卷》,北京:中国社会科学出版社,2003年,第304—305页;张昌平:《夏商时期中原与长江中游地区的文化联系》,《方国的青铜与文化——张昌平自选集》,上海:上海人民出版社,2012年,第163—170页。
④ 王恩田:《湖南出土商周铜器与殷人南迁》,中国考古学会编:《中国考古学会第七次年会论文集》,第122—125页。
⑤ 裘锡圭:《释"无终"》,《裘锡圭学术文集》第3卷,第61—66页。

文在晚商和西周早期金文中颇为常见。就目前掌握的资料来看,晚商戈族铜器的出土地除了安阳殷墟之外,还包括河南罗山、河南辉县、山东长清及湖南宁乡等地,分布地域非常广泛。不过,上述出土戈器较为集中的地点仅有殷墟,其余多为零星发现。朱凤瀚先生据此认为,今安阳地区是晚商戈族的主要活动地之一。① 严志斌先生则注意到,戈器的年代与其分布地域之间似乎存在联系,他指出:"河南安阳的'戈'族铜器年代较早,而距离安阳越远者其年代越晚,如安阳戈器为二、三期,向南则河南上蔡、罗山戈器为三、四期;而湖北、湖南者皆四期,似有由安阳向外扩展之势。"② 是说为考察戈族的分衍迁徙,提供了重要的时空标尺,其思路很有启发性。20 世纪 70 年代和 90 年代,考古人员对陕西泾阳高家堡墓地进行两次发掘清理,集中出土一批带有"戈"字族徽的青铜器。发掘者将墓葬年代定为商末至西周初年,③ 也有学者倾向于西周早期,④ 后说更为准确。由此推断,泾阳高家堡一带当为周初戈氏的族居地之一,这就客观地揭示出戈族成员活动于不同地域的先后关系。综上来看,戈人在晚商至周初阶段的分衍和迁徙,大体呈现出由商王国腹地向四域渐次扩展的趋势,而西周早期定居于关中的戈族成员,则可能属于周人支配下西迁的殷遗贵族。⑤

利用戈族铜器的分期断代结论,来观察该族氏的迁徙方向和路径,不过是一个典型案例。就上述方法的普遍意义而言,掌握一定数量的族名资料之背景信息,并对样本加以科学的分期与断代,应是进行讨论的基本前提。在此基础上,如果能够将出土于不同地点的族名资料,按早晚关系排出一个大致的年代序列,则该现象背后是否隐含着族群迁徙的过程,便很值得研究者思考和进一步发掘了。

(四) 复合氏名问题

所谓复合氏名,是指由两个或两个以上族氏名号组合而成的族氏铭文。关于复合氏名的内涵,学术界长期存在"联合说"与"分支说"的意见分歧。林沄、朱凤瀚等先生相继撰文,系统论证复合氏名体现的是族氏的

---

① 朱凤瀚:《商周家族形态研究》(增订本),第 90—91 页。从殷墟卜辞反映的情况来看,戈族不仅从属于商,而且屡为商王进行征伐,同羌、亘、舌方等部族战事频繁。
② 严志斌:《商代青铜器铭文研究》,第 280—281 页。
③ 陕西省考古研究所:《高家堡戈国墓》,西安:三秦出版社,1995 年,第 121—129 页。
④ 张长寿:《论泾阳高家堡周墓》,《商周考古论集》,北京:文物出版社,2007 年,第 138—142 页;朱凤瀚:《中国青铜器综论》,第 1264 页。
⑤ 朱凤瀚:《商周家族形态研究》(增订本),第 269—272 页。

分衍关系,进一步强调"分支说"的合理性。① 客观地说,上述复合氏名理论所揭示出商人族氏组织的形态特征,与考古和古文字材料反映的情形是基本一致的。不过,若将这一理论"泛化"运用,或不加分辨地作为立论前提,则往往会产生一些难以解释的问题。比如,有的学者先把某一复合氏名拆分成若干族氏名号,并认定这些族氏之间存在着层级的分衍关系,再将与之具有复合关系的其他族氏也系联进来,其结果无外乎会出现两种可能:一是将原本没有血缘联系的若干族氏,尽皆归为某一族氏的分族;二是发现若干不同母族的分支,居然会是同一族氏。这样的结论显然都不符合历史事实。

上述问题的出现,促使研究者对"分支说"理论提出了反思。如严志斌先生通过举例论证,指出复合氏名中的各族氏之间未必存在层级的分化关系,并认为复合氏名的解释需要兼顾"分支说"和"联合说",才能弥补两种理论各自存在的缺陷。② 是说对于纠正"分支说"理论的"泛化"运用,无疑具有积极意义。但诚如严先生所言,"联合说"强调不同族氏之间曾有一定程度的联合,这样势必会否定所谓复合氏名作为"族徽"而存在的基础。考虑到复合氏名终究属于族氏铭文的一种特殊类型,它代表的只能是某个具有单一性和排他性的血族单元,而无法同时兼作若干个族氏的名号标识。朱凤瀚先生曾指出,族氏之间的联合不可能产生新的独立的族组织。③ 确是有道理的。因此,从这一角度来讲,复合氏名恐怕不宜采用"若干族氏联合作器"的观点加以解释。

实际上,针对复合氏名中所见族氏关系的解释,与复合氏名本身的内涵是两个不同概念的问题,需要严格区分才好。复合氏名代表的是族的分支,并不意味着具有复合关系的若干族氏之间,定然也存在着层级的分化关系。具体而言,如果一个复合氏名"AB"由族氏名号"A"和"B"所构成,那么"AB"所代表的这个族氏,势必属于"A""B"当中某一个族的分支,这是"分支说"理论中最为合理的成分。至于"A""B"二者之间的关系,则可能存在以下两类情况:

---

① 林沄:《对早期铜器铭文的几点看法》,《林沄学术文集》,第 60—68 页;朱凤瀚:《商周青铜器铭文中的复合氏名》,《南开学报》(哲学社会科学版)1983 年第 3 期。
② 严志斌:《复合氏名层级说之思考》,《中原文物》2002 年第 3 期。
③ 朱凤瀚:《商周青铜器铭文中的复合氏名》,《南开学报》(哲学社会科学版)1983 年第 3 期。

第一,母族与子族的关系,可按学者意见称为"主支关系复合"。① 如朱先生文中所举"戈""⋈"组成复合氏名的情况。

第二,非血缘性的其他关系,包括地缘关系、婚姻关系等。

地缘联系是指 A 族因居住在 B 地,故"以地为氏"而获得了氏名 B。林沄先生曾经提出"地名性复合"的概念,并举"聑"与"👤""竹"结成的复合氏名为例,指出这种不稳定的复合现象,当与不同族氏都曾居住在某一地点有关。② 另外,林先生还对"职事性复合"和"封号性复合"等现象加以归纳,进而强调此类职事、封号都属于附加成分,所论甚为精当。考虑到地名、职官名和封号皆可作为氏名的来源,因而 A 族成员一旦居于 B 地、担任 B 类职事或取得封号 B 之后,便有充分理由采用复合氏名"AB"来标识自身所在的分族,从而与所自出的母族 A 有所区别。在这种情况下,显然只能说"AB"表示的是 A 的分族,而不能表述为 A 与 B 之间存在分衍关系。

至于婚姻关系,何景成先生曾根据当时贵族女子对夫家氏名和父家氏名的持有现象,提出有些复合氏名可能是由出嫁女性将父氏铸在夫家铜器上而形成的。③ 其说颇有胜意。不过,单从大量简略的复合氏名本身,我们通常很难确定器主的性别及其作器背景,因而何先生持论也相对审慎。在笔者看来,探讨这种复合形式的缘起,其实不妨抛开作器者的个体因素,而从分族的角度加以揭示。具体来说,设若 A 族成员与 B 族女性通婚之后,产生的后代逐渐从 A 族中分衍出来,最终形成了一个新的族氏,那么这个新生的分族,完全可以在本族名号 A 的基础上加缀姻娅之族的名号 B,从而产生复合氏名"AB",并作为自身的族氏名号。这种采用姻娅之族名号来区别父系家族成员的办法,尚见于商周时期的贵族命名。比如说,金文人名"琱生""番生"等,便是由母家氏名+"生(甥)"构成的称谓形式,与《左传》庄公六年所见之邓国"三甥"(雅甥、聃甥、养甥)同例。④ "琱生"虽以琱氏之甥为称,但其人犹为召氏家族成员;相较而言,"周爨生"更在私名"爨生"之前加缀父家氏名"周",则是刻意强调本人的族属背景罢了。通过对比来看,上述复合氏名的出现,尽管表面与联姻行

---

① 何景成:《商周青铜器族氏铭文研究》,第 192 页。
② 林沄:《对早期铜器铭文的几点看法》,《林沄学术文集》,第 66—67 页。
③ 何景成:《商周青铜器族氏铭文研究》,第 198—202 页。
④ 参见林沄《琱生簋新释》,《古文字研究》第 3 辑,北京:中华书局,1980 年,第 124 页;张亚初《两周铭文所见某生考》,《考古与文物》1983 年第 5 期。

为有关，但本质上仍是用于标识分族，所以归根到底还是"分支说"的一种亚型而已。

我们之所以进行以上讨论，主要目的大致可归结为两点。首先，肯定复合氏名表示族的分支这一基本内涵。再则，重新审视复合氏名中出现的族氏之关系，并将前者与复合氏名的内涵加以区分。就构成复合氏名的若干族氏名号而言，它们所代表的可能是母族与子族的关系，也可能是非血缘性的其他关系。一个族组织发生分衍之后，无论在原有族名上叠加新的族居地名、职官名抑或封号，还是加缀姻亲之族的名号，都可以起到标识分族的作用，由此产生的族氏名号，也就是复合氏名。从某种意义上讲，复合氏名中出现的上述附加成分，实际都只起到区别分族的作用，这与早期文字孳乳过程中加注的"分化符号"似有异曲同工之处。

综上所述，族组织的分衍本身属于血缘关系的范畴，而复合氏名的产生过程，又从侧面反映了族氏迁徙、联姻等地缘属性的内容，凡此无不折射出先秦时期血缘与地缘因素的相互交织。通过对复合氏名的综合考察，不但能够窥知有关族氏在纵向上的分衍关系和层次结构，同时亦可考察它们在同一历史剖面下的源流与交往史迹，诸如此类的问题，都是研究古代族群迁徙所要重点探讨的。

四、古 史 传 说

关于上古帝王、英雄人物的事迹和古代族群的谱系脉络，历代文献中向来记载不绝，前后传承有序。不可否认，这些内容普遍带有传说性质甚至神话色彩，当然不能无条件地视作信史。不过，就古代人物和族群的传说而言，它们的产生和流传无疑具有相应的历史依据，亦非完全出自后人的向壁虚造。近世以降，人们对待古史传说的态度逐渐由"信古"转向"疑古"和"释古"，也开始采用相对科学的办法对其进行整理，尤其重视发掘传说背后隐含的史实素材。

比如，郑德坤先生曾对传为上古著名人物的陵墓进行考察，不仅揭示出同人之遗迹散见于多地的现象，还发现存在关联的不同人物之遗迹，竟然也会在不同区域内分别出现。他说：

> 舜的二妃陪着帝舜葬于山西，当然也要陪着他葬在湖南。程婴与公孙杵臼同葬四处，哪个是真，哪几个是假，或者都是假而别有真的，这我不敢肯定，可是他们同葬陕西，又同葬山西平阳，再同葬山西

忻州,又同葬直隶,除了传说跟着人民而迁移,我想再也没有好的解释了。①

郑氏所论虽无直接证据,但多少亦合乎情理。然而遗憾的是,后人或有未加细察者,竟将传说内容直接当作具体人物的真实事迹,则不免贻笑大方。

客观地说,古代族群的迁徙不仅会导致地名的"移植",而且也会将本族或原居地地信仰、故事及其遗迹带到新的地域,遂造成传说随人群迁徙而流播的现象。相应地,研究者自可结合相关遗迹的分布情况,并根据它们出现于不同地点的时代先后以廓清其源流关系,继而探索有关族群的分合与活动轨迹。从某种意义上讲,上述思路与地名线索的运用颇为相似。如钱穆先生在《周初地理考》中,曾据《左传》隐公十一年"夫许,太岳之胤也"的记载,认为许由始封当在汾域霍山一带,其人避居之箕山亦为晋地,并由此推测箕山之名后来转移至河南境内,很可能是周初封许的结果。②

不过,考虑到古史传说的特殊性,因而通过上述途径来考察族群迁徙,其前提在于明确各地出现的具体遗迹,究竟是否与有关人群存在切实的关联。换言之,有些传说的"移植"与本部族的分衍和迁徙具有大致的共时性,其可靠程度和学术价值相对较高;而有些传说则是后人基于当时的认知水平人为"制造"的,需要仔细进行甄别。例如,《史记·白起王翦列传》:"(昭襄王)四十六年,秦攻韩缑氏、蔺,拔之。"索隐引徐广曰:"属颍川。"正义引《括地志》云:"洛州嵩县本夏之纶国也,在缑氏东南六十里。"③今按"蔺"即"纶"也,系音近通假之故,④当指战国韩地"纶氏",旧注可从。然而《括地志》以"纶氏"为夏后少康所居,则断不可据。《左传》哀公元年载少康出奔有虞氏,"虞思于是妻之以二姚,而邑诸纶,有田一成,有众一旅"。杜预注:"纶,虞邑。"至于有虞氏之地安在,传统观点或谓豫东,或指晋南,可暂不论,但无由在嵩山附近。结合夏族历史的传说来看,后人恐怕是受到"有夏之居"的影响,乃将少康所邑之"纶"人为设

---

① 郑德坤:《层化的河水流域地名及其解释》,《郑德坤古史论集选》,第134页。
② 钱穆:《周初地理考》,《燕京学报》第10期,1931年。
③ 《史记》卷73《白起王翦列传》,第2333页。
④ 正义曰:"既攻缑氏、蔺,二邑合相近,恐纶、蔺声相似,字随音而转作'蔺'。"按"蔺"为来母真部字,"纶"为来母文部字,真、文旁转可通。

定在豫西地区,并与韩地"纶氏"加以联系。

相似的例子不一而足。《孟子·滕文公下》既云"汤居亳,与葛为邻",《汉书·地理志》陈留郡宁陵县注引孟康曰:"故葛伯国,今葛乡是。"①此地在今河南宁陵县北,恰与曹县"北亳"和谷熟"南亳"均相密迩。无独有偶,后世地志所载之葛伯遗迹又出现在豫中地区,如《读史方舆纪要》许州郾城县下:"葛伯城,在县南,相传古葛伯国也。"②而今许昌市以北不远处,亦有名"葛"之地,如《左传》隐公五年的郑地"长葛",一名"繻葛",在今长葛县东北。窃以为,在缺乏旁证的情况下,与其将上述传说遗迹视作葛人迁徙的产物,似不如理解为后世的某种附会。尤其是在成汤灭夏的背景下,商族自东徂西入主中原地区,那么与汤所居亳为邻的葛,总要在商人都邑周边出现一些新的线索才好,这样似乎较为符合古人的逻辑。

鉴于传说古迹多半掺杂有后世的种种附会,以致鱼龙混杂、真伪难辨,加之其早晚关系往往难以根据现有史料加以推定,一旦判断有误,便很容易对人群流向产生"本末倒置"的结论。在这种情况下,参考有关族群的族源与谱系便显得尤为重要。

按照先秦两汉典籍的记载,无论是以夏、商、周等族为代表的"华夏",还是东夷、苗蛮、犬戎之类的所谓"四夷",其始祖多可追溯至炎、黄二帝,而且大部分的先秦古姓,几乎也都出自黄帝一支。③ 这难免让人觉得不可思议。现在我们知道,古书中所艳称的上古疆域一统、民族同出一源、世系一脉相承的完美景象,很大程度上缘自后世的编排和建构,所反映的实为东周至秦汉时人的历史观念。自20世纪20年代以来,历经"古史辨"运动的洗礼,上述传统学说的根基业已发生动摇,而傅斯年先生的"夷夏东西说"和蒙文通、徐旭生二位先生的"三集团说",则进一步建立了中国早期文明多元格局的基本框架。正是基于这一贡献,学界对上古部族的分野有了更为清晰的认识,诸如"秦人东来说"之类的新观点遂由此应运而生;而部分身处"华夏"外缘的族群,通过重构族源以融入"华夏"的历史过程,最终也难逃治史者的慧眼。如《史记·夏本纪》载禹东巡狩,"至

---

① 《汉书》卷28《地理志》,第1559页。
② 顾祖禹撰,贺次君、施和金点校:《读史方舆纪要》卷47,北京:中华书局,2005年,第2190页。
③ 关于传说时代的姓氏问题,参见陈絜《商周姓氏制度研究》,第37—46页。

于会稽而崩",或云"禹会诸侯江南,计功而崩",①《越世家》则称越为禹之苗裔,彼此可谓相得益彰。但正如徐旭生先生所言,越人如此华贵的家世,在《春秋》三传和《国语》诸书中竟无丝毫线索可寻,"这样违反常例,如果不是传讹,就很难解释了"。② 既然越国的"华夏"血统甚为可疑,而司马迁对大禹东巡的追述,又颇似"大一统"观念下以今刻古的产物,③那么会稽境内"禹穴"的传说,显然既非大禹的真实故事,也不宜视作夏族播迁的可靠遗迹,只能是后世的附会罢了。

除上面讨论的内容之外,利用传说时代的谱系来考察族群源流,通常还需要注意以下问题。首先,这类谱系多将某族的早期历史归为某位传说人物的个人事迹,以致人物活动的年代跨度过长;或者把某些时代相近、族属背景相同的传说人物,按照直系亲属关系重新加以编次。造成上述现象的主要原因,多与早期世系的茫昧不清有关,但这往往又会掩盖有关族氏的分合。例如,《史记·秦本纪》载蜚廉有子二人,一曰季胜,其下五世至于造父皆居赵城,别为赵氏;另一子名曰恶来,父子俱以材力事纣,武王克商之际为周人所杀,其后有大骆、非子,为秦之先祖。然据蜚廉之先中潏业已"在西戎,保西垂",④且蜚廉的活动轨迹也以殷都以北及霍太山著称,不难看出中潏——蜚廉一支似与晋地的关系更为密切,而同东土的嬴秦先民略显疏远。既如此,则蜚廉和恶来的父子关系,是否属于因族属相同而经过重构的世系,便有必要重新审视了。

再则,族群谱系的形成不仅基于族姓一类的血缘纽带,同时也会受到政治和地缘因素的影响。诚如李零先生所指出的,像黄帝之子十二姓、陆终六子等传说时代的世系追溯中,往往包含了血亲、姻亲和拟亲三种成分,这种世系是以直系先祖的感生神话为起点向上追溯,带进了姻亲的系统,从而形成了杂姓的地域联盟。⑤ 换言之,古史传说所见族群之间拥有相同族姓甚至共祖的现象,有时隐含的其实是地缘性的联系。因此,我们不但要注意这些谱系的时代性和可靠程度,更要善于透过现象把握其中的合理内核。比如说,按照《国语·郑语》所言,芈姓楚人与曹姓之邾、妘

---

① 《史记》卷2《夏本纪》,第83、89页。
② 徐旭生:《中国古史的传说时代》(增订本),北京:文物出版社,1985年,第64页。
③ 关于五帝时代的巡狩之制出自后人的炮制,参见顾颉刚、刘起釪《尚书校释译论》,北京:中华书局,2005年,第152页。
④ 《史记》卷5《秦本纪》,第174页。
⑤ 李零:《出土发现与古书年代的再认识》,《李零自选集》,桂林:广西师范大学出版社,1998年,第51页。

姓之邹及己姓的苏、顾、昆吾之属,皆属于所谓的"祝融八姓"。而《大戴礼记·帝系》和《史记·楚世家》又有"陆终六子"之说,里面也提到了楚族的先祖季连。这些传说表面上是在讲族姓和世系问题,实际却暗示出早期楚人与有关国族在地域上的密切联系。而清华简《楚居》称季连"逆上洄水,见盘庚之子,处于方山",则进一步透露了楚族先民曾活动于中原地区的迹象,从而为探索楚人的族源和迁徙问题指明了方向。

五、考古学文化

所谓考古学文化,是指"考古发现中可供人们观察到的属于同一时代、分布于共同地区,并且具有共同的特征的一群遗存"。[①] 人们过去普遍认为,不同的考古学文化是由不同的族群所创造的,考古学文化的差异性即反映了族群之间不同的文化特质,这从"夏文化"的定义上就可见一斑。[②] 因此,研究者通常基于考古遗存的分类与分期,以建立相应的考古学文化谱系,继而结合文献记载,将某种考古学文化与历史上存在的某一部族或族群集团相联系,之后再根据考古学文化的分布及同类遗存的早晚关系,来推定有关族群的源流与活动轨迹。就三代考古学文化的时空体系与研究范式而言,邹衡先生的贡献可谓厥功甚伟。[③]

邹先生一方面系统论证二里头文化属于夏文化,同时强调豫北、冀南地区早于二里岗商文化的同类遗存当为先商文化,并将后者划分为"漳河型""辉卫型"和"南关外型"三个类型,[④]他继而在推定郑州商城即成汤"亳"都说的基础上,提出了"以郑州亳城为代表的早商文化及其先型先商文化南关外型又来源于先商文化漳河型"的重要观点,因而推断"商人的发祥地必然就在今漳河地区了"。[⑤] 邹先生进一步指出:

[①] 《中国大百科全书·考古学》,北京:中国大百科全书出版社,1986年,第253页。
[②] 考古学界对"夏文化"的定义为"夏王朝时期在夏人活动区域内遗留的物质文化遗存"。参见《中国大百科全书·考古学》,第573页。
[③] 徐良高:《夏商周考古学文化体系与范式的建构者——邹衡先生》,北京大学中国考古学研究中心、北京大学古代文明研究中心编:《古代文明》第10卷,北京:文物出版社,2016年,第18—26页。
[④] 邹衡:《试论夏文化》,《夏商周考古学论文集》(第二版),第98—120页。但不少学者都认为,所谓"南关外型"下层遗存的文化特征,与郑州地区早商文化(即二里岗文化)并不一致,故应将其排除出先商文化系统。参见孙庆伟《追迹三代》,上海:上海古籍出版社,2015年,第235—247页。
[⑤] 邹衡:《论汤都郑亳及其前后的迁徙》,《夏商周考古学论文集》(第二版),第171—202页。

> 成汤以前,商人活动的地区,最早大概不出先商文化漳河型的分布区,也就是在今天河北省西南部和河南省北部的一大片平原上,其中心地点应该就在滹沱河与漳河之间。稍后,则渐次向南扩展,直到成汤之时才渡过黄河,占领郑亳,全面展开西向征夏的斗争。①

所论根据先商文化的分布范围和扩张态势,总览式地勾勒出早期商族的发展与迁徙概况。而类似研究方法的运用,尚见于邹先生对先周文化和早期周族源流的探索,所取得的成就同样令人瞩目。

不难看出,通过考古遗存来考察同阶段的族群活动,关键在于建立考古学文化与族群之间可靠的对应关系。只有明确了考古学文化的性质、谱系及其族属,才能有效揭示出不同地域的诸多相关遗存背后,究竟蕴含着怎样的人群流动。例如,高广仁、邵望平二位先生将海岱地区商文化与岳石文化的碰撞和交融,同商人与东夷两大族群的活动结合起来,由此勾画出商代中晚期商、夷集团持续互动的历史图景。② 宋新潮、张天恩、方辉、刘延常等先生曾根据不同区域内商文化遗存的分布范围、早晚关系和演变态势,以探讨商人势力与当地有关族群的进退消长,同样取得了显著的成绩。③ 此外,李学勤先生通过商代青铜器对西土地区的影响,并联系周人、戎狄、羌人、西南夷等部族的分布,从而推断上述若干方面的文化因素传播到东方,如浚县辛村周初兵器所见的北方因素,应是武王克商以后西土族群的迁移所致。④ 方辉先生则以"夷式簋"作为切入点,对其出土背景、器物组合、流行地域及年代问题作了系统梳理,继而指出"夷式簋"的传播可能隐含着东夷人群的西迁史迹。⑤

不可否认的是,由于非文字性考古资料的自身特点所限,从考古学文

---

① 邹衡:《论汤都郑亳及其前后的迁徙》,《夏商周考古学论文集》(第二版),第202页。
② 高广仁:《海岱区的商代文化遗存》,《考古学报》2000年第2期;邵望平:《商王朝东土的夷商融合》,山东大学东方考古研究中心编:《东方考古》第4集,北京:科学出版社,2008年,第95—103页。
③ 宋新潮:《殷商文化区域研究》,西安:陕西人民出版社,1991年,第63—80页;张天恩:《关中西部商文化的族属讨论》,《周秦文化研究论集》,北京:科学出版社,2009年,第105—110页;田昌五、方辉:《"景亳之会"的考古学观察》,《殷都学刊》1997年第4期;方辉:《从考古发现谈商代末年的征夷方》,山东大学东方考古研究中心编:《东方考古》第1集,北京:科学出版社,2004年,第249—262页;刘延常、赵国靖、刘桂峰:《鲁东南地区商代文化遗存调查与研究》,山东大学文化遗产研究院编:《东方考古》第11集,北京:科学出版社,2015年,第453—489页。
④ 李缙云编:《李学勤学术文化随笔》,北京:中国青年出版社,1999年,第238—249页。
⑤ 方辉:《商周"夷式簋"的传播与族群变动》,《华夏考古》2015年第4期。

化的角度考察族群迁徙常有一定的困难,其结论往往也会存在不确定性。在笔者看来,以下几方面问题似当引起注意。

张光直先生尝言:"一个文明在地理上扩展得如此类遗存所反映之辽阔,已经给商史研究者一些巨大的暗示。"①但是,由于文化交流现象的普遍存在,某种考古学文化的分布和影响范围,通常要大于其所对应的族群势力的实际控制范围。这也就意味着,即便我们在远离某一族群核心区域的边缘地带,发现了相应的考古学文化遗存,也未必可以证明此为有关族群发生迁徙的遗迹。

比如说,湖北盘龙城遗址出土器物的风格特征,与中原二里岗商文化具有较多共性,故学界普遍将其视作早商文化的一个地方类型。② 但就性质而言,该遗址究竟属于中原王朝派驻地方的据点,抑或仅为区域方国,尚存一定分歧。有学者通过分析商文化对当地的影响过程,根据二里岗上层阶段城址的出现、遗址的扩张及商式陶器逐渐占据主导等现象,认为当时很可能有大批商人持续加速地涌入该地区。③ 这一推论确有合理成分。至于江西境内的吴城文化和四川盆地的三星堆文化,其出土遗物虽带有商文化因素,但主体仍呈现出鲜明的地方特色,这种现象很可能就是不同地域之间文化交流的产物,并非中原商人外迁的结果。④ 因此,借助考古学文化研究来探索族群迁徙,某一遗址内部同类遗存的文化属性和消长情况,尤其是样本数量及其所占比例,都是研究者必须参考的重要依据,否则容易忽视客观现象所反映的主流。

就孤立出现的某种文化遗存而言,其所蕴含的历史价值也并不相同,而出土背景在此往往起到至关重要的作用。例如,北赵晋侯墓地 M113 出土了一件铜三足瓮和一件铜高领双耳罐,器形风格较为罕见,与周文化有着明显差异。考虑到晋侯出身于姬姓周室,受封晋南地区所采取的治理

---

① 张光直著,张良仁等译,陈星灿校:《商文明》,沈阳:辽宁教育出版社,2002年,第51页。
② 中国社会科学院考古研究所:《中国考古学·夏商卷》,第198—200页。
③ 刘莉、陈星灿:《中国早期国家的形成——从二里头和二里岗时期的中心和边缘之间的关系谈起》,北京大学中国考古学研究中心、北京大学古代文明研究中心编:《古代文明》第1卷,北京:文物出版社,2002年,第71—134页。
④ 江西省文物考古研究所、江西省博物馆、新干县博物馆:《新干商代大墓》,北京:文物出版社,1997年,第203页;孙华:《关于新干大墓的几个问题》,中国国家博物馆、江西省文化厅:《商代江南:江西新干大洋洲出土文物辑粹》,北京:中国社会科学出版社,2006年,第337—352页;中国社会科学院考古研究所:《中国考古学·夏商卷》,第506—508页。

模式为"启以夏政,疆以戎索",而双耳罐的形制常见于甘青地区的辛店文化,①三足瓮的器类则在早先阶段晋陕高原及其周边区域普遍使用,②所以上述现象无疑反映出晋国与附近的戎、狄部族存在着密切交流。结合三足瓮这种器形相对集中地随葬于晋国女性墓的情形来看,与其认为上述器物是通过晋与周边异族的战争或贸易而流入的,似不如将其视作晋国贵族和具有北方文化传统的族群进行联姻的物证。③ 相较之下,随州叶家山西周墓 M65、M2 组出土带有族徽和日名的商式铜器尽管为数较多,但族属构成十分复杂,况且墓中所出仍以曾侯谏器最为集中,可知其墓主当为某代曾侯及其夫人。④ 那么照常理来说,上述异属铜器的来源大体存在掠夺"分器"、赗赙、媵嫁等不同可能性,至少无法直接跟殷遗民的流动联系起来。不过,M2 的随葬陶器中尚有一件厚唇商式簋(M2:17),属于典型的商人日常用器,其来源很值得注意。结合 M1 墓底设有腰坑、出土铜器多缀日名的现象(计方鼎4、圆鼎1)来看,叶家山曾国墓地在早期阶段很可能一度埋葬有少数的商系贵族,而上述商文化遗存的出现,不排除就与这些异属人群随南宫家族分封有关。当然,究竟什么类型或何种背景下的考古学文化现象,可以作为判定族群迁徙的依据,未来还需明确相应的标准。

另一方面,尽管学界对于相关遗存分类、分期的认识大同小异,然而在利用考古学文化进行族属研究时,具体观点却时常大相径庭。

如在先周文化的探索过程中,邹衡先生紧扣西周文化中两种不同的陶器类型,以具有光社文化来源的联裆鬲作为姬周文化的代表,而将来自辛店、寺洼文化的分裆鬲视作姜戎文化的遗物,由此勾勒出先周文化所代表的三大人群集团之来源。⑤ 对此,徐锡台、胡谦盈等学者持有不同意见,

---

① 商彤流:《从晋侯墓地 M113 出土的青铜双耳罐看晋文化与羌戎的关系》,上海博物馆编:《晋侯墓地出土青铜器国际学术研讨会论文集》,上海:上海书画出版社,2002 年,第 371—376 页。
② 陈芳妹:《晋侯墓地青铜器所见性别研究的新线索》,上海博物馆编:《晋侯墓地出土青铜器国际学术研讨会论文集》,第 157—196 页。
③ 陈芳妹:《晋侯墓地青铜器所见性别研究的新线索》,上海博物馆编:《晋侯墓地出土青铜器国际学术研讨会论文集》,第 157—196 页;曹玮、林嘉琳、孙岩、刘远晴:《古代中国与欧亚大陆:边疆地区公元前 3000 年至公元前 700 年的金属制品、墓葬习俗和文化认同》,上海:上海古籍出版社,2020 年,第 144 页。
④ 湖北省文物考古研究所、随州市博物馆:《湖北随州叶家山西周墓地发掘简报》,《文物》2011 年第 11 期;湖北省文物考古研究所、随州市博物馆:《湖北随州叶家山 M65 发掘简报》,《江汉考古》2011 年第 3 期。
⑤ 邹衡:《论先周文化》,《夏商周考古学论文集》(第二版),第 273—327 页。

并将联裆鬲和高领袋足鬲一并视作姬周族群的遗存。① 尹盛平先生则认为,郑家坡文化及其标志性器物联裆鬲才是先周文化的代表,而刘家文化及高领袋足鬲则属于姜戎文化。② 此外,将某种考古学文化甚至某类器物与具体人群"对号入座"的办法,同样见于其他族群早期源流的探索中,并成为学界长期争讼的热点问题。③

针对上述研究方法的科学性,近年已有不少学者提出了重审和反思。如李伯谦先生曾指出:"考古学文化与族的共同体是既有联系又有区别的两个不同概念,一个考古学文化可以是一个部族创造和使用的文化,也可以是两个或两个以上部族创造和使用的文化,甚至不排除在一定条件下,一个部族也可以使用两种不同的考古学文化。"④但他同时也强调,"由于婚姻、交往、征服、迁徙等各种原因,属于某一考古学文化的居民有可能属于不同的族,但其中总有一个族是为主的、占支配和领导地位的"。⑤ 雷兴山先生则认为,"都邑法"和"追溯法"作为判断考古学文化族属的传统方法,在实际运用中均存在一定程度的不准确性,研究者应该从"器物本位"过渡到"考古背景本位",即利用"区域聚落形态""聚落性质与聚落结构""功能区性质与特征""单个堆积单位的属性"等"考古背景"来进行考古学文化的族属研究。⑥ 遵循着上述思路,雷先生在先周文化探索的实践中,便主要考察使用某种考古学文化或某类遗存的人群中是否包括周人,而不再是简单地将某种考古学文化与具体族群相对应。他指出:

> 在周原地区,商周时期同期段同特征的考古学遗存,其族属未必一定相同;不同期段、文化特征有所差异的两个遗存,其族属可能相同。因此,不能仅用考古学文化特征(主要是陶器特征)的异同,来判

---

① 徐锡台:《早周文化的特点及其渊源的探索》,《文物》1979 年第 10 期;胡谦盈:《试谈先周文化及相关问题》,《胡谦盈周文化考古研究选集》,成都:四川大学出版社,2000 年,第 124—138 页。
② 尹盛平、任周方:《先周文化的初步研究》,《文物》1984 年第 1 期。
③ 如早期楚文化的探索,可参见张昌平《早期楚文化探索二十年》,《方国的青铜与文化——张昌平自选集》,第 1—18 页;王红星《楚都探索的考古学观察》,《文物》2006 年第 8 期;何晓琳、高崇文《试论"过风楼类型"考古学文化》,《江汉考古》2011 年第 4 期。
④ 李伯谦:《论夏家店下层文化》,《中国青铜文化结构体系研究》,北京:科学出版社,1998 年,第 140 页。
⑤ 李伯谦:《二里头类型的文化性质与族属问题》,《中国青铜文化结构体系研究》,第 64—71 页。
⑥ 雷兴山:《先周文化探索》,北京:科学出版社,2010 年,第 14—24、32—37 页。

断两个遗存的族属是否相同。①

比如,关于碾子坡文化性质,学界曾经存在先周文化、姜戎文化和古密须文化之分歧。但实际上,不同时期、不同地域之碾子坡文化的族属也许并不单一。按照雷先生的分析,泾河上游碾子坡文化早期遗存的创造和使用者或为戎狄之族,而周原和丰镐地区碾子坡文化的族属,则可能包括姬姓周人和非姬姓的姜戎在内,因而可将周原地区的碾子坡文化称为"先周文化"。②

再如,近年发掘的宝鸡石鼓山墓地 M3 中出土了一件高领袋足鬲,并出现了使用壁龛的习俗,不少研究者根据上述现象均见于刘家文化,从而主张石鼓山墓地的主人当为姜戎。③ 不过,也有学者通过将石鼓山 M3 与同样使用高领袋足鬲的刘家文化和碾子坡文化的综合比较,发现前者在陶器组合、墓葬形制及墓地特征等方面,均与刘家文化存在显著区别,而与碾子坡文化具有高度的一致性,由此推断 M3 墓主族属最有可能为姬姓周人。④ 此说不以"器物本位"判定族属,更为注重对整个遗存文化因素的全面观察,其结论应该较为可靠。对于利用考古学文化进行族群活动的探索来说,上述研究思路无疑具有重要的参考价值,需要引起足够关注。

在本节中,我们对探索商周族群迁徙的五条途径作了初步探讨,具体论述涉及资料来源、研究方法和学术视野等诸多方面。由于受到传统观念、学术背景等因素的影响,研究者对这些资料和途径的认识与利用,确实经历了一个较为漫长的过程。尽管借助地名线索这一研究途径,似与本书主题最为切近;但实际上,无论是考察商周时期的族群迁徙,还是探讨地名、国族名与族群活动的关系问题,都应该打破过去存在的种种壁垒,对这些不同来源的史料及相关途径加以综合运用。所以,我们对此加以探讨和总结,不单是为了达到一个阶段性回顾的目的,同时也希冀能对研究范式之进步有所裨益。

---

① 雷兴山:《先周文化探索》,第 284 页。
② 雷兴山:《先周文化探索》,第 292—295 页。
③ 王颢、刘栋、辛怡华:《石鼓山西周墓葬的初步研究》,《文物》2013 年第 2 期;王占奎、丁岩:《石鼓山商周墓地 4 号墓初识》,《周野鹿鸣:宝鸡石鼓山西周贵族墓出土青铜器》,上海:上海书画出版社,2014 年,第 13—19 页;张天恩:《石鼓山户氏青铜器相关问题简论》,《文物》2015 年第 1 期。
④ 张天宇:《石鼓山墓地族属初探》,北京大学出土文献研究所编:《青铜器与金文》第 2 辑,第 469—480 页。

第二章 地名的语言学考察

按照现代学科门类的划分,地名学属于人文地理学的范畴。① 现代地名学认为,地理名称是遵循一定语言规律而形成的一部分语言词汇,因而地名学与语言学密切相关;不过,这些地理名称总是表示具体的区域,并反映地理规律和地理概念,然则地名又是地理学的语言;进一步讲,地名不仅是地理实体的空间坐标,同时还有其历史与文化的内涵,并具有相对稳定性的特点,一旦保持久远,便成为了独特的历史文献。② 因此,地名学研究通常是在语言学、地理学和历史学等学科的交叉背景下进行的。

然而,现代地名学直到19世纪以后才逐渐成为一个专门的学科领域。相较之下,作为历史学或地理学分支的传统地名学,在我国则拥有悠久的历史和深厚的学术积淀。尽管传统地名学缺乏系统阐释和必要的理论支撑,尚不具备现代科学的特征,但它在资料的整理、考订及具体方法的运用方面,尤其是通过地名的产生、发展和演变来探索历史与地理问题,无疑为后来的研究奠定了基础。

因此,我们在古代地名的研究过程中,不仅要借鉴现代地名学、语言学的理论和方法,同时也要充分吸收传统史学、地理学研究的经验和成绩。在本章中,笔者拟通过大量地名资料的分析与归纳,先对商周地名的文例背景、构词特征及其形成机制作一系统考察。

第一节 商周地名的文例背景

地名研究的前提在于全面梳理地名资料,并对其中的有效信息加以

---

① 华林甫:《中国地名学源流》,第2页。
② 茹克科维奇著,崔志升译:《普通地名学》,第3页。

判定和择取,而有争议的文字、艰涩的文意和复杂的语言现象,难免成为学者的首要障碍,因此,对地名所处文例背景的考察就显得尤为必要。

早在民国初年,罗振玉便提出文例是判定卜辞地名的重要依据,氏著《殷虚书契考释》有云:

> 地名见于卜辞者,凡二百有三十,综其类十有七:曰王在某、曰徙于某、曰至于某、曰往于某、曰出于某、曰步于某、曰入于某、曰田于某、曰狩于某、曰殷于某、曰舟于某、曰在某次、曰于某、曰从某、曰伐某、曰征某、曰某方。其字或可识,或不可识。然以其文例考之,确知其为地名矣。①

今按:罗氏所胪列的 17 种卜辞地名文例,大致可分为三种类型:首先,地名每置于"在""于"等介词之后;②其次,出现在"征""伐""于""从"等动词之后者多为地名;③再则为"某方"之"某"。钟柏生先生则提出,五种记事刻辞中地名的确定,可以遵循以下文例,一是在介词"自""在""于"之后的名词,二为动词"入""来""氐"之前的名词以及"某骨"之"某"。④

罗振玉根据"某方"名号确定地名,在部分情况下确实是可行的,但本质上未免混淆了国族名号和地名的客观界限。严格来讲,尽管卜辞所见之国族名与地名每有重合,且"某方"作地名时,亦往往省作"某",但前者本身并不能等同于地名,人名更不待言。比如说,晚商阶段虽有"鬼方""马方""林方"等方国名,却未必同时存在"鬼""马""林"这样的同名地名。至于动词"征""伐""比"(即罗氏所谓"从"字)之后所跟的名词,同样也以国族名和人名为常。⑤ 相应地,记事刻辞中作为主语的贡纳方,如"我""周""沚或""戉""竝"等,首先理应视作人名或部族名,若为人名的话,也不排除属于"以人代族",即以身为族长的贵族个体来指代整个族氏。相较而言,岛邦男以"在某""田于某"和"某受年"三种辞例为标准来

---

① 罗振玉:《殷虚书契考释三种》,北京:中华书局,2006 年,第 363 页。
② 在上古汉语中,"出""入"等动词之后或加介词,或可省略,说明当时的构词形式还不够稳定。如《合集》21715:"庚午卜,我贞:今秋我入商。"《合集》10344 则从正反两面贞问商王"入于商","入于商"和"入商"显然意思相同。
③ 上古汉语的"于"亦用作动词,可训为"往"。如献簋(《集成》4205)"楷伯于遘王,休亡敗",令簋(《集成》4300)"唯王于伐楚,伯在炎",均可为证。
④ 钟柏生:《殷商卜辞地理论丛》,台北:艺文印书馆,1989 年,第 350—351 页。
⑤ 关于卜辞"比某"文例及其内涵的讨论,参见林沄《甲骨文中的商代方国联盟》,《林沄学术文集》,第 69—84 页;刘源《殷墟"比某"卜辞补说》,《古文字研究》第 27 辑,第 111—116 页。

归纳卜辞地名,则显得更为合理。① 但事实上,"受年"卜辞有时也难以将地名与人名、部族名严格区分,如"妇妌受年"(《合集》9755)、"雀受年"(《合集》9760)、"甾受年"(《乙编》6519)即是显例。其中的主语"妇妌""雀"和"甾",大概分别表示三者领有或管辖的土地,即属于"以人代地"的情形,而不宜直接视作地名。正如西周宣王时期的吴虎鼎铭(《新收》709)言"厥西疆荓姜眔疆",则是说吴虎之田的西疆至于"荓姜"所领有的土田。

鉴于地名判定标准的归纳尚有一定困难,所以我们不妨转换思路,即借助古代汉语的语法结构,对地名所处的文例背景进行分类观察,同样有助于商周地名的确定和认识。

(一) 介宾短语

介宾短语中的地名用作宾语,紧跟介词之后,通常最容易判断,但整个短语在句中充当的成分犹有不同。如"在漕犬中"(《合集》27902)的"在漕"作为"犬中"的定语,表示驻在漕地的犬官;"在乐贞"(《合集》36904)、"在盂奠"(《屯南》1092)、"于豳斯馆"(《大雅·公刘》)中的介宾结构用作状语,表示动作发生的地点;而"省自方、邓"(中甗,《集成》949)、"侯于晋"(㲚公簋,《铭图》4954)、"封于单道"(散氏盘,《集成》10176)、"王太子以邦复于湫郢"(清华简《楚居》14)中的介宾短语,均用作后置的地点状语;就"步于丧"(缀续379)、"涉滴至于斅"(《合集》28883)诸辞而言,其中的介宾短语则充当动词的补语,以补充说明动作的结果。此外,作表语的情况尚有"王在厈"(遣尊,《集成》5992)等。不过,早期介宾短语中的介词并不十分稳定,有时也会发生省略,如"田于丧"或作"田丧"(《合集》37661),"搏戎胡"(彧簋,《集成》4322)亦即"搏戎于胡"的省文。②

(二) 动宾短语

动宾短语中的地名信息,主要用来说明动作涉及的地点对象。如"盘庚迁殷"(《尚书·盘庚》)、"于滴南洮"③(《合集》33178)、"居岐之阳"

---

① 岛邦男著,濮茅左、顾伟良译:《殷墟卜辞研究》,第661页。
② 参见裘锡圭《说彧簋的两个地名——棫林和胡》,《裘锡圭学术文集》第3卷,第35页。
③ 《合集》33178或释为"于滴南洮北",可疑。按卜辞习见"在河东洮"(《合集》36896)、"在河西洮"(《屯南》1111;《屯南》4489)之辞,此"洮"可能是指河岸之义。参见詹鄞鑫《释甲骨文"兆"字》,《古文字研究》第24辑,北京:中华书局,2002年,第123—129页。该骨版下部残缺,仅存一"北"字,与其上"洮"字的间距明显较大,二者很可能并非同辞关系。《类纂》将前一辞释作"于滴南洮",可从;"北"字则应属下,其内容殆为"于滴北洮",彼此构成对贞关系,意即贞问是去滴水南岸还是北岸田猎,所以"于"字在此用作动词,表示前往之义。

(《鲁颂·閟宫》)、"戍汉中洲"(中甗,《集成》949)、"出祀"(麦方尊,《集成》6015)、"入长城"(屬羌钟,《集成》157)、"就下蔡"(鄂君启车节,《集成》12110)、"楚人涉沬"(清华简《系年》130)等。

（三）偏正短语

偏正短语中的地名多用作领格,亦可用作主格,整个短语通常表示"某地的某种事物"或"某种类型的某地"一类意思,但具体情况较为复杂,应予分类加以讨论。

（1）地名+自然或人文地理实体类称

如"我奠荳"(《合集》6068)、"甾示昜"(《合集》6063反)、"龙囿香"(《合集》9552)、"人方邑舊"①(《屯南》2064)、"𢑱、雷、𦣞商鄙"(《英藏》2525)、"东国洛"(《尚书·康诰》)、"丰还"(元年师旋簋,《集成》4279)、"𣞤南林"(作册吴盉,《铭图》14797)、"奠田"(㝬鼎,《集成》2755)、"陉庭南鄙"(《左传》桓公二年)、"䣄都脒㝬"(叔夷钟,《集成》273)等。

"我奠荳"的"奠"可读为"郊甸"之"甸",泛指中心聚落周边的邻近区域,其中往往分布有隶属于前者的次级聚落,此"荳"即是"皇友化"领地外围的属邑之一。"甾示昜"在语法结构上同于"我奠荳",这里的"示"或读为寘(置),与"奠"音、义皆近,可能也是表示奠、鄙一类含义的区域名。②"龙囿香"殆指龙地之园囿名"香"者,香地又见于黄组卜步辞《蔡缀》379。"人方邑舊"即人方部族的领邑"舊",黄组征人方卜辞中亦为商王的驻跸地(《合集》36486)。"𢑱、雷、𦣞商鄙"系"商鄙𢑱、雷、𦣞"的倒装形式,特指商地鄙野之内从属的𢑱、雷、𦣞三邑。③"东国洛"的"国"可读为"域",彼时周人尚未开展大规模的东征,故洛邑相对于西土而言仍属广义的"东方"。"丰还"之"还"应读作"县",理解为"县鄙"之"县",是指较大城邑四周的地区,其内涵与"鄙"相近。④"𣞤南林"为𣞤地境内的一处林地,"奠田"即奠地范围内的土田,"陉庭南鄙"是指陉庭南部的鄙属区域,而"䣄都脒㝬"亦即莱国都城脒㝬,毋庸赘言。

（2）地名+机构或建筑名

如"盂庭"(《合集》31014)、"𩫞偁"(版方鼎,《新收》1566)、"周康

---

① "人方"或释"夷方"。为便于行文,本书一律暂作"人方"。
② 朱凤瀚:《武丁时期商王国北部与西北部之边患与政治地理——再读有关边患的武丁大版牛胛骨卜辞》,中国国家博物馆编:《中国国家博物馆馆藏文物研究丛书:甲骨卷》,上海:上海古籍出版社,2007年,第269—281页。
③ 陈絜:《卜辞滴水与晚商东土地理》,《中国史研究》2017年第4期。
④ 李家浩:《先秦文字中的"县"》,《文史》第28辑,北京:中华书局,1987年,第49—58页。

宫"(申簋盖,《集成》4267)、"咸应"(蔡簋,《集成》4340)、"莽上宫"(儠匜,《集成》10285)、"毕王家"(望簋,《集成》4272)、"周道"(散氏盘,《集成》10176)、"郳左厈"(郳左厈戈,《集成》10969)、"昆吾之观"(《左传》哀公十七年)等。

"盂庭"的"庭",即宗庙太室之广庭,①四祀邲其卣铭(《集成》5413)中尚有"召大庭"。"禼偁"之"偁"或写作"廯",②其性质殆相当于行宫一类的建筑。③ "应"读为居,是指设在都城之外、专供周王巡行驻跸的居所。④ "毕王家"为周王命望管理的对象,即王室在毕地拥有产业的总称,其中当以宫庙建筑和土田为主。散盘的"周道"和"鄘道""单道""原道""凡道"诸道并举,大概专指通往周地(此或指周公采邑)的道路,内涵与用作通称的"周道"有别。⑤ "郳"为齐地,文例相近的东周齐系兵器铭刻,尚有郲右厈戈(《集成》10997)、成右厈戈⑥(《铭图》17065)以及京厈八族戈(《集成》11085)之属,"厈"分左右,其功能应与武库相当。⑦

(3)地名+人群集合名词

如"豳𠂤"(善鼎,《集成》2820)、"成周八𠂤"(䚄壶,《集成》9728)、"莽人"(卯簋盖,《集成》4327)、"淮夷"(师㝨簋,《集成》4313)、"淮南夷"(应侯视工簋,《铭图》5311)、"骊戎"(《左传》庄公二十八年)等。

---

① 于省吾:《甲骨文字释林》,北京:中华书局,1979年,第83—87页。
② 2005年,安阳市安钢第二炼钢厂西南的M11出土了三件骨片,其中一件上有用绿松石镶嵌而成的残文16字,其辞作:"壬午,王迩于召廯,延田于麦麓,获兕。亚赐……"参见刘忠伏、孔德明《安阳殷墟殷代大墓及车马坑》,国家文物局主编:《2005中国重要考古发现》,北京:文物出版社,2006年,第59—62页。
③ 裘锡圭:《释殷虚甲骨文的"远"、"迩"(迩)及有关诸字》,《古文字研究》第12辑,北京:中华书局,1985年,第86页。
④ 《史记·周本纪》载周武王"营周居于雒邑而非后去",这里的"周居"当理解为周室之王居,"周"用作国族名而非地名。陈公柔先生认为,"周居"即武王建于洛邑之临时行在,其说较为合理。参见陈公柔《西周金文中的新邑、成周与王城》,《先秦两汉考古学论丛》,北京:文物出版社,2005年,第33—48页。
⑤ 周代的官道亦统称为"周道"。参见杨升南《说"周行""周道"——西周时期的交通初探》,《人文杂志》丛刊第二辑《西周史研究》,1984年,第51—66页;雷晋豪《周道:封建时代的官道》,北京:社会科学文献出版社,2011年,第1—11页。
⑥ 《铭图》释文原作"厈之造戟,君司成右",今按:当作"君司成右厈之造戟"。
⑦ 董珊:《战国题铭与工官制度》,北京大学博士学位论文,2002年,第197页;孙刚:《东周齐系题铭研究》,上海:上海古籍出版社,2019年,第276页。最近刊布的清华简《治政之道》简35中,"府""厈"二字连言读作"府库",整理者指出"厈"即"库"字。参见清华大学出土文献研究与保护中心编,李学勤主编《清华大学藏战国竹简》(玖),上海:中西书局,2019年,第142页。此外,荆门包山楚墓M2出土的车马器中有一件战国中期的青铜马衔,上铸阳文"大厈"二字(《包山楚墓》图一六二:3),说明武库称"厈"并非齐国独有。

善鼎铭云"左胥䕫侯,监𢎼𠂤成",可知"𢎼𠂤"当指𢎼地所驻的师旅,而"成周八𠂤"则为驻守成周的八支军队。"荞人"在铭文中与"荞宫"连言,二者均为荣伯命家臣卯管理的对象,故"荞人"是指荣氏家族在荞地拥有的附属人众。"淮夷"系北方周人对居住在淮水流域之异族的统称。兮甲盘铭文(《集成》10174)载兮甲受命管理"南淮夷"的贡纳,又云"淮夷旧我帛晦臣",可见"南淮夷"即"淮夷"的别称。而应侯视工簋盖铭先言"淮南夷",又称"南夷",后者与同人所作鼎铭(《新收》1456)同例,说明"淮南夷"一词当理解为淮水流域之南夷,与"南夷""淮夷"和"南淮夷"名异实同。"骊戎"旧说为骊山之戎。顾颉刚先生以《国语·晋语四》"丽土之狄"当之,地在晋南。① 顾说近是。

(4) 地名+职事或称号名②

如"攸侯"(《合集》32982)、"成犬敢"(《合集》29294)、"夆田瀫"(二祀邲其卣,《集成》5412)、"许男"(许男鼎,《集成》2549)、"周师"(免簋,《集成》4240)、"沬司土"(遹簋,《集成》4059)、"奠牧马"(曶簋,《新收》1915)、"成周走亚"(询簋,《集成》4321)、"申公"(《左传》僖公二十五年)、"盖大夫"(《孟子·公孙丑下》)、"格氏令"(格氏令韩贵戈,《集成》11327)、"坪夜君"(坪夜君成鼎,《集成》2305)等。

按令方彝(《集成》9901)铭文以"诸侯"总括"侯、甸、男"三种外服职事,可见侯、男有别,但犹可统称为诸侯。一般来说,当时的侯通常具有较强的武装力量,主要承担开疆拓土、藩屏王室的军事职能;③男则用于低等级诸侯的称号,其综合实力远不及侯。④ 据金文、典籍常见的"命某人侯于某地"之文例判断,所谓"某侯"和"某男",起初是指最高统治者派驻某地担任侯、男之职的贵族,在经历了"以地为氏"和"以地名国"的过程后,

---

① 顾颉刚:《骊戎不在骊山》,《史林杂识初编》,第54—56页。
② 与"地名+职事或称号名"相近的形式,还可举出以下几种类型:
    1. "国族名+尊称":吕王、𢎼公;
    2. "国族名+排行或宗法性称谓":康伯、䕫仲、胡叔、倗季、荆子、芮大子;
    3. "国族名+亲属或婚姻关系称谓":子𦘕、复公子、鲁公孙、琱生(甥);
    尽管上揭诸例中出现的国族名号,基本都可对应相同的地名,然其性质仍与地名有别。而"攸侯""孟犬""沬司土"等称谓中的"攸""孟""沬",虽然亦可用作国族名,但它们首先属于地名。
③ 裘锡圭:《甲骨卜辞中所见的"田""牧""卫"等职官的研究》,《文史》第19辑,北京:中华书局,1983年,第1—13页;朱凤瀚:《关于西周封国君主称谓的几点认识》,陕西省考古研究院、上海博物馆编:《两周封国论衡:陕西韩城出土芮国文物暨周代封国考古学研究国际学术研讨会论文集》,上海:上海古籍出版社,2014年,第272—285页。
④ 刘源:《"五等爵"制与殷周贵族政治体系》,《历史研究》2014年第1期。

"某侯""某男"之"某"才转化成为国族名号。"成犬敢"即成地的犬官，私名曰"敢"；"夆田渨"则指夆地的田官，其名曰"渨"。"沬司土""奠牧马""成周走亚"亦分别为各地设置的不同类型之职事。免簋(《集成》4240)铭文载王命免"胥周师司林"，此"周师"当为职官名无疑，[1]与守宫盘(《集成》10168)、獄簋(《铭图》5315—5318)诸铭的"周师"含义相同，大概是指周地的行政长官。至于"公""大夫"和"令"，则分别为东周时期楚、齐、韩三国县级最高长官的称谓，而"坪夜君"即楚国平舆一地的封君。

(5) 地名+物产

如"虤鹿"(《屯南》256)、"庸兕"(《合集》28403)、"杏麋"(《合集》28789)、"渭积"(小臣缶鼎，《集成》2653)、"夒贝"(小臣俞犀尊，《集成》5990)、"秦饮"(塱鼎，《集成》2739)、"秦金"(辛史器，《集成》10582)、"五齫贝"(小臣谜簋，《集成》4239)、"󰀀(猷)"、[2]"户囊贝"(《集成》4144)等。

凡此类结构，通常均表示某地的某种物产。

(6) 地名+方位词

如"鹿北东"(《合集》13505 正)、"高西"(《合补》11115)、"攸东"(《英藏》2562)。

《合集》13505 正："己亥卜，丙贞：王㞢(有)石在鹿北东，作邑于之。"又云："作邑于鹿。"据引文可知，商王是卜选在"鹿北东"或"鹿"地修建城邑，故"北东"当视作复合方位词，意即鹿地之东北。[3] "高西"旧或释"亳西"，不确。孙亚冰女士在《合补》11115 上加缀《合集》36830，乃将"亳"字改释为"高"，可从。[4] 按卜辞中用作地名的"高"，尚见于《合集》36518、《合集》37533 诸版，故《合补》11115 商王贞问"其迡从高西"，大意是说向高地的西面巡行。相应地，《英藏》2562 的"迡从攸东"，即循着攸

---

[1] 陈梦家：《西周铜器断代》，第 164—165 页。西周金文所见尚有"周师彔"(师晨鼎，《集成》2817；师俞簋盖，《集成》4277；谏簋，《集成》4285；瘨盨，《集成》4462—4463；宰兽簋，《新收》663—664)、"周师量"(大师虘簋，《集成》4251)、"周师司马"(师瘨簋盖，《集成》4284)等人名。
[2] 关于"猷"字释读，参见李学勤《寝孳方鼎和肆簋》，《中原文物》1998 年第 4 期；刘钊《甲骨文"害"字及从"害"诸字考释》，《甲骨文与殷商史》新 4 辑，上海：上海古籍出版社，2014 年，第 106—115 页。
[3] 黄天树：《说殷墟甲骨文中的方位词》，王宇信、宋镇豪、孟宪武主编：《2004 年安阳殷商文明国际学术研讨会论文集》，北京：社会科学文献出版社，2004 年，第 118—126 页。
[4] 孙亚冰、林欢：《商代地理与方国》，第 383—384 页。

地的东部巡行。

(7)“之”字结构

如“鞌之功”(《左传》成公六年)、“戏之役”(《左传》襄公二十二年)、“黎之搜”(《左传》昭公四年)、“垂棘之璧”(《左传》僖公二年)、“陆浑之戎”(《左传》僖公二十四年)、“少皞之虚”(《左传》定公四年)、“丽土之狄”(《国语·晋语四》)、“疆浧之陂”(清华简《楚居》7)、“烝之野”(清华简《楚居》10)、“商盖之民”(清华简《系年》14—15)、“句俞之门”(清华简《系年》113)、“沧浪之水”(《孟子·离娄》)、“平陆之都”(《韩非子·有度》)等。

这类结构中的“之”字为语助词,或可省略,故可视作特殊的偏正结构。

(四)并列短语

如“[𢦏]、夹、方、相四邑”(《合集》6063)、“吾方其[敦]、毽”(《合集》8529)、“丧、盂有大雨”(《合集》30044)、“至于历、内”(禹鼎,《集成》2833)、“伐角、津,伐桐、遹”(翏生盨,《集成》4459)、“伐洰、昴参泉、裕敏、阴阳洛”(敔簋,《集成》4323)、“保有凫、绎”“奄有龟、蒙”(《鲁颂·閟宫》)、“魏、骀、芮、岐、毕,吾西土也”(《左传》昭公九年)、“郑京、栎实杀曼伯”(《左传》昭公十一年)、“聊、摄以东,姑、尤以西”(《左传》昭公二十年)等。

上揭诸例均为若干地名连言的情形。其中,翏生盨铭记载王征南淮夷,“伐角、津,伐桐、遹”,同时期鄂侯驭方鼎铭(《集成》2810)又作“王南征,伐角、僪”,而伯𢦏父簋铭(《铭图》5277)则言“王出自成周,南征伐𠬝孳、英(?)、桐、潏”。马承源先生认为,鼎铭“伐角、遹”当视作“伐角、津,伐桐、遹”之省文。[①] 李学勤、朱凤瀚二位先生通过铭文史事的系联,指出诸器所记应是周厉王时期对南淮夷发动的同一次重要战事。[②] 考虑到贵族铸铭各有繁简详略,故记录的地名不尽相同,亦在情理之中。

需要说明的是,前文对地名所处的文例背景作了初步归纳,其目的旨在提供一条辨识和认知地名的有效途径。实际上,地名的语言形态往往是灵活多变的,本节的归纳亦难以尽皆囊括,需要酌情进行分析,笔者之所以回避强调地名的判定依据,其原因也正在于此。

---

① 马承源:《关于翏生盨和者减钟的几点意见》,《考古》1979年第1期。

② 李学勤:《谈西周厉王时器伯𢦏父簋》,《文物中的古文明》,第299—302页。朱凤瀚:《由伯𢦏父簋铭再论周厉王征淮夷》,《古文字研究》第27辑,第192—199页。

第二节　地名的构词特点与形成机制

地名作为一种专有名词,是在语言发展到一定阶段的基础上,由其他普通名词转化而来的。茹克科维奇指出,地名的命名通常是在最初的一般概念"联系"到具体地点的过程中发生的。① 比如,"盂"原本用作一种侈口、深腹、带圈足水器的普通名词,一旦它经历了个性化的过程,被标记到某一特定的地理实体上时,作为地名的"盂"也就产生了。从文字学的意义上讲,上述过程实际就相当于文字的假借用法,即假借词义为 A 的某个字,用来表示跟原来词义并不相关的某个地名。当然,这主要是针对比较原始的单字地名而言,多音节词地名的形成机制未免要复杂许多。

众所周知,上古汉语的词汇以单音节词为主,地名用词亦不例外,尤其在殷商西周时期,单字地名基本占据了地理称谓的主体部分。多音节词的地名形式尽管在晚商阶段就已经出现,但其数量依然相对有限,当时人们往往会采取地名文字"形声化"与合文改造的办法,从而使单字地名能够表示与多音节词地名相同的内涵。例如,卜辞畫地之水作"潽"、乐地之水曰"泺"、商地之水称"滴"等,都是在地名用字上加注义符以指类;② 又卜辞地名"呆京"经常写作二字上下相叠的合文形式,如《合集》4722、4723、8047 诸版所示。上述这些现象在甲骨文中较为习见,应该引起足够重视。到了东周时期,多音节词地名无论在数量还是形式上均得以迅速发展,并最终在秦汉以后取代单字地名成为主流。

鉴于多音节词地名的产生、使用与沿革,总要通过一定的构词形式表现出来,因而针对地名构词特点的探讨,当是观察地名形成机制和总结地名演变规则的基础,有助于推究古人"制名以指实"③的原旨。根据目前所知地名语源和构词形式的差异,我们可将早期多音节词地名大致划分为以下几种类型。

（一）并列式

"并列式"是指由两个意义相同、相近或相关的词语并列组合而成的

---

① 茹克科维奇著,崔志升译:《普通地名学》,第9—10页。
② 在殷墟甲骨文中,不少地名用字都有加注水旁、山旁的现象,所指地点与未加注义符者往往关系极为密切。参见李学勤《殷代地理简论》,北京:科学出版社,1959年,第34、56页;黄然伟《殷周史料论集》,香港:三联书店有限公司,1995年,第308页;姚孝遂主编《殷墟甲骨刻辞类纂》,北京:中华书局,1989年,第48页。
③ 《荀子·正名》。

地名形式,如"大邑商""新邑洛""荆楚""费滑""商於"等。按"大邑"与"商"、"新邑"与"洛",均在一定程度上具有等质性,而"荆""楚"可以互训,此俱为研究者所熟知。"费滑"即春秋滑都费邑,《左传》成公十三年杜预注:"费滑,滑国都于费,今缑氏县。"正义曰:"秦惟灭滑,不灭费,知费即滑也,国都于费,国、邑并举以圆文耳。"①"商於"乃张仪诈言予楚之地,见于《战国策·秦策二》及《史记·楚世家》。裴骃集解曰:"商於之地在今顺阳郡南乡、丹水二县,有商城在於中,故谓之商於。"②是以"商於"为"於中"之别称,在今河南西峡县东。一说"商於"是指商(今陕西丹凤县)、於(即"於中")二邑及其之间的地区。若按后说的解释,则"商於"可视作"商""於"并列合成的地理区域名。

(二)偏正式

所谓"偏正式",是指在某个中心词的基础上加缀修饰成分而产生的地名形式。有些地名的修饰语处在领位,如"王城""帝丘""岐周""夏虚""河内""汾隰""华阴""首阳""桑中"等。③ 有些地名的修饰语,则相当于普通形容词的作用,如"曲阜""高陵""陶丘"④等;又陈国都于"宛丘",《尔雅·释丘》曰"宛中",郭注谓"宛"即中央隆高之义,是"宛丘"本指中央高而四方低的丘地。⑤

(三)补充式

这类地名通常是由特定的地理实体名称与一般意义的地理实体类称合成产生的,如"洛邑""楚丘""蒲城""郢陈""崇山""吴岳""麦录""洲水""汾川""荥泽""苟陂""盟津"⑥"徐关""汾陉"等。其中,特定的地理实体名称作为地名中心语,一般意义的地理实体类称则起到补充说明的作用,以标识前者的类别及特征。裘锡圭先生曾从古代汉语构词法的角

---

① 孔颖达:《春秋左传正义》卷27,阮元校刻《十三经注疏》,第4150页。
② 《史记》卷40《楚世家》,第1723页。
③ 周法高先生将此种地名构词法称为"领位形容语+端语"的组合,参见周法高《中国古代语法·构词编》,台北:"中研院"历史语言研究所,1994年,第356页。如河东蒲坂之"首阳"即首山,又名"雷首"。
④ 《尔雅·释丘》:"再成为陶丘。"是谓丘形之上有两丘相累者曰"陶丘"。
⑤ 《陈风·宛丘》:"子之汤兮,宛丘之上兮。"毛传:"四方高中央下曰宛丘。"又《释名·释丘》云:"中央下曰宛丘,有丘宛宛如偃器也。"此与郭璞的解释有所不同。
⑥ 据《左传》隐公十一年载,周王室所予郑人苏忿生之田中有"盟",杜预谓即"盟津"。又《尚书·禹贡》正义曰:"孟是地名,津是渡处,在孟地致津,谓之孟津。"童书业先生则认为,"孟津"原作"盟津",其名本由周武王盟誓于此而得。参见童书业《春秋左传研究》(校订本),第223页。

度,指出早期复音节词地名中常见大名冠小名的现象,如"丘商""丘舆""自喜""自荥""城颍""城濮"等。① 说明特定地理实体名称与一般地理实体类称的位置关系,往往是存在倒文例的。

需要说明的是,少数地名尽管字面完全相同,但在形成机制及内涵方面犹有本质差异。如《战国策·楚策一》的"汾陉",即见于《左传》襄公十八年的楚国北境之"汾",只因当地具有"陉"这种地貌特征,所以连缀"陉"字构成补充式;而《史记·范雎蔡泽列传》的"汾陉",又名"陉"(《韩世家》)或"陉城"(《白起王翦列传》),前者增加水名"汾"作为前缀,应是需要表示"汾旁之陉"的含义,属于偏正式。这种现象不妨称为地名的"同形异构"。

（四）附加式

这类地名基本是以某一中心词作为词根、通过增加前缀或者后缀派生出来的,如"上曲阳"与"下曲阳"、"东不羹"与"西不羹"、"东武阳"与"南武阳"、"少梁"与"大梁"等。此外,常见的地名后缀尚有"阳""陵""氏""人"等字,如"鲁阳""华阳""鄢陵""羕陵""格氏""端氏""皮氏""寒氏""注人""柏人""列人""霍人"等。

（五）动词性结构

《尔雅·释丘》:"水出其左,营丘。"② "营"为动词,有围绕之义,"丘"表示上述动作发生的地点,是知"营丘"得名于淄水过其南而东也。至于齐都"临淄",乃取其地临于淄水之义。"临晋""临易"等地名的构词形式与前者相同,均属于动宾式。

"闻喜""获嘉"俱为西汉武帝时期置县。《汉书·地理志》河东郡闻喜县注:"故曲沃。晋武公自晋阳徙此。武帝元鼎六年行过,更名。"③又河内郡获嘉县注:"故汲之新中乡,武帝行过更名也。"④此二地之得名,均与汉军平定南越之乱有关。据《汉书·武帝纪》载,元鼎六年武帝东巡,"至左邑桐乡,闻南越破,以为闻喜县。春,至汲新中乡,得吕嘉首,以为获嘉县"。据此可知,二者就构词形式而言应属于动宾式。

史载秦王政二十五年,王翦"定荆江南地,降越君,置会稽郡"。⑤ 其

---

① 裘锡圭:《谈谈古文字资料对古汉语研究的重要性》,《古代文史研究新探》,第156—169页。
② 王引之《经义述闻》认为,"其""左"二字之间脱"前而"二字。
③ 《汉书》卷28《地理志》,第1550页。
④ 《汉书》卷28《地理志》,第1554页。
⑤ 《史记》卷6《秦始皇本纪》,第234页。

郡名乃沿袭旧称而来,如《墨子·节葬下》:"禹东教于越,道死,葬会稽之山。"①相传"会稽"之得名与夏禹有关。《史记·夏本纪》:"或言禹会诸侯江南,计功而崩,因葬焉,命曰会稽。会稽者,会计也。"②又《越绝书·地传》:"(禹)到大越,上茅山,大会计,爵有德,封有功,更名茅山曰会稽。"③今按所谓禹狩江南,当系传说演绎之事,自不必视作史实。地名"会稽"虽相对晚出,未可远溯,却是后人取"会而计功"之义来定名"禹迹"。

(六)音译词与连绵词地名

音译词地名多属于方言地名,地名文字主要是用来记录语音,其写法往往较为多变,如"薄姑""孤竹""无终""犬丘""朱圉""梁父""计斤""邾娄""鸠兹"等。至于连绵词地名,则可以"邯郸""琅琊""盱眙"为例。这类地名虽同样由多音节词构成,但若进一步加以拆分,其单字与原地名所代表的地理概念之间通常便不再具有含义上的关联。

总的来说,无论是单字地名抑或复音节词地名,均是人们对特定的客观地理实体赋予的专有名称。通过以上分类不难看出,很多先秦的复音节词地名中,往往都存在着一些表示某种类别的成分。胡厚宣先生很早就注意到,殷墟卜辞多见在单字地名之上,"加一二区别字,而成二三字之地名者"。④ 陈梦家先生又进一步指出,"卜辞地名是以单音缀为基础的,在此单名之前往往加方位字,或在其后加区域字"。⑤ 按陈先生所说的"方位字",有中、东、西、上、下等,而"区域字"则包括山、水、阜、麓等自然地理实体类称和邑、自(师)、俶(次)等人文地理实体类称。就后两种称谓而言,它们都是表示地名所指地理实体类型的普通名词,在同类地名中具有相同的意义,故可称为"通名";至于"丘商"之"商"、"洛邑"之"洛"等表示同类地理实体中某一个体的专有名词,则叫作"专名"。⑥ 通过对"专名""通名""方位词"和"区别字"的组合关系加以观察,有助于揭示

---

① 《墨子·节葬下》。今本作"禹东教乎九夷",《北堂书钞》《初学记》《太平御览》所引并作"于越",当是。参见孙诒让撰,孙启治点校《墨子间诂》卷6,北京:中华书局,2001年,第184页。
② 《史记》卷2《夏本纪》,第89页。
③ 李步嘉:《越绝书校释》卷8,北京:中华书局,2013年,第221页。
④ 胡厚宣:《卜辞地名与古人居丘说》,《甲骨学商史论丛初集》,石家庄:河北教育出版社,2002年,第491—492页。
⑤ 陈梦家:《殷虚卜辞综述》,第253—255页。
⑥ 关于"通名""专名"的定义,参见《中国大百科全书·地理学》,北京:中国大百科全书出版社,1990年,第90页。

早期多音节词地名的形成机制。

第一,在专名的基础上加缀通名,是多音节词地名产生的一种最主要、也是最为常见的途径。如"丘商"(《合集》9774)、"遭录"(《屯南》762)、"唐土"(《英藏》1105)、"阺京"(《合集》28245)、"成𠂤"(小臣单觯,《集成》6512)、"商邑"(沫司土送簋,《集成》4059)、"鳌城"(疑尊,《铭续》0792)、"噩𠂤"(中甗,《集成》949)、"洀水"(启尊,《集成》5983)、"巇川"(启卣,《集成》5410)、"荠京"(静卣,《集成》5408)、"杨冢"(多友鼎,《集成》2835)、"昂参泉"(十月敔簋,《集成》4323)、"颍谷"(《左传》隐公元年)、"韩原"(《左传》僖公十五年)、"城濮"(《左传》僖公二十四年)、"郔廊"①(《左传》宣公三年)、"华泉"(《左传》成公二年)、"州县"(《左传》昭公三年)、"缯关"(《左传》哀公四年)、"漆里"(《国语·齐语》)、"肥遗郢"(《新蔡》甲三·240)、"河漳"(《战国策·齐策一》)等。

"成𠂤""噩𠂤"之"𠂤"当读为师,本义是指师旅,后引申为军队驻扎或人众所聚之地,因有"众"义。《诗·大雅·公刘》云"京师之野",毛传:"是京乃大众所宜居之也。"《公羊传》桓公九年:"京师者何?天子之居也。京者何?大也。师者何?众也。"于省吾先生指出,此类地名之所以称"𠂤",是因时常为师旅驻扎而得名。②裘锡圭先生则认为,"𠂤"当读为"京师""洛师"的"师",也有可能读为"次"。③那么,早骨、金文中每言"在某𠂤"者,其"地名+𠂤"结构所对应的地理坐标,尽管与地名本身大致无异,但实际含义则相当于"某地的军队驻所",因而要在原地名之后加缀"𠂤"字以指明其类。另一方面,就构词形式而言,此种类型的"某𠂤"与表示某国、某族军队之义的"某𠂤"确有相似性,但二者的内涵却截然不同,必须予以区别。

通过上述途径产生的多音节词地名中,专名自然居于核心词素的位置,而通名一般只是起到修饰或补充说明的作用。所以,这种合成地名在形式上并不十分稳定,具体表现有以下三种情况。

首先,其中的通名成分经常会发生省简,恢复到仅含有专名的状态。

---

① 《水经·谷水注》引京相璠曰:"郔,山名;廊,地邑也。"按照京相璠的解释,"郔"系山名,而"廊"为地邑之称,属于"通名"性成分。
② 于省吾:《略论西周金文中的"六𠂤"和"八𠂤"及其屯田制》,《考古》1964年第3期。
③ 裘锡圭:《谈谈古文字资料对古汉语研究的重要性》,《古代文史研究新探》,南京:江苏古籍出版社,1992年,第156—169页。

如卜辞"唐土"或作"唐"、金文"莽京"或作"莽"、文献"洛师"或作"洛"、楚简"肥遗鄩"或单言"肥遗",然而无论通名省略与否,它们的实际地望并无本质差别。

其次,通名的位置往往并不固定,它大多缀在专名之后,但也有可能置于专名之前。如卜辞之"商"又作"丘商"、"蠚"或作"丘蠚"、"雷"一名"丘雷",①而金文"商邑"亦即卜辞"大邑商"的别称。

再者,如果通名所表示的地理实体类型具有一定共性,则它们在有些情况下也可以交替使用。例如《左传》昭公四年"黎之蒐"的"黎",《韩非子·十过》又名"黎丘",《史记·楚世家》则作"黎山",所指均系一地无疑。

第二,除了通名之外,东、西、南、北、中、上、下、阴、阳、内、外及汭、尾等"方位词"与大、小、新、故、旧等"区别字",也是专名上经常加缀的成分。如"中商"(《合集》20650)、"上鲁"(《合集》36537)、"宗周"②(匽侯旨鼎,《集成》2628)、"成周"(令尊,《集成》6016)、"下淢"(长由盉,《集成》9455)、"阴阳洛"(敔簋,《集成》4323)、"洛汭"③(《尚书·召诰》)、"泾阳"(《小雅·六月》)、"小穀"(《左传》庄公三十二年)、"北徵"(《左传》文公十年)、"故绛"(《左传》襄公六年)、"颍尾"④(《左传》昭公十二年)、"旧许"(《左传》昭公十二年)、"龟阴"(《左传》定公十年)、"上雒"(《左传》哀公四年)、"少鄂"(清华简《系年》9)、"下蔡"(清华简《系年》107)、"大梁"(《战国策·魏策二》)、"外黄"(《战国策·宋卫策》)等。

杨守敬尝言:"凡言东、西、南、北者,皆以别其同。"⑤商周地名出现重名的现象较为普遍,辨识起来殊为不易,通过在专名之上加缀"方位词"或"区别字",则有助于起到区分重名地名的作用。如周人都邑虽有"宗周"

---

① 参见李学勤《殷代地理简论》,第58页;裘锡圭《谈谈古文字资料对古汉语研究的重要性》,《古代文史研究新探》,第156—169页。
② 也有学者提出,"宗周"的"宗"即《大雅·文王有声》"既伐于崇"之"崇"。设若此说成立,则"宗周"同样属于"复合地名"的类型。但笔者更倾向于认为,"既伐于崇"的"崇"当读为嵩,是指今河南登封附近的嵩山。参见顾颉刚、刘起釪《尚书校释译论》,第1064—1065页。
③ 《说文》云:"汭,水相入也。"而文献所见之"某汭",一般是指"某"支流汇入干流的地点,亦即采用支流的走向来界定位置,故我们暂将"汭"归入方位词的类型。
④ "颍尾"是指颍水入淮之处,"尾"同样具有标示方位的作用。
⑤ 杨守敬:《隋书地理志考证》卷5,谢承仁主编:《杨守敬集》,武汉:湖北人民出版社,1997年,第2册,第321页。

"成周"之谓，其号"周"则一；文王母弟封为虢仲、虢叔，一在宝鸡虢镇，一在荥阳虎牢，后来遂有"西虢""东虢"之别。

第三，先秦时期还有一种由若干单音节词构成，至少含有两个专名词素的特殊地名形式，即所谓"复合地名"。如"攸永"（《合集》36494）、"洽周"（太保簋，《铭图》4482）、"鲁济"（《左传》庄公三十年）、"郞邦"（《左传》文公十二年）、"费滑"（《左传》襄公十八年）、"景亳"（《左传》昭公四年）、"燕亳"（《左传》昭公九年）、"纪酅"（《国语·齐语》）、"岐周"（《孟子·离娄》）、"商盖"（《墨子·耕柱》）、"淇卫"（清华简《系年》18）、"雍平阳"（《史记·秦本纪》）、"齐营丘"（《史记·齐太公世家》）等。

在上揭"复合地名"当中，大部分是在小地名（地点名）之前冠以大地名（区域名）作为限定，用以特指 A 地范围内的具体地点 B。鉴于大地名 A 在构词过程中通常起到类似领格的作用，可以视作其后中心语——小地名 B 的修饰成分，所以不妨将这种复合机制称为"领位式复合"。如商末黄组卜辞中的地名"攸永"，即为"攸侯喜鄙永"的省称形式，特指攸侯封域边鄙之永邑。与前者构词形式相同的地名，尚可举出"鲁济""燕亳""郞邦""纪酅""雍平阳"和"齐营丘"等例。"鲁济"即流经鲁国境内的济水河段，杜预云"济水历齐、鲁界"，"在鲁界为鲁济"是也。"燕亳"一词，或以为是指燕地之亳，或主张断读作"燕、亳(貊)"。① 笔者更倾向于"燕亳(貊)"二字连读，犹言燕境的百貊之地，其例近于《鲁颂·閟宫》的"淮夷蛮貊"。"纪酅"和"郞邦"、"雍平阳"和"齐营丘"各为同例，分别是指郞国之邦邑、②纪国之酅邑及齐、雍二地范围内的具体地点——营丘和平阳。③ 此外，在邑名之前加缀山川名的形式也有不少，如"景亳"是指景山范围内的成汤所都之亳，"岐周"即岐山之阳的周原。"淇卫"乃西周康侯自"康丘"徙封所居，即淇水之畔的卫地。新见太保簋铭的"洽周"在构词

---

① 学者主张燕地之亳说者，多是将"燕亳"与《世本》"契居蕃"相联系。林沄先生认为"燕亳"应当断读为"燕、貊"，此指燕、貊二国，"燕貊"连言，则是对吞并貊地以后的燕国之称呼。参见林沄《"燕亳"和"燕亳邦"小议》，《林沄学术文集》，第184—189页。

② 高士奇云："郑穆公妾曰圭妫，疑圭亦小国，郞并之而加邑为邦，《左传》系之以郞曰'郞邦'，所以别于秦武所伐之邦也。"参见高士奇《春秋地名考略》卷13，李勇先主编：《中国历史地理文献辑刊》第3编《诗礼春秋四书尔雅地理文献集成》（三），上海：上海交通大学出版社，2009年，第197页。

③ 《秦本纪》载秦武公之子白"不立，封平阳"，正义曰："即雍平阳也。平阳时属雍，并在岐州。"参见《史记》卷5《秦本纪》，第183页。

形式上与"淇卫"最为接近,很可能是指陕北洽水流域的周地。①

另一种常见的"复合地名",由若干具有等质性的地名词素复合而成。这些词素本身并无主次之分,也不存在中心语和修饰语的区别,而且在内涵上往往密切相关,故此种复合机制不妨称为"同位式复合"。如"费滑"即滑国所都之费邑,"商盖"则指尝为商都之奄地。"荆楚"一作"楚荆",见于《商颂·殷武》及史墙盘(《集成》10175)、子犯编钟(《新收》1008)诸器铭文,原指楚国,作"荆楚"又指江、汉之间的楚国故地。

需要特别注意的是"大邑商""新邑洛"之类的地名形式。揆情度理,"大邑""新邑"等词起初无疑用作"通名"。如《英藏》1105:"贞:作大邑于唐土。"该"大邑"并非指殷都,而是表示较大的城邑,属于带有泛称色彩的"通名"。《逸周书·作雒》言"(周公)乃作大邑成周于土中",这里的"大邑"亦是相同用法。不过,殷墟卜辞所见之多数"大邑",如《合集》33241"来岁大邑受禾"等,则往往特指商王国的都城所在,也即安阳殷墟,毋庸赘言。至于"新邑",本义即新建的城邑,从理论上讲自可用作泛称,如《尚书·盘庚》有云:"天其永我命于兹新邑,绍复先王之大业,厎绥四方。"此"新邑"是指盘庚所迁之殷都无疑。天马—曲村遗址 M6214 出土的西周早期旡觯,其铭(《新收》950)作:"旡作新邑旅。"邹衡、吉琨璋先生认为,这里的"新邑"当特指天马—曲村晋都遗址。② 其说可从。然而人们所熟知的"新邑",则是用作周公所营洛邑的初名。如《尚书·召诰》:"周公朝至于洛,则达观于新邑营。"又《尚书·多士》云:"周公初于新邑洛,用告商王士。"除上揭旡觯之外,"新邑"在西周铜器铭文中凡五见,俱是专指洛邑,即:

癸卯,王来奠新邑。□[二]旬又四日丁卯,□自新邑于柬,王□贝十朋,用作宝彝。　　　　　　　　　(新邑鼎,《集成》2682)

公违省自东,在新邑。臣卿赐金,用作父乙宝彝。

(臣卿鼎,《集成》2595;簋,《集成》3948)

---

① 新见太保簋铭文云:"太保来殷于洽周铸。"《诗·大雅·大明》曰:"在洽之阳,在渭之涘。"毛传谓"洽"即洽水,甚是。洽水为黄河中游支流,位于《汉志》左冯翊合阳县境。窃以为"洽周"即洽水流域的周地,属于"区域名+聚落名"的复合形式,或为妘姓周(琱)族的居邑所在。关于这一问题,笔者另有专文加以讨论,此不赘述。

② 邹衡:《论早期晋都》,《文物》1994年第1期;吉琨璋:《说"新邑"——西周时期晋国都城之称谓》,陕西省考古研究院、上海博物馆编:《两周封国论衡:陕西韩城出土芮国文物暨周代封国考古学研究国际学术研讨会论文集》,第443—448页。

丁巳，王在新邑，初䂮。王赐鸣士卿贝朋，用作父戊尊彝。子🌲。
(鸣士卿尊，《集成》5985)

新邑。
(新邑戈，《集成》10885)

上揭铜器铭文的年代均属于成王时期，彼时正值周人迁宅洛邑之前，或者甫迁未久，故谓之"新邑"。①"新邑"又作"新邑洛"，如《尚书·多士》："周公初于新邑洛，用告商王士。"由此来看，"大邑"与"商"、"新邑"与"洛"显然具有一定意义上的等质性，那么彼此连缀形成"大邑商"和"新邑洛"之类的地名，这种构词形式理应视作"同位式复合"，从而有别于前面所讲的"领位式复合"。

第四，也有部分早期地名在形成机制方面较为特殊，它们仅由通名、方位词、区别字等组合而成，其中并不含有专名词素。如"东单"(《合集》28115)、"新邑"(臣卿鼎，《集成》2595)、"小南"(文盨，②《铭图》5664)、"西俞"③(不婴簋，《集成》4329)、"南阳"(《屯南》4529;《左传》僖公二十五年)、"大东"(《鲁颂·閟宫》)、"东阳"(《左传》哀公八年)、"下阳"(《春秋》僖公二年)、"中南"(《左传》昭公四年)、"南山"(启卣，《集成》5410;清华简《系年》112)、"北海"(《左传》僖公四年;清华简《系年》112)、"大原"(《小雅·六月》;《左传》昭公元年)等。

根据其中是否含有通名要素，我们大致可将上揭地名分为两类。其一是由通名和方位词、区别字组合构成，最初在性质和用法上难免带有通名色彩，后来则呈现出向专名发展的趋势。如殷墟卜辞习见"东单""南单""西单"和"北单"之名，后三者还见于晚商时期的族氏铭文。于省吾认为"四单"亦即四台，是在以商邑为中心的四外远郊之地。④ 陈梦家、俞伟超、何景成等学者均主张"某单"当为地名，⑤杜正胜先生更明确指出

---

① 成王将王宅迁至洛邑，最终确立前者的东都地位之后，"新邑"于是更名为"成周"。参见朱凤瀚《〈召诰〉、〈洛诰〉、何尊与成周》，《历史研究》2006年第1期。
② 张光裕先生撰文介绍该器时定名为"士百父盨"，李学勤先生改称"文盨"，后说相较为胜。然而谛审拓本可知，器主私名用字恐怕当释作"裔"，暂志此存疑。
③ "西俞"一地，旧说或以为"俞泉"，不甚可靠。李学勤先生据金文辞例，指出"西俞"是泛指的地区名，应读为"西隅"，意即西方。参见李学勤《秦国文物的新认识》，《文物》1980年第9期。笔者暂从此说。
④ 于省吾:《甲骨文字释林》，第129—132页。
⑤ 陈梦家:《殷虚卜辞综述》，第268—269页;俞伟超:《中国古代公社组织的考察——论先秦两汉的单—僤—弹》，北京:文物出版社，1988年，第20—41页;何景成:《商周青铜器族氏铭文研究》，第212—214页。

"单"用作地名和族名,并非具有普遍意义的通名。① 其说有一定道理。不过,根据四"单"与四"土"、四"方"的对比来看,"单"最初可能也是表示某种区域或聚落含义的通名,因而会按照方位区别为四;后来,"某单"逐渐成为有关地理实体的专有名称,居住在该地的人群遂以"单"或"某单"作为族氏名号,于是完成了由通名到专名的转化过程。俞先生已敏锐地注意到"单"的特殊性和普遍性,但认为"某单"既用作地名和族名,同时又是古代公社组织的名称,则稍嫌不够确切。②

至于"新邑""南山""北海""大原"等地名,最初往往也都具有通名色彩。比如从语源推断,"大原"原本是指一片范围较大且地势高平的区域,起初很可能用作通名而非专名。③《诗·小雅·六月》称尹吉甫"薄伐玁狁,至于大原",研究者对其地望一直存在"陇右说"和"汾域说"之分歧,迄今胶着难解。考虑到玁狁的活动地域颇为广阔,而上述两说基本都是采用文献比对的方法,缺乏相同史事背景的地名系联作为基础,故笔者更倾向于将《六月》的"大原"理解为通名,或与《大雅·公刘》的"溥原"是一非二。联系虢季子白盘(《集成》10173)铭的"薄伐玁狁,于洛之阳"来看,"大原"很可能具体是指关中平原以北的一处广袤而高平的原地。另据《左传》昭公元年记载,金天氏后裔台骀治理汾、洮二川,"以处大原",被帝颛顼封于汾川;《尚书·禹贡》云"既修太原,至于岳阳","岳"即吴岳,后世谓之霍山。此"大(太)原"位于霍山以南的今临汾盆地,战国以后其地属韩,亦由通名转化成为专名,与汾水上游的赵地"太原"名同实异。④

观察地名的形成与演变过程可以发现,上揭"通名专名化"现象其实非常普遍,从古至今一直延续不绝。例如,"苏州""杭州"的"州""陕县""鄞县"的"县"及"石家庄""枣庄"的"庄",都是由通名转化为专名的组成要素。⑤ 又如,《左传》昭公二十年"聊、摄"之"聊",《战国策·齐策六》

---

① 杜正胜:《汉"单"结社说》,《古代社会与国家》,第953—970页。
② 杜正胜先生已对此提出质疑和驳议。参见杜正胜《汉"单"结社说》,《古代社会与国家》,第953—970页。
③ 《尚书大传》:"大而高平者,谓之大原。"又《公羊传》昭公元年:"原者何?上平曰原,下平曰隰。"徐彦疏:"此地形势高大而广平,故谓之大原。"参见徐彦《春秋公羊传注疏》卷22,阮元校刻《十三经注疏》,第5031页。这至少反映出汉人对"大原"一词本义的理解。
④ 赵地"太原"位于霍山以北,辖境大约覆盖今山西太原、晋中及忻州、阳泉等地。
⑤ 关于"通名专名化"的概念,参见《中国大百科全书·地理学》,第90页。

则作"聊城",①在今山东聊城境内;而《左传》庄公十四年"单伯会齐侯、宋公、卫侯、郑伯于鄄"的"鄄",原为卫地,战国属齐,在今山东鄄城县北。传世战国古玺有作"鄄城发弩"者,亦有"鄄成"之印,于豪亮先生指出二者均为地名"鄄城"。② 上揭"聊城""鄄城"之"城"原本俱为通名,后来则逐渐具有专名的属性。

另一类地名并不含有专名或通名要素,仅由方位词或区别字组合而成,却同样呈现出"通名专名化"的特征。如《诗经》所见之"小东""大东",当指周人按空间远近和征服先后在东方地区划分出的不同地域。傅斯年先生以"小东"为秦汉东郡之地,"大东"则在泰山以南、以东地区,并认为二者均属于专名。③ 其说大抵可从。文盨铭文既言"殷南邦君诸侯",又云"率道于小南",彼此前后呼应,足见"小南"与"南"当有所分别。据称谓形式判断,"小南"的地理内涵很可能同"小东"相近,殆指西周王朝核心区与"南国"之间的连接地带。④

相似的例子还有"南阳"。《屯南》4529 有"于售北对,于南阳西毁"之记载,两辞属对贞关系,"毁"即"叕"字初文,⑤ 在此可读为逆,故该辞大意是说,前往"南阳"的西边或"售"的北境。此地名"南阳"显然是由通名转化而来的专名。⑥ 又,东周齐、晋、楚等国俱有"南阳"之地。《公羊传》闵公二年:"桓公使高子将南阳之甲。"此"南阳"原在鲁境,后属齐,位于泰山南麓、汶水北岸一带,与鲁国的"汶阳之田"相邻。晋之"南阳"原为周地,《左传》僖公二十五年载周襄王赐文公"阳樊、温、原、攒茅之田","晋于是始启南阳"。杜预注:"在晋山南河北,故曰南阳。"《水经·清水

---

① 《战国策·齐策六》:"初,燕将攻下聊城,人或谗之。燕将惧诛,遂保守聊城,不敢归。田单攻之岁余,士卒多死,而聊城不下。"
② 于豪亮:《古玺考释》,《于豪亮学术文存》,第 82—87 页。
③ 傅斯年:《大东小东说》,《"中研院"历史语言研究所集刊》第 2 本第 1 分,1930 年。
④ 张光裕先生尝言:"'小南'一辞,无论出土或传世文献皆未及见,疑当为地名或某区域之属。"参见张光裕《西周士百父盨铭所见史事试释》,陈昭容主编:《古文字与古代史》第 1 辑,台北:"中研院"历史语言研究所,2007 年,第 218 页。李学勤先生则将"小南"理解为南土的小诸侯国。参见李学勤《文盨与周宣王中兴》,《文博》2008 年第 2 期。窃以为张先生之说更为合理。
⑤ 陈秉新:《释叕及从叕之字》,《古文字研究》第 25 辑,北京:中华书局,2004 年,第 36—39 页。
⑥ 陈邦怀先生已指出"南阳"为地名。参见陈邦怀《小屯南地甲骨中所发现的重要史料》,《历史研究》1982 年第 2 期。沈建华先生则认为"南阳"是方位词,与"北对"构成对贞关系。参见沈建华《释卜辞中方位称谓"阴"字》,《古文字研究》第 24 辑,北京:中华书局,2002 年,第 114—117 页。

注》引马融曰:"(晋地)朝歌以南至轵为南阳。"①其地位于太行—黄河狭带南端,大致包括今焦作、济源及新乡的部分辖境。楚地"南阳"则指"方城"以南、汉水以北的区域。《释名·释州国》云:"南阳,在中国之南而居阳地,故以为名也。"②公元前301年垂沙之役后,韩、魏两国趁机占领了楚国宛、叶以北的土地。秦昭襄王时陆续攻取宛、邓诸地,并置南阳郡于此。

综上所言,从专名、通名、方位词和区别字等要素的组合关系来看,商周多音节词地名的形成机制大致有以下几种类型:

1. 专名+通名

2. 专名+方位词或区别字

3. 专名+专名("复合地名")

4. 通名+方位词或区别字

5. 方位词+区别字或方位词+方位词

需要说明的是,通名与专名的界限绝非一成不变,除了前文已涉及的"通名专名化"问题之外,有些词素原本在地名中用作专名,后来则逐渐转化为通名。如早期的"河"曾经特指黄河,"江"亦用作长江的专称,但最终都演变为河流的通名,这已为人们所熟知。有些词素则在通名和专名之间相互转化,并无定势,"京"就是其中一个典型的例子。

《尔雅·释丘》:"绝高为之京。"《说文·京部》"京"字下:"人所为绝高丘也。"按"京"字初文作"𩫖"或"𩫣",象高台上有建筑之形,与古书所释本义相近,故卜辞地名"阺京""𡉈京""徹京"之"京",大概就指各地的高丘地貌或高台建筑,在同类地名中具有相同的意义。《诗经》则以"京""周"相对为文,如《大雅·大明》"来嫁于周,曰嫔于京",又《曹风·下泉》"周京"或作"京周",正义曰:"序云'思明王',故知念周京是思先王之明者。周京与京师,一也,因异章而变文耳。周京者,周室所居之京师也;京周者,京师所治之周室也。"③至于周人都邑"镐京""菅京",亦分别冠以"京"名,学者多谓此"京"具有通名属性,④当系确诂。与此同时,"京"又是商周时期比较常见的具体地名,在殷墟卜辞(《合集》33209、《合集》33220)和西周铜器铭文(《集成》4288、《集成》4321)中均有出现,春

---

① 郦道元撰,陈桥驿校证:《水经注校证》卷9,第223页。
② 王先谦:《释名疏证补》卷2,上海:上海古籍出版社,1984年,第97页。
③ 孔颖达:《毛诗正义》卷7,阮元校刻《十三经注疏》,第822页。
④ 竹添光鸿:《毛诗会笺》卷16,第1616页;杜正胜:《古代社会与国家》,第282页。

秋初年郑公子段亦因居地而号曰"京城大叔",尽管这些地名"京"的实际地望各不相同,但其性质皆属专名无疑。随着时代的推移,"京"表示"高丘"的本义日渐不显,作为都城通名的用法却得以长期盛行,如东汉与隋唐皆以洛阳、长安并称东、西二京,北宋有四京,辽、金俱设五京。至于"北京""南京"的"京",即分别得名于明代的南、北二京,原先亦为通名,但沿用至今,则又由通名转化为专名成分了。

第三章 地名的历史学考察(上)

我们知道,地名学的发展往往离不开历史学的参与。历史研究总体无外乎"证明"和"阐释"两种基本途径,[①]"证明"主要围绕是非判断这一核心价值展开,"阐释"则偏重于现象归纳、解释及规律总结,而古代地名的研究,恰恰需要兼顾这两种思路。

就性质而言,地理名称属于"名"的范畴,自然不是孤立的客观存在。在中国历史发展的早期阶段,它与国名、族氏名和人名等名号长期相互交织,彼此形成了错综复杂的关系。在本章内容中,笔者拟将讨论范围局限于"名"的层面,以明确名号的基本属性作为前提,首先从梳理商周地名的来源与转化入手,继而围绕人名、国族名与地名以及国族名与都邑名的分合关系,重点考察人、族、地名"三位一体"和"一国二名"等传统疑难问题。

第一节 商周地名的来源与转化

毋庸赘言,任何地理名称都直接来源于使用者的命名。不过,就命名的具体方式来说,使用者可为某个地理实体创造性地提出一个新的名称,即前文所说的由一般概念"联系"到具体地点的过程;或在承袭原有地名的基础上加以改造,如魏惠王迁都梁地,遂更名"梁"为"大梁";秦国灭韩后于郑、韩故地置县,名曰"新郑",在故蔡国地置县,则称"新蔡";另外,亦可以其他地名作为词根,派生出一个具有关联性的地理称谓,如纽约(New York)与约克(York)、新南威尔士(New South Wales)与威尔士(Wales)俱是

[①] 参见董珊《从"曾国之谜"谈国、族名称的沿革》,李宗焜主编:《古文字与古代史》第5辑,第187—202页。

如此。

倘若追溯商周地名的具体由来,族氏名号、人名、谥号和贵族称号一般可以构成前者相对稳定的来源。① 其中,作为血族组织标识的族氏名号,原本具有单纯的血缘属性。但是,鉴于先秦族氏组织与其专属领地之间不可分割的天然联系,加之按照孔子的说法,命名客观事物应该遵循"名从主人"②的原则,地名恐怕也无由例外。因此,时人在对族居地进行命名时,通常会习惯性地采用土地所有者或主要定居者的名号,从而形成地名来源于族氏名号的通例,并由此产生大量的"族、地同名"现象。如《左传》哀公十七年载,东周帝丘城内尚存所谓"昆吾之观",此即先代昆吾氏之遗迹,故帝丘亦名"昆吾之虚"。杜预《春秋释例》曰:"帝丘,古帝颛顼之墟,故曰帝丘;昆吾氏因之,故曰昆吾之墟。东郡濮阳县是也。"③ 1986年,河南伊川县城关乡出土一件战国晚期"十一年皋洛大令"戈(《新收》365)。发掘者指出"皋洛"为地名,战国属韩,原为东山皋落氏所居。④《左传》闵公二年:"晋侯使大子申生伐东山皋落氏。"杜预注:"赤狄别种也。皋落,其氏族。"杨伯峻先生认为,今山西垣曲县东南有皋落镇,即故皋落氏之地。⑤ 战国韩地"皋落"若置于此,甚为合适,可见地名"皋落"同样取自部族名号。又《汉志》右北平郡有属县无终,原注曰:"故无终子国。"⑥"无终"是晋国北部的戎狄之族,春秋以后一度立国,其史迹见载于《左传》《国语》。《国语·晋语七》韦昭注:"无终,山戎之国。今为县,在北平。"⑦是知汉县"无终"亦来源于先秦部族之名。

商周地名与人名的关系同样值得重视,但较之族名而言,这种联系的普遍程度相对有限,而且往往具有间接性的特点。比如说,史载帝丘之得名与颛顼有关,相传前者尝居此地,故名"帝丘"或"颛顼之虚"。不过,早在古代学者那里,便已意识到上古帝王之名实系部族名号,如《史记·五

---

① 王伟先生将商周地名的来源规律归纳为四种类型:1. 地名来源于部族名号;2. 地名来源于人名;3. 地名的异地因袭和同地孳乳;4. 旧地名改造而孳生出新地名。参见王伟《商周地名的来源与衍化及其史学价值——以甲骨、金文资料为中心》,《史学史研究》2019年第4期。按上揭第3、4两种类型,实际都属于地名沿革的范畴,其间并不存在名称属性的改变。
② 《穀梁传》桓公二年。
③ 杜预:《春秋释例》卷5,第167页。
④ 蔡运章、杨海钦:《十一年皋落戈及其相关问题》,《考古》1991年第5期。
⑤ 杨伯峻:《春秋左传注》(修订本),第268页。
⑥ 《汉书》卷28《地理志》,第1624页。
⑦ 《国语》卷《晋语七》,第441页。

帝本纪》"少典之子"下集解曰："少典者,诸侯国号,非人名也。"又云:"黄帝即少典氏后代之子孙,贾逵亦谓然,故《左传》'高阳氏有才子八人',亦谓其后代子孙而称为子是也。"①此识殊为可贵。据目前的通行认识,所谓"五帝"、太皞、少皞、祝融等古史传说时代的人名,通常并非指某一真实存在的人物个体,而是作为早期某个部族或者有关人群集团的标识,这些存在于后代共同记忆中的祖先和英雄人物,主要具有代表族群的象征意义。因此,诸如"颛顼之虚""祝融之虚"等地名,它们在采用传说人物进行命名的时候,实际可能经历了人名转化为族氏名号的隐性过程。

地名来源于人名的另一种可能性,集中体现在研究者长期关注的甲骨文人名、族名、地名的重合现象。例如,宾组卜辞既有人名"子畫"(《合集》10426正),同时亦可见到"畫来牛"(《合集》9525正)、"使人于畫"(《合集》5532正)等记载,后者即"畫"用作族名、地名之例,与子名正相吻合。不过,历史上究竟是先有人名"子某",遂以命名其族氏及属地;抑或先有"某"这一地名,因以为家族氏名,进而用作贵族个体名号,目前学界的看法并不一致。如朱凤瀚先生推测,属地因"子某"居住而得名的可能性相对更大。② 宋镇豪先生则主张,"子某"分别成家立业,以其各自的土田族邑相命名,由此构成分宗立族的家族标志。③ 通过对"子某"人名结构中"氏名成分"与"非氏名成分"的界限探讨,笔者更倾向于"子某"之"某"起初皆为贵族私名,其中一部分后来则转化成为氏名和属邑地名。④结合后世文献的记载来看,"以人名地"机制的合理性也不能轻易排除。如《汉书·地理志》魏郡有辖县"元城",颜注引应劭云:"魏武侯公子元食邑于此,因而遂氏焉。"⑤若此说可信,则魏公子元一族是以祖先私名为氏,继而名其所食之邑,故曰"元城"。很显然,上述人名在演变为地名的过程中,氏名同样起到了不可或缺的中介作用。

相比族名和人名,人们对商周地名取自谥号的问题关注较少。考虑到《左传》既言诸侯命氏以字,"为谥,因以为族",那么从理论上讲,在演变为地名的众多族氏名号当中,至少应有部分是来源于贵族谥号的,只是具体实例不仅少见,而且素有争议。如战国楚、韩边邑襄城,在今河南襄

---

① 《史记》卷1《五帝本纪》,第2页。
② 朱凤瀚:《商周家族形态研究》(增订本),第57页。
③ 宋镇豪:《夏商社会生活史》,北京:中国社会科学出版社,2005年,第265—266页。
④ 详见本章第二节有关讨论。
⑤ 《汉书》卷28《地理志》,第1574页。

城县一带，春秋时为郑地氾，即《左传》僖公二十四年"王出适郑，处于氾"是也。《水经·汝水注》引京相璠曰："周襄王居之，故曰襄城也。"①又《元和郡县志》汝州襄城县条云："春秋襄王避叔带之难，出居郑地氾，在今县南一里古氾城是，盖以周襄王尝出居此，故名襄城。"②可见南氾更称"襄城"，实得名于周襄王之谥号。无独有偶，"成周"之"成"亦与王号相同，故有学者援引"王号死谥说"作为基础，认为"成周"之名当与成王谥法有关。③ 不过，何尊铭（《集成》6014）提及先王，均冠以"文""武"之称，因而"唯王初迁宅于成周"之"王"当指时王，也即成王无疑，其例同于宜侯吴簋（《集成》4320）。④ 倘若该尊属于隔代作器，其纪年为康王五年，那么按照"死谥"原则，器主追述前代迁宅之事迹则理应称"成王"，而不可单言"王"。准此，"成周"之名早在成王时期即已出现，故与谥号无关。此外，《史记·赵世家》载孝成王以"灵丘"封春申君，正义引《括地志》谓其地在蔚州境内，⑤即今山西灵丘县东一带。《汉志》代郡灵丘县下颜注引应劭曰："武灵王葬此，因氏焉。"⑥是谓赵武灵王葬于代境，葬地因其谥号为名，故曰"灵丘"。不过，考虑到武灵王崩于沙丘宫，远葬代地恐不近情理，况且考古调查业已表明，邯郸赵王陵的七座封土可能属于赵敬侯至悼襄王的七位国君，⑦因此应劭对"灵丘"得名于谥号的解释也未必可信。⑧

　　商周地名源于贵族称号的情形亦不甚多，但仍可略举数例加以分析。如平王东迁以后，东周王室定都于洛邑，周王所居之地史称"王城"。《左传》僖公十一年"扬、拒、泉、皋、伊、雒之戎同伐京师，入王城"，即此。其核心区域在今河南洛阳市西工区一带，已为近年来的考古发掘工作所证实。⑨ 此外，春秋秦、晋之间亦有所谓"王城"。《左传》僖公十五年："晋阴饴甥会秦伯，盟于王城。"杜预注："秦地，冯翊临晋县东有王城，今名武

---

① 郦道元著，陈桥驿校证：《水经注校证》卷21，第501页。
② 李吉甫撰，贺次君点校：《元和郡县图志》卷6，北京：中华书局，1983年，第168页。
③ 王恩田：《"成周"与西周铜器断代——兼说何尊与康王迁都》，张光裕、黄德宽主编：《古文字学论稿》，第40—59页。
④ 宜侯吴簋铭文言"王省武王、成王伐商图"，可知此"王"应即康王。
⑤ 《史记》卷43《赵世家》，第1827页。
⑥ 《汉书》卷28《地理志》，第1623页。
⑦ 河北省文管处、邯郸地区文保所、邯郸市文保所：《河北邯郸赵王陵》，《考古》1982年第6期。
⑧ 《汉志》代郡灵丘县下颜注引臣瓒曰："灵丘之号，在赵武灵王之前也。"今按：臣瓒注实际是误以齐地"灵丘"为赵地，反驳应劭的理由亦不成立。
⑨ 洛阳市文物工作队：《洛阳王城广场东周墓》，北京：文物出版社，2009年，第2页。

乡。"《史记·秦本纪》厉共公十六年,"以兵二万伐大荔,取其王城"。集解引徐广曰:"今之临晋也,临晋有王城。"①《太平寰宇记》"同州朝邑县"条:"地即古大荔戎国,在今县东三十步,故王城是也。"又"芮乡"下云:"县东一里有王城,盖大荔戎王之城。"②是知"王城"原属大荔之戎,是由戎王筑城而得名,春秋晚期方为秦所攻取,故杜注谓之"秦地"似不确切。

《左传》文公三年:"秦伯伐晋,济河焚舟,取王官及郊,晋人不出。"《秦本纪》作"取王官及鄗"。又《左传》成公十三年载吕相绝秦,有"入我河曲,伐我涑川,俘我王官"之辞,即指该事。《水经·涑水注》云:"涑水又西迳王官城北,城在南原上。……今世人犹谓其城曰王城也。"③此"王官"为晋国河东之邑,在今山西闻喜县南一带,春秋晋大夫有"王官无地",即食采于斯而为氏者。按"王官"一词属于泛称,本义是指周天子之官守。笔者推测,晋地"王官"也许曾为某位王朝职官的采邑,后来遂以为名,致使职事类通名演变为地名专名。

至于本节所讨论的地名转化,并不包括地名自身的承袭、改易和繁化、简化等沿革问题,而主要是指地名演变为其他属性名称的类别及客观途径。具体来说,商周地名的转化对象主要包括国名和族氏名,另据人名与地名同称之情形,亦可推断出部分私名取自地名的实例。如《左传》所见晋国贵族有"先且居"者,战国三晋玺文则有"叡居司寇"(《玺汇》0072),李家浩先生指出"叡居"即《汉志》上谷郡属县"且居",在今河北宣化市东,战国时期位于燕、赵两国边境。④又《左传》昭公二十八年云"知徐吾为涂水大夫",其人即知氏家族成员,"徐吾"则为赤狄徐吾氏居地,位于晋国东部的今山西屯留县西北。当然,上述贵族个体命名取自地名的现象,通常并不具有规律性,所以在此不拟重点讨论。

地名转化为国名的这一机制,亦即所谓"以地名国"。如盘庚迁殷而商又称"殷",太公封齐则因号曰"齐",而夨公簋(《铭图》4954)云"王令唐伯侯于晋",凡此"侯于+地名"之类文例,往往可以直观地揭示出地名转化为国名的基本规律。

地名发展为族氏名号,则集中表现在"以地(邑)为氏"方面。这里需

---

① 《史记》卷5《秦本纪》,第199页。
② 乐史撰,王文楚等点校:《太平寰宇记》卷28,北京:中华书局,2007年,第601、603页。
③ 郦道元撰,陈桥驿校证:《水经注校证》卷6,第168—169页。
④ 李家浩:《战国官印丛考·叡居司寇》,《安徽大学汉语言文字研究丛书·李家浩卷》,合肥:安徽大学出版社,2013年,第89—94页。

要稍作辨析的,即国名在转化过程中所起到的具体作用。《史记》"太史公曰"部分曾屡次提到"以国为姓"之例,如:

  契为子姓。其后分封,**以国为姓**,有殷氏、来氏、宋氏、空桐氏、稚氏、北殷氏、目夷氏。   (《殷本纪》)
  秦之先为嬴姓。其后分封,**以国为姓**,有徐氏、郯氏、莒氏、终黎氏、运奄氏、菟裘氏、将梁氏、黄氏、江氏、修鱼氏、白冥氏、蜚廉氏、秦氏。然秦以其先造父封赵城,为赵氏。   (《秦本纪》)

又《风俗通·姓氏》云:

  盖姓有九:或氏于号,或氏于谥,或氏于爵,或氏于国,或氏于官,或氏于字,或氏于居,或氏于事,或氏于职。以号,唐、虞、夏、殷也;以谥,戴、武、宣、穆也;以爵,王、公、侯、伯也;以国,齐、鲁、宋、卫也;以官,司马、司徒、司寇、司空、司城也;以字,伯、仲、叔、季也;以居,城、郭、园、池也;以事,巫、卜、陶、匠也;以职,三乌、五鹿、青牛、白马也。①

按商人子姓、秦人嬴姓者,均属先秦古姓的范畴;然而战国以降,姓、氏之分趋于消泯,二者逐渐合一,故太史公所谓"以国为姓",实际是围绕"氏"的概念而言。其中,殷、来、宋、空桐及秦、徐、郯、莒、江、黄、将梁(梁)、终黎(钟离)、②菟裘诸氏,皆可明确对应地名,其得氏之由来,总体与"秦以其先造父封赵城,为赵氏"的情形别无二致,亦即"以地(邑)为氏"。另外,从历时性角度来看,上述部族只有在发展到"国"一级政治实体的阶段,其族氏名号方可视同于国名,反之则否,如空桐、菟裘、修鱼等仅用作族氏标识。因此,司马迁将其笼统归入"以国为姓",有以偏概全之嫌,只注意到氏名承自国名的"流",忽视了氏名、国名取自地名的"源"。至于应劭所举的"氏于号"和"氏于国"两种类型,显然也存在着同样的倾向。

郑樵《通志·氏族略》曾将古代氏族名号之由来归纳为"以国为氏""以邑为氏""以乡为氏""以亭为氏""以地为氏(附所居)"等若干种。③

---

① 应劭撰,王利器校注:《风俗通义校注》,第495—496页。
② 《世本》作"钟离"。
③ 郑樵撰,王树民点校:《通志二十略·氏族略》,第11—15页。

但正如前文所述,无论是封国、采邑、乡、亭抑或人群所居之地,实际都属于相对独立的地理单元,其称谓大体俱可视作广义的地名。所以郑氏的上述分类,基本可以概括为"以地为氏"这一通例。

地名转化为族氏名号的客观过程,多数情况下表现为二者的完全重合,即存在什么样的地名,一般便可衍生出相同的氏名,此外,有时也会通过"复合氏名"的形式体现出来。我们知道,商周金文所见的"复合氏名"中,相当一部分是在原有族氏名基础上连缀新的族居地名而产生的,从而起到标识分族的作用,此即林沄先生所说的"地名性复合"。① 例如,西周铜器铭文中既有"奠井"(《集成》2786)和"丰井"(《集成》3923),还可以见到"奠虢"(《集成》2599)和"城虢"(《集成》3866)等"复合氏名"。前者即畿内井叔氏成员别居奠(郑)、丰二地而形成的分族氏名,后者"奠虢"当指徙居奠(郑)地的虢氏别支,此皆毋庸置疑。但"城虢"之"城"的由来,目前并无明确的地名线索可为参证,窃以为它有可能来源于谥号。②

据《史记·秦本纪》载,与嬴秦同姓者尚有所谓"运奄氏"。此"奄"即商奄,在今山东曲阜一带。《左传》昭公元年"周有徐、奄"下杜预注:"二国皆嬴姓。"又《系年》称成王东征践奄以后,乃西迁商奄之民于陇西朱圉,是为秦人之先,亦可证奄为嬴姓无疑。按春秋鲁邑有郓,《左传》成公十六年:"晋人执季文子于苕丘。公还,待于郓。"杜预注:"郓,鲁西邑。东郡廪丘县东有郓城。"此郓为鲁之西郓,在今山东郓城县东,恰与曲阜相去不远。考虑到郓、运二字均从军声,相通无碍,③那么联系周初奄人曾经亡国流散的历史背景,并结合郓、奄二地邻近的空间关系来看,"运奄"很可能即嬴姓奄余徙居郓地之后产生的"复合氏名"。④

春秋吴公子季札或称"延州来季子"(《左传》襄公三十一年),"延"即"延陵"之省,与"州来"并为季札封邑,毋庸赘言。"延州来"虽系不同地名复合而成,但在此仅用作氏名,而不再具备地名的属性。又《左传》成公二年载齐顷公之母曰"萧同叔子",《齐世家》"同"字作"桐",此"萧同

---

① 林沄:《对早期铜器铭文的几点看法》,《林沄学术文集》,第66—67页。
② 按班簋铭(《集成》4341)云"王令毛伯更虢城公服","虢城公"即担任王朝执政的某位虢公之死谥。那么,根据《左传》"诸侯以字,为谥,因以为族"的命氏规则,"虢城公"的后裔理应可以先人之谥——"城"作为氏名。考虑到城虢仲簋(《集成》3551)、城虢遣生簋(《集成》3866)诸器均在西周中期,与班簋年代大致相当或者略晚,故笔者推测,"城虢"这一"复合氏名"殆是在原有氏名之前加缀谥号形成的。
③ "郓"见诸《左传》《穀梁》,《公羊》作"运"。
④ 《路史·国名纪》将"运奄"别为"运""掩(奄)"二国,又谓"自运迁掩,故史有运掩氏"。此说恐不可信。

(桐)"亦属于典型的"复合氏名"。① 据《世本》所云,子姓殷后别为萧氏、空同氏,而《春秋》经传所见宋地亦有"萧"及"空桐",宋公族"萧叔大心"即封于萧邑,其后遂以萧为氏。由此不难推知,"萧同(桐)"的情形或与"延州来"相若,很可能是由"萧"与"空桐"连缀省简而成的氏名。②

最后重点讨论斟灌和斟鄩,二者作为夏后氏的亲附势力,首先应视作国名和族氏名,后或泛化为地名。③《左传》襄公四年载寒浞代羿为政,使浇"灭斟灌及斟鄩氏"。杜预注:"二国,夏同姓诸侯,仲康之子后相所依。乐安寿光县东南有灌亭,北海平寿县东南有斟亭。"今按:杜氏虽从地望上对斟灌、斟鄩分别作了注释,自古以来亦多从其说,但上述文字言辞简略,若细绎之,却并非没有疑问。毕竟,斟灌、斟鄩俱以"斟"名,如斟灌故地在寿光"灌亭",缘何斟鄩旧居独言"斟亭"而非"鄩亭",这一现象未免有些费解。不过,就构词角度来看,斟灌、斟鄩都应属于"复合氏名"的类型,大概可以肯定。那么从理论上讲,其产生途径自无外乎两种可能性:一是灌、鄩二族之人共同聚居于斟地,故一并连缀地名"斟"而形成新的氏名;二即斟族别支分别迁居灌、鄩二地,于是各自增缀所徙之地名,遂为"复合氏名"。④ 究竟孰说较为合理,我们不妨联系其他早期记录来进行辨析。《左传》哀公元年云:"昔有过浇杀斟灌以伐斟鄩,灭夏后相。"杜预注:"浇,寒浞子,封于过者。二斟,夏同姓诸侯。"按传文既言"杀斟灌以伐斟鄩",可见二氏所居虽相去不远,却非一地明矣,所以上述第一种情况应予排除。考虑到《史记·夏本纪》"太史公曰"以斟灌、⑤斟鄩为夏之同姓,加之杜注统称其为"二斟",说明斟灌、斟鄩具有相同族系,即二者并为斟族所出,其分别与"灌""鄩"连称者,应系斟氏成员徙居灌、鄩二地的结果。

斟鄩所在,古有两说。《汉书·地理志》北海郡平寿县下颜注引应劭

---

① 泷川资言考证,水泽利忠校补:《史记会注考证附校补》卷39,上海:上海古籍出版社,1986年,第986页。
② 陈槃:《春秋大事表列国爵姓及存灭表譔异》(三订本),第471—472页。
③ 《夏本纪》正义引《汲冢古文》云:"太康居斟寻,羿亦居之,桀又居之。"此"斟寻"者,学者多以地名视之,但细绎文意,犹言出居斟鄩之国,考虑到早期文献中并未见到确凿的同称地名,故笔者仍倾向于"斟鄩"为国名和族氏名。
④ 雷学淇认为,斟姓为祝融之后,居寻地而称"斟寻",夏人以封同姓于此,遂有斟寻氏为姒姓之说。参见雷学淇《竹书纪年义证》卷8,第81页。按雷氏所言混淆了早期姓、氏的界限,"祝融八姓"之斟姓为先秦古姓,而"斟鄩"之"斟"属于族氏名号的组成部分,二者不能等同。不过,此说实际已注意到"斟鄩"一词的复合特征,仍值得称道。
⑤ 原文作"斟戈氏","戈"即"灌"也,音近通假之故。

曰："古斟寻,禹后,今斟城是也。"①此即杜注所言"斟亭",在今山东潍坊市一带。另有臣瓒说以为"斟鄩在河南",亦即河、洛之间,颜师古非之,并谓禹后斟鄩与夏都有别。②又《夏本纪》正义引《括地志》云:"故鄩城在洛州巩县西南五十八里,盖桀所居也。"③此"鄩城"为东周鄩邑,在今河南偃师市东南,张守节推测"盖后迁北海也",似有折中之意。至于斟灌之地亦有争议,除杜注外,《水经·巨洋水注》云:

薛瓒《汉书集注》云:按《汲郡古文》'相居斟灌',东郡灌是也。明帝以封周后,改曰卫。斟寻在河南,非平寿也。……余考瓒所据,今河南有寻地,卫国有观土。④

薛瓒引《竹书纪年》"相居斟灌",认为其地即《汉书·地理志》东郡观县,在今河南清丰县南。结合其他早期文献的记载来看,斟灌位于古河、济之间的说法大致更有理据。如:

1. 狄围卫,卫迁于帝丘,卜曰三百年。卫成公梦康叔曰:"相夺予享。"公命祀相。宁武子不可,曰:"鬼神非其族类,不歆其祀。杞、鄫何事?相之不享于此久矣,非卫之罪也。"（《左传》僖公三十一年）
2. 帝相即位,处商[帝]丘。 （《太平御览》引《竹书纪年》）

据《左传》僖公三十一年载,卫成公迁都帝丘后,因梦见夏后相与始祖康叔争夺祭享,乃命卫人祀相,大夫宁武子反对此举,并谓"相之不享于此久矣",可见夏后相曾居帝丘无疑。然而《太平御览》卷八十二引《纪年》则曰:"帝相即位,处商丘。"⑤王应麟《通鉴地理通释》指出"商丘"二字有误,本当作"帝丘"为是。⑥朱右曾《汲冢纪年存真》及雷学淇《竹书纪年义证》并主此说,可以信从。⑦

---

① 《汉书》卷28《地理志》,第1584页。
② 《汉书》卷28《地理志》,第1584页。
③ 《史记》卷2《夏本纪》,第87页。
④ 郦道元著,陈桥驿校证:《水经注校证》卷26,第620页。
⑤ 李昉等撰:《太平御览》卷82《皇王部七》,北京:中华书局,1960年,第383页。
⑥ 王应麟著,傅林祥点校:《通鉴地理通释》卷4,第79页。
⑦ 雷学淇:《竹书纪年义证》卷8,第88页;方诗铭、王修龄:《古本竹书纪年辑证》(修订本),第5—6页。

按《左传》每以"二斟"并举,如"灭斟灌及斟鄩氏",又云"杀斟灌以伐斟鄩,灭夏后相",可见后相及"二斟"所居当具有紧密的空间联系。值得注意的是,《太平御览》引《帝王世纪》曰:"自太康已来,夏政凌迟,(相)为羿所逼,乃徙商[帝]丘,依同姓诸侯斟灌、斟寻氏。"①这里明确提到夏后相徙居帝丘,其目的在于"依同姓诸侯斟灌、斟寻氏"。按帝丘在今河南濮阳附近,北距东郡观县故址十分接近,其间不过四十公里左右,如此适与"东郡观县"说不谋而合,这至少说明后相阶段的斟灌当坐落于河、济之间,然则斟鄩所居亦大致近是。② 由是推本溯源,斟灌、斟鄩的由来就比较清楚了,二者应是夏后氏同宗斟氏迁居河、济之间,分别以徙居之地为氏而形成的分族。其中,斟灌所徙在今河南清丰县南的观地,而斟鄩之"鄩"暂时未能对应地名坐标,略显遗憾。但不论如何,周室鄩邑(今河南偃师市东南)或东土鄩国故地(泰山东北方向③)都与上述区域相去过远,恐怕均非合宜之选。至于北海"斟城""斟亭"等地名遗迹,即便与斟鄩有关,我们也仅能从字面联系推测,其作为姒姓斟氏故地的可能性更大,亦即代表了斟鄩的先声而非余绪。准此,斟鄩原居河南、渐次东迁北海之说,实际并不存在过硬的证据支持,这是从地名线索出发考察"二斟"源流时需要注意的。

总而言之,由于早期地名经常取自既有的族氏名号,同时又会不断演变为新的族氏名号和国名,所以地名与国族名通常具有高度的合一性,这种现象在战国以前可谓极其普遍,也已成为学术界的基本共识。东汉刘熙在《释名》序中尝言:"哲夫巧士以为之名,故兴于其用,而不易其旧,所

---

① 李昉等撰:《太平御览》卷82《皇王部七》,第384页。
② 雷学淇:《竹书纪年义证》卷8,第82页;沈长云:《夏后氏居于古河济之间考》,《中国史研究》1994年第3期;辛德勇:《夏及商前期都城资料的初步研究》,《历史的空间与空间的历史——中国历史地理与地理学史研究》,北京:北京师范大学出版社,2006年,第196页。
③ 临朐泉头村春秋墓葬曾出土有两件鄩氏铜器,即鄩仲盘、鄩仲匜各一。参见临朐县文化馆、潍坊地区文物管理委员会《山东临朐发现齐、鄩、曾诸国铜器》,《文物》1983年第12期。考虑到其墓主为齐国公室贵族齐趫父,则鄩氏二器很可能来源于馈赠或战争掠夺,因而也就无助于推定鄩国的地望。此外,春秋鲁镈铭文(《集成》273)有"鄩之民人都鄙"之辞,即齐侯以鄩国故地赏赐大夫以为采邑,同样也只能说明鄩地近齐。陈絜先生结合晚商卜辞材料,认为商末鄩地大致在今鲁北地区。参见陈絜《鄩氏诸器铭文及其相关历史问题》,《故宫博物院院刊》2009年第2期。此鄩有可能是《春秋》经传所见的谭国,传统观点认为其地望在今山东章丘市龙山镇一带。参见马立志《论周代的寻氏铜器及其相关问题》,《中国国家博物馆馆刊》2019年第7期。然据《左传》庄公十年载齐桓公奔莒"过谭",可知谭国似是在由齐至莒的交通干道左近,即今淄博至临朐之间的可能性较大。

以崇易简、省事功也。"从某种程度上来说，地名与国族名之间所形成的相对稳定的转化关系，或许正体现了古人因旧崇简的朴素思想。

第二节 分合之间：人名、国族名和地名的关联与界限

尽管商周人名、国族名与地名之间联系密切，往往存在衍生或相互转化的事实，但彼此的界限也同样不容忽视。在本节中，我们准备围绕三者的分合关系这一主旨，重点探讨一些历来存在争讼的疑难问题。

一、早期人名参与"三位一体"系统的限度

众所周知，西周以降至于战国阶段，随着私名和表字的广泛使用，个人名号与族氏名号基本实现了分离，二者的界限相对清晰，通常不易发生混淆。反观殷墟甲骨刻辞和晚商金文，其中存在着大量人名、国族名和地名的同称现象，且彼此绝非偶合，而是具有紧密的内在关联，即所谓的"三位一体"。学界针对上述现象的归纳与研究，经历了一个较长的发展阶段，总体上是以语法结构、辞例排比和分期断代理论作为基础，采取的研究方法主要是枚举分析。① 不过，也有学者主张私名在晚商人名中已占据相当比重，不少原先认定为族氏名的成分，其实应该归入私名的行列，这对合一说的普遍性无疑形成了冲击，必须引起重视。赵鹏女士曾就殷墟甲骨文中存在的最低限度私名作专门探讨，对于廓清人名与族名、地名的界限颇有参考价值。② 鉴于目前研究者的争议，主要集中在早期人名参与"三位一体"的实际程度，所以笔者拟按人名的结构形式加以分类，重点讨论其中的有关成分究竟属于人名、族名通用的情况，抑或仅为纯粹的私名，以期明确人、族、地名构成合一关系的基本条件。

---

① 参见胡厚宣《殷代封建制度考》，《甲骨学商史论丛初集》，第19—81页；徐旭生《中国古史的传说时代》（修订本），第35页；张政烺《卜辞"裒田"及其相关诸问题》，《考古学报》1973年第1期；张秉权《甲骨文与甲骨学》，第301—336页；朱凤瀚《商周家族形态研究》（增订本），第56—59页；宋镇豪《夏商社会生活史》，第264—267页；陈絜《商周姓氏制度研究》，第115—116、181页；李伯谦《试说周初方国与商时方国异姓同名现象》，陕西省考古研究院、上海博物馆编：《两周封国论衡：陕西韩城出土芮国文物暨周代封国考古学研究国际学术研讨会论文集》，第268—271页。

② 赵鹏：《殷墟甲骨文人名与断代的初步研究》，北京：线装书局，2007年，第124—125页。

(一) 单一形式

此种人名结构的成分单一,没有加缀不同属性的成分,其形式上大多仅由一个单音节词构成,如:

1. ……令周取巫于✶(叝)。① (《合集》8115,宾)
2. 勿令周往于✶。 (《合集》4883,宾)
3. 贞:周以巫。 (《合集》5654,宾)
4. 周入四。 (《花东》327)

这里的"周"既为商王呼令的对象,也是向商人进行贡纳的施事方,据文意推断,它既可以视作人名,亦可统指其族氏甚至族邦。朱凤瀚先生曾举"令雀敦亘"与"令雀人其敦缶"相对比,指出单称"雀"者犹言"雀人",即相当于雀族。② 上揭卜辞称"周"的情况与"雀"相若,可见"周"用作人名和国族名应具有合一性。③

己卯卜,允贞:令多子族比犬侯剪周,由王事。五月。

(《合集》6812,宾)

这条卜辞中的"周"作为商人的攻伐对象,显然属于国族名。

丙辰卜,宾贞:王叀周方征。
贞:王勿唯周方征。二告。 (《合集》6657,宾)

"周"又被称为"周方",暗示出商人与前者的关系已趋于对立。"征"的本义为远行,作"征伐"讲当为后起之义,商王占卜亲自前往"周方",大概是为了加强对边域的镇抚,可见"周方"一词虽为国族名,却隐约兼有地名的内涵。

---

① 据安大简可知,此"叝"当是苗字初文。参见黄德宽《释甲骨文"叝(苗)"字》,《中国语文》2018 年第 6 期。
② 朱凤瀚:《商周家族形态研究》(增订本),第 62—63 页。
③ "周"作人名讲时,通常可指周族的族长。不过,《合集》14755 正以"周擒,犬延湄"与"周弗其擒"对贞,"湄"可从沈培先生之说读为"弥",在此用作动词,表示动作一直持续的状态。参见沈培《释甲骨文、金文与传世典籍中跟"眉寿"的"眉"相关的字词》,复旦大学出土文献与古文字研究中心网站,2009 年 10 月 13 日。故该辞大意可能是说:在"犬延"田猎完毕之后,"周"这个人是否会有所擒获。据文意来看,"周"与"犬延"一起从事田猎活动,他的身份未必是周族之长,不排除为前来服事于商王的周族成员,志此待考。

单字人名与族名、地名重合的另一种类型，不妨举"黄"为例加以说明。

  戊申卜，㱿贞：叀黄呼往于㞢。   （《合集》7982，宾）
  戊寅贞：王令黄翌己卯步。   （《屯南》508，历）

该辞中的"黄"可理解为人名或族名，是指名"黄"的贵族个体及其统率的家族组织。

  贞：呼黄多子出牛，㞢于黄尹。   （《合集》3255正，宾）

"黄多子"即出自黄族的"多子"，可能是指黄族内部若干分族的族长。裘锡圭先生认为，"黄多子"和"黄尹"显然有血缘关系，故商王希望前者提供牺牲以祭祀"黄尹"。① 这是很正确的。然则"黄尹"之"黄"亦为族名无疑。

  1. 己酉卜，贞：王其田，亡灾。在黄次。 （《屯南》2182，无名）
  2. 己亥卜，在潢贞：王今夕亡𡆥。   （《合集》36589，黄）

"潢"为"黄"加缀水旁的地名用字，所指实为一地。伊藤道治先生曾敏锐地注意到，卜辞贞人名与族名、地名每有一致的现象，并举出"何（河）""宁""壴""行""大"等例加以分析。② 在黄组卜辞中，"黄"同时用作贞人名和地名，但前者与宾组的黄族是否存在联系，目前尚难予以证实。

  至于不同类组卜辞之间的重名现象，能否体现人名、族名、地名的合一关系，恐怕需要慎重考虑。例如，《合集》22246是一版"子"所在家族向逆、何两个家族分别纳采、问名的占卜记录。③ 其中既云"勾娥"，又提到了"勾逆女娥"，意即卜问迎娶逆族之女名"娥"者，④可见"娥"只能理解为私名。鉴于前者的族属背景相对明确，故我们不难推断，子卜辞妇名"娥"与王卜辞中出现的妇名"娥"（《合集》14780）、国族名或地名"我"

---

① 裘锡圭：《关于商代的宗族组织与贵族和平民两个阶层的初步研究》，《文史》第17辑，北京：中华书局，第1—26页。
② 伊藤道治著，江蓝生译：《中国古代王朝的形成——以出土资料为主的殷周史研究》，第49—56页。
③ 林沄：《从武丁时代的几种"子卜辞"试论商代家族形态》，《林沄学术文集》，第46—59页。
④ 相关卜辞的释读与理解，参见赵鹏《殷墟甲骨文人名与断代的初步研究》，第127页。

(《合集》6945、《合集》6959)仅系同称,而无法构成"三位一体"关系。

(二) 复合形式

(1) 族名+人名成分

在"沚䤥""望乘"等人名结构中,"沚""望"均为族氏名,并可对应相同的地名,如:

1. 王勿使人于沚,[若]。
   王使人于沚,若。 (《合集》5530,宾)
2. 乙未卜,令堂以望人秋于纂。 (《屯南》751,历)
3. ……卜,在虡[贞:王]步[于]望,亡灾……。
   (《合集》36755,黄)

例1是商王卜问遣人前往沚地的休咎情况。例2的"望人"即指望族或望地之人。参考现有的缀合成果,《合集》36755中的"望"与高膏、膏、帛、鼓、虡等构成一组连续的商王行经地名,[①]所处方位理应趋同。

至于"䤥""乘"的性质,则有氏名[②]和私名[③]两种不同认识。考虑到二者并无用作族名、地名的情况,加之"沚䤥"亦称"伯䤥"(《合集》5945),[④]故笔者倾向于"䤥""乘"二字均系私名。此外,"甾各化"(《合集》151正;《合集》5440正)这一人名或作"甾化各"(《合集》6648正),其中的"甾"当为族名,而"各""化"二字互乙无别,很可能均系私名,此种人名成分是无法纳入"三位一体"系统的。需要注意的是,甲骨刻辞所见尚有人名"望潢"和"望戈"。裘锡圭先生认为,二者是望族的一个分支或其首领之名,氏说可从。[⑤] 然而,"戈"亦有用作族氏名或地名的现象,此

---

① 关于本版卜辞的缀合,参见王旭东《黄组王步卜辞缀合一则》,中国社会科学院历史研究所先秦史研究室网站,2017年1月2日。

② 饶宗颐:《说沚与冒及沚䤥——卜辞复合人名研究举例》,《故宫博物院院刊》2000年第6期。

③ 李学勤:《考古发现与古代姓氏制度》,《考古》1987年第3期;齐文心:《释读"沚䤥再册"相关卜辞——商代军事制度的重要史料》,王宇信、宋镇豪、孟宪武主编:《2004年安阳殷商文明国际学术研讨会论文集》,第251—260页。需要说明的是,李先生认为"望乘"为人名,是单称名,并不单称氏。

④ 李学勤:《论"妇好"墓的年代及有关问题》,《文物》1977年第11期;裘锡圭:《论"历组卜辞"的时代》,《古文字研究》第6辑,北京:中华书局,1981年,第263—321页。

⑤ 裘锡圭:《说殷墟卜辞的"奠"——试论商人处置服属者的一种方法》,《"中研院"历史语言研究所集刊》第64本第3分,1993年。

种称谓结构殆与"邑竝"(《合集》14157)较为相似,不排除是采取"复合氏名"的形式来表示分族,同时指称作为该分族之长的贵族个体。

(2)身份+人名成分

此种人名类型包括"子某""妇某""小臣某""亚某"等。

关于"子某"之"子"的内涵,学界总体上存在亲称和身份两种意见。"亲称说"主张"子"表示儿子这一本义,如董作宾、胡厚宣先生认为"子某"即商王之子;①朱凤瀚先生认为,王卜辞的"子某"一般是指王子,王卜辞中其他贵族家族内部的"多子"和非王卜辞中的"子某",是指这些商人家族的族长之子。②"身份说"则强调"子某"之"子"用作贵族家族长的通称,所表示的是族长的身份,林沄、裘锡圭等先生俱主此说。③ 朱先生的立论前提,主要是考虑到竝、朱等商人贵族族长并不以"子某"为称,而"子某"往往与商王室的关系尤为亲近。林先生后来也对"子某"作了进一步区分。他指出,子卜辞的"子某"基本都是生存在以子为族长的家族之内的成员;而王卜辞的"子某"一部分是指已故的王子,多数属于尚未建立分支族氏的"王族"成员,另一些则存在别氏迹象,可能是拥有自己封地和族众的王室贵族。按照林先生的观点,与商王血缘关系很近的贵族未必都称"子某",称"子某"者也并非都具有王子身份,未成家立业的"子某"和已别氏的族长"子"应该予以区别。④ 上述意见是很有启发性的。

平心而言,无论是儿子抑或家族长之义,实际都难以完全涵盖"子某"之"子"。若将"子某"一概视作"王族"和其他商人家族内部尚未分立的贵族子弟,与单称"某"者的生存状态有别,似乎也存在一定窒碍。如《合集》3187既言"弓御子犾",又云"王占曰:吉。犾……亡……",可见卜辞"子某"亦可省"子"而单称"某",所指对象有时确系同一个人。⑤ 因此我们很难设定:凡称"子某"者,皆表示尚未别氏的贵族个体;而单言"某"者,则一定是指分立以后拥有自身领地和族众的"子某"。职是之故,若必须要作内涵限定的话,那么笔者更倾向于认为,"子某"的"子"殆可视作商人家

---

① 董作宾:《五等爵在殷商》,《"中研院"历史语言研究所集刊》第6本第3分,1936年;胡厚宣:《殷代封建制度考》,《甲骨学商史论丛初集》,第19—81页。
② 朱凤瀚:《商周家族形态研究》(增订本),第56页。
③ 林沄:《从武丁时代的几种"子卜辞"试论商代家族形态》,《林沄学术文集》,第46—59页;裘锡圭:《关于商代的宗族组织与贵族和平民两个阶层的初步研究》,《文史》第17辑,第1—26页。
④ 林沄:《再论殷墟卜辞中的"多子"与"多生"》,李宗焜主编《古文字与古代史》第3辑,台北:"中研院"历史语言研究所,2012年,第107—124页。
⑤ 参见朱凤瀚《商周家族形态研究》(增订本),第41—43页。

族内部具有贵族诸子身份者的通称。上述含义的"子"缘自亲称的"子",但包摄范围相对宽泛,可适用于不同语境下的人物关系,而不受辈分、族属等因素的限制,所以解释起来较为圆通。换言之,只要是商王之子及其他商人家族内部的诸子,无论其人在当时语境下是否属于子辈或别族分立,大抵皆可统称为"子某",正如东周文献中的"王子某"和"公子某",同样仅是作为贵族出身的标识,而未必是指时王或时公之子。等到需用类似名词来明确宗法、等级关系的时候,"子"遂转化成为贵族家族长的专称,继而衍生出"小子"的概念来指称族内诸子,①从而在一定程度上替代了先前"子某"之"子"的内涵。为说明问题,我们不妨分具体情形试作补述如下。

A. 亡故的"子某"

亡故的"子某"可以日干为名,如"子丁"(《合集》21885)、"子庚"(《合集》22088)、"子癸"(《合集》27610),此外尚有"子皋"(《合集》3226正)、"子熹"(《合集》32776)等。自组卜辞《合集》21290以"虫子族"与"虫母丙"同版并卜,朱凤瀚先生认为,"子族"是"王族"以外,与商王具有较近亲缘关系的同姓家族(作为祭祀对象,特指其中与王有近亲关系的贵族)。② 窃以为,这里的"子族"也可能是尚未各自分立的先王诸子(已故)之集合,类似于春秋晋献公所诛之"群公子"及宋国的戴、桓、庄之族。但无论如何,上述人群已无法存在于时王诸子所构成的"王族"之内,故称"子族",有时也可以集合名词"多子"相称(《合集》20055)。

B. 存在于"王族"或其他商人家族内部的"子某"

甲骨文中所见的多数"子某"均属于这一类型。正如林先生所言,像"子渔""子央"这样的王子,尚未别族立氏,经常随侍商王左右,应该属于"王族"成员。至于花东卜辞的"子利"(《花东》275)、"子兴"(《花东》409)、"子馘"(《花东》181)等人,则是生活在以"子"为族长的商人家族内部的贵族成员。甘肃灵台白草坡 M1 出土商末周初子夌尊(《集成》5910)云:"子夌作母辛尊彝。䨺。""子夌"之"子"表示器主具有族内诸子的身份,故可作器祭祀母辛,但未必为䨺族之长。

C. 出自"王族"或其他商人家族而趋于分立的"子某"

出自"王族"而趋于分立的"子某",如林先生文中所举的"子商";而

---

① "小子"与"子"每相对言,一般认为即小宗宗子之义,但这一概念起初是用作家族内部尚未分立之贵族子弟的通称。参见林沄《再论殷墟卜辞中的"多子"与"多生"》,李宗焜主编《古文字与古代史》第3辑,第118页。

② 朱凤瀚:《商周家族形态研究》(增订本),第40页。

王卜辞和花东卜辞出现的"子畫",可能就是花东占卜主体——"子"所在家族的贵族成员。① 在武丁时期卜辞中,经常可见商王呼令"子畫"征伐和田猎的记载(《合集》6209;《屯南》243;《合集》10426正),《英藏》2412则提到"子畫以众",凡此均暗示出"子畫"的独立性相对较强,大概已领有一定数量的族众或部属,初步具备了别族立氏的物质条件,上述情形与"子商"颇为接近。历组卜辞《合集》34133:"丁酉卜:王族爰多子族立于舌。"这里的"多子族"与"王族"对言,为集合名词,表示分立以后的若干"子某"所率之家族。

我们之所以对"子"的内涵和"子某"的类型作一梳理,主要是为了重新审视"子某"之"某"的性质。子名的"某"当作何解,学界主要有私名(或字)②和氏名③两种倾向。当然,即便是持"氏名说"的研究者,通常也并不否认"私名说"的合理性,即主张"子某"之"某"部分为私名,但氏名的广泛存在同样应予重视,这主要是因为"子某"之名号多与同时期地名相合。关于甲骨、金文所见子名与地名的重合现象,宋镇豪先生曾总结出79例,④陈絜先生则归纳为63例,⑤所占各自统计的"子某"数量比重均在50%以上。诚如前辈学者所言,这种情形绝非偶合可以解释。不过,倘若联系上文对"子某"类型的讨论,不难推想"子某"之"某"之所以呈现私名、氏名二分的现象,很可能与其人是否别族立氏密切相关。

具体而言,诸如"子庚"(《合集》22088)、"子癸"(《合集》27610)及"子央"(《合集》3007)、"子衙"⑥(《合集》3202)、"子馘"(《花东》409)等"子某"之"某",目前暂未找到明确的相同族名、地名与之对应,所以此种

---

① 林沄:《再论殷墟卜辞中的"多子"与"多生"》,李宗焜主编《古文字与古代史》第3辑,第107—124页。
② 李学勤:《考古发现与古代姓氏制度》,《考古》1987年第3期。李先生认为,卜辞"子某"名号与地名相合者,应为偶合或以地为名。
③ 刘昭瑞:《关于甲骨文中子称和族的几个问题》,《中国史研究》1987年第2期;朱凤瀚:《商周家族形态研究》(增订本),第56—59页;宋镇豪:《夏商社会生活史》,第264—267页。
④ 宋镇豪:《夏商社会生活史》,第264—265页。
⑤ 陈絜:《商周姓氏制度研究》,第181页。
⑥ 《合集》3202:"丁巳卜,于兄丁御子衙。"另外,《合集》3207云"御子衙于父乙",自组卜辞《合集》22249则有人名"子堂","子衙"和"子堂"也许是同一个人。"堂"即"踴"之本字,参见陈剑《金文字词零释》(四则),张光裕、黄德宽主编《古文字学论稿》,第132—146页。"子衙"之"衙"字所从,可能是由"堂"字省去形旁一"止"、同时将形旁"冂(堂)"变形声化为"冃(同)"的结果。

人名成分大概仍当视作"子某"的私名为妥。至于诸家所举子名与族、地同称者,例如"子畫"之"畫"、"子雍"之"雍"、"子商"之"商"、"子奠"之"奠"、"子犾"之"犾"、"子鬻"之"鬻"等,则应该是上述"子某"从母族分立以后、各以私名来命名分族及其属地的必然结果。比如说,宾组卜辞有"爵子皋"之记载(《合集》3226正),此"子皋"置于祭祀动词"爵"后,当系人名,且可对应卜辞常见的人名和族名"皋"。朱凤瀚先生认为,"子皋"应是商"王族"成员和卜辞皋氏的始祖,武丁时期其人已逝,故得接受商王之祀。① 所言甚是。另外,宾组卜辞既言"子畫疾"(《合集》3033正),又云"其虫子畫,有祟"(《合集》3032反),可见此时"子畫"已经亡故;但在同时期记事刻辞中,亦有大量"畫"向王室贡纳物产的记录(《合集》9172正;《合集》9525),这与死者"子皋"和生者"晜(皋)"并见的情形完全相同。考虑到历组二类卜辞的"晜"(《合集》34240)和"子皋"、殷墟三期犾瓢②铭(《集成》6700)的"犾"和宾组卜辞的"子犾"(《合集》728)、殷墟四期亚鱼鼎③铭(《新收》140)的"鱼"和宾组卜辞的"子渔"(《合集》2972)等,所指均不会是同一个体,然则上揭"异人同名"或"异代同名"的现象只能说明,即使在"子某"卒后,其后代中凡具有家族长身份者,通常仍可以"子某"之"某"为称,而这种惯例应是由当时贵族的个人名号与族氏名号的合一性所决定的。④ 另一方面,通过以上讨论不难看出,"子某"从原先所在的母族中分衍出来,显然不在朝夕之间,其最终形成一个独立的分支族氏,并获得相应的专属血缘名号,恐怕是在"子某"亡故后方才实现的。换言之,即是"子某"的直系后裔最终完成了别族分立之举,遂以先人的私名作为族氏名号,继而采用这一氏名指称其属地,或者说,以定居者的集体名号来命名居住地。

---

① 朱凤瀚:《商周家族形态研究》(增订本),第66页。
② 该器出自殷墟西区第八墓区M271,断代参见中国社会科学院考古研究所安阳工作队《1969—1977年殷墟西区墓葬发掘报告》,《考古学报》1979年第1期。
③ 该器出自殷墟西区M1713,断代参见中国社会科学院考古研究所安阳工作队《安阳殷墟西区一七一三号墓的发掘》,《考古》1986年第8期。
④ 朱凤瀚先生曾指出一种值得注意的现象,即"子某"之族并非皆以"某"为氏名,有些则径以"子某"为氏,如"子𪓐"(《集成》5329)、"子黑"(《集成》5985)。参见朱凤瀚《商周家族形态研究》(增订本),第59页。此外,"子某"用作族氏名号的现象尚有"子彙"(《集成》6894)、"子⟨"(《集成》8443)等,前者应该是由武丁时期人名"彙"(《合集》7239反)、"子⟨"(《合集》3225)所建立的族氏。如子⟨父丁爵的年代属于殷墟三、四期,该器所有者只能视作"子⟨"的直系后裔。铜器断代参见严志斌《商代青铜器铭文分期断代研究》,北京:社会科学文献出版社,2014年,第252页。

综上所论，根据子名与族氏名、地名的转化关系来看，窃以为"子某"之"某"首先应属于个人名号，亦即私名，这种属性基本可以覆盖所有子名。至于其中的一部分子名，后来则随着"子某"的别族立氏，从而兼具氏名和地名的性质，可以纳入"三位一体"系统。因此，子名的不同属性并非完全对立和排他，我们似不必拘于一端而否定其余，动态地看待和考察子名内涵的演变，也许是相对客观的途径。

关于"妇某"人名形式中的"某"，除早期的女姓、女字诸说外，目前学界也主要有氏名①和私名②两种意见。据甲骨、金文资料来看，"妇某"之"某"往往跟当时的国族名、地名一致，或与转化为氏名的"子某"之"某"重合，但前者经常加缀"女"旁，通过女化字来标识性别。另外，正如前辈学者所指出的，只有将"妇某"之"某"视作族氏名号，不少晚商妇女的"异人同名"或"异代同名"例方可得到合理的解释，此即"氏名说"的另一优势。沈长云先生尝言，卜辞"妇某"之"某"虽不好径解作女姓，但至少是与女姓性质相近的氏族之名，用于在婚姻中辨明女方出身的氏族。③ 这是很有道理的。

甲骨文"妇某"所指的具体对象，一般认为主要是商王之妇和王室贵族的配偶。④ 这些贵族女子来嫁于商，代表母邦与商人达成政治联姻，然则"妇某"之"某"理应视作女子所出之族的名号。又，妇闟罍盖铭（《集成》9820）云："妇闟作文姑日癸尊彝。畀。"此器是"妇闟"为祭祀其文姑（即丈夫先妣）所作，故铭末所缀的族徽"畀"当为器主夫家的族氏名号，而"妇闟"之"闟"则系父家氏名无疑。客观地讲，尽管大部分"妇某"所处的文字背景，无法像上铭一样足以直接体现婚姻关系，但考虑到卜辞"妇某"的基本范围，仍可推知这种人名形式的内涵大体是相对稳定的，即具有标识女子出身的作用。换言之，"妇某"之"某"当视作贵族妇女的父家氏名为宜。⑤

---

① 《安阳殷墟五号墓座谈纪要》裘锡圭先生意见，《考古》1977年第5期；张政烺：《帚好略说》，《考古》1983年第6期；齐文心：《"妇"字本义试探》，王宇信、宋镇豪主编：《纪念殷墟甲骨文发现一百周年国际学术研讨会论文集》，北京：社会科学文献出版社，2003年，第149—154页。

② 李学勤：《考古发现与古代姓氏制度》，《考古》1987年第3期。

③ 沈长云：《论殷周之际的社会变革》，《历史研究》1997年第6期。

④ 宋镇豪：《夏商社会生活史》，第228—229页；王宇信、杨升南主编：《甲骨学一百年》，北京：社会科学文献出版社，1999年，第449页。

⑤ 陈絜：《关于商代妇名研究中的两个问题》，王宇信、宋镇豪、孟宪武主编：《2004年安阳殷商文明国际学术研讨会论文集》，第237—244页。

关于"小臣"的含义,学界主要有职官名、①臣僚、②官员、③侍奉君主的近臣④等不同观点,也有研究者指出"小臣"是由不同阶级构成的,其实际身份存在高低之别。⑤ 李学勤先生认为,"小臣"实为臣下对君主的谦称,不是专设的官职。⑥ 笔者赞同"小臣"的来源和身份较为复杂,并非固定的职官名号,但甲骨、金文所见之"小臣"多为他称(王或其他贵族所称),恐难视作谦辞。相较而言,将"小臣"理解为某一系列职事的统称也许更为稳妥,所以这里暂以身份视之。

不少研究者都已注意到,"小臣某"之"某"不仅重见于当时的人名,且与族氏名、地名常相一致。如"小臣屮"(《合集》10405)、"小臣皋"(《合集》5571 反)和"臣沚"(《合集》707 正)三位"小臣",很可能分别是指武丁时期的贞人"屮"与贵族"皋""沚"；而"小臣墙"(《合集》27886)、"小臣叡"(《合集》27889)、"小臣妥"(《合集》27890;《铭图》19702)、"小臣醜"(《合集》36419)、"小臣缶"(《合集》36421)、"小臣兒"(《集成》5351)、"小臣俞"(《集成》5990)、"小臣邑"(《集成》9249)、"小臣彔"(《新收》962)等人称中的人名成分,基本都可对应相同的国族名或地名。⑦ 如《合集》36419 记载"小臣醜其作圉于东对",又《合集》36824 云"醜其遷至于攸,若"。综合名号、方位和时代因素判断,此"小臣醜"与青州苏埠屯商墓发现的"亚醜"铜器及其家族应有直接关系。⑧ "醜"既是贵族的个人名号,同时又是族氏名号,符合"三位一体"的基本条件。

需要说明的是,"小臣某"的"某"究竟属于"以氏代人",还是贵族私名兼作氏名,诸家的意见并不一致。如董珊先生认为,"亚醜"之族的氏名

---

① 陈梦家:《殷虚卜辞综述》,第 505 页。
② 于省吾:《甲骨文字释林》,第 312 页。
③ 寒峰(王贵民):《商代"臣"的身份缕析》,胡厚宣主编:《甲骨文与殷商史》,上海:上海古籍出版社,1983 年,第 36—59 页。
④ 高明:《论商周时代的臣和小臣》,《高明学术论集》,上海:上海古籍出版社,2013 年,第 197—207 页。
⑤ 于省吾:《甲骨文字释林》,第 308 页;张永山:《殷契小臣辨正》,胡厚宣主编:《甲骨文与殷商史》,第 60—82 页;张亚初、刘雨:《西周金文官制研究》,北京:中华书局,1986 年,第 43—45 页。
⑥ 李学勤:《小臣缶方鼎与箕子》,《殷都学刊》1985 年第 1 期;李学勤:《从金文看〈周礼〉》,《缀古集》,上海:上海古籍出版社,1998 年,第 23—27 页。
⑦ 参见韩江苏《商代的"小臣"》,王宇信、宋镇豪、孟宪武主编:《2004 年安阳殷商文明国际学术研讨会论文集》,第 261—272 页;王进锋《臣、小臣与商周社会》,上海:上海人民出版社,2018 年,第 111—116 页。
⑧ 殷之彝(张长寿):《山东益都苏埠屯墓地和"亚醜"铜器》,《考古学报》1977 年第 2 期。

当取自"小臣䤔"的私名,而苏埠屯遗址正是前者受封于东方的地点。①单就"小臣䤔"之例而言,这一看法是颇有理据的。然如前文所言,"小臣皋""臣沚"等人应即同时期政治舞台上的"皋"和"沚馘",他们均已拥有各自的家族和专属领地,其族氏名与作为家族长的贵族人名同称,有些来源于先祖之私名(如"皋"与"子皋"),有些也可能取自属邑地名(如"沚"),"小臣某"之"某"应是其流而非其源。另外,像"小臣橐"的"橐"用作族氏名号,早已见于宾组记事刻辞和殷墟二期铜器铭文,②它同样不是由商末人名"小臣橐"转化而来的。因此,笔者仍倾向认为"小臣某"的"某"一般都是族氏名号,属于"以氏代人"的情形,表示某氏之贵族成员(多为族长)服事于商者,言"小臣"是为了体现其人对商王的臣属关系。有学者指出,"小臣某"的身份多为商人异姓贵族,这种关系表明"小臣"所事国族对其所自出之族氏具有较强的支配控制能力。③

"亚某"的"亚"当作何解,学界素有争议,研究者已对此作过梳理和归纳,④其中较有代表性者,大体包括职官说、身份说和标识说三种取向。陈梦家先生联系《尚书·酒诰》"百僚庶尹,惟亚惟服"之"亚",认为"亚"是职官名,属于武职。⑤ 曹定云、何景成、严志斌先生亦持相近看法。⑥ 李零先生指出"亚"演变为职服者,兼内、外服而有之,内服之"亚"即"亚旅"一类的军官,外服之"亚"与"侯"相似。⑦ 李学勤先生谓"亚"约相当于"亚旅",即众大夫。⑧ 赵鹏女士认为,"亚"可能是某些有身份、地位的人

---

① 董珊:《释苏埠屯墓地的族氏铭文"亚䤔"》,李宗焜主编:《古文字与古代史》第4辑,台北:"中研院"历史语言研究所,2015年,第337—368页。董文认为,所谓"亚䤔"之"䤔"应当改释为"酌"。
② 如橐爵(《集成》7531)、子橐觚(《集成》6894)等。铜器断代参见严志斌《商代青铜器铭文分期断代研究》,第188页。
③ 周言:《释"小臣"》,《华夏考古》2000年第3期。周先生已指出,"小臣某"与"子某"之名重合者仅三例,即妥、兒、皋。其中,小臣兒卣(《集成》5351)为商末周初器,且缀有族氏铭文"䵼",器主应与武丁卜辞的"子兒"(《合集》3398)无涉。而"小臣妥"和"小臣皋",则可能是武丁时期"子妥"(《合集》10936正)和"子皋"(《合集》3226正)的直系后裔。
④ 孙亚冰:《卜辞中所见"亚"字释义》,王宇信、宋镇豪主编:《纪念殷墟甲骨文发现一百周年国际学术研讨会论文集》,第222—228页;何景成:《商周青铜器族氏铭文研究》,第47—52页。
⑤ 陈梦家:《殷虚卜辞综述》,第508—511页。
⑥ 曹定云:《"亚其"考》,《"亚其"考——殷墟"妇好"墓器物铭文探讨》,文物编辑委员会编:《文物集刊》(2),北京:文物出版社,1980年,第143—150页;何景成:《商周青铜器族氏铭文研究》,第59—61页;严志斌:《商代青铜器铭文研究》,第175页。
⑦ 李零:《苏埠屯的"亚齐"铜器》,《文物天地》1992年第6期。
⑧ 李学勤:《考古发现与古代姓氏制度》,《考古》1987年第3期。

的一种泛称,属于贵族身份的标识,而非管理具体事务的职官。① 冯时先生认为"亚"有"次"义,称"亚"者即宗法意义上的小宗。② 朱凤瀚先生提出,"亚"本质上用来指示氏名,单言"亚某"者,即表示以"某"为氏,同时也可作为"某"这一族氏的族长之称。③

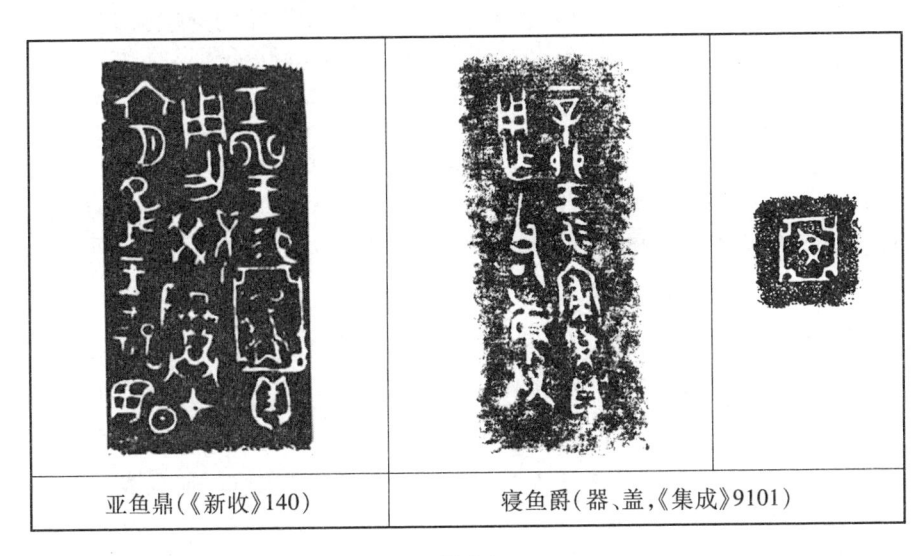

按甲骨文中的人名"亚某",诸如"亚雀"(《合集》22092)、"亚束"(《合集》22226)、"亚旋"(《合集》28011)、"亚敢"(《合集》32012)、"亚臸"(《合集》32273)、"亚其"(《合集》36346)、"亚奠"(《花东》28)等,皆作"亚某"二字连属,而铜器铭文往往将"某"铸于"亚"字形框内。关于上述两种形态的"亚某"是否具有同等属性,学者持论并不统一,比较有助于说明二者之间关系的,是殷墟西区 M1713 出土的一组晚商青铜器。④ 其中,亚鱼鼎铭文(《新收》140)云"壬申,王赐亚鱼贝,用作兄癸尊",另一爵铭(《集成》9101)则言"辛卯,王赐寝鱼贝,用作父丁尊",其盖铭作"亚鱼",写法与上揭鼎铭完全一致(图 3.1)。根据这一现象,探讨"亚某"与带有"亚"字形框之"某"的关系似有以下两种思路:

亚鱼鼎(《新收》140)	寝鱼爵(器、盖,《集成》9101)

图 3.1

---

① 赵鹏:《殷墟甲骨文人名与断代的初步研究》,第 87 页。
② 冯时:《殷代史氏考》,《黄盛璋先生八秩华诞纪念文集》,北京:中国教育文化出版社, 2005 年,第 20—22 页。
③ 朱凤瀚:《商周金文中"亚"字形内涵的再探讨》,陈光宇、宋镇豪主编:《甲骨文与殷商史》新 6 辑,上海:上海古籍出版社,2016 年,第 194—207 页。
④ 中国社会科学院考古研究所安阳工作队《安阳殷墟西区一七一三号墓的发掘》,《考古》1986 年第 8 期。

第一,"🞣某"与带有"亚"字形框之"亚某"不具有等质性。循此思路,"🞣某"当为纯粹的人名,带有"亚"字形框之"某"则为族氏铭文。但按照这样的区分,则有一些现象难以解释:如亚牧鼎铭(《集成》2313)的"亚牧"当系族氏名号,却作"🞣牧"分别写铸之形;又如山东长清兴复河晚商遗存出土的罍亚🐾器群,族氏铭文"🐾"在鼎铭(《集成》2111)中置于"亚"字形框内部,而爵铭(《集成》8778)将其安排在"亚"字之外,罍铭(《集成》9806)则干脆省去了"亚"字。上述现象足以说明,"亚"字之有无、"亚"字的具体表现形态及其位置的不固定,对于铭文内涵本身并无实质影响。如是,"🞣某"与缀有"亚"字形框的"亚某"互相排斥的设定,恐怕就要重新考虑。

第二,"🞣某"与带有"亚"字形框之"亚某"实际具有等质性。按照这种思路,外缀"亚"字形框的"亚鱼",跟卜辞"🞣某"的用法并无实质差异。那么,"亚鱼"既可表示族氏名号,又可用作贵族的个人名号,属于"以氏代人"的情况,便可得到较好的解释。从这一角度来说,朱凤瀚先生认为"亚某"之"亚"用以指示氏名,因而也可以表示"某"氏的家族长,应是相对合理的意见。准此,"亚某"之"某"当视作族氏名号,可以纳入"三位一体"系统。

推定"🞣某"与带有"亚"字形框的"亚某"并无本质差别,实际对于绝大部分"亚某"的族氏铭文性质影响甚微,毕竟,就某一族氏的族长而言,族氏名号与其个人名号本就存在合一性。值得注意的是,既然"亚某"之"亚"具有指示氏名的作用,那么在"亚某"作为人名的情形下,"亚"字理应可以起到标识个体与族氏关系的效果,而具有家族长身份者,正是这种关系最为集中的体现。为说明问题,我们不妨以花东卜辞为例,其中同样可见"亚鱼"和"寝鱼"并称的类似现象。《花东》28 云"唯亚奠作子齿",《花东》284 则以"侯奠其作子齿"与"侯奠不作子齿"对贞,何景成先生据此指出"亚奠"即是"侯奠",并认为"亚"和"侯"是性质相似的不同称呼,可能相当于诸侯一级。① 其说有一定道理。不过,"寝"和"侯"既然分别为内、外服职官的名称,我们似不宜再将"亚"视作具体的职官名号,否则,不同类型的职事却同时又都兼领"亚"这一职官,这难免令人感到费解。从"亚臿"与"臿"、"亚雀"与"雀"为同时代人物的情况来看,这些贵族个体以"亚"为称,也许是一种资格或头衔的体现,若联系"亚"字所具有的

---

① 何景成:《商周青铜器族氏铭文研究》,第 56 页。

指示氏名的作用，窃以为人名"亚某"之"亚"不妨理解为具有特定身份之贵族的一种统称，或曰身份标识，而这种标识所揭橥者很有可能即是族长的身份。因此，称"亚"者既可担任"侯"的职事，亦可与其他职官名号连言，如"马亚"（《合集》26899）、"卫、射亚"（《合集》27941）、"多田亚任"（《合集》32992 反）等，彼此之间并无矛盾。

（3）族名+身份+人名成分

此种人名类型包括"某伯某""某子某""某友某""某妻某""某丁人某"等。

学界过去长期将"伯"视作爵称，将其归入"五等爵"的序列，这种认识并不准确。"某伯"的"伯"本有长义，当理解为首领或族长的意思。[1]如"丹伯"（《合集》716）、"罙伯"（《合集》3401）、"彭伯"（《合集》6987 正）、"易伯"（《合集》7410）、"雇伯"（《合集》13925 正）等，皆是表示某个国族的首领之义。所谓"多伯"或"多邦伯"，即若干族氏或族邦首领的集合称谓。至于"某伯某"结构中的人名成分，例如"易伯獘"（《合集》3380）、"而伯龟"（《合集》6480）、"宋伯丕"（《合集》20075）、"弁伯羑[2]"（《合集》28091）的"獘""龟""丕""羑"均系贵族私名，与其所在家族的氏名"易""而""宋""弁"不具有合一关系。此外，与"某伯某"相似的人名结构尚有"某方伯某"，如"孟方伯炎"（《合集》36509）、"卢方伯潹"（《屯南》667）等。据"卢方伯潹"又省作"卢伯潹"（《合集》28095）可知，"某方伯某"意即某邦方的首领私名曰某者。[3]

"某子"的"子"主要用作贵族家族长的专称，表示一族族长之义，如"唐子"（《合集》456）、"邑子"（《合集》3280）等，"子"前之字当为族名。"某子某"这一人名结构，是在前者基础上加缀人名成分形成的，与"某伯某"文例相同，如"龟子萱"（《合集》137 正）、"良子弘"（《合集》938 反）、"不子曲"（《花东》351）等。《合集》926 正："贞：王虫……呈子陕其以。"赵鹏女士指出，此与《天理》169"贞：王虫令陕其以"为同文卜辞，"呈子陕"可能就是"陕"的全名。[4] 可从。"陕"仅用作"呈子陕"的个人名号，与"呈"兼作人名、族名和地名的情形不同，足以证明"某子某"结构的后

---

[1] 刘源：《"五等爵"制与殷周贵族政治体系》，《历史研究》2014 年第 1 期。
[2] "弁"字旧释为"危"，今从赵平安先生改释作"弁"。参见赵平安《释甲骨文中的"🦴"和"🦴"》，《文物》2000 年第 8 期。"羑"字旧释为"美"，刘钊先生近来改释为"髦"。参见刘钊主编《新甲骨文编》，福州：福建人民出版社，2009 年，第 505 页。
[3] 赵鹏：《殷墟甲骨文人名与断代的初步研究》，第 63—64 页。
[4] 赵鹏：《殷墟甲骨文人名与断代的初步研究》，第 83 页。

一个"某"当为私名，表示某族之长名曰某者，它与贵族个体所属族氏的名号同样不具有合一关系。

"某友某"的"友"应理解为僚友、僚属之义，与西周金文"朋友""诸友"之"友"内涵相近。① 林沄先生曾指出，"友"的关系可以世代相继，大概是一种相当固定的职事。② 其说很有道理。一般认为，此种结构中的前、后两个"某"均为人名，意即某人的僚友曰某。③ 笔者完全赞同将后一个"某"视作私名，但考虑到西周金文每言"我友"，"我"为第一人称集合名词，在此用作领格，意为"我们的"而非"我的"，所以从语法角度考虑，"某友"之"某"理解为族名似乎更为妥帖，表示某族组织内部具有僚友身份的群体。当然，"某友某"本身同时也是该族族长在其家族内部领有的僚属，因而就第一个"某"来说，族名与人名无疑是合一的。

"某友某"结构的人名用例，如"呈友角"（《合集》6057正）、"呈友唐"（《合集》6063反）、"呈□化"（《合集》6068正）等。④ 这里的"角""唐"和"化"一般认为是私名，但同时期甲骨刻辞中有"角女"（《合集》671正），即角族之女，亦有"唐土"（《英藏》1105），"化"用为地名者则作"沘"（《合集》13517）。更为重要的是，将上述人名成分视作族氏名号，跟"友"之前的族名并不会产生冲突。所谓"A友B"，即担任A族内部僚友职事的B族之人，尽管此人并不具有B族族长的身份，但在这种情况下仍可"以氏代人"，主要是为了标识那些服事于贵族家族内部的异族身份者。因此，"某友某"结构的前后两个"某"均系人名、族名合一的类型，只是二者分属的"三位一体"系统有别而已。另外，"呈友化"曾向商王禀告称"舌方征于我奠壴"，"我奠"即呈族领地之郊甸，这与我们将"呈友"之"呈"理解为带有集合性质的族名，恰好可以相互照应。

"某妻某"结构的前一个"某"，一般认为是贵族妇女的丈夫私名，表

---

① 西周金文"朋友""诸友"之"友"，本是指同一家族内部的诸兄弟；而另一方面，当时的贵族官员往往又从同族兄弟之中选拔任用属吏，故"友"亦有"僚友"之义。参见何景成《论西周王朝政府的僚友组织》，《南开学报》（哲学社会科学版）2008年第6期。

② 林沄：《花东子卜辞所见人物研究》，陈昭容主编：《古文字与古代史》第1辑，第13—34页。

③ 张亚初、刘雨：《西周金文官制研究》，北京：中华书局，1986年，第59页；赵鹏：《殷墟甲骨文人名与断代的初步研究》，第88—89页。

④ 本版卜辞"呈""化"中间一字施拓不清，一般均释为"友"字，恐难辨识。宾组卜辞另有人名作"呈戈化"，或以为即"呈友化"的误刻。不过，"呈戈化"之名并见于《合集》137反和《合集》584，二者为同套卜辞，其中同字一并误刻，似乎不是很好解释。窃疑"呈戈化"的"戈"可能是一种特殊的身份标识，殆即"蜮"字之省构。

示某人之妻曰某者。不过,早期出土文献中尚可见"某妇"之称,与"某妻"文例相近。"某妇"之"某"每为族氏名号,即便作人名时,通常也是指具有家族长身份的贵族个体,如"自般妇"(《合集》9478)。① 至于"某"所标识的具体对象,则多为女子所适夫家的族氏名号,如"王妇"(《集成》10240)、"京氏妇"(《集成》711)、"仲叚氏妇"(《铭续》207);但在有些情况下,"某"也可能是女子所出之族的名号,如"齐妇"(《集成》486)、"商妇"(《集成》867)、"杞妇"(《集成》5097)。② 就内涵而言,"某妻某"与"某妇"的第一种情况较为接近,前一个"某"应即夫家氏名,同时兼作家族长之名。后一个"某"通常视作女子私名,但甲骨文中既有人名"蚁妻筊"(《合集》6057反),又有人名"妇筊"(《合集》7384),"妇筊"即来自竹族的女子,故"蚁妻筊"似当理解为蚁族族长之妻、以父家之氏名曰"筊"者。准此,"某妻某"结构或可视作"某妻"+"妇某"的合成形式,第一个"某"当系夫家氏名,第二个"某"则为父家氏名,连缀以后省去"妇"字,表示嫁给A族族长为妻的B族女子。

"某丁人某"这一人名结构,是在"某丁人"基础上加缀人名成分而形成的。所谓"丁人",可能是一种特定的身份,如"伊丁人"(《合集》32803)即指伊族内部具有"丁人"身份的人。在"单丁人荨"(《合集》137正)、"黄尹丁人嬉"(《合集》3097)、"斳丁人妔"(《合集》13720)等人名中,"丁人"之后的人名成分与其前的族名(或人名)不具有合一关系,却可以对应其他族氏的名号,如"妇荨"(《合集》17513)、③"妇喜"(《合集》9976)等妇名中的氏名成分。对比来看,"某丁人某"的后一个"某"往往也会加缀女旁,与"妇某"同例,有学者认为"某丁人某"多指女子,④很有道理。笔者推测,这里的"某"很可能用作氏名,表示女子所出之家族,而"某丁人某"意即A族内部身份为"丁人"的B族女子。

(4)地名/族名+职事名+人名成分

此种人名类型有"某侯某""某犬某""某田某"及"在某犬某""在某

---

① 《合集》9478:"壬申卜,贞:御自般帚。""帚"读为"妇",殆无疑义。然《合集》32896:"丁未贞:王其令望乘帚,其告于祖乙一牛、父丁一……"这里的"望乘帚"当读作"望乘归"。
② 诸器铭末均缀有族氏铭文,所标识的应是器主所在夫家的族氏名号。如商妇甗(《集成》867)云:"商妇作彝。𣄻。""商妇"即出自商族的子姓女子,而"𣄻"非商人同姓,当系"商妇"所适夫家的族氏名号。
③ 《合集》17514作"妇嬉"。
④ 赵鹏:《殷墟甲骨文人名与断代的初步研究》,第105—106页。

田某""在某卫某""在某牧某"等。

学界过去通常将"侯"视作爵称,同样并不确切。实际上,"侯"起初是王朝统治者在边域地区设置的军事职官,后来逐渐发展成为掌握有一定封域的诸侯,它与"田(甸)""男"并称,均属于外服诸侯称号。① 甲骨刻辞所见"某侯"之例,如"失侯"(《合集》3307)、②"亞侯"(《合集》3310)、"㚔侯"(《合集》3320)、"犬侯"(《合集》6812)等,"侯"前之字普遍用作地名,同时兼作族名。"某侯某"的结构是由"某侯"加缀人名成分而形成的,如"冒侯豹"(《合集》3286 正)、③"攸侯唐"(《合集》3330)、④"杞侯熬"(《合集》13890)、"攸侯屮"(《合集》32982)、"攸侯喜"(《合集》36484)、"献侯紟"(《合集》36508)、"夒侯缶"(《合集》36525)等,皆表示某地之侯职名某者。鉴于宾组、历组和黄组卜辞所见攸侯名号殊异有别,可知"侯"后之字当系贵族私名。裘锡圭先生指出,攸侯从晚商阶段早期至晚期一直存在,晚期的"侯喜"应该就是早期"侯唐"和"侯屮"的后人。⑤ 氏说可从。这也就意味着,"唐""屮""喜"三者非但跟族名和地名"攸"不存在合一关系,而且也无法对应其他的同名族氏。毕竟,凡是接受了"侯"职及封号的贵族,基本也都是当地主要家族集团的领导者(即家族长),某地之"侯"同时亦即某族之长,侯职的承袭及其族氏名号与属地地名的对应关系是相对稳定的。朱凤瀚先生曾指出,商王朝的"侯"不仅具有边域军事职官的性质,同时拥有自己的属地以安置家族,其属地与其军事防卫区域的范围应该大体相同。⑥ 所论甚是。总的来说,晚商的"侯"兼有行政性的外服职事和封建性的世袭封君之双重身份,业已初步

---

① 裘锡圭:《甲骨卜辞中所见的"田""牧""卫"等职官的研究——兼论"侯""甸""男""卫"等几种诸侯的起源》,《裘锡圭学术文集》第 5 卷,第 153—168 页;朱凤瀚:《关于西周封君主称谓的几点认识》,《两周封国论衡:陕西韩城出土芮国文物暨周代封国考古学研究国际学术研讨会论文集》,第 272—285 页。
② "失"字旧释为"先",今从赵平安先生改释。参见赵平安《从失字的释读谈到商代的佚侯》,《中国社会科学院历史研究所集刊》第 1 集,北京:社会科学文献出版社,2001 年,第 28—34 页。
③ 该字过去多与"虎"字相混,实际当释为"豹"。参见单育辰《甲骨文中的动物之一——"虎"、"豹"》,复旦大学出土文献与古文字研究中心编:《出土文献与古文字研究》第 4 辑,上海:复旦大学出版社,2012 年,第 33—46 页。
④ 《英藏》186"侯唐"二字上部当为"攸"字之残。
⑤ 裘锡圭:《甲骨卜辞中所见的"田""牧""卫"等职官的研究——兼论"侯""甸""男""卫"等几种诸侯的起源》,《裘锡圭学术文集》第 5 卷,第 153—168 页。
⑥ 朱凤瀚:《殷墟卜辞中"侯"的身份补证——兼论"侯"、"伯"之异同》,李宗焜主编:《古文字与古代史》第 4 辑,第 1—36 页。

具备后世诸侯的基本特征,这就决定了"某侯某"结构的后一个"某"只能是纯粹的私名。

"某犬某"的人名结构与"某侯某"同例,前一个"某"为地名,后一个"某"则为人名,意即商王派驻某地管理田猎事务的犬官名某者,如"尧犬陕"(《合集》27898)、"盂犬山"(《合集》27907)、"畜犬豕"(《合集》27911)、"牢犬舌"(《合集》27923)、"成犬敢"(《合集》29394)、"成犬㠱"(《屯南》2329)等。"某犬某"结构或增"在"字前缀作"在某犬某",如"成犬㠱"又称"在成犬㠱"(《合集》27925),相同的人名形式尚有"在遣犬中"(《屯南》625)、"在畾犬雍"(《合集》36424)等。从"成犬敢"和"在成犬㠱"、"牢犬舌"和"在牢犬冘"(《合集》27910)同组并见的情形来看,同一时期之内、相同地点设置的犬官可分别由不同的人担任,说明犬官之职的行政化色彩相对较强,其所驻之地对于供职者而言,应该并不具有属地的性质。一般认为,"犬"后之字即犬官的私名,但考虑到它们每与当时的族名或地名重合,而犬官又通常不以驻地之名为氏,故笔者认为上述现象很可能属于"以氏代人"。能够佐证这一推测的,是《集成》8866 著录的一件晚商时期"犬山父乙"爵。"犬山"在此用作族氏名号,应是由山族成员担任犬官一职形成的复合氏名,联系无名组卜辞人名"盂犬山"来看,"犬山"大概正是其后代所使用的家族名号。倘若此说不误,所谓"某犬某"或"在某犬某",意即 B 族成员出任 A 地犬官者,这也体现出担任犬官者的流动性特征。

除犬官外,此种人名结构中常见的职事名尚有"田""卫""牧"等,皆表示驻在商都以外某地的某种职官名某者,①具体人名用例如"在攸田武"(《合集》10989)、"在林田俞"(《铭图》17963)、"夆田潟"(《集成》5412)、"在演卫同"(《屯南》1008)、"在丂牧妥"(《合集》228)、"在屮牧延"(《屯南》2320)等。裘锡圭先生曾注意到,卜辞常称"田"为"在某田",对"侯"则总称"某侯"而不称"在某侯",说明大部分"田"尚未由从事农垦的职官发展成诸侯,否则都应该称为"某田"才是。② 这是很重要的见解。按宾组卜辞中可见"攸侯唐"(《合集》3330)之名,不仅担任攸地的诸侯之职,而且还具有世袭封君的特殊身份;另一方面,同时期卜辞中

---

① 裘锡圭:《甲骨卜辞中所见的"田""牧""卫"等职官的研究——兼论"侯""甸""男""卫"等几种诸侯的起源》,《裘锡圭学术文集》第 5 卷,第 153—168 页。
② 裘锡圭:《甲骨卜辞中所见的"田""牧""卫"等职官的研究——兼论"侯""甸""男""卫"等几种诸侯的起源》,《裘锡圭学术文集》第 5 卷,第 156 页。

尚有人名"在攸田武",表明商人在攸地范围内还曾设有田官。这种"侯""田"同地并处的现象并非孤例,历组卜辞《合集》32982:

戊戌贞:右牧于刊攸侯出鄙。
中牧于义攸侯出鄙。①

据引文所示,商王曾将"右牧"和"中牧"分别派驻于攸侯封域边鄙的"刊""义"二地。就特征而言,上述二牧与"在攸田武"的角色颇为相似,俱可视作代表商王统治的行政力量对地方封建势力的渗透。因此笔者认为,对于尚未发展成为诸侯的"田""卫""牧"等职官而言,其人名结构中的"在某"之"某"仅系地名,更确切地说,即其供职之所而非专属领地。那么,结合"在攸田武"可省作"攸武"(《合集》738)的情形来看,"攸武"似可理解为武氏贵族驻守攸地之后产生的区别性名号,这样便与金文复合氏名中的"地名性复合"现象相似,可谓异曲同工。

据黄组卜辞《合集》35345记载,商王曾在攸地卜问"右牧夐告启"之事,裘锡圭先生认为"右牧"即"在刊牧"。② 不过,无名组卜辞《屯南》2320所载商王征人方的战争中,提到了遣命"在刊牧延"或"右牧夐"担任先锋,而新缀黄组卜辞《合集》36492+《合集》36969+《怀特》1901也有"王其呼在刊牧延执胄人方"之辞,③可见当时的"在刊牧"和"右牧"并非同一贵族。值得注意的是,"在刊牧"名"延",而"右牧"名"夐",适与"犬延""成犬夐"二人"异代同名",故笔者推测,"在某牧某"结构中的人名成分"某"可能也是氏名。

此外,西周初年的林夙鬲铭文(《集成》613)云:"林夙作父辛宝尊彝。亚俞。"由铭末所缀的族铭"亚俞"可知,作器者"林夙"当为俞氏成员。然而商末俞玉戈铭尚有人名作"在林田俞",研究者常将上述二器加以联系,思路无疑是正确的,但从具体年代来看,器主未必为同一贵族个体。窃以为,"在林田俞"即商王派驻林地的田官,同时又是"林夙"的先人;"林夙"

---

① 王旭东博士以"右牧于刊攸侯出鄙"为一句读,是合理的。此"攸侯出鄙"作"刊"的后置定语,相同文例可参见"䜌、雷、𤉲商鄙"(《英藏》2525)。
② 裘锡圭:《甲骨卜辞中所见的"田""牧""卫"等职官的研究——兼论"侯""甸""男""卫"等几种诸侯的起源》,《裘锡圭学术文集》第5卷,第153—168页。
③ 李学勤:《帝辛征夷方卜辞的扩大》,《中国史研究》2008年第1期。李先生指出,《屯南》2320与《合集》35345联系紧密,具有共同的时间、地点和人物,说明无名组晚期卜辞可以下延至帝辛时期。

的"斌"当读为"献",即《尚书·酒诰》"献臣"之义,①表明器主身份为殷旧降臣,此时业已归顺周室,得以驻守原地,遂有"林斌"之谓。"林斌"既为"在林田俞"的直系后裔,自然可以承继先人之氏,那么他在所作铜器上缀以"亚俞"的族氏铭文,适可佐证"在林田俞"的"俞"当理解为族氏名号,这样才能在异代的不同世系之间实现承继和传递。基于以上讨论,我们将"在某田某""在某牧某"等人名结构中后一个"某"视作氏名,大概是比较合理的。

(5)职事名+人名成分

此种人名类型包括"侯某""犬某""自某""射某""戍某""宰某""寝某""作册某"等。

"侯某"的问题相对复杂,需要分具体情况进行讨论。② 其中,第一种"侯某"是由"某侯某"结构省去地名或族名之"某"的形式,例如"侯盾"(《合集》3354)、"侯豹"(《合集》3297 正)、"侯喜"(《合集》36482),即分别为同组人名"赢侯盾"(《合集》3356)、"冒侯豹"和"攸侯喜"的省称,"侯"后之字应系贵族私名。另一种情况则如"侯奠"。人名"侯奠"见于宾组卜辞(《合集》3352)和花东卜辞,在《花东》284 中,"侯奠其作子齿"与"侯奠不作子齿"二辞对贞,而《花东》28 则言"唯亚奠作子齿",可见"侯奠""亚奠"为同一个人。考虑到"亚某"之"某"属于人名、族名合一的成分,所以这里的"奠"大概也应视作族名为妥。此外,由于缺少相关文例以供比勘,诸如"侯告"(《合集》401)、"侯专"(《合集》3346)、"侯光"(《合集》3358)、"侯唐"(《合集》39703)、"侯商"(《屯南》1066)③等"侯

---

① 徐中舒:《西周墙盘铭文考释》,《考古学报》1978 年第 2 期;广濑薰雄:《说俞玉戈铭文中的"在林田俞斌"》,复旦大学出土文献与古文字研究中心编:《出土文献与古文字研究》第 6 辑,上海:上海古籍出版社,2012 年,第 443—459 页。

② 需要说明的是,"侯任"(《合集》6963)、"侯田"(《合集》36528 反)恐怕并非侯名,"任"可能读为"男","田"即田官,二者均属于外服职事,后来则逐渐发展为诸侯,故西周早期令彝铭文(《集成》9901)以"诸侯"总括"侯""甸""男"三种职事。因此,所谓"侯任""侯田"似可读为"侯、任"和"侯、田",是以类型相近的外服职事并举。

③ 《屯南》1066 作"丁亥贞:王令保老葬侯商","侯商"系人名无疑。又《屯南》1059:"乙丑[贞]:……侯……告……。乙丑贞:王其奠🏠侯,商于父丁。"学者或以"侯""商"二字连读,并将🏠侯商"视作一个完整的人名。窃以为,这组卜辞大意是说商王奠置🏠侯,拟采用"告"和"商"两种办法祭祀先祖。所以,作为同事占卜记录的《合集》32811,仅言"王其奠🏠侯,告祖乙",而《屯南》4049 则云"其告,商于祖乙枙"和"夕告,商于祖乙"。宋镇豪先生将"商"读为赏,理解为赏赐、颁赏之义。参见宋镇豪《甲骨文所见殷人的祀门礼》,《甲骨文与殷商史》(新二辑),上海:上海古籍出版社,2011 年,第 5—33 页。

某"之"某"的性质究竟如何,目前尚不易遽下断语。陈梦家先生根据上述侯名未尝出现明确的"异代同名"之例,认为"侯某"之"某"可能也是私名。①

"犬某"结构的具体人名用例,如"犬登"(《合集》4641)、"犬亞"(《合集》10976 正)、"犬山"(《合集》27908)、"犬䏃"(《合集》27909)、"犬辰"(《合集》27917)、"犬言"(《合集》27922)、"犬白"(《英藏》2326)等。按甲骨刻辞中可见"某犬某"省作"犬某"之例,如《合补》9048(《合集》27915+《合集》33925)的"犬敢"显然是指"成犬敢",若可确定前揭"犬某"诸例皆系省称,则"犬某"的"某"很可能同样属于氏名,用以标识犬官所出之族氏。

值得注意的是,宾组、历组卜辞中有名曰"犬延"者,他为商王从事农业生产和战争活动(《英藏》834;《合集》32904),其身份地位似较普通犬官更为显赫。"犬某"的"犬"既为职官名号,负责管理田猎事务,那么从理论上讲,官、职之间应该是基本对等的。然就事实而论,相同官名者承担的职事往往并非一致,不同职官负责的具体事务也可能有所交叉,凡此官、职局部分离的现象,在先秦时期可谓非常普遍。如宾组卜辞中就有王命"多犬"或"多犬卫"出征的记录(《合集》5663;《合集》5666 正),"多犬"即多位"犬某"的集合名词,而"多犬卫"可能是指多位兼领"卫"职的"犬某",其所具有的军事职能更为明显。不难看出,这些犬官的职权范围均相对较宽,但与他们自身原有的职官名号是不矛盾的。

甲骨文中的"𠂤某"大部分用作地名,表示军队驻扎或人众聚居之地,极少数用作人名,如"𠂤般"(《合集》5566)、"𠂤𡥀"(《合集》3438)。②"𠂤"当读为"师",一般认为是军事职官。③《合集》36 云"叀𠂤令以众",即是贞问命"师"率众之事;而"𠂤般"作为商王呼令的对象,也经常从事战争或出使等任务,故将其理解为军事长官名般者,大致是合适的。卜辞"𠂤般"既是贵族的个人名号,又可表示其人所统属之族氏,如历组卜辞《合集》32277"𠂤般以人于北奠次",是谓"𠂤般"率众前往"北奠"屯驻;

---

① 陈梦家:《殷虚卜辞综述》,第 330 页。
② 自组卜辞《合集》3438 甲、乙两版以"𠂤𡥀有忧"与"𠂤𡥀亡忧"对贞,"𠂤𡥀"仅此一见;而"伯𡥀"卜辞习见(《合集》6845;《合集》20532),其名或单作"𡥀"(《合集》6846),很可能与"𠂤𡥀"为同一人。
③ 除"𠂤某"外,早期人名尚有称"某𠂤"或"某师"者,如"弜师"(《集成》4144)、"丁师"(《集成》5373)等。这些"师"前所冠之字,均为族名或地名,"某师"即某族或某地之师的军事长官,有时也可能指某族之族长或某地的行政长官。

而宾组卜辞《合集》7361云"自般在悖,呼次在之奠",可见单言"自般"或相当于"自般以人"。"自般"亦可省作"般",如《合集》8283"贞:勿令自般取……于彭龙",《合集》6590则作"己酉卜,殻[贞]:令般取龙"。结合文例推测,"自般"的"般"可能是族氏名号,在此属于"以氏代人"的情况,表示担任师职的般氏家族长。

"射某"的"射"是晚商军队中的一个特殊兵种,即由专业射手组成的武装力量,而"射某"正是负责管理前者的军事职官,其人名用例有"射㠱"(《合集》32886)、"射何"(《怀特》962)等。《合集》13云"己丑卜,宾贞:令射朋卫",《合集》5747则称"令多射卫",可见"多射"即若干位"射某"的集合名词。按卜辞中有商王呼令贵族"取射"的记录(《合集》5756;《合集》5758),林沄先生认为,这反映出"射"是商人向各服属部族征取而来的。① 由此看来,"射某"的"某"很可能为族氏名号,用来标识该贵族个体所出之族氏,如"射㠱""射何"即分别表示担任"射"职的㠱、何二族成员。

"戍"是负责戍守商王国边域之地的一种职事,人名用例有"戍冉"(《合集》28044)、"戍德"(《合集》28058)、"戍干"(《合集》28059)、"戍㒸"(《集成》2694)、"戍宣无寿"(《铭图》9840)等。无名组卜辞《合补》8982有云:

……丑卜:五族戍弗雉王[众]。吉。
戍㦰弗雉王众。
戍带弗雉王众。
戍肩弗雉王众。
戍逐弗雉王众。
戍何弗雉王众。
五族其雉王众。

不难看出,"五族戍"即"戍㦰""戍带""戍肩""戍逐""戍何"的统称,每位"戍某"所辖之众当属于一族。又,无名组卜辞《合集》28053提到"王惠次令五族戍羌方",同时代的《合集》27975则作:

---

① 林沄:《商代兵制管窥》,《林沄学术文集》,第154—155页。此外,卜辞中还经常可见"某以射"之类文例,如《合集》5762"㚔以射",又《合集》5738"令失以多射先陟",大意是说某位贵族率领或协同射手武装出征,而非有关部族向商王致送射手作为力役。

叀戍![字]往,有戋。

叀戍中往,有戋。

……戍往……羌方,不……人有戋。

这版卜辞是围绕商人与羌方的战争进行占卜,大意是说遣命"戍"者前往进攻羌方,是否会取得胜利。联系上揭《合集》28053可知,"戍![字]""戍中"显然位在戍守羌方的"五族"之列。准此,"戍某"之"某"理应视作族氏名,表示担任戍守之职的某氏贵族,而"戍某"所率领的戍守武装,其主体可能也是各自的家族成员。需要注意的是,在"戍宜无寿"这一人名结构中,"无寿"显然用作"戍宜"的私名,类似的称名形式如"无敉"(《集成》944)、"无殳"(《铭图》2488)、"无需"(《集成》4162)等皆是。所谓"戍宜无寿",意即担任戍职的宜氏贵族私名曰"无寿"者,这样就从不同角度佐证了上文关于"戍某"之"某"内涵的判断。

"寝某""宰某""作册某"皆属于商人内服职官,其职掌多与王室事务有关,同"自某""射某""戍某"等迥然有别。"寝"即寝官,负责管理商王宫寝的内务,"宰"为王室内宰,职司与寝官相近,其身份均为商王近臣。"寝某"之例,如"寝弘"(《合集》35673)、"寝小舀"(《合补》11299)、"寝薨"(《集成》2710)、"寝敉"(《集成》3941)、"寝出"(《集成》8295)、"寝鱼"(《集成》9101)、"寝馗"(《铭图》19344)、"寝孳"(《新收》924)等。其中,"寝鱼"见于殷墟西区M1713出土的寝鱼簋(《新收》141)和寝鱼爵(《集成》9101),通过与同墓所出缀有族氏铭文"亚鱼"的铜器之对比,基本可以确定"寝鱼"的"鱼"当为族氏名号。[1] 另外,"寝弘""寝出""寝孳""寝薨"等"寝某"之"某",亦可找到同时期的族名与之对应,这些寝官大概是在商王室任职的各族氏成员。[2] 至于"寝敉""寝小舀"等"寝某"中的人名成分,究竟属于氏名抑或私名尚难确指,窃以为私名的可能性较大。

"宰某"之例,有"宰丰"(《合补》11299)、"宰甫"(《集成》5395)、"宰椃"(《集成》9105)等。其中的人名成分,在同时期出土文献里都有用作族名的情况,如记事刻辞"虎入百"(《合集》7273反)、"丰父甲卣"(《集

---

[1] 陈絜:《从商金文的"寝某"称名形式看殷人的称名习俗》,《华夏考古》2001年第1期。

[2] 严志斌:《商代青铜器铭文研究》,第179页。需要说明的是,寝薨鼎铭最后缀有"羊册"徽识,与"寝薨"之"薨"为氏名并无矛盾,"薨"可以视作"羊册"的分族名号,这种子族和母族的关系,正如微史家族的氏名"微"与族徽"木羊"并见一样。

成》4905)所见的"虎"和"丰",又"甫受黍年"(《合集》10022甲)很可能即"甫藉于姄受年"(《合集》13505正)的省辞,这里的"甫"亦作族名,相当于"甫人"。因此,笔者推测上述"宰某"可能也是入商服事于王的外族成员。

"作册某"之例,可以举出"作册西"(《合集》5658反)、"作册豊"(《集成》2711)、"作册般"(《集成》944;《铭图》19344)、"作册挈"(《集成》5414)、"作册兄"(《铭图》1015)、"作册吾"(《铭图》19756)等。"作册"之后的成分,不少学者主张是国族名,如齐文心先生认为,"作册吾"即吾国贵族在商王朝担任史官之职者。① 除"作册吾"外,"作册西"的"西"在卜辞中也可找到相应的线索,如"王敦西"(《合集》7083)、"西子"(《合集》22294)之"西"即为国族名或地名。"作册挈"的"挈"究竟是私名抑或族氏名,目前还不能确指。有学者鉴于卣铭末尾已出现族徽"亚貘",遂认定"挈"只能属于私名,这种论证办法未必可靠;毕竟,若"挈"用作氏名,则"亚貘"和"挈"所代表的族氏也可以是母族与分族的关系。

这里需要重点讨论的是"作册般",该人名分别见于作册般鼋、作册般甗和作册豊鼎,年代皆为商末帝乙、帝辛时期,所指对象也应是同一贵族。其中的甗铭(《集成》944)作:"王宜人方无敄。咸,王赏作册般贝,用作父己尊。来册。""来"即"作册般"所在家族的原始名号,"册"为增缀的职事性成分,二者连署构成了复合氏名"来册"。又,作册豊鼎铭文(《集成》2711)云:

　　癸亥,王淴于作册般新宗。王赏作册豊贝,大子赐东大(?)贝,用作父己宝鬲。

据上铭所言,"作册豊"因受到商王赐贝而为"父己"作器。鼎铭既言"作册般新宗",说明"作册般"此时已经亡故,而商王在其宗庙赏赐"作册豊",则二者的关系可见一斑。考虑到祭祀对象"父己"尚见于作册般甗,故研究者认为"作册般"和"作册豊"很可能是兄弟行,②此说确有道理。根据二人的称谓和关系来看,将"般""豊"视作私名自然最为合适,但作

---

① 齐文心:《庆阳玉戈铭"作册吾"浅释》,中国文物研究所编:《出土文献研究》第3辑,北京:中华书局,1998年,第32—37页。
② 朱凤瀚:《作册般鼋探析》,《中国历史文物》2005年第1期。

氏名理解似乎亦无不可。毕竟,"作册豐"作为既已别族的小宗,在其大宗——般氏宗庙祭祀共同的先人,这同样也无悖于情理。另外,商末铜器䵼丂㕚觥铭文(《集成》9299)有云:

王令般兄(贶)米于䵼丂㕚,㕚用宾父己。来。

该铭称商王令"般"向"䵼丂㕚"馈赠米粮,"䵼丂㕚"感念其谊,遂作了一件祭祀"父己"的铜器。从祭祀对象和所缀族氏铭文来看,器主"㕚"与"作册般"同样出自"来"族,又均为"父己"作器,所以这里的"般"应即"作册般"无疑,他与"䵼丂㕚"大概也是兄弟关系。

值得注意的是,孙亚冰女士近来撰文刊布了一版新见卜骨,其中也出现了"作册般"的字样,现按作者的释读意见迻录如下:

☐叀作册般戠耤☐。大吉。
☐每。

孙女士将这版卜辞归入无名二 B 类,定其时代为康丁至武乙前期,并通过初步的年龄推算,认为晚商卜辞和金文中的"作册般"可能为同一人。[①]这一观点很有启发性。然而揆情度理,纵使古代偶有高寿者,但"作册般"自武乙时期始任"作册",并迭经武乙、文丁、帝乙、帝辛四世一直守其职事,这种可能性似乎并不大。以笔者拙见,倘若该版卜骨的断代结论确凿无疑,则卜辞和金文中并见的"作册般",也许还是视作"异代同名"例为宜。进一步说,如果康丁、武乙之际和殷末乙、辛时期俱有"作册般",而武丁时代又有"自般",那么这里的"般"便很可能用作氏名,此即不同世代的贵族"以氏代人"所导致的同名现象。

二、对人名成分属性及"三位一体"问题的基本认识

通过以上讨论可知,判断某个人名究竟属族名还是私名,其具体途径无外乎两种:第一,基于现有的甲骨分类与断代理论,找到确凿可靠的"异代同名"之例。众所周知,不同时期人物的重名,尤其是在同类人名结

[①] 孙亚冰:《论一版新见无名类卜辞中的"作册般"》,《古文字研究》第33辑,北京:中华书局,2020年,第136—139页。

构中的重名现象,往往难以用偶合解释,但前提是依据正确的甲骨分类与断代研究的结论。① 比如说,过去不少学者因主张历组卜辞属于武乙、文丁时代,乃将并见于宾、出组和历组卜辞的大量人名一律视作"异代同名",按照这种观点,有关人名成分便只能理解为族氏名号,这样未免忽略了其中存在私名的可能性。第二,某个人名成分是否能够对应相同的国族名号。严格地讲,这里也涉及"律、例兼备"的问题,②"律"即名号本身相同,"例"即人名、族名同称的实例。比如,通过对比"㠱弋舌方"(《合集》6293,宾)、"㠱以众伐舌方"(《合集》28)与"㠱众卲伐召方"(《合集》31974,历)诸辞可知,其中的"㠱"相当于"㠱以众"和"㠱众",此即人名与族名同称之例。不过,由于甲骨刻辞资料的局限性,类似上揭可供比勘的文例实际较为有限,所以"律"往往成为研究者推定人名、族名合一的主要依据。

　　长期以来,学界对文例在人名研究中的作用非常重视,这无疑是十分正确的;但需注意的是,相同文例对于具体人名成分的属性判定,通常只能起到辅助而非决定性的意义。如赵鹏女士曾提出,殷墟甲骨文中的名称存在着"同形异构"和"同构异实"两种特殊现象。"同形异构"是指构词形式相同但实际结构不同,如"自般"和"自袋"(《合集》24318)虽然在表面上形式相同,但"自袋"用作地名,属于"通名+专名"的结构;"同构异实"是指人名结构完全一致但实质不同的情况,如"犬延"和其他"犬某",彼此在身份、地位上是有明显区别的。③ 今按:赵女士的观点甚有创见性,她对"同形异构"现象的归纳,也是笔者所赞同的。不过,用"犬延"和"犬某"的比较来说明"同构异实",似乎犹可略作修订。窃以为,在相同或相近的人名结构中,处于相同构词位置的人名成分却未必具有相同的属性,这种现象也许与所谓的"同构异实"更为切合。例如:

　　1."身份+人名成分"结构。"妇某""小臣某"和"亚某"之"某"均为族氏名号,而"子某"之"某"首先应视作贵族私名,其中有一部分后来转化为族氏名。

---

① 关于甲骨文"异代同名"现象的甄别,参见裘锡圭《论"历组卜辞"的时代》,《古文字研究》第6辑,北京:中华书局,1981年,第263—321页。
② "律、例兼备"的概念,原系于省吾先生借用古代司法术语,针对古文字考释所提出。于先生将理论上某两个字可以具有双声叠韵的关系称为"律",实际的通假例证称为"例",认为只有律、例兼备,所下的判断才能令人信服。参见林沄《古文字学简论》,北京:中华书局,2012年,第131—132页。
③ 赵鹏:《殷墟甲骨文人名与断代的初步研究》,第122—123页。

2."族名+身份+人名成分"结构。"某伯某""某子某"中的后一个"某"当系贵族私名;而"某友某""某妻某""某丁人某"中的人名成分"某",我们倾向于认为是族氏名号。

3."地名/族名+职事名+人名成分"结构。"某侯某"中的后一个"某"可认定为贵族私名,"某田某"可能亦然;至于"某犬某""在某犬某""在某田某""在某卫某""在某牧某"中的人名成分"某",则可能均系族氏名号。

4."职事名+人名成分"结构。"犬某""𠂤某""射某""戍某""宰某""寝某""作册某"中的人名成分"某",大多属于族氏名号,跟西周时期的人称形式迥然有别。"侯某"的情况相对复杂。单言"侯某"者,其中的"某"既有族名,亦有私名;而"某侯某"省作"侯某"者,俱系贵族私名。

综上可知,通过相同构词形式或人名结构的类比,来推定有关人名成分属性一致的方法,实际在论证方面犹存缺陷。欲确定某种结构中的人名成分究竟属于何种性质,只能从具体对象出发进行讨论。进一步说,判断某个人名是否可以纳入"三位一体"系统,首先必须找到与之相同的国族名和地名信息,这是确定人名、族名、地名合一的基础和先决条件。倘若我们能够在前述基础之上,借助相同和相近事类的系联及文例的对比分析,进一步明确某个人名成分与同名族名、地名存在的内在关联,尤其是找到人、族、地名三者同称的实际用例,那么便可坐实该组名号的合一问题,这种资料充分、证据确凿的状态显然是最理想的。如早期宾组、历组卜辞中有人名"皋(𡈼)",即:

  1. 丁未卜,争贞:勿令皋以众伐吾。　　　　(《合集》26,宾)
  2. 丁丑贞:王令𡈼以众𠫑伐召,受又(佑)。(《合集》31973,历)

"𡈼(皋)"又可用作族名或地名,如:

  3. 贞:勿令皋田于京。　　　　　　　　　(《合集》10919,宾)
  4. 癸酉卜,贞:其自皋屮(有)来艰。
    贞:不自皋屮(有)来艰。十一月　　　(《合集》557,宾)

所谓"皋田于京",意即"皋以众田于京",此单言"皋"实为集合名词,是指"皋"及其所率领的家族成员。例4之"皋",则是与贵族人名、族名同称的地名,含义和用法十分明确。上述以"皋"为中心的这组名号,即可视作"三位一体"的典型例证。

然就实际情况来看,研究者通常只是基于"三位一体"的一般性认识,进而根据不同类型名号的重合现象来推定更多的合一关系。换句话说,即相同的人名、族名和地名一旦并见,并且彼此互不构成矛盾,便会认为三者很可能所指实同。尽管就证据而言,这种"演绎"的方法确实存在缺陷,但只要学者谨慎地利用线索加以钩沉,仍然可以筛选出一些相对可靠的联系。毕竟,在不同时期、不同类组的甲骨刻辞中,相近占卜事类的分布本就并不均衡,况且族名和地名的使用往往具有延续性和稳定性,所以早期的人名与晚期的族名、地名存在客观联系,这是完全可能且合乎情理的。例如,无名组卜辞人名"成犬𡈼"和"右牧𡈼"中的"𡈼"均系族名,表示担任"成犬"和"右牧"之职者为出身𡈼氏的贵族。尽管目前暂无直接证据表明,他们的族属可以对应宾组、历组卜辞中出现的"皋(𡈼)",但考虑到同名关系和族氏名号的承继性特征,笔者仍倾向于认为二者很可能即"子皋"的直系后裔,因而长期以"皋"作为本家族的名号。当然,人名、族名与地名的重名现象同时存在于同一组别内部,对于确定"三位一体"关系的价值,一般要胜于不同组别之间,尤其是王卜辞与非王卜辞的重名现象,更有必要加以谨慎对待。

总的来说,早期人名、族名和地名的"三位一体"确实广泛存在,但我们不能因为这种现象具有代表性,以致将其视同于普适定律,继而无条件、无限制地加以推广和演绎。毕竟,私名的使用在晚商时期业已出现,这是无可争议的事实。有些人名就是纯粹的私名,有些人名则可与族名同称,凡此均须结合相关材料进行具体分析,方可慎下断语。然而另一方面,即便在西周以后私名得到广泛使用的背景下,"以氏代人"的现象仍然不乏其例,由此亦可窥见"三位一体"关系的延滞性和复杂性。除研究者经常提到的"虢仲""虢季""井叔"之外,[1]还可略举数例如次:

1. 今余唯令汝盂召荣,苟(敬)雍德𢀧(经)。

(大盂鼎,《集成》2837)

2. 唯三月,王令荣眔内史,曰:"䚇(旬)井侯服,赐臣三品:州人、

---

[1] 韩巍:《重论西周单氏家族世系》,朱凤瀚主编:《新出金文与西周历史》,第177—179页。

重人、庸人。"　　　　　　　　　　　　（井侯簋，《集成》4241）
   3. 芮公舍霸马两、玉、金，用铸簋。　　（霸伯簋，《铭图》4610）
   4. 茻侯作龏（邓）宝簋。　　　　　　　（茻侯簋，《集成》3589）
   5. 苏宾璋、马四匹、吉金，用作欁彝。　（史颂簋，《集成》4229）

　　大盂鼎属于康王时期标准器，井侯簋的年代亦在康、昭之世，故二器铭文中并见的"荣"应系同一人。鼎铭云周王命盂辅助"荣"处理政务，簋铭则言周王命"荣"和内史宣读册命文书，可见"荣"的身份当为王朝职官。马承源等先生认为"荣"即荣氏贵族，① 其说可信。例3 霸伯簋出自山西翼城大河口墓地M1，铭中的"霸"应指霸伯无疑。例4 "茻侯"之称，又见于西周中期士山盘铭（《铭图》14536），与都、荆、方等国族存在严格的同辞关系，故"茻侯"之国很可能亦在南土附近，那么"茻侯"为邓氏贵族作器，适可印证前者与南襄盆地的邓国关系密切。例5 史颂簋铭所记，为史颂受王命前往聘问苏氏家族的经过，所以这里的"苏"当指苏氏宗子（即"苏公"），毋庸赘言。

　　此外，2003年宝鸡金台区纸坊头M2出土有一件商末周初的牢犬册甗（《铭图》3308），很可能属于西土贵族东征掠夺的商人铜器。该铭言"牢犬，册。作父己尊彝"，其中的"牢犬"作为复合氏名的组成部分，显然是用于标识器主所在家族的名号。不过，西周早期的牢犬簋铭（《集成》3608）云："牢犬作父丁饙簋。"就文例观之，此"牢犬"似乎是以职官名自称；但若联系上揭"牢犬"用作氏名的情况，则这里存在"以氏代人"的可能性，恐怕也无法完全排除。

　　相较人名而言，国名、族氏名与地名的合一关系，尽管显得更为普遍且趋于稳定，但若谨慎起见，除非基于二者同名并存的事实前提，否则同样不能轻易地"因已知而定未知"，即根据国族名A的存在，乃推知必有地名A与之对应。因为从逻辑上讲，职事名、私名表字、谥号及其他称号在命氏过程中起到决定作用，也是完全可能存在的。当然，即便是在相同国族名和地名并见的情况下，也需格外注意"同名异实"的问题。毕竟上古时期往往"以地为氏"，凡国族名号同称者，其所居之地却未必一致，此即"异地同名"。设若所居之地相同，徙居犹可能有先后早晚之别，一兴一替，名号相因，却相为仇雠，正如晋南先有祁姓之唐，复有姬姓之唐；另外，

----
① "召"训为辅助之义，参见马承源主编《商周青铜器铭文选》第3卷，第40页。

亦不排除若干异姓部族聚居一地，遂以同氏为称，如金文丰氏实有姬姓①（檀季遽父尊，《集成》5947）、姞姓（室叔簋，《新收》1957），②以及妊姓（王作丰妊单盉，《集成》9438）之别，③此即"异族同号"。只不过囿于主旨和篇幅，本节内容仅局限在"名"的层面，"循名责实"的工作后面还会重点涉及。

以上所论，即是我们对早期人名、族氏名和地名之间界限的澄清及初步认识。

第三节　国族名与都邑名的关系及"一国二名"问题

一、国族名与都邑名的关系演变及其背景

在先秦封国、族邦及地方区域史的研究中，国族名与都邑名的沿革及二者之关系，一直是学界比较关注的问题。殷商阶段，除了以"大邑商"为代表的中心聚落体系之外，商王国"四土"范围内及其周边还杂错分布着为数众多的诸侯、臣属邑和叛服不定的方国，西周春秋时期亦不例外。关于商、周王朝的领土结构形式，王玉哲先生曾有一段重要的论述，他说：

> 商、周当时王朝的情况，概括地说，就是以一个大邑为都城，并以此为中心，远远近近的周围，散布着属于王朝的几个或十几个诸侯"据点"。"据点"与"据点"之间还散布着不属于王朝、或者还是敌对的许多方国。在这种情况下，商、周时人对每个王朝国家所控制的国土，只会有分散于各地的一些"点"的观念，还没有整个领土联成为"面"的观念。当然，国家的国界或边界的概念还没有产生的可能。④

---

① 檀季遽父尊铭中的"丰姬"，当系檀季遽父之妻，为姬姓丰氏的贵族女子。此姬姓之丰即《左传》僖公二十四年所见的"文之昭"丰氏。
② 室叔簋铭言室叔为"丰姞"作器，命之祭祀"敝公"、宴飨"朋友"。"敝公"即室叔之先人，"朋友"则指室叔的同族兄弟，可见"丰姞"主持室叔家族的内部事务，具有典型的宗妇特征，其人应是嫁与室叔为妻的姞姓丰氏之女。
③ "丰妊单"乃任姓丰氏之女，周王亲自为异姓女子作器，可知其身份很可能为王之配偶。
④ 王玉哲：《殷商、西周疆域史中的一个重要问题——"点"和"面"的概念》，《古史集林》，第202页。

上述封国、族邦和方国内部的人群集团,基本都是以某一亲族组织为主干,通过吸纳其他不同血缘背景的成员所构成的。① 这一人群共同体发展到相对成熟的阶段,往往会采取一定的政治组织形式加以统辖和管理,从而初步具备国家的基本形态,其中,原先占据主导地位的家族之首领,同时又兼具政治统治首脑的角色。如是,人类社群、政权组织与相应的地理空间实现紧密结合,便会形成一个个相对独立的政治地理实体。从空间形态来看,此种政治地理实体正如商、周王朝版图具体到特定区域下的缩影,其中也普遍存在着"大邑"与"据点"的分异,实际就反映出早期"国""野"或"都""鄙"的二元对立,彼此只有等级、大小的殊异而无本质不同。

林沄先生基于"国""邑"语义上的联系,并结合社会分工和职业分化的考察,指出古代的国最初起源于一个个的"邑群",每个"邑群"的中心大邑逐渐发展为"都",其他的周边小邑则成为该邑的"鄙",也就相当于"郊","都鄙群"即构成了"国"的原始形态。随着人口增长和生产的发展,"都鄙群"外围的野甸也陆续出现了聚落和耕地,"野"于是演变为比"郊"更远离中心邑的地域概念,此即《周礼》等后世文献强调国、野之分的历史原因。② 林先生借助"都鄙群"概念和早期国家的形成过程,对国野制度的滥觞作了深刻的探讨与揭示,予人启发良多。

诚然,"都鄙群"结构不仅代表了商、周王国形成阶段的基本面貌,同时也体现了绝大部分封国、族邦甚至一般城邑的普遍形态。每一个"都鄙群",通常都是以某个中心邑"都"作为核心,其四周如众星拱月般环绕分布的若干小邑则构成"鄙",彼此俨然是一个不可割裂的有机整体。古文字资料和传世文献中常见"某鄙某邑"或"某鄙若干邑"之辞,例如:

1. 沚馘告曰:土方征于我东鄙,[戋]二邑。舌方亦侵我西鄙田。
（《合集》6057,宾）
2. ……大方伐……西啚(鄙)廿邑…… （《合集》6798,宾）
3. [令师般]③取卅邑[于]彭龙。 （《合集》7073,宾）

例1记载沚馘领地受到土方、舌方等族入侵之事。其中提到的"东鄙二

---

① 参见宋镇豪《商代邑制所反映的社会性质》,《中国史研究》1994年第4期;朱凤瀚《再读殷墟卜辞中的"众"》,李宗焜主编《古文字与古代史》第2辑,第1—38页。
② 林沄:《关于中国早期国家形式的几个问题》,《吉林大学社会科学学报》1986年第6期。
③ 据《合集》14775同文例补。

邑",应指沚馘之邑东鄙范围内的两处小邑,性质殆相当于农村聚落,故与"西鄙田"为对。例2称大方一次侵扰某地西鄙之邑竟达二十个之多。例3言商王命师般夺取彭龙的三十个邑,恐怕也是散布于中心城邑外围的小型邑聚。此外,诸如"望乘邑"(《合集》7071)、"唐邑"(《集成》20231)、"好邑"(《集成》36762),则应属于区域性的中心聚落,亦即相当于《英藏》1105"作大邑于唐土"之"大邑"。它通常领有周边一定数量的邑聚和农田,彼此共同构成一个完整的"都鄙群",其中的鄙属之邑每以群计,规模之小自不待言,因而极易受到敌对势力的袭扰。①

上述"都鄙群"结构中的鄙属之邑,往往也拥有专属的地理称谓。如《合集》32982所示,"攸侯山"的领地边鄙就分布着"䍐""义"二邑,性质与"攸侯喜鄙永"(《合集》36484)相同;此外,如"我奠壴"(《合集》6068)、"▨、夹、方、相四邑"(《合集》6063正)、"▨、雷、商鄙"(《英藏》2525)诸辞中提到的具体地名,则分别为"壴""囲"二族族邑及"商"地周边所隶属的次级邑聚。从空间关系来看,它们与中心聚落既相对分离,同时又构成了一个有机整体;就称谓而言,中心聚落和鄙属之邑基本也有明确的区分。有鉴于此,时人在使用地理称谓来命名国族的时候,通常以有关人群共同体的实际居住地为标准。比如说,作为地名的"攸",原是指攸侯及其家族居住的中心邑,具有"点"的特征;但它一旦转化为国族名号以后,所指代的政治地理实体则扩展到以攸邑为中心的整个"都鄙群",包含了攸侯领属的"大邑"及其外围的若干据点。不过,沫司土送簋(《集成》4059)所记载的情形则与前者有所不同。该铭既言"王来伐商邑,诞令康侯鄙于卫",又云"沫司土送眔鄙",是知康叔最初就封的康地,本系卫(沫)的鄙属之邑,然而随着周初分封制度的推行,卫(沫)地被纳入康侯的封域之内,康地便具有了统摄中心邑——卫(沫)的资格。那么,用作国族名号的"康",其指代的政治地理实体也就至少包括原先以卫(沫)邑为中心的"都鄙群"。

通过以上讨论可知,在国族名号来源于地名的前提下,国族名基本都与都邑或族邑所在地的地名保持一致。鉴于早期封国和族邦的空间形态大多表现为单一的"都鄙群"结构,因而这里所说的都邑或族邑所在地,不仅可以是"都鄙群"的中心邑,也不排除为前者所辖的某个边鄙属邑,这是

---

① 关于商周基层聚落的基本特征与地理景观,参见陈絜《周代农村基层聚落初探》,朱凤瀚主编:《新出金文与西周历史》,第106—115页。

由有关贵族群体实际就封或定居的地点所决定的。至于国族名号的更迭，通常也以占据主导或统治地位的人群所居之邑的变动作为依据，其中最典型的现象莫过于周代诸侯的徙封。下面，我们不妨以叔虞封唐和燮父徙晋为例进行详细讨论。

据《史记·晋世家》载，周成王灭唐而改封叔虞于此，曰"唐叔虞"，后世器铭则称其为"唐公"（晋公㿷，《集成》10342），可见叔虞所封之国曰"唐"，乃是因袭故国之名。《左传》定公四年记载唐叔之封，则云"命以《唐诰》而封于夏虚，启以夏政，疆以戎索"。此"夏虚"一名"大夏之虚"，原为唐人旧居之所。① 司马迁谓唐地"在河、汾之东，方百里"，这一区域大致就相当于"夏虚"所指的地理空间，即叔虞立国之初的势力范围。② 不过，《晋世家》集解引《世本》又有唐叔虞"居鄂"之说，宋忠曰："鄂地今在大夏。"正义引《括地志》云："故鄂城在慈州昌宁县东二里。"张守节按曰："（鄂地）与绛州夏县相近。禹都安邑，故城在县东北十五里，故云'在大夏'也。然封于河、汾二水之东，方百里，正合在晋州平阳县，不合在鄂，未详也。"③ 今按：张氏基于"大夏"在夏县之说，推测鄂地亦当在此，所论虽不可信，但他强调叔虞始封位于"河、汾之东"，则是很有道理的。实际上，即便《括地志》提到的山西乡宁境内之"故鄂城"，同样也跟《晋世家》"河、汾之东"的方位龃龉不合。既如此，问题所在便无外乎两种可能性，要么叔虞"居鄂"的记载不确，要么后世地志对鄂地地望的判断有误。如果遵循《世本》及宋忠注所言，而暂不考虑乡宁之鄂的干扰，那么仍不妨将鄂地视作"夏虚"范围内的具体坐标，即叔虞立国的都邑所在。若从地名、都邑名和封国名关系的角度重新加以审视，叔虞始封这一历史事件似可严谨地表述为：封于"夏虚"之地、作都于"鄂"、因故国之名而号曰"唐"。但需说明的是，在《世本》"居鄂"说尚乏佐证的前提下，上述推论不妨视作一种相对合理的假说。

针对早期国名与都邑名的区别，孙庆伟先生有一段讨论颇具启发性，现不妨迻录如下：

---

① 先秦晋南地区的"夏虚"有二，一为虞仲所封之地，在今山西平陆县境内；另一则为"大夏之虚"，地在"汾、浍之间"，其得名是否与夏后氏有关，学界尚有争议，但该地曾为唐人所居，则并无疑问。

② 作为地名的"唐"，应是指一个地理区域，而未必等同于某个具体地点。参见刘绪《晋文化》，北京：文物出版社，2007年，第110页；田伟《试论绛县横水、翼城大河口墓地的性质》，《中国国家博物馆馆刊》2012年第5期。

③ 《史记》卷39《晋世家》，第1636页。

我们之所以要强调叔虞封于唐而都于鄂,固然是因为当时国、都有别,而更重要的是这种明确分辨会直接影响到在考古学上寻找晋国始封地。由于国、都的区别,考古学意义上的"晋国始封地"自然应该包含两层意思:一是始封之地"唐",这是要确定唐国的疆域范围,所以它必然与某种或某数种考古学文化分布范围相对应;一是始封之都"鄂",这是确定鄂都的具体所在,所以它只能与某个具体遗址相对应。从这个意义上讲,无论把天马—曲村遗址看作是"唐"还是"晋"都是不妥当的,因为单一的遗址只能与都邑对应,而无法直接与封国联系在一起。①

孙先生指出,叔虞封唐和都鄂体现的是国、都之别,应该予以区分,而澄清这种界限的考古学意义,则在于明确考古学文化分布范围和某个具体遗址跟封国和都邑的不同对应关系。这是很重要的见解。长期以来,不少研究者(包括笔者在内)忽视了国名本身的承袭性,而且对国名和都邑名的关系未加细审,不仅将"唐"视为叔虞所封的国名,同时也当作都邑名,以致对不同层次之政治地理实体的认识有所混淆。不过,孙先生继而主张"晋"亦非都邑名,只能视作国号,其例与"唐"相同,则犹可斟酌。欲辨析这一问题,还需重新回顾朱凤瀚先生刊布的西周早期敔公簋铭文(《铭图》4954):

敔公作夒姚簋,遣于王令易(唐)伯侯于晋,唔王廿又八祀。◧。

朱先生认为,"易伯"的"易"即叔虞始封之唐国,其人即叔虞之子燮父,所谓"侯于晋",是指燮父受命徙封至晋地为侯。其说可从。他进一步指出,敔公簋的发现足以证明,晋并非叔虞初封之唐,而是燮父新迁之都邑。②

值得注意的是,北赵晋侯墓地年代最早的 M114 还出土了一件鸟形尊,其铭文(《新收》914)云:"晋侯作向太室宝尊彝。"孙庆伟先生通过梳理文例,认为"向太室"的"向"当为地名,是燮父由唐迁晋后所建的新都邑,即天马—曲村遗址。③ 今按:商周金文所见"作某宫(室)器"之例,其

---

① 孙庆伟:《觉公簋、晋侯尊与叔虞居"鄂"、燮父都"向"》,《古代文明研究通讯》第 35 期,2007 年。
② 朱凤瀚:《觉公簋与唐伯侯于晋》,《考古》2007 年第 3 期。
③ 孙庆伟:《觉公簋、晋侯尊与叔虞居"鄂"、燮父都"向"》,《古代文明研究通讯》第 35 期,2007 年。

中的"某"或为地名,或为人名、谥号,有时则仅系宫室建筑的名称,其义暂难确指,如"王作王母单宫尊鬲"(《集成》602)、"芮公叔作祈宫宝簋"(《新收》1101)、"用作州宫宝"(《集成》4342)等,因而"向太室"未必一定是指向地之太室。另外,上海博物馆所藏西周早期似卣铭文(《集成》5255),亦有助于佐证我们的上述看法。该卣器、盖对铭,内容略异,盖铭言"似向米宫尊彝",器铭作"尸米宫尊彝"。这里的"米宫"是指作器行祭的地点,"尸"字当读为夷,可训为陈,用法近于夷伯簋铭(《新收》667)之"尸于西宫",很可能是表示某种祭祀行为的专用词汇。那么对比文例不难推知,盖铭之"向"同样应视作动词,所谓"向米宫",大抵即祭祀"米宫"之义。因此,"晋侯作向太室宝尊彝"一语不妨理解为"晋侯铸作了一件用于太室祭祀的铜器",如是便难以认定"向"为地名了。

鄙意以为,文献、金文凡言"侯于某"者,这里的"某"首先均应视作地理称谓而非国族名号,所以"侯于晋"的"晋"是地名兼作都邑名。燮父徙封至晋地后,乃以所居之地的称谓作为国族名号,改称"晋侯",此时的国名与都邑名遂得以统一。只不过,作为都邑名的"晋",所指对象大致仅限于西周早期的天马—曲村遗址,其范围实际要小于国名"晋"涵盖的地理空间。从这一角度来讲,孙庆伟先生强调天马—曲村遗址只能对应都邑而非封国,显然是有道理的。

国名与都邑名有合,亦有分。随着封国政治军事力量的发展,其势力范围得到了扩张,内部领土结构也呈现出新的变化,总的特征是由相对单一的城乡结构向复杂的城乡结构转化。具体来说,除了原先的都邑及其远近四周从属的"据点"之外,又陆续涌现出围绕不同层级之中心邑而形成的若干个"都鄙群"结构。李零先生曾经从"国野"的角度,对古代国家城乡结构的演变作了凝练的揭示。他指出,中国古代的国野制度是一种特殊的城乡结构,其早期形态一般由单一的中心城邑外加环绕城邑的乡村组成,"国"指城邑及其郊区,"野"指郊区以外的乡村及在其边缘地带赐封的采邑。至于"国野"的晚期形态,则是由一个或几个中心城邑(国)与二三级城邑(都、县)联缀成网,每个城邑都自成单元,二三级城邑相对于中心城邑如同"野",但在区域范围内又具有城邑的作用。[①] 传世文献中的齐邑"邶殿"就是一个很好的例子:

[①] 李零:《中国古代居民组织的两大类型及其不同来源》,《李零自选集》,桂林:广西师范大学出版社,1998年,第159页。

（齐庄公）与晏子邶殿其鄙六十，弗受。（《左传》襄公二十八年）

杜预注："邶殿，齐别都。以邶殿边鄙六十邑与晏婴。"此言"其鄙六十"，是指将邶殿周边的六十个基层聚落赐予晏婴作为采地，其外观亦如村舍一般。以此可见，邶殿大致就属于李先生所讲的"二三级城邑"，它既处在齐国都城的四鄙范围之内，但同时又兼具区域性中心城邑的地位，故可领有一定数量的鄙属之邑。

在这样的客观背景下，国名所指称的政治地理实体，往往宛若众多大小不一的"据点"联结而成的一张网络，所覆盖的空间范围无疑要远远超过一国都邑。准此，对于部分势力较强、内部"都鄙群"结构较为复杂的封国来说，其国名和都邑名趋于分离，便显得顺应发展时势而合乎情理。倘若以具体封国为例，晋国都邑所在地（天马—曲村遗址）原名为"晋"，但据《春秋》经传可知，前者至迟于春秋早期已更称曰"翼"，①故谓"曲沃代翼"，"晋"则主要用作国族名。此后，无论献公"始都绛"，抑或景公迁都新田，晋都所在地俱有专称，逐渐与国名"晋"有所分别。又《春秋》僖公十六年载"六鹢退飞，过宋都"，此言"宋都"而不称"宋"，亦可看出国名与都邑名发生分离的迹象。

不过，从大部分史料的描述来看，春秋时期对"国"与都城的概念似乎仍未形成十分严格的区分。如《左传》隐公十一年载郑庄公伐许，"秋七月，公会齐侯、郑伯伐许。庚辰，傅于许"。上文两度言"许"，前者为国名，后者则指许国都城。又《左传》襄公十一年"诸侯之师观兵于郑东门"，此云"郑东门"者，无疑是指郑都之东门。更具代表性的例子见于《春秋》襄公二十三年："晋栾盈复入于晋，入于曲沃。"引文以"晋"与"曲沃"为对，说明"晋"仍可用作都邑名，具体指晋都新田。上揭国名与都邑名的通用现象，从时人所习称的"大都耦国"一语中便可得到很好的解释，这里的"国"和"都"均承自旧有的概念，"国"即一国之都城，"都"则指公室贵族和卿大夫的封邑，属于次级或区域性中心城邑。由此可见，"国"表示"一国"这种政治地理实体的概念，并不能取代其旧有的"都邑"这一义项，都邑名自然也就无法实现与国名的彻底割裂。在笔者看来，之所以会出现上述情形，主要是由于领土国家的发展在春秋阶段尚处于萌芽之际，都邑作为一国象征甚至主体的传统观念，仍在相当程度上深入人心。

---

① 春秋早期晋都翼仍在天马—曲村遗址，与原先的晋地为同地异名，详见本章第二节。

到了春秋战国之际,尤其是战国中期以后,随着社会生产力的发展与人口的增殖,大量隙地得到了开发利用,边缘地带不断涌现出新的聚落和耕地,致使原先互不连属的各个"都鄙群"开始联缀成片,逐渐达到相互接壤的程度。另一方面,由于变法改革运动的推行,主要诸侯国普遍实现了富国强兵的目标,并且完成了向中央集权体制的转型。政治、军事方面的发展,进一步加剧了列国的竞争和扩张态势,大国通过战争兼并小国,蚕食领邦,乃将领土由若干"据点"不断扩展至"面",国与国之间于是出现了明确的疆界。疆域之内的土地和人民,归于本国集权政府设置的不同层级的地方行政组织所管辖,这样,中央集权政治下的领土国家就最终形成了。

纵观先秦国家形态的演进历程,其普遍模式是由早期的单一"都鄙群"形态,逐步过渡到层级相对复杂的若干个"都鄙群"的阶段,最后发展成为以都城为中心、各级聚落垂直统属、拥有明确疆域的集权制领土国家,这一基本轨迹可以概括为"由点及面",具体化则作"一点—多点—面"。在"点"阶段的早期,一国就约略相当于其都邑,国名与都邑名通常保持一致。到了"多点"的阶段,国名与都邑名的合一性开始出现松动,但总体而言,二者发生分离的情况仍十分有限。即使国、都各有专称,这种相互割裂的局面往往也很不稳定。比如说,国名"晋"与都邑名"翼""绛""新田"虽有所分别,但间或仍会出现国都称"晋"的情况。另一方面,以都邑名称代国名的传统,也在很长一段时期内保持着相当的生命力,因而才会产生"翼侯""随侯""梁惠王"等特殊称谓。直到集权制的领土国家最终形成后,国名所代表的对象被限定为一个个拥有明确幅员的政治地理实体,空间形态表现为"面"状;而都邑名指称的仅是其中某个具体的大城邑,空间形态则呈"点"状。国家形态及领土结构形式的变化,尤其是"点""面"关系的确立,明确了一国都城与其所辖领土的界限,这就要求"名"必须适应"实"的变化而作出调整,遵循"按实而定名"的原则。① 至此,国名与都邑名实现最终割裂,便是势所必然。放眼战国七雄的政治版图,列国都城名基本都从原先的合一状态下脱离出来,并产生了一系列新的双音节词称谓,诸如"临淄""安邑""大梁""晋阳""邯郸""平阳""阳翟""栎阳""咸阳""郢陈""寿春""睢阳"等,不烦备举。即便"魏"别称"梁"、"韩"别号"郑"、齐都"临淄"又名"齐城"等事实仍然存在,但总体

---

① 《管子·九守》。

来说,彼时国号与都城名同称的局部现象,无疑已不再构成历史的主流。

综上所论,先秦时期国族名与都邑名的关系,经过了一个历时性变化的过程,总的趋势是由二者合一到逐渐相互分离,但其间也经常会因时、因地而有所反复。合一的形成机制主要是"以地名国",即以都邑名来命名或称代有关国族;两分的根本动力则在于国家形态和领土结构的变化。此外,倘若某一封国在承袭故国之名的前提下,其都邑也未必与国号同称。国名与都邑名从统一走向相互对立,实即反映出一国及其都城在空间形态上的关系变化。

二、"一国二名"问题补议

如前所述,国名与都邑名从合一走向分离,可谓大势所趋;然而与此同时,二者所具有的合一传统,也顽固地根植于相应的社会土壤和观念中。国名与都邑名在分、合过程中有所反复,实际就是变革阶段新、旧因素相互角力的反映,也势必会衍生出一系列的复杂问题,其中就包括近来为研究者所格外关注的"一国二名"现象。

当代学界针对"一国二名"问题的重视和讨论,发端于李学勤先生提出的"曾国之谜",此后,石泉、何浩、吴良宝诸位先生陆续对例证分析和现象解释作了相应的完善。① 目前,有助于确定曾、随"一国二名"的关键证据,主要包括以下三例。首先,据文峰塔墓地 M1 出土的曾侯与钟铭记载,曾国在吴师入郢之役中曾经帮助楚王复国,这与《左传》所见随国的情形相同。另外,随州枣树林墓地考古发掘公布的最新成果显示,曾侯宝夫人芈加和曾公求夫人渔墓出土的铜器铭文上,分别出现了"楚王媵随仲芈加"和"唐侯制随侯行鼎"的字样,②属于吴良宝先生所说"他国称'曾'为'随'"的明确证据,③故可充分证明曾国即随国,从而将"曾、随一国"论断的适用范围提前至春秋中期。考虑到两周之际至春秋早期的曾国政权中心很可能一度位于枣阳郭家庙墓地(含郭家庙墓区和曹门湾墓区)附近,④而

---

① 关于诸家核心观点的归纳,参见董珊《从"曾国之谜"谈国、族名称的沿革》,李宗焜主编:《古文字与古代史》第 5 辑,第 187—202 页。
② 湖北省文物考古研究所等:《湖北随州市枣树林春秋曾国贵族墓地》,《考古》2020 年第 7 期。
③ 吴良宝:《再谈曾国之谜》,吉林大学边疆考古研究中心编:《新果集——庆祝林沄先生七十华诞论文集》,第 626—631 页。
④ 方勤、胡刚:《枣阳郭家庙曾国墓地曹门湾墓区考古主要收获》,《江汉考古》2015 年第 3 期。

《左传》记载"楚武王侵随"的时间节点（前706年）又十分明确,那么不难推断,大概正是因为春秋早期的曾国都邑自今枣阳境内迁至随州一带,时人乃以曾都所在之地名"随"来指代国名,于是造成了曾、随"一国二名"的特殊现象。从上述角度来说,尽管杨宽、何浩二位先生在曾、随是否一国的核心观点上存在分歧,但杨先生强调一国异名"多数由于迁居或迁都",①而何先生认为"曾为国名,随为曾都,因而又称其国为随",②显然都准确地抓住了以都邑名称代国名的这一实质。对此,董珊先生概括性地指出:

> 这种以都名作为国名的命名习惯长期存在,在立国或迁都等这些初始化的节点上,这类命名习惯都会反复出现。
> 由此看来所谓"一国两名"的现象,其实质是一国两都。因为两都的时代有先后,旧都之名称逐渐成为国名,这是经过长时间自然演变的现象。③

具体到"曾""随"之名的由来问题,董先生推断"曾"和"随"既是同一国族旧都和新都的名称,也是该国族的旧名和新名,而之所以会存在两名,应是氏族迁徙的结果。在最新公布的芈加编钟铭文中,又提到了"余文王之孙,穆之元子,出邦于曾"等内容,④即是追述始祖南宫出封至曾地任侯的事迹,可以证实曾国之名号最初来源于都邑名。准此,国名从"曾"到"曾""随"并存的演变,实际就相当于先后经历了两次"以地名国（以地为氏）"的过程,而其中的动力无疑要归于人群迁移和都邑更迭。

相关"一国二名"之例还有不少,如"商/殷""京/周""吕/齐""唐/晋""康/卫""楚/荆""州/淳于""吴/邗""鲜虞/中山""魏/梁""韩/郑"等,学者对此多有梳理分析,但其形成机制却非完全相同。具体来说,"商/殷""京/周""康/卫""州/淳于""吴/邗""鲜虞/中山""魏/梁""韩/郑"的名号并见,大抵皆是由于主导人群及其都邑的移徙所致,其旧称、新号均取自早晚不同阶段的都邑名。比如"京/周"二名,唐兰先生就认为周

---

① 杨宽、钱林书：《曾国之谜试探》,《复旦学报》（社会科学版）1980年第3期。
② 何浩：《楚灭国研究》,第288页。
③ 董珊：《从"曾国之谜"谈国、族名称的沿革》,李宗焜主编：《古文字与古代史》第5辑,第192页。
④ 湖北省文物考古研究所等：《湖北随州市枣树林春秋曾国贵族墓地》,《考古》2020年第7期。

邦原先称为京国，得名于公刘所居之地，即《大雅·公刘》"于京斯依"的"京"。自公刘至太王以前的阶段，周人一直以"京"作为国族名号，迁岐后乃因徙居周原而更称曰"周"，但一度还保留了"京"的旧名，故《大雅·大明》云"来嫁于周，曰嫔于京"，可见"京""周"并用。[1]

然而"吕/齐"这种国族名号的演变，则是以分封制的推行作为背景，伴随着族氏组织分衍而完成的。"吕"即太公一支所自出之国族的名号，"齐"则为就封于齐后获得的新氏。就通例而言，宗支一旦从母族别出之后，即须另立新氏而取代旧氏，故"吕尚""吕伋"和"齐太公""齐侯"的称谓并存，只不过属于沿革阶段的暂时现象，新号对旧称的彻底更替才是最终归途。至于"楚/荆"的"荆"，旧说或谓取自地名，殆与先王熊绎"辟在荆山"有关。但据清华简《楚居》所云，楚先公熊丽胁生后，巫咸乃用"楚"（荆条）将其母妣厰的肋骨包缠复合，是以"抵今曰楚人"。[2] 若按《楚居》对"楚"这一名号由来的传说性解释，则至少可知"楚"非地名。考虑到"楚""荆"义同，每每互训通用，早期铜器铭文更习见"楚荆"连言（该簋，《集成》3950；史墙盘，《集成》10175；子犯编钟，《新收》1008），所以"楚/荆"二名的出现，恐怕并非早期楚人迁徙居处的结果。

古本《竹书纪年》云："申侯、鲁侯及许文公立平王于申，以本太子，故称天王。伯盘与幽王俱死于戏，虢公翰立王子余臣于携。周二王并立。"又，清华简《系年》第二章载："邦君诸正乃立幽王之弟余臣于虢，是携惠王。立廿又一年，晋文侯仇乃杀惠王于虢。"对比可知，"携"即虢氏势力范围内的某一具体地名，虢公拥立王子余臣于此，因以该都邑名为称，号曰"携王"。相似的情形可能尚有"汾王"之例。《诗·大雅·韩奕》云："韩侯取妻，汾王之甥，蹶父之子。"所述乃是周宣王时韩侯娶亲一事，迎娶的姞姓贵妇正是卿士"蹶父"之女。至于"汾王"者，毛传训"汾"为大，似不确切；郑笺以"汾王"为周厉王，且言："厉王流于彘，彘在汾水之上，故时人因以号之，犹言莒郊公、黎比公也。"郑玄从贵族称号取自地名的角度，使"汾王"之称的由来得到妥善的解释，而"汾王"若指出奔之厉王，则与"蹶父"为对，恰好也符合姬、姞成耦的传统，故是说显较毛传为长。

史载"曲沃代翼"阶段的晋君，或被晋人称为"翼侯"和"鄂侯"。如《左传》隐公五年记载曲沃庄伯伐翼，"翼侯奔随"。又次年《传》云："翼九

---

[1] 唐兰：《西周青铜器铭文分代史征》，第214页。
[2] 清华大学出土文献研究与保护中心编，李学勤主编：《清华大学藏战国竹简》（壹），第184页。

宗五正顷父之子嘉父逆晋侯于随，纳诸鄂，晋人谓之鄂侯。"可见"翼侯""鄂侯"之称同样属于"以地名国"的现象。但需注意的是，"晋/翼"二名是由于都邑名本身发生变动所致，跟一国两都并无关系；而"唐/晋""晋/鄂"二名的形成背景则是都邑更迭，与前者的情形犹有不同。

2007年，澳门崇源拍卖新见一批流散出境的楚国铜器，其中有7件鬲、2件簋、2件豆的铭文都提到"王命景之定救秦戎，大有功于洛之戎"。① 研究者多已指出，该铭与1957年信阳长台关楚墓出土钮钟（《集成》38）和1973年当阳季家湖遗址所出编钟（《集成》37）内容相关，前者铭曰"惟荆历屈㮇（夕），晋人救戎于楚境"，后者则作"秦王俾命景平王之定救秦戎"，唯这里出现的"秦王"之称颇为费解。张光裕、李学勤二位先生认为，应在"秦""王"之间断开，"秦"字属上，此字前尚有铭文铸于他钟。② 董珊先生则主张该钟自为全铭，此"秦王"实际是指楚昭王。③ 据《楚居》所载，楚昭王在即位伊始及吴师入郢之际，都是以"秦溪之上"作为居地，而"秦溪"适可对应《左传》中的"乾谿"。④ 董先生联系上述史实，推断"秦王"是以楚昭王嗣位之地为称，也即"秦溪之上之楚王"的简称，所论甚有见地。这与晋人分别称立于翼、鄂二地的晋侯为"翼侯"和"鄂侯"，完全是相同的道理。

通过以上讨论，我们大致可对"一国二名"现象的产生背景提出一些初步认识。首先，大部分"一国二名"通常都根植于一国两都的事实。由于"以地名国"习惯的普遍存在，无论旧都抑或新都，其名称均可转化为该国名号，那么在新、旧都邑发生更迭的背景下，便会导致一国名号呈现先后有别，或两种国名交替并用。如"商/殷""康/卫""唐/晋""晋/鄂""曾/随""州/淳于""魏/梁""韩/郑"等，都是十分典型的例证。另一方面，也有少数"一国二名"现象，其实跟一国两都和都邑迁徙并无直接关联。比如说，国族名和都邑名的分与合，有时难免是交替进行的，二者原先保持着合一状态，然而都邑名本身一旦发生更改，并被人们重新用来称代国名，则会产生"晋/翼"二名这种情况。又如，某个宗支在别族形成宗氏的过程中，其新、旧名号的更替往往并非一蹴而就，而"吕/齐"二名所反

---

① 陈全方、陈馨：《澳门惊现一批楚青铜器》，《收藏》2007年第11期。
② 张光裕：《新见楚式青铜器器铭试释》，《文物》2008年第1期；李学勤：《论"景之定"及有关史事》，《文物》2008年第2期。
③ 董珊：《救秦戎铜器群的解释》，《江汉考古》2012年第3期。
④ 清华大学出土文献研究与保护中心编，李学勤主编：《清华大学藏战国竹简》（壹），第189页。

映的实质问题,即是分封制外壳下就封宗氏对于母族名号的短暂沿袭。此外,国名用字的义近通用,也会造成"一国二名"甚至多名并存,如"楚"又称为"荆"或"楚荆"。

需要说明的是,吴良宝先生较早从自称与他称的角度,对"一国二名"现象的成因进行考察。① 黄圣松先生进一步认为,采用都邑名称代国名,"有降低该国为都邑层级之意,抑制轻视意味浓厚",故仅见他称而不用于自称。② 客观地说,二位学者明确自称与他称的界限是很有意义的,而且就当时所见资料而言,自称和他称的区分确实适用于不少实例。

不过,文峰塔东周墓地出土的随大司马行戈(M21:1),其铭文作"随大司马嘉有之行戈",年代约相当于春秋中期,乃是最新发现的一则曾国贵族自称本国为"随"的确凿证据。③ 另一方面,楚王酓章钟铭(《集成》83)亦有"楚王酓章作曾侯乙宗彝"之辞,则是他称曾国为"曾"的显例。至于"京/周""唐/晋""康/卫""楚/荆""吴/邗""州/淳于"等,恐怕也难以按照自称和他称进行严格区分。其中,"京/周""唐/晋""康/卫"三者,实际皆可兼存于自称和他称的不同语境。结合甲骨、金文资料来看,西周贵族既谓楚君为"楚子"(周原甲骨 H11:83),④也可称其国名为"荆"(盠簋,《集成》3732;过伯簋,《集成》3907);而楚人以"楚"为号,自不待言,然自称曰"荆"者,亦有成例。如随州叶家山 M2 出土的西周早期荆子鼎,⑤铭文记载了"荆子"参加周王祀典和赏赐"多邦伯"的经过,一般认为"荆子"即时任楚君的自称,应该可信。"邗王"这一称谓,不仅出现在春秋晚期吴君自作的邗王是野戈(《集成》11263)上,而且见于辉县出土之晋器赵孟疥壶(《集成》9678),二者即分别属于自称和他称。吴之国号名"邗",当始自《左传》哀公九年"吴城邗,沟通江淮",童书业先生认为夫差

---

① 吴良宝:《再谈曾国之谜》,吉林大学边疆考古研究中心编:《新果集——庆祝林沄先生七十华诞论文集》,第 626—631 页。
② 黄圣松:《先秦"一国多名"现象刍议——兼论曾、随二名的关系》,《中国文哲研究集刊》第 45 期,2014 年,第 121—169 页。
③ 湖北省文物考古研究所、随州市博物馆:《湖北随州市文峰塔东周墓地》,《考古》2014 年第 7 期。
④ 一说尚有"楚伯"之称,笔者对此持怀疑态度。如周原甲骨 H11:14 原释文作"楚伯乞今秋来即于王",其中的所谓"楚"字似当释"林"。又,西周昭王时期的令簋铭文(《集成》4300)首句或断作"唯王于伐楚伯,在炎",恐不确。据下铭"公尹伯丁父睗于成"之辞,可知当读作"唯王于伐楚,伯在炎"为是。
⑤ 湖北省文物考古研究所、随州市博物馆:《湖北随州叶家山西周墓地发掘简报》,《文物》2011 年第 11 期。

城邦而徙都之,大致可从。① 至于"州公""淳于公"之异名,则分见《春秋》桓公五年经、传,其辞出自他国史家之笔,故为他称无疑。另外,现藏北京故宫博物院的两件淳于公戈(《集成》11124;《集成》11125),年代略当春战之际。其铭"淳于公"都是自称,但其所属国别与故州无关,而是迁都淳于后的杞国之器,故可视作"以地称国"之例。② 不唯如此,在战国魏人所撰《竹书纪年》一书中,对本国既称"魏"或"梁",亦间或自号曰"晋";而对韩、赵二国,则"郑""邯郸"及"韩""赵"并用,若排除后人征引时擅自增、改之可能,似乎亦无定例可循。

然而不可否认的是,诸如周人以"殷"或"妹邦"来称呼商国、诸侯称虢公所立之王子余臣为"携王"、《春秋》经传谓晋君为"翼侯""鄂侯"等,显然都属于明确的他称。不难看出,这些"以地名国"现象要么与王朝更迭的背景有关,要么根植于"二王并立"或"大都耦国"等特殊史事,总之多少牵涉正统性问题,因而在称谓上也暗含一定程度的贬抑色彩,值得特别注意。

---

① 童书业:《春秋左传研究》(校订本),第217—219页。
② 《春秋》桓公五年既言"州公如曹",是知州已亡国,其后杞迁淳于,并有州地。参见何琳仪《淳于公戈跋》,王尹成主编:《杞文化与新泰》,北京:中国文联出版社,2000年,第98—103页。

第四章　地名的历史学考察(下)

地名所具有的"名"的属性,决定了其意义主要在于指"实",即客观存在的具体地理实体。尽管古人命名的初衷,无外乎"以名举实",①但由于种种复杂的历史原因,流传下来的地名往往存在着"名同实异"或"名异实同"等问题。因此,古代地名研究的一个重要方面,即通过若干具体考证,深入发掘地名资料中隐含的历史与文化信息,探究时人命名的依据和规则,继而在此基础上,对各种特殊的地名现象进行归纳,并作出合理的史学解释。

在本章中,笔者试对早期的两种特殊地名现象——"同地异名"和"异地同名"加以系统探讨,并逐次分析其与族群活动的内在关联,以期更深入地揭示古代地名所蕴含的人文因素。

第一节　特殊的地名现象——"同地异名"

"同地异名"和"异地同名"是先秦时期普遍存在的特殊地名现象。所谓"同地异名",又叫"异名同地"或"一地多名",是指同一地理实体在特定历史阶段内拥有两个或两个以上不同的名称。早在汉晋时期,杜预就曾指出:

> 然书契以来,历代七百,余年数千,其名号处所,因缘改变。加以四方之语,音声有楚夏,文字有异同,或一地二名,或二地一名,或他国之人错得他国田邑,县(悬)以为己属。既难综练,且多缪误疑阙。②

---

① 《墨子·小取》。
② 杜预:《春秋释例》卷5,第104页。

杜氏所讲的"一地二名",即属于本节讨论的"同地异名"范畴。仅就氏著《春秋释例·土地名》而言,其中列举《春秋》经传中的"地有二名"便达79例之多,①洵有导夫先路之功。

郦道元在《水经注》一书中,也经常言及各种"同地异名"问题。如《水经·沔水》:"沔水出武都沮县东狼谷中。"郦注云:"沔水一名沮水。"②又《水经·汾水注》:"《山海经》曰:《北次二经》之首,在河之东,其首枕汾,曰管涔之山,其上无木,而下多玉,汾水出焉,西流注于河。《十三州志》曰:出武州之燕京山。亦管涔之异名也。"③《水经·淇水注》:"《竹书纪年》曰:武王亲禽帝受辛于南单之台,遂分天之明。南单之台,盖鹿台之异名也。"④这里所说的"一名"和"异名"均指"同地异名"。此外,针对同一地理实体存在多个不同名称的现象,郦氏又谓之"广异名"或"并异名"。如《水经·潍水注》:"潍水导源潍山。许慎、吕忱云:潍水出箕屋山。《淮南子》曰:潍水出覆舟山。盖广异名也。"⑤是谓潍水发源之地,并有潍山、箕屋山、覆舟山等别名。又《水经·汝水》载:"汝水出河南梁县勉乡西天息山。"郦注云:"《地理志》曰:出高陵山,即猛山也。亦言出南阳鲁阳县之大盂山,又言出弘农卢氏县还归山,《博物志》曰:汝出燕泉山。并异名也。"⑥

此后,历代有不少学者都曾注意到"同地异名"问题,并展开了相应的讨论。如王应麟在其归纳的"一地二名"例之下,便列举了白羽、夹谷、夷、垂葭、发阳等地。⑦这些地点的异名现象,在传世典籍中基本都有固定的文例加以解释,即:

  1. 许迁于夷。   (《春秋》昭公九年)
    楚公子弃疾迁许于夷,实城父。 (《左传》昭公九年)
  2. 许迁于白羽。   (《春秋》昭公十八年)
    楚子使王子胜迁许于析,实白羽。 (《左传》昭公十八年)

---

① 杜预:《春秋释例》卷5,第103页。
② 郦道元著,陈桥驿校证:《水经注校证》卷27,第642页。
③ 郦道元著,陈桥驿校证:《水经注校证》卷6,第156页。按郦氏引经据典往往摘录其义,引文与原文每有出入,故一律不加引号。
④ 郦道元著,陈桥驿校证:《水经注校证》卷9,第235页。
⑤ 郦道元著,陈桥驿校证:《水经注校证》卷26,第630页。
⑥ 郦道元著,陈桥驿校证:《水经注校证》卷21,第497页。
⑦ 王应麟著,傅林祥点校:《通鉴地理通释》序,第2页。

3. 公会齐侯于夹谷。　　　　　　　　　　　　（《春秋》定公十年）
   公会齐侯于祝其,实夹谷。　　　　　　　　（《左传》定公十年）
4. 齐侯、卫侯次于垂葭。　　　　　　　　　　（《春秋》定公十三年）
   齐侯、卫侯次于垂葭,实郹氏。　　　　　　（《左传》定公十三年）

《传》言"实某地"者,与《经》文有同有异,故可别为两类,然据杜注可知俱为"一地二名"。

关于古代汉江的名称沿革,段玉裁尝言:"《尚书》《周官》《春秋传》曰汉,汉时曰沮水、曰沔水,是为古今异名。《水经》且谓西汉水曰汉水,谓《禹贡》汉水曰沔水。"①按汉水在先秦时期已得名曰"汉",除了传世典籍可以证实外,尚见于太保玉戈(《铭图》19764)和京师畯尊(《铭图》11784)等出土器铭,如周昭王世的京师畯尊铭文言"王涉汉伐楚",此"汉"当指汉水无疑。段氏以汉水又名沮、沔为"古今异名",但实际上,这种名称的差异往往出于使用者的立场和习惯,不见得存在严格的历时性变化。如诸葛亮《隆中对》云荆州"北据汉沔,利尽南海,东连吴会,西通巴蜀",即以"汉""沔"同义连言。不过汉人既称汉水为沮水、沔水,则属"同地异名"现象,当是毋庸置疑的。

需要说明的是,过去学者所胪列的部分例证,其实属于单纯的地名用字差异,而非严格意义上的"同地异名"。比如,杜预曾以《春秋》隐公二年"公及戎盟于唐"与同书隐公五年"公矢鱼于棠"为"一地二名",但"棠""唐"二字古音相同,可相通假,只是转写不同而已。又《水经·浊漳水注》:"漳水东会于梁水,梁水出南梁山,北流迳长子县故城南。《竹书纪年》曰:梁惠成王十二年,郑取屯留、尚子、涅。尚子,即长子之异名也。"②"尚子""长子"亦可相通,同样也不应视作异名关系。因此,本节针对"同地异名"现象的界定和有关资料的筛选,主要是根据地名的实际地望及其称谓异同,③而不包括单纯的文字通假和"同字异构"现象。如"薄姑"又作"蒲姑"、"黎"或作"耆"等,这些地名文字写法上的差异性,显然在"同地异名"方面并不具有讨论的意义。

---

① 段玉裁:《说文解字注》卷11,上海:上海古籍出版社,1981年,第523页。
② 郦道元著,陈桥驿校证:《水经注校证》卷10,第254页。
③ 关于地名实际地望的确定,本书除了吸收学界的前沿成果之外,还主要参考了谭其骧先生主编《中国历史地图集》的基本结论。凡文中所论与《谭图》标注相一致者,俱当视作采用前者的观点,谨此说明。

吴良宝先生曾对战国文字资料中的"同地异名"问题进行系统梳理,他将有关现象归纳为更改原名、地名省称和增加地名前、后缀等三种类型,①并分别举例予以详细说明。本节拟在参考上述分类的前提下,尽可能补充一些时代更早或不同来源的例证,同时参以拙见,以期丰富读者的认识。

一、地 名 改 易

所谓"地名改易",是指人们为某个特定地理实体创造出一个新的名称,以取代原地名或与前者并行使用,从而导致一地拥有多个地名的现象。在这种情况下,新、旧地名的核心词素一般不会存在明显的联系。如清华简《楚居》有云:

> 至文王自疆郢徙居湫=郢=(湫郢,湫郢)徙居樊=郢=(樊郢,樊郢)徙居为=郢=(为郢,为郢)复徙居免郢,焉改名之曰福丘。
>
> (《楚居》8—9)
>
> 至献惠王自㹠郢徙袭为郢。白公起祸,焉徙袭湫郢,改为之,焉曰肥遗。
>
> (《楚居》13—14)

又,古本《竹书纪年》云:

> 梁惠成王三十一年,下邳迁于薛,改名徐州。②
>
> 郑侯使韩辰归晋阳及向。二月,城阳、向,更名阳为河雍,向为高平。③

班固不仅提出"先王之迹既远,地名又数改易"的认识,又在《汉书·地理志》"自注"部分,有意识地对相关现象进行归纳,如:

> 故阴晋,秦惠文王五年更名宁秦,高帝八年更名华阴。
>
> (京兆尹华阴县④)

---

① 吴良宝:《战国文字资料中的"同地异名"与"同名异地"现象考察》,清华大学出土文献研究与保护中心编,李学勤主编:《出土文献》第 5 辑,第 60—64 页。
② 方诗铭、王修龄:《古本竹书纪年辑证》(修订本),上海:上海古籍出版社,2005 年,第 143 页。
③ 方诗铭、王修龄:《古本竹书纪年辑证》(修订本),第 151 页。
④ 《汉书》卷 28《地理志》,第 1543 页。

故少梁,秦惠文王十一年更名。　　　　　　　（左冯翊夏阳县①）

这种明确标注"更名"之类的字样,无疑是确定"地名改易"最直接的途径。

当然,大部分先秦史料中往往并不会出现类似上述文字。那么,研究者欲判断是否存在地名改易的情况,有效途径则主要包括以下两种:其一即根据典籍的比勘及其历代注释。例如,《左传》隐公五年载郑与南燕交战,"燕人畏郑三军,而不虞制人"。所谓"制人",是指郑公子曼伯、子元率制邑之人组成的伏兵。杜预注:"制,②郑邑,今河南城皋县也,一名虎牢。"此后,"虎牢"之名屡见于《左传》,而"制"则否,故二者很可能存在属于地名改易的关系。③ 又《史记·秦本纪》载庄襄王三年,"蒙骜攻韩,韩献成皋、巩"。正义引《括地志》云:"洛州氾水县,古东虢国,亦郑之制邑,又名虎牢,汉之城皋。"④其地名沿革之脉络大抵如是,唯"成皋"之名的出现当在战国时期。

《春秋》僖公六年云诸侯伐郑,"围新城",同年《左传》则作"围新密"。杜预注:"新城,郑新密,今荥阳密县。"又曰:"实新密而《经》言新城者,郑以非时兴土功,齐桓声其罪以告诸侯。"可见"新城"即"新密"也,之所以又名"新城",是因郑人新于当地筑城之故。又《左传》昭公九年云:"楚公子弃疾迁许于夷,实城父。"杜预注:"此时改城父为夷,故传'实'之。"是知"城父"为旧名,其后更称曰"夷"。对此书例,孔颖达进一步解释道:

> 杜以地名《经》《传》不同,而《传》言"实"者,则以为**名有改易**也;《传》不言"实",则以为**二名并存**也。所言"实"者,皆举旧以"实"新,此地旧名城父,此时新改为夷,然言城父是旧名,故《传》以"实"明之。凡有二义,《经》书未改之名,《传》以所改"实"之。则昭十八年"许迁于白羽",《传》云"许迁于析,实白羽";定十年"公会齐侯于夹谷",《传》云"会于祝其,实夹谷"是也。若《经》书已改之名,则《传》亦举其已改,"实"其未改之号。即此"许迁于夷",《传》云"迁许于

---

① 《汉书》卷28《地理志》,第1545页。
② "制"原作"北制",阮校云:"案'北'字亦误。"今据阮校改。
③ 《穆天子传》云周穆王命人为柙以囚虎,"而畜之东虢,是为虎牢"。此乃后人追述"虎牢"得名之由来,未必可信。
④ 《史记》卷5《秦本纪》,第220页。

夷，实城父"；定十三年"齐侯、卫侯次于垂葭"，《传》云"次于垂葭，实郹氏"是也。①

按正义所言，地名见诸《经》《传》有所不同者，除了命名先后明确、可以肯定为"名有改易"的情况，还有一种"二名并存"之例，即暂时无法确定彼此之间的沿革关系。

众所周知，上述"二名并存"现象属于一般所讲的"异文"范畴，其发生的文本载体，通常也不仅限于《春秋》和《左传》之间。当然，在为数众多的地名类"异文"中，不少实际是由讹字或通假所导致的，这些因素对确定"同地异名"现象往往存在干扰作用。如《春秋》桓公十五年："公会齐侯于艾。"同年《左传》曰："公会齐侯于艾，谋定许也。"然而《公羊传》则作"公会齐侯于鄗"，《穀梁传》亦作"公会齐侯于蒿"。赵坦《春秋异文笺》以为篆文"艾""荄"二字相类，《穀梁》因讹作"蒿"，《公羊》又转写为"鄗"，"皆文字残蚀而讹也"。② 按赵说有一定可能性，这种情况就很难判定"艾""蒿"为异名关系。又《左传》文公十年载陈侯、郑伯会楚子于息，"遂及蔡侯次于厥貉，将以伐宋"。《公羊》"厥貉"作"屈貉"。清华简《系年》第十一章则云："楚穆王立八年，王会诸侯于友䵄，将以伐宋。"与《左传》近同。"厥""友"二字虽有牙、唇音之别，但古韵同在月部；其中的"䵄"字，或疑为"貈"字初文，即西周金文"圞"字所从，③故"友䵄"很可能即"厥貉"之假借。若如是，则二者同样不宜视作异名关系。

在笔者看来，欲筛选和确定"二名并存"的可靠实例，除了通过对不同类型之相关史料的联系、比对与分析，通常还需借助地名实际地望的推定。如《左传》昭公二十三年："楚大子建之母在郹，召吴人而启之。""郹"为蔡邑，即十九年《传》之"郹阳"。④ 而《史记·楚世家》记载上述史事，则作"楚太子建母在居巢，开吴"。又《吴太伯世家》："(王僚)八年，吴使公子光伐楚，败楚师，迎楚故太子建母于居巢以归。"对比《左传》《史记》之文可知，"郹""郹阳"与"居巢"应为"同地异名"关系。不仅如此，鄂君

---

① 孔颖达：《春秋左传正义》卷45，阮元校刻《十三经注疏》，第4465页。
② 赵坦：《春秋异文笺》卷2，《清经解》卷1304，第7册，第466页。
③ 侯乃峰：《读〈系年〉臆札》，复旦大学出土文献与古文字研究中心网站，2012年1月3日。
④ 《左传》昭公十九年："楚子之在蔡也，郹阳封人之女奔之，生大子建。"

启车节铭文(《集成》12110)中亦有地名"居巢",谭其骧先生根据途程推断,此"居巢"介乎"下蔡"和"郢"之间,当在淮北地区,与《汉志》庐江郡居巢县并非一地。①《春秋大事表》谓"鄢"在今河南新蔡县境,②谭先生则考证"居巢"在今安徽阜阳市南六十里,上述两处位置比较接近,有助于说明"鄢"和"居巢"的关系。

另一个典型的例子则为"丹阳"和"京宗"。《左传》昭公十二年记载楚右尹子革对灵王曰:"昔我先王熊绎辟在荆山,筚路蓝缕以处草莽,跋涉山林以事天子,唯是桃弧、棘矢以共御王事。"而《史记·楚世家》则云:"熊绎当周成王之时,举文、武勤劳之后嗣,而封熊绎于楚蛮,封以子男之田,姓芈氏,居丹阳。"集解引徐广说以"丹阳"在"南郡枝江县",③与荆山相去不远。后世学者或谓"丹阳"是指丹水之阳,在今豫陕鄂三省交界的丹淅地区。④ 除上述两说之外,学界对"丹阳"地望尚有"秭归说""当涂说"等不同观点,长期难以达成共识。然据清华简《楚居》记载,楚先公穴熊(鬻熊)"迟徙于京宗",其后丽季(熊丽)、熊狂皆居于"京宗",直到熊绎时才徙居"夷屯"。由此至少可以确定,在鬻熊至熊绎徙都的这一阶段,楚人的中心邑一直位于"京宗",熊绎迁都之后则为"夷屯"。那么,联系《世本》"楚鬻熊居丹阳"的记载来看,"丹阳"和"京宗"很可能属于"一地二名"的情况,而"夷屯"则与荆山的空间关系极为密切。客观地说,尽管这些来源有异但所指实同的地理称谓,究竟在出现的时间上孰先孰后,目前尚不能遽下断语,但考虑到彼此在核心词素方面并不相关,故仍可将其归入"地名改易"的类型。

由于认知能力或观察角度的不同,古代先民对同一地理客体的理解和判断时常会存在差异,这种分歧具体表现在命名方面,难免会导致"同地异名"的问题。如《水经·沭水》:"沭水出琅邪东莞县西北山。"郦注云:"大弁山与小泰山连麓而异名也。"⑤今按:郦氏所谓"连麓而异名"者,意即两山原本自相连属,"统目不殊",或可视为一体,却在命名时采用

---

① 谭其骧:《鄂君启节铭文释地》,《长水集》(下),第193—211页。需要指出的是,谭先生判断"居巢"在淮北地区,主要是基于"郢"为寿春的观点立说。不过,鄂君启节的纪年属于楚怀王世,彼时楚都尚未东迁寿春,所以此"郢"很可能仍在江汉地区。若"居巢"一地确在今新蔡、阜阳之间,则恰好位于车节自"下蔡"返"郢"的交通线路上。
② 顾栋高辑,吴树平、李解民点校:《春秋大事表》卷7,第872页。
③ 《史记》卷40《楚世家》,第1691—1692页。
④ 宋翔凤著,梁运华点校:《过庭录》卷9,北京:中华书局,1986年,第156—162页。
⑤ 郦道元著,陈桥驿校证:《水经注校证》卷26,第614页。

了不同的称谓。正如"小泰山"一名"东泰山",即今之沂山;而"大弁山"为沭河正源所在,是指沂山主峰以南的部分山脉,与沂山可谓名异实同。对此,郦道元有一段议论颇具代表性,不妨迻录如下:

> 虽津流派别,枝渠势悬,原始要终,潜流或一,故俱受汉、漾之名,纳方土之称。是其有汉川、汉阳、广汉、汉寿之号,或因其始,或据其终,纵异名互见,犹为汉、漾矣。川共目殊,或亦在斯。①

郦氏指出,命名者对于相同地理对象"或因其始,或据其终"的认知方式,即所谓"川共目殊",正是造成"二名并存"甚至"数名并存"的重要原因,所论甚为辨证合理。

唐人张守节及清儒胡渭都曾以"雷首"绵亘数百里、兼有多名的情形为例,来说明古代山脉、河流存在着"随地异名"的特殊现象。② 实际上,先秦时期的类似实例亦有不少,如丹江支流的淅河古称为"淅",《左传》僖公二十五年载秦师伐鄀过析,"隈入而系舆人,以围商密"。"析"即析邑,在今河南西峡县北,其地毗邻淅水,因与水名相同。隈者,水曲是也,故"隈入"意即秦人经淅水弯曲之处过师。③《汉书·地理志》谓淅水曰"钧",弘农郡丹水县原注:"(丹)水出上雒冢领山,东至析入钧。"④《水经注》则径称为"均水"。今按"钧(均水)"名称之滥觞,当可追溯至战国时期。据《楚居》所云,楚先季连曾"逆上洲水,见盘庚之子"(《楚居》3),新蔡葛陵楚简则记载"昔我先出自郇遹"(甲三·11、24)。"洲""郇"二字均从"川"旁得声,可读为"钧(均)",在此是指"均水"。⑤《汉志》南阳郡博山县下:"侯国。哀帝置。故顺阳。"应劭以为"顺阳"得名于"顺水之阳",⑥其说可从。此"顺水"亦即"均水"是也。

此外,上古时期各地语音殊异、方言杂厕,往往也会导致记录同一地

---

① 郦道元著,陈桥驿校证:《水经注校证》卷20,第478页。
② 《史记·封禅书》正义云:"此山西起雷山,东至吴阪,凡十名,以州县分之,多在蒲州。"参见《史记》卷28《封禅书》,第1372页;胡渭著,邹逸麟点校《禹贡锥指》卷11上,上海:上海古籍出版社,1996年,第345页。
③ 旧说或以"秦人过析隈"为一句读,似不合理。参见杨伯峻《春秋左传注》(修订本),北京:中华书局,1990年,第435页。
④ 《汉书》卷28《地理志》,第1549页。
⑤ 清华大学出土文献研究与保护中心编,李学勤主编:《清华大学藏战国竹简》(壹),第183页;裘锡圭:《说从"昏"声的从"贝"与从"辵"之字》,《文史》第100辑,第9—28页。
⑥ 《汉书》卷28《地理志》,第1564页。

名的用词有所差异,从而造成"同地异名"问题。如《春秋》隐公八年:"宋公、卫侯遇于垂。"《公羊》《穀梁》同之,同年《左传》则作"遇于犬丘",可见"犬丘"与"垂"所指实一。而《史记·秦本纪》载秦庄公领有其先大骆之地"犬丘","为西垂大夫",又云"庄公居其故西犬丘",是"西垂"即"西犬丘"无疑。又,《春秋》桓公十二年云:"公会宋公、燕人盟于榖丘。"同年《左传》则作"公及宋公盟于句渎之丘"。杨伯峻先生指出,古人有急读、缓读之别,急读曰"榖",缓读则为"句渎"。① 所言甚是。

《春秋》隐公元年云:"公及邾仪父盟于蔑。"同年《公羊传》作"邾娄仪父"。何休注:"邾人语声后曰娄,故曰邾娄。《礼记》同,《左氏》《穀梁》无'娄'字。""邾"按方言既作"邾娄",合音又谓之"邹"(或作"陬"),因与原地名"邾"产生了异名。秦代于邾国故地置邹县(汉县名作"驺"),治所在今山东邹城市峄山镇纪王城村一带,②"邹"这一地名遂被保留下来,并一直沿袭至今。据《左传》襄公二十六年载,齐崔杼率师送陈文子暨薳启疆如楚,"遂伐莒,侵介根"。"介根"本系春秋之前的莒国旧都,在今山东胶州市西南。又《汉书·地理志》琅邪郡属县有计斤者,颜注曰:"即《春秋左氏传》所谓介根也,语音有轻重。"③《春秋》昭公元年言"晋荀吴帅师败狄于大卤",杜预引《穀梁传》云:"中国曰大原,夷狄曰大卤。"按杜氏之说,则"大原""大卤"所指无别,二者是因华、夷语殊而造成的异名。从严格意义上讲,上述"异地同名"现象并非直接缘自更改地名,而是由于不同地域或民族之间语音有别。但是,考虑到转写过程最终导致了地理称谓之间的实质差异,故笔者仍将此种情形置于"地名改易"中。

下面,我们不妨通过若干组例证的重点讨论,试对"地名改易"的类型再作一些揭示。

(1)亳、汤丘

《史记·殷本纪》:"汤始居亳,从先王居。"又曰:"伊尹名阿衡。阿衡欲奸汤而无由,乃为有莘氏媵臣,负鼎俎,以滋味说汤,致于王道。"④是知商汤居亳之际,曾与有莘氏结为婚媾,遂得伊尹为辅。清华简《尹至》言

---

① 杨伯峻:《春秋左传注》(修订本),第134页。
② 山东大学历史文化学院考古系、邹城市文物局:《山东邹城市邾国故城遗址2015年发掘简报》,《考古》2018年第3期;方辉:《邾国故城的历史地位与考古新发现的意义》,《考古》2018年第8期。
③ 《汉书》卷28《地理志》,第1564页。
④ 《史记》卷3《殷本纪》,第93—94页。

"惟尹自夏徂白(亳),遂至在汤",①与《殷本纪》"既丑有夏,复归于亳"之说相同,皆谓伊尹归商之后,尝赴夏国以为谍报,最终又返回亳邑。

清华简《汤处于汤丘》则载:"汤处于汤丘,取妻于有莘。"②对比前文不难看出,"汤丘"与"亳"理应属于"同地异名"的关系。整理者认为"汤丘"当读作"唐丘",疑即殷墟卜辞中的"唐土"。③ 此外,研究者又相继提出了"豫东商丘说""关中荡社说"和"豫北康丘说"等观点,实际反映出学界对商族源流的不同认知。近来有学者根据早期商族的活动地域和楚文字的通假用例,认为"汤丘"即《系年》所见卫康叔始封之"康丘",其地位于今豫北一带。④ 在笔者看来,"康丘"毗邻沫邑,属卫地之鄙,在今鹤壁境内;而商汤始居之亳密迩景山、楚丘,在今濮阳周边,故二者在地望上未必可以重合。⑤ 然而无论如何,成汤灭夏前的居地当在豫北地区,恐怕是目前可以得到传世文献和考古资料支持的最佳选择。

其实,在缺乏更多线索的前提下,"汤丘"的内涵也许不必从通假角度进行考虑,而不妨由地名构词本身加以解释。鄙意以为,"汤丘"可能属于在通名之前加缀人名而构成的"偏正式"地名,"汤"在此用作领格,表示"商汤所居之丘"一类意思,其例同于"帝丘""王城"等地名。《殷本纪》集解引孔安国说云:"契父帝喾都亳,汤自商丘迁焉,故曰'从先王居'。"⑥ 可见亳邑本系帝喾故都,而"汤丘"则是因成汤所居而产生的新地名,不见于更早的典籍和古文字资料,大概只是战国时人对汤始居亳的一种别称而已。

(2) 郏鄏、洛邑、新邑、成周

洛邑一作"雒邑",其地旧称"郏鄏"。《左传》宣公三年:"成王定鼎于郏鄏。"杜预注:"郏鄏,今河南也。"《汉书·地理志》京兆尹河南县注:"故郏鄏地。周武王迁九鼎,周公致太平,营以为都,是为王城,至平王居之。"⑦《水

---

① 清华大学出土文献研究与保护中心编,李学勤主编:《清华大学藏战国竹简》(壹),第128页。
② 清华大学出土文献研究与保护中心编,李学勤主编:《清华大学藏战国竹简》(伍),第135页。
③ 清华大学出土文献研究与保护中心编,李学勤主编:《清华大学藏战国竹简》(伍),第136页。
④ 熊贤品:《〈清华简(伍)〉"汤丘"即〈系年〉"康丘"说》,《历史地理》第34辑,上海:上海人民出版社,2017年,第49—58页;魏栋:《论清华简"汤丘"及其与商汤伐葛前之亳的关系》,《中华文史论丛》2017年第1期。
⑤ 关于这一问题,详参本节及第四章第二节的有关讨论,此处暂不展开。
⑥ 《史记》卷3《殷本纪》,第93页。
⑦ 《汉书》卷28《地理志》,第1555页。

经·洛水注》有云:"枝渎东北历制乡,迳河南县王城西,历郏鄏陌。杜预《释地》曰:(河南)县西有郏鄏陌。谓此也。"①关于周公营洛的经过,在《尚书》的《召诰》《洛诰》诸篇中已有备述。如《多士》云:"周公朝至于洛,则达观于新邑营。"西周早期新邑鼎(《集成》2682)、臣卿簋(《集成》3948)诸铭亦见周王抵达"新邑"的记载,此"新邑"即指洛邑明矣。

"新邑"与"成周""王城"的关系,曾经是学术界长期争讼的问题。《汉书·地理志》将"成周""王城"别为二地,谓"成周"在汉雒阳县地(今洛阳东北的汉魏洛阳故城一带),为殷遗所居;"王城"则在汉河南县境内(今洛阳市西工区),乃周公营建之东都。②今人或以"成周""王城"为互不排斥的两个地名,"王城"包摄于"成周"之内。③但实际上,西周时尚无明确的"王城"之称,④其名始见于东周文献。近年来,随着洛阳地区考古工作的推进,越来越多的学者逐渐意识到:河南县旧治所在的"王城"当为东周城址,⑤汉魏洛阳故城下叠压的韩旗城址之年代上限也不会早于西周晚期;⑥而另一方面,大量西周遗存集中分布于洛阳老城区东北的瀍河两岸,这些事实均促使人们对"成周""王城"分立的传统说法提出质疑。不少研究者结合考古资料,指出周公所营之"新邑"即是"成周",当时并

---

① 郦道元著,陈桥驿校证:《水经注校证》卷15,第368页。
② 彭裕商先生则认为,"成周"始建于武王克商以后,西周时期为王朝之东都;周公营建的"新邑"当指"王城",仅为殷遗民所居住。参见彭裕商《新邑考》,《历史研究》2000年第5期。
③ 童书业:《春秋王都辨疑》,《童书业历史地理论集》,北京:中华书局,2004年,第178—199页;杨宽:《西周初期东都成周的建设及其政治作用》,《历史教学问题》1983年第4期;王玉哲:《周公旦的当政及其东征考》,《人文杂志》丛刊第二辑《西周史研究》,第131—148页;李学勤:《东周与秦代文明》,第12页。此外,饭岛武次先生一方面将成周位置推定在洛河以北的涧、瀍二水之间,又同时肯定西周"王城"和东周"王城"当在一地,所以其观点更接近于"并存说"。参见饭岛武次《洛阳西周时代的遗址与成周、王城》,北京大学考古文博学院编:《考古学研究》(五),第557—571页。
④ 昭王时期的令尊(《集成》6016)、令彝(《集成》9901)铭文既言明保用牲于"京宫""康宫",又云用牲于"王",说明"王"当与前者性质相近,很可能是指成周地区的王宫建筑,与后来的"王城"无关。参见洛阳市文物工作队《洛阳北窑西周墓》,北京:文物出版社,1999年,第369页;朱凤瀚《〈召诰〉、〈洛诰〉、何尊与成周》,《历史研究》2006年第1期。
⑤ 据考古钻探和发掘表明,东周王城遗址主要位于洛河北岸、涧水以东的今中州路南、北区域。参见洛阳市文物工作队《洛阳王城广场东周墓》,第2页。
⑥ 发掘者推断该城原筑夯土的年代不晚于西周中晚期,不排除为西周初年周公所筑之成周。参见中国社会科学院考古研究所洛阳汉魏城队《汉魏洛阳城城垣试掘》,《考古学报》1998年第3期。但后来已有研究者陆续指出,上述结论存在一定程度的误判,该城址H1和夯1的年代均不早于西周晚期,因而不可能是周公所营建的成周。参见梁云《成周与王城考辨》,《考古与文物》2002年第5期;刘富良、朱世伟、范新生《西周早期的成周与王城》,河南省文物考古研究所编:《安金槐先生纪念文集》,郑州:大象出版社,2005年,第317—323页;徐昭峰《成周与王城考略》,《考古》2007年第11期。

不存在另一座"王城"。① 这是很有道理的。据《尚书·召诰》记载,召公先周公赴洛相宅,继而"以庶殷攻位于洛汭",初步完成了王宅的奠基任务。《洛诰》则称周公于乙卯日抵达洛地,现场勘察了"新邑"的营建情况,并通过占卜再次确认王宅的选址,即涧水以东和瀍水两岸一带。根据上述文献记载,并结合洛阳地区西周遗存的时代特征与分布范围,不难推知周初营建"成周"的位置当在洛河以北、瀍河两岸的今洛阳老城东北一带,北窑遗址大概即其核心区域(图4.1)。② 至于周敬王所城"成周"的地望,则在今洛阳市区东北的白马寺附近,即汉魏洛阳故城下叠压的韩旗周城。③ 该城址很可能沿袭西周晚期徙建的"成周"而来,④它与东周"王城"同时存在,却非一地。

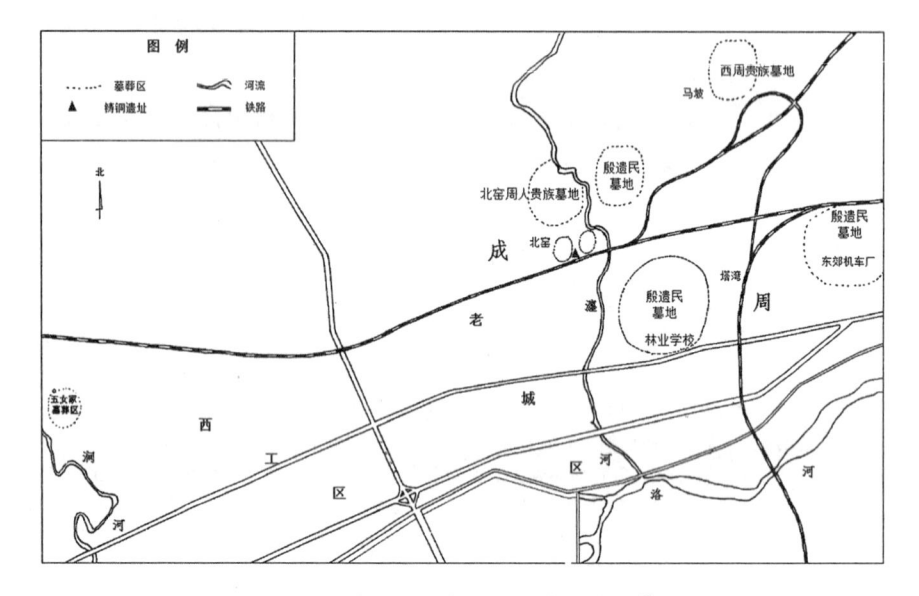

图 4.1 成周位置与西周遗存分布图⑤

① 李民:《说洛邑、成周与王城》,《郑州大学学报》1982年第1期;叶万松、余扶危:《关于西周洛邑城址探索》,《人文杂志》丛刊第二辑《西周史研究》,第317—324页;曲英杰:《周都成周考》,《史学集刊》1990年第1期;叶万松、张剑、李德芳:《西周洛邑城址考》,《华夏考古》1991年第2期;王人聪:《令彝铭文释读与王城问题》,《文物》1997年第6期;杜勇:《周初东都成周的营建》,《中国历史地理论丛》1997年第4期;梁云:《成周与王城考辨》,《考古与文物》2002年第5期。
② 叶万松、张剑、李德芳:《西周洛邑城址考》,《华夏考古》1991年第2期;朱凤瀚:《〈召诰〉、〈洛诰〉、何尊与成周》,《历史研究》2006年第1期。
③ 中国社会科学院考古研究所洛阳汉魏城队:《汉魏洛阳城城垣试掘》,《考古学报》1998年第3期。
④ 侯卫东:《论西周晚期成周的位置及营建背景》,《考古》2016年第6期。
⑤ 据朱凤瀚先生《〈召诰〉、〈洛诰〉、何尊与成周》一文附图改绘。

何尊铭文(《集成》6014)言周成王"初迁宅于成周",从而实现了武王"宅兹中国"的政治构想。由此可见,随着成王将王宅迁至初竣的"新邑"后,该地遂得名曰"成周",而"新邑"之名则可能逐渐弃用。① 关于"成周"的命名由来,传统观点多以"成"取功成、成就之义,如《公羊传》宣公十六年:"成周者何?东周也。"何休注:"名为成周者,周道始成,王所都也。"唐兰先生亦曾指出,"成周"之名当是成王迁宅的结果,而成王称"成"是由于建立周王朝的成功,这一称号大约始自周公致政后,与"成周"名称的出现同时。② 董珊先生也主张"成周"之名与成王有关,认为"成"很可能即成王之谥,属于以谥法作为地名的限定成分。③ 不同的是,王占奎先生则认为,"成周"之"成"取自旧有之地名"成自"。④

按"成自"之称,西周金文凡两见。小臣单觯铭(《集成》6512)言"王后敁克商,在成自","敁"字当释为"反",在此可训为"覆",与"克"同义连用,其例与清华简《系年》"克反商邑"相同。⑤ 陈梦家先生引方浚益说,认为铭文所云当指成王平定武庚之乱,是继武王伐纣之后的再次克商,故云"后"。陈先生同时指出,此"成"是周人克商后、东征践奄的途经地,当在鲁境,介乎朝歌与曲阜之间。⑥ 马承源等先生则认为"成"即成周,"在成自"是说克商后班师于此。⑦ 据清华简《系年》第三章记载,成王在攻克商邑、诛杀录子耿之后,又继续挥师东进征伐商奄,因而从史事发展过程推断,"成自"当以汶水下游、曲阜以北的郕国故地较为合适,⑧其地在今山东宁阳东北,而"成周说"则与周师的行进方向相悖,似不可从。西周中

---

① 陈梦家先生认为,出现"新邑"之名的铜器(如新邑鼎、士卿尊、臣卿诸器等)均属于成王初年,时代要略早于称"成周"者。参见陈梦家《西周铜器断代》,第64—66页。此说颇有道理。不过,新地名的产生与旧地名的消亡往往并非朝夕之间,"新邑"与"成周"不排除它曾并用了一段时间,因而利用地名沿革来进行铜器断代,难免会存在一些不确定性。
② 唐兰:《西周青铜器铭文分代史征》,第48、78页。
③ 董珊:《宅兹中国——何尊新说》,徐天进、段德新主编:《宝鸡青铜器博物院藏商周青铜器》,上海:上海古籍出版社,2017年,第1册,第85页。
④ 王占奎:《成周、成自、王城杂谈——兼论宗周之得名》,北京大学考古文博学院编:《考古学研究》(五),第572—580页。
⑤ 李守奎:《据清华简〈系年〉"克反商邑"释读小臣单觯中的"反"与包山简中的"钣"》,《古文字与古史考——清华简整理研究》,第197—206页。
⑥ 陈梦家:《西周铜器断代》,第10页。
⑦ 马承源主编:《商周青铜器铭文选》第3卷,第16—17页。
⑧ 陈絜先生认为,成王所克之"商"是汶水下游的"郼"地,而"成"在曲阜以北,故自"商"至"成"大致是沿汶水东进。参见陈絜《塱方鼎铭与周公东征路线初探》,李宗焜主编:《古文字与古史》第4辑,第261—290页。

期竞卣铭文(《集成》5425)云"唯伯犀父以成𠂤即东,命戍南夷",对比同时期录卣(《集成》5420)的"汝其以成周师氏戍于由𠂤"之辞来看,"成𠂤"显然是指人群集合而非地点,在此当读为"成师",即"成周师氏"之省。因此,目前的史料尚难证明"成𠂤"与"成周"之间存在地名沿革的关系,旧说将"成周"之"成"视作具有区别意义的地名词素,暂不失为一种合理的解释。

(3) 宋、商(商丘)、睢阳

据《史记·宋微子世家》载,周成王命微子代武庚,以奉殷室之祀,"国于宋"。微子就封后,宋之国名及都邑名亦称为"商"。① 故《诗》有《商颂》,即宋人所作追祀先祖之诗。②《左传》昭公八年云:"秋,大蒐于红,自根牟至于商、卫,革车千乘。"杜预注:"商,宋地。鲁西竟接宋、卫也。"寻绎《传》文之意,是谓鲁人举行大蒐,自东鄙根牟至于西境同宋、卫接壤者,皆有军赋之出。又《左传》哀公二十四年云"孝、惠娶于商",《国语·吴语》载夫差为黄池之会,自言"沿江泝淮,阙沟深水,出于商、鲁之间,以彻于兄弟之国",此俱为商、宋通称的明证。

东周宋都名"商",或作"商丘",故《春秋释例》云:"宋、商、商丘,三名,梁国睢阳县也。"③《韩非子·有度》载魏安釐王有"睢阳之事","荆军老而走"。《史记·宋世家》集解引《世本》曰:"宋更曰睢阳。"④可见宋都由于地处"睢水之阳",战国以后乃更名"睢阳"。

(4) 沬(妹)、卫、朝歌;康丘、殷虚、商墟

沬,一作"妹",殷末纣之所都。《尚书·酒诰》称商国为"妹邦",是"以地称国"之例。《诗·墉风·桑中》:"爰采唐矣?沬之乡矣。"毛传曰:"沬,卫邑。"陈梦家先生认为,殷纣既都沬邑,则武庚及康叔所封俱系此地,故址在今淇县东北。⑤ 今人或比定在今鹤壁市淇滨区钜桥镇一带。《谭图》采用传统观点仍将沬邑标示于今淇县附近。⑥ 宫崎市定则立足于小屯并非都城遗址的认识,主张殷墟当在今汤阴县境内寻找。⑦

---

① 顾炎武撰,陈垣校注:《日知录校注》卷2,第79页;王国维:《说商》,《观堂集林》卷12,第516页。
② 王国维:《说商颂上、下》,《观堂集林》卷2,第113—118页。
③ 杜预:《春秋释例》卷5,第153页。
④ 《史记》卷38《宋微子世家》,第1621页。
⑤ 陈梦家:《西周铜器断代》,第11—13页。
⑥ 谭其骧主编:《中国历史地图集》第1册,第13—14页。
⑦ 宫崎市定著,张学锋、马云超等译:《中国上古的都市国家及其墓地——商邑何在》,《宫崎市定亚洲史论考》,上海:上海古籍出版社,2017年,第549—566页。

西周成王时期的沫司土送簋铭文（《集成》4059）云："王来伐商邑，诞令康侯鄙于卫，沫司土送眔鄙，作厥考尊彝。眾。"所谓"鄙于卫"，是说成王东征平定三监之乱后，乃命康叔驻守于卫地之鄙。同属西周早期的雍伯鼎铭（《集成》2531）言"王令雍伯鄙于屮为宫"，文例与前者相近，这里的"鄙"均用作动词，后接后置的地点状语。《系年》第四章云：

周成王、周公既迁殷民于洛邑，乃追念夏、商之亡由，旁设出宗子，以作周厚屏。乃先建卫叔封于庚（康）丘，以侯殷之余民。卫人自庚（康）丘迁于淇卫。

李学勤先生指出，"庚丘"即"康丘"，是邶、鄘、卫之卫地的一部分。① 其说甚是。据简文所言，康叔始封于卫地境内的"康丘"，故以"康"作为国名，后来卫人徙都淇水之畔的卫地，国名才最终确定为"卫"。②《左传》定公四年记载康叔之封，称"命以《康诰》而封于殷虚"，是"康丘"亦称"殷虚"明矣，只是"殷虚"的实际涵盖范围较广，更接近于"面"而非"点"罢了。

联系送簋铭文来看，王命康叔所居的卫地之鄙，实际正是简文提到的"康丘"，作为当地行政主官的"沫司土送"，特意前往"康丘"迎见康侯，很可能是因为原先由其管理的沫邑，此时业已划归康侯的封域之内，故有具体的交接事宜需作安排。以此观之，传统观点多谓沫、卫一地，基本是可信的。③ 但需注意的是，"沫司土"和"沫"分别为殷旧职事和地理称谓，而"卫"殆属于周人之命名，故送簋以"沫""卫"同铭并见，不仅暗示出二者之别，而且可以体现殷周鼎革所导致的新、旧地名的更迭关系。

1932—1933年，郭宝钧先生主持前中研院史语所与河南古迹研究会在浚县辛村（今属鹤壁市淇滨区）一带进行田野考古工作，共发掘各级墓葬及车马坑82座，结合墓葬规格、出土器铭和文献记载，可以确认这是一处西周至春秋初年的卫国贵族墓地。④ 2016年，淇县高村镇杨晋庄村又

---

① 李学勤：《清华简〈系年〉及有关古史问题》，《文物》2011年第3期。
② 洛阳北窑西周墓M701出土有一件康伯壶（《新收》362），据该铭所示，康叔后裔直至西周中期仍自称"康伯"，说明彼时卫人犹居康丘，尚未迁至淇卫。
③ 王玉哲先生认为，沫邑为商纣旧都，故本名"殷"，或作"衣""鄘""卫"，皆为一音之变。参见王玉哲《周初的三监及其地望问题》，《古史集林》，第245—255页。按从"韦"得声之字，古音多在微、物二部，与"衣""殷""沫"诸字均有严格的对转关系。但"卫""沫"同铭并见，很难以单纯的文字通假来解释。
④ 郭宝钧：《浚县辛村》，北京：科学出版社，1964年。

发现一处西周墓地,墓地位于淇河南岸的二级台地上,北与辛村隔河相望,相距仅1.3公里。目前共清理中小型墓葬224座、马坑5座、房址1座,出土随葬品近400件。发掘者指出,杨晋庄墓地是辛村贵族墓区外围的中小型墓分布区之一,墓主以周人中下阶层为主体,使用年代自西周早期偏早至西周中期。① 据介绍,整个辛村遗址的文化堆积十分丰富,年代跨度从殷墟二、三期延续至东周阶段,近年陆续发现了铸铜作坊、制骨作坊、居址、窖藏坑等重要遗存,从而使之重新被确认为具有都邑性质的大型聚落遗址。尤其是发现"居葬合一"特征的西周遗存,为当地存在殷遗人群定居提供了可靠依据,表明康叔所监临的"殷之余民"非此莫属。从居民族属与年代区间来看,辛村遗址与殷周时期沬、卫一脉相承的历史背景完全吻合,显然足以确定为"淇卫"之所在。那么,尽管"康丘"的具体地望仍待探寻,但判断的基本标准是明确的。首先,根据《史记·卫康叔世家》所言康叔"居河、淇间故商墟",可将"康丘"的基本范围限定在黄河故道与淇水之间;其次,相距辛村遗址不宜过远,否则有悖于沬(卫)和"康丘"所构成的"都—鄙"空间关系;最后,当地必须发现年代相当于康叔就封之际的周文化遗存。至于后来卫人自"康丘"迁居"淇卫",则是将封国的统治中心作一短距离移徙,此举或与"炀公徙鲁""唐伯侯于晋"及《楚居》所见楚人自"免"徙居"疆郢"的史迹相近。

史载沬邑又名"朝歌"。公元前660年狄人侵卫,卫人自朝歌东渡黄河,后相继迁都于楚丘、帝丘。《左传》襄公二十三年:"齐侯遂伐晋,取朝歌。"可见卫国故都此时已沦为晋地。《汉书·地理志》河内郡朝歌县下:"纣所都。周武王弟康叔所封,更名卫。"②《括地志》汲县条云:"纣都朝歌在卫州东北七十三里朝歌故城是也,本妹邑,殷王武丁始都之。"③是谓纣都"朝歌",康叔就封后遂更名曰"卫"。不过,地名"朝歌"似未见于早期文字记载,《铭图》16402著录有一件私家收藏的"朝訶(歌)"戈,年代当在春秋晚期,可见"朝歌"恐怕并非殷周旧称,而是春秋以后由沬邑改易产生的新地名。

(5)齐、营丘、临淄、齐城

殷末黄组卜旬辞中已出现"齐"地,为商王征人方所途经,即:

---

① 韩朝会、高振龙:《河南淇县杨晋庄发现西周卫国墓群》,《中国文物报》2017年6月30日第8版。
② 《汉书》卷28《地理志》,第1554页。
③ 李泰等著,贺次君辑校:《括地志辑校》卷2,北京:中华书局,1980年,第87页。

癸巳卜，贞：王旬亡㕢。在二月，在齐𨦵。唯王来征人方。

(《合集》36493)

关于卜辞齐地所在，学界曾有"临淄说"①和"豫东说"②之分歧。近年，焦智勤先生公布了两版新发现的征人方卜辞，均已收入《殷墟甲骨辑佚》一书。《辑佚》689系残辞，李学勤先生参考《合补》11242文例，补出了"人方伐东或，䀈东侯"等文字。③ 另一版《辑佚》690可与《合集》36182缀合，也出现了"🦅人方率伐东或，东䀈东侯"的内容。④ 两版卜辞均明确记载人方侵犯"东国"和商王以册命告"东侯"之事，⑤表明殷末征人方前线当在商王国的东方，而征人方途中所经过的齐地，自然以"临淄说"更为合理。

史载太公吕尚封齐，所居之地曰"营丘"，是知"营丘"在齐。《史记·齐太公世家》："武王已平商而王天下，封师尚父于齐营丘。"⑥汉北海郡有属县营陵，或以为即营丘所在，实不可信。今之学者辩之甚详，可资参考。⑦ 山东高青陈庄西周墓M18出土了多件以"齐公"为祭祀对象的铜器，⑧"齐公"即齐国的始封君太公望(吕尚)，因就封于齐，遂以地名为国号。《汉书·地理志》颜师古注引臣瓒云："临淄即营丘也。故晏子曰：始爽鸠氏居之，逢伯陵居之，太公居之。又曰：先君太公筑营之丘。今齐之城中有丘，即营丘也。"颜注曰："瓒说是也。筑营之丘，言于营丘地筑城邑。"⑨《水经·淄水注》云："淄水又北迳其城东，城临淄水，故曰临淄。……《尔雅》曰：水出其前左为营丘。武王以其地封太公望，赐之以四履，都营丘为齐。"⑩《括地志》青州临淄县条云："古营丘之地，吕望所封

---

① 董作宾：《殷历谱》下编卷九·日谱三，《董作宾先生全集乙编》，台北：艺文印书馆，1977年，第754页。
② 陈梦家：《殷虚卜辞综述》，第308页。
③ 李学勤：《论新出现的一片征人方卜辞》，《殷都学刊》2005年第1期。
④ 段振美、焦智勤、党相魁、党宁：《殷墟甲骨辑佚：安阳民间藏甲骨》，北京：文物出版社，2008年，第151页。
⑤ "䀈"或释为"典"。李学勤先生指出，"䀈"相当于宾组卜辞常见的"禹册"，意即发布对某人的册命。参见李学勤《论新出现的一片征人方卜辞》，《殷都学刊》2005年第1期。
⑥ 《史记》卷32《齐太公世家》，第1480页。
⑦ 参见任伟《西周封国考疑》，第67—69页。
⑧ 山东省文物考古研究所：《山东高青县陈庄西周遗址》，《考古》2010年第8期；山东省文物考古研究所：《山东高青县陈庄西周遗存发掘简报》，《考古》2011年第2期。
⑨ 《汉书》卷28《地理志》，第1583页。
⑩ 郦道元著，陈桥驿校证：《水经注校证》卷26，第622页。

齐之都也。营丘在县北百步外城中。"①上述诸条记载俱以营丘、临淄为一地,在今临淄齐故城遗址一带。

针对传统观点,今之学者的看法各有异同。张学海等先生根据《史记》将营丘、薄姑、临淄三者并举,认为营丘当与临淄有别,前者可能在今寿光市南的呙宋台遗址。② 王恩田先生则主张,齐故城遗址东北部的河崖头西南、阚家寨东北的"韩信岭"高地,很可能就是太公封齐所居之营丘。③ 山东省文物考古研究所编著的《临淄齐故城》一书,全面总结了20世纪以来临淄齐故城遗址的田野考古工作,明确该城址的始建年代当不晚于西周中期,晚商至西周早中期遗存集中分布于大城东北部区域。著者在此基础上指出,目前看来,临淄一地作为太公所都之营丘的可能性最大。⑤ 这种观点相对较有说服力。据介绍,1989年在齐故城东北河崖头村发掘的M102中,出土了一件圈足底部带有"侯"字刻铭的陶簋,器物及铭文照片现已正式刊布(图4.2)。⑥ 结合其他随葬铜器及陶器的特征判断,该簋年代大致在西周中期,而墓主身份应是一位齐国公室贵族。这无疑为确定同时期齐国都城所在,提供了具有指向意义的关键线索。

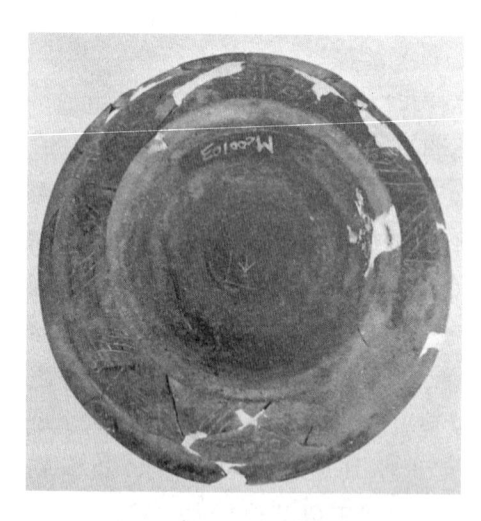

图 4.2 1989 年齐故城河崖头 M102 出土陶簋铭文④

"营丘"和"临淄"之名,尚未见于战国之前的古文字资料,较早仅出现在《战国策》《晏子春秋》等传世典籍中。《战国策·燕策一》以齐"营丘"与秦之"殽塞"、楚之"疏章(沮漳)"连言并举,是知营丘相对于齐人而言,当为传统意义上的核心区无疑。据《史记·齐世家》记载,周夷王时,

---

① 李泰等著,贺次君辑校:《括地志辑校》卷3,第139页。
② 张学海、罗勋章:《营丘地望考略》,中国古都学会编:《中国古都研究》(第一辑),杭州:浙江人民出版社,1985年。
③ 王恩田:《关于齐国建国史的几个问题》,《东岳论丛》1981年第4期。
④ 王春法主编:《海岱朝宗:山东古代文物菁华》,北京:北京时代华文书局,2019年,第105页。
⑤ 山东省文物考古研究所:《临淄齐故城》,北京:文物出版社,2013年,第547—549页。
⑥ 山东省文物考古研究所:《临淄齐故城》,第460页、图版六一,1。

由周人扶植的齐胡公曾徙都于薄姑,后为公子山率其党徒及营丘之人所杀,公子山自立为献公,并将都城迁至临淄。寻绎文意,营丘、临淄似有先后之别,而非同时并存之地名。故《汉志》谓"临甾名营丘",①大概亦是举其旧称。曲英杰先生认为,言"营丘"者,多指太公封地;凡称"临淄"者,则是就城而言。② 所论颇有道理。结合临淄齐故城遗址的考古发现来看,大城东北部的北墙可能在西周晚期经过局部的增建或扩建,整个聚落在春秋战国之际得到了迅速发展,最终形成了大城的基本规模;③而河崖头一带的部分西周遗存则叠压在晚期遗存之下,④充分反映出该遗址的前后延续性。因此笔者推测,随着东周城市的发展和城址范围的扩大,太公始居之营丘遂为扩建的大城所包摄,由于城临淄水,乃更称曰"临淄",此后便只有"临淄"而无所谓"营丘"了。

《春秋》文公十六年:"公子遂及齐侯盟于郪丘。"同年《传》云:"公使襄仲纳赂于齐侯,故盟于郪丘。""郪丘"者,《公羊》作"犀丘",《穀梁》作"师丘",皆音近假借也。此"郪丘"为齐地,一说在今山东东阿县境。⑤ 江永则指出,是年公子遂纳赂于齐,因及齐侯盟于郪丘,其地当近国都,断不会远至东阿而结盟。⑥ 此说甚为合理。值得注意的是,徐彦《公羊疏》云:"正本作'菑丘'。故贾氏《公羊》曰'菑丘,《穀梁》曰师丘'是也。今《左氏》经作'郪'字。"⑦如作"菑"为正字,则"菑丘"不排除即齐都临淄之别名。

不过,在战国齐文字资料中,齐都临淄则往往称为"齐"或"齐城"。1992年,淄博市临淄区永流乡的一处墓葬出土了两件战国齐铜量,铭文均作"齐宫乡郪里"。⑧ 所谓"宫乡"和"郪里",即分别为齐国都城所辖的乡名及其下的里名。至于"齐城"之例,则如"齐城左"戈(《新收》1167、1983)、"齐城右"戟(《集成》11815)诸铭所示。银雀山汉简《孙膑兵法·擒庞涓》:"孙子曰:'都大夫孰为不识事?'(田忌)曰:'齐城、高唐。'"此"齐城"同样是指临淄,仍保留了战国齐人的称谓习惯。吴良宝先生指出,

---

① 《汉书》卷28《地理志》,第1659页。
② 曲英杰:《先秦都城复原研究》,第228页。
③ 山东省文物考古研究所:《临淄齐故城》,第532—535页。
④ 如1989年发掘的河崖头村西的三座西周墓葬,均位于齐故城春秋五号墓殉马坑的下方。
⑤ 顾栋高辑,吴树平、李解民点校:《春秋大事表》卷7,第738页。
⑥ 江永:《春秋地理考实》卷2,《清经解》卷253,第2册,第246页。
⑦ 徐彦:《春秋公羊传注疏》卷14,阮元校刻《十三经注疏》,第4939页。
⑧ 魏成敏、朱玉德:《山东临淄新发现的战国齐量》,《考古》1996年第4期。

齐国都城在秦文字资料中一般称作"临淄"或"临菑",而传世战国、秦代文献里似乎未见称"齐城"的例子。① 这种存在于不同文字系列之间的"同地异名"现象,无疑很值得注意。

（6）少皞之虚、奄（商奄）；鲁、曲阜

《诗·鲁颂·閟宫》:"王曰叔父:建尔元子,俾侯于鲁。大启尔宇,为周室辅。"所述乃周成王命周公子伯禽赴鲁担任侯职一事。《左传》定公四年载伯禽始封,谓"使之职事于鲁,以昭周公之明德","命以《伯禽》而封于少皞之虚"。杜预注:"少皞虚,曲阜也,在鲁城内。"《史记·鲁周公世家》则言:"封周公旦于少昊之虚曲阜,是为鲁公。"②又云:"周公卒,子伯禽固已前受封,是为鲁公。"综合上述记载可知,伯禽受封于鲁,因以为号,地在少皞之虚,即曲阜鲁城,这也代表了鲁国始封地问题的传统认识。

鲁国与商奄故地同样关系密切。《左传》昭公九年记载周大夫詹桓伯有"蒲姑、商奄,吾东土也"之辞,正义引服虔说云:"蒲姑、商奄,滨东海者也。蒲姑,齐也。商奄,鲁也。"③史载周公东征践奄后,乃命伯禽"因商奄之民"④而封于鲁。《汉书·艺文志》:"《礼古经》者,出于鲁淹中及孔氏。"苏林曰:"里名也。"⑤又,《周本纪》正义引《括地志》云:"兖州曲阜县奄里,即奄国之地也。"⑥所以旧说一般也将商奄故地定在曲阜。

1977—1978年,当地文物考古部门对曲阜鲁故城展开大规模的钻探和试掘工作,初步明确了该遗址的年代、性质和遗存分布。其中,西周时期的文化堆积在鲁故城西部、西北部和北部区域均有发现,且大多可以延续至战国甚至汉代。另据城垣遗迹的试掘来看,现有城址大致形成于西周晚期,东周以后主要是在前者基础上进行增建或修补,其位置与规模均无明显变化。⑦ 尽管报告撰写者对鲁故城作为伯禽始封地的结论持肯定态度,但考虑到其间遗存年代基本在西周中期以后,真正意义上的早期遗存并不丰富,加之城址的始建年代亦相对偏晚,所以难免让人对传统观点产生质疑。

值得注意的是,《史记·鲁世家》尚有"炀公筑茅阙门"之文,徐广引

---

① 吴良宝:《战国文字资料中的"同地异名"与"同名异地"现象考察》,李学勤主编:《出土文献》第5辑,第64页。
② 《史记》卷33《鲁周公世家》,第1515页。
③ 孔颖达:《春秋左传正义》卷45,阮元校刻《十三经注疏》,第4466页。
④ 《左传》定公四年祝佗语。
⑤ 《汉书》卷30《艺文志》,第1710—1711页。
⑥ 《史记》卷4《周本纪》,第133页。
⑦ 山东省文物考古研究所等:《曲阜鲁国故城》,济南:齐鲁书社,1982年,第211—212页。

《世本》曰:"炀公徙鲁。"宋忠曰:"今鲁国。"①又,《左传》昭公二十九年载少皞氏之四叔"世不失职,遂济穷桑",杜预注:"穷桑,少皞之号也。四子能治其官,使不失职,济成少皞之功,死皆为民所祀。穷桑地在鲁北。"于是有学者联系上述二说,提出伯禽始封本在鲁北穷桑,直到"炀公徙鲁"才将都城迁至曲阜。②今按穷桑一地,旧籍往往含糊其辞,未必可以确指其实。如《史记·周本纪》正义:

> 《帝王世纪》云:'黄帝自穷桑登帝位,后徙曲阜;少皞邑于穷桑,以登帝位,都曲阜;颛顼始都穷桑,徙商丘。'穷桑在鲁北,或云穷桑即曲阜也。③

皇甫谧称多位上古圣王皆践祚于穷桑,其后分徙他处,这种同源而异流的人物地缘关系,显然带有浓厚的传说色彩和重构痕迹,碍难遽信。而杜预在《春秋释例·土地名》中,亦径言穷桑"地阙",故孔疏以为"言在鲁北,相传云耳",④大体是符合实际的。

退一步讲,即便穷桑之地确为少皞所居,也无法证明"少皞之虚"必在鲁北而非曲阜。据《帝王世纪》所言,少皞起初"邑于穷桑",登极之后遂"都曲阜",是曲阜亦可称为"少皞之虚"无疑。《左传》定公四年正义云:"盖未为帝居鲁北,既为帝乃居鲁也。"⑤此论乃循皇甫谧说而发,亦不失为一种合理的解释。反观《鲁世家》仅记炀公"筑茅阙门",而不言"徙鲁",或可表明迁都之说未必准确,故为司马迁所不取。按"茅阙门"之"茅"字,裴骃集解引徐广曰:"一作'第',又作'夷'。"⑥柯劭忞谓"夷""第"俱"雉"之假借,"筑雉阙门"实际是指鲁作雉门以及两观,⑦洵为卓见。因此,依据传世文献仅可推知,鲁炀公在位时期至少完成了宫室建筑的营造,至于是否存在真正意义上的迁都之举,恐怕仍需其他史料构成有力的互证。

2011年,朱凤瀚先生撰文刊布了一组私家收藏的西周昭穆时期青铜

---

① 《史记》卷33《鲁周公世家》,第1526页。
② 曲英杰:《先秦都城复原研究》,第263—264页。
③ 《史记》卷4《周本纪》,第128页。
④ 孔颖达:《春秋左传正义》卷53,阮元校刻《十三经注疏》,第4613页。
⑤ 孔颖达:《春秋左传正义》卷54,阮元校刻《十三经注疏》,第4636页。
⑥ 《史记》卷33《鲁周公世家》,第1526页。
⑦ 柯劭忞:《春秋穀梁传补注》卷14,北京:朝华出版社,2018年,第482页。

器,包括一尊、一卣及一件带提梁的盒形器。其中尊、卣铭文相同,记载了器主"叔"自"鸒虢"前来教诲鲁人,[①]因事有成而受到鲁侯赏赐的经过。朱先生结合器物年代、人称与铭文史事,推断其中的鲁侯当指鲁炀公,而鲁侯称其父为"文考鲁公",即第一代鲁侯伯禽,这些意见都很正确。[②]

炀公既尊奉先考伯禽为"鲁公",表明鲁人自后者就封以来便已使用"鲁"为国族名号。据铭文所云,鲁侯命器主的职事为"来诲鲁人,为余寏"。朱先生认为"寏"读作"轨",有法规、法则之义;董珊先生则读为"宫",并理解成建造宫室的意思。[③] 按下文鲁侯尚言"余既省,余既处,无不好",这里的两个动词"省"和"处",适与先前的"来诲鲁人,为余寏"相互呼应,"省"即亲临视察,"处"即身处其地,可见"寏"读为"宫"也许更为允当,同时也暗示出鲁侯当时的居所与鲁人新营建的宫室可能不在一地,这样便为"炀公徙鲁"的记载提供了新线索。另外,该铭开篇即提到"不显朕文考鲁公攵文遗工,不髳厥诲",朱先生已指出其文例与天亡簋铭(《集成》4261)"不显王作省,不髳王作庸"相同,甚是。从句法结构推测,此"不(丕)显""不髳"都是带有褒义的限定语,用来修饰其后的名词或名词性词组,大意即是称颂先君伯禽的"攵文遗工"和"厥诲"。"攵文"一词,与"遗工"为对文关系,董先生读为"垂文",其说可从。"垂文"即流传下来的礼制和法度,"遗工"则指先人遗留的功业,[④]而"厥诲"则类似于遗训性质的内容,凡此种种,既可视作鲁公伯禽"筚路蓝缕"奠定的基业和政治遗产,同时也构成了炀公即位后施政的理论基础和物质条件。准此,若将本铭与《鲁世家》合而观之,则所谓"筑茅阙门"很可能是指炀公徙都之后,继续遵循伯禽创立的礼制和法度,进一步对鲁侯的宫室建筑群进行增建或完善,并最终形成了应有的规制,从而实现对先君"垂文遗工"的继承与发扬。结合周初推行分封的历史背景考虑,上述举措对于彰显鲁侯在封域内的执政权力和统治地位,无疑具有重要的政治意蕴。

---

① "叔"字从董珊先生之说。参见董珊《新见鲁叔四器铭文考释》,《古文字研究》第29辑,北京:中华书局,2012年,第303—312页。侯乃峰先生认为,"鸒虢"即《左传》成公二年的鲁地名"阳桥"。其说颇有胜意。参见侯乃峰《新见鲁叔四器与鲁国早期手工业》,《考古与文物》2016年第1期。
② 朱凤瀚:《虡器与鲁国早期历史》,朱凤瀚主编:《新出金文与西周历史》,上海:上海古籍出版社,2011年,第1—20页。
③ 董珊:《新见鲁叔四器铭文考释》,《古文字研究》第29辑,第303—312页。
④ 侯乃峰先生将"遗工"理解为伯禽就封时受赐的工匠及其掌握手工业技艺。在笔者看来,"垂文""遗工"和"厥训"连言并举,都是对伯禽政治遗产相对笼统的概括,恐怕并非实指某一具体事物。

总的来说,针对鲁国始封地就在曲阜鲁故城的传统观点,传世典籍、出土文献及考古资料中非但无法提供确凿依据以供证实,反而可以找到一些有助于廓清二者关系的线索。尤其是通过2011年以来当地考古部门的进一步工作,目前基本可以确认:曲阜鲁故城内西周遗存的年代上限约当西周中期前段,主要分布在城西、城北及西北部一个相对独立的地理单元内,其西、北两面均临洙水,东部为周公庙岭地;而现存最早的城垣位于鲁城西北部,其下叠压有两周之际的文化堆积,说明鲁人在定都曲阜之后长期并未筑城。① 鉴于上述事实,不少学者都提出伯禽封鲁的最初地点,可能需要在曲阜周边另寻线索,这一思路是可取的。

2019年,山东省文物考古研究院对曲阜西陈遗址进行了考古发掘,该遗址位于曲阜市南郊西陈村西,北距鲁故城约6公里,总面积约7万平方米,其中包括居址区、窖穴区和祭祀区等不同的功能区,主体年代为商代中晚期,部分遗存可能属于西周时期。据发掘成果显示,西陈遗址在晚商阶段持续发展,尤以殷墟三、四期为盛,在遗存范围、类型及数量方面都有显著变化,还出现了高等级的祭祀区,表明该遗址的等级地位较高,这无疑为商奄地望的探寻提供了重要线索。② 任伟先生曾提出,所谓"炀公徙鲁",是指鲁炀公将居处从奄地移至曲阜,由于二者相距甚近,后来便连为一城,即曲阜鲁城。③ 此说从解释的角度来讲,相对较为合理,只是鲁故城范围内缺少必要的晚商遗存来证实商奄在此。未来若可认定商奄故地位于西陈遗址一带,那么便为少皞之虚及伯禽始封地的位置找到了一个明确的坐标,从而也使《世本》"炀公徙鲁"之说得到印证。

综上所论,史载伯禽受封于少皞之虚,同时"因商奄之民"以立国,说明商奄自与少皞之虚一脉相承,二者当系一地,旧说认为即在曲阜鲁城,并不能得到考古学证据的支持,但其地望范围亦大致不出今曲阜周边。始封君伯禽以"鲁"作为国族名号,可能最初是缘自周人的命名,炀公自伯禽初居之地徙封至曲阜鲁故城一带,乃将国名移植于此,是"以国名地"之例。西周晚期以后至东周阶段,随着聚落的发展和城址的兴建、扩建,整个鲁国都城的范围又有所扩展,形成的城圈统称为"鲁城"。《礼记·明

---

① 韩辉、刘延常、徐倩倩、赵国靖:《曲阜鲁故城考古新发现与初步认识》,山东省文物考古研究院、曲阜市文物局、曲阜师范大学历史文化学院编:《保护与传承视野下的鲁文化学术研讨会论文集》,上海:上海古籍出版社,2018年,第51—69页。
② 韩辉:《山东曲阜西陈遗址》,《大众考古》2020年第5期。
③ 任伟:《西周封国考疑》,第36—37页。

堂位》："成王以周公为有勋劳于天下,是以封周公于曲阜,地方七百里,革车千乘,命鲁公世世祀周公以天子之礼乐。"正义引臣瓒说云:"鲁城内有曲阜,逶迤长八九里。"①"曲阜"之称始见于此,很可能是东周时人依据当地形胜所作的更名,并一直沿用至今。

(7)夏虚、大夏、参虚、京师;晋、翼;曲沃、新城、下国

杜预《春秋释例》尝言:"晋、大卤、太原、大夏、参虚、晋阳,六名。太原晋阳县。"②是谓上述六名俱指一地,并在今山西太原境内。今按杜说正误参半:"大夏""参虚"所指实一;"太原""大卤"亦属异名关系;"晋阳"则为后起地名,与早先的"晋"并非一地。

成王灭唐而封叔虞,史有明文。唐人故地称为"夏虚",见于《左传》定公四年,杜预曰:"夏虚,大夏,今大原晋阳也。"此说以汉晋时期的地名"太原"来比附上古"大原",乃致将"夏虚"北移至汾水上游的今太原附近,显然不足为据。③ 不过,杜云"夏虚"又名"大夏",则可谓于史有征。如《史记·郑世家》载子产曰:"迁实沈于大夏,主参,唐人是因,服事夏、商。其季世曰唐叔虞。"集解引服虔云:"大夏在汾、浍之间,主祀参星。"④对比可知,"大夏"与"夏虚"显然所指实一。又《左传》昭公十五年周景王谓籍谈曰:"密须之鼓与其大路,文所以大蒐也;阙巩之甲,武所以克商也。唐叔受之,以处参虚,匡有戎狄。"杜预注:"参虚,实沈之次,晋之分野。"可见唐叔始封之地又名"参虚"。只不过这种以分野作为地理实体的名称,大抵相对晚出而已。

此外,春秋晚期晋公盆铭文(《集成》10342)尚有"[王]命唐公,建宅京师"之记载。⑤ 按"唐公"即始封君叔虞的尊称,毋庸赘言。据文意判断,"京师"既为唐叔虞就封的初宅之地,则与"夏虚""大夏""参虚"理应存在异名关系。考虑到西周文献中尚无晋地"京师"的确凿证据,⑥故笔

---

① 《史记·周本纪》集解引应劭说,则作"曲阜在鲁城中,委曲长七八里"。
② 杜预:《春秋释例》卷6,第194页。
③ 顾炎武尝言:"所谓大夏者,正今晋、绛、吉、隰之间。"实际已否定了唐叔始封在今太原的可能性。参见顾炎武著,陈垣校注《日知录校注》卷31,第1789—1790页。
④ 《史记》卷42《郑世家》,第1773页。
⑤ 按《集成》此行缺拓,今据《铭图》6274补。"建"字原拓不甚清晰,据新见晋公盘铭(《铭续》952)可知释"建"当是。
⑥ 春秋初年的晋姜鼎铭(《集成》2826)另有"鲁覃京师,辝我万民"一语。于省吾先生谓"鲁覃京师"即"休美延及京师"之义,其说甚佳。参见于省吾《双剑誃吉金文选》,北京:中华书局,1998年,第147—148页。此"京师"未必为晋地,不妨视作天子之都的通名,文意可理解为晋姜之美德播于周都、达于上闻,遂得治理晋邦之民。

者推测,它很可能是东周以后产生的地名,殆为后世晋人对其发祥地的别称。

叔虞的始封地问题,历来的主要观点可归纳为"平阳(今临汾)说""翼城(今翼城)说""鄂地(今乡宁)说""安邑(今夏县)说""永安(今霍州)说"和"晋阳(今太原)说"等六种。①《史记·晋世家》较早明确地指出了叔虞封唐的范围,谓"唐在河、汾之东,方百里",极为重要。正义引《括地志》云:"故唐城在绛州翼城县西二十里,即尧裔子所封。"②与服虔所言"大夏在汾、浍之间"的方位正相吻合。覈其里至,该"故唐城"的位置大致就在今翼城、曲沃两县交界的天马—曲村遗址一带,邹衡、李伯谦等先生早年也曾认为叔虞封唐即此。③

关于晋国称"唐"与称"晋"的关系,汉唐之际的学者已经有所讨论。如《晋世家》正义引徐才《宗国都城记》曰:"唐叔虞之子燮父徙居晋水傍,今并理故唐城。唐者,即燮父所徙之处。"又引《诗谱》云:"叔虞子燮父以尧墟南有晋水,改曰晋侯。"④前说虽认为燮父曾有徙居晋水之举,但同时又指其所徙之处为唐,实际并未将唐、晋二地严格区分。后说则主张燮父未尝徙都,只是因为故唐国之地南临晋水,遂改国名为"晋"。现据㲴公簋铭可知,燮父原居于唐,号曰"唐伯";其后徙封于晋,故《晋世家》称之为"晋侯",足证唐、晋确实应该有所区别。

20世纪90年代,在天马—曲村遗址范围内的北赵村南发现了著名的晋侯墓地,1992—2001年,考古工作者陆续清理了9组19座晋侯夫妇的合葬墓及陪葬墓、车马坑等遗存,时代跨度自西周早期一直延续至春秋初年。⑤ 据研究表明,年代最早的M114组属于西周早期偏晚,墓主为晋侯燮父及其夫人的可能性最大。⑥ 这也就意味着,北赵晋侯墓地之中应该并

---

① 参见李伯谦《天马—曲村遗址发掘与晋国始封地的推定》,《中国青铜文化结构体系研究》,北京:科学出版社,1998年,第114—123页。
② 《史记》卷39《晋世家》,第1636页。
③ 邹衡:《晋始封地考略》,吴荣曾主编:《尽心集——张政烺先生八十庆寿论文集》,北京:中国社会科学出版社,1996年,第215—221页;李伯谦:《天马—曲村遗址发掘与晋国始封地的推定》,《中国青铜文化结构体系研究》,第114—123页。
④ 《史记》卷39《晋世家》,第1636页。
⑤ 孙庆伟:《也辨"晋公宗室"——兼论晋侯墓地M114墓主人》,《古代文明研究通讯》第10期,2001年;李学勤:《谈叔矢方鼎及其他》,《文物》2001年第10期;李伯谦:《晋侯墓地发掘与研究》,上海博物馆编:《晋国奇珍——山西晋侯墓群出土文物精品》,上海:上海人民美术出版社,2002年,第17—27页。
⑥ 徐天进:《晋侯墓地的发现及研究现状》,上海博物馆编:《晋侯墓地出土青铜器国际学术研讨会论文集》,上海:上海书画出版社,2002年,第517—529页。

无始封君唐叔虞的身影。觉公簋的出现,使上述推论得到了进一步证实。李伯谦先生亦修正前说,指出既然燮父以降九代晋侯夫妇皆葬于天马—曲村遗址,则此为燮父"侯于晋"之晋都所在地,自当顺理成章,确不可易。① 如是,叔虞始封之地安在,仍是一个悬而未决的问题。但无论如何,故唐国的地望当不出"河、汾之东""汾、浍之间"的今临汾东南部地区,此亦"夏虚"的基本范围。②

除燮父"侯于晋"外,传世文献中亦有西周晋国曾经徙都的记载,如郑玄《诗谱》云:"至曾孙成侯,南徙居曲沃,近平阳焉。"又曰:"(僖侯)其孙穆侯又徙于绛云。"③不过,根据天马—曲村遗址和北赵晋侯墓地从西周早期至春秋早期连续发展的事实,基本可以证明这一阶段晋国并未再次迁都,而很可能一直以燮父所徙之晋作为都城所在地。2005年,曲沃县东北的羊舌村又发现了一处春秋早期墓地(仅距北赵晋侯墓地约4.5千米),其中包括5座"中"字型大墓、数十座中小型墓和车马坑等遗存。发掘者结合羊舌墓地的年代、位置、朝向及墓葬形制,推断前者是与北赵晋侯墓地相接的另一处晋侯墓地。④ 此说得到了学界的普遍认同。⑤ 综上来看,顾炎武尝谓"唐叔之封以至侯缗之灭,并在于翼",⑥所论颇有见地。东周初年的晋都曰"翼",《春秋》经传亦称晋侯为"翼侯"。《晋世家》索隐云:"翼本晋都也,自孝侯已下一号'翼侯',平阳绛邑县东翼城是也。"⑦是谓翼地在今翼城县境,适与北赵、羊舌两处晋侯墓地的方位基本相合。

---

① 李伯谦:《觉公簋与晋国早期历史若干问题的再认识》,《古代文明研究通讯》第33期,2007年。
② 关于叔虞始封地的具体位置,王立新、孙亚冰、田建文和李伯谦先生分别提出了洪洞永凝东堡遗址(或坊堆—永凝堡遗址)、浮山桥北遗址和临汾庞杜遗址的设想。参见王立新《关于天马—曲村遗址性质的几个问题》,《中原文物》2003年第1期;孙亚冰《㠱国考》,《古文字研究》第27辑,第42—48页;田建文《初识唐文化》,《古代文明研究通讯》第21期,2004年;李伯谦《觉公簋与晋国早期历史若干问题的再认识》,《古代文明研究通讯》第33期,2007年。
③ 孔颖达:《毛诗正义》卷6,阮元校刻《十三经注疏》,第765页。
④ 山西省文物考古研究所、曲沃县文物局:《山西曲沃羊舌晋侯墓地发掘简报》,《文物》2009年第1期。
⑤ 各家的分歧主要集中在羊舌墓地墓主的归属方面。参见吉琨璋《曲沃羊舌晋侯墓地1号墓墓主初论——兼论北赵晋侯墓地93号墓主》,《中国文物报》2006年9月29日第7版;马冰《也谈羊舌墓地M1和北赵晋侯墓地M93的墓主》,《中国文物报》2007年2月2日第7版;田建文《也论曲沃羊舌墓地1号墓的墓主》,《中国文物报》2007年3月30日第7版;孙庆伟《试论曲沃羊舌墓地的归属问题》,《古代文明研究通讯》第33期,2007年。
⑥ 顾炎武著,陈垣校注:《日知录校注》卷31,第1790—1791页。
⑦ 《史记》卷39《晋世家》,第1638页。

因此，"曲沃代翼"时期的晋都"翼"，仍在天马—曲村遗址的可能性最大，它与原地名"晋"当属于异名关系。鄙意以为，春秋早期晋都之所以更称曰"翼"，大概是因为"晋"已长期用作国名，故有必要通过更改地名来予以区别。

史载晋昭侯封文侯少弟桓叔于曲沃，历三世，至武公灭翼而代为晋侯。其子献公"城绛"而都之，①并命太子申生出居曲沃，以守故都宗庙。《汉书·地理志》河东郡闻喜县原注："故曲沃。"②故址在今闻喜县东的上郭村、邱家庄一带。③《左传》僖公四年云"太子奔新城"，"新城"即指曲沃，盖新为太子所城之故。④ 晋自都绛后，曲沃又名"下国"。如《左传》僖公十年："秋，狐突适下国，遇大子。"正义曰："曲沃，晋之旧国，故谓之为下国也。"⑤曲沃或称"下国"，无疑是相对于绛都而言。

（8）豳——京（京师）

史载周人先祖公刘居豳。《诗·大雅·公刘》云："笃公刘，逝彼百泉，瞻彼溥原，乃陟南冈，乃觏于京。京师之野，于时处处，于时庐旅。"其下又以"于京斯依"和"于豳斯馆"为对，可见"京"即"豳"也，当无疑义。所谓"京师之野"者，毛传："是京乃大众所宜居之也。"郑笺："京地乃众民所宜居之野也。"是谓"师"有"众"义，故增此后缀，又名"京师"。正如洛邑亦称"洛师"（《尚书·洛诰》），与之例同。

用作专名的"京𠂤（师）"，又见于西周晚期的多友鼎（《集成》2835）、克钟（《集成》204）、克鎛（《集成》209）诸器。《汉书·地理志》右扶风栒邑县下："有豳乡。《诗》豳国，公刘所都。"⑥李学勤先生通过金文地名的系联和整体考察，指出《公刘》及上揭各铭之"京师"当为豳地所在的区域名，在今陕西彬县东北。⑦ 他强调，多友鼎铭出现的地名共有六个，其中的"京师""筍""𣆶""龚"四地俱见于传世文献。"筍"即旬邑，"龚"即《大雅·皇矣》"侵阮徂共"的共，"𣆶"则为《史记·周本纪》"去豳，度漆沮"之漆，它们皆可在泾水中游地区找到相应的地理

---

① 《汉志》河东郡绛县注："晋武公自曲沃徙此。"然据《左传》《晋世家》所载，始"城绛"而都者实为献公。
② 《汉书》卷28《地理志》，第1550页。
③ 国家文物局主编：《中国文物地图集·山西分册》（下），北京：中国地图出版社，2006年，第1122页。
④ 杨伯峻：《春秋左传注》（修订本），第297页。
⑤ 孔颖达：《春秋左传正义》卷13，阮元校刻《十三经注疏》，第3910页。
⑥ 《汉书》卷28《地理志》，第1547页。
⑦ 李学勤：《论多友鼎的时代及意义》，《新出青铜器研究》（增订版），第106—112页。

坐标。李先生的上述考证,有别于依靠单一金文地名比附文献的研究方法,所定诸地点的方位关系相对稳定,其结论亦可得到较多史料的支持,总体当可信据。①

清华简《系年》第二章有云:

> 周幽王取妻于西申,生平王,王或取孚(褒)人之女,是孚(褒)姒,生伯盘。孚(褒)姒(辟)嬖于王,王与伯盘逐平王,平王走西申。幽王起师,回(围)平王于西申,申人弗畀。曾(缯)人乃降西戎,以攻幽王,幽王及伯盘乃灭,周乃亡。邦君、诸正乃立幽王之弟余臣于虢,是携惠王。立廿又一年,晋文侯仇乃杀惠王于虢。周亡(无)王九年,邦君、诸侯焉始不朝于周,晋文侯乃逆平王于少鄂,立之于京师。三年乃东徙,止于成周。晋人焉始启于京师,郑武公亦正东方之诸侯。
>
> (《系年》简5—10)

上揭文字交代了西周覆亡和平王东迁的大致经过。根据简文的叙事,平王为避褒姒之祸而出奔"西申",得到了申、缯的庇护。幽王、伯盘死后,以虢氏为代表的部分世族推戴余臣为王,此时平王尚避居于外。后来晋文侯攻灭携王,从"少鄂"迎回平王,并在"京师"拥立他继承大统,最终促成了周室的东迁。

简文"京师"安在,目前主要有两说。整理者据《公羊传》桓公九年"京师者何?天子之居也",认为"京师"是指宗周。② 董珊先生则主张"京师"为晋地,也即叔虞所都之鄂。③ 今按《公羊》说的前提,是以"京师"具有通名属性,用作天子都城所在地的代名词;但简文"京师"既与"西申"

---

① "𥎊",李学勤先生原释为"郗",但其左半所从似非"㐱"形。董珊、陈剑二位先生认为,该字左旁的声符,是由从禾、从戈会意的获字省略而来。其说可从。参见董珊、陈剑《郳王职壶铭文研究》,《北京大学中国古文献研究中心集刊》第3辑,北京:北京大学出版社,2002年,第44—45页。董珊先生进而联系钱穆之说,认为"京师"即春秋晋地之"九京",在今山西新绛县北,并以"筍""获"分别对应汾水流域的"荀""霍"二地。参见董珊《略论西周单氏家族窖藏青铜器铭文》,《中国历史文物》2003年第4期。然据多友鼎铭记载,癸未日猃狁伐筍,多友率师西追,次日甲申之辰双方交战于获,足见获地方位当在筍地以西。而汾域之霍位于荀地东北,与多友西追的情形难以吻合,且二者直线距离超过一百公里,恐非一日之内可以到达。
② 清华大学出土文献研究与保护中心主编,李学勤主编:《清华大学藏战国竹简》(贰),上海:中西书局,2011年,第139页。
③ 董珊:《读清华简〈系年〉》,《简帛文献考释论丛》,上海:上海古籍出版社,2014年,第102—110页。

"少鄂"诸地连言并举,其性质属于专名的可能性较大,故未必与周室故都有关。另一方面,《系年》言晋文侯拥立平王于"京师","三年乃东徙,止于成周",说明"京师"当在成周以西无疑。然而,无论晋地"京师"是指叔虞所都之鄂抑或《汉志》太原郡属县京陵,其方位均当为成周以北,若自此而迁洛,则不可谓之"东徙",所以晋地说与简文记载亦难契合。

古本《竹书纪年》载:"幽王死,申侯、鲁侯、许文公立平王于申,虢公翰立王子余[臣],二王并立。"①《系年》亦云"平王走西申",与古本《纪年》相同。根据徐少华先生的研究,"西申"大致在今甘肃平凉至镇原以北的古申首之山与申水一带,位于泾水上游以北不远。② 那么,联系平王出奔后的活动地域来看,晋文侯迎立平王的"京师",当在周室西北的可能性较大。巧合的是,西土"京师"恰好坐落于泾水中游的今彬县一带,而泾河干流河谷开阔,川地平坦,自古便是连接陇西和关中平原的重要交通孔道。③ 由是观之,晋人自西土迎回平王之后,即循泾河谷地东行抵达"京师",遂拥立平王于此,正为顺理成章的事情。

二、加缀成分

如前所述,春秋时期以前的地名仍以单音节词为主,在单字地名上增加前缀或后缀成分,从而产生新的多音节字地名,是当时地名构词演变的一大标志性特征,同时也是造成"异地同名"现象的重要原因。具体来说,加缀成分大致又可分为以下几种情况。

(1) 增加通名性成分

在传世典籍和出土文献保存的先秦地名当中,常见加缀的通名性成分包括山、水、川、录、丘、京、土、自、邑、城等词,它们作为地名专名的前缀或后缀,只会造成特定地理实体的名称趋于多样化,而通常不会对其实际地望产生影响。现不妨择取部分具有代表性的例子胪列如下:

---

① 方诗铭、王修龄:《古本竹书纪年辑证》(修订本),第64页。
② 徐少华:《"平王走(奔)西申"及相关史地考论》,《历史研究》2015年第2期。此外,梁云先生撰文刊布了一件西周晚期的伯硕父鼎,出土地点在今甘肃庆阳境内,铭文记载器主的配偶名曰"申姜",其职司为管理"赤戎驭方"。"申姜"即为姜姓西申的贵族女子。参见梁云《陇山东侧商周方国考略》,《西部考古》第8辑,北京:科学出版社,2015年,第100—117页。
③ 参见史念海《关中的历史军事地理》,《河山集》(四集),西安:陕西师范大学出版社,1991年,第157—158页;李峰著,徐峰译,汤惠生校《西周的灭亡:中国早期国家的地理和政治危机》,第184—191页。

序 号	"同地异名"例	备 注
1	唐(《合集》10998)——唐土(《英藏》1105)——唐邑(《合集》14208)	
2	襄(《合集》30431)——自襄(《合集》24255)	
3	雇(《合集》36485)——自雇(《合集》24347)	
4	潚(《合集》37562)——潚彔(《屯南》1441)	
5	斿(《合集》28370)——斿彔(《合集》29412)	
6	阞(《合集》24457)——阞京(《合集》28245)	
7	宋(《花东》36)——宋京(《合集》8047)	
8	徹(《合集》8074)——徹京(《合集》10921)	
9	剢(《合集》24367)——丘剢(《合集》152)	
10	▨(《合集》24347)——▨丘(《合集》8119)	
11	鄂(静方鼎,《新收》1795)——鄂自(中甗,《集成》949)	
12	京——京师(《诗·大雅·公刘》)	同章
13	菁——菁京(麦方尊,《集成》6015)	同铭
14	昏——昏邑(柞伯鼎,《铭图》2488)	同铭
15	蒲——蒲城(《左传》庄公二十八年)	同年《传》
16	阴——阴地(《左传》哀公四年)	同年《传》

此外,还有一些由增加通名所导致的"同地异名"现象,尚需要作具体讨论。比如说,殷墟甲骨刻辞所见与"商"有关的地理称谓,包括"大邑商"(《合集》36511)、"天邑商"(《英藏》2529)、"丘商"(《合集》7838)、"中商"(《合集》7837)等。过去学界针对上述地名的关系长期存在争讼,罗振玉较早提出诸"商"即为安阳殷墟。① 董作宾先生力主"大邑商"与"丘商"当系一地,在今河南商丘,岛邦男、钟柏生等学者从之。② 陈梦家

---

① 罗振玉:《殷虚书契考释三种》,第649页。
② 参见钟柏生《殷商卜辞地理论丛》,第40、48页。

先生则将"大邑商"和"天邑商"区别为二,提出了"大邑商"在"沁阳田猎区",而"天邑商"在朝歌的观点。①

《合集》36975是一版商王以"商"与"四土"进行对贞的卜年记录。其中的"商"是指商代后期的王国都城及近畿之地,即以安阳殷墟为中心的都邑聚落群,当无疑问。殷末征人方卜辞习见"告于大邑商"(《合集》36482)之记载,说明该地对于商人而言,必然具有重要的政治宗教意义。西周成王之世的何尊铭文(《集成》6014)亦云"唯武王既克大邑商",有学者据此指出,"大邑商"应是逐渐发展并趋于稳定的一种专称,可谓渊源有自。② 从文字学的角度来说,"天邑商"和"大邑商"当无本质差异,二者与上述商地均为异名关系,所指实一。沫司土送簋(《集成》4059)言"王来伐商邑,诞令康侯鄙于卫",此"商邑"亦指殷都故地,或可视作"大邑商"称谓的一种省变。

据《合集》36501所示,殷末商王征人方过程中曾途经"商"地,从干支和占卜地的对应关系来看,这个商地与"斝""乐"等东土田猎地密迩相邻,故前者很可能是指春秋鲁国北鄙、汶水下游的郜邑,在今山东东平县接山镇郜城村一带。③ 按商地之水可称为"滴",故有"涉滴至于斝"(《合集》28883)之记载。卜辞所见另有地名"自滴"(《合集》24340),与"自渣"(同版)、"自袭"(《合集》24318)等同例,鉴于"自渣"或单作"豆"(《合集》24343),所以"自滴"很可能即商地的别称。西周中期穆公簋盖铭(《集成》4191)云:"唯王初如寚,乃自商自复,还至于周。"关于"商自"所在,研究者或以"商"之名号作为出发点,或联系周地位置进行考察,故有商丘说、商洛说及成周附近的殷遗民据点说之分歧。④ 考虑到"寚"亦为卜辞中常见的田猎地,位于泰山南麓的"汶阳之田"附近,因而周王返程之起点"商自"似在东土为宜,或即郜邑一带。⑤

综上所论,以往学者多将殷墟卜辞所见名"商"之地区别为二,总体而言确不可易,只是对彼此的界限尚有争议。在笔者看来,安阳殷墟之"商"或增缀"邑"字通名,于是陆续衍生出"大邑商""天邑商"和"商邑"等不同称谓;至于东土商地,则增缀"自"字通名,称为"自滴"或"商自",似与

---

① 陈梦家:《殷虚卜辞综述》,第255—258页。
② 孙亚冰、林欢:《商代地理与方国》,第69页。
③ 陈絜:《卜辞滴水与晚商东土地理》,《中国史研究》2017年第4期。
④ 诸说参见郭永秉《穆公簋盖所记周穆王大蒐事考》,《复旦学报》(社会科学版)2012年第5期。
⑤ 陈絜:《"梁山七器"与周代巡狩之制》,《汉学研究》第34卷第1期,2016年。

前者有意区别。至于宾组卜辞的"丘商",不仅作为商人的祭祀对象,与"河"及诸位先王处在相同的位置,而且还可以像诸神一般施展"作囚"的功能,所以该地很可能具有特殊的宗教色彩。如《合集》776 正：

1. 己丑卜,殻贞：耏于丘商。四月。
2. 贞：勿賏耏于丘商。
3. 壬寅卜,殻贞：不雨,唯兹商虫作囚。
4. 贞：不雨,不唯兹商虫作囚。

岛邦男认为,上揭四条卜辞可分为前后关联的两组,"耏于丘商"与"不雨,兹商虫作囚"之间存在着因果关系,故"丘商"也即"兹商"。① 所论甚是,但岛氏将二者与"大邑商"皆定在河南商丘,则未免不确。从安阳殷墟之"商"又称"兹邑"(《合集》7854 正)、"兹大邑商"(《合集》36511)的情形推测,"兹商"和"丘商"似乎专指殷都比较合理,但考虑到这一线索并非确证,因而也无法排除其他商地别称的可能性,不妨存疑待考。②

《合集》24303："……丑卜,王在自🔲卜。"地名"自🔲"一词,另见于同为出组卜辞的《合集》24282 至《合集》24334 诸版,其"🔲"字均从二火,作繁化的"燊"形。春秋中期的鮑镈(《集成》271)有"鲍叔有成燊于齐邦"之辞,叔夷钟铭(《集成》273)则有"勤燊其政事"一语,其中之"燊"均读为劳；又郭店简《尊德义》简 24 的"劳"字亦作🔲形,故可确认"燊"当释劳无疑,而"🔲"则系前者之省构。③ 又《屯南》2564："己丑贞：……王寻告土方于五示。在🔲,十月卜。"对比可知,"自🔲(劳)"即是在原地名"🔲(劳)"上增缀通名性成分而产生的,"自"在此读为"师",表示师旅驻地之义。

至于周公营建的东都,在《尚书》诸篇中存在"洛邑"(《多方》、《召诰》序)、"洛师"(《洛诰》)、"东国洛"(《康诰》)和"新邑洛"(《多士》)等不同称谓。其中的"洛邑"和"洛师",均是在原地名"洛"上加缀通名的产物。《左传》桓公七年："郑人、齐人、卫人伐盟、向。王迁盟、向之民于

---

① 岛邦男著,濮茅左、顾伟良译：《殷墟卜辞研究》,第 692 页。
② 《合集》9774 虽然同版卜问"耏于丘商"及"耩""悖""旬"三地的年成情况,但这并不足以证明"丘商"与其余三地的空间关系。
③ 李学勤：《出组"在劳"卜辞的月首干支》,《中国古代文明研究》,上海：华东师范大学出版社,2005 年,第 317—321 页；李学勤：《从两条〈花东〉卜辞看殷礼》,《吉林师范大学学报》(人文社会科学版)2004 年第 3 期。

郏。"又《左传》襄公二十四年云"齐人城郏",杜预注:"齐叛晋,欲求媚于天子,故为王城之。"此"郏"在洛阳王城一带,因郏山而得名。"郏"又名"郏鄏",即《左传》宣公三年"成王定鼎于郏鄏"者。《水经·穀水注》引京相璠曰:"郏,山名;鄏,地邑也。"① 若此说为是,则"郏鄏"一词也是在原地名"郏"上连缀通名性成分而产生的。

"麦"与"麦录""麦丘"的异名关系,同样是因为加缀通名而导致的结果。其中,"麦"是晚商无名组、黄组卜辞中常见的商王田猎地之一,如:

1. 于冒麦,陷,无灾。侃王。
   大吉。
   叀冒曾,于之擒,吉。
   其遘大风。　　　　　　　　　(《合集》30239+《屯南》815)②
2. 壬申王【卜,贞】:田麦,往【来】无灾。王【占曰】:吉。兹孚。
   【获】白鹿。
   乙亥王卜,贞:遴丧,往来无灾。王占曰:吉。
   丁丑王卜,贞:田宫,往来无灾。王占曰:吉。
   戊寅王卜,贞:田丧,往来无灾。王占曰:吉。获狐四。
   辛巳王卜,贞:田宫,往来亡灾。王占曰:吉。
   　　　　　　　　　　　　　　(《合集》37448+《合补》11323)③

"麦"用作地名时,或增饰水旁作"涞",或连缀"录"字曰"麦录",以表示麦地之水或林麓之义,就地望而言并无实质差异。④ 按东周齐国境内恰有地名曰"麦丘"者,即:

景公游于麦丘,问其封人曰:"年几何矣?"对曰:"鄙人之年八十五矣。"……于是赐封人麦丘以为邑。　　(《晏子春秋·内篇谏上》)
齐桓公逐白鹿,至麦丘之邦,遇人曰:"何谓者也?"对曰:"臣麦丘之邦人。"桓公曰:"叟年几何?"对曰:"臣年八十有三矣。"
　　　　　　　　　　　　　　　　　　　　　　(《韩诗外传》卷十)

---

① 郦道元著,陈桥驿校证:《水经注校证》卷16,第391页。
② 刘影:《甲骨新缀第79—82组》,黄天树:《甲骨拼合集》,北京:学苑出版社,2010年,第193页。
③ 赵鹏:《甲骨新缀一例》,黄天树:《甲骨拼合集》,第68页。
④ 参见李学勤、彭裕商《殷墟甲骨分期研究》,上海:上海古籍出版社,1996年,第372页。

桓公田,至于麦丘,见麦丘邑人,问之:"子何为者也?"对曰:"麦丘邑人也。"公曰:"年几何?"对曰:"八十有三矣。"

(《新序·杂事第四》)

上揭三段文字的叙事主干相近,细部则略有出入,彼此应该具有相同的文本来源。其中提到的"麦丘"一地,即为东周齐君的田游之所。《史记·赵世家》载惠文王十九年,"赵奢将,攻齐麦丘,取之"。此"麦丘"一说在今山东商河县西北,于齐、赵战争的地理背景是合适的;但就目前已知的情况看,与卜辞麦地空间关系密切的晚商田猎地,诸如召、乐、丧、宫等,基本都坐落于泰山附近至古济水之间;①而"姑棼"(《左传》庄公八年)、"沛"(《左传》昭公二十年)、"莒"(《左传》昭公三年)等齐侯田游的地点,亦分布在古济水下游南岸或泰沂山脉周边,然则济西之"麦丘"未免略显迂远。据陈絜先生考证,卜辞麦地当在今临淄西南、莱芜谷地南端的原山附近。② 那么,若将齐侯田游所至之"麦丘"考虑在这一范围,恐怕是比较稳妥的。准此,晚商地名"麦""麦麓"与文献地名"麦丘"之间的异名关系,大致可以论定。

《春秋》僖公十四年:"秋八月辛卯,沙鹿崩。"杜预注:"沙鹿,山名。平阳元城县东有沙鹿土山,在晋地。"正义云:"《公羊传》曰:'沙鹿者何?河上之邑也。'《穀梁传》曰:'林属于山为鹿。沙,山名也。'服虔云:'沙,山名。鹿,山足,林属于山曰鹿。'取《穀梁》为说也。"③又《续汉书·郡国志》魏郡元城县下:"五鹿墟,故沙鹿,有沙亭。"刘昭注:"《左传》定七年'盟于沙',杜预曰:沙亭在县东南。"④据此可知,"沙鹿"与"沙"为异名关系,前者是在地名"沙"上增加"鹿(麓)"字后缀而产生的。

与之相近的例子,尚有"棐"与"棐林"、"沛"与"贝丘"、"观"与"观泽"等。《春秋》文公十三年云"郑伯会公于棐","棐"为郑地,当即《左传》宣公元年及襄公三十一年之"棐林",在今河南新郑市东。⑤《左传》昭公二十年云"齐侯田于沛",梁履绳《左通补释》引《尚静斋经说》云:

---

① 陈絜、赵庆淼:《"泰山田猎区"与商末东土地理——以田猎卜辞盂、夒诸地地望考察为中心》,《历史研究》2015年第5期。
② 陈絜:《〈四祀邲其卣〉与晚商东土交通》,北京大学出土文献研究所编:《青铜器与金文》第1辑,第78—89页。
③ 孔颖达:《春秋左传正义》卷13,阮元校刻《十三经注疏》,第3913页。
④ 《后汉书·志》第20《郡国二》,第3432页。
⑤ 杨伯峻:《春秋左传注》(修订本),第594页。

"'沛'即庄八年'田于贝丘',《史记》作'沛丘'是也。盖地多水草,故常田猎于此。"①其说可从。"贝丘"在今山东博兴县东南,地近渑水。《史记·魏世家》:"(惠王)三年,齐败我观。"正义曰:"魏州观城县,古之观国。《国语》注:观,国,夏启子太康第五弟之所封也。夏衰,灭之矣。"②其地在今河南清丰县南。而《史记·赵世家》载武灵王九年,"齐败我观泽"。正义引《括地志》云:"观泽故城在魏州顿丘县东十八里也。"③此"观泽"与"观"亦系一地。上揭单字地名所增之后缀,如"麓""林""丘""泽"等皆具有通名属性,用以标识当地的自然地貌特征而已。

据《左传》记载,春秋晋邑常见以"县"作为后缀者,如"绛"又称"绛县"(襄公三十年)、"州"或作"州县"(昭公三年)、"原"一名"原县"(昭公七年)。楚人往往灭国而置"县",诸如申、息、陈、蔡、上鄀、期思等地概莫能外。上揭地名中的"县"俱为通名,其内涵原本与"邑"相近。只是随着时间的推移,这些县邑之"县"逐渐成为集权君主的直属地,并被纳入国家地方行政区划的体系之内,最终实现了向郡县之"县"的转型。④

《穀梁传》僖公二十八年有云:"水北为阳,山南为阳。温,河阳也。"所阐明的乃是以方位词"阳"来命名特定地理实体的一般规则,山北、水南则当称为"阴"。然就战国秦汉阶段的地名而言,其中带有"阳"字后缀的数量明显要超过"阴"字,这种用字不平衡的现象恐非偶然。有学者总结指出,不少古代地名中的"阳"字,实际仅作为通名使用,而跟山、水南北的方位概念无关。⑤ 这一看法颇有见地。除"阳"字之外,"陵"字也是较为常见的地名后缀,它们往往并无实在意义,大概仅具有美称的作用。如《史记·田敬仲完世家》载宣公四十四年"伐鲁、葛及安陵",⑥《六国年表》则作"伐鲁、莒及安阳",⑦可见"安陵""安阳"实系一地,很可能即《左传》哀公十四年所见宋地之"堇"增加后缀的产物,在今山东曹县以东。从地理称谓的发展演变趋势来看,"某阳""某陵"之类的地名形式在春秋以后逐渐增多,其中不少都造成了"同地异名"的问题。

---

① 梁履绳:《左通补释》卷26,《清经解续编》卷295,第2册,第156页。
② 《史记》卷45《魏世家》,第1844页。
③ 《史记》卷44《赵世家》,第1804页。
④ 周振鹤:《县制起源三阶段说》,《中国历史地理论丛》1997年第3期。
⑤ 周庄:《地名带"阳"字未必表示水北山南》,《历史地理》第4辑,上海:上海人民出版社,1986年,第27页。
⑥ 《史记》卷46《田敬仲完世家》,第1885页。
⑦ 《史记》卷15《六国年表》,第707页。

例如,据《国语·郑语》云,史伯劝郑桓公东迁所取十邑之中有"华",其地应在虢、郐之间。《史记·韩世家》载釐王二十三年,"赵、魏攻我华阳"。正义曰:"司马彪云:'华阳,山名,在密县。'郑州管城县南四十里。"①可见"华阳"与"华"当为异名,在今河南新郑市西北。《左传》僖公四年"重耳奔蒲"之"蒲",在今山西隰县西北。《史记·魏世家》襄王七年云"秦降我蒲阳",战国三晋兵器另有"三年蒲子[令]"戈(《集成》11293),"蒲阳""蒲子"所指实一,均为"蒲"之别名。《左传》昭公二十九年载刘累"惧而迁于鲁县",其地一名"鲁阳"(《包山》2;《曾侯乙》162),即《史记·楚世家》肃王十年"魏取我鲁阳"之"鲁阳",在今河南鲁山县一带。今河南固始县境内的故蓼国及楚鄂县之地,原名作"蓼"或"鄂",包山简中又增"阳"字后缀,谓之"鄂阳"(《包山》153、154)。② 至于《史记·六国年表》"樗里子击赵蔺阳"的"蔺阳",《魏世家》则作"北蔺",③在今山西柳林县一带。而赵国纪年兵器尚有三年闅令戈(《新收》1991)、九年闅令戈(《新收》1992)及十一年闅令戈(《集成》11561),"闅"即"蔺"也,当系"蔺阳""北蔺"之原名。

殷墟甲骨文中用作地名的"奠",可见于出组、黄组卜步辞,据门艺女士在蔡哲茂先生《缀续》379 上加缀的成果所示,④"奠"与商王征人方过程中途经的商、乐、丧、香等地存在同版关系,且距敢、羌二地不过一日行程,而上述地点基本都分布于泰山周边,所以"奠"的方位亦当近是,大致就在莱芜谷地左近。⑤ 战国玺印、陶文中尚有地名"奠阳"(《玺汇》0291;《陶汇》3.20),乃齐大夫陈得之治邑,不排除为卜辞"奠"地增缀"阳"字的异名。曹锦炎先生认为,汉代曾于山东境内置郑县,为侯国,其地当与战国齐地"奠阳"有关。⑥ 但《汉志》"郑"侯国为山阳郡所辖,地望范围大致不出今鲁西南一带,因而与卜辞"奠"地和齐境之"奠阳"可能并

---

① 《史记》卷 45《韩世家》,第 1877 页。
② 何浩、刘彬徽:《包山楚简"封君"释地》,湖北省荆沙铁路考古队:《包山楚墓》附录二五,北京:文物出版社,1991 年,第 569—579 页。
③ 《史记·魏世家》云:"(武侯)十五年,败赵北蔺。"
④ 即《缀续》379(《合集》36501+《合集》36752)+《合集》37410+《合集》36772。参见门艺《殷墟甲骨黄组卜步辞新缀》,河南大学黄河文明与可持续发展研究中心主办:《黄河文明与可持续发展》第 5 辑,郑州:河南大学出版社,2013 年,第 39—45 页。
⑤ 陈絜、赵庆淼:《"泰山田猎区"与商末东土地理——以田猎卜辞盂、蠚诸地地望考察为中心》,《历史研究》2015 年第 5 期;陈絜:《卜辞滴水与晚商东土地理》,《中国史研究》2017 年第 4 期。
⑥ 曹锦炎:《古玺通论》,上海:上海书画出版社,1996 年,第 136 页。

非一地。① 至于《春秋》隐公元年"郑伯克段于鄢"的"鄢",《春秋》成公十六年又名"鄢陵",在今河南鄢陵县北。②《左传》昭公三十年载吴国二公子奔楚,楚昭王使其"居养","取于城父与胡田以与之,将以害吴也"。此养邑位于楚"东国"地区,在今安徽界首市一带。战国文字资料中所见的楚地名"羕陵"(《包山》86)和"漾陵"(曾姬无卹壶,《集成》9711),很可能就是养邑增缀"陵"字的更名。③《史记·项羽本纪》:"田安下济北数城,引其兵降项羽,故立安为济北王,都博阳。"④"博阳"即《汉志》泰山郡博县,出土秦封泥又作"博城",⑤春秋时为齐、鲁边地之博邑,位于汶水上游的今泰安市东南一带。从地名沿革的角度来看,"博阳"之"阳"同样也是在原名"博"上加缀的美称。

此外,在原有地名基础上增加前、后缀成分,相对高频的用词尚有"氏""时""父""故""句"等,这同样会导致"同地异名"现象,并且常见于东周时期。如四十二年逑鼎铭文(《新收》745)言,周宣王命其子长父"侯于杨",杨国在今山西洪洞县东南,春秋为晋所灭。《左传》昭公二十八年云"僚安为杨氏大夫","杨氏"即"杨"之异名,其地时为晋县之一。《左传》襄公十八年的郑地"雍梁",战国时亦采用"氏"字后缀,更称"雍氏"。《春秋》隐公十一年"公会郑伯于时来"的"时来",同年《左传》作"郲",《公羊》则作"祁黎",其地在今河南郑州市北。"时来"即"郲"增加"时"字前缀的转写,战国晚期韩兵六年鳌令矛的"鳌"亦指此地。⑥《左传》哀公四年载国夏伐晋,所取晋地有"逆畤"。《水经·滱水注》径以"逆畤"为"曲逆",⑦可从。按"逆畤"之"畤"与"时"音近可通,疑作地名后缀,同"时来""雍氏"诸例相近。

类似的例子还有不少。《诗·大雅·皇矣》:"密人不恭,敢距大邦,侵阮徂共。"此"密"为姞姓,国、地同称,在今甘肃灵台县境。《汉书·地理

---

① 《玺汇》0314作"东𩫖职𨛭",施谢捷先生认为第二字从奠从土,读为郑。参见施谢捷《〈古玺汇编〉释文校订》,《容庚先生百年诞辰纪念文集》(古文字研究专号),广州:广东人民出版社,1998年,第644—651页。"东奠(郑)"为地名,不排除是齐地之"奠"或"奠阳"加缀方位词的异名。
② 江永:《春秋地理考实》卷2,《清经解》卷253,第2册,第248页。
③ 何浩:《羕器、养国与楚国养县》,《江汉考古》1989年第2期;徐少华:《包山楚简释地五则》,《江汉考古》1996年第4期。
④ 《史记》卷7《项羽本纪》,第317页。
⑤ 刘瑞编著:《秦封泥集存》,北京:中国社会科学出版社,2020年,第914—915页。
⑥ 苏辉:《秦三晋纪年兵器研究》,上海:上海古籍出版社,2013年,第131—132页。
⑦ 郦道元著,陈桥驿校证:《水经注校证》卷11,第291页。

志》安定郡阴密县原注:"《诗》密人国。"①《国语·周语上》"恭王游于泾上,密康公从",康公即密君也。"密"一名"密须",如《左传》昭公十五年有所谓"密须之鼓与其大路",杜预注:"密须,姞姓国也,在安定阴密县。文王伐之,得其鼓路以蒐。"《史记·周本纪》亦有文王"伐密须"之记载,上博《容成氏》则称"密须氏"。窃以为,"密须"本名或当从《诗经》作"密","须"字殆为后来增缀的成分。又,《春秋》隐公元年"公及邾仪父盟于蔑"的"蔑",即《左传》定公十二年的"姑蔑",在今山东泗水县东。《春秋》定公十四年载鲁人"城莒父及霄"。"莒父"和"霄"均在莒县附近,盖为鲁所取莒国之地。江永认为,"莒"系以"父"字后缀,实为鲁人之语。②氏说可从。《春秋》定公十年:"齐侯、卫侯、郑游速会于安甫。""安甫"一地,《公羊》作"鄵",即"鄵之战"之"鄵",在今山东济南附近。窃以为"安甫"之"甫"亦属语词,缀于原地名"安(鄵)"字之后,遂成异名。

《系年》第二十章云:"晋幽公立四年,赵狗率师与越公朱句伐齐,晋师围长城句俞之门,越公、宋公败齐师于襄坪。"整理者指出,"句俞之门"疑读为"句渎之门",其地可能与《左传》桓公十二年的"句渎之丘"相关。③但旧说或指"句渎之丘"为宋地,在今河南商丘市东南;或以为曹地,在今山东菏泽市东北,均与齐长城相去甚远。④故有学者认为"句渎之门"即"榖之门",是齐长城上的一处关门之名,春秋齐国境内有"榖"地,在今山东平阴西南的东阿镇一带。⑤陈絜先生则主张,"句俞之门"或在泰山西南、今肥城境内的"句窳亭",与卜辞、金文所见之东土"梌(榆)"地存在关联。⑥然据文献记载及今人研究表明,东周齐长城的西端始于平阴故城附近的"防门",在今长清西南、平阴东北的孝里镇境内,并未达到今平阴西

---

① 《汉书》卷28《地理志》,第1615—1616页。
② 江永:《春秋地理考实》卷3,《清经解》卷254,第2册,第255页。
③ 清华大学出土文献研究与保护中心编,李学勤主编:《清华大学藏战国竹简》(貳),第188页。
④ 《汉书·地理志》载济阴郡所辖有句阳县,颜注引应劭曰:"《左氏传》'句渎之丘'也。"此即曹地说之由来。若"句渎之丘"确系汉句阳县的前身,似乎说明"句渎"之"句"当具有实义。但是,《古玺汇编》2131著录了一方作"梌邑司马"的三晋玺,吴振武先生认为"梌邑"即"句渎之丘"。参见吴振武《古玺合文考(十八篇)》,《古文字研究》第17辑,北京:中华书局,1989年,第272页。既然地名"句渎"在战国玺文中可省作"梌(渎)",则"句"作为语词前缀的可能性亦无法排除。
⑤ 小狐(侯乃峰):《读〈系年〉臆札》,复旦大学出土文献与古文字研究中心网站,2012年1月3日。
⑥ 陈絜:《"梁山七器"与周代巡狩之制》,《汉学研究》第34卷第1期,2016年。

南的东阿镇。① 因此,以"句俞"为"榖"的读法虽颇具胜意,但在地理解释方面却有一定窒碍;而"句窳亭"见载于《水经·汶水注》,谓汶水支流泌水"西南流迳肥成县故城南",后"左迳句窳亭北","又西南迳富成县故城西"。按照郦注所述的方位关系,可知"句窳亭"的地望当在"肥成县故城"西南方向,即今肥城市西南一带,这与齐长城的走向同样略有出入。

值得注意的是,春秋齐境其实亦有"句渎之丘",只是地望暂无定说。《左传》襄公十九年载齐庄公即位,"执公子牙于句渎之丘",其后该地复见于襄二十一年、二十八年及哀六年《传》文。② 揆诸文意可知,公子牙党羽及王豹之囚皆未出境,故"句渎之丘"当为齐地无疑。③ 鄙意以为,若将简文"句俞之门"对应上述"句渎之丘",无论从名称抑或方位来看,均可密合无间。但要落实其具体地望,则以"句俞"与晚商田猎卜辞④和四祀𨚓其卣(《集成》5413)之桺地及太保簋(《集成》4140)"余土"相联系的思路,恐怕值得重视。从这一角度考虑的话,"句俞"有可能是在原地名"俞"上增加"句"字前缀的产物。

《左传》哀公二年载,鲁三桓联合率师伐邾,"叔孙州仇、仲孙何忌及邾子盟于句绎"。杜预注:"句绎,邾地。"然《春秋》哀公十四年又称"小邾射以句绎来奔",旧说或以"句绎"为小邾邑,对此,孔颖达解释道:"邾与小邾,国竟相近,句绎所属,亦无定准,犹齐、鲁汶阳之田,莒、鲁争郓之事。"⑤所论虽有折中,但基本合乎情势。实际上,"句绎"一地犹有线索可循。《春秋》宣公十年云:"公孙归父帅师伐邾,取绎。"按彼时邾国已迁都于绎,⑥故鲁人所取之地,必非邾都明矣。孔疏指出,邾境之内当别有绎邑,"亦因绎山为名,盖近在邾都之旁耳"。⑦ 其说合理,应可信据。《谭

---

① 《水经·济水注》引京相璠曰:"平阴城南有长城,东至海,西至济,河道所由,名防门,去平阴三里。齐侯堑防门,即此也。其水引济,故渎尚存。"关于东周齐长城的始终及走向,参见谭其骧主编《中国历史地图集》第1册,第39—40页;任相宏《齐长城源头建置考》,山东大学东方考古研究中心编:《东方考古》第1集,北京:科学出版社,2004年,第263—275页;陈民镇《齐长城新研——从清华简〈系年〉看齐长城的若干问题》,《中国史研究》2013年第3期。
② 唯《左传》哀公六年作"囚王豹于句窦之丘","句渎""句窦"一也。
③ 高士奇:《春秋地名考略》卷3,李勇先主编:《中国历史地理文献辑刊》第3编《诗礼春秋四书尔雅地理文献集成》(三),第73页;竹添光鸿:《左氏会笺》卷29,台北:新文丰出版社,1987年,第41页。
④ 参见《合集》28905、28947诸辞。
⑤ 孔颖达:《春秋左传正义》卷57,阮元校刻《十三经注疏》,第4681页。
⑥ 邾文公迁绎一事,见于《左传》文公十三年。
⑦ 孔颖达:《春秋左传正义》卷22,阮元校刻《十三经注疏》,第4070页。

图》则将邾都、邾邑之"绎"及"句绎"别作三地,①分别标注于峄山左近,这种处理是比较审慎的。不过,从"句绎"与"绎"在名称和地望上的联系来看,"句绎"作为邾邑之"绎"增加前缀而产生的异名,这种可能性似乎也无法排除。②若然,同样有助于说明"句"字前缀的语言意义。

总的来说,上揭以"氏""时""父""姑""句"为代表的地名前、后缀用词,其实际意义尚难一一确指,大抵仅是用作语词而已。《史记·吴太伯世家》称"太伯之犇荆蛮,自号句吴",集解引宋忠说,以"句吴"为太伯始居之地名。索隐云:"颜师古注《汉书》,以吴言'句'者,夷语之发声,犹言'於越'耳。此言'号句吴',当如颜解。"③颜说是也。又《春秋》定公五年:"於越入吴。"杜预注:"於,发声也。""句吴""於越"虽系国族名号,但其所缀"句""於"之性质,则与相关地名前缀大体并无二致,故不妨引为参照。当然,并非所有地名冠以"句"字者均无实义。按《说文》训"句"为曲,段玉裁云:"凡地名有'句'字者,皆谓山川纡曲,如句容、句章、句余、高句骊皆是也。"④这是需要仔细进行甄别的。

(2) 增加"方位词"或"区别字"

我们知道,中国古代不同国别或不同区域的地理实体之间,经常存在着名称相近甚至完全相同的情况。为了对这些重名或相似地名适当加以区分,时人往往采取在专名基础上增加"方位词"或"区别字"的方式,从而更准确地标示它们的实际地望。清人王鸣盛曾就汉县同名问题指出:"郡国县邑名同者,则加'东''西''南''北''上''下'或'新'字以别之。"⑤尽管大规模地集中使用"方位词"或"区别字"来区分重复地名,最初主要是在秦统一以后,特别是由西汉政府完成的,⑥但这种处理办法早在先秦时期就已经产生,并且尤以战国阶段最具代表性。比如,吴荣曾先

---

① 谭其骧主编:《中国历史地图集》第一册,第26—27页。
② 沈钦韩谓"句绎"即"葛绎","句""葛"声同而误之故。参见沈钦韩《春秋左氏传地名补注》卷11,北京:中华书局,1985年,第125页。按:葛峄山在《汉志》东海郡下邳县西,即今江苏邳州市西南与睢宁县交界处;一说在峄县旧治东南,即今山东枣庄市峄城区东南。但上述两地均与邾境相去过远,对应"句绎"颇有可疑。此外,西周师酉、师询诸器铭文(《集成》4288、4321)可见"彙夷"之名,"彙夷"即来自东彙地的夷族。"彙"读为绎,很可能就在峄山一带,或可对应《左传》"句绎"或邾邑之绎。
③《史记》卷31《吴太伯世家》,第1446页。
④ 段玉裁:《说文解字注》卷3,第88页。
⑤ 王鸣盛著,黄曙晖点校:《十七史商榷》卷17,上海:上海书店出版社,2005年,第121页。
⑥ 华林甫:《中国地名学史考论》,北京:社会科学文献出版社,2002年,第127页。

生曾考证三晋布币之"虞阳"为平陆之虞,因地在虞山之南而更称"虞阳";币文"北其"、"其阳"当读作"北箕"和"箕阳",也许分别是指太谷之箕与河东之箕。① 这些论断都是很精辟的。

据西周早期克盉(《新收》1367)、克罍(《新收》1368)铭文记载,周王因太保奭有勋劳于王室,乃命其子克"侯于匽",始封地在今北京房山区琉璃河镇一带。"匽"字传世文献转写作"燕",国名、地名相同,《春秋》经传则作"北燕",《史记·燕召公世家》亦云:"周武王之灭纣,封召公于北燕。"集解引宋忠注《世本》曰:"有南燕,故云北燕。"②由此可见,召公后裔所封之所以又名"北燕",主要是为了跟同时期的另一姞姓之燕有所区分。而后者在《春秋》经传中则径称为"燕",地望在今河南延津县东北,故后世又称"南燕"。

再如,周代东土的姒姓"夏余"之曾,在今山东苍山县西北。《春秋》经传作"鄫",如《左传》宣公十八年:"秋,邾人戕鄫子于鄫。"国名与地名相同。1981年,山东临朐县嵩山公社泉头村的一处春秋早期齐墓中出土了一件上曾太子鼎(《集成》2750),③此"上曾"当指东土之曾(鄫)无疑。孙敬明等先生认为,本铭的"上曾"也应表示方位,可能是相对于河南东部之曾或南阳盆地之曾而言。④ 考虑到该鼎年代约在春秋早期,故可视作增加方位词前缀而致"同地异名"的较早例证。

《春秋》庄公十三年:"齐侯、宋人、陈人、蔡人、邾人会于北杏。"此"北杏"为齐地,在今山东东阿县境。⑤ 又《左传》定公九年载齐、卫联合抗晋,齐师伐晋夷仪,卫侯则亲敌晋师于中牟者,齐景公乃"致禚、媚、杏于卫"。杜预注:"三邑皆齐西界,以答谢卫意。"《春秋大事表》谓"杏"地在"东昌府博平县",⑥即今山东茌平县西南。覈其方位可知,"杏"与"北杏"的地望几有重合之势,二者很可能实为一地,时人在单字地名前面增缀方位词"北",适可与《左传》昭公二十四年"王子朝之师攻瑕及杏"的"杏"地有所区分,后者则为周敬王属邑。

---

① 吴荣曾:《若干战国布钱地名之辨释》,《先秦两汉史研究》,北京:中华书局,1995年,第172—184页。
② 《史记》卷34《燕召公世家》,第1549页。
③ 临朐县文化馆、潍坊地区文物管理委员会:《山东临朐发现齐、鄣、曾诸国铜器》,《文物》1983年第12期。
④ 孙敬明、何琳仪、黄锡全:《山东临朐新出铜器铭文考释及有关问题》,《文物》1983年第12期。
⑤ 顾栋高辑,吴树平、李解民点校:《春秋大事表》卷7,第735页。
⑥ 顾栋高辑,吴树平、李解民点校:《春秋大事表》卷7,第745页。

《春秋》庄公十三年又云："公会齐侯，盟于柯。"杜预注："此柯，今济北东阿，齐之阿邑。犹祝柯今为祝阿。"《史记·田敬仲完世家》载齐威王励精图治而烹杀"阿大夫"，即"阿"地之大夫也，在今山东阳谷县东北。《史记·孟尝君列传》有言："（田）婴与韩昭侯、魏惠王会齐宣王东阿南，盟而去。"正义曰："东阿，济州县也。"索隐曰："《纪年》当惠王之后元十一年。彼文作'平阿'。"①《魏世家》《田齐世家》及《六国年表》并作"会平阿南"。杨宽先生指出"齐宣王"当作"齐威王"，②可从。"阿"与"东阿""平阿"当为一地之异名，后两者可能出现于战国时期，"东阿"即是在原地名上增加方位词前缀而产生的。

《左传》文公十年："秦伯伐晋，取北徵。""北徵"为秦、晋交界之地，杜预谓在左冯翊境内，就方位而言颇为合理。殷墟甲骨文所见尚有国族名、地名曰"㽙"者（《合集》5455、5663）。据裘锡圭先生考订，"㽙"即"徵"字之初文，其地可对应《国语·楚语》"秦有徵、衙"及《汉书·地理志》左冯翊属县之"徵"，在今陕西澄城县西南。③《汉志》颜师古注："徵音惩，即今之澄城县是也。《左传》所云'取北徵'，谓此地耳，而杜元凯未详其处也。"④《左传》称"徵"为"北徵"，同样是在原有专名上增加了方位词前缀。与"北徵"之例相似者尚有"北制"。《左传》隐公五年："郑二公子以制人败燕师于北制。""北制"即"制"之别名，《左传》隐公元年"制，岩邑也，虢叔死焉"，即此，在今河南荥阳市西北的汜水镇一带。

《左传》文公十六年："庸人帅群蛮以叛楚。"杜预注："庸，今上庸县，属楚之小国。"是年楚人联合秦、巴灭庸，其地入楚，在今湖北竹山县西南。《战国策·秦策二》甘茂对秦武王曰："张仪西并巴、蜀之地，北取西河之外，南取上庸。"吴师道补正："《大事记》云：本庸国，今房州竹山县，汉中要地也。"⑤又《水经·沔水注》云："《春秋》文公十六年：楚人、秦人、巴人灭庸。庸小国，附楚。楚有灾不救，举群蛮以叛，故灭之以为县，属汉中郡。"⑥是知楚于庸国故地置县，更名"上庸"，战国时为秦国所攻取。

清华简《系年》第二章云："（幽）王与伯盘逐平王，平王走西申。幽王起师，围平王于西申，申人弗畀。"简文既言"西申"，又曰"申人"，是知其

---

① 《史记》卷75《孟尝君列传》，第2352页。
② 杨宽：《战国史料编年辑证》，上海：上海人民出版社，2001年，第395页。
③ 裘锡圭：《古文字释读三则》，《裘锡圭学术文集》第3卷，第424—433页。
④ 《汉书》卷28《地理志》，第1546页。
⑤ 《战国策》卷4《秦策二》，第151页。
⑥ 郦道元著，陈桥驿校证：《水经注校证》卷28，第658页。

国族名、地名作"申"或"西申",所指实同,也即古本《纪年》"申侯、鲁侯、许文公立平王于申"的"申",地望在今泾水上游以北的甘肃平凉至镇原一带。战国时人在西土之申的名称前加缀方位词"西",当是为了与南阳盆地的申国、楚申县故地有所区分。至于莒国故地和战国齐县的"莒",同时期古文字资料中通常写作"筥"(《集成》4037)、"簹"(《集成》4152)或"䣌"(《新收》1139.1—4)诸形,《史记·楚世家》则称为"东莒"。① 笔者推测,盖因楚国北境尚有申、吕之吕,称谓与前者相近,故加方位词"东"以示分别。

传世战国韩兵有"七年宅阳令"矛(《集成》11546),黄锡全先生也曾刊布一件"宅阳"铜权,②"宅阳"为地名,即《史记·魏世家》所载魏惠王五年"与韩会宅阳"的"宅阳",在今河南荥阳市东。③《史记·穰侯列传》云:"穰侯为相国,将兵攻魏,走芒卯,入北宅,遂围大梁。"正义引《竹书纪年》曰:"宅阳,一名北宅。"④雷学淇、林春溥俱以此为《纪年》注文,其说可从。⑤ 然"宅阳""北宅"当为异名关系,则可肯定无疑。其中,"北宅"的"北"显然表示方位,而"宅阳"之"阳"用作美称的可能性较大。

河南伊川县城关乡曾出土一件战国晚期的"十一年皋落大令"戈(《新收》365),蔡运章等先生指出"皋落"属韩,原为赤狄皋落氏之地,在今山西垣曲县东南的皋落镇一带。⑥ 其说可从。2005年,刘钊先生又撰文介绍了一件私家所藏的"上皋落大令"戈(《新收》1782),其形制、铭文均与前揭皋落戈甚为相似。就"上皋落"与"皋落"的关系而言,刘先生认为存在着"不同方位的二地"和"一地二名"两种可能,但他同时也指出,两戈监造的"大令"即"少曲夜",制造者"午"亦是同一人,这对于认定"一地二名"的推测有利。⑦ 从两件皋落戈之间的密切联系来看,笔者更倾向于后一种意见。另据《太平寰宇记》载,宋平定军乐平县东七十六里有乐平山(今山西昔阳县东南),即东山皋落氏之故地,⑧《中国历史地图集》亦

---

① 《史记》卷40《楚世家》,第1730页。
② 黄锡全:《新见一枚"宅阳"布权》,《中国钱币》2004年第2期。
③ 《史记》卷44《魏世家》,第1844页。
④ 《史记》卷72《穰侯列传》,第2327页。
⑤ 方诗铭、王修龄:《古本竹书纪年辑证》(修订本),上海:上海古籍出版社,2005年,第87页。
⑥ 蔡运章、杨海钦:《十一年皋落戈及其相关问题》,《考古》1991年第5期。
⑦ 刘钊:《上皋落戈考释》,《考古》2005年第6期。
⑧ 乐史撰,王文楚等点校:《太平寰宇记》卷50,第1053页。

作如是标注，以兼顾昔阳、垣曲二说。① 不过，考虑到这一区域战国属赵，韩境向来未及于此，因而韩地"皋落"仍当以垣曲皋落镇为是。准此，金文"皋落"与"上皋落"很可能为异名关系，后者应是在"皋落"之前增缀方位词"上"产生的别称。

《战国策·齐策五》苏秦说齐闵王曰："赵得是藉也，亦袭魏之河北，烧棘沟，坠黄城。"吴师道补正引《括地志》云"故黄城在魏州冠氏县南十里"。② 然此"黄城"位于大河以南，非魏之河北地。又《史记·赵世家》："（肃侯）十七年，围魏黄，不克。筑长城。"正义曰："黄城在魏州，前拔之，却为魏，今赵围之矣。"③赵人围"黄"不克，遂筑长城以为防，可见该地北临漳水，已对邯郸构成威胁，故不太可能是今山东冠县南的"黄城"，后者曾于敬侯八年为赵所取。④ 今按：传世战国器有内黄鼎（《集成》2308），"内黄"即魏地，在今河南内黄县西北，与上述黄地、"黄城"的方位甚为契合。⑤ 此外，东周宋境亦有黄地，即《左传》隐公元年"惠公之季年，败宋师于黄"者。杜预注："陈留外黄县东有黄城。"在今河南民权县西北。其地一名"外黄"，《战国策·宋卫策》太子申自将伐齐，"过宋外黄"是也。"外黄"后为魏地，《战国策·魏策二》载苏秦说魏王合纵，言魏地"东有淮、颖、沂、黄、煮枣、海盐、无疎"。鲍彪注："即陈留外黄。"⑥缪文远先生指出，战国魏人以黄河以北为内，而黄河以南则为外，故有"内黄""外黄"之别。⑦ 准此，时人在原地名"黄"上增加"内""外"等前缀，应具有标示方位的作用。

另一方面，加缀"区别字"造成的"同地异名"实例也有不少。比如，《左传》僖公六年载诸侯伐郑，"围新密"。正义曰："密是邑名，郑人新筑密邑，故《传》称新密。"⑧《汉书·地理志》河南郡密县下："故国。"臣瓒注

---

① 谭其骧主编：《中国历史地图集》第1册，第22—23页。
② 《战国策》卷12《齐策五》，第430页。
③ 《史记》卷43《赵世家》，第1802页。
④ 《史记·田敬仲完世家》："宣公四十三年，伐晋，毁黄城，围阳狐。"亦即此地。
⑤ 《水经·淇水注》云："（淇水）又东北流迳内黄县故城南，县右对黄泽。《郡国志》曰：县有黄泽者也。《地理风俗记》曰：陈留有外黄，故加内。"参见郦道元著，陈桥驿校证《水经注校证》卷9，第238页。
⑥ 《战国策》卷22《魏策一》，第788页。此外，《史记·苏秦列传》尚有"决白马之口，魏无外黄、济阳"之说。《战国策·燕策二》则作"决白马之口，魏无济阳"，无"外黄"二字。
⑦ 缪文远：《战国制度通考》，成都：巴蜀书社，1998年，第200页。
⑧ 孔颖达：《春秋左传正义》卷13，阮元校刻《十三经注疏》，第3903页。

以为姬姓之国，颜师古曰："此密即《春秋》僖六年'围新密'者也，盖郑地。"①按"新密"之"密"原属郐邑，春秋以后沦为郑地，旧说或谓此即姞姓密国所在，不确。②《左传》于"密"前增加"新"字，则可避免与今甘肃灵台境内的密须故地之"密"重名。

《左传》僖公十九年"秦遂取梁"的"梁"，在今陕西韩城市南的夏阳镇一带，其地名后增"少"字前缀，即《左传》文公十年"晋人伐秦，取少梁"之"少梁"。"少梁"为战国魏地，与魏都"大梁"适可相互区别。而今河南汝州市西南的梁地，在《战国策》《史记》等文献中又称作"南梁"。如《史记·田敬仲完世家》："（宣王）二年，魏伐赵。赵与韩亲，共击魏。赵不利，战于南梁。"索隐引晋《太康地记》曰："战国谓梁为南梁者，别之于大梁、少梁也。"③

清华简《系年》第二章记载，周平王因褒姒、伯盘之祸而出奔"西申"，后为晋文侯迎纳于"少鄂"。据简文判断，"少鄂"一地当在周畿西北，且与"西申"相去不远。战国时人在地名"鄂"前加缀"少"字，则可有别于今山西乡宁、河南南阳及湖北鄂州境内的多处"鄂"地，后两者在秦汉以后亦增加方位词前缀，分别称"西鄂"和"东鄂"。《汉志》南阳郡有属县西鄂，应劭曰："江夏有鄂，故加'西'云。"④又，《楚世家》正义引刘伯庄云："（鄂）地名，在楚之西，后徙楚，今东鄂州是也。"⑤

《史记·秦本纪》载昭襄王十五年，"大良造白起攻魏，取垣，复予之"。此"垣"为古"轵道"沿途要邑，在今山西垣曲县东南的王茅镇一带。又《魏世家》："（昭王）九年，秦拔我新垣、曲阳之城。"正义曰："《括地志》云：'曲阳故城在怀州济源县西十里。'新垣近曲阳，未详端的所之处也。"⑥今按：正义以为"新垣""曲阳"二地相近，甚是。魏地"曲阳"在今河南济源市西，密迩"轵道"，故"新垣"与"垣"极有可能是一非二。

然据《史记》所载，战国时期魏境尚有另一"垣"地，如《魏世家》景湣王五年，"秦拔我垣、蒲阳、衍"，《秦始皇本纪》则作"攻魏垣、蒲阳"。旧注或谓"垣"和"蒲阳"并在河东，实不可信。按此前秦国势力已进抵至河、

---

① 《汉书》卷28《地理志》，第1557页。
② 《左传》僖公十七年载齐桓公内宠有"密姬"者，其人乃姬姓密氏之女，是否来自"新密"之"密"，未可确知。
③ 《史记》卷46《田敬仲完世家》，第1894页。
④ 《汉书》卷28《地理志》，第1565页。
⑤ 《史记》卷40《楚世家》，第1692页。
⑥ 《史记》卷44《魏世家》，第1853页。

济之间，初置东郡，并陆续夺取魏国河内的"朝歌"与"汲"，且"衍"在河南，即今郑州市北。更为关键的是，《战国策·秦策四》载黄歇说秦昭襄王伐魏，即有"取蒲、衍、首垣，以临仁、平丘，小黄、济阳婴城，而魏氏服"之辞，《史记·春申君列传》同之。索隐以此"蒲"在"卫之长垣蒲乡"，并谓"首垣"非河东之垣。① 至确。综合以上证据推断，秦王政九年所取之魏地"垣""蒲阳"，理当对应豫北地区的"首垣"和"蒲"。"首垣"见于《赵世家》，即肃侯七年"公子刻攻魏首垣"，在今河南长垣县东北。"蒲"原为卫邑，亦即《春秋》桓公三年"齐侯、卫侯胥命于蒲"者，战国属魏，在今长垣县东。由是观之，时人在两处地名"垣"前分别增缀"新""首"二字，盖出于相互区别之目的，但同时又造成了新的异名现象。

《史记·越世家》载越君无彊对齐使论楚国之势曰："商、於、析、郦、宗胡之地，夏路以左，不足以备秦，江南、泗上不足以待越矣。"索隐云："四邑并属南阳，楚之西南也。"正义则谓"商、於、析、郦在商、邓二州界"。② 至于"宗胡"一地，旧注俱以为即汝阴之胡，在今安徽阜阳市境内，恐不准确。从"宗胡"与四邑连言的情况考虑，诸地理应相去不远，断不至于东西悬隔，况且下文既言"夏路以左"，则"宗胡"自当位于楚"方城"的周边地区。按西周戎簋铭文（《集成》4322）有"搏戎胡"之记载，是言戎率师旅追击淮夷，与之交战于"胡"。据裘锡圭先生考证，该"胡"并非汝阴之胡，而是在今河南郾城一带，春秋初年以前，胡国亦当在此。③ 就方位而言，郾城之胡地处楚"方城"东北，同时亦在"夏路"左近，对应"宗胡"显然比较合适。更为关键的是，联系索隐"胡姓之宗，因以名邑"的解释来看，"宗胡"之得名当与其宗邑属性有关，这适与郾城之胡作为胡国故地的背景若合符节。准此，"宗胡"应是在其原地名"胡"上冠以区别字的异名，基本可以论定。

不过，有些旧说认为加缀区别字所致的"同地异名"，实际也未必准确。如《春秋》庄公三十二年："城小穀。"同年《传》云："城小穀，为管仲也。"杜预注："小穀，齐邑，济北穀城县城中有管仲井。"又《左传》昭公十一年有"齐桓公城穀而置管仲"的记载，杜氏之说大概即本乎此。今按齐

---

① 《史记》卷78《春申君列传》，第2389页。
② 《史记》卷41《越王勾践世家》，第1750页。按：此时秦国势力已东抵武关，故上述楚地之"商"即便指作陕西丹凤县的商邑，恐怕也是夸张之辞。
③ 参见裘锡圭《说戎簋的两个地名——棫林和胡》，《裘锡圭学术文集》第3卷，第33—38页。

有"穀"地,每见于《春秋》经传,但俱作"穀"而不言"小",其地在今山东平阴西南的东阿镇一带。顾炎武认为,《春秋》之文"小穀"不系于齐,当为鲁邑,疑《左氏》有误,称"小穀"是有别于齐之"穀"地。① 所论至为精当。

(3)"复合地名"

如前所述,"复合地名"是由若干专名词素连缀复合而成的地名形式,其具体形成机制主要有两种,其一可称为"同位式复合",即构成"复合地名"的若干地名词素内涵相关,并且在一定程度上具有等质意义。例如,在周公营建东都之后、成王迁宅以前的一段时期内,"新邑"一词往往专指洛邑,因而时人或将"新邑"与"洛"连缀复合,称为"新邑洛"(《尚书·多士》),这便与"洛邑"或"新邑"构成了异名关系。至于"大邑商"与"商"的关系亦当近是。

《左传》隐公十一年载周王室与郑国易田,所予郑人"苏忿生之田"中有"樊"。"樊"为周宣王大夫樊仲山父之邑,《左传》庄公三十年"虢公入樊,执樊仲皮"即此,在今河南济源市附近。又《左传》僖公二十五年称晋侯率师勤王,"次于阳樊"。杜预谓"阳樊"即"樊"之异名,可从。然而"阳樊"亦可单作"阳"。据《国语·晋语四》记载,周襄王赐晋文公"阳樊、温、原、州、陉、絺、组、攢茅之田","阳人不服"。此"阳"即指"阳樊"无疑。《史记·晋世家》集解引服虔曰:"阳樊,周地。阳,邑名也,樊仲山之所居,故曰阳樊。"②结合"阳""樊"共有的地名属性来看,"阳樊"一词大概正如服氏所言,是在原地名"阳"前连缀"樊"字而构成的"复合地名"。

《左传》襄公十八年云:"蒍子冯、公子格率锐师侵费滑、胥靡、献于、雍梁。""费滑"即滑都于费邑之后产生的地名。此时滑已亡国,其地处在周、郑之间,杜预谓"胥靡、献于、雍梁,皆郑邑",则"费滑"亦当近是。

《左传》昭公九年:"及武王克商,蒲姑、商奄,吾东土也。""商奄",《墨子·耕柱》《韩非子·说林上》及清华简《系年》并作"商盖",③音近假借而已。"商奄"乃殷人东土与国,史载周公子伯禽"因商奄之民"而封鲁,其地在今山东曲阜一带。周成王之世的岡刼尊(《集成》5977)、卣(《集

---

① 顾炎武著,陈垣校注:《日知录校注》卷4,第215页。
② 《史记》卷39《晋世家》,第1663页。
③ 清华大学出土文献研究与保护中心编,李学勤主编:《清华大学藏战国竹简》(贰),第142页。

成》5383)铭曰:"王征盖,赐冈刦贝朋。"禽簋铭文(《集成》4041)则云:"王伐盖侯,周公谋,禽祝。"此言"征盖""伐盖侯"者,与《孟子·滕文公下》所载"伐奄三年讨其君"当为同一史事,而《左传》昭公元年亦称"周有徐、奄",可见"商奄"之名本当作"奄","商"则是后来增缀的名词性成分。按古本《纪年》载:"南庚更自庇迁于奄。"又曰:"盘庚自奄迁于北蒙,曰殷墟。"①陈梦家先生认为:"据《竹书纪年》,南庚迁于奄,盘庚自奄迁于殷,则奄旧为商都,所以《左传》定四说'因商奄之民,命以《伯禽》而封于少皞之虚'。"②是谓"奄"又称"商奄"者,当与该地尝为南庚之旧都有关。此说甚有见地。从地名构词的角度来看,正是因为商王南庚徙居至奄,国名和都邑名"商"遂得移徙于此,后来人们乃将新、旧地名连缀而称"商奄",用以专指曾经作为商都之奄地,这种复合形式适与前揭"阳樊"基本一致。

另一种类型的"复合地名",即通常在小地名(具体地点名)前面加缀大地名(区域名)作为限定,以特指 A 地范围内的具体地点 B,故我们称之为"领位式复合"。此种复合机制,虽然可以有效地区别于其他重名地点,但同时也会产生"同地异名"的效果。如景山范围内的亳邑谓之"景亳"(《左传》昭公四年),岐山之阳的周地称为"岐周"(《孟子·离娄》),淇水之畔的卫地又名"淇卫"(《系年》简18),流经鲁境的济水叫作"鲁济"(《春秋》庄公三十年),邾国境内的瑕地则称"邾瑕"(《春秋》哀公六年)。③ 此外,具有代表性的"领位式复合"现象,尚有殷墟卜辞所见之")(秦"和")(桑"。《合集》299:

壬戌卜,宾贞:乎取……)(秦。
癸亥卜,宾贞:勿茁用百羌失(佚?)。

据残辞和同版关系推测,")(秦"有可能是商人索取"贡羌"的对象或地点。而")(秦"之")("亦见于同时期的古文字资料,即:

1. 妇)(十屯又一。　　　　　　　　　　(《合集》935 臼)

---

① 方诗铭、王修龄:《古本竹书纪年辑证》(修订本),第29—30页。
② 陈梦家:《西周铜器断代》,第28页。
③ "邾瑕"一地又名"邾娄瑕",在今山东济宁市东南。盖因鲁有"负瑕"(今山东兖州市一带),与"邾瑕"相近,故冠"邾"名以别之。

2. 子)(父丁。　　　　　　　　　(子)(父丁爵,《集成》8443)
3. 棶)(辛。　　　　　　　　　　(棶)(辛鼎,《集成》1941)
4. 戈酉。辛巳,王赐驭)(贝一具,用作父己尊彝。

(驭卣,《集成》5380)

上揭"妇)("和"子)("之")(",按照晚商妇名和"子某"称名的通例,当可视作贵族的族氏名号,与例3"棶)(辛"之")("性质相同。而驭卣铭中王所赐器主的")(贝",其文例同于小臣俞尊之"夒贝"(《集成》5990)、征人鼎之"斤贝"(《集成》2674)及小臣谜簋之"五鬯贝"(《集成》4239),所以")(贝"之")("亦当理解为地名,表示")("地所产之货贝。当然,真正有助于明确")(秦"一词内涵的材料,是黄组卜辞中出现的所谓")(桑":

1. 癸巳卜,在)(桑贞:王旬亡㳕。在四月。　　(《合集》36738)
2. 癸亥卜,在乐贞:王旬亡㳕。
　　癸酉卜,在尋贞:王旬亡㳕。
　　癸未卜,在逢贞:王旬亡㳕。
　　癸巳王卜,在)(桑贞:王旬亡㳕。

(《合补》12686,即《合集》36916+36905)

《合集》36556+36914①是与例2关联紧密的另一组黄组卜旬辞,彼此干支、地点均相重合,显然属于同时占卜之物。唯一不同之处在于,前者癸巳日的前辞作"在桑贞",可见"桑"与")(桑"当为异名关系。

陈絜先生通过排比史料指出,卜辞")(秦"")(桑"之称具有相同文例,均可视作小地名前冠以大地名的形式,其中的")("为范围相对广泛的大地名,而"秦"与"桑"是隶属于")("的小聚落。②窃以为这一论断合乎理据。从构词形式来看,地名")(秦"和")(桑"亦属于典型的"领位式复合",然而一旦增加区域名")("作为前缀后,则又与原地名"秦""桑"产生了异名。

甲骨刻辞中还有若干类似的例子,如:

---

① 蔡哲茂:《甲骨缀合集》308,台北:乐学书局,1999年,第295页。
② 陈絜:《塑方鼎铭与周公东征路线初探》,李宗焜主编:《古文字与古代史》第4辑,第269—290页。

翌日戊王其田,叀🔶麓徥焚。　　　　　　(《甲骨拼合集五》1171)

此版卜辞由吴丽婉女士缀合。按"某麓"之例卜辞习见,但"麓"字后面鲜有连缀成词者。吴女士通过梳理"徥"单独用作地名、人名之例,并联系早期汉语中的地名构词特点,认为"🔶麓徥"应视作大地名加小地名的结构,而"徥"是归属于"🔶麓"这座山麓的某个具体地方。[1] 所论合理可从。从卜辞所示地名定名的复杂化,可以反映出商代先民的空间视域不断扩展,对地理客体的认知也更为细致精确,表明当时国家的领土规划和经营能力有所提高。

《左传》襄公六年载齐师入莱,"莱共公浮柔奔棠",其后晏弱围棠,遂灭之。此"棠"为莱国之邑,杜预注:"北海即墨县有棠乡。"在今山东平度市东南。另《左传》襄公十八年记载,晋人率诸侯联军伐齐,围攻临淄,齐侯惧于形势之危急,欲驾车出奔"邮棠"。从当时的情形推断,"邮棠"一地显然相对安全,暂非联军兵锋所能及,因而位于淄水以东区域的可能性最大。清人多以"邮棠"为莱之故棠邑,[2]当可信从。"邮""尤"二字古音相同,传世典籍中每相通假。[3] 段玉裁云:"按经过与过失,古不分平、去。故经过曰邮,过失亦曰邮,为尤、訧之假借字。"[4]准此,"邮棠"之"邮"当读为尤,是指《左传》昭公二十年"姑、尤以西"之尤水,即今山东莱州、平度境内的小沽河。而上述棠邑的位置亦在今平度东南,适与小沽河的流域范围多有重合,《谭图》即将棠邑标注于尤水以西近地,可谓精审。[5] 由是观之,时人在原地名"棠"前增缀"邮(尤)"字,应有标示地名所在区域的作用,从而与彼时并存的其他同名棠地有所区分。[6]

据《史记·秦本纪》载,秦庄公奉周宣王之命击破西戎后,"于是复予秦仲后,及其先大骆地犬丘并有之,为西垂大夫"。正义引《括地志》云:

---

[1] 吴丽婉:《甲骨缀合提供的两条罕见辞例》,《中国国家博物馆刊》2016 年第 9 期,第 54 页。
[2] 顾栋高辑,吴树平、李解民点校:《春秋大事表》卷 7,第 739 页;江永:《春秋地理考实》卷 3,《清经解》卷 254,上海:上海书店,1988 年,第 2 册,第 249 页。
[3] 高亨纂著,董治安整理:《古字通假会典》,济南:齐鲁书社,1989 年,第 372 页。
[4] 段玉裁:《说文解字注》卷 6,第 284 页。
[5] 谭其骧主编:《中国历史地图集》第 1 册,北京:中国地图出版社,1982 年,第 27—28 页。
[6] 列国境内重名之棠地,有鲁地(《春秋》隐公五年)、楚地(《左传》襄公十四年)之别,齐国西部尚有另一棠地(《左传》襄公二十五年),在今山东聊城市西北。

"秦州上邽县西南九十里,汉陇西西县是也。"①是谓"西垂"在汉陇西郡西县之地,即今甘肃礼县境内。2004年,早期秦文化联合考古队针对西汉水上游地区进行了系统调查,发现了三处早期秦文化的中心分布区,分别为礼县西郊的"雷神庙—石沟坪"、城东的"大堡子山—赵坪"及其东北方向的"六八图—费家庄"三个大遗址群。② 其中,"六八图—费家庄"遗址群所在的红河镇一带,不仅符合《水经注》《括地志》等文献对"西垂"方位的记载,③而且当地在民国年间还曾出土著名的秦宗庙祭器——秦公簋,④故庄公所居"西垂"的地望,很可能就在今礼县东北的红河镇附近。⑤ 按《秦本纪》既言秦庄公收复其先大骆故地"犬丘",始为"西垂大夫",又说"庄公居其故西犬丘",可见"犬丘""西垂"和"西犬丘"三者实为同地异名的关系,与《世本》周懿王所徙之"犬丘"并非一地。⑥ "垂"又作"犬丘"者,主要是因为古有急读、缓读之别。至于"垂"或"犬丘"的"西"字前缀,有学者认为其性质系方位词,以标识该地位于兴平"犬丘"之西,恐不确切。如前所述,秦地"犬丘"属于《汉志》陇西郡西县辖境,出土秦封泥亦有"西丞之印",⑦可见西县之置不晚于秦代。因此,《史记》所称"西垂"或"西犬丘"者,应是在聚落名基础上增缀政区名"西",遂成"复合地名"。

《史记·魏世家》载魏武侯二年,"城安邑、王垣"。此"王垣"一地,当

---

① 《史记》卷5《秦本纪》,第178页。
② 甘肃省文物考古研究所、中国国家博物馆、北京大学考古文博学院、陕西省考古研究院、西北大学文博学院:《西汉水上游考古调查报告》,北京:文物出版社,2008年,第288页。
③ 《水经·漾水注》云:"西汉水又西南合杨廉川水。水出西谷,众川泻流,合成一川,东南流迳西县故城北。秦庄公伐西戎,破之,周宣王与其先大骆犬丘之地为西垂大夫,亦西垂宫也。"此"杨廉川水"的位置和走向,均与今西汉水上游支流红河完全一致。
④ 秦公簋出土于"天水西南乡",即今秦州区秦岭乡与红河镇交界的庙山一带。参见中国青铜器全集编辑委员会《中国青铜器全集·东周1》"图版说明",北京:文物出版社,1998年,第14页。
⑤ 梁云:《西垂有声:〈史记·秦本纪〉的考古学解读》,第61—66页。或以为在礼县以东12公里的赵坪遗址,参见张天恩《礼县等地所见早期秦文化遗存有关问题刍论》,《文博》2001年第3期。
⑥ 王国维:《秦都邑考》,《观堂集林》卷12,北京:中华书局,1959年,第529—533页。一般认为,今陕西兴平市东南的南佐遗址,应是周懿王所徙之"犬丘"所在,又名"废丘"。2019年,在陕西西咸新区沣西东马坊遗址的发掘中,考古工作者清理出土了一件带有"灊(废)丘"刻文的陶罐,时代约为战国晚期至秦,为探寻雍王章邯的都城"废丘"及其前身"犬丘"提供了新的线索。
⑦ 刘瑞编著:《秦封泥集存》,第681页。

即《秦本纪》昭襄王十五年"大良造白起攻魏,取垣"之"垣"。索隐曰:"徐广云'垣县有王屋山,故曰王垣'。"正义引《括地志》云:"故城汉垣县,本魏王垣也,在绛州垣县西北二十里也。"①据此可知,"王垣"一词原本是指"王屋之垣","王"即"王屋"之省称,它作为地名"垣"的叠加前缀,有助于准确标示该地的所处区域或者方位。

《史记·管晏列传》云:"晏平仲婴者,莱之夷维人也。"②"夷维"当为地名,属于莱境,故曰"莱之夷维"。又《鲁仲连列传》有"齐湣王之鲁,夷维子为执策而从"之记载,索隐曰:"按:维,东莱之邑,其居夷也,号夷维子。故晏子为莱之夷维人是也。"正义曰:"密州高密县,古夷安城。应劭云'故莱夷维邑'也。盖因邑为姓。"③今按"因邑为姓"当作"因邑为氏"。据索隐所云,是维邑处于夷地,故连言而称"夷维",其故址在今山东高密市西北。

《史记·韩世家》记载桓惠王九年,"秦拔我陉,城汾旁"。正义曰:"秦拔陉,城于汾水之旁。"④此"陉"地在今山西曲沃县西北。上述秦昭王时期白起攻韩之事,尚见于《范雎蔡泽列传》及《白起王翦列传》,而"陉"又分别作"汾陉"和"陉城"。所谓"汾陉"者,即是在原地名"陉"上冠以区域名"汾"字前缀,以专指汾水下游沿线的陉地。⑤如是,则可与同时期并存的周邑"陉"和楚国北境之"陉"有所区分,二者分别在今河南沁阳市西北及漯河市以东。

1994年,山东省沂南县砖埠镇任家庄村民在阳都故城遗址内取土时发现一件铜斧,斧身近銎处有刻铭12字:"廿四年,莒傷丞寺,库齐,佐平職。"整理者认为,"廿四年"乃秦王政二十四年,"傷"即"阳都"之"阳"。⑥裘锡圭先生指出,该铭字体和格式都接近于西汉前期器而非秦器,且始皇二十四年秦的势力也许尚不及此,故这件铜斧应为西汉遗物,所记"廿四年"属于景帝或武帝时期的某位城阳王。⑦其说可信。《汉书·地理志》载城阳国有辖县阳都,颜师古注引应劭曰:"齐人迁阳,

---

① 《史记》卷44《魏世家》,第1842页。
② 《史记》卷62《管晏列传》,第2134页。
③ 《史记》卷83《鲁仲连邹阳列传》,第2464页。
④ 《史记》卷45《韩世家》,第1878页。
⑤ 《范雎列传》索隐曰:"陉盖在韩之西界,与汾相近也。"参见《史记》卷79《范雎蔡泽列传》,第2417页。
⑥ 赵文俊:《山东沂南阳都故城出土秦代铜斧》,《文物》1998年第12期。
⑦ 裘锡圭:《沂南阳都故城铜斧应为西汉遗物》,《文物》1999年第5期。

故阳国是。"①可见"阳都"本名曰"阳",乃是沿袭故国之名,所缀"都"字则为通名。按战国齐玺(《玺汇》0198)及秦封泥已见地名"昜都",②又汉高祖六年封丁复为阳都侯,③故"阳都"之名的出现当不会晚于战国时期。至于斧铭所云"莒阳丞"者,则表明景帝二年阳都侯国除后,西汉政府很可能曾在当地以"莒阳"为名设县。结合构词特征与区域内地名的方位关系来看,"莒阳"之"莒"大概即来源于莒县,而"阳"则为"阳都"之省。考虑到莒县是《汉志》城阳国所都,更兼尝为秦及汉初城阳郡的治所,那么"莒"名一度冠于阳都,连缀而作地名"莒阳",其复合机制大致更接近于"领位式复合"。

三、地 名 省 称

所谓"地名省称",是指在原有地名上省去部分文字之后的简称形式。我们知道,殷周时期的地理称谓以单字形式居多,单字地名的构词复杂化和多音节词地名的数量增长,充分反映了东周以后地名变迁的主流趋势。当时大量的多音节词地名,正是以某一专名作为核心词素,并在其上加缀通名产生的。然而这种合成地名在形式上并不十分稳定,往往也会发生通名省略的现象,如"丘商"可单作"商"、"荥京"可单作"荥",但此类省称终究属于地名构词的逆向变化,即增缀成分在先、发生省略在后,而增减的成分也是基本一致。职是之故,本节不拟对上述现象进行重复讨论,而重点关注一些在特殊情况下发生的地名省减。吴良宝先生指出,战国文字资料中的地名省称往往出现在货币、兵器、陶文等文字载体上,主要是因为这些载体可供书写的空间相对有限,所以有时需要将地名进行省减。④

若从书写、契刻空间的角度考虑,文字简省对于早期的甲骨刻辞来说,同样应具有客观意义,而实际情况也是如此。如《合集》36494 中出现

---

① 《汉书》卷28《地理志》,第1635页。又《汉志》东海郡所辖有都阳侯国,颜注引应劭曰:"《春秋》'齐人迁阳'是。"钱大昕已疑此"都阳"为阳都县所析置,周振鹤先生推测其地在东海郡辖境北部,毗邻阳都县地。参见周振鹤《西汉政区地理》,北京:人民出版社,1987年,第111页。
② 朱德熙:《战国匋文和玺印文字中的"者"字》,朱德熙著,裘锡圭、李家浩整理:《朱德熙古文字论集》,北京:中华书局,1995年,第109—112页;刘瑞编著:《秦封泥集存》,第920页。
③ 《汉书》卷16《高惠高后文功臣表》,第554页。
④ 吴良宝:《战国文字资料中的"同地异名"与"同名异地"现象考察》,李学勤主编:《出土文献》第5辑,第63页。

的地名"攸永",显然应是黄组卜辞常见的"攸侯喜鄙永"之省称,特指攸侯封域边鄙的地点"永"。然而在某些条件下,地名省称也会省去专名要素,而仅保留通名性成分,例如:

1. 壬辰卜,在杞贞,今日王步于䰗,亡灾。
   癸巳卜,在䰗贞:王迺䚅,往来亡灾。于𠂤北。
   甲午卜,在䰗贞:王步于剌,亡灾。　　　(《合集》36751)

2. 丁巳王卜,在𦤎(徹)贞:今日步于嬠,亡灾。
   己[未]王卜,在嬠贞:其迺从高西,往来亡灾。
   庚申王卜,在嬠贞:其敢□,亡灾。延迺从𠂤东。
   　　　　(《合集》36567+《合补》11115+《合集》36830)①

3. 甲寅卜,在敢贞:今日王步[于]奠,亡灾。
   乙[卯卜],在奠贞:王田自东,往来亡灾。兹孚。获鹿六,狐十。
   丙辰卜,在奠贞:今日王步羞,亡灾。
   　　　　(《缀续》379+《合集》37410+《合集》36772)②

上揭三版黄组卜步辞中,分别出现了"于𠂤北""迺从𠂤东"和"田自东"之记载。这里的"𠂤"均读为师,当指商王一干人众的驻屯之所,即相当于具有同辞关系的占卜地点。如例2的"迺从𠂤东"与"迺从高西"上下对文,"迺从高西"是指向高地西面巡行,而"迺从𠂤东"即由驻跸地"嬠"往东巡视。例1既言"王迺䚅",又云"于𠂤北",其意是说商王将要巡省䚅地,打算从占卜地"䰗"向北进发。相应地,例3所谓"王田自东",即商王前往驻地"奠"的东面进行田猎。由此不难看出,上面的三处"𠂤"字实际俱系地名省称,分别为"䰗𠂤""嬠𠂤"及"奠𠂤"之省。客观地讲,这种省去专名而仅存通名的现象确实比较特殊,基本都是发生在前后地名一致的情况下,从而可以有效避免犯复之嫌。

此外,传世文献所见的地名省称还有一些,不妨略举数例讨论如下。如《左传》文公十年载城濮之战后,楚成王使司马子西为"商公",即楚国

---

① 本版《合补》11115 系门艺女士所缀,《合集》36830 为孙亚冰女士加缀。参见孙亚冰、林欢《商代地理与方国》,第 383—384 页。
② 门艺:《殷墟甲骨黄组卜步辞新缀》,河南大学黄河文明与可持续发展研究中心主办:《黄河文明与可持续发展》第 5 辑,第 39—45 页。

"商"地之县公。杜预谓"商"在"上雒商县",即今陕西丹凤县一带,恐非是。江永认为,彼时楚境尚不及丹江上游,此"商"或是指商密。① 氏说更为合理。按商密在今河南淅川县西南,②乃扼守南阳盆地的西部门户,据《左传》僖公二十五年可知,楚人曾以申、息之师戍守于此,以防备秦、晋联军伐郢。因此,将"商公"之"商"视作"商密"的省称,应该是合适的。

《左传》成公十七年载鲁公会尹武公、单襄公及诸侯伐郑,"自戏童至于曲洧"。"戏童"为山名,在今河南巩义市东南、嵩山东北一带。又《春秋》襄公九年云诸侯伐郑,"同盟于戏"。此"戏"与"戏童"均为诸侯伐郑所经,当系一地之异名,③"戏"即"戏童"之省。

《左传》昭公十三年记载,楚灵王闻国内有变,欲自乾溪返归,"师及訾梁而溃"。顾栋高《大事表》以"訾梁"为梁名,未免不妥;然谓其地在今河南信阳境内,则大致可从。④ 据同年《传》云,楚公子弃疾夺取王位后,"葬子干于訾",是为"訾敖"。联系上下文来看,此"訾"很可能就是地名"訾梁"的省称。

据《左传》昭公二十年所载,伍奢之子伍尚为楚之"棠君",杜预谓即"棠邑大夫"。一说此"棠"为《左传》襄公十四年"子囊师于棠"之"棠",在今南京市六合区境内。按六合之棠邑地处吴、楚边境,且密迩于吴,作为伍尚治邑颇为可疑。《姓解》云:"《风俗通》:'楚伍尚为堂邑大夫。'即棠豀也。"⑤沈钦韩亦谓"棠"地近楚,当指吴房西北之"堂豀",在今河南遂平县西北。⑥ 所论于情势而言较为合理。《左传》定公五年载吴夫概王奔楚,被楚昭王封于"堂豀","为堂豀氏",即此地也。包山简中另有"鄟君"(《包山》165、180)、"鄟司败"(《包山》31)之名,"鄟君"即楚于"鄟"地所设的封君。徐少华先生认为"鄟"即"堂豀",⑦可从。按"堂""棠""鄟"诸

---

① 江永:《春秋地理考实》卷2,《清经解》卷253,第2册,第245页。
② 《汉志》弘农郡丹水县原注:"密阳乡,故商密也。"此"密阳乡"在今淅川县西南的老城一带,参见谭其骧主编《中国历史地图集》第2册,第15—16页。一说商密在汉晋丹水县故城,即今淅川县西的寺湾镇附近,恐不确切。《左传》僖公二十五杜注谓商密在"今南乡丹水县",只是指其所属。《水经·丹水注》云:"丹水又迳丹水县故城西南。县有密阳乡,古商密之地,昔楚申息之师所戍也。"这里并未将商密所在之"密阳乡"与"丹水县故城"视同为一。
③ 杨伯峻:《春秋左传注》(修订本),第897、961页。
④ 顾栋高辑,吴树平、李解民点校:《春秋大事表》卷7,第858页。
⑤ 应劭撰,王利器校注:《风俗通义校注》,北京:中华书局,1981年,第522页。
⑥ 沈钦韩:《春秋左氏传地名补注》卷10,第110页。
⑦ 徐少华:《包山楚简释地十则》,《文物》1996年第12期。

字俱从"尚"声,音同可通,然则"棠(鄘)"当为地名"堂谿"之省。

关于战国出土文字资料中所见的地名省称,学者已举出"漆垣"——"漆"(《铭图》17284)、"高奴"——"高"(《铭图》17285)、"柏人"——"白"(《货系》3888)及"邢丘"——"郉"(《陶汇》6.33)诸例。① 此外,《史记·赵世家》载孝成王元年,齐田单"攻韩注人,拔之"。正义引《括地志》曰:"注城在汝州梁县西十五里。"②又《魏世家》文侯三十二年"败秦于注",集解引司马彪曰:"河南梁县有注城也。"③此"注"即"注人"之省,战国属韩,在今河南汝州市西。《水经·伊水注》引《竹书纪年》云:"楚吾得帅师及秦伐郑,围纶氏。翟章救郑,次于南屈。""纶氏"为韩地,见于战国韩兵七年龠氏令戈(《集成》11322)。又《史记·白起王翦列传》载:"(昭襄王)四十六年,秦攻韩缑氏、蔺,拔之。"正义曰:"既攻缑氏、蔺,二邑合相近,恐纶、蔺声相似,字随音而转作'蔺'。"④其说甚是,"蔺"即"纶"也。同时期三晋官玺尚有作"龠守"(《玺汇》0341)者,此"龠"当指"纶氏",⑤亦属于地名简省之例。连云港市海州区锦屏镇陶湾村出土有一件战国晚期楚襄城戈(《新收》1285),其铭文作:"都寿之岁,襄城公競雎所造。"如"都寿"二字所释无误,则该件铜戈当系楚国迁都寿春之年襄城公所造,⑥而"寿"即"寿春"之省。

传世战国齐器有"武城"戟(《集成》10967)。同铭的考古发掘品,另有潍坊市潍城区望留镇麓台村出土的春秋晚期"武城"戈(《集成》10966)及临朐县沂山乡刘家峪村出土的战国中晚期"武城"戈(《新收》1169)。上述"武城"均指今山东费县西南的"南武城",其地春秋属鲁,后为齐南境要邑。《史记·仲尼弟子列传》谓曾参为"南武城人",正义引《括地志》曰:"南武城在兖州,子游为宰者。《地理志》云定襄有武城,清河有武城,故此云'南武城'也。"⑦是谓"武城"冠以"南"字前缀,可起到区分同名地名的作用。《史记·田齐世家》载齐威王曰:"吾臣有檀子者,使守南城,

---

① 吴良宝:《战国文字资料中的"同地异名"与"同名异地"现象考察》,李学勤主编:《出土文献》第5辑,第62—63页。
② 《史记》卷43《赵世家》,第1824页。
③ 《史记》卷44《魏世家》,第1841页。
④ 《史记》卷73《白起王翦列传》,第2333页。
⑤ 叶其峰:《战国官玺的国别及有关问题》,《故宫博物院院刊》1981年第3期。
⑥ 周晓陆、纪达凯:《江苏连云港市出土襄城楚境尹戈读考》,《考古》1993年第1期。董珊先生则认为"都寿"当释为"向寿",戈铭与《史记·甘茂列传》"向寿如楚"有关。参见董珊《向寿戈考》,《考古》2006年第3期。
⑦ 《史记》卷67《仲尼弟子列传》,第2205页。

则楚人不敢为寇东取,泗上十二诸侯皆来朝。"①此"南城"当即"南武城"之省。《汉书·地理志》东海郡所辖有"南成"侯国,②可见这一省称至西汉时期已被沿袭下来,应是统一王朝政府对全国地名进行规范的结果。③

《水经·济水注》引《竹书纪年》云:"郑侯使韩辰归晋阳及向。二月,城阳、向,更名阳为河雍,向为高平。"④或谓"阳"即"阳樊",不确;当是"河阳"之省,在今河南孟津西南。《史记·秦本纪》载昭襄王十八年,"攻垣、河雍,决桥取之"。集解引徐广曰:"《汲冢纪年》云:魏哀王二十四年,改宜阳曰河雍,改向曰高平。"⑤"宜阳"属韩地,与晋之"南阳"地区无涉,钱穆先生谓"宜阳"系"河阳"之误,⑥可从。类似省去专名而保留加缀成分的情况,尚可举"阳城"为例。《战国策·齐策四》载苏秦劝齐王伐宋,曰"夫有宋则卫之阳城危,有淮北则楚之东国危"。⑦《史记·田敬仲完世家》则作"夫有宋,卫之阳地危"。集解曰:"阳地,濮阳之地。"正义云:"案:卫此时河南独有濮阳也。"⑧设若此说可信,则"阳城"和"阳地"即为"濮阳"省去专名之后增缀通名的产物,从地名构词演变的一般情况来看,这种形式同样是比较特殊的。

不过,有些一般认为属于地名省称的例子,实际上也不无疑问,鉴于其所涉问题往往较为复杂,故不妨择要予以讨论。

比如,黄组卜辞中习见"𩫏"地,同时亦有地名"上𩫏",二者经常同版并见(参《合集》36537、《合集》36847、《合集》36848、《英藏》2532诸辞)。郑杰祥、李学勤先生认为,"𩫏"即"上𩫏"的省称。⑨ 似可斟酌。毕竟,按照地名命名的一般规律和构词形式来看,"上𩫏"之称理应属于地名"𩫏"的孳乳,二者产生的先后次序相对明确;更为关键的是,在《合集》36849、《合集》36853等卜辞中,商王的占卜地点则于"𩫏"和"上𩫏"之间有所反复,这种现象恐非省称可以解释。因此,就目前所见的资料而言,"𩫏"和"上𩫏"当视

---

① 《史记》卷46《田敬仲完世家》,第1891页。
② 《汉书》卷28《地理志》,第1588页。
③ 据《汉志》记载,当时全国境内以"武城"为名的县级行政单位共有三处,分别为左冯翊、定襄郡所辖之"武城"及清河郡属县的"东武城"。
④ 郦道元著,陈桥驿校证:《水经注校证》卷7,第188页。
⑤ 《史记》卷5《秦本纪》,第215页。
⑥ 钱穆:《史记地名考》卷4,第155页。
⑦ 鲍彪注:"汝南、颍川皆有。"吴师道补正:"非卫地。《史》作'阳地',注:濮阳之地。"
⑧ 《史记》卷46《田敬仲完世家》,第1899页。
⑨ 郑杰祥:《商代地理概论》,第279页;李学勤:《论商王廿祀在上𩫏》,《夏商周年代学札记》,沈阳:辽宁大学出版社,2000年,第55—61页。

作一组同源的关联地名,尽管它们在地望上相互邻近,但须有所区分才好。

另外,同时期卜旬辞中尚有地名"王啚",如《合补》11257(《英藏》2530+《合集》36871)所示:

> 癸未……贞:旬……
> 癸巳王卜,贞:旬亡𡆥。吉。王在啚。
> 癸卯王卜,贞:旬亡𡆥。王占曰:吉。在王啚。
> 癸丑王卜,[贞:旬]亡𡆥。王占曰:吉。在王啚。
> 癸亥王卜,贞:旬亡𡆥。王占曰:吉。在王啚。
> 癸酉王卜,贞:旬亡𡆥。王占曰:吉。在王啚。
> 癸未王卜,贞:旬亡𡆥。王占曰:吉。在□。

李先生原先认为,"王啚"即"上啚"的近邻地点;①后又据上引第2、3辞之互相比照,主张"在王啚"实谓"王在啚",并非另有"王啚"一地。② 我们倾向于前一种意见。

首先,按照黄组卜旬辞的基本格式,其文例通常作"某日卜,在某贞:王旬亡𡆥""某日卜,某贞:王旬亡𡆥……在某"或"某日王卜,贞:旬亡𡆥……在某",而"某日王卜+王在某"这种组合形式则甚为罕见。进一步说,从《合补》11257仅有一辞曰"王在啚"、其余皆作"在王啚"的情形推断,此"王在啚"实属个例,很可能即"王占曰:吉。在啚"的省文,如是,便与本版以下诸辞相合无碍了。窃以为,所谓"王啚"也许就是"啚"的别称,时人之所以在后者基础上增缀"王"字,或可体现商王对于"啚"地的控制。

据班簋铭文(《集成》4341)所云,周王令毛班接替虢城公之职事,辅佐天子,作为四方表率,同时执掌"繇、蜀、巢"的事务,作为统帅率众征伐"东国";北赵晋侯墓地M114出土的叔夨甗(《铭图》3363)铭中,亦有周王遣器主出使于"繇"的记录。这里的"繇"当读为繁,均用作地名或国族名,不少学者主张"繁"即"繁阳",在今河南新蔡县以北。③ 李学勤先生指

---

① 李学勤:《殷代地理简论》,北京:科学出版社,1959年,第83页。
② 李学勤:《论商王廿祀在上啚》,《夏商周年代学札记》,第55—61页。
③ 郭沫若:《两周金文辞大系图录考释》,《郭沫若全集·考古编》第8卷,第60页;陈梦家:《西周铜器断代》,第26页;马承源主编:《商周青铜器铭文选》第3卷,第109页;孙庆伟:《从新出叔夨甗看昭王南征与晋侯燮父》,《文物》2007年第1期。

出,该地于《左传》襄公四年作"繁阳",《左传》昭公五年、定公六年并作"繁扬",东周金文尚有"鉨汤"(晋姜鼎,《集成》2826;戎生编钟,《新收》1616)、"鉨杨"(繁阳之金剑,《集成》11582)、"鉨昜"(鄂君启车节,《集成》12110—12112)等不同写法,但其构词十分稳定,从没有去掉后一字单作"繁"的。因而李先生认为,此"繁"并非"繁阳"之省,而是《汉书·地理志》的蜀郡繁县,在今四川彭县西北。①

上述观点将"繁"与"繁阳"区别为二,可谓极富见地;但是,班簋铭文既以"繁、蜀、巢"并举,说明三者即非密迩相邻,至少也应处在同一方位或者地域之内,倘若彼此天各一方、山川悬隔,则毛公断无总领其政之可能。同时,考虑到"秉繁、蜀、巢命"与"静东国"之事前后连属、密切相系,则有关地名位于东土的合理性,恐怕是不容忽视的。马承源等先生尝谓"蜀"或为鲁地,即《春秋》成公二年"公会楚公子婴齐于蜀"与《国语·楚语》"蜀之役"的"蜀"。②陈絜先生也指出,此"巢"即鲁国北鄙之"巢丘",与"蜀"和"繁"均在今山东泰安附近的汶水流域,而昭王南征前夕遣人出使于"繁",其目的主要是镇抚东方土著势力,以俾周人在南拓同时无腹背受敌之患。③尽管目前在山东境内尚未寻见早期繁地的坐标,但相关线索可谓不一而足,除了夷式繁伯鬲(《新收》1319)及淄川区罗村镇南韩村战国墓出土的戍鉨戈(《新收》1087)外,临淄地区出土封泥尚有"繁丞之印"(《古封泥集成》1633)。④此"繁"当在齐地而非蜀郡,很可能即《史记·高祖功臣侯者年表》所载之繁侯国,为齐国内史所辖。⑤凡此皆可作为东土"繁"地的重要佐证。

四、族群活动与"同地异名"问题

通过以上论述可知,商周"同地异名"现象的产生机制具有多元性,具体包括"相对彻底"的地名改易(指新、旧地名的核心词素并无联系)、增减通名性成分、方位词、区别字和专名等不同途径。从理论上讲,不同人群对同一客体的命名结论或许存在差异,但即便是相同人群,在不同时段

---

① 李学勤:《论繁蜀巢与西周早期的南方经营》,《通向文明之路》,北京:商务印书馆,2010年,第122—125页。
② 马承源主编:《商周青铜器铭文选》第3卷,第109页。
③ 陈絜:《两周金文中的繁地与西周早期的东土经略》,《中原文物》2020年第1期。
④ 孙慰祖主编:《古封泥集成》,上海:上海书店出版社,1994年,第275页。
⑤ 马孟龙:《西汉侯国地理》,上海:上海古籍出版社,2013年,第125、388、521页。作者疑繁侯国即《汉志》千乘郡属县繁安。

或不同背景之下也可能会采取完全相异的命名。事实上，地名使用者在国别立场、观察角度或认知能力方面的差别，乃至各地域之间的语音殊异，都有可能导致同一地理实体在名称上出现分歧。此外，早期族群移徙与地名沿革的内在关联，也是一个不容忽视的重要因素。钱穆先生尝言："往往其地人事之变剧者，其地名之变亦剧，其地人事之变缓者，而地名之变亦缓。故人文开发较早之地，以人事之繁变，而地名亦繁变，新名掩其故名，久则故名渐致遗失，而人惟知有新名。"①所揭示的正是人群活动于"同地异名"的深刻影响。

我们知道，以旧居之地名来命名所移居之新土，乃是上古族群迁徙过程中常见的现象。倘若迁入地已经存在相应的地理称谓，而新地名的移植也并未导致原地名立刻消亡，在这种情况下，便很容易出现"一地二名"甚至"多名并存"的问题。例如，商王盘庚迁都于殷，周初分封微子于宋，则殷都又称"大邑商"或"商邑"，宋地一名"商"或"商丘"；周成王迁宅于洛邑，更称"成周"；春秋蔡人先后徙都新蔡、州来，二地遂得冠以"蔡"名。凡此种种，不胜枚举，其中最为典型的代表，莫过于今河南濮阳境内的帝丘。帝丘传为上古帝王颛顼所居，因得名焉，称为"颛顼之虚"。如《左传》昭公十七年："卫，颛顼之虚也，故为帝丘。"卫成公为避狄祸，乃将都城自楚丘东迁于此。另据《左传》哀公十七年载，卫庄公梦于北宫，"见人登昆吾之观，被发北面而噪"。是知彼时帝丘城内所谓"昆吾之观"尚存，应即夏时部族昆吾氏的活动遗迹，故名"昆吾之虚"。上述一系列地名沿革及相关"同地异名"现象，正是不同族群持续接力而作用于一地的结果。直至战国阶段，帝丘因地处濮水之北，遂更名曰"濮阳"，并一直沿袭至今。

另一方面，族群迁徙不仅会造成有关地名的播迁和移植，同时往往也会引起原居地名的变更，从而导致"同地异名"问题。如太王迁岐至文王作丰邑之前，岐山之阳的周原本名曰"周"。随着周人先后将都邑迁至丰、镐以及洛邑等地，地名"周"也逐次发生转徙，并产生了"宗周""成周"等具有区别意义的新地名；相应的，岐阳之周又被称为"岐周"，从而与上述以"周"为名的地点有所区分。再如，周宣王改封申伯于南阳后，申别为二，其西土的本国之地遂作"西申"（《系年》5—6）；春秋中期晋景公迁都新田（今山西侯马市西北）后，原都城"绛"（今山西翼城县西北）一名"故绛"（《左传》襄公六年）；春秋许人先后徙居叶、析、容城等地，今河南许昌

---

① 钱穆：《再论楚辞地名答方君》，《禹贡半月刊》第7卷1、2、3合期，1937年。

市东的许国故地则被称为"旧许"(《左传》昭公十二年)。综合上述两类情形可知,通过对"同地异名"现象及其产生机制的考察,适可为探索古代族群的迁徙流动提供一个视角。

此外,先秦时期列国、部族在相互攻伐的过程中,经常也会对新占领的土地和城邑进行更名,部分"同地异名"现象实际即来源于此。例如,两周之际郑氏东迁,尽取虢、郐之地以为己属,今河南新密东南的"密"原为郐邑,《春秋》僖公六年又称"新城",同年《传》则作"新密",即是缘于郑人取地之后新筑城而得名。东周秦、楚二国在兼并扩张之际取地更名,可谓同时期列国中最具代表性者。据《史记·秦本纪》载,宁公二年徙居平阳,次岁伐亳王,遂取"荡社"。索隐曰:"西戎之君号曰亳王,盖成汤之胤。其邑曰荡社。"① "荡社"即"杜"也,原为杜伯所封,在今西安市长安区东南的杜陵乡一带。秦武公十一年"初县杜、郑",应是将"荡社"改回旧名。此后,德公徙居"雍城大郑宫",在今陕西凤翔县南。该地原名曰"郑",即故周室之"西郑",秦人都此而更称为"雍"。秦厉共公十六年伐大荔,"取其王城"。集解引徐广曰:"今之临晋也。临晋有王城。"②《汉书·地理志》左冯翊临晋县自注:"故大荔,秦获之,更名。"③是谓秦灭大荔之戎,取其地而改称"临晋"。秦惠文王六年,魏纳"阴晋"于秦,遂更名"宁秦",故址在今陕西华阴市东。④ 又《秦本纪》载昭襄王五十年"拔宁新中,宁新中更名安阳",此"安阳"原为魏地,在今河南安阳市南。此外,战国末年秦灭六国之际,往往在所占领的六国县邑原名上临时增缀"新"字,以区别于秦国旧有的重名县邑,如蒋文、马孟龙二位学者所举秦封泥中出现的"新襄城""新平舒""新城父""新襄陵""新阳城",⑤ 及里耶秦简的"新武陵"等。⑥ 这种现象表明秦人尚无暇对新攻取的城邑名称进行集中调整,却在短期内造成了"同地异名"的客观效果。至于秦虎符铭的"新郪",王国维根据《战国策·魏策一》苏秦说魏王之言,推断"新郪"本为战国魏地,乃秦并天下之前二三十年由魏入秦。⑦ 不过,出土秦封泥中既有

---

① 《史记》卷5《秦本纪》,第181页。
② 《史记》卷5《秦本纪》,第199页。
③ 《汉书》卷28《地理志》,第1545页。
④ 国家文物局主编:《中国文物地图集·陕西分册》(上),西安:西安地图出版社,1998年,第239页。
⑤ 刘瑞编著:《秦封泥集存》,第853、821、903、777、885页。
⑥ 蒋文、马孟龙:《谈张家山汉简〈秩律〉简452之"襄城"及相关问题》,《中国历史地理论丛》2019年第1期。
⑦ 王国维:《秦新郪虎符跋》,《观堂集林》卷18,《观堂集林》(附别集),第903页。

县名"新郪",又可见县名"郪",①前者在今安徽太和县北,后者则为蜀郡辖县,属于吞并六国前的秦国故地。由此来看,"新郪"是否为秦取魏地而进行的更名,恐怕还需考虑。但至少要注意的是,《史记·魏世家》正义引应劭曰"秦伐魏,取郪丘,汉兴为新郪",②则是有问题的。按《魏世家》载安釐王十一年"秦拔我郪丘",此事又见于《秦本纪》昭襄王四十一年,言"攻魏,取邢丘、怀",是知"郪丘"当作"邢丘",然则上揭"郪丘"自与"新郪"无涉。

楚人在灭国后,每于当地置县,起初多沿袭故国之名,后来则陆续有所改易。比如,楚文王灭申为县,乃因旧名曰"申",其县公称为"申公"。战国时期"申"更名"宛",《战国策·西周策》"九年而取宛、叶以北,以强韩、魏"是也。《水经·淯水注》云:"秦昭襄王使白起为将,伐楚取郢,即以此地为南阳郡,改县曰宛。"③当代学者则据曾侯乙简、包山简中出现的"宛"地资料,认为申县之改称并非始于秦昭王世,而应提前至战国早期。④ 与申县的更名背景相似者,尚有"鄝阳""胡阳""弋阳""期思"等地。如前所述,"鄝阳"为蓼国故地和楚鄝县的别称,在今河南固始县境内。徐少华先生指出,"蓼"为故国名,"鄝阳"则是其地入楚以后的称呼,然由于习惯所致,人们还是经常以旧名相称,故"蓼"与"鄝阳"简文并见。⑤ 这一解释是很合理的。包山简中的"鹽昜"(《包山》186)为县名,徐少华先生读作"胡阳",认为即南阳盆地东南部的古蓼国、汉湖阳县。⑥ 氏说可信。此蓼国乃"祝融八姓"之一的己姓后裔,在今河南唐河县南的湖阳镇一带,楚武王时为楚所灭,其地设县后遂更名曰"胡阳"。《汉书·地理志》汝南郡有属县弋阳,颜师古注引应劭曰:"故黄国,今黄城是。"⑦ "弋阳"之名,尚见于战国楚玺"弋昜君鉨"(《玺汇》0002)、"弋昜邦栗鉨"(《玺汇》0276),⑧吴良宝先生以为楚县之一,⑨可从。准此,"弋阳"应是楚人在黄国故地设县而改的地名。"期思"亦为《汉志》汝南郡辖县,颜师

---

① 刘瑞编著:《秦封泥集存》,第885、732页。
② 《史记》卷44《魏世家》,第1854页。
③ 郦道元著,陈桥驿校证:《水经注校证》卷31,第727页。
④ 吴良宝:《包山楚简释地三篇》,中国文字学会、河北大学汉字研究中心编:《汉字研究》第一辑,北京:学苑出版社,2005年,第521—522页。
⑤ 徐少华:《包山楚简释地五则》,《江汉考古》1996年第4期。
⑥ 徐少华:《包山楚简释地十则》,《文物》1996年第12期。
⑦ 《汉书》卷28《地理志》,第1563页。
⑧ 吴振武:《古玺合文考(十八篇)》,《古文字研究》第17辑,第269页。
⑨ 吴良宝:《战国楚简地名辑证》,武汉:武汉大学出版社,2009年,第271、275页。

古注:"故蒋国。"①另据《左传》文公十一年记载,楚穆王与宋、郑之君田于孟诸,"期思公复遂为右司马"。"期思公"即楚地"期思"之县公,可见楚人吞并蒋国后,即于当地置县而改称"期思"。

不过,传世文献关于古代国族取地更名的记载,实际也未必尽皆可靠。比如,《韩诗外传》卷三追述周人克商之故事,谓武王"修武勒兵于宁","更名邢丘曰怀,宁曰修武"。②然而《左传》宣公六年:"赤狄伐晋,围怀及邢丘。"又《史记·秦本纪》载昭襄王四十一年,"攻魏,取邢丘、怀"。足证"邢丘"与"怀"向来有别。正义引《括地志》云:"平皋故城本邢丘邑,汉置平皋县,在怀州武德县东南二十里。故怀城,周之怀邑,在怀州武陟县西十一里。"③据研究表明,东周怀邑、秦汉怀县旧治在今河南武陟县西南的东张村一带,④而"邢丘"故城在今温县东南的北平皋遗址。⑤至于"修武"的由来,《汉志》河内郡修武县注引应劭说,认为秦改晋地"南阳"而称"修武";臣瓒则据《韩非子》已见"修武"之名相驳,指出秦未兼并天下之时,"修武之名久矣"。⑥吴良宝先生结合战国文字资料中"宁"和"修武"并见的现象,进一步强调上述更名之说并不足信。⑦

《汉志》河东郡有辖县"蒲反",班固注:"故曰蒲,秦更名。"颜注引应劭曰:"秦始皇东巡见长坂,故加'反'云。"又引孟康曰:"本蒲也,晋文公以赂秦,后秦人还蒲,魏人喜曰'蒲反矣'。谓秦名之,非也。"⑧今按上揭诸说均不可从。"蒲反"为战国魏地,在今山西永济县西南的蒲州镇一带。《战国策·楚策一》载城浑说新城令有云:"蒲反、平阳相去百里,秦人一夜而袭之,安邑不知。"又,山西芮城县大禹渡乡曾出土一件战国魏兵"十八年莆反令"戈(《新收》977),"莆反"亦即"蒲反",可

---

① 《汉书》卷28《地理志》,第1563页。
② 韩婴撰,许维遹校释:《韩诗外传集释》,北京:中华书局,1980年,第95页。原书句读作:"更名邢丘曰怀宁,曰修武。"今按"宁"字当属下读。
③ 《史记》卷5《秦本纪》,第217页。
④ 国家文物局主编:《中国文物地图集·河南分册》,北京:中国地图出版社,1991年,第192页。
⑤ 李先登:《荥阳、邢丘出土陶文考释》,《古文字研究》第19辑,北京:中华书局,1992年,第350—357页。
⑥ 《汉书》卷28《地理志》,第1555页。
⑦ 李家浩:《先秦文字中的"县"》,《文史》第28辑,第49—58页;后晓荣:《战国政区地理》,北京:文物出版社,2013年,第81页;吴良宝:《战国文字资料中的"同地异名"与"同名异地"现象考察》,李学勤主编:《出土文献》第5辑,第62页。
⑧ 《汉书》卷28《地理志》,第1550页。

见其得名当不晚于战国。"蒲反"一作"蒲阪",《史记·秦本纪》载昭襄王四年"取蒲阪"、五年"复予魏蒲阪"是也。因此,"蒲反"并非出自秦人之更名,亦与秦取其地而归魏无关。《竹书纪年》有云:"魏襄王七年,秦王来见于蒲版关。"① 雷学淇曰:"蒲版,舜旧都,其北有长版,为邑之险要,故曰蒲版。魏既献河西之地于秦,因险设关以备秦寇,故曰蒲版关。此魏之界上关也。"②

陈留为秦代置县,故城在今河南开封市东南,《汉书·地理志》陈留郡陈留县下颜注引孟康曰:"留,郑邑也。后为陈所并,故曰陈留。"又引臣瓒曰:"宋亦有留,彭城留是也。留属陈,故称陈留也。"颜师古谓瓒说是。③ 按:宋国留邑在今江苏沛县东南,距陈较为悬远,而陈留处于郑、宋之间,④陈国袭占其地或有可能,故孟康之说相对合理。但管见所及,"陈留"似未见于战国之前的文献记载,其得名是否跟陈取郑邑有关,目前尚难遽定。

进一步讲,为了避免不同地点之间出现重名的问题,时人往往会更改原地名或者调整原地名的构词形式,这一举措对于单个地名而言,就会导致"同地异名"现象的产生。从历时性的角度观察,上述情形显然属于纵向的地名沿革范畴。然而在共时性的空间背景下,人为改变特定地理实体的名称或其构词形式,尤其是在原地名的基础上加缀或省略成分,也可能会引起前者与其他地点的重名。这种横向上的"异地同名"现象,正是下节即将探讨的问题。

第二节　特殊的地名现象——"异地同名"

"异地同名"又称"同名异地""地名重名"或"重复地名",是指两个或两个以上的不同地点之间地名相同的现象。历史时期的"异地同名"大致包括两种情况,一是地名用字完全一致,二是地名读音相同。⑤ 就秦汉

---

① 方诗铭、王修龄:《古本竹书纪年辑证》(修订本),第158页。
② 雷学淇:《竹书纪年义证》卷40,第609页。
③ 《汉书》卷28《地理志》,第1559页。
④ 《左传》哀公十二年:"宋、郑之间有隙地焉,曰弥作、顷丘、玉畅、嵒、戈、钖。"诸地大致皆在今河南中东部的杞县、通许县至陈留镇一带。参见杨伯峻《春秋左传注》(修订本),第1673页。
⑤ 华林甫:《中国地名学史考论》,第123页。

以降而言,主要是指同级政区名称重复出现。① 至于先秦阶段的"异地同名"问题,则相对更为复杂,需作适当说明。

首先,有些地名原本存在严格的重名关系,后来才通过加缀成分的办法加以区分。如西周虢仲、虢叔所封之地,一在今陕西宝鸡市陈仓区(原虢镇),一在今河南荥阳市广武镇,二地于春秋以前都叫作"虢",秦汉以后乃别称为"西虢"和"东虢",若按发生重名的共时背景加以限定,这种情况无疑属于"异地同名"。另外,古文字构形的繁化和简化,也会造成不同地点的地名用字产生同形的现象,如卜辞地名"自袭"(《合集》24282)的"袭"字,或省作"⟨图⟩"(《合集》24303)甚至"⟨图⟩"(《花东》480)形,在此一律当释为"劳",②虽然后者跟"衣"字形体相同,但与所谓的地名"衣"③毫无关系。此即地名用字一致却非"异地同名"的情况。另一方面,尽管有些地名用字在写法上存在差异,但这主要是由于文字通假或者同字异构所致,如金文中地名"斥"与"庝"、典籍中地名"亳"与"薄"等,只要确定它们所指地点的实际地望不同,我们仍可依据音读尤其是通用之例将其归入重名的范畴。此即地名用字有别却属于"异地同名"的情况。

针对先秦时期的"二地一名"现象,杜预撰作《春秋释例》之际便已有所关注。④ 此后,王应麟在《通鉴地理通释》序言中尝言:

> 二地而一名者,若王城、葵丘、酒泉、贝丘、钟离之类。……方城、细柳、丹水之有三,涂山、历山、东阳、武城之有四。"瞻彼洛矣"与东都之洛异,"导洛自熊耳"与宜阳之熊耳殊。首阳、空桐、新城、石门、

---

① 这种现象对于中央集权国家的行政治理多少会产生一定的不便,所以通常需要通过更改或省并地名的方式,以消除同级政区的重名问题。而地方行政体系内部分属不同层级的地名发生重名,则往往无所谓相互排斥,正如"长安、洛阳代为帝都,而济阴有长安乡,汉有洛阳县,此皆与京师同名者也"。参见孔颖达《毛诗正义》卷10,阮元校刻《十三经注疏》,第909页。

② 李学勤:《从两条〈花东〉卜辞看殷礼》,《吉林师范大学学报》(人文社会科学版)2004年第3期。

③ 殷墟甲骨刻辞中绝大部分旧释为"衣"的地名,据文例其实都应改释为"卒",用作副词,表示完毕、终了之类的意思。参见李学勤《多友鼎的"卒"字及其他》,《新出青铜器研究》(增订版),第113—116页;裘锡圭《释殷墟卜辞中的"卒"和"神"》,《中原文物》1990年第3期。至于当时是否存在用作地名的"衣",窃以为尚有待材料的证实。如1959年安阳大司空村曾发掘出土一片有字卜骨,整治较为粗糙,骨臼角端未切,其正面左缘刻有"辛贞⟨图⟩"四字,属于武丁时期的习刻。研究者或释作"辛贞在衣"四字,未敢确定。参见中国社会科学院考古研究所《殷墟发掘报告(1958—1961)》,北京:文物出版社,1987年,第200页。

④ 杜预:《春秋释例》卷5,第104页。

石城、丹阳、白沙、硖石之属,其地非一。①

这种通过枚举和个案考证的方法,对"异地同名"问题所作的阐释、订误与发明,在清代地理学研究中得到了充分的体现。顾炎武《日知录》曾举"丘舆""鄢陵""棫林""重丘""姑蔑""盂""州"等地名为例,补充说明先秦地名重名的普遍性。② 另外,《春秋》隐公二年"莒人入向"与宣公四年"公伐莒取向"之"向",杜注原别为二地,顾氏则指其实系一地,当即"沂州之向城",所论堪称精审。③ 江永尝谓《春秋》隐公元年"费伯帅师城郎"之"费",与三桓季氏之费邑有别;④又辨孔疏合"舒蓼""蓼"为一者非。⑤ 段玉裁则以"邿非邾国"为例,强调"凡地,名同实异者不可枚数"。⑥ 丁寿征所撰《春秋异地同名考》,总结《春秋》经传中出现的"异地同名"例达36则,但惜所举地名资料尚有阙漏。⑦ 钱大昕遍检《汉书·地理志》,对汉代县名的重出现象作了系统归纳,亦有助于后学从沿革角度考察重名地名的源流。⑧

总的来说,关于先秦"异地同名"现象及相关问题,前贤时彦已经做过不少整理和揭示,学术积淀颇为丰富,为我们开展研究奠定了基础。然而不可否认的是,既有成果或侧重于胪列现象,或集中于具体个案的史料辨析和史实考证,在研究的系统性和整体性方面未免存在些许缺憾。近年,吴良宝先生从分域、分系的角度,对战国古文字资料中的"异地同名"问题加以考察,并就其中涉及的用字习惯、地名省称等因素作了详细阐述。⑨ 这种研究路径不仅重视对具体地名资料的分析,同时亦能兼顾复杂地名现象的归纳与总结,无疑是值得借鉴和发扬的。

相较战国阶段而言,殷周春秋时期的"异地同名"现象同样非常普遍,

---

① 王应麟著,傅林祥点校:《通鉴地理通释·序》,第2页。
② 顾炎武著,陈垣校注:《日知录校注》卷4,第232—233页。
③ 顾炎武著,陈垣校注:《日知录校注》卷31,第1803页。
④ 江永:《春秋地理考实》卷1,《清经解》卷252,第2册,第238页。
⑤ 江永:《春秋地理考实》卷2,《清经解》卷253,第2册,第246页。
⑥ 段玉裁:《说文解字注》卷6,第298—299页。
⑦ 丁寿征:《春秋异地同名考》,李勇先主编:《中国历史地理文献辑刊》第3编《诗礼春秋四书尔雅地理文献集成》(三),第475—478页。
⑧ 钱大昕:《汉地理志县名相同》,《十驾斋养新录》卷11,上海:上海书店出版社,2011年,第221—222页。
⑨ 吴良宝:《战国文字资料中的"同地异名"与"同名异地"现象考察》,李学勤主编:《出土文献》第5辑,第59—74页。

二者在形成因素上虽然具有一定的共性,却也存在着显著的差异,亟需进行深入探究。本节拟通过对传世文献和出土文献中地名资料的爬梳与考辨,先将商周"异地同名"的具体例证尽量全面地整理出来,进而试对这一现象的不同形成机制加以探讨,以期重点揭示其背后蕴含的史学信息。

一、包含国名的"异地同名"释例

根据笔者的初步统计,目前可以确定先秦时期的重名地名数量当在150组以上,其中以单音节词地名占据主流。至于部分常见地名,诸如商、亳、唐、京、孟、申、吕、曾、鄂、历、向、瑕、清、稷及犬丘、新城、平阳等,重见频度都达到了三次以上。考虑到目前已知成因的重名地名,仅占总数的一小部分,因而我们若按对待"同地异名"问题那样进行分类处理,则无法将更多实例尽皆囊括。有鉴于此,本节主要是在整合传世典籍和出土文献的基础上,尽可能客观地筛选出"异地同名"的具体例证,这样或可有助于构建史料之间的互证来考察地名问题。其中,部分国族名号只要与地名同称通用,不妨一并归入讨论。

首先分析包含国名的"异地同名"例。

(1) 商地有五

殷墟甲骨文中用作地名的"商",一是指商王国都城及其近畿之地。如黄组卜辞《合集》36975所见之"商",与"四土"同版并贞,大致即相当于"大邑商"。二为商末征人方的途经之地。如《合集》36501中,商王分别在丙午、己酉、庚戌、辛亥诸日依次驻跸商、乐、丧、香四地,而首辞乙巳日的田猎地点可补作"殷(鹜)"。据研究表明,上述诸地皆在晚商东土范围内,此"商"可对应春秋鲁国郚邑和《汉志》东平国章县,即今东平县接山镇郚城村一带。[①]

传世铜器有商丘叔簠(《集成》4557—4559) 2件,时代在春秋早期,1993年泰安龙门口遗址调查中,又发现同铭商丘叔簠(《新收》1071) 1件。就造型和纹饰而言,这组器物与东江小邾国墓地M2出土的4件铜簠甚为接近,[②]很可能代表了鲁国周边的地域风格。联系铜器出土地及特征来看,上揭族氏名"商丘"当取自地名,也许就是鲁国北鄙的商(郚)邑。

---

① 陈絜:《卜辞滴水与晚商东土地理》,《中国史研究》2017年第4期。
② 枣庄市政协台港澳侨民族宗教委员会、枣庄市博物馆编著:《小邾国遗珍》,北京:中国文史出版社,2006年,第42—50页。据铭文可知,4件铜簠的作器者中,至少有鲁宰𩰬、鲁酉子安母两位鲁国贵族。

又有东周宋地之"商",亦即宋都商丘。《国语·吴语》载夫差北征,"阙为深沟,通于商、鲁之间,北属之沂,西属之济,以会晋公午于黄池"。韦昭注:"商,宋也。"①是"以地称国"之例。再则为商鞅封邑之"商"。《史记·商君列传》:"卫鞅既破魏还,秦封之於、商十五邑,号为商君。"集解引徐广曰:"弘农商县也。"索隐曰:"於、商,二县名,在弘农。"②此"商"在今陕西丹凤县西北的古城村遗址。20世纪80年代以来,考古工作者在当地采集到多件模印有"商"字的瓦当残块,可以证实该城址就是秦国商邑所在。③ 此外,商密之地亦可省称曰"商",例见《左传》文公十年所载司马子西为楚之"商公"。

（2）亳地有五（含存疑二）

一为杜亳。《史记·六国年表》"汤起于亳"下集解引徐广曰:"京兆杜县有亳亭。"④在今西安市长安区东北。此"亳"乃荡社亳王之邑,故名,而与商族无涉,钱大昕已有驳正。⑤

其次有所谓"三亳"。《尚书·立政》"三亳阪尹"下孔疏引皇甫谧云:"三亳,三处之地,皆名为亳。蒙为北亳,穀熟为南亳,偃师为西亳。"⑥其中,"西亳"在今河南偃师市境。《汉书·地理志》河南郡偃师县原注:"尸乡,殷汤所都。"⑦《尚书序》孔疏引郑玄云:"亳,今河南偃师县有汤亭。"⑧又《史记·殷本纪》正义引《括地志》:"亳邑故城在洛州偃师县西十四里,本帝喾之墟,商汤之都也。"⑨1983年,偃师西郊发现了一座大型早商时期城址,其始建年代上限约在公元前1600年,具有国家政治中心的都城性质,因而不少考古学者都将偃师商城视作成汤灭夏后所都之"西亳"。⑩然需注意的是,今偃师境内存在名"亳"之地,目前仅可上溯至汉晋学人之说,却不见于东汉之前文献的明确记载。所以,即便偃师商城就是"殷汤

---

① 《国语》卷19《吴语》,第604页。
② 《史记》卷68《商君列传》,第2233页。
③ 王子今、周苏平、焦南峰:《陕西丹凤商邑遗址》,《考古》1989年第7期;陕西省考古研究所、商洛市博物馆:《丹凤古城楚墓》,西安:三秦出版社,2006年,第185页。
④ 《史记》卷15《六国年表》,第686页。
⑤ 钱大昕:《廿二史考异》卷2,上海:上海古籍出版社,2004年,第14—15页。
⑥ 孔颖达:《尚书正义》卷17,阮元校刻《十三经注疏》,第493页。关于"三亳阪尹"的含义,孔疏所引郑玄的解释为:"汤旧都之民服文王者,分为三邑,其长居险,故言阪尹。盖东成皋,南轘辕,西降谷也。"似不如皇甫谧"三亳说"更为切合《立政》的本义。
⑦ 《汉书》卷28《地理志》,第1555页。
⑧ 孔颖达:《尚书正义》卷7,阮元校刻《十三经注疏》,第335页。
⑨ 《史记》卷3《殷本纪》,第93页。
⑩ 中国社会科学院考古研究所:《中国考古学·夏商卷》,第217—218页。

所都"，但究竟能否称之为"亳"，仍有研究者持怀疑态度，这无疑是审慎的。① 不过，西周麦方尊(《集成》6015)、鄂侯驭方鼎(《集成》2810)诸铭中出现的地名"秅"，其地望范围大致就在成周附近，该字从"乇"得声，可读为"亳"。② 若如是，或可为偃师"西亳"的溯源提供新的线索。

"北亳"为春秋宋地。《左传》庄公十二年"公子御说奔亳"，杜预注："蒙县西北有亳城。"在今山东曹县东南。③ 此"亳"一作"薄"，见于《左传》哀公十四年，④后别称"北亳"。

"南亳"在今河南商丘市南。《史记·殷本纪》正义引《括地志》云："宋州榖熟县西南三十五里南亳故城，即南亳，汤都也。"⑤不过，"南亳"一地同样于先秦文献无征，王国维等学者已非之。⑥ 此后，董作宾、陈梦家二位先生通过征人方卜辞的排谱和地名系联，认为其中出现的"商"是指商丘，并以之为定点，推断"亳"在今商丘以南。⑦ 现在看来，此说终究是基于"人方"即淮夷的观点立论，因而对地名整体方位的判断恐有偏差；另一方面，《合集》36567 中与"商"同版的所谓"亳"地，以往的文字释读亦有问题，该字很可能应改释为"京"。⑧ 既如此，那么不仅"南亳"需存疑，"北亳"和"西亳"同样也难以借助征人方卜辞得到印证。⑨

除上述四"亳"之外，以邹衡先生为代表的研究者力主郑州商城就是成汤所居的亳都，其主要依据包括以下四个方面：第一，古代文献所见东周郑地之亳；第二，郑州商城出土陶文证明东周时期该地名亳；第三，汤都亳的邻国及其地望与郑州商城相合；第四，郑州商文化遗址发现的情况与成汤所居郑亳相合。⑩ "郑亳说"提出后，在学界引起了巨大的反响，一度

---

① 比如，持"郑亳说"的学者就认为，所谓偃师"西亳"在东周至西汉时期皆称"尸乡"，并无称"亳"之例。
② 赵庆淼：《西周金文"秅"地识小》，《中原文物》2014 年第 5 期。
③ 关于"北亳"的具体地望，学界尚有不同看法。一说在宋都商丘以北的蒙泽附近，即蒙地。参见程平山、周军《商汤居亳考》，《中原文物》2002 年第 6 期。
④ 《左传》哀公十四年载桓魋"请以鄐易薄"，宋景公曰不可，并谓"薄"为宗邑。
⑤ 《史记》卷 3《殷本纪》，第 93 页。
⑥ 王国维：《说亳》，《观堂集林》卷 12，第 518—522 页。
⑦ 董作宾《殷历谱》下编卷九·日谱三，第 62—63 页；陈梦家：《殷虚卜辞综述》，第 301—310 页。
⑧ 陈絜：《卜辞京、鸿地望与先秦齐鲁交通》，《史学集刊》2016 年第 6 期。
⑨ 有学者已指出这一方法存在的问题。参见王震中《商族起源与先商社会变迁》，第 52—53 页。
⑩ 邹衡：《郑州商城即汤都亳说》，《文物》1978 年第 2 期；邹衡：《论汤都郑亳及其前后的迁徙》，《夏商周考古学论文集》(第二版)，第 171—202 页。

成为最有影响力的学术观点。然而客观地说，以现在的研究标准来看，上述文字和文献证据恐怕并不坚实。首先即郑州商城是否曾经名"亳"的问题。《左氏春秋经》襄公十一年"同盟于亳城北"，杜预注："亳城，郑地。"同年《传》曰"同盟于亳"，而《公羊》《穀梁》皆云"同盟于京城北"。针对这一异文，清儒及王国维均已指出《左氏》作"亳"乃字之讹，当从《公》《穀》作"京"为是。近来，赵平安先生从战国简帛所见"京"字的异体出发，联系郑州商城出土陶文中旧释为"亳"的"![字]"形写法，从而指出该一系字都应改释为"京"。① 这是很正确的意见。综合以上两点推断，郑州商城所在地在东周时期本名曰"京"，很可能就是见于《春秋》经传的郑国京邑，这样无疑动摇了"郑亳说"的文字学基础。其次，成汤居亳的邻国——葛及商人灭夏前夕征服的韦、顾、昆吾，不仅在今郑州周边能够找到地名线索，而且在其他区域（如河、济之间）亦可寻见相应的地理坐标，②这至少意味着，成汤居亳的地望尚有讨论和选择的余地。再则，近年的考古发掘与研究表明，郑州商城和偃师商城虽然始建年代接近，但后者进入兴盛期的时间相对要早于前者。③ 所以，郑州商城能否视作商人灭夏之前的政治中心和军事基地，恐怕也是颇有疑问的。总之，在笔者看来，郑州商城与偃师商城同为商代早期的都邑遗址，这一基本认识当无可非议；至于郑州商城是否名"亳"，并可对应成汤所居之亳都，目前尚乏文字资料可供证实，④故不妨阙疑待考。

（3）曹地有三

一为文王之子振铎所封，在今山东定陶县西北。《左传》定公四年记载康叔之封，云"聃季授土，陶叔授民"，学者或谓"陶叔"即曹叔振铎，以封于陶丘而别称"陶叔"。⑤ 不过，目前所见的曹国器铭尚难证实上述推论，我们只能对曹、陶二名的关系试作分析。第一种可能性即振铎始封本在曹地，于是引为国族名号，后来国名与都邑名发生分离，都邑所在地更名曰"陶丘"，后人遂追称其始封君为"陶叔"；其二即振铎初封之地已名"陶丘"，因称"陶叔"，那么国名"曹"自当具有其他来源。如按后说，则地

---

① 赵平安：《"京""亭"考辨》，《复旦学报》（哲学社会科学版）2013年第4期。
② 具体讨论详参本书第六章。这种地名和传说遗迹成组重见于不同地区的现象，究竟是何种原因所致，目前还难以遽下断语，但大多不外乎人群迁徙夹杂着少许的偶然因素。
③ 中国社会科学院考古研究所：《中国考古学·夏商卷》，第230页。
④ 《续汉书·郡国志》河南尹荥（荣）阳县下："有薄亭。有敖亭。"邹衡先生据此指出"薄""敖"并非一地，甚是。按战国韩地有"宅阳"，一名"北宅"，在今河南荥阳市东。"宅阳"之"阳"当为加缀的美称成分，"宅"从乇声，与"亳""薄"诸字可通，所以"薄亭"不排除与"宅阳"具有沿革关系，而不宜视作"郑地之亳"的旁证。
⑤ 杨伯峻：《春秋左传注》（修订本），第1538页。

名"曹"之有无尚需存疑，但参考国族名与地名分合的常例来看，窃以为前说似乎更为合理。

二为春秋卫邑，一作"漕"（《卫风·载驰》），在今河南滑县以东的白马故城。《左传》闵公二年狄人灭卫，卫人涉河东徙，"立戴公以庐于曹"，即此。三为齐地。《集成》11070 著录的一件春秋晚期的铜戈，其胡部有铸铭"曹右㝅造戈"五字，属于典型的齐系风格。对比同时期京㝅八族戈（《集成》11085）、郲右㝅戈（《集成》10997）、成右㝅戈（《铭图》17065）诸铭来看，"曹右㝅"即齐人在曹地所设的武库之名。考虑到卫之曹邑并非齐国所有，而曹都彼时业已更名为"陶"（"定陶"），这就说明东周齐境或有另一曹地，具体地望待考。①

（4）楚地有二

一为春秋卫地。《诗·鄘风·定之方中》："望楚与堂，景山与京。"毛传谓"楚"即卫邑楚丘，在今河南滑县东。② 二即南方"荆楚"之楚，国名与地名同称。战国后期，随着楚国政治核心区东移，楚地的涵盖范围逐渐从江汉地区扩展至淮河中下游一带。需要说明的是，近代有学者从甲骨文"楚"地和文献地名"楚丘"出发，推测早期楚人可能起源于黄河下游地区，后经中原辗转南迁。不过，田猎卜辞中用作地名所谓"楚"字（《合集》29984），实作从正、从二木之形，与古文字常见之"楚"从疋者有别。另据清华简《楚居》记载，楚始祖季连曾经活动的"騩山""㵎水""京宗"等地，大体均分布在今豫中至豫西南地区一带；而楚人最终以"楚"作为部族名号，实际是始于穴熊之子丽季（熊丽），可见族名"楚"的出现与"楚丘"在时空背景上无法相协，所以上述地点难以视作芈姓楚人的早期遗迹。

（5）唐地有六（含存疑一）

一在晋南，国名与地名同称，其本字作"觞"或"昜"。北赵晋侯墓地 M31 出土的文王玉环铭云："文王卜曰：我眔觞③人弘戋（践）人。"其中

---

① 《合集》36828："壬寅卜，在曹贞：王步于瀌（暴），亡灾。"其中的商王占卜地"曹"，未知可对应卫地抑或齐地。"暴"字从裘锡圭先生释，参见裘锡圭《说"玄衣朱襮袡"——兼释甲骨文"襮"字》，《文物》1976 年第 12 期。

② 西周中期小臣夌鼎铭（《集成》2775）云："正月，王在成周。王迷于楚麓，令小臣夌先省楚居。"然据《小校》3.17 所收拓本来看，其中旧释的所谓"楚"字，未敢确定是否从"疋"，但这一地点或在成周附近。

③ 该字陈斯鹏先生摹作形，较为准确，当从陈斯鹏、李春桃二位先生改释为"觞"。参见陈斯鹏《唐叔虞方鼎铭文新解》，张光裕、黄德宽主编：《古文字学论稿》，合肥：安徽大学出版社，2008 年，第 180—191 页；李春桃《从斗形爵的称谓谈到三足爵的命名》，《"中研院"历史语言研究所集刊》第 89 本第 1 分，2018 年。

的"觞"字当读为唐,是指分封叔虞以前的晋南唐国,①位于"河、汾之东""汾、浍之间"的今临汾地区。② 又,近年传出山西的一批周初铜器上出现了"易男""易邑辪"等字样的铭文(《铭图》1897;《铭图》1930)。其中,"易男"即受封于易地、称号为"男"的诸侯职官,而"易邑辪"可理解为易邑地方事务的管理官员,考虑到觥公簋铭(《铭图》4954)"易伯"即"唐伯",故这里的"易"应与上述唐地是一非二。

二在周代南土,国、地同称,即西周早期中觯铭文(《集成》6514)"王大省公族于庚(唐)"的"唐"。传统观点谓唐地在今随州西北的唐县镇,③石泉先生则认为在今河南唐河附近。④ 按《左传》定公四年所载吴师入郢的背景,是诸侯盟于召陵本欲侵楚,晋人却背约改谋中山,唐侯遂联合吴、蔡之师,"舍舟于淮汭",与楚人夹汉对峙。而《系年》第十八章追述此事,则云"晋与吴会为一,以伐楚,阅方城"。综合上揭两段记载来看,三国联军应是自方城一线的南端攻入楚境,唐国可能起到了开启门户的作用,故其地望位于南阳盆地附近的可能性较大。三为鲁地,即《春秋》隐公二年"公及戎盟于唐"之"唐",在今山东鱼台县一带。或作"棠",见于《左传》隐公五年"公矢鱼于棠"。四为周地,即《左传》昭公二十三年"尹辛败刘师于唐"的"唐",在今河南洛阳市区东北。五为燕地,《春秋》昭公十二年云"齐高偃帅师纳北燕伯于阳",同年《左传》作"唐",在今河北唐县东北。《战国策·齐策二》"赵可取唐、曲逆",即此。另外,殷墟卜辞中亦有地名曰"唐",如"唐邑"(《合集》14208,宾)、"唐土"(《英藏》1105,宾)等。学界多将此"唐"与晋南之"易"视作一地,恐非。⑤ 所指待考。

(6)阳地有四(含存疑一)

一在山东沂水县西南,故阳国地,《左传》闵公二年"齐人迁阳"即此。二为"阳樊"之别称,在今河南济源市西南。《国语·周语中》:"王至自郑,以阳樊赐晋文公。阳人不服,晋侯围之。""阳人"即指阳樊一地的居民。三为东周卫地。《史记·田敬仲完世家》:"夫有宋,卫之阳地危。"集

---

① 李学勤:《文王玉环考》,《华学》第1辑,广州:中山大学出版社,1995年,第69—71页。
② 关于叔虞封"唐"之地,学界聚讼纷纭,李伯谦先生总结为"平阳(今临汾市)说""翼城(今翼城县)说""鄂地(今乡宁县)说""安邑(今夏县)说""永安(今霍州市)说"和"晋阳(今太原市)说"六种主要观点。参见李伯谦《天马一曲村遗址发掘与晋国始封地的推定》,《中国青铜文化结构体系研究》,第114—123页。
③ 陈槃:《春秋大事表列国爵姓及存灭表譔异》(三订本),第772页。
④ 石泉:《古代曾国—随国地望初探》,《古代荆楚地理初探》,第84—104页。
⑤ 孙亚冰:《易国考》,《古文字研究》第27辑,第42—48页。

解曰:"阳地,濮阳之地。"正义云:"案:卫此时河南独有濮阳也。"①是谓"阳"即濮阳之省。此外,黄组卜辞《合集》36537言:"癸未卜,贞:王旬亡畎。在七月。王征敠,戋(践)商,在觞。"②据该辞所示,"觞"当位于商王征敠的前沿地带。而敠地或即《左传》庄公八年"齐侯使连称、管至父戍葵丘"之"葵丘",在今山东临淄以西,所以觞地方位亦在东土。从"觞""易"音近可通的角度来看,似可联系"齐人迁阳"之"阳"或齐、鲁边境的"阳关"③加以考虑。

(7)鄂地有五

一在周代南土,国、地同称。据静方鼎铭(《新收》1795)所言,周昭王南巡前曾命静"嗣在曾、噩自",意即管理驻在曾、噩(噩)二地的军队,而西周早期的噩侯家族墓群发现于今随州市安居镇羊子山一带,④可证同时期鄂地在此。二为晋地,《左传》隐公六年载"翼九宗五正顷父之子嘉父逆晋侯于随,纳诸鄂",旧注或指在今山西乡宁县境。一说即《世本》唐叔虞所居之"鄂",位于"河、汾之东""汾、浍之间"的临汾盆地。⑤ 三为楚封君之邑。鄂君启舟节铭(《集成》12113)云:"自噩(鄂)往,逾油(淯),徙(涉)汉。"这里提到的"鄂",以往学者多以湖北鄂城当之;⑥而"油"字旧释为"沽(湖)",应从陈伟先生之说改释,读为淯,即今之白河。⑦ 因此,节铭所见鄂君封地实指《汉志》南阳郡属县西鄂,在今南阳市东北的石桥镇一带。四亦为楚地。《史记·楚世家》:"熊渠甚得江汉间民和,乃兴兵伐庸、杨粤,至于鄂。……中子红为鄂王。"集解引《九州记》曰:"鄂,今武昌。"⑧此"鄂"在今湖北鄂州境内,但其得名未必与熊渠之子有关。五在

---

① 《史记》卷46《田敬仲完世家》,第1899页。《战国策·齐策四》则言:"夫有宋则卫之阳城危,有淮北则楚之东国危。"
② 其中的"觞"字作"𩫕"形,旧释为"爵",今改释为"觞"。参见李春桃《释甲骨文中的"觞"字》,《古文字研究》第32辑,2018年,第83—89页。
③ 《左传》定公七年:"齐人归郓、阳关,阳虎居之以为政。"此"阳关"在今山东泰安东南。
④ 随州市博物馆:《湖北随县安居出土青铜器》,《文物》1982年第12期;随州市博物馆:《湖北随县发现商周青铜器》,《考古》1984年第6期;深圳博物馆、随州市博物馆编:《礼乐汉东:湖北随州出土周代青铜器精华》,北京:文物出版社,2012年。
⑤ 孙庆伟:《觉公簋、晋侯尊与叔虞居"鄂"、燮父都"向"》,《古代文明研究通讯》第35期,2007年。
⑥ 谭其骧:《鄂君启节铭文释地》,《长水集》(下),第193—211页;黄盛璋:《关于鄂君启节地理考证与交通路线的复原问题》,《历史地理论集》,北京:人民出版社,1982年,第263—285页。
⑦ 陈伟:《〈鄂君启节〉之"鄂"地探讨》,《江汉考古》1986年第2期。
⑧ 《史记》卷40《楚世家》,第1693页。

泾水上游附近。西周晚期不嬰簋铭(《集成》4329)记载玁狁"广伐西俞",王命伯氏率众"羞追于西",继而"御追于晷"。此"晷"字所从之"哭"即"嚚"之初文,吴大澂、高田忠周及陈秉新等学者俱有论述。① 按哭(嚚)、各二字并在月部,见、疑二母一系,故"晷"实系从嚚、从各的双声符字,可读为"鄂"。从周师追击玁狁的方向来看,此鄂地当在西土边陲一带。而《系年》第二章既载平王出奔西申,又云"晋文侯乃逆平王于少鄂",可知"少鄂"密迩西申之地,亦在泾水上游附近。如是,无论就文字释读抑或地理方位而言,不嬰簋"晷"地均与《系年》"少鄂"若合符节,二者很可能属于"同地异名"的关系。②

(8) 申地有三

一在周代西土,国、地同称,后称"西申"。《系年》第二章云:"王与伯盘逐平王,平王走西申。幽王起师,围平王于西申,申人弗畀。""西申"即西土申伯之国,其地在今甘肃平凉、镇原以北,故《山海经》所见这一区域遗留有申首之山、申水等地名。③ 二为周代南土封国。《汉书·地理志》南阳郡宛县原注:"故申伯国。"④在今南阳市区一带。楚文王灭申后置县于此,其最高长官称为"申公",如春秋楚申公彭宇簋(《集成》4610)即出土于南阳西关。⑤ 三为郑地,《左传》文公八年载晋人复致公壻池之封,"自申至于虎牢之竟"。在今河南荥阳市西北。⑥

(9) 曾地有六

一在周代南土,国、地同称。据中甗铭文(《集成》949)记载,昭王南巡前夕命人"设居在曾",即在曾地安置驻跸之所。随州叶家山曾侯家族墓地的发现,证实了西周早期金文中的曾地在此。⑦ 二在周代西土,为申之与国,国、地同称。《国语·晋语一》云"申人、鄫人召西戎以伐周",《国语·郑语》及《系年》并作"缯",其地大致毗邻西申。三为东方夏徐故国。

---

① 陈秉新:《释哭及从哭之字》,《古文字研究》第25辑,第36—39页。
② 赵庆淼:《不嬰簋"晷"地与〈系年〉"少鄂"——兼论玁狁侵周的地理问题》,《江汉考古》2022年第5期。
③ 关于西申的地望范围,参见徐少华《"平王走(奔)西申"及相关史地考论》,《历史研究》2015年第2期。
④ 《汉书》卷28《地理志》,第1563页。
⑤ 王儒林、崔庆明:《南阳市西关出土一批春秋青铜器》,《中原文物》1982年第1期。
⑥ 杨伯峻:《春秋左传注》(修订本),第566页。
⑦ 湖北省文物考古研究所、随州市博物馆:《湖北随州叶家山西周墓地发掘简报》,《文物》2011年第11期;湖北省文物考古研究所、随州市博物馆:《湖北随州市叶家山西周墓地》,《考古》2012年第7期。

《春秋》经、传作"鄫",春秋早期金文或作"上曾"(《集成》2750),在今山东兰陵县西北。四为齐地,即《左传》宣公十八年"齐侯会晋侯,盟于缯"的"缯",在今山东平阴附近。① 五为宋地。《春秋》襄公元年:"夏,晋韩厥帅师伐郑,仲孙蔑会齐崔杼、曹人、邾人、杞人次于鄫。"杜预注:"鄫,郑地,在陈留襄邑县东南。"即今河南睢县东南。② 考虑到是役东诸侯之师皆不加郑,更兼鄫地密迩于宋,故疑非郑地。六为水名,即溱水。源出今河南新密市东北,南流会合洧水。《说文·水部》"溄"字条云:"水。出郑国。从水、曾声。《诗》曰:溄与洧,方涣涣兮。"今本《郑风》及《国语·郑语》俱作"溱"。

(10)芮地有三

一为周代芮伯封邑。《左传》桓公三年杜预注:"芮,国。在冯翊临晋县。"《汉志》左冯翊临晋县注:"芮乡,故芮国。"③若按传统观点定其地望,则在今陕西大荔县东南。④ 二在今山西芮城县,《史记·周本纪》正义引《括地志》云:"故芮城在芮城县西二十里,古芮国也。"⑤旧说或以为即虞、芮争讼之芮,实不可信。三为水名,系泾水支流之一。《大雅·公刘》云:"止旅迺密,芮鞫之即。""鞫"一作"陒",《汉志》右扶风汧县原注:"芮水出西北,东入泾。《诗》'芮陒',雍州川也。"⑥芮水即今泾河中游支流的黑河。⑦

(11)吴(虞)地有三

一为山名,即《史记·封禅书》"四大冢"之"吴",或称"吴岳",⑧即今陕西陇县、千阳以西的陇山支脉。又名"西吴",《国语·齐语》载齐桓公"西服流沙、西吴",韦昭注:"流沙、西吴,雍州之地。"⑨二在晋南,为仲雍后裔虞仲所封,国、地同称,又名"北吴"。⑩《汉志》河东郡大阳县原注:

---

① 杨伯峻先生指出,该缯"绝非鄫国之鄫,或近于今山东阳谷县"。参见杨伯峻:《春秋左传注》(修订本),第777页。据《春秋》僖公三年杜注所云,齐地"阳谷"在"东平须昌县北",故与"阳谷"邻近的缯地,大致亦在今平阴西南一带。
② 江永:《春秋地理考实》卷3,《清经解》卷254,第2册,第248页。
③ 《汉书》卷28《地理志》,第1545页。
④ 谭其骧主编:《中国历史地图集》第1册,第19、22—23页。
⑤ 《史记》卷4《周本纪》,第117页。
⑥ 《汉书》卷28《地理志》,第1547页。
⑦ 李晓杰主编:《水经注校笺图释·渭水流域诸篇下》,上海:复旦大学出版社,2017年,第366—367页。
⑧ 《史记》卷28《封禅书》,第1372页。
⑨ 《国语》卷6《齐语》,第243页。
⑩ 《汉书》卷28《地理志》,第1667页。

"吴山在西,上有吴城。"①在今山西平陆县北。三为江南之吴,国、地同称。原指今江苏南部的吴国腹地,战国以后逐渐包括江淮东部和浙北、皖南等地。

(12) 虢地有四

一为西周虢氏封邑,春秋初年"小虢"亦居于此。即《汉志》右扶风虢县地,《史记·秦本纪》正义引《括地志》谓"虢城"在陈仓县东四十里,②在今宝鸡市陈仓区虢镇一带。二为《左传》隐公元年"虢叔"之邑,在今河南荥阳市广武镇。《国语·郑语》云"是其子男之国,虢、郐为大",即此。三为春秋虢公之邑。《汉志》弘农郡陕县原注:"故虢国。"③《左传》隐公元年杜预注:"弘农陕县东南有虢城。"在今河南三门峡市区一带。需要指出的是,上述三处虢地在秦汉以后分别冠以"西""东""南"之前缀,并非两周时期所有。④ 四为燕地,《左传》昭公七年"齐侯次于虢"即此,在今河北任丘市西北。⑤

(13) 奠(郑)地有四

一为周王别都。西周铜器铭文常见"王在奠"(《集成》6006)、"奠还"(《集成》4626)之辞,前人多已指出,"奠"即古本《竹书纪年》穆王以下所都之"西郑",即秦德公所居"雍城大郑宫"之地,在今陕西凤翔县南。⑥ 二为郑桓公所封,《汉志》京兆尹郑县注:"周宣王弟郑桓公邑。"⑦在今陕西华县一带。三为东周郑、韩二国所都,国、地同称,又名"新郑",在今河南新郑市。四为东土地名。据门艺女士所缀黄组卜辞所示,⑧商王征人方归途中的驻跸地和田猎地有"奠",可能位于莱芜谷地附近。

(14) 秦地有四

秦为东土地名。在西周铜器铭文中,可见"秦金"(《集成》10582)和"秦夷"(《集成》4288—4291)之名,"秦金"即秦地所得的铜料,"秦夷"则为秦地的夷族。另据周初㽙方鼎铭(《集成》2739)记载,周公在东征荳

---

① 《汉书》卷28《地理志》,第1550页。
② 《史记》卷5《秦本纪》,第183页。
③ 《汉书》卷28《地理志》,第1549页。
④ 陈梦家:《西周铜器断代》,第384—397页。
⑤ 谭其骧主编:《中国历史地图集》第1册,第28页。
⑥ 郭沫若:《两周金文辞大系图录考释》,《郭沫若全集·考古编》第8册,第200页;陈梦家:《西周铜器断代》,第182页;李仲操:《谈西郑地望》,《文博》1998年第5期。
⑦ 《汉书》卷28《地理志》,第1544页。
⑧ 即《合集》36501+36752+37410+36772。

伯、薄姑之际,曾获得"秦酓(饮)"作为举行"饮至"的战利品。"秦饮"即秦地出产的醴酒,①可见上述诸"秦"当在东方无疑。翻检甲骨卜辞和传世文献来看,可与东土秦地相对应者似有三处。其中,《合集》299 出现的地名")(秦",与")(桑"存在密切的空间关系,有可能位于泰山以东的淄水上游地区。②二为春秋鲁地。《春秋》庄公三十一年"筑台于秦",杜预注:"东平范县西北有秦亭。"然据《春秋》僖公三十一年记载,是岁鲁分曹地而始取"济西田",那么此前筑台之"秦",似乎不该远至济西的"秦亭"。考虑到同年鲁人"筑台于郎",则为鲁南郊近邑,③所以《春秋》秦地很可能亦在曲阜周边。第三,战国早期驫羌钟(《集成》157)有"彻率征秦、迮齐入长城,先会于平阴"之记载。按其叙事顺序,可知器主率三晋之师伐齐,依次进抵"秦"、齐长城和"平阴"等地,故这里的"秦"当为齐国西境地名,其地望似与"范县秦亭"较为吻合,④在今河南范县东南。此外,《史记·秦本纪》载周孝王命非子之邑曰"秦",集解引徐广曰:"今天水陇西县秦亭也。"⑤其地在今甘肃清水县东北。

(15) 吕地有五

一为东土地名。西周早中期之际的貉子卣(《集成》5409)铭云:"唯正月丁丑,王各于吕,歔(洗)王牢于斯。咸宜,王令士道归(馈)貉子鹿三。"联系同时期的纪侯貉子簋(《集成》3977)可知,所谓"貉子"乃纪侯之私名。而卣铭大意是说,周王出巡途中行抵吕地,纪侯参与了为王准备祭品之事,事毕之后受到赏赐。从纪侯亲自为王效劳的情形来看,周王驻跸之"吕"相去纪国必不甚远,其地望范围当在今鲁北的淄、潍二水之间为宜。二为周代南土封国,国、地同称。一作"甫",《大雅·崧高》"维申及甫"是也。后为楚邑,即《左传》成公七年"子重请取于申、吕以为赏田"之"吕"。《史记·齐太公世家》集解引徐广曰:"吕在南阳宛县西。"⑥在今南阳市西的卧龙区王村乡董营村一带。三为晋大夫吕锜之邑,在今山西霍州市西南。四为宋邑,《左传》襄公元年云:"楚子辛救郑,侵宋吕、留。"在今江苏徐州市东南。

---

① 唐兰先生已指出"秦"为地名,"秦饮"即秦地出产的清酒。参见唐兰《西周青铜器铭文分代史征》,第42页。
② 陈絜:《塑方鼎铭与周公东征路线初探》,李宗焜主编:《古文字与古代史》第4辑,第261—290页。
③ 杨伯峻:《春秋左传注》(修订本),第248页。
④ 赵平安:《山东秦国考》,《金文释读与文明探索》,上海古籍出版社,2011年,第175—178页。
⑤ 《史记》卷5《秦本纪》,第178页。
⑥ 《史记》卷32《齐太公世家》,第1477页。

（16）京地有四

一在周代西土，为豳地的别称。《大雅·公刘》云"京师之野，于时处处，于时庐旅"，又曰"于京斯依""于豳斯馆"，是知"京"即"豳"也，为"京师"之省称。《汉志》右扶风栒邑县注："有豳乡。《诗》豳国，公刘所都。"①在今陕西旬邑县西。二为郑邑，即《左传》隐公元年郑公子段所居之"京"。旧注以为在今河南荥阳东南，②恐未必确，郑州商城范围内的东周遗址很可能即同时期京城所在。三在晋陕之间。古本《纪年》载晋武公元年"芮人乘京"，"荀人、董伯皆叛"。此"京"为国族名兼作地名，与韩城之芮及汾水下游的荀、董相邻近，据最新考古发现判断，当在韩城陶渠遗址。四为殷墟卜辞所见之"京"（《合集》33221），尝与汶水上游的赢地作为同版卜选的"衰田"对象（《合集》33209）。在黄组征人方卜辞（《合集》36567）中，京地还与汶水下游的"商"、泰山东南的"鸿"③相近，说明其地亦在泰山周边。④ 而师酉、师询家族器铭（《集成》4288、4321）中的"京夷"，大概就是来源于上述京地的夷族。

（17）盂（邘）地有七

一在河内，原为"武之穆"邘氏所封，在今河南沁阳市西北。《左传》隐公十一年"王取邬、刘、蔿、邘之田于郑"，即此。一作"盂"，见于《左传》定公八年"刘子伐盂"。⑤ 二为宋地，《春秋》僖公二十一年宋公会诸侯于"盂"是也，又名"唐盂"（《左传》哀公二十六年），⑥在今河南睢县西北。三为晋地，即《左传》昭公二十八年"盂丙为盂大夫"之"盂"，在今山西阳曲东北。四为卫地。《左传》定公十四年载卫太子蒯聩献"盂"于齐，江永认为"盖卫东境之邑"。⑦ 考虑到卫国封域东抵泰山附近的"相土之东都"，⑧然则此"盂"很可能就是晚商田猎卜辞中的盂地，位于泰山东南的"龟阴之田"一带，即今山东泰安东南。⑨ 六亦为晋地，即《左传》哀公四年

---

① 《汉书》卷28《地理志》，第1547页。
② 谭其骧主编：《中国历史地图集》第1册，第24—25页。
③ 即《左传》昭公八年"大蒐于红"的"红"。
④ 陈絜：《卜辞京、鸿地望与先秦齐鲁交通》，《史学集刊》2016年第6期。陈先生认为，卜辞京地殆可对应《左传》襄公十八年的齐地"京兹"，在今山东肥城市西。
⑤ 杨伯峻：《春秋左传注》（修订本），第1564页。
⑥ 高士奇《春秋地名考略》、顾栋高《春秋大事表》均谓"唐盂"即宋之盂地。
⑦ 江永：《春秋地理考实》卷4，《清经解》卷254，第2册，第255页。
⑧ 《左传》定公四年记载康叔之封域四至，尝言"取于相土之东都，以会王之东蒐"。杜预注："为汤沐邑，王东巡守，以助祭泰山。"
⑨ 陈絜、赵庆森：《"泰山田猎区"与商末东土地理——以田猎卜辞盂、斝诸地地望考察为中心》，《历史研究》2015年第5期。

国夏伐晋所取之"盂"。据是役齐师攻占的"邢""任""鄗""逆畤"及"壶口"诸邑来看,此"盂"未必深入晋国腹地,当在太行以东的今冀中平原一带。① 七为曹邑。《左传》哀公七年曹司城公孙彊"筑五邑于其郊",其中有"邢",或在今山东定陶县境。

(18) 雍(灉)地有四

一在河内,为"文之昭"雍氏所封。《左传》僖公二十四年杜预注:"雍,国。在河内山阳县西。"即今河南焦作市西南。二为春秋秦国都邑,《左传》僖公十三年"自雍及绛"是也,在今陕西凤翔县西南。三为东土地名,见于晚商田猎卜辞,与泰山以东的"召""丧""宫"等地邻近。② 滕州前掌大墓地 M18 出土奉盉(《铭图》14766),铭文有"奉擒人方灉伯"之辞,"灉伯"即上述雍地的部族首领,可见该地位于商末征人方的前沿。四为水名。《尚书·禹贡》:"雷夏既泽,灉、沮会同。"《史记·夏本纪》及《汉书·地理志》并作"雍",正义引《括地志》云:"雍、沮二水在雷泽西北平地也。"③即今山东鄄城县南,宋以后湮没。

(19) 州地有四(含存疑一)

一为苏氏之邑,即《左传》隐公十一年"苏忿生之田"中的"州",其后属晋,在今河南温县东北。二为东方小国,《左传》桓公五年"州公如曹"是也,在今山东安丘市东北。后入于齐,《晏子春秋·内篇谏上》载齐景公赐晏子之邑曰"州、欵",即此。④ 三为南土小国,后为楚地。《左传》哀公十七年载楚文王以观丁父"克州、蓼",即此。又《史记·楚世家》:"考烈王元年,纳州于秦以平。"集解引徐广曰:"南郡有州陵县。"⑤在今湖北监利县东。此外,据西周早期邢侯簋铭(《集成》4241)记载,周王所赐邢侯之臣有所谓"州人、重人、庸人",其中的"州人"即州族或州地之人,所指对象待考。

(20) 黎(犁、犂)地有五

关于"西伯戡黎"之"黎"何在,古有两说。其一,《尚书·西伯戡黎》"西伯既戡黎"下伪孔传:"近王圻之诸侯,在上党东北。"正义曰:"黎国,

---

① 顾炎武指出晋有二盂,并谓"此盂当在邢、洺之间"。参见顾炎武著,陈垣校注《日知录校注》卷4,第233页。
② 参见《合集》36642、《合集》36643、《合集》37620诸辞。
③ 《史记》卷2《夏本纪》,第55页。
④ 陈槃:《春秋大事表列国爵姓及存灭表譔异》(三订本),第375页。
⑤ 《史记》卷40《楚世家》,第1736页。

汉之上党郡壶关所治黎亭是也。"①在今山西长治市西南。又《史记·周本纪》云"明年,败耆国",正义引《括地志》云:"故黎城,黎侯国也,在潞州黎城县东北十八里。"②在今山西黎城县东北。三为卫地,《左传》哀公十一年卫大叔疾"使侍人诱其初妻之娣寘于犁",即此。一名"泥中"(《邶风·式微》),在今山东郓城县西。③ 四为齐地。《左传》哀公十年赵鞅帅师伐齐,"取犁及辕",即此。《左传》哀公二十三年作"犁丘",在今山东济阳县西南。五为赵地。《战国策·赵策三》:"赵以公子郚为质于秦,而请内焦、黎、牛狐之城,以易蔺、离石、祁于赵。"鲍彪注:"东郡有黎,即黎阳。"④在今河南浚县东北。此外,《左传》昭公四年云"商纣为黎之蒐,东夷叛之",传统观点一般认为即晋南黎国,恐非。窃以为此"黎"当近于东夷,即殷墟卜辞中常见的商王田猎地"虐(楷)",就其地望而言,或可对应上述齐地之"犁(犁丘)"。⑤

（21）梁地有五

一在今陕西韩城市南,故梁国地,《左传》僖公五年"秦遂取梁"是也。后入于秦,更名"少梁"。二为春秋蛮氏之邑,后属楚。《左传》哀公四年载楚人"袭梁及霍",此"梁"又称"南梁",在今河南汝州市西南。三为战国中后期魏国都城所在,国、地同称,在今河南开封市一带。"大梁"原名曰"梁"(《集成》2451),魏惠王徙都于此,更称"大梁"。四为齐、鲁边境小国,国、地同称。《管子·轻重戊》:"鲁、梁之于齐也,千谷也,蜂螫也,齿之有唇也。"注云:鲁、梁二国在泰山之南,故为服于此。"⑥一说即梁父,在今山东泰安市东南。五为山名。《尚书·禹贡》:"既载壶口,治梁及岐。"伪孔传曰:"梁、岐在雍州,从东循山治水而西。"孔疏、《汉志》颜注上承汉儒之说,⑦主张梁、岐二山分别位于韩城、扶风境内;蔡沈等学者则认为"梁"即吕梁山,"岐"即狐岐山,并在冀州之域,非雍州山。⑧ 笔者倾向于后说。⑨

---

① 孔颖达:《尚书正义》卷10,阮元校刻《十三经注疏》,第374页。
② 《史记》卷4《周本纪》,第118页。
③ 江永认为,此"犁"在今河南范县境内。参见江永《春秋地理考实》卷3,《清经解》卷254,第2册,第256页。
④ 《战国策》卷20《赵策三》,第684页。
⑤ 赵庆森:《卜辞"虐"地与"黎之蒐"》,《中国史研究》2016年第2期。
⑥ 黎翔凤著,梁运华点校:《管子校注》卷24,北京:中华书局,2004年,第1514页。
⑦ 如《汉志》左冯翊夏阳县原注:"《禹贡》梁山在西北,龙门山在北。"
⑧ 蔡沈著,王丰先点校:《书集传》卷2,北京:中华书局,2018年,第50—51页。
⑨ 关于这一问题的学术史综述及新说,参见辛德勇《陆梁名义新释——附论〈禹贡〉梁州与"治梁及岐"之梁》,《历史地理》第26辑,上海:上海人民出版社,2012年,第191—210页。

（22）荀（郇）地有三

一在汾水下游。原为"文之昭"郇氏所封，《左传》桓公九年云"虢仲、芮伯、梁伯、荀侯、贾伯伐曲沃"是也。后入于晋，为荀氏采邑，在今山西新绛县西。二在泾水中游地区。西周晚期多友鼎铭（《集成》2835）载玁狁"广伐京师"，继而"伐笱"。笱地近于"京师"，当在陕西旬邑县附近。① 三为晋地，《左传》成公六年"必居郇、瑕氏之地"，在今山西临猗县南。

（23）密地有四

一为周文王所伐之西土邻邦，国、地同称，又名"密须"，在今甘肃灵台县西南。《大雅·皇矣》："密人不恭，敢距大邦。"周原甲骨文 H11：136 有"今岁王由克往宓（密）"之辞，即此。二为中原小国，《左传》僖公十七年载齐桓公内嬖有"密姬"者，即密氏之女。后为郑邑，又名"新密"，在今河南新密市东南。三为莒地，《春秋》隐公二年"纪子帛、莒子盟于密"是也，在今山东昌邑市东南。四为鲁地，在今山东费县东北。《左传》闵公二年共仲自莒归鲁，"及密"，即此。

（24）黄地有七

一在周代南土，国、地同称。《左传》桓公八年"楚子合诸侯于沈鹿，黄、随不会"，即此。后为楚邑，在今河南潢川县西北。二为齐地，即《春秋》宣公八年"公子遂如齐，至黄乃复"之"黄"，为春秋齐、鲁边地，在今淄博市淄川区一带。② 三为晋南小国，后为晋国所灭。《左传》昭公元年："帝用嘉之，封诸汾川，沈、姒、蓐、黄实守其祀。"杜预注："四国，台骀之后。"地在汾水下游一带，暂难确指。四为宋地，《左传》隐公元年"惠公之季年，败宋师于黄"是也，在今河南民权县西北。战国属魏，又名"外黄"。五为魏地。《史记·田敬仲完世家》载："宣公四十三年，伐晋，毁黄城，围阳狐。"正义引《括地志》云："故黄城在魏州冠氏县南十里。"③在今山东冠县南。六为魏地，《史记·赵世家》："（肃侯）十七年，围魏黄，不克。筑长城。"该地一名"内黄"，在今河南内黄县西北。七亦为魏地。《史记·春申君世家》载黄歇说秦昭王曰："又并蒲、衍、首、垣，以临仁、平丘、黄、济阳婴城而魏氏服。"此"黄"应系省称，《战国策·秦策四》则作"小黄"，即《汉志》陈留郡属县"小黄"，在今河南开封市东北。

---

① 李学勤：《论多友鼎的时代及意义》，《新出青铜器研究》（增订版），第 106—112 页。
② 杨伯峻：《春秋左传注》（修订本），第 147 页。
③ 《史记》卷 46《田敬仲完世家》，第 1885 页。

（25）赖(厉)地有三

一在周代南土,国、地同称。《春秋》昭公四年载楚人帅诸侯伐吴,"遂灭赖",即此。"赖",同年《公羊传》作"厉",清华简《系年》第十八章则云"克䜴、邾郙"。① 在今随州市东北的殷店镇一带。二为中原小国。《春秋》僖公十五年云"齐师、曹师伐厉",旧说或以为即汉东厉(赖)国。但此役齐人乃移救徐之师伐厉,就地理背景而言,当以"苦县厉乡"较为合适,地在今河南鹿邑县东。② 三为齐地。《左传》哀公六年:"(齐人)使胡姬以安孺子如赖。"杜预注:"赖,齐邑。"在今山东章丘市西北。③《左传》哀公十年载赵鞅帅师伐齐,"取犁及辕,毁高唐之郭,侵及赖而还"。当即此"赖"。

（26）巢地有四

一在周代东土。据西周中期班簋铭文（《集成》4341）记载,王命毛伯"秉繁、蜀、巢命",作为主帅征伐"东国𤞷戎"。此"巢"即《左传》成公二年鲁国北鄙之"巢丘",④在今山东泰安市南境。二为江淮间方国,国、地同称。《春秋》文公十二年"楚人围巢",杜预注:"巢,吴、楚间小国。庐江六县东有居巢城。"谭其骧先生认为,巢系群舒之属,位于巢湖以南,故此"巢"应在《汉志》庐江郡居巢县,即今安徽桐城市南。⑤ 三为楚地。《左传》昭公四年吴人伐楚,"楚沈尹射奔命于夏汭,箴尹宜咎城钟离,薳启彊城巢,然丹城州来"。此"巢"地处淮域,应即今安徽六安市东北之"居巢城"。四为卫地,《左传》哀公十一年卫侯使大叔疾处"巢",即此。具体地望待考。

（27）蜀地有三

一为古蜀国,国、地同称。《尚书·牧誓》所载武王伐纣的"友邦冢君",包括庸、蜀、羌、髳、微、卢、彭、濮八国,旧说以为皆西南夷。战国后期秦将司马错灭蜀,置蜀郡,辖今四川省中部。二为中原小国。周原甲骨文H11:68有"伐蜀"之辞,⑥《逸周书·世俘》则云"新荒命伐蜀",与"陈本

---

① 清华大学出土文献研究与保护中心编,李学勤主编:《清华大学所藏战国竹简》(二),第185页。
② 杨伯峻:《春秋左传注》(修订本),第350页。
③ 杨伯峻:《春秋左传注》(修订本),第1638页。
④ 陈絜:《"梁山七器"与周代巡狩之制》,《汉学研究》第34卷第1期,2016年。
⑤ 谭其骧:《再论鄂君启节地理答黄盛璋同志》,《长水集》(下),第212—232页。
⑥ 殷墟卜辞中常见用作地名的"𧊒"字,该字或反书作"𧊒",或增饰口形作"𧊒"。宾组卜辞《合集》6963:"丁卯卜,㱿贞:王敦缶于𧊒。"历组卜辞《怀特》1640与前者属于同时占卜遗物,其辞作:"庚寅贞:敦缶于𧊒,𢍰右旅。"可见"𧊒""𧊒"当系一字无疑。过去或释该字为"蜀",恐不妥当。实际上,"蜀"的古文字写法每作"𧊒""𧊒"诸形,其下从虫,其上从张目之人形。陈梦家、裘锡圭、陈汉平、林沄等先生将"𧊒"改释为"旬",应是正确的意见。参见林沄:《释眴》,《古文字研究》第24辑,北京:中华书局,2002年,第57—60页。

命伐曆""百韦命伐宣方"连言。"曆"即春秋郑地之"栎","宣方"殆指今山西垣曲一带的"亘方"。杨宽先生认为"蜀"即战国魏地"浊泽",在今河南禹州市东北。① 三为鲁地,《左传》成公二年"楚师侵卫,遂侵我,师于蜀"是也,在今山东泰安东南。② 又班簋铭文(《集成》4341)"秉繁、蜀、巢命",即此。③

(28) 鄩地有三

一在周代东土,国、地同称。后为齐地,春秋中期鰲镈铭文(《集成》271)载齐侯赐鰲"鄩之民人、都鄙",即此。可对应晚商黄组卜辞《合集》36904 所见之"寻"地,大致在今山东济南市附近。④ 二为周地,即《左传》昭公二十三年"郊、鄩溃"之"鄩",在今河南偃师市东南。三为楚地,即新蔡葛陵简和清华简《楚居》的"鄩郢"之"鄩",当在楚"东国"地区一带。

(29) 息(郼)地有二

一为淮河上游小国,国、地同称,在今河南息县西南。春秋为楚所灭,置县于此,《左传》哀公十七年"实县申、息"是也。二为齐地,《左传》哀公十年:"公会吴子、邾子、郯子伐齐南鄙,师于郼。"当在东周齐长城沿线。

(30) 郧地有二

一在周代南土,国、地同称,《左传》桓公十一年"郧人军于蒲骚"是也。后入于楚,其最高长官称为"郧公"。《左传》定公四年载吴师入郢后,昭王"奔郧",在今湖北安陆市一带。二为卫地,《左传》哀公十一年载大叔疾死,"殡于郧"。具体地望待考。

(31) 穀地有三

一在周代南土,国、地同称,《春秋》桓公七年"穀伯绥来朝"是也,在今湖北谷城县西北。二为齐地,《春秋》庄公七年"夫人姜氏会齐侯于穀",一名"小穀",在今山东平阴县东阿镇一带。三为水名,发源于今河南渑池县崤山东麓,东流至洛阳市区汇入洛水。《国语·周语下》"穀、洛斗,毁王宫",即此。

(32) 蓼地有二

一在周代南土,国、地同称,《左传》昭公二十九年作"飂"。《左传》桓

---

① 杨宽:《西周史》,上海:上海人民出版社,2003 年,第 99 页。杜勇先生认为,此蜀在今河南长葛县附近,与杨说较为接近。参见杜勇《说甲骨文中的蜀国地望》,《殷都学刊》2005 年第 1 期。
② 杨伯峻:《春秋左传注》(修订本),第 778 页。
③ 马承源主编:《商周青铜器铭文选》第 3 卷,第 109 页。
④ 陈絜:《鄩氏诸器铭文及其相关历史问题》,《故宫博物院院刊》2009 年第 2 期。

公十一年：" 郧人军于蒲骚,将与随、绞、州、蓼伐楚师。" 杜预注：" 蓼,国。今义阳棘阳县东南湖阳城。" 在今河南唐河县南。二为淮域小国,国、地同称。《左传》文公五年：" 楚公子燮灭蓼。" 杜预注：" 蓼,国。今安丰蓼县。" 在今河南固始县东北。楚置县作" 鄝"（《包山》116）,又名" 鄝阳"（《包山》153）。

（33）胡地有三

一在周代南土,国、地同称。西周中期彧簋铭文（《集成》4322）有" 搏戎默" 的记载," 默" 即媿姓胡国之地,在今河南漯河市郾城区一带。① 二在颍水下游。《左传》昭公四年楚子会诸侯以伐吴,杜预注：" 胡,国。汝阴县西北有胡城。" 即今安徽阜阳市西北。又,《左传》昭公三十年记载楚昭王使吴国二公子居" 养"," 取于城父与胡田以与之"。" 胡田" 即胡国之田,与养邑相近。三为秦地。《史记·范雎蔡泽列传》：" 王稽辞魏去,过载范雎入秦,至湖。" 索隐曰：" 《地理志》京兆有湖县,本名胡,武帝更名湖。" ② 在今河南灵宝市西。

（34）方（房、旁）地有四

一在周代南土,国、地同称。《左传》昭公十三年：" 楚之灭蔡也,灵王迁许、胡、沈、道、房、申於荆焉。" 杜预注：" 道、房、申,皆故诸侯,楚灭以为邑。……汝南有吴防县,即防国。" 在今河南遂平县境。西周中甗铭文（《集成》949）言" 中省自方、邓",③又枣阳郭家庙墓地曹门湾墓区 M22 出土有一件旁伯盘,④此" 方"" 旁" 殆均指房国之房。二为周畿北部地名。《小雅·六月》：" 猃狁匪茹,整居焦获。侵镐及方,至于泾阳。" 郑笺：" 镐也、方也,皆北方地名。" 据猃狁入侵之次第可知,此" 方" 当在" 泾阳" 以北,碍难对应周室腹地之" 莽京"。⑤ 另外,《小雅·出车》既言" 王命南仲,往城于方",又云" 天子命我,城彼朔方",此" 朔方" 犹言北方,故" 方" 亦在周畿以北,大体不出泾水东北、汾域西南至晋陕高原南部之间。三为周王别邑,即西周金文所见之" 莽"（《集成》4293）,或作" 旁"（《集成》5431）,又名" 莽京",当在关中平原地区,具体地望待考。四为鲁地,在今山东曲

---

① 裘锡圭：《说彧簋的两个地名——" 㭍林" 和" 胡"》,《裘锡圭学术文集》第 3 卷,第 33—38 页。
② 《史记》卷 79《范雎蔡泽列传》,第 2403 页。
③ 中甗铭文的" 方",一说与春秋楚" 方城" 有关,或以为即《左传》文公十二年之" 庸方城"。
④ 湖北省博物馆编：《华章重现——曾世家文物》,北京：文物出版社,2021 年,第 242 页。
⑤ 赵庆淼：《金文" 莽京" 若干问题的再检视》,北京大学出土文献研究所编：《青铜器与金文》第 3 辑,上海：上海古籍出版社,第 204—220 页。

阜市东。《左传》定公五年："季平子行东野。还，未至，丙申，卒于房。"杨伯峻先生认为，季平子归途未至鲁都而卒，可见此"防"当距曲阜较近，并非费县东北的"东防"，疑即《春秋》僖公十四年"季姬及鄫子遇于防"之"防"。① 氏说可从。

（35）邓地有四

一在周代南土，国、地同称。《左传》昭公九年："巴、濮、楚、邓，吾南土也。"在今湖北襄阳市西北。二为鲁地。《左传》隐公十年："公会齐侯、郑伯于中丘。癸丑，盟于邓，为师期。""中丘"在今山东临沂市东北，②"邓"地可能亦不甚远，具体地望待考。三为蔡地。《春秋》桓公二年："蔡侯、郑伯会于邓。"杜预注："颍川召陵县西南有邓城。"在今河南漯河市东南。四为魏地，《史记·秦本纪》载昭襄王十六年，"左更错取轵及邓"。正义引《括地志》云："故轵城在怀州济源县东南十三里，故邓城在怀州河阳县西三十一里，并六国时魏邑也。"③在今河南济源市西南。

（36）罗地有三

一在周代南土，国、地同称。《左传》昭公十三年"楚屈瑕伐罗"是也，在今湖北南漳县东北。二为战国楚县，见于"鄩客"铜量（《集成》10373）之"罗莫嚣"和包山简"罗之壏里人"（《包山》83），在今湖南汨罗、湘阴一带。三为水名，系淮水上游支流。《左传》昭公五年"楚子以驲至于罗汭"，旧说或以"罗汭"即今之汨罗江，高士奇则认为楚君不应返过洞庭之南，并云："信阳州罗山县旧有罗水，北入淮，楚子当至此。"④即今河南罗山县境内。

（37）霍地有三

一为"文之昭"霍叔所封，国、地同称。《逸周书·世俘》载："乙巳，陈本命新荒蜀、磨至，告禽霍侯。"此"霍侯"即殷旧诸侯，灭之以封霍叔，在今山西霍州市西南。⑤ 二为春秋蛮氏邑，后属楚，《左传》哀公四年楚人"袭梁及霍"是也，在今河南汝州市西南。再则，晚商黄组卜旬辞中亦有

---

① 杨伯峻：《春秋左传注》（修订本），第1550页。
② 谭其骧主编：《中国历史地图集》第1册，第26—27页。
③ 《史记》卷5《秦本纪》，第214页。
④ 高士奇：《春秋地名考略》卷9，李勇先主编：《中国历史地理文献辑刊》第3编《诗礼春秋四书尔雅地理文献集成》（三），第144页。
⑤ 西周晚期叔男父匜铭文（《集成》10270）云："叔男父作为霍姬媵旅匜，其子子孙孙，其万年永宝用。井。"据铭末所缀族氏铭文可知，叔男父系井氏族成员，为本族的姬姓女子出嫁制作媵器，所以这里的"霍"并非姬姓之霍，不排除为殷末霍侯的后裔

"霍"地,与商王征人方的途经之地"㡿"同版(《合集》36780),二者有可能均在今山东境内。①具体地望待考。此外,《公羊传》僖公二十一年:"宋公、楚子、陈侯、蔡侯、郑伯、许男、曹伯会于霍。"《左传》作"盂",《穀梁》作"雩","霍"盖字之误。

(38)萁(纪、箕)地有三

一在晚商东土。黄组卜辞《合集》36525:"癸未卜,在次贞:舍巫九备,王于萁侯缶自,王其在萁䫻正。"同版地名尚可见"目次"。"目"曾为商王田游所至,与"柳""觞"等地点相邻(《合集》37458;《英藏》2566),殆在泰沂山脉周边。②"萁"从"其"声,或可对应《汉志》琅邪郡所辖"箕"侯国地,③在今山东沂水县东北。二为周代封国,国、地同称,《春秋》隐公七年"叔姬归于纪"是也。后入于齐,在今山东寿光市南。三为晋地。《春秋》僖公三十三年"晋人败狄于箕",杜预注:"太原阳邑县南有箕城。"在今山西榆社县境内。江永则认为"白狄在西河,渡河而伐晋,箕地当近河",因谓《左传》成公十三年"焚我箕、郜"与此"箕"所指实一,④其说甚是。在今山西蒲县东北。

(39)夷(尸)地有四

一在周代东土,国、地同称,即《左传》隐公元年"纪人伐夷"者,在今山东即墨市西。孔疏引《世本》以为妘姓,⑤非是。《左传》桓公十六年"卫宣公烝于夷姜",可知夷为姜姓,而西周早期作册睘卣(《集成》5407)则有"王姜命作册睘安尸(夷)伯"之辞,或为周王之后遣使聘问母家的记载,可资佐证。二为周大夫采地。《左传》庄公十六年"晋武公伐夷,执夷诡诸",杜预《世族谱》谓之妘姓,可从。文公六年《传》"晋蒐于夷"即此,具体地望待考。三为周地,《左传》昭公二十六年:"召伯逆王于尸,及刘子、单子盟。"此"尸"即"尸氏",在今河南偃师市西南。四为楚地,《左传》昭公九年:"楚公子弃疾迁许于夷,实城父。"在今安徽亳州市东南。

---

① "㡿"字旧释为"河",未确。李学勤先生改释为"沭",可备一说。参见李学勤《论商王廿祀在上鲁》,《夏商周年代学札记》,第55—61页。
② "觞"又见于《合集》36537、《合集》36851、《花东》480诸版卜辞,与"敦""向""上鲁""剢"等地空间关系密切。
③ 王献唐:《山东古国考》,第154页。需要指出的是,根据金文"复合氏名"反映的情况看,晚商萁侯家族实系"吴"的分支族氏,与周代的姜姓纪国自有殊别。
④ 江永:《春秋地理考实》卷2,《清经解》卷253,第2册,第245页。
⑤ 《世本》云"夷,妘姓",并非就此夷而言。杜预实际已有意识地将东土夷国和周大夫采地之夷相分别,故于前者释地,后者注明族姓,但惜孔疏对此有所误解。

（40）莒（蔽、叡）地有五

一在周代东土，国、地同称。《汉志》琅邪郡计斤县注："莒子始起此，后徙莒。"①又《汉志》城阳国莒县注："故国，盈姓，三十世为楚所灭。"②在今山东莒县一带。二为齐地，《左传》昭公十年陈桓子"请老于莒"是也，其地当近莒国，大致在今沂水上游附近。③ 三为周地，即《左传》昭公二十六年"阴忌奔莒以叛"之"莒"，具体地望待考。四在晚商西土。《韩非子·难二》："昔者文王侵盂、克莒、举丰，三举事而纣恶之。"史墙盘铭文（《集成》10175）则记载周武王尝有"逖叡、髟，伐夷童"之举。对比来看，"莒""叡"二者可能所指实一，其方位当与文王所伐之"盂（邘）""丰"相近，殆在晋陕地区。④ 五在晚商东土。黄组卜辞《英藏》2523："乙卯王卜，在䴏次贞：余其敦蔽，重十月戊申戕。王占曰：吉。在八月。"岛邦男通过征人方卜辞的缀合及地名系联，指出商王的占卜地"䴏"当在殷都以东，⑤可从。"䴏"既然作为商人攻"蔽"的前沿据点，适可说明"蔽"亦在东土地区。

（41）郜地有四

一为"文之昭"郜氏所封，国、地同称。《左传》桓公二年"（宋）以郜大鼎赂公"，杜预注："济阴城武县东南有北郜城。"又《左传》僖公二十年"郜子来朝"，即是。在今山东成武县东南。二为宋地。《春秋》隐公十年载"公败宋师于菅"，"取郜"。杜预注："济阴城武县东南有郜城。"竹添光鸿谓此"郜城"当作"南郜城"，"自宋本'郜城'上脱'南'字，二郜混而为一矣"。⑥顾栋高云："郜有北郜，有南郜。北郜为郜国，桓二年'取郜大鼎于宋'，杜注'郜国所造器'是也。又有南郜，为宋邑，在北郜城南二里。"⑦可知此"郜"即近郜之宋邑。三为晋地，《左传》成公十三年"入我河县，焚我

---

① 《汉书》卷28《地理志》，第1586页。
② 《汉书》卷28《地理志》，第1635页。
③ 莒县店子集镇西大庄周墓的年代相当于春秋早期，发掘者将其国别推定为莒。不过，该墓出土器物的文化因素并不单一，其中既有素面夷式鬲、铜舟、山字形器及人面首大刀，也有鼎、簋及盘、匜构成组合的周式铜器，包括一件齐侯分体甗。有学者据此指出，莒县西大庄周墓所见文化特征，与鲁东南地区典型的东夷贵族墓葬并不一致，其性质属于齐墓的可能性较大。参见毕经纬《边缘墓葬族属、国别研究——以山东东周墓为例》，《考古与文物》2011年第4期。笔者赞同其说。然则西大庄周墓的发现及定性，或可为齐在莒境领有"飞地"，提供了考古学上的线索。
④ 西周早期叡司土斧铭（《集成》11785）中的"叡"地可能即此。
⑤ 岛邦男著，濮茅左、顾伟良译：《殷墟卜辞研究》，第714—716页。
⑥ 竹添光鸿：《左氏会笺》卷1，第87页。
⑦ 顾栋高辑，吴树平、李解民点校：《春秋大事表》卷7，第764—765页。

箕、郜"是也。沈钦韩谓"郜"在今山西浮山县西南,①其地位于汾水以东,似嫌去河甚远。当在河东近河之地。四为齐地。《穀梁传》庄公四年"公及齐人狩于郜",左氏《春秋经》作"禚"。高士奇云:"(禚/郜)当为齐、鲁、卫之国分界之地,或曰在长清县境。"②《谭图》将"禚(郜)"地标示于今济南市长清区西北,③可从。

(42)凡地有二

一为"周公之胤"凡氏所封。《春秋》隐公七年:"天王使凡伯来聘。"杜预注:"汲郡共县东南有凡城。"在今河南辉县西南。二在晚商东土。无名组田猎卜辞常见"凡"地,与"盂""宫""椋""向"等商王田猎地相近(《合补》9009),当在今山东境内。

(43)共地有二

一为商末西土小邦,在今甘肃泾川县北。《大雅·皇矣》:"密人不恭,敢距大邦,侵阮徂共。"毛传曰:"国有密须氏,侵阮遂往侵共。"即此。二为周共伯之邑,后为卫地。《左传》闵公二年"益之以共、滕之民为五千人"是也,在今河南辉县一带。

(44)邢地有二

一为"周公之胤"邢侯所封,国、地同称。西周早期的麦方尊铭(《集成》6016)云:"王令辟井(邢)侯出矶,侯于井(邢)。"《春秋》庄公三十二年"狄伐邢",杜预注:"邢,国。在广平襄国县。"即今河北邢台市一带。1978年,河北元氏县西张村发现了一座西周墓葬,其中出土的臣谏簋(《集成》4237)提到"唯戎大出于軧,井(邢)侯搏戎",有力地证明邢之始封确在邢台境内。④春秋邢避狄祸而迁于夷仪,其故地遂为晋国所有(后属赵)。⑤二为晋地,战国属韩。《左传》襄公二十六年:"子灵奔晋,晋人与之邢。"杨伯峻先生认为:"邢即今河南温县平皋故城。"⑥其说可从。《左传》昭公十四年"晋邢侯与雍子争鄐田","邢侯"即申公巫臣子,承袭邢之采地。此"邢"又作"邢丘",《史记·韩世家》"(昭侯)六年,伐东周,

---

① 沈钦韩:《春秋左氏传地名补注》卷6,第71页。
② 高士奇:《春秋地名考略》卷3,李勇先主编:《中国历史地理文献辑刊》第3编《诗礼春秋四书尔雅地理文献集成》(三),第66页。
③ 谭其骧主编:《中国历史地图集》第1册,第26—27页。
④ 李学勤、唐云明:《元氏铜器与西周的邢国》,《考古》1979年第1期。
⑤ 《铭图》17315著录的战国赵兵二年邢令戈,胡铭作"柏人"二字,1984年出土于河北临城县柏畅村。
⑥ 杨伯峻:《春秋左传注》(修订本),第1122页。

取陵观、邢丘",①即是。战国晚期韩兵有五年陲令戈(《铭图》17314),"陲(邢)"即"邢丘"之省。

(45) 滕地有二

一为"文之昭"叔绣所封,国、地同称,故址在今山东滕州市西南的滕城村、庄里西村一带。二为卫地。《左传》闵公二年:"卫之遗民男女七百有三十人,益之以共、滕之民为五千人。"杜预注:"共及滕,卫别邑。"又,上博简《容成氏》简50载武王伐纣,"涉于孟澫(津),至于共、滕之间"。即此。在今河南辉县北。②

(46) 成(郕、盛)地有三

一为"文之昭"叔武所封,国、地同称。《春秋》隐公五年:"秋,卫师入郕。"杜预注:"东平刚父县西南有郕乡。"在今山东宁阳县北。二为杞地,春秋属鲁,为孟氏之邑。《左传》桓公六年"公会纪侯于成",杜预注:"在泰山钜平县东南。"顾栋高谓在"兖州府宁阳县东北九十里"。③ 即今山东宁阳县东北、新泰市西境一带。又《左传》昭公七年:"晋人来治杞田,季孙将以成与之。"杜预注:"成,孟氏邑,本杞田。"春秋晚期"成"又为齐国所有,《左传》哀公十五年:"成叛于齐。武伯伐成,不克,遂城输。"《铭图》17065著录的一件成右戺戟,直援尖锋,中胡三穿,长方形内,年代约在春秋末年或春战之际。其胡部正面铸有铭文八字,作"君司成右戺之造戟",具有鲜明的齐系兵器风格。"成右戺"即成地所设的武库之名,"君司"二字表明前者应归国君直接管辖,此即成地属齐的实物证明。三为楚地,在今河南宝丰县东。随州擂鼓墩二号墓出土的盛君萦簠铭文(《集成》4494)作:"盛君萦之御簠。""盛君萦"应即楚国盛地的封君。《说苑·辨物》云:"王子建出守于城父,与成公乾遇于畴中。""成公"当指"城父"一地的县公,可见"成"即"城父"之省称,然则楚"盛君"的封邑大概也在此一带。④

(47) 郜地有二

一为郜国故地,后属鲁。《春秋》襄公十三年"取郜",杜预注:"郜,小国也。任城亢父县有郜亭。"在今山东济宁市南。二为齐地。《左传》襄公十八年载诸侯联军伐齐,"魏绛、栾盈以下军克邿"。杜预注:"平阴西有邿山。"推其方位,似在今山东济南市长清区孝里镇西南的黄河东岸。

---

① 《史记》卷45《韩世家》,第1868页。
② 陈伟:《竹书〈容成氏〉共、滕二地小考》,《文物》2003年第12期。
③ 顾栋高辑,吴树平、李解民点校:《春秋大事表》卷7,第722页。
④ 郑威:《楚国封君研究》(修订本),武汉:湖北教育出版社,2017年,第125页。

不过,《传》言彼时晋师已攻入平阴,鲁、卫两国请攻险隘,遂有"克京兹""克邿"及"围卢"之举,因而邿地属于齐长城沿线据点的可能性较大。那么,联系长清仙人台邿国墓地的发现来看,邿地在此更为合适,即今长清区五峰镇东南一带。

（48）召（礜）地有三

一为周代召公封邑。《史记·燕召公世家》:"召公奭与周同姓,姓姬氏。"索隐曰:"召者,畿内采地。奭始食于召,故曰召公。"①清光绪年间,陕西岐山县西南的刘家原(旧名召亭村)一带曾出土周初太保玉戈,召公家族封邑应即在此。② 二为晚商方国,国、地同称,国名作"召方","召"一作"刀"。历组卜辞《屯南》1049:"癸丑贞:召[方]立,唯戎于西。"同版又云:"己未贞:王令遷(？)……于西土,亡灾。"据卜辞所载,"召方"位于商王国西土,或在今山西境内。③ 三为晚商东土地名。田猎卜辞习见"礜（召）"地,每与泰山周边的"丧""盂"等地相互比邻(《合集》36640、36663);而商末戍铃方彝铭(《集成》9894)言"戍铃尊宜于召",此"召"亦在殷都以东,二者应系一地无疑。

（49）滑地有三

一为中原小国,在今河南偃师市缑氏镇。《左传》僖公三十三年载秦师伐郑未得逞志,"灭滑而还"。即此。二为郑地。《左传》庄公三年:"公次于滑,将会郑伯,谋纪故也。"在今河南睢县西北。三为水名。《左传》宣公八年载楚灭舒蓼而"疆之","及滑汭,盟吴、越而还"。"滑汭"当位于舒蓼以东,大致在今安徽合肥市南、舒城县东一带。

（50）葛地有三

一为葛伯之国,国、地同称。《孟子·滕文公下》载孟子语:"汤居亳,与葛为邻。"旧说多谓"葛"在今河南宁陵县境,如《汉书·地理志》陈留郡宁陵县颜注引孟康曰:"故葛伯国,今葛乡是。"④又《春秋》桓公十五年"邾人、牟人、葛人来朝",杜预注:"葛,国。在梁国宁陵县东北。"沈钦韩疑葛为泰山近旁小国。⑤ 窃以为沈说可从,故葛伯国即此。⑥ 二为郑地。清华

---

① 《史记》卷34《燕召公世家》,第1549页。
② 李学勤:《青铜器与周原遗址》,《西北大学学报》(哲学社会科学版)1981年第2期;庞怀靖:《跋太保玉戈——兼论召公奭的有关问题》,《考古与文物》1986年第1期。
③ 孙亚冰、林欢:《商代地理与方国》,第283页。
④ 《汉书》卷28《地理志》,第1559页。
⑤ 沈钦韩:《春秋左氏传地名补注》卷1,第17页。
⑥ 具体讨论详参本书第五章第二节。

简《郑文公问太伯》简8云"吾逐王于鄟(葛)",此"葛"即《左传》隐公十一年周、郑交战之"繻葛",①在今河南长葛县东北。三为燕地。《史记·赵世家》载:"(孝成王)十九年,赵与燕易土:以龙兑、汾门、临乐与燕;燕以葛、武阳、平舒与赵。"此"葛"又作"阿",②在今河北高阳县北。

(51) 养(羕、鄴)地有二

一在周代南土,国、地同称。《左传》桓公九年所见邓国贵族有名"养甥"者,即养氏之甥。在铜器铭文中,其国名、族名又作"鄴"(鄴子伯受铎,《新收》393)或"羕"(羕伯庸盘,《集成》10130),"羕"即"永"字异体,可读为"羕"。楚灭养后,于故地置县,县公称为"鄴公"(《包山》128),在今河南桐柏县月河镇一带。③ 二为楚地,又名"羕陵",在今安徽界首市境。《左传》昭公三十年载楚子"使监马尹大心逆吴公子,使居养","莠尹然、左司马沈尹戌城之"。即此。

(52) 卢(庐)地有三

一为西土小国,武王克商的"友邦"之一。《尚书·牧誓》:"嗟!我友邦冢君,御事:司徒、司马、司空、亚旅、师氏、千夫长、百夫长及庸、蜀、羌、髳、微、卢、彭、濮人。"伪孔传:"髳、微在巴蜀,卢、彭在西北。"是谓"卢"在巴蜀之西北,即今成都平原西北部一带。二为"卢戎"地,在今湖北南漳县东北,《国语·周语中》"卢由荆妫"是也。④ 后属楚,《左传》文公十六年"自庐以往,振廪同食",即此。三为齐地。《左传》隐公三年:"齐、郑盟于石门,寻卢之盟也。"在今济南市长清区西南,即《汉志》泰山郡卢县地。

(53) 魏地有二

一为周代封国,国、地同称,后为晋大夫毕万封邑,在今山西芮城永乐宫一带。⑤《左传》闵公元年:"(晋侯)赐赵夙耿,赐毕万魏,以为大夫。"即此。二为战国魏地。《汉书·地理志》魏郡魏县下颜注引应劭曰:"魏武侯别都。"⑥战国锐角布面文有地名"垝"(《货系》1238—1244),当从吴荣曾先生释作"魏"。⑦ 从锐角布的出土地范围来看,这一魏地应在《汉

---

① 清华大学出土文献研究与保护中心编,李学勤主编:《清华大学藏战国竹简》(陆),上海:中西书局,2016年,第123页。
② 《史记·赵世家》:"(成侯)十九年,与齐、宋会平陆,与燕会阿。"
③ 董全生、赵成甫:《桐柏月河一号春秋墓相关问题研究》,《中原文物》1997年第4期;徐少华:《羕国铜器及其历史地理探析》,《考古学报》2008年第4期。
④ 韦昭注:"卢,妫姓之国。荆妫,卢女,为荆夫人。荆,楚也。"
⑤ 戴尊德、刘岱瑜:《山西芮城柴村出土的西周铜器》《考古》1989年第10期。
⑥ 《汉书》卷28《地理志》,第1574页。
⑦ 吴荣曾:《战国布币地名考释三则》,《中国钱币》1992年第2期。

志》魏县,即今河北大名县西南。①

(54) 樊地有三

一为周大夫封邑。《周语·晋语四》"樊仲"下韦昭注:"樊仲,宣王臣仲山甫,食采于樊。"此"樊"又名"阳"或"阳樊",在今河南济源市东南。二在周代南土,国、地同称。1978年,信阳市平桥南山咀发现了春秋早中期之际的樊君夔夫妇墓,②而《魏书》等传世文献也记载了今信阳境内存在"樊城"的地名遗迹,足以证实樊为淮河上游小国,据研究表明,其地望在今信阳市平桥区南的浉河南岸一带。③ 三为楚地。《元和郡县志》襄州临汉县条云:"本汉邓县地,即古樊城,仲山甫之国也。"④按仲山父所封宜在近畿,即上述"阳樊"者,碍难远至汉水中游沿岸。另《楚居》简8载:"至文王自疆郢徙居湫郢,湫郢徙居樊郢,樊郢徙居为郢。""樊郢",整理者和李守奎先生均认为在今湖北樊城,⑤较为合理。如是则说明该地原名作"樊",楚人迁郢于斯,遂称"樊郢"。

二、其他"异地同名"现象举隅

除了上揭诸例之外,商周时期的"异地同名"现象还有不少。我们不妨分为单音节词地名重名和复音节词地名重名两部分,分别通过列表形式予以枚举和展示,同时注明地名地望与史料来源,并在"备注"中补充有关地名的附加信息,以俾一目了然。凡涉及前人考证结论和笔者一管之见,则一律以注释形式置于列表下方,以便读者释疑。

表4.1 单音节词地名重名表

序号	地名	地望	史料来源	备注
1	洮(桃)	山东鄄城县西南	《左传》僖公三十一年"自洮以南,东傅于济,尽曹地也"。	曹地。

---

① 周波:《战国铭文分域研究》,上海:上海古籍出版社,2019年,第239—248页。
② 河南省博物馆、信阳地区文管会、信阳市文化局:《河南信阳市平桥春秋墓发掘简报》,《文物》1981年第1期。
③ 徐少华:《樊国铜器及其历史地理新探》,《考古》1995年第4期。
④ 李吉甫撰,贺次君点校:《元和郡县图志》卷21,第529页。
⑤ 清华大学出土文献研究与保护中心编,李学勤主编:《清华大学藏战国竹简》(壹),第188页;李守奎:《〈楚居〉中的樊字及出土楚文献中与樊相关文例的释读》,《文物》2011年第3期。

(续表)

序号	地名	地望	史料来源	备注
1	洮（桃）	山东汶上县东北	《左传》文公十七年"齐侯伐我北鄙,围桃"。	鲁地。《公羊》作"洮"。
		山东宁阳县东北①	《左传》庄公二十七年"公会杞伯姬于洮"。	鲁地。
		山西绛县西南	《左传》昭公元年"宣汾、洮,障大泽"。	水名。涑水支流。
2	向	河南济源市西南	《小雅·十月之交》"作都于向"。	周地。苏氏之田。
		山东兰陵县西北②	《春秋》宣公四年"公伐莒,取向"。	鲁、莒间地。③
		安徽怀远县西北	《左传》襄公十四年吴、晋"会于向"。	即《汉志》沛郡向县。
		河南尉氏县西南	《左传》襄公十一年诸侯伐郑,"师于向"。	郑地。
3	防（邡）	山东费县东北	《春秋》隐公九年"公会齐侯于防"。	鲁臧氏邑。或称"东防"。
		山东金乡县西南	《春秋》隐公十年"公败宋师于菅","取防"。	宋地,后属鲁。或称"西防"。
		山东曲阜市东	《春秋》僖公十四年"季姬及鄫子遇于防"。	鲁之防山。④《左传》定公五年作"房"。
		山东安丘市西南⑤	《春秋》昭公五年"莒牟夷以牟娄及防、兹来奔"。	莒地,后属鲁。

① 江永认为,此"洮"即《左传》昭公七年季孙予谢息之"桃",据杜注所言在今山东泗水县以东。参见江永《春秋地理考实》卷2,《清经解》卷253,第2册,第242页。
② 杜注以"向"在东海郡承县东南之向城,并谓地远可疑。据《春秋》经传记载,此"向"乃鲁、莒之间反复发生纠纷之地,似在两国交界地带为宜,上述向城密迩于鄫,实未必为最佳之选。今暂从杜说。
③ 顾炎武认为,此"向"即《春秋》隐公二年"莒人入向"的"向","先为国,后并于莒,而或属莒或属鲁"。其说可从。参见顾炎武著、陈垣校注《日知录校注》卷31,第1803页。
④ 顾栋高辑,吴树平、李解民点校:《春秋大事表》卷6,第690页。
⑤ 杨伯峻:《春秋左传注》(修订本),第1260页。

（续表）

序号	地名	地望	史料来源	备注
3	防（艿）	泰山西南、汶水下游北岸	《合集》28886"田艿"。	田猎卜辞"艿"地，或即郑之"祊田"。① 属"汶阳之田"。
4	栎（乐、泺）	河南禹州市	《春秋》桓公十五年"郑伯突入于栎"。	郑地。《国语·郑语》作"历"。
		涑水下游	《左传》襄公十一年"秦、晋战于栎"。②	晋地，与"郇"相近。
		河南新蔡县西北	《左传》昭公四年吴伐楚，"入棘、栎、麻"。	楚地。
		济南市历城区	《春秋》桓公十八年"公会齐侯于泺"。	齐地。征人方卜辞"乐"地即此。③ 山名作"靡"，即"靡笄"也。④
5	舟	河南新密市附近⑤	《国语·郑语》"若克二邑，邬、弊、补、舟、依、䵣、历、华，君之土也"。	郑地。原在虢、郐之间。
		山东安丘市东北	史密簋（《新收》636）"杞夷、舟夷"；《春秋》桓公五年"州公如曹"。	一作"州"，即淳于。
6	郱	山东淄博市临淄区东北	《春秋》庄公三年"纪季以郱入于齐"。	纪地，后属齐。一名"安平"。
		山东平阴县西南	《春秋》僖公二十六年"公追齐师，至酅"。	齐地。

---

① 杜注谓"祊"在"琅邪费县东南"，盖是以郑之"祊田"为鲁地"东防"。然而"祊"既为郑祀泰山之邑，二者理应相近，恐不宜远至费县一带。参见陈絜、赵庆淼《"泰山田猎区"与商末东土地理——以田猎卜辞盂、艿诸地地望考察为中心》，《历史研究》2015年第5期。
② 西周晚期禹鼎铭文（《集成》2833）记载鄂侯驭方率南淮夷反叛，入侵周境，"至于历、内"。按"历""栎"二字古通，此"栎"地在河东，邻近西河之"芮"，故鼎铭"历、内"似可理解为晋陕交界地带的"栎""芮"二地。
③ 王恩田：《甲骨文中的济南和趵突泉》，《济南大学学报》2002年第1期。
④ 《史记·晋世家》："平公元年，伐齐，齐灵公与战靡下，齐师败走。"集解引徐广曰："靡，一作历。"参见《史记》卷39《晋世家》，第1683页。
⑤ 王玉哲：《中华民族早期源流》，第255页。

(续表)

序号	地名	地　望	史料来源	备　注
7	寒	山东潍坊市东北	《左传》襄公四年"伯明后寒弃之"。	杜预注:"北海平寿县东有寒亭。"
		湖北安陆、孝感市一带	中方鼎(《集成》2785)"王在寒次"。	昭王南巡驻跸地。
8	莘	山东鄄城县西南①	《左传》僖公二十四年"晋师陈于莘北"。	即"有莘之虚"。
		陕西合阳县东南	《大雅·大明》"于周于京,缵女维莘"。	太姒母邦。竹添光鸿:"洽阳,洽水之北。是商莘国在洽水北。"②
		山东莘县北	《左传》桓公十六年"使盗待诸莘"。	卫地。
		安徽界首市北	《春秋》庄公十年"荆败蔡师于莘"。	蔡地。
		河南陕县东南	《左传》庄公三十二年"有神降于莘"。	虢地。
9	扈	陕西户县北③	《左传》昭公元年"夏有观、扈"。	《汉志》右扶风鄠县注:"扈,夏启所伐。"
		河南原阳县西	《春秋》文公七年"公会诸侯、晋大夫盟于扈"。	郑地。
		汶水中游附近	《春秋》庄公二十三年"公会齐侯盟于扈"。④	齐、鲁间地。征人方卜辞"雇"地即此。⑤

---

① 传统观点或谓《左传》僖公二十八年的"莘"和"有莘之虚"在今山东曹县西北,恐不可信。据《传》文记载,晋、楚两军城濮对峙之际,"晋师陈于莘北",然则晋侯观兵的"有莘之虚"理应位于城濮附近。

② 竹添光鸿:《毛诗会笺》卷16,第1619—1620页。

③ 顾颉刚、刘起釪二位先生认为,有扈氏所居并非陕西户县,而是《春秋》经传中的郑之"扈"地,在今河南原阳县西。参见顾颉刚、刘起釪《尚书校释译论》,第865—868页。

④ 杜预注:"郑地,在荥阳卷县西北。"今按杜说可商,齐、鲁会盟不至远及郑地,此"扈"当在齐、鲁之间。

⑤ 如《合集》36485、《合集》36487诸辞所示。按:出组卜辞《合集》24347中的"雇"地,介乎"𠱠""勦"二地之间且近于"𠱠"。其中,《花东》480所见之"𠱠"地,适与山东兖州境内的"索"地相邻;而"勦"尚见于黄组卜辞《合集》37434,与"旧""雍"等地关系密切,方位似在莱芜谷地周边。因此,从《合集》24347的行程来看,上述"雇"地很可能位于汶水中游附近。

（续表）

序号	地名	地望	史料来源	备注
10	顾	山东鄄城县东北①	《商颂·长发》"韦、顾既伐"；《左传》哀公二十一年"公及齐侯、邾子盟于顾"。	夏时方国，后属齐。
		河北省定州市	《史记·赵世家》索隐引《世本》云："中山武公居顾。"②	中山国都城。
11	棠（鄌）	山东鱼台县西	《春秋》隐公五年"公矢鱼于棠"。	《春秋》隐公二年作"唐"。
		山东平度市东南	《左传》襄公六年"莱共公浮柔奔棠"。	莱地，后属齐。即《左传》襄公十八年之"邮棠"。
		南京市六合区北	《左传》襄公十四年"子囊师于棠，以伐吴"。	楚地，后属吴。
		山东聊城市西北③	《左传》襄公二十五年"齐棠公之妻"。	杜注："棠邑大夫。"
		河南遂平县西北	"棠君"（《左传》昭公二十年）；"鄌君"（《包山》简165）、"鄌司败"（《包山》简31）	"鄌"读为"棠"，即《左传》定公五年之"堂谿"。④
12	鄢	河南鄢陵县西北	《春秋》隐公元年"郑伯克段于鄢"。	郑地。一名"鄢陵"。或谓"鄢"系"邬"字之讹，地在今河南偃师境。
		湖北宜城市东南	《左传》昭公十三年"王沿夏，将欲入鄢"。	楚别都。即《楚居》"为郢"。⑤
		漯河市郾城区	《史记·伍子胥列传》"使居楚之边邑鄢"。	楚地。

---

① 《元和郡县志》濮州范县条云："故顾城，在县东二十八里。夏之顾国也，《诗》曰'韦、顾既伐，昆吾、夏桀'，注曰：'三国党于桀，皆为汤所诛。'"参见李吉甫撰，贺次君点校《元和郡县图志》卷11，第297页。

② 《史记》卷43《赵世家》，1797页。

③ 顾栋高辑，吴树平、李解民点校：《春秋大事表》卷6，第691页。

④ 何琳仪：《战国古文字典》，北京：中华书局，1998年，第681页；徐少华：《包山楚简释地十则》，《文物》1996年第12期。

⑤ 赵平安：《〈楚居〉"为郢"考》，《中国史研究》2012年第4期。

（续表）

序号	地名	地　　望	史料来源	备　　注
13	随	山西介休市东南	《左传》隐公五年"翼侯奔随"。	晋地。
		湖北随州市区	《左传》桓公六年"楚武王侵随"。	曾国都邑，以地名国。①
14	棘	山东肥城市东南	《左传》成公三年"叔孙侨如帅师围棘"。	鲁地。属"汶阳之田"。
		淄博市临淄区西	《左传》昭公十年"而反棘焉"。	齐地。即"画中"。
		河南永城市西北	《左传》昭公四年吴伐楚，"入棘、栎、麻"。	楚地。
15	氾(汜)	河南襄城县南	《左传》成公七年"楚子重伐郑，师于氾"；《系年》简85"令尹子重伐郑，为汜之师"。	郑地。
		河南中牟县南	《左传》僖公三十年"秦军氾南"。	郑地。
16	郏	河南洛阳市东北	《左传》桓公七年"王迁盟、向之民于郏"。	即"郏鄏"，东周王城所在。
		河南郏县	《左传》昭公元年楚人"城犨、栎、郏"。	郑地，后属楚。
17	阴	山西霍州市东南	《左传》僖公十五年"阴饴甥"。	吕甥食采于阴，因以为氏。
		河南孟津市北	《左传》昭公二十二年晋师"军于阴"。	周地。即《左传》昭公二十三年之"平阴"。
		河南卢氏县东北	《左传》哀公四年"蛮子赤奔晋阴地"。	晋地。"阴戎"所居。
18	夔	山东西部地区	小臣俞尊(《集成》5990)"王赐小臣俞夔贝"。	商王征人方巡省之地。
		湖北襄阳市北	中方鼎(《集成》2752)"设王居在夔𨻵"。	"夔"读为"鄾"，邓地。②

① 李学勤：《曾国之谜》，《新出青铜器研究》(增订版)，第124—127页；石泉：《古代曾国——随国地望初探》，《古代荆楚地理初探》，第84—104页。
② 黄锡全：《"安州六器"及其有关问题》，《古文字与古货币文集》，北京：文物出版社，2009年，第98页。

（续表）

序号	地名	地　　望	史　料　来　源	备　　注
19	郳(兒)	山东淄博市博山区东①	《合集》3397"兒伯"；《左传》襄公六年"迁莱于郳"。	晚商"兒伯"之邑，后属齐。
		山东枣庄市山亭区西南	《世本》"邾颜居邾,肥徙郳"。	小邾国都邑，以地名国。
20	郚(梧)	山东安丘市西南	《春秋》庄公元年"齐师迁纪邢、鄑、郚"。	纪地，后属齐。
		山东泗水县东南	《春秋》文公七年"遂城郚"。	鲁地。
		河南鄢陵县附近	《包山》简200"郚公子春"。②	楚地。或属魏，一作"梧"。③
		河南荥阳市境内	《左传》襄公十年"晋师城梧及制"；廿三年郚令戈（《集成》11299）。	郑地，后属魏。
21	鄑	山东昌邑市西北	《春秋》庄公元年"齐师迁纪邢、鄑、郚"。	纪地，后属齐。
		山东兖州市附近④	《春秋》庄公十一年"公败宋师于鄑"。	鲁地。
22	潜	山东济宁市西南	《春秋》隐公二年"公会戎于潜"。	鲁地。
		安徽霍山县东北	《左传》昭公三十一年"吴人侵楚，伐夷，侵潜、六"。	楚地。
23	郓	山东郓城县东	《春秋》成公四年"城郓"。	鲁地。或称"西郓"。
		山东沂水县东北	《春秋》文公十二年"季孙行父帅师城诸及郓"。	鲁、莒边地。《公羊》作"运"，或称"东郓"。

---

① 赵庆淼：《齐国"迁莱于郳"与卜辞兒地考》，中国地理学会历史地理专业委员会编：《历史地理》第34辑，上海：上海人民出版社，2017年，第31—37页。
② 吴良宝：《包山楚简释地三篇》，中国文字学会等编《汉字研究》第1辑，北京：学苑出版社，2005年，第523页。
③ 《战国策·韩策一》："魏且旦暮亡矣，不能爱其许、鄢陵与梧。"鲍彪注："梧属楚国，此时为魏。"即此。参见《战国策》卷26《韩策一》，第965页。
④ 《大事表》谓"当在兖州府境"。参见顾栋高辑，吴树平、李解民点校《春秋大事表》卷7，第723页。

(续表)

序号	地名	地　望	史料来源	备　注
24	郎	山东曲阜市南	《春秋》隐公九年"城郎"。	鲁近郊之地。①
		山东鱼台县东北	《左传》隐公元年"费伯帅师城郎"。	鲁地，近费伯之邑。
25	费	山东费县西北	《左传》僖公元年"公赐季友汶阳之田及费"。	鲁季氏邑。
		山东鱼台县西南	《春秋》隐公元年"费伯帅师城郎"。	鲁费氏邑。
26	蔑	山东泗水县东	《春秋》隐公元年"公及邾仪父盟于蔑"。	鲁地。即《左传》定公十二年之"姑蔑"。
		待考	《系年》简130—131"郑师逃入于蔑"。	郑地。或即"邻"。②
27	留	河南偃师市南	《公羊传》桓公十一年"古者郑国处于留"。	一作"刘"。春秋刘子采邑。
		江苏沛县东南	《左传》襄公元年楚子辛"侵宋吕、留"。	宋地。
		河南开封市东南	《汉志》陈留郡注引孟康曰："留，郑邑也。"	后称"陈留"。
28	匡	河南长垣县西南③	《春秋》僖公十五年诸侯"盟于牡丘"，"遂次于匡"。	卫地。
		河南扶沟县南	《左传》定公六年鲁侵郑，"取匡"。	郑地。

① 《春秋》桓公十年："齐侯、卫侯、郑伯来战于郎。"《公羊传》曰："郎者何？吾近邑也。"所言得之。又庄公十年《经》"齐师、宋师次于郎"，庄公三十一年《经》"筑台于郎"，皆此"郎"地。参见江永《春秋地理考实》卷1，《清经解》卷252，第2册，第239页。杨伯峻先生认为"郎"在曲阜南郊，其说可从。参见杨伯峻《春秋左传注》(修订本)，第248页。
② 董珊：《读清华简〈系年〉》，《简帛文献考释论丛》，第109页。
③ 杜预注："卫地，在陈留长垣县西南。"江永认为，卫地去徐甚远，故此"匡"当为宋地，在今河南睢县西。按同年三月《传》云："盟于牡丘，寻葵丘之盟，且救徐也。""孟穆伯帅师及诸侯之师救徐，诸侯次于匡以待之。"由此看来，诸侯之师是自"牡丘"南下救徐，而参与盟会的各国君主则移驻"匡"地，彼此并非同向而行，故江氏反驳杜注的理由并不充分。更何况，所谓宋之"匡"地实系"承匡"，见于《左传》襄公三十年，未必可省作"匡"。

(续表)

序号	地名	地　望	史料来源	备　注
29	蒲	河南长垣县	《左传》桓公三年"齐侯、卫侯胥命于蒲"。	卫地。
		山西隰县西北	《左传》僖公四年"重耳奔蒲"。	晋地。一名"蒲城"。
30	屈	山西吉县东北	《左传》庄公二十八年"夷吾居屈"。	晋地。
		丹淅地区①	《左传》桓公十一年杜注："屈，楚大夫氏。"	楚屈氏封邑，以地为氏。
31	焦	河南陕县东北	《左传》僖公三十年"许君焦、瑕"。	晋地。
		安徽亳州市一带	《左传》僖公二十三年"遂取焦、夷"。	陈地。
		河南中牟县南	《战国策·赵策三》"(赵)请内焦、黎、牛狐之城，以易蔺、离石、祁于赵"。	赵地，或属韩。
32	瑕	湖北随州市境内	《左传》桓公六年楚侵随，"军于瑕"。	曾地。
		河南灵宝市西北	《左传》僖公三十年"许君焦、瑕"。	晋地。
		山西临猗县西南	《左传》文公十二年秦侵晋，"入瑕"。	晋地。
		待考②	《左传》昭公二十四年"王子朝之师攻瑕及杏"。	周地。

---

① 关于屈地所在，今人则有秭归、枝江或丹淅地区等不同看法，诸说实际均无确证。据清华简《楚居》记载，楚先王熊绎定居"京宗"之际，曾与屈约一并徙居"夷屯"。此屈氏作为彼时楚族别支，活动地域可能也在"京宗"附近（"京宗"当在丹淅地区，详见第五章第一节）。

② 高士奇引《洛阳纪》曰："禹州城北有杏山。"是谓"杏"在今河南禹州市北。参见高士奇《春秋地名考略》卷1，李勇先主编：《中国历史地理文献辑刊》第3编《诗礼春秋四书尔雅地理文献集成》（三），第48页。瑕地可能亦在周边。

(续表)

序号	地名	地　　望	史料来源	备　注
33	稷	河南商丘市境内	《春秋》桓公二年"公会齐侯、陈侯、郑伯于稷"。	宋地。
		山西稷山县南	《左传》宣公十五年"晋侯治兵于稷"。	晋地。
		淄博市临淄区西北	《左传》昭公十年陈、鲍与栾、高"战于稷"。	齐地。或在"稷门"之外。
		河南桐柏县境①	《左传》定公五年秦师"自稷会之,大败夫概王于沂"。	楚地。一作"稷丘"。②
34	清	山东东阿县南③	《春秋》隐公四年"公及宋公遇于清"。	卫地。
		山西闻喜县西北	《左传》宣公十三年赤狄伐晋,"及清"。	晋地。即《左传》僖公三十一年之"清原"。
		山东聊城市西④	《左传》成公十七年齐侯"使国胜告难于晋,待命于清"。	齐地。
		济南市长清区南⑤	《左传》哀公十一年"国书、高无丕帅师伐我,及清"。	齐地。
		河南中牟县西南	《郑风·清人》"清人在彭,驷介旁旁"。	郑地。

---

① 顾栋高辑,吴树平、李解民点校:《春秋大事表》卷7,第863页。
② 《史记·伍子胥列传》索隐曰:"《左传》作'稷丘'。杜预云'稷丘,地名,在郊外'。"
③ 杜预注:"济北东阿县有清亭。"又《水经·济水注》云:"济水自鱼山北迳清亭东。《春秋》隐公四年'公及宋公遇于清'。京相璠曰:'今济北东阿东北四十里,有故清亭,即《春秋》所谓清者也。'"
④ 杜预注:"阳平乐平是也。"《太平寰宇记》博州堂邑县条云:"乐平故城,本汉清县也,在县东南三十里。"参见乐史撰,王文楚等点校《太平寰宇记》卷54,第1119页。
⑤ 杜预注:"齐北卢县东有清亭。"高士奇认为,此"清"与《春秋》隐公四年卫之"清"地隔济水相望,"盖当时济水流于二邑之间,而清地跨占其左右,故二国皆有清也"。参见高士奇《春秋地名考略》卷3,李勇先主编:《中国历史地理文献辑刊》第3编《诗礼春秋四书尔雅地理文献集成》(三),第77页。

(续表)

序号	地名	地望	史料来源	备注
35	鬲（䣛、㵒、鄘）	山东德州市东南	《左传》襄公四年"靡奔有鬲氏"。	夏时部族之地，后属齐。
		湖北孝感市境内	中方鼎（《集成》2785）"王命大史貺䣛土"。	"䣛土"为"中"的采邑，当在"安州六器"出土地一带。
		陕西扶风、岐山二县一带	达盨（《新收》692）"王在周，执驹于㵒应"。	岐周近地
		河南新蔡县西北	"鄘连器"（《包山》简110、118）。	即《左传》昭公四年之"栎"。①
36	聂	山东聊城市北	《春秋》僖公元年"齐师、宋师、曹师次于聂北"，《说文》"聂"字下引作"聂北"。	即《左传》昭公元年之"摄"。
		河南杞县、通许县一带②	《左传》哀公十二年"宋、郑之间有隙地焉，曰：弥作、顷丘、玉畅、聂、戈、锡"。	宋、郑之间隙地。
37	阿	山东阳谷县东北	《史记·田齐世家》"烹阿大夫"。	齐地。即《春秋》庄公十三年之"柯"。
		河北安新县西南	《史记·赵世家》成侯十九年"与燕会阿"。③	燕地。一作"葛"。
38	柯	山东阳谷县东北	《春秋》庄公十三年"公会齐侯盟于柯"。	齐地。一作"阿"。
		河南内黄县北	《春秋》襄公十九年"叔孙豹会晋士匄于柯"。	卫地。
39	鄍	山东济南市西北	《左传》成公二年"师陈于鄍"。	齐地。
		山东曹县东	《左传》哀公十四年"乃益鄍七邑"。	宋地。后称"安阳"。④

---

① 徐少华：《包山楚简释地十则》，《文物》1996年第12期。
② 杨伯峻：《春秋左传注》（修订本），第1673页。
③ 正义引《括地志》云："故葛城，一名依城，又名西阿城，在瀛洲高阳县西北五十里……以齐有东阿，故曰西阿城。"
④ 王国维云："鄍，桓魋之邑，地虽无考，当与亳近。"参见王国维《说亳》，《观堂集林》卷12，第518—522页。今按：此"鄍"即《史记·项羽本纪》"行至安阳，留四十六日不进"之"安阳"，在今山东曹县东，地近"北亳"。

(续表)

序号	地名	地　望	史料来源	备　注
40	琐	河南新郑市北	《左传》襄公十一年诸侯伐郑,"次于琐"。	郑地。
		安徽霍邱县东	《左传》昭公五年"越大夫常寿过帅师会楚子于琐"。	楚地。
		河北大名县东	《左传》定公七年齐、卫"盟于琐"。	同年《经》作"沙"
41	柤	江苏邳州市西北	《左传》襄公十年诸侯"会吴于柤"。	杜注曰"楚地",疑是宋地。
		待考	《左传》昭公六年郑伯劳公子弃疾于"柤"。	郑地。
42	鄬	河南新蔡县境内	《左传》昭公二十三年"楚大子建之母在鄬"。	蔡地。即《左传》昭公十九年之"鄬阳"。
		山东巨野县西南	《左传》定公十三年"齐侯、卫侯次于垂葭,实鄬氏"。	卫地。杜注:"高平钜野县西南有鄬亭。"
43	濮	安徽亳州市南	《春秋》隐公四年"卫人杀州吁于濮"。	陈地。亦为水名,即《左传》昭公九年之"濮"。①
		山东郓城、梁山县一带	《左传》哀公二十七年齐师救郑,"及濮"。	濮水。②
		鄂西北地区	《国语·郑语》"叔熊逃难于濮而蛮"。	南土部族。即《左传》文公十六年之"百濮"。
44	訾	河南滑县南	《左传》文公元年卫孔达侵郑,"伐绵、訾及匡"。	郑地。或即《左传》僖公十八年"訾娄"之省。③

---

① 昭九年《传》云:"然丹迁城父人于陈,以夷濮西田益之。"杜预注:"以夷田在濮水西者与城父人。"是知"濮"为水名,即后世之沙河,流经陈境。

② 杜预注:"濮水,自陈留酸枣县傍河东北经济阴至高平入济。"《传》云"雨,不涉",说明齐师欲涉之濮水河段殆近于大野泽,因降雨涨水而难渡也。

③ 杨伯峻:《春秋左传注》(修订本),第512页。

（续表）

序号	地名	地　　望	史　料　来　源	备　　注
44	訾	河南新郑市南	《左传》成公十三年"郑公子班自訾求入于大宫"。	郑地。或在郑、许之间。①
		河南信阳市境内②	《左传》昭公十三年"葬子干于訾，实訾敖"。	楚地。或即同年《传》之"訾梁"。
		河南巩义市西南	《左传》昭公二十三年"单子取訾"。	周地。即《左传》昭公二十五年之"东訾"。③
45	戏	西安市临潼区东北	《国语·鲁语》"幽灭于戏"。	周地。
		河南巩义市东南	《春秋》襄公九年诸侯"同盟于戏"。	周地。或即《左传》成公十七年之"戏童"。④
46	郊	山西闻喜县南境	《左传》文公三年秦伯伐晋，"取王官及郊"。	晋地，近于"王官"。《史记·秦本纪》作"鄗"。⑤
		河南偃师市附近	《左传》昭公二十三年伐王子朝，"郊、鄩溃"。	周地。与"鄩"相近。
		山东定陶市西南	《左传》定公十二年卫伐曹，"克郊"。	曹地。
		湖北荆州市东北⑥	"郊人期"（《包山》简182）。	楚地。

---

① 按：公子班先已奔许，今复由"訾"入郑，则此"訾"当在郑南，非《左传》文公元年"伐绵、訾"之"訾"，亦不必绕经周地之"訾"。参见杨伯峻《春秋左传注》（修订本），第866页。
② 顾栋高辑，吴树平、李解民点校：《春秋大事表》卷7，第858页。
③ 杜预注："巩县西南訾城是也。"
④ 杨伯峻：《春秋左传注》（修订本），第897页。
⑤ 阎若璩谓"郊"即郊鄗之郊，此指都绛之郊，因以"取王官""及郊"分别为句。参见阎若璩《四书释地又续》"秦誓"条，《清经解》卷22，第1册，第104页。今按阎说未确。此役秦师取王官之地，遂南行经茅津涉河，以封殽尸，无由北上侵至晋郊。
⑥ 关于包山简"郊"地，学者多认为是指纹国故地。参见何琳仪《战国古文字典》，第296页；颜世铉《包山楚简地名研究》，台湾大学中国文学研究所硕士学位论文，1997年，第285页。近年刊布的北大藏秦简《道里书》所见南郡境内亦有"郊"地，在今荆州市东北的古杨水沿线，包山简"郊人"之"郊"可能即此。参见辛德勇《北京大学藏秦水陆里程简册初步研究》，《出土文献》第4辑，上海：中西书局，2014年，第199—200、208页。

(续表)

序号	地名	地　　望	史料来源	备　　注
47	庍(庉)	汉东地区①	遣尊(《集成》5992)、折尊(《集成》6002)、乍册䰧卣(《集成》5407)"王在庍"。	昭王南巡驻跸地。
		关中平原一带	麦方尊(《集成》6015)"王在庉";盠驹尊(《集成》6011)"王初执驹于庉"。	周室近地。
48	丰	西安市长安区马王镇一带	元年师旋簋(《集成》4279)"丰还";《大雅·文王有声》"作邑于丰"。	周文王所都。一作"酆"。
		河南淅川县西南	《左传》哀公四年"司马起丰、析与狄戎"。	楚地。杜注："析县属南乡郡,析南有丰乡,皆楚邑。"
49	鄗(镐)	西安市长安区斗门镇一带	《国语·周语上》"杜伯射王于鄗";《史记·孔子世家》"周文、武起丰、镐而王"。	周武王所都。又称"镐京"。
		河南荥阳市东北	《左传》宣公十二年"晋师在敖、鄗之间"。	敖、鄗,二山名。
		河北柏乡县北	《左传》哀公四年"国夏伐晋,取邢、任、栾、鄗、逆畤、阴人、于、壶口"。	晋地。
		山西闻喜县南境	《史记·秦本纪》"取王官及鄗,以报殽之役"。	晋地。一作"郊"。
		晋陕高原南部	《小雅·六月》"侵镐及方,至于泾阳";"来归自镐"。	"镐"非"镐京"。②

---

① 唐兰:《西周铜器断代中的"康宫"问题》,《考古学报》1962年第1期。唐先生后来改变意见,认为"庍""庉"本系一地,应与宗周相近。参唐兰《西周青铜器铭文分代史征》,第258页。我们赞同唐先生的前一种意见。按"庍""庉"二字虽然写法、读音相近,但作地名似无混用之例,"庍"主要见于昭王南征器组,"庉"则与周王在都邑周边的活动有关,理应加以区分。

② 郑玄以"镐"为"北方地名",可从。王肃非之,谓"镐"即"镐京"。王基驳正曰:"据下章云'来归自镐,我行永久',言吉甫自镐来也,犹《春秋》'公至自晋''公至自楚',亦从晋、楚归来也。故刘向曰:'千里之镐犹以为远。'"所言甚有理据。参孔颖达《毛诗正义》卷10,阮元校刻《十三经注疏》,第909页。另就玁狁入寇的次第来看,"镐""方"二地无疑首当其冲,"泾阳"则处于前者之后,说明"镐""方"当在泾水以北,并非渭水南岸的"镐京""蒿京"明矣。

(续表)

序号	地名	地 望	史料来源	备 注
50	翼	山西翼城、曲沃县交界	《左传》隐公五年"立哀侯于翼"。	晋国都邑。即天马—曲村遗址一带。
		山东费县西南	《左传》隐公元年"及邾人、郑人盟于翼"。	邾地。
51	绛	山西翼城县西北①	《左传》庄公二十六年"士蒍城绛,以深其宫"。	晋献公所都。② 后称"故绛"。
		山西侯马市西	《左传》襄公二十三年栾盈"帅曲沃之甲,因魏献子,以昼入绛"。	晋景公所迁新田。
52	匽	北京房山区琉璃河镇	克罍(《新收》1368)"令克侯于匽"。	燕侯克始封地。
		待考	大克鼎(《集成》2836)"赐汝田于匽"。	周王赏赐克田,或在畿内。
53	陉	河南沁阳市西北	《左传》隐公十一年"与郑人苏忿生之田:……陉"。	周地。苏氏之田。
		河南漯河市东南	《左传》僖公四年诸侯伐楚,"次于陉"。	楚地。又名"陉山"。
		浙江嘉兴市南	《左传》定公十四年阖闾"卒于陉"。	吴地。
		山西曲沃县西北	《史记·韩世家》桓惠王九年"秦拔我陉,城汾旁"。	晋地,战国属韩。又名"陉庭""汾陉""陉城"。
54	荆	荆山周边③	《左传》昭公十三年"灵王迁许、胡、沈、道、房、申于荆焉"。	此指楚国腹地。
		湖北南漳县西	《尚书·禹贡》"荆及衡阳惟荆州","荆、河惟豫州"。	山名。即《左传》昭四年"荆山",古为荆、豫二州界山。

---

① 杜注曰"绛,晋所都也",于隐公五年《传》下则云"翼,晋旧都",显然是有意区别二者。旧说或以"翼""绛"为一地,未免不确。考古学证据表明,绛都故地在今山西翼城县西北的苇沟—北寿城遗址。
② 《史记·晋世家》:"(士蒍)乃使尽杀诸公子,而城聚都之,命曰绛,始都绛。"
③ 杜预注:"荆,荆山也。"

(续表)

序号	地名	地 望	史料来源	备 注
54	荆	陕西大荔县东南①	《尚书·禹贡》"荆、岐既旅"。	山名。即《禹贡》"导岍及岐,至于荆山"者。
55	漆	陕西彬县西南②	《大雅·绵》"民之初生,自土沮漆"。③	水名。泾水支流。一说即横水河。④
		陕西岐山县南	《小雅·吉日》"漆沮之从,天子之所";《周颂·潜》"猗与漆沮,潜有多鱼"。	水名。漳河支流横水河。
		陕西铜川市境内	《尚书·禹贡》"导渭自鸟鼠同穴,东会于沣,又东会于泾,又东过漆沮,入于河"。	水名。渭水支流石川河。⑤ 一说即西洛水。⑥
		山东邹城市东	《春秋》襄公二十一年"邾庶其以漆、闾丘来奔"。	邾地。
		河南封丘县东北	古本《纪年》"梁惠成王十六年,邯郸伐卫,取漆、富丘,城之"。	卫地。
56	洛(雒)	陕东南、豫西地区	敔簋(《集成》4323)"阴阳洛";《尚书·禹贡》"导洛自熊耳,东北会于涧、瀍"。	水名。一作"雒"。
		陕北地区	《周礼·职方氏》雍州"浸曰渭、洛"。	水名。又名"西洛水"或"北洛水"。

---

① 《汉志》左冯翊襄德县原注:"《禹贡》北条荆山在南,下有强梁原。"
② 谭其骧主编:《中国历史地图集》第 2 册,第 15—16 页。
③ 毛传以"沮漆"为二水名。郑笺云:"其后公刘失职,迁于豳,居沮、漆之地,历世亦绵绵然。"《汉志》右扶风漆县原注:"水在县西。"是豳地有漆水。王引之云:"'土'当从《齐诗》读为'杜',古字假借耳。杜,水名。在汉右扶风杜阳县南,南入渭,今属麟游、武功二县。漆水在右扶风漆县,西北入泾,今属邠州。'沮'当为'徂'。徂,往也。'自土徂漆'犹下文言'自西徂东',言公刘去邠适豳,自杜水往,至于漆水也。'徂'与'沮'相似,又因'漆'字而误作水旁耳。"参见王引之《经义述闻》卷 6,《清经解》卷 1185,第 6 册,第 821 页。
④ 史念海:《周原的变迁》,《河山集》(二集),北京:生活·读书·新知三联书店,1981 年,第 218 页。窃以为两说产生分歧的原因,主要在于对"民之初生,自土沮漆"的理解不同,即该句究竟是追述古公之前的周族早期历史,还是描述古公亶父迁岐的具体经过。
⑤ 顾颉刚、刘起釪:《尚书校释译论》,第 743—745 页。
⑥ 孔传曰:"漆沮,一水名,亦曰洛水,出冯翊北。"

(续表)

序号	地名	地望	史料来源	备 注
56	洛（雒）	陕西大荔县境	《左传》宣公十五年"（晋侯）及雒，魏颗败秦师于辅氏"。	晋地。盖以洛水得名。①
57	淮	鲁北地区	"辛巳卜，贞：王迩于淮"（《合集》36591）；"丙戌[卜，在]淮"（《合集》36968）；"乙酉卜，在滅立贞：王步于淮"（《英藏》2564）；《左传》昭公十二年"有酒如淮，有肉如坻"。②	水名。读"潍"，指潍水。③ 一说即"雗（雍）"，用作地名。④
		豫南及皖北、苏北地区	《尚书·禹贡》"浮于淮、泗达于河"。	水名。即淮水。
		鲁南地区	《春秋》僖公十六年公会诸侯"于淮"。	淮、泗"互受通称"例。⑤
58	沂（析）	鲁东南地区	《左传》襄公十八年晋师"东侵及潍，南及沂"。	水名。即沂水
		河南正阳县境⑥	《左传》定公五年秦、楚"大败夫概王于沂"；《系年》简83—84"昭王归随，与吴人战于析"。	楚地。一说随地，在今随州市淅河镇一带。⑦

---

① 杨伯峻：《春秋左传注》（修订本），第764页。
② 此系晋侯宴享齐侯之际，中行穆子在晋侯投壶前所赋之祝辞，齐侯则答曰"有酒如渑，有肉如陵"。旧说或谓"淮"即四渎之一的淮水，或云"淮"当作"潍"，与"坻"为韵，是指齐地之潍水。按"渑"即渑水，水出临淄齐故城西北，西北流而注入时水，故后说相较近是。
③ 李学勤：《帝辛征夷方卜辞的扩大》，《中国史研究》2008年第1期。
④ 姚孝遂主编：《殷墟甲骨刻辞类纂》，第655页；陈絜：《卜辞雗地地望及其他》，李伯谦主编：《中华之源与嵩山文明研究》（第三辑），北京：科学出版社，2017年，第204—211页。今按：有关字形作"𨾔"，从水、从隹，按常理当隶定作"淮"。然据黄组卜辞《合集》36591所示，该版卜辞中出现的地名大多作"雗（雍）"，作"淮"者仅上揭一例。因此，所谓"淮"字实系"雗（雍）"字之省构，也是很有可能的。
⑤ 杜注谓"淮"在"临淮郡左右"，恐非是。同年《传》云："会于淮，谋鄫，且东略也。"按鄫在今山东兰陵县境，诸侯城之以备淮夷，然则此"淮"当在淮北的泗水上游，不可远至淮水下游地区。
⑥ 高士奇：《春秋地名考略》卷8，李勇先主编：《中国历史地理文献辑刊》第3编《诗礼春秋四书尔雅地理文献集成》（三），第137页。
⑦ 魏栋：《秦楚联军破吴之"沂（析）"地考》，《江汉考古》2016年第1期。

(续表)

序号	地名	地望	史料来源	备注
59	汾	山西境内	《左传》昭公元年"宣汾、洮,障大泽"。	水名。
		河南叶县西南①	《左传》襄公十八年"子庚帅师治兵于汾"。	楚地。又名"汾陉之塞""陉塞"。
60	沮(雎)	陕西铜川市境内	《尚书·禹贡》"漆沮既从,沣水攸同"。	水名。石川河上游支流。
		湖北襄阳、宜昌市境内	《左传》定公四年"楚子涉雎,济江,入于云中"。	水名。即沮漳河。
		山东菏泽市境内	《尚书·禹贡》"雷夏既泽,灉、沮会同"。	水名。
61	漳	湖北襄阳、宜昌市境内	《左传》哀公六年"江、汉、雎、漳,楚之望也"。	水名。沮漳河支流。
		晋冀豫三省交界地带	《尚书·禹贡》"覃怀厎绩,至于衡漳"。	水名。即古漳水。
62	氐(軧)	河南平顶山市境内	匍盉(《新收》62)"唯四月既生霸戊申,匍即于氐"。	泜水,又名滍水,今之沙河。
		待考	任鼎(《新收》1554)、霸伯盉(《霸金集萃》095)"王在氐"。	
		河北元氏县一带	臣谏簋(《集成》4237)"唯戎大出于軧,井侯搏戎"。	泜水,地近邢国。

---

① 杜预注:"襄城县东北有汾丘城。"即今河南襄城县东北、许昌市西南一带。然下文《传》云:"楚师伐郑,次于鱼陵。"杜预注:"鱼陵,鱼齿山也,在南阳犨县北。"如按郑说,则楚师是自治兵之地折返后改向西北行进,其伐郑线路未免过于迂远。顾炎武引范守己说,谓杜注以"鱼陵"为鱼齿山有误。参见顾炎武著,徐德明等校点《左传杜解补正》卷中,上海:上海古籍出版社,2012年,第68—69页。实际上,杜注谓"汾"在襄城县东北颇有可疑。结合楚师伐郑的常例及"汾陉之塞"这一别称来看,"汾"作为此役的起始地,很可能是楚"方城"沿线的一处要隘,大致在今河南叶县西南、方城县北一带。参见于薇《晋南与鄂东豫西地区两周时期的地名重名现象》,北京大学中国考古学研究中心、北京大学震旦古代文明研究中心编《古代文明》第12卷,第169—233页。

表 4.2　复音节字地名重名表

序号	地名	地　望	史料来源	备　注
1	王城	洛阳市西工区	《左传》庄公二十一年"同伐王城"。	东周周王都城。
		陕西大荔县东	《左传》僖公十五年秦、晋"盟于王城"。	大荔戎王之城。
2	葵丘	淄博市临淄区西北	《左传》庄公八年"连称、管至父戍葵丘"。	齐地。即《左传》昭公十一年"渠丘"。卜辞"癸"地即此。①
		河南民权县东北	《左传》僖公九年"诸侯盟于葵丘"。	宋地。
3	棫林	陕西泾阳县西南②	《左传》襄公十四年诸侯伐秦，至于"棫林"。	秦地。
		河南叶县东北	《左传》襄公十六年诸侯伐许，次于"棫林"。	许地。
4	楚丘	山东曹县东南	《春秋》隐公七年"戎伐凡伯于楚丘以归"。	宋地。③
		河南滑县东	《左传》僖公二年"诸侯城楚丘而封卫焉"。	卫地。
5	犬丘	山东鄄城县东南	《左传》隐公八年宋公、卫侯遇于"犬丘"。	卫地。同年《经》作"垂"。
		河南永城市西北	《左传》襄公元年"郑子然侵宋，取犬丘"。	宋地。

---

① 陈絜：《塱方鼎铭与周公东征路线初探》，李宗焜主编：《古文字与古代史》第 4 辑，第 261—290 页。

② 旧说"棫林"即郑桓公始居之"咸林"，即《汉志》京兆郑县，在今陕西华县一带，恐非。按《传》言诸侯之师"济泾而次"，又云"郑司马子蟜帅郑师以进，师皆从之，至于棫林"，是知"棫林"当在泾水下游以西。高士奇认为泾、渭二水相合，因得"互受通称"，然则"诸侯所涉不过在同、华之间泾口之下流，更进而后及于棫林耳"。所论洵为牵合之辞，亦不足信。参见高士奇：《春秋地名考略》卷 11，李勇先主编：《中国历史地理文献辑刊》第 3 编《诗礼春秋四书尔雅地理文献集成》（三），第 170 页。

③ 顾栋高辑，吴树平、李解民点校：《春秋大事表》卷 7，第 889—890 页。

(续表)

序号	地名	地　望	史料来源	备　注
5	犬丘	陕西兴平市东南	《世本》"懿王徙犬丘"。	宋衷注："一曰废邱。今槐里是也。"
		甘肃礼县东北	《史记·秦本纪》"非子居犬丘"。	又名"西犬丘""西垂"。
6	丘舆	淄博市淄川区东	《左传》成公二年"晋师从齐师，入自丘舆，击马陉"。	齐地。
		河南新郑市东	《左传》成公三年郑公子偃御诸侯之师，"败诸丘舆"。	郑地。
		山东平邑县西南	《左传》哀公十四年"坑氏葬诸丘舆"。	鲁地。
7	姑蔑	山东泗水县东	《左传》定公十二年败费人于"姑蔑"。	鲁地。
		浙江衢州市东北	《左传》哀公十三年"弥庸见姑蔑之旗"。	越地。
8	重丘	山东茌平县西南	《春秋》襄公二十五年"诸侯同盟于重丘"。	齐地。
		山东巨野县西南	《左传》襄公十七年"卫石买、孙蒯伐曹，取重丘"。	曹地。
		河南泌阳县北	《史记·楚世家》(怀王)二十八年"秦乃与齐、韩、魏共攻楚，杀楚将唐眛，取我重丘而去"。	楚地。
9	城父	安徽亳州市东南	《左传》昭公九年"楚公子弃疾迁许于夷，实城父"。	陈地，后属楚。又名"夷"。
		河南宝丰县东	《左传》昭公十九年"故大子建居于城父"。	楚地。
10	不羹	河南襄城县东南	《左传》昭公十一年"楚子城陈、蔡、不羹"。	楚地。杜注："襄城县东南有不羹城，定陵西北有不羹亭。"[①]
		河南舞阳县东北		

---

① 《左传》昭公十二年楚灵王言"今我大城陈、蔡、不羹，赋皆千乘"，右尹子革对曰"是四国者，专足畏也"，杜预注："四国，陈、蔡、二不羹。"

(续表)

序号	地名	地望	史料来源	备注
11	武阳	河南许昌市东	《系年》简126"(楚)王率宋公以城榆关,是(置)武阳"。	读为"鄢阳"。即许国故地。①
		河北易县东南	《史记·赵世家》孝成王十九年"燕以葛、武阳、平舒与赵"。	燕下都。
12	武城	河南南阳市北	《左传》僖公六年"蔡穆侯将许僖公以见楚子于武城"。	楚地。
		陕西华县东北	《左传》文公八年"秦人伐晋,取武城"。	晋地。
		山东嘉祥县境	《左传》襄公十九年鲁"城武城"。	鲁地,当近齐境。②
		山东费县西南	《左传》哀公八年吴伐鲁,"故道险,从武城"。	鲁地,后属齐。又名"南武城""南城"。
		山东武城县西北	《战国策·赵策一》"赵王封孟尝君以武城"。	赵地,或属齐。又名"东武城"(《玺汇》0150)。③
		河北磁县西南	《史记·赵世家》幽缪王迁二年"秦攻武城,扈辄率师救之"。	赵地。
13	新城	山西闻喜县东北	《左传》僖公四年"大子奔新城"。	晋地。即"曲沃"别名。
		河南新密市东南	《春秋》僖公六年诸侯伐郑,"围新城"。	郑地。即"新密"别名。
		陕西澄城县东北	《左传》文公四年"晋侯伐秦,围邧、新城"。	秦地。

---

① 整理者认为,"武阳"在今山东阳谷县西。参见清华大学出土文献研究与保护中心编,李学勤主编《清华大学藏战国竹简》(贰),第197页。吴良宝先生则指出,山东阳谷一带在战国早期当属齐地,而"武阳"可读为"鄢阳",或即许国故地之"许",在今河南许昌市一带。参见吴良宝《清华简〈系年〉"武阳"考》,吉林大学古籍研究所编《吉林大学古籍研究所建所三十周年纪念论文集》,上海古籍出版社,2014年,第69—72页。

② 杜预注:"泰山南武城县。"是以"武城"为后世之"南武城",恐有未安。同年《传》曰"城西郛,惧齐也",又云:"穆叔归,曰:'齐犹未也,不可以不惧。'乃城武城。"可见鲁城"武城"出于备齐之故,然则该地当近齐、鲁边境。顾栋高谓此"武城"在山东嘉祥县境,可备一说。参见顾栋高辑,吴树平、李解民点校《春秋大事表》卷7,第694—695页。

③ 曹锦炎:《古玺通论》(修订本),杭州:浙江大学出版社,2017年,第156页。

(续表)

序号	地名	地　　望	史料来源	备　　注
13	新城	河南商丘市西南	《左传》文公十四年诸侯"同盟于新城"。	宋地。
		河南伊川县西南	《战国策·楚策一》"宜阳之大也,楚以弱新城图之";《战国策·秦策一》"秦攻新城、宜阳,以临二周之郊";①《史记·秦本纪》昭襄王十三年"左更白起攻新城";②廿三年新城令矛(《铭续》1288)。③	楚地,后属韩、秦。④
		山西朔州市西南	《史记·秦本纪》庄襄王三年"攻赵榆次、新城、狼孟"。	赵地。
14	方城	河南鲁山、叶县、方城、泌阳县境	《左传》僖公四年"楚国方城以为城"。	楚在北境沿伏牛山东北麓修筑的一段长城。⑤
		湖北竹山县东	《左传》文公十六年楚侵庸,"及庸方城"。	庸地,后属楚。
		河北固安县西南	《史记·燕召公世家》"赵使李牧攻燕,拔武遂、方城"。	燕地。汉置县。

① 吴师道补正:"此策以'宜阳'并言,地必连近,当是伊阙耳。"又《秦本纪》正义引《括地志》:"洛州伊阙县本是汉新城县。"杨宽先生认为,韩地"新城"在伊阙以南,亦可统称为"伊阙",与楚之"新城"不同,后者更在伊川县西南。参见杨宽《战国史料编年辑证》,台北:台湾商务印书馆,2002年,第727—728页。今按,杨先生所谓楚、韩之"新城"很可能实系一地,在今河南伊川县西南。
② 秦简《编年纪》云:"十三年攻伊阙。"
③ 矛铭纪年作"贞壮(庄)王廿三年",是"新城"此时复归于韩。
④ 《史记·秦本纪》载昭襄王七年"拔新城"。《六国年表》以楚怀王二十九年当之,并于同年下云"秦取我襄城,杀景缺"。故旧说以为"新城"即"襄城"也,如《秦本纪》正义引《括地志》云:"许州襄城县即古新城县也。"不过,已有学者指出《年表》此处有误,襄城与新城应别为二地,襄城在楚、秦、魏三国之间易手,新城则先后分属楚、韩、秦三国。参见周振鹤、李晓杰《中国行政区划通史·总论、先秦卷》,上海:复旦大学出版社,2009年,第373—374页。现从其说。此外,战国晚期韩兵有廿三年襄城令矛(《集成》11565),矛铭纪年作"贞壮(庄)王廿三年",亦即韩桓惠王二十三年(公元前250年)。而同年铸造的韩兵尚有廿三年新城令矛(《铭续》1288),可见彼时韩国并有襄城、新城二地。
⑤ 谭其骧:《鄂君启节铭文释地》,《长水集》(下),第204页。

（续表）

序号	地名	地望	史料来源	备注
15	南阳	泰山以南、汶水以北地区	《公羊传》闵公二年"高子将南阳之甲"。	鲁地,后属齐。
		太行山南段以南、黄河以北地区	《左传》僖公二十五年晋"始启南阳";《战国策·西周策》"魏有南阳、郑地、三川而包二周"。	周地,后属晋。战国属魏。
		伏牛山以南、汉水以北地区	《战国策·秦策四》"魏战胜,楚败于南阳";《史记·秦本纪》昭襄王三十五年"初置南阳郡"。	楚地,后属秦,置郡。
16	平阴	济南市长清区西南	《左传》襄公十八年"齐侯御诸平阴"。	齐地。
		河南孟津市北	《左传》昭公二十三年"晋师在平阴"。	周地。又名"阴"。
		山西阳高县东南	《史记·赵世家》"代地大动,自乐徐以西,北至平阴"。	赵地。
17	平阳	山东新泰市西北	《春秋》宣八年"城平阳"。	鲁地。即《汉志》泰山郡东平阳县。
		山西临汾市西南	《左传》昭公二十八年"赵朝为平阳大夫";《战国策·秦策四》"绛水利以灌平阳"。	晋地,后属韩。
		河南滑县东南	《左传》哀公十六年"卫侯饮孔悝酒于平阳"。	卫地。
		山东邹城市一带	《左传》哀公二十七年鲁、越"盟于平阳"。	鲁地。杜注谓"西平阳"。
		宝鸡市陈仓区阳平镇	《史记·秦本纪》宁公二年"公徙居平阳"。	秦地。
		河北临漳县西南	《史记·秦始皇本纪》"十三年,桓齮攻赵平阳,杀赵将扈辄,斩首十万"。	赵地。

(续表)

序号	地名	地望	史料来源	备注
18	大(太)原	今临汾盆地一带①	《左传》昭公元年"宣汾、洮,障大泽,以处大原";《尚书·禹贡》"既修太原,至于岳阳"。	"岳"即太岳霍山。
		山西太原市境内	《史记·秦本纪》庄襄王二年"使蒙骜攻赵,定太原"。	赵地。置郡。
19	千亩	渭河平原	《国语·周语上》"不藉千亩";《系年》简2"名之曰千亩"。	周室近地。②
		山西介休市南	《左传》桓公二年"千亩之战"。	杜注:"西河界休县南有地,名千亩。"③
20	东阳	山东临朐县东	《左传》襄公六年"晏弱城东阳,而遂围莱"。	齐地。
		山东费县西南	《左传》哀公八年"吴师克东阳而进"。	鲁地。
		太行山以东的河北南部地区	《左传》襄公二十三年"赵胜帅东阳之师以追之"。	晋地。杜注:"东阳,晋之山东,魏郡广平以北。"
		山东武城县东北	《史记·赵世家》惠文王十八年"王再之卫东阳,决河水,伐魏氏"。	卫地,后属赵。即《汉志》清河郡东阳县。
		待考④	燕玺"东昜海泽王刅鍴"(《玺汇》0362)。	燕地。
21	曲沃	山西闻喜县东北	《左传》桓公二年"(晋)封桓叔于曲沃"。	晋国别都。
		河南陕县西南	《史记·秦本纪》惠文王十一年"归魏焦、曲沃"。	魏地。

---

① 顾颉刚、刘起釪:《尚书校释译论》,第531—532页;王玉哲:《中华民族早期源流》,第190—198页;赵铁寒:《太原辨》,《古史考述》,台北:正中书局,1965年。
② 朱凤瀚:《清华简〈系年〉所记西周史事考》,《第四届国际汉学会议论文集:出土材料与新视野》,台北:"中研院"历史语言研究所,2013年,第441—460页。
③ 《续汉志》太原郡界休县条:"有千亩聚。"刘昭注:"《左传》曰晋为千亩之战,在县南。"参见《后汉书·志》第23《郡国五》,第3523页。
④ 一说即《汉志》清河郡属县东阳,在今山东武城县东北。参见何琳仪、冯胜君《燕玺简述》,《北京文博》1996年第3期。

(续表)

序号	地名	地　望	史料来源	备　注
22	汾陉	河南叶县西南	《战国策·楚策一》"(楚)北有汾陉之塞、郇阳"。	楚"方城"沿线的一处要隘。又名"汾""陉塞"。
		山西曲沃县西北	《史记·范睢蔡泽列传》秦昭王四十三年"秦攻韩汾陉，拔之"。	韩地。又名"陉""陉城"。
23	京师	陕西彬县东北	《大雅·公刘》"京师之野"；多友鼎(《集成》2835)"广伐京师"，克钟(《集成》204)"遹泾东至于京师"。	周地。一作"京"，即豳。
		山西临汾市境内	晋公盆(《集成》10342)"建宅京师"。	晋地。一说即"九京"；①或以为《汉志》太原郡属县京陵。②
		河南洛阳市一带	《左传》僖公十一年"扬、拒、泉、皋、伊、雒之戎同伐京师，入王城"。	此为通名。即周王所居之地，所指范围较"王城"为大。
24	繁阳	河南新蔡县北	《左传》襄公四年"楚师为陈叛故，犹在繁阳"；晋姜鼎(《集成》2826)"征繇汤原"。	楚地。又作"繁扬""繇易"。
		河南内黄县西北	《史记·赵世家》孝成王二十一年"廉颇将，攻繁阳，取之"；十三年繁阳令戈(《集成》11347)。	魏地。③

---

① 钱穆：《周初地理考》，《燕京学报》第10期，1931年。按《礼记·檀弓下》载赵文子语，有"是全要领以从先大夫于九京也"之辞，郑玄注："晋卿大夫之墓地在九原。'京'盖字之误，当为'原'。"《国语·晋语四》亦作"赵文子与叔向游于九原"。是知"京师"即"九京"说未必可靠。

② 郭沫若：《两周金文辞大系图录考释》，《郭沫若全集·考古编》第8册，第484—485、488页。按《汉志》京陵县在今山西平遥一带，与文献所载叔虞封唐在"河、汾之东""汾、浍之间"的方位不合。

③ 《汉志》魏郡繁阳县注引应劭曰："在繁水之阳。"汤余惠先生将此"繁阳"与周初封卫"殷民七族"中的繁氏联系起来，这是很有道理的。参见汤余惠《战国文字中的繁阳和繁氏》，《古文字研究》第19辑，北京：中华书局，1992年，第500—508页。

(续表)

序号	地名	地望	史料来源	备注
25	安阳	河南安阳市南	《史记·秦本纪》昭襄王五十年"拔宁新中，宁新中更名安阳"；《廉颇蔺相如列传》"廉颇攻魏之防陵、安阳，拔之"。①	魏地，或属赵。
		河北阳原县东南	《史记·赵世家》惠文王三年"封长子章为代安阳君"。	赵地。即《汉志》代郡东安阳县。
		内蒙古包头市西	方足布范"安阳"。②	赵地。即《汉志》五原郡西安阳县。③
		山东曹县东④	《史记·六国年表》"(齐宣公四十四年)伐鲁、莒及安阳"；《项羽本纪》"(宋义)行至安阳，留四十六日不进"；秦陶"安阳市"(《陶录》6.415.1)。	宋地，后属秦。⑤一名"安陵"。
		河南信阳市东北	楚玺"安易水鉨"。⑥	楚地。或即《汉志》汝南郡安阳县。
		待考	六年安阳令矛(《集成》11562)。	韩地。
		山东莒县附近⑦	刀币"安阳之大氏"(《货系》2507—2515)。	齐地。
		河北完县西北⑧	方足布"安阳"(《货系》2290)。	燕地。

① 《赵世家》："(惠文王)二十四年，廉颇将，攻魏房子，拔之，因城而还。又攻安阳，取之。"此"房子"本为赵地，当作"防陵"为是。
② 《包头市窝吐尔壕发现安阳布范》，《文物》1959年第4期。
③ 曾庸：《安阳布的铸地》，《考古》1962年第9期。
④ 《项羽本纪》索隐曰："颜师古以为今相州安阳县。按：此兵犹未渡河，不应即至相州安阳。今检《后魏书·地形志》，云'己氏有安阳城，隋改己氏为楚丘'，今宋州楚丘西北四十里有安阳故城是也。"
⑤ 秦陶文"安阳"出土于山东巨野县。
⑥ 石志廉：《馆藏战国七玺考》，《中国历史博物馆馆刊》1979年第1期。"安阳水鉨"为楚玺，参见肖毅《古玺文分域研究》，武汉：崇文书局，2018年，第611页。
⑦ 吴良宝：《中国东周时期金属货币研究》，北京：社会科学文献出版社，2005年，第103页。
⑧ 裘锡圭：《战国货币考(十二篇)》，《裘锡圭学术文集》第3卷，第219—220页。裘先生在"编校追记"中提出，此布文可能应读为"阳安"。

（续表）

序号	地名	地望	史料来源	备注
26	阳城	待考①	《孟子·万章上》"禹避舜之子于阳城";《世本·居篇》"禹都阳城"。	传为夏禹所都。
		河南濮阳一带	《战国策·齐策四》"夫有宋则卫之阳城危,有淮北则楚之东国危"。②	卫地。《史记·田敬仲完世家》作"阳地"。③
		河南登封市东南	《史记·韩世家》"(桓惠王)十七年,秦拔我阳城、负黍";六年阳城令戈(《新收》569)。	韩地。
		河北保定市西南	《战国策·楚策一》"苏子收其余兵,以守阳城"。	燕地。
		河南方城县东④	《吕氏春秋·上德》"阳城君令守于国";《曾侯乙》简119"鄢城君"。	楚地。即《汉志》南阳郡堵阳县。
		安徽凤台县一带	《包山》简120"下蔡敓执事人昜城公"。	楚地。或为下蔡属邑。⑤
27	鄢陵	河南鄢陵县西北	《左传》成公十六年"晋侯及楚子、郑伯战于鄢陵"。	郑地。即《春秋》隐公元年"鄢"。
		山东沂水县西南	《左传》文公七年"穆伯如莒莅盟,且为仲逆。及鄢陵"。	莒地。
		河南漯河市东南	《战国策·楚策四》"鄢陵君"。	楚地。又作"安陵"。
28	安陵	河南漯河市东南	《战国策·楚策一》"江乙说于安陵君";《包山》简105"安陵莫嚣"。	楚地。即《战国策·楚策四》之"鄢陵"。
		河南鄢陵县西北	《战国策·魏策三》"今不存韩,则二周必危,安陵必易"。	魏地。又作"鄢陵"。

---

① 《汉志》颍川郡阳翟县注:"夏禹国。"是以"禹都阳城"为阳翟。臣瓒非之。阳翟在今河南登封市东南告成镇一带。
② 鲍彪注:"汝南、颍川皆有。"
③ 集解曰:"阳地,濮阳之地。"正义云:"案:卫此时河南独有濮阳也。"
④ 谭其骧:《陈胜乡里阳城考》《长水集》(下),第336—341页。
⑤ 吴良宝:《战国楚简地名辑证》,第305—308页。

(续表)

序号	地名	地望	史料来源	备注
28	安陵	山东曹县东①	《史记·田敬仲完世家》"明年，伐鲁、葛及安陵"。	《六国年表》作"安阳"。
29	成（城）阳	山东菏泽市东北	《战国策·秦策三》"成阳君"；成阳辛城里戈（《集成》11154）。	齐地。
		河南信阳市北②	《战国策·楚策四》"襄王流揜于城阳"；《包山》简145"成昜迅尹"。	楚地。即《汉志》汝南郡成阳县。
		沂水上游地区	《战国策·齐策六》"燕人兴师而袭齐墟，王走而之城阳之山中"；③秦封泥"城阳侯印"。④	故莒地，后属齐。
30	曲阳	河南济源市西	《史记·魏世家》"（昭王）九年，秦拔我新垣、曲阳之城"。	魏地。
		河北曲阳县西	《史记·赵世家》"（武灵王二十一年）合军曲阳"；三晋玺"曲阳"（《玺汇》2317）；三孔布"上曲阳"（《货系》2465）。	赵地。又名"上曲阳"，即《汉志》常山郡上曲阳县。
		河北晋州市西	《战国策·燕策三》"北下曲阳为燕"；三孔布"下曲阳"（《货系》2466）。	赵地。即《汉志》巨鹿郡下曲阳县。
31	灵丘	山东高唐县南⑤	《史记·田敬仲完世家》"齐威王元年，三晋因齐丧来伐我灵丘"。	齐地。⑥

① 正义引《括地志》谓"鲁"即鲁之朝宿邑，在许地附近，而"葛"为郑地长葛，"安陵"即鄢陵。是说不确。今按：上文曰"伐晋，毁黄城，围阳狐"，下云"明年，取鲁之一城"，可见田齐所伐之"鲁"似不会远至许田，应指鲁国为是。而"葛""安陵"二地，《六国年表》则作"莒"和"安阳"，此"安阳"或在今山东曹县东，自非鄢陵明矣。
② 徐少华：《包山楚简释地十则》，《文物》1996年第12期。
③ 鲍彪注："城阳，兖州国，莒其县也。"
④ 刘瑞编著：《秦封泥集存》，第921—922页。
⑤ 《通鉴》胡三省注曰："汉清河郡有灵县，清河北接赵、魏之境，此为近之。"参见司马光编著，胡三省音注《资治通鉴》卷1《周纪一》，北京：中华书局，1956年，第33页。
⑥ 《史记》三家注及《水经·滱水注》皆谓此"灵丘"为赵地，不确。顾炎武驳之云："是误以赵之灵丘为齐之灵丘，而不知齐境不得至代也。"所论甚是。参见顾炎武著，陈垣校注：《日知录校注》卷31，第1755页。

(续表)

序号	地名	地望	史料来源	备注
31	灵丘	山西灵丘县东	《史记·赵世家》"赵以灵丘封楚相春申君";①《韩信卢绾列传》"樊哙军卒追斩豨于灵丘"。	赵地。汉置县。
32	瑕丘	山东兖州市一带	《史记·樊郦滕灌列传》"攻邹、鲁、瑕丘、薛"。	鲁地。即《左传》哀公七年"负瑕"。
		河南濮阳市东南	《礼记·檀弓上》"公叔文子升于瑕丘,蘧伯玉从"。	卫地。即"负夏"。
33	平陆	山东汶上县西北	《战国策·齐策四》"楚攻南阳,魏攻平陆,齐无南面之心"。	齐地。
		陕西北部一带	三晋玺"平陆"。②	魏地,属上郡。即《汉志》西河郡平陆县。③
34	平邑	山西阳高县南	《史记·赵世家》"(献侯)十三年,城平邑"。	赵地。
		河南南乐县东北	《史记·赵世家》"(惠文王)二十八年,蔺相如伐齐,至平邑"。	赵地,后属齐。
35	蒲阳	山西隰县西北	《史记·魏世家》"(襄王七年)秦降我蒲阳"。	魏地,后属秦。
		河南长垣县一带④	《史记·魏世家》"(景湣王)五年,秦拔我垣、蒲阳、衍";《秦始皇本纪》"(九年)攻魏垣、蒲阳"。	魏地。

---

① 一说此"灵丘"即齐地,赵人取之而封春申君。
② 石志廉:《馆藏战国七玺考》,《中国历史博物馆馆刊》1979年第1期。
③ 吴良宝:《古玺札记五则》,华东师范大学中国文字与应用中心主办《中国文字研究》第15辑,郑州:大象出版社,2011年,第49—53页。
④ 旧注谓"蒲阳"在山西隰县西北,并不可信。按《战国策·秦策四》载黄歇说秦昭襄王伐魏,有"取蒲、衍、首垣,以临仁、平丘,小黄、济阳婴城而魏氏服"之辞,《史记·春申君列传》同之。可见上揭《魏世家》云"秦拔我垣、蒲阳、衍",即分别是指"首垣""蒲"和"衍",其中"蒲"地在今河南长垣县一带。

(续表)

序号	地名	地　　望	史料来源	备　　注
36	阳狐	山西垣曲县东南	《史记·魏世家》"(文侯)二十四年,秦伐我,至阳狐"。	魏地。
		河北大名县东北	《史记·田敬仲完世家》"宣公四十三年,伐晋,毁黄城,围阳狐"。	魏地。
37	襄平	辽宁辽阳市境内	《史记·匈奴列传》"燕亦筑长城,自造阳至襄平"。	燕地。
		待考	三晋玺"襄平右阝(尉)"(《玺汇》0125);尖足布"襄平"(《货系》1109)。	赵地。①
		待考	《系年》简113"越公、宋公败齐师于襄坪(平)"。	齐地。
38	武遂	山西垣曲县东南	《战国策·韩策一》"秦归武遂于韩"。	韩地,后属秦。
		河北徐水县西	《史记·赵世家》"(悼襄王)二年,李牧将,攻燕,拔武遂、方城"。	燕地,后属赵。
		河北武强县西北	《史记·廉颇蔺相如列传》"秦破杀赵将扈辄于武遂"。	赵地。
39	安平	淄博市临淄区东北	《史记·田敬仲完世家》"(田常)割齐安平以东至琅邪,自为封邑"。	齐地。原为酅邑。即《汉志》菑川国东安平县。
		河北安平县一带	《史记·赵世家》"公子成为相,号安平君";六年安平守钕(《集成》11671)。	赵地。即《汉志》涿郡安平县。
40	中阳	陕北地区②	《史记·秦本纪》昭襄王二十二年"与赵王会中阳"。	赵地,后属秦。即《汉志》西河郡中阳县。

---

① 何琳仪:《战国古文字典》,第690—691页。
② 吴良宝、孔令通:《战国秦汉传世文献中的地名讹字问题》,《吉林大学社会科学学报》2018年第1期。

（续表）

序号	地名	地　望	史料来源	备　注
40	中阳	待考①	《史记·燕召公世家》"武成王七年,齐田单伐我,拔中阳";燕玺"中易都虞王㔾"(《玺汇》5562)。	燕地。
		河南郑州市东	古本《纪年》"梁惠成王十七年,郑釐侯来朝中阳"。	魏地。
		待考	审易鼎(《新收》1375);《包山》简71"审昜司败"。	楚地。
41	西阳	湖北随州市一带	楚王酓章钟(《集成》85)"楚王酓章作曾侯乙宗彝,奠之于西鴋"。	曾国都邑别名。
		河南光山县西南	《天星观》遣册简"番亥乘西鴋君之轩"。②	楚地。即《汉志》江夏郡西阳县。
		山西汾阳县境内③	《史记·秦本纪》惠文王后元九年"伐取赵中都、西阳"。	赵地。
42	中都	山西平遥县西南	《左传》昭公二年"(晋人)谓陈无宇非卿,执诸中都";《史记·赵世家》"(武灵王)十年,秦取我中都及西阳"。	晋地,后属赵。
		山东汶上县西	《史记·孔子世家》"定公以孔子为中都宰"。	鲁地。
43	襄城	河南襄城县一带	《史记·魏世家》"昭王元年,秦拔我襄城";六年襄城令戈(《新收》1900)。	魏地,或属韩。
		陕西榆林市境内	尖足布"襄成"(《货系》1086);秦封泥"襄成丞印"。④	赵地,⑤后属秦,为上郡辖县。⑥

---

① 曹锦炎先生认为,《燕世家》"中阳"非赵地,当在燕、齐接壤处。参见曹锦炎《古玺通论》(修订本),第188—189页。
② 滕壬生:《楚系简帛文字编》(增订本),武汉:湖北教育出版社,2008年,第653页。
③ 《秦本纪》正义引《括地志》云:"西阳即中阳也,在汾州隰城县东十里。"
④ 刘瑞编著:《秦封泥集存》,第850—851页。
⑤ 吴良宝:《中国东周时期金属货币研究》,第131页。
⑥ 蒋文、马孟龙:《谈张家山汉简〈秩律〉简452之"襄城"及相关问题》,《中国历史地理论丛》2019年第1期。

(续表)

序号	地名	地望	史料来源	备注
43	襄城	待考①	襄城公戈(《新收》1285)。	楚地。
44	容城	河南鲁山县东南	《春秋》定公四年"许迁于容城"。	楚地。
		河北容城县西北	燕玺"㲽(容)城"(《玺汇》0190)。	燕地。即《汉志》涿郡容城县。②
45	番吾	河北灵寿县西南	《史记·赵世家》"番吾君自代来"。	赵地。《六国年表》作"鄱吾"。
		河北磁县一带	《战国策·赵策二》"秦甲涉河逾漳,据番吾"。	赵地。
46	徐州	山东滕州市南	《史记·田敬仲完世家》"简公出奔,田氏之徒追执简公于徐州";《史记·楚世家》"(威王)七年,齐孟尝君父田婴欺楚,楚威王伐齐,败之于徐州"。	薛地,后属齐。《春秋》哀公十四年作"舒州"。③
		山东曲阜市东南、邹城市以东④	《史记·鲁周公世家》"(顷公)十九年,楚伐我,取徐州"。	邾地,后属鲁。一名"邾城"。
		泰沂山脉以南、淮河以北	《尚书·禹贡》"海、岱及淮惟徐州"。	古"九州"之一。
47	荥(荧)泽	河南鹤壁市至淇县之间	《左传》闵公二年"(卫师)及狄人战于荧泽"。	在大河之北,卫国北鄙一带。
		河南郑州市西北	《尚书·禹贡》"东流为济,入于河,溢为荥"。	济水自黄河分出东流,因水体积聚而形成的水泽。

---

① 襄城公戈为战国晚期楚器,纪年作"郜寿之岁",即楚顷襄王迁都寿春之年。彼时汝水上游已非楚境,故"襄城"一地不排除另有所指。郑威先生推测,楚失襄城后,有可能将其旧民东迁至今江苏省东北部一带,并重置襄城县于此。参见郑威《楚国封君研究》(修订本),第 167 页。
② 吴振武:《〈古玺文编〉校订》,北京:人民美术出版社,2011 年,第 153—154 页。
③ 《田齐世家》正义谓"舒州"在齐西北界上,即今河北大城县境。但战国时当地为燕之平舒,并无"舒州"之名,1983 年天津市大港区出土一件平豫(舒)戈,可为佐证。参见孙刚《东周齐系题铭研究》,第 264—265 页。
④ 《说文·邑部》"邾"字下:"邾下邑地。……鲁东有邾城。"

（续表）

序号	地名	地　　望	史料来源	备　　注
48	逢泽	河南商丘市南	《左传》哀公十四年"逢泽有介麋焉"。	宋地。
		河南开封市东南	《史记·秦本纪》"(孝公二十年)秦使公子少官率师会诸侯逢泽"。	魏地。又名"逢忌之薮"。
49	浊（涿）泽	山西运城市解州镇西	《史记·魏世家》韩、赵"合军并兵以伐魏，战于浊泽"；《赵世家》"(成侯六年)伐魏，败涿泽"。①	魏地。
		河南长葛县西北②	《史记·田敬仲完世家》"三年，太公与魏文侯会浊泽，求为诸侯"。	魏地。又名"皇陂"。
50	景山	河南濮阳市西南	《鄘风·定之方中》"望楚与堂，景山与京，降观于桑"。	卫地。
		山东曹县东南	《水经·济水注》"(黄沟枝流)北迳己氏县故城西，又北迳景山东"。	宋地。
		湖北南漳、保康二县境	《山海经·中次八经》"荆山之首，曰景山……雎水出焉，东南流注于江"。	楚地。荆山之首。
		山西闻喜县东南	《山海经·北次三经》"又南三百里，曰景山，南望盐贩之泽，北望少泽"。	晋地。

三、"异地同名"产生机制的考察

如上所示，商周时期的"异地同名"现象可谓纷繁复杂。客观地说，基于现有的史料，欲将上述所有重名地名的成因逐一廓清，条件未免尚不成熟。不过，倘若透过文字记载的若干细节详加查察，仍不难推知部分代表性地名的重名原委，并可进一步揭示出有关现象背后隐含的历史信息。

---

① "涿"原作"濯"，据点校本二十四史修订本改。参见《史记》卷43《赵世家》，北京：中华书局，2013年，第2197页。
② 《通鉴》作"齐田和会魏文侯、楚人、卫人于浊泽"。此"浊泽"当在河南长葛县西北。参见司马光编著，胡三省音注《资治通鉴》卷1《周纪一》，第27页。

1. 因地名的通名属性而致重名

商周时期不少"异地同名"现象的产生,实际是由地名本身的泛称色彩决定的。这些地名往往起初用作通名,或在一定时期内具有通名特征,故时人采取此类称谓来命名地理客体,其所指对象经常会出现因时、因地、因势而异的情况。除前文已有详论的"新邑""南阳"之外,我们还可以举出一些代表性的例证。

比如,周初"东国"一词所指范围的前后变化,就与周人的领土扩张和"天下观"的转型密切相关。早在周文王世及武王克商之际,周人一直以"小邦周"自居,并自称为"西土之人";[①]而天亡簋铭(《集成》4261)也仅言"王同三方",意即武王会同东、南、北三方,[②]并不包括周族传统势力范围的西土在内。直到营建东都之际,洛邑依旧被称作"东国洛",[③]说明周人的西土本位意识这时仍颇为强烈。不过,随着成王迁宅成周而"宅兹中国",[④]成周所在的区域乃被明确定义为"中国";而在西周金文和《诗经》等典籍中,"中国"或"周邦"通常是与"四方"相对的政治地理概念。[⑤] 由此可见,在周人的空间观念里,周邦俨然已占据"天下"中心的地位。至于"东国"的地理范围,则基本限定在河、济之间的"小东"及以泰沂山脉为中心的"大东",[⑥]而跟中原的伊、洛地区不再相涉。

先秦文献中"南山"的重名现象,也与该地名的通名属性有关。[⑦] 比如《小雅·天保》乃王臣贵族归美周王之诗,其中"如南山之寿"的"南山",应即横亘关中平原南部的终南山,毋庸赘言;而《齐风·南山》既言"南山崔崔",又云"鲁道有荡",该"南山"与"鲁道"相对为文,显然是指齐国南境的丘陵山地。毛传曰:"南山,齐南山也。"可谓确诂。《系年》第二十章载齐人始建长城于济水,"自南山逗(属)之北海"。简文"南山"与

---

① 《尚书·牧誓》。
② "同"字旧或释"凡",不确。参见王子扬《甲骨文旧释"凡"之字绝大多数当释为"同"——兼谈"凡"、"同"之别》,复旦大学出土文献与古文字研究中心编《出土文献与古文字研究》第 5 辑,上海:上海古籍出版社,2014 年,第 6—31 页。
③ 《尚书·康诰》:"惟三月哉生魄,周公初基作新大邑于东国洛。"
④ 据何尊铭(《集成》6014)记载,成王五年"初迁宅于成周",并在京室对宗小子发布诰命称:"唯武王既克大邑商,则廷告于天,曰:'余其宅兹中或(国),自之(兹)辥(乂)民。'"
⑤ 赵伯雄:《周代国家形态研究》,长沙:湖南教育出版社,1990 年,第 13—19 页。
⑥ 傅斯年:《大东小东说》,《"中研院"历史语言研究所集刊》第 2 本第 1 分,1930 年。
⑦ 《左传》昭公二十六年"守阙塞"服虔注:"南山伊阙是也。"是谓成周南部的伊阙亦称"南山"。参见服虔撰,袁钧辑《春秋传服氏注》卷 10,《续修四库全书》第 117 册,上海:上海古籍出版社,1995 年,第 55 页。不过,该"南山"之名也许始自东汉定都洛阳,未必可追溯至东周以前。

《齐风》"南山"理应是一非二,整理者认为即平阴一带的丘陵,①也有学者主张是指齐国南境的泰山或泰山余脉,②后说殆更准确。

东周以降,随着诸侯割据局面的逐渐形成,列国之间的"异地同名"现象愈加频见,其中不少都跟地名原先的通名属性有关。如"新城"一词,原义为新营建或修葺的城邑,由于具有通名特征,其所指地点往往并不唯一。如《左传》僖公四年云"大子奔新城,公杀其傅杜原款"。"新城"即曲沃别名,盖太子申生居此而筑城,遂得名曰"新城"。③ 又《春秋》僖公六年载诸侯伐郑,"围新城"。同年《传》则作"围新密",可见"新城"实指"新密"。新密为密国故地,郑人东迁之后灭密为邑,新筑城垣以加强守备,故有"新密""新城"之谓。又《战国策·楚策一》:"城浑出周,三人偶行,南游于楚,至于新城。"鲍彪谓"新城"即新密。吴师道补正:"下章言新城、阳人,阳人在汝州,当是与此近者。"④今按吴说有理。此"新城"为楚县,与宜阳、阳人诸地邻近,应在今河南伊川县西南。此外,同时期重名的"新城"尚有秦、宋、韩、赵诸地之别。

相似的例子尚有地名"大(太)原"。"大(太)原"一词本系通名,泛指广阔而地势高平的原地。据《左传》昭公元年载,金天氏后裔台骀治理汾、洮二水,"以处大原";又《尚书·禹贡》云"既修太原,至于岳阳",这里的"大(太)原"均在霍山以南的临汾盆地。战国时期"太原"属韩,并逐渐发展为专名。《战国策·东周策》云"秦尽韩、魏之上党、太原",又《战国策·赵策四》"秦举安邑而塞女戟,韩之太原绝",可以为证。⑤ 另一方面,战国赵境亦有"太原"之地。如《史记·秦本纪》庄襄王二年秦"使蒙骜攻赵,定太原",三年"初置太原郡"。⑥ 李晓杰先生指出,秦太原郡当是沿袭赵国旧制,⑦可从。赵地"太原"则位于霍山以北,辖境大约覆盖今山西太原、晋中及忻州、阳泉等地,其名终因秦国置郡而沿袭至今,韩地"太原"却不免趋于消亡。

---

① 清华大学出土文献研究与保护中心编,李学勤主编:《清华大学藏战国竹简》(贰),第188页。
② 陈民镇:《齐长城新研——从清华简〈系年〉看齐长城的若干问题》,《中国史研究》2013年第3期。
③ 杨伯峻:《春秋左传注》(修订本),第297页。
④ 《战国策》卷14《楚策一》,第494页。
⑤ 《战国策》卷1《东周策》,第19页;《战国策》卷21《赵策四》,第743页。
⑥ 《史记》卷5《秦本纪》,第219页。
⑦ 李晓杰:《中国行政区划通史·先秦卷》,上海:复旦大学出版社,2009年,第430页。

2. 因时人的表述习惯而致重名

此种类型与前者的显著区别,主要在于相关地名皆为专名而非通名,它们所指称的地理客体本应是相对固定的,其适用范围之所以会有所扩展,主要是受到时人表述习惯的影响,所以带有一定的主观色彩。谭其骧先生曾指出:"古往今来,相去不远的同名城邑何可胜数?事实上越是在同一地区内,居民的风俗语言习惯相同,同名城邑出现的机会越多。"①谭先生所言揭示的,即是时人惯于采用相同称谓来命名相近地理客体的这一事实。正如鲁有二郚、二费、二郎、二武城、二平阳及四防,齐有二清、二棠和二鄑,而楚之城父、晋之瑕及曲沃、赵之番吾等俱有二地,这些同名之地彼此多相去不远。如果从命名者的表述习惯这一角度加以观察,上述邻近区域的地名重名现象便不难理解了。

我们知道,上古部族或早期国家的发展,最初通常是以某个中心邑作为基础,一邑(或"邑群")即相当于一国,其地理称谓亦与国族名号每每重合。随着人口的增殖和资源的紧张,国族的势力范围逐渐由"点"扩展至"面"。②那些陆续纳入领土的周边地点,即便在已经拥有专属地名的情况下,有时也会被命名者借用国族名来加以称呼,以致与中心邑的地理称谓发生重名。比如,地名"夏虚"与"昆吾之虚""少皞之虚""祝融之虚"同例,原本均指某个部族的旧居之地,其空间范围往往相对有限。《左传》定公四年记载叔虞始封,云"命以《唐诰》,而封于夏虚"。此"夏虚"的位置当大致不出"河、汾之东""汾、浍之间"的今山西临汾地区。另据《史记·吴太伯世家》所云,周章之弟虞仲同样也受封于周室之北的"故夏虚",但其地望却在今山西平陆县张店镇古城村一带,③与叔虞所封"夏虚"的位置尚有相当距离。联系先秦国族"由点及面"的一般发展模式来看,地名"夏虚"适用对象的不固定性,恐怕就与所谓"夏"族的人群分布和势力扩展有关。④

---

① 谭其骧:《再论鄂君启节地理答黄盛璋同志》,《长水集》(下),第 226 页。
② 参见王玉哲《殷商、西周疆域史中的一个重要问题——"点"和"面"的概念》,《古史集林》,第 197—203 页;林沄《关于中国早期国家形式的几个问题》,《林沄学术文集》,第 85—99 页。
③ 国家文物局主编:《中国文物地图集·山西分册》(上),第 356 页。
④ 从考古学角度观察,无论是临汾盆地抑或运城盆地的"夏虚",二者均处于二里头文化东下冯类型的分布范围之内。研究者之所以将"夏虚"与姒姓夏人相联系,并认为东下冯类型遗存即夏族势力扩展至晋南的物化表现,很大程度上跟上述原因有关。参见朱凤瀚《夏文化考古学探索六十年的启示》,《历史研究》2019 年第 1 期。当然,也有学者对"夏虚"居民的族属存在不同看法,如沈长云先生认为,晋南"夏虚"并非夏后氏或夏王朝故地,而是指唐人所居的"大夏"。参见沈长云《夏后氏居于古河济之间考》,《中国史研究》1994 年第 3 期。

故叔虞、虞仲所封虽分别为唐、虞二地,却俱可统称为"夏虚",是浑言可通而析言有别。

另一种情形属于"以他国之名称呼本国之地"所致的重名。《左传》昭公三年"齐侯田于莒",杜预注:"莒,齐东竟。"又,《左传》昭公十年载陈桓子致栾、高二氏财产于公室,同时"请老于莒",最终齐景公以"莒之旁邑"赏赐桓子。杜预注:"莒,齐邑。"今按:彼时莒国犹存,齐侯及陈氏自然不会驻于莒境,上述地点虽以"莒"名,却应在齐境无疑,而"莒之旁邑"也即近莒之齐邑。此外,《春秋》定公十四年载鲁人"城莒父及霄"。"莒父"和"霄"俱在今山东莒县附近,亦为鲁取莒国之地。江永认为"莒"带有"父"字后缀,实系鲁人发音所致,与"梁父"例同。① 若然,足见名"莒"之地非唯齐国独有。对此,清人高士奇尝言:

> 盖取地于莒,遂谓之"莒"。如郑取许田,而谓之"许";楚取沈邑,而谓之"沈";鲁有薛地,而谓之"薛"耳。②

高氏所举之例,皆为取某国之地而冠以该国之名,从而导致不同地理实体间的重名现象。众所周知,战国以前各级封建贵族的辖地并非整齐划一,往往犬牙相错,甚至"飞地"丛生,故有采用他国之名来命名本国鄙远属地的权宜之举。如《左传》隐公八年提到的"许田",本系周天子赐予鲁侯以朝王的"朝宿之邑",后为郑伯以"泰山之祊"同鲁人进行交换,因其地近许,故以"许"名。③ 又如《春秋》隐公十年"鲁败宋师于菅","取郜"。此"郜"即南郜,原为郜地,后入于宋,故鲁取之。同时期郜国犹存,所在之地则为北郜,与南郜密迩比邻,如《左传》桓公二年"郜大鼎"下杜预注:"济阴城武县东南有北郜城。"不难看出,宋取郜地而名之"郜",适与齐有"莒"地、郑有"许田"的情形如出一辙。

其次,上古时代各地语音殊异、方言有别,加之使用者的急读、缓读等语言习惯,也会导致记录同一地理实体的词汇出现差异,继而产生新的"异地同名"问题。如《春秋》隐公八年"宋公、卫侯遇于垂",同年《左传》

---

① 江永:《春秋地理考实》卷3,《清经解》卷254,第2册,第255页。
② 高士奇:《春秋地名考略》卷3,李勇先主编:《中国历史地理文献辑刊》第3编《诗礼春秋四书尔雅地理文献集成》(三),第75页。
③ 《左传》隐公八年:"郑伯请释泰山之祀而祀周公,以泰山之祊易许田。"杜预注:"许田,近许之田。"

"垂"作"犬丘"。"垂"与"犬丘"乃一地二名,急读曰"垂",缓读则曰"犬丘",其例同于《尔雅·释器》"不律谓之笔"及《左传》宣公四年之"谓虎於菟"。然而既作"犬丘",势必会与甘肃礼县、陕西兴平及河南永城等地的"犬丘"发生重名。另外,有些"异地同名"现象则是由于使用者对地名的省简所致。如吴良宝先生曾指出,韩地"合膞"和赵地"柏人"均可省作"白(帛)"(《铭图》17225;《货系》3888);秦国兵器铭文中的"漆"(《铭图》17284)、"高"(《铭图》17285)、"乐"(《铭图》17243)、"成"(《铭图》17269)则分别为"漆垣""高奴""栎阳""成都"的简称,然而上述地名一旦省简,则又与陕西彬县之"漆"、河北柏乡县北的"鄗"、周地之"乐"及赵地之"城"产生重名。①

再者,根据杨守敬总结的"互受通称"规则,古人通常会以某一水道的部分河段或支流之名来称呼整个干流。② 那么,同一水道的干、支流及各流域之间发生的重名现象,即同样属于"异地同名"的范畴。例如,古代汉水流经江汉平原之际,因与夏水相通,故合流后的汉水亦兼得夏水之名,此已为研究者所熟知。《左传》昭公十三年载楚灵王由"乾谿"返国,"沿夏,将欲入鄢"。杜预注:"夏,汉别名。顺流为沿,顺汉水南至鄢。"清华简《楚居》则称灵王先前徙居"秦溪之上",参考《左传》《史记》的相关记载可知,此"秦溪"当对应传世文献中的"乾谿"。③ 然而诚如有学者所指出的,若按旧注将"乾谿"地望定在今亳州东南七十里处,于地理情势而言确有许多窒碍。④ 赵平安先生认为,简文"秦溪"和《左传》"乾谿"应即《水经注》所记汝水支流的"溱水",在今河南确山县境。⑤ 是说相对较为合理。那么,楚灵王欲由北境逃归至今宜城东南的鄢邑,所沿之"夏"则无外乎今襄阳境内的汉水干流,此与一般意义上分江水东出的古夏水可谓名同实异。

---

① 吴良宝:《战国文字资料中的"同地异名"与"同名异地"现象考察》,李学勤主编:《出土文献》第 5 辑,第 62—63、68—69 页。
② 杨守敬、熊会贞撰,段熙仲点校,陈桥驿复校:《水经注疏·凡例》,南京:江苏古籍出版社,1989 年,第 1 页。
③ 清华大学出土文献研究与保护中心编,李学勤主编:《清华大学藏战国竹简》(壹),第 189 页。
④ 李守奎:《论清华简中的昭王居秦溪之上与昭王归随》,《古文字与古史考——清华简整理研究》,第 116—121 页。
⑤ 赵平安:《〈楚居〉"秦溪"考》,清华大学出土文献与中国古代文明研究中心等编:《出土文献与中国古代文明——李学勤先生八十寿诞纪念论文集》,上海:中西书局,2016 年,第 324—327 页。

相似的情形尚有淮、泗"互受通称"例。《春秋》僖公十六年:"冬十有二月,公会齐侯、宋公、陈侯、卫侯、郑伯、许男、邢侯、曹伯于淮。"杜预注:"临淮郡左右。"杜氏所指"淮"已在淮水下游左近,即今江苏盱眙县境。按同年《传》云:"十二月,会于淮,谋鄫,且东略也。"可见诸侯此会是出于援鄫之目的,同时出师东土以略地,故下文言"城鄫"以备淮夷。考虑到鄫国在今山东兰陵县西北,地处泗水上游以东,然则诸侯所会之"淮"亦当位于鲁南一带,断不会远至淮水下游。不过,泗水既为淮水支流,则"泗上"之地亦可统称"淮北"。如《史记·楚世家》云:"是时越已灭吴而不能正江、淮北;楚东侵,广地至泗上。"①又《春申君列传》载黄歇谓楚王曰:"淮北地边齐,其事急,请以为郡便。"②准此,《春秋》经传所言之"淮"实指泗水上游地区,如是方可切合"谋鄫""东略"之种种情势。

3. 因更改构词形式而致重名

尽管在先秦阶段,人们已会采取增减前、后缀或其他成分的办法,来更改原有地名的构词形式,如"大梁"与"少梁"、"内黄"与"外黄"、"首垣"与"新垣"、"鄢阳"与"鄢氏"等,这样或可在一定程度上避免不同地点之间的同名现象,但同时也可能会导致新的重名问题。

《大雅·公刘》有云:"笃公刘,逝彼百泉,瞻彼溥原,乃陟南冈,乃觏于京。京师之野,于时处处,于时庐旅。""京"即"豳"也,其地既为周人众民所居,故增加"师"字后缀,又名"京师"。③ 此"京师"尚见于西周晚期多友鼎(《集成》2835)及克钟(《集成》204)、克镈(《集成》209)诸铭,地望在今陕西彬县东北。④ 不过,春秋晚期晋公盆铭(《集成》10342)亦有"[王]命唐(唐)公,建宅京师,□□晋邦"之记载。郭沫若先生指出"京师"在晋,并联系晋姜鼎铭(《集成》2826)的"鲁覃京师,辥(乂)我万民"一语,主张其地即《汉志》太原郡属县京陵,之所以冠以"京"名,是因为夏都在此。⑤ 董珊先生则认为,此"京师"是指晋都鄂。⑥ 揆诸铭文可知,上述"京师"既为叔虞封唐的始居之地,则其位于晋南"夏虚"的范围之内,至少当无可疑。由此看来,时人在泾水中游的地名"京"上增加后缀,更称

---

① 《史记》卷40《楚世家》,第1719页。
② 《史记》卷78《春申君列传》,第2394页。
③ 郑笺云:"京地乃众民所宜居之野也。"
④ 李学勤:《论多友鼎的时代及意义》,《新出青铜器研究》(增订版),第106—112页。
⑤ 郭沫若:《两周金文辞大系图录考释》,《郭沫若全集·考古编》第8册,第484—485、488页。
⑥ 董珊:《读清华简〈系年〉》,《简帛文献考释论丛》,第102—110页。

"京师",从而有别于其他名"京"之地,最终却与汾水下游的晋地"京师"重名。

殷墟甲骨刻辞中的癸地,与"丧""向""盂"等商王田猎地存在严格的同版关系,田猎诹日的干支间隔皆在一两日左右。① 据卜辞地名系联可知,丧地当在山东章丘东南一带,盂地位于泰山南麓的"龟阴之田"附近,向地则以《春秋》经传所见鲁、莒之间的"向"最为契合,说明癸地亦在东土范围之内。《左传》庄公八年载"齐侯使连称、管至父戍葵丘",此"葵丘"即《左传》昭公十一年之"渠丘",②在今淄博市临淄区西北,当与卜辞癸地是一非二。"癸"增加后缀而作"葵丘",则与《左传》僖公九年"葵丘之会"的地点重名,后者为春秋宋地,在今河南民权县西北。

《春秋》隐公元年"郑伯克段于鄢"之"鄢",在今河南鄢陵县西北,与今湖北宜城东南的楚鄢邑重名,前者后来增加"陵"字后缀,更名"鄢陵"。然而春秋莒地亦有"鄢陵",见于《左传》文公七年,为鲁穆伯赴莒莅盟所途经,在今山东沂水县西南。此外,战国楚地"安陵"或作"鄢陵",在今河南漯河市东南,适与上述两处"鄢陵"同名异地。

东周王室所辖有"阴"地,一名"平阴",《左传》昭公二十三年"晋师在平阴"即是,在今河南孟津市北。"阴"更称"平阴",尽管与今河南卢氏县东北的晋之阴地有所区分,但同时又与今济南长清区西南的齐地"平阴"发生重名。

《左传》僖公四年"重耳奔蒲"之"蒲",在今山西隰县西北。此"蒲"战国属魏,更名"蒲阳",《史记·魏世家》襄王七年"秦降我蒲阳"是也。但需注意的是,同时期魏地"蒲阳"并不唯一。如《魏世家》载景湣王五年,"秦拔我垣、蒲阳、衍",《秦始皇本纪》则作"攻魏垣、蒲阳"。此"蒲阳"属魏河外之地,在今河南长垣县东,系由春秋卫邑之"蒲"更名而来。

4. 因族群迁徙而致重名

除以上三种情形之外,古代国族的移徙也是导致地名重名的重要因素。相较而言,此种"异地同名"问题直接缘自地名的空间流动,同一地名出现在不同地点的源流关系比较清楚,而根本动力则应归于人群的迁徙居处。钱穆先生曾提出:"异地同名既有先后,则必其地人文开发较早者得名在先,人文开发较迟者得名在后。"③换句话说,古代重名地名的源流

---

① 参见《合集》33530、《合集》37661、蔡哲茂《甲骨缀合集》190 诸版卜辞。
② 《续汉书·郡国志》齐国西安县有"蘧丘里",即"渠丘"。
③ 钱穆:《再论楚辞地名答方君》,《禹贡半月刊》第7卷1、2、3合期,1937年。

关系,往往是由人群活动地域及认知范围的扩展而决定的。

如前所述,战国之前普遍存在着"地随族迁"的现象,即发生迁徙的国族往往会以迁出地之名来命名迁入地,以致迁入地和迁出地在名称上重合,而彼时国族名与地名的广泛合一性,即构成上述机制的客观依据。如早期商族居地多可称"商",随着盘庚迁都于殷,安阳殷墟及其近地遂得以名"商";西周以后"商"或"商丘"之名继而移至宋地,则是微子封宋和殷遗徙居的结果。又如,周代虢、郑二地既在西土,中原亦然;申、吕二地原在周北,后又并见于今南阳地区;至于汾域之绛地有二,淮域之蔡地有三,凡此种种不一而足,皆系"地随族迁"所导致的地名重名。另外,《左传》哀公七年记载鲁人伐邾,以其君邾子益归,献于亳社,囚诸负瑕,并谓"负瑕故有绎"。杜注:"前者鲁得邾之绎,民使在负瑕,故使相就以辱之。"又竹添光鸿云:"今以邾子来,囚诸负瑕,则绎民来从者必不少,遂因名为绎。是故后来负瑕邑中有地名'绎',犹楚有'夏州',志战功也。"①所论甚为精当。是知鲁迁邾之君民自绎,囚居于负瑕,而地名随族众转徙,故负瑕之邑亦有绎地。正如谭其骧先生所言:"古代在灭人之国后内迁其遗民,遗民所迁止之地仍以故国邑为名,这是常有的事。"②当然,有些利用"地随族迁"来解释地名重名的论述也不尽可信。如《汉志》江夏郡辖邾县,秦汉之际曾为衡山王吴芮所都,在今湖北黄冈市西北。《水经·江水注》有云:"江水又东迳邾县故城南。楚宣王灭邾,徙居于此,故曰邾也。"③王隐《晋书地道记》及《续汉志》刘昭注皆有此说。然而邾遗南迁之线索,未尝见于秦汉以前文献记载,故郦注所言不无可疑。段玉裁即指出:"盖此地古名邾,鲁附庸国古名邾娄。依许所说,本不相谋,无庸牵合。"④这一论断相较更为审慎。

总的来说,正是由于上古族群的迁徙常伴随有原居地名的"复制"和"移植",以致相同地名在一定的地理空间内发生流动,所以商周重名地名丛生之现象,很大程度上则与当时的人群活动密不可分。就先秦"异地同名"现象的诸多成因而言,"地随族迁"这一机制因为根植于特定的社会土壤,无疑具有相对稳定性和广泛性,同时也体现出较为鲜明的时代特征,本书下章将对有关问题重点展开讨论。

---

① 竹添光鸿:《左氏会笺》卷29,第47页。
② 谭其骧:《鄂君启节铭文释地》,《长水集》(下),第206—207页。
③ 郦道元著,陈桥驿校证:《水经注校证》卷35,第806页。
④ 段玉裁:《说文解字注》卷6,第293页。

第五章 "地随族迁"现象与地名流动

在早期文明阶段,族群与地理是一个紧密联系的有机整体。一方面,族群因地理而生,其生存、发展、迁徙乃至衰亡的过程,皆须依赖于一定的地理空间。与此同时,地理实体也因族群活动而被赋予人文属性,其中的重要表现之一,就是地名的产生和演变,往往与人群的定居有着直接关联。

众所周知,商周时期人群流动频繁,居徙靡定。由于当时国族的名号与其所居地名往往具有统一性,国族移徙经常会引起原居地名的播迁,即所谓"地随族迁"。如果以地名为对象进行横向观察,那么"地随族迁"就会导致同一地名不断"复制"并"移植"到其他地点,从而产生一系列的重名地名或关联地名。另一方面,若以某个具体地点作为对象,从纵向角度对其地名沿革进行梳理,则不难发现"同地异名"现象背后往往也存在族群迁徙的作用。因此,"地随族迁"实际是将时(时间)、地(空间)、人(人群)这三大历史要素熔于一炉的问题。

当然,古代人群迁移所导致的地名"层化",最终往往会通过不同的情形表现出来。倘若基于迁出地和迁入地名称的前后比较,并以成组地名的重合程度作为标准,我们可将"地随族迁"的类型初步划分为"完整式播迁""区别式播迁"和"复合式播迁"三种。在本章中,笔者拟按照上述分类,分别通过成组地名的关联性来标识有关国族的来龙去脉,并逐一对其迁徙轨迹进行考辨和勾稽,最后从历时性的角度,试对不同历史阶段地名空间流动机制的变化及其基本特征加以考察。[①]

[①] 考虑到在研究对象的筛选方面,须侧重于揭示族群迁徙与地名流动的关系,因而笔者设想的体例是:每个小标题皆以地名的空间变换为线索,并在地名之后分别括注其地望范围,同时以破折号来标识国族移徙与地名流动的方向。需要说明的是,倘若能够推知某一国族曾经迁至某地,只是目前尚未寻见相应的古地名线索;或者虽然可以确定其徙居地的名称,却不足以体现"地随族迁"的原则,那么在小标题中仅括注其地望范围,而不再列出有关地名。至于不妨存疑之处,则一律用问号加以标识。

第一节　地名"完整式播迁"

所谓地名"完整式播迁",是指迁徙的国族将原居地名完整地"移植"到迁入地,以致不同地点之间的名称完全一致。或者,尽管有关地名在构词形式方面出现了些许变化,但区别仅在于"邑""丘"之类通名成分的增减,对其本身意义并无实质性的影响。

(1) 商、商丘(漳河流域)——商(山东东平东)——商、大邑商、商邑(今河南安阳及其周边地区)——商、商丘(今河南商丘)

《史记·殷本纪》载契"封于商",旧说或谓"商"在今陕西丹凤县境的商邑,如《殷本纪》集解:"郑玄曰:'商国在太华之阳。'皇甫谧曰:'今上洛商是也。'"正义引《括地志》云:"商州东八十里商洛县,本商邑,古之商国,帝喾之子卨所封也。"①不过,上述说法基本属于"望文生义",无法得到其他文献记载与考古材料的支撑,迄今已鲜有从者。事实上,所谓契"封于商"者,恐怕只是后人根据"天命玄鸟,降而生商"的传说进行回溯和演绎的产物,不能理解为商族始祖实际受封,也不必循名而稽考其实,至多说明"商"代表了早期商族的发祥地而已。②

《尚书序》云"自契至于成汤八迁",汉晋时人已难知其详,孔颖达谓可考者仅有四迁。③ 王国维遍检史料,虽然凑成八迁之数,却也坦言"《世本》《纪年》亦未可尽信"。④ 笔者仅以地名"商"之转徙为线索,试作讨论如下。

《荀子·成相》:"契玄王,生昭明,居于砥石迁于商。"《左传》襄公九年又有相土因阏伯而居"商丘"之记载,此"商"和"商丘"无疑体现了居邑地名与族名的统一。今之学者大多主张商族名号取自地名,只是对其地望的认识有所不同。如王国维尝言"宋之国都确为昭明、相土故地",又云"商之名起于昭明,讫于宋国"。⑤ 丁山则认为"商之为商,得名于滴水",也即漳水;而昭明所居之"砥石"应指古泜水、石济水流域,在今河北石家

---

① 《史记》卷3《殷本纪》,第92页。
② 此外,《世本·居篇》:"契居蕃。"今人多以为"蕃"即"亳"也。具体讨论详见本章第二节。
③ 孔颖达:《尚书正义》卷7,阮元校刻《十三经注疏》,第334页。
④ 王国维:《说自契至于成汤八迁》,《观堂集林》卷12,第515—516页。
⑤ 王国维:《说商》,《观堂集林》卷12,第516—518页。

庄以南、邢台以北一带。① 邹衡先生在夏文化的探索中,曾将豫北、冀南地区与二里头文化基本同时却又区别明显的另一支考古学文化(即下七垣文化②)推定为先商文化,并将其中分布于滹沱河与漳河之间、以邯郸涧沟和磁县下七垣为代表的一类遗存称为"漳河型",认为前者即郑州地区早商文化(即二里冈文化)的直接来源。③ 邹先生由此指出:"商人之所以称商,大概是因为商人远祖居住在漳水,而最早的漳水或者就叫做商水。"④鉴于下七垣文化在漳水流域的分布最为密集,而"砥石"一地亦在其北不远,因此,早期商族发祥地"商"即漳水的可能性,目前看来恐怕是最大的。张渭莲女士进一步提出,商人得名曰"商","是在昭明居于此地、商人势力大为发展之时",正是因为这一区域对商人后来的兴盛影响深远,故其国号一直称"商",并以"商"来命名所徙居之新都邑。⑤ 这是很有道理的。

至于相土所居之"商丘",自古以来约有四说,即河南商丘说、漳南殷墟说、⑥漳河下游海滨说⑦及河南濮阳说。⑧ 其中,漳南殷墟及漳河下游海滨二说,可信程度较低,几可不论。河南商丘说为班固、杜预所主,近世又有王国维为之申论,影响甚钜,但此说目前未能得到考古学上的有力支持,也无法从地名沿革的角度作出合理的解释。⑨ 至于河南濮阳说,则普遍是以"商丘"为"帝丘"的观点立论,窃以为在文献学方面尚有一定疑问。⑩ 不过,从下七垣文化漳河类型的分布范围来看,先商时期的商人集团主要定居于冀南至豫北地区,其可能性仍然是最大的。因此,无论相土

---

① 丁山:《商周史料考证》,北京:国家图书馆出版社,2008年,第13、17—18页。
② 关于"下七垣文化"的命名及其内涵,参见李伯谦《先商文化探索》,《中国青铜时代文化结构体系研究》,第78—90页;段宏振《先商文化考古学探索的一些思考》,北京大学震旦古代文明中心编《早期夏文化与先商文化研究论文集》,北京:科学出版社,2012年,第262—271页。
③ 邹衡:《试论夏文化》,《夏商周考古学论文集》(第二版),第109—114页。
④ 邹衡:《论汤都郑亳及其前后的迁徙》,《夏商周考古学论文集》(第二版),第202页。
⑤ 张渭莲:《商文明的形成》,北京:科学出版社,2008年,第160—161页。
⑥ 《史记·郑世家》集解引贾逵曰:"商丘在漳南。"此"商丘"实系殷墟。
⑦ 丁山认为,昭明迁商可能是沿漳河下游向北海之滨移徙,《商颂·长发》云"相土烈烈,海外有截",说明相土尝向海外发展,故其所居之"商丘"当在海滨。参见丁山《商周史料考证》,第18—19页。实际上,"海外"一词当泛指商人势力范围之外的边裔之地。
⑧ 岑仲勉:《黄河变迁史》,北京:人民出版社,1957年,第93—94页;孙淼:《古商丘考》,中国先秦史学会秘书处编、唐嘉弘主编:《先秦史研究》,第222—235页;曲英杰:《先秦都城复原研究》,第35—40页;郑杰祥:《商代地理概论》,第20—24页。
⑨ 郑杰祥先生即认为,殷墟卜辞中的"宋"地就在今之商丘,微子封宋属于因袭旧名,所以先商时期的"商丘"并不在此。参见郑杰祥《商代地理概论》,第21—22页。
⑩ 具体讨论详参本书第六章第一节,此不赘述。

居"商丘"与商族始祖所居之"商"是否为同一具体地点,我们都可暂且将其地望范围圈定在漳河下游附近。2005—2007 年,为配合"南水北调"工程的实施,河南省考古部门在鹤壁刘庄发现一处规模较大的先商文化墓地,发掘墓葬数量达 338 座之多,更进一步印证了早期商族曾活动于豫北地区的基本认识。[1]

值得注意的是,据《左传》定公四年载,相土之世尚有所谓"东都":

> 分康叔以大路……封畛土略:自武父以南及圃田之北竟;取于有阎之土,以共王职;取于相土之东都,以会王之东蒐。

寻绎文意可知,这里提到的"相土之东都",殆为周初康叔封域的东境所及。杜预注:"为汤沐邑,王东巡守,以助祭泰山。"可见该地当在泰山周边,于卫而言,大致具有类似"飞地"的属性。以往学者对"相土之东都"的位置多无明确意见,甚至对其存在抱有疑问,惟王国维指出相土自西都商邱迁居东都泰山下,"后复归商邱",并谓此为"八迁"之五。[2] 所论颇富胜意。现与黄组征人方卜辞的地名系联,可以确定晚商东土还有另一商地存在,即春秋鲁国郚邑和《汉志》东平国章县之地,在今山东东平县接山镇郚城村。[3] 不难看出,上述地点恰好位于泰山西南不远,完全符合杜注对"相土之东都"方位的解释,同时亦与濮阳境内的"商丘"东西相望。因此笔者认为,这一商地很可能就是相土之世商族势力东扩而建立的区域性中心据点,史称"相土之东都",由是遂得"商"名,可谓渊源有自。

据《尚书·盘庚》云,自成汤立国至于盘庚,商人复有五迁,即所谓"于今五邦"。凡《书序》所举者,包括汤始居亳、仲丁迁嚣、河亶甲居相、祖乙迁耿及盘庚徙"亳殷"。《史记·殷本纪》"嚣"作"隞"、"耿"作"邢",又称盘庚自河北"渡河南","复居成汤之故居",这显然是司马迁承袭《书序》之误所致。实际上,《盘庚》仅言"盘庚迁于殷",而晋人束晳也指出"将治亳殷"应系"将始宅殷"之讹,[4] 尽管孔疏斥之为妄说,但安阳殷墟的发现

---

[1] 河南省文物局:《鹤壁刘庄——下七垣文化墓地发掘报告》,北京:科学出版社,2012 年。
[2] 王国维:《说自契至于成汤八迁》,《观堂集林》卷 12,第 515—516 页。
[3] 陈絜:《卜辞滳水与晚商东土地理》,《中国史研究》2017 年第 4 期。
[4] 《尚书·盘庚上》孔疏引束晳云:"《尚书序》'盘庚五迁,将治亳殷',旧说以为居亳,亳殷在河南。孔子壁中《尚书》云'将始宅殷',是与古文不同也。《汉书·项羽传》云'洹水南殷墟上',今安阳西有殷。"参见孔颖达《尚书正义》卷 9,阮元校刻《十三经注疏》,第 356 页。

足以证明束氏无误。相较而言,古本《竹书纪年》的记载最为详备,除前揭诸迁之外,尚有祖乙居庇及南庚迁奄。① "庇",或说与"邢"实为一地,或以为即《柴誓》之"柴",目前已难确指,然南庚迁奄犹可弥补前说之不足。按《盘庚》所云"先王有服,恪谨天命,兹犹不常宁,不常厥邑,于今五邦",其作诰背景当为盘庚将迁于殷,"民不适有居",可见商国此前已有所谓"五邦",其中自不应包括迁殷,而成汤位列先王之首,其始都之亳似莫能外。因此综合上述三说来看,盘庚之前商都的移徙次第可总结为:成汤居亳——仲丁迁嚣(隞)——河亶甲居相——祖乙迁耿(邢)——南庚迁奄,如是殆为"五邦"。②

在较长一段时期内,人们普遍认为盘庚所迁之殷就是以小屯遗址为中心的安阳殷墟。不过,由于传统意义上的殷墟范围内的主体遗存相当于武丁至帝辛时期,而武丁之前盘庚、小辛、小乙阶段的遗存一直发现甚少,遂有研究者提出小屯一带应是武丁所都而非盘庚所迁。③ 1999年,小屯遗址东北的洹北花园庄附近发现了一座大型商代城址,在规模和功能方面具有都城遗址的特征,其遗存年代属于中商时期,恰好早于殷墟。而另一方面,小屯遗址也发现有部分中商二、三期遗存,表明当地曾为洹北商城外围的一处重要聚落。④ 基于洹北商城与小屯遗址在时代和空间布局上的关系,有学者认为盘庚迁殷的最初地点可能位于洹北,武丁以后才将都城徙至小屯发展。⑤ 同时也有学者指出,洹北商城虽不排除为盘庚所居,但其早期作为河亶甲所居之相的可能性似乎更大。⑥ 岳洪彬、何毓灵先生则据洹北商城城墙基槽夯土及1号宫殿基址的出土物,推断该城墙始建于洹北花园庄晚期,当为盘庚所迁之殷;并指出即便是花园庄早期遗存,其年代也难以上溯至河亶甲之世。⑦

---

① 方诗铭、王修龄:《古本竹书纪年辑证》(修订本),第27—29页。
② 刘起釪先生采用罗泌《路史》和王夫之《书经稗疏》之说,认为"五邦"即嚣、相、耿、庇、奄。参见顾颉刚、刘起釪《尚书校释译论》,第971—972页。关于成汤以下商都迁徙的具体情形,详参王震中《商代都邑》,北京:中国社会科学文献出版社,2010年,第203—218页。
③ 杨锡璋:《安阳殷墟西北冈大墓的分期及有关问题》,《中原文物》1981年第3期。
④ 中国社会科学院考古研究所:《中国考古学·夏商卷》,第277—278页。
⑤ 唐际根、徐广德:《洹北花园庄遗址与盘庚迁殷问题》,《中国文物报》1999年4月14日第3版;杨锡璋、徐广德、高炜:《盘庚迁殷地点蠡测》,《中原文物》2000年第1期。
⑥ 文雨:《洹北花园庄遗址与河亶甲居相》,《中国文物报》1998年11月25日第3版。
⑦ 岳洪彬、何毓灵:《洹北商城花园庄东地商代遗存的认识》,王宇信、宋镇豪、孟宪武主编:《2004年安阳殷商文明国际学术研讨会论文集》,第423—429页。

目前可以确定的是，随着盘庚迁殷，"商"又被用来命名晚商阶段的王国都城所在地，从而转徙至今安阳境内。从常理推测，"商"这一地名的指称对象起初可能仅限于殷都，后来则逐渐扩展至都城以外的近畿之地。正如殷墟甲骨文所见，无论是早期卜辞的"商"抑或晚期出现的"大邑商"，实际都是指包括殷都在内的商王国核心区域，或相当于商王畿地区。① 此外，自、宾组卜辞中尚有地名"中商"(《合集》20650;《合集》7837)，根据当时商人已形成明确的"居中"和"四方"观念来看，②"中商"与"商""大邑商"所指实一。③ 史载殷末纣都于沬，遂有"妹邦"之谓;而武庚亦于当地承续其祀，故成王东征所伐之"商邑"(《集成》4059)即此。2016 年，殷墟东北约 10 公里处的辛店村西南发现了一处商代晚期聚落和大型铸铜遗址，发掘者认为，该遗址与殷墟周边的其他若干同时期遗址都属于"大殷墟"范围。④ 这一观点颇有见地。古本《竹书纪年》载:"自盘庚徙殷至纣之灭，七百七十三年，更不徙都。纣时稍大其邑，南距朝歌，北据邯郸及沙丘，皆为离宫别馆。"⑤所谓"稍大其邑"，即是说殷末商人的都邑聚落群得到进一步扩展，并将南及淇滨、北至邯郸的地域尽皆包摄在内，如此适与卜辞"大邑商"的称谓完全吻合。由是观之，以沬邑为中心的区域之所以兼有"商"名，实际是商人都邑聚落体系发展(即所谓"聚邑成都")的客观结果，似与一般的"地随族迁"现象有所不同。

西周初年，周人分封微子家族于宋，以续殷祀。殷遗既迁至宋，其原居地名"商"则随之转徙，故宋地又称"商"或"商丘"。

(2) 吕(今山西霍州西南)——(泾河中游地区)——吕(今河南南阳西)——吕(今河南新蔡东南)

《左传》庄公二十二年:"姜，太岳之后也。"《国语·周语中》:"齐、许、申、吕由大姜。"韦昭注:"四国皆姜姓也，四岳之后，大姜之家也。"⑥是"太岳"又名"四岳"，所谓"太岳之后"，实际是说上古姜姓集团的发祥地在

---

① 宋镇豪:《论商代的政治地理架构》，中国社会科学院历史研究所学刊编委会编辑《中国社会科学院历史研究所学刊》第 1 集，北京:社会科学文献出版社，2001 年，第 15 页;王震中:《论商代复合制国家结构》，《中国史研究》2012 年第 3 期。
② 据卜辞记载，武丁时期于四方及四方之风已各有专名(《合集》14295)，同时商人还常以"商"与"四方"(《屯南》1126)或"四土"并举(《合集》36975)。
③ 陈梦家:《殷虚卜辞综述》，第 258 页;钟柏生:《殷商卜辞地理论丛》，第 40 页。
④ 孔德铭:《河南安阳辛店发现商代晚期聚落和大型铸铜遗址》，《中国文物报》2017 年 8 月 11 日第 8 版。
⑤ 方诗铭、王修龄:《古本竹书纪年辑证》(修订本)，第 30 页。
⑥ 《国语》卷 2《周语中》，第 49 页。

"太岳"一带,遂以之为祖先神。①"太岳"即汾水流域之霍太山,毋庸赘言。《国语·周语下》云:"祚四岳国,命以侯伯,赐姓曰姜,氏曰有吕。"春秋晋国境内亦有吕地,为大夫吕锜之邑,在今山西霍州市西南,这一地名显然是承自吕族旧居而来。那么,从地名与族名的合一关系来看,早期吕氏所居原在霍山附近,后来该族发生分衍,至周代始别为齐、许、申、吕四国。因此,齐太公望本名吕尚,许国始封君则称"吕叔",②彼此不仅有同姓之谊,而且本为同氏所出。

《大雅·崧高》云:"崧高维岳,骏极于天。维岳降神,生甫及申。维申及甫,维周之翰。"此诗所载乃周宣王命申伯于南土之事。"甫"即吕也,与申同为"太岳"之后,又一并改封于南阳。以往有学者认为,南阳之吕由汾域徙封而来,此说恐有未安。首先,《崧高》一诗申、吕连言,并谓宣王设饯送行于郿。今按:郿在周室之郊,即今陕西眉县一带,申伯则为"西申"之君。③《国语·郑语》云"缯与西戎方将德申,申、吕方强",是知西周末年申、吕本国尚居西土,然则南阳之吕也应来源于此,而无由远至晋地。另一方面,西周关中地区也存在诸多吕族成员的活动线索。据穆王之世的静簋铭文(《集成》4273)记载,吴𢕧、吕㽙二人和"邲、荋师邦君"曾分别作为主、宾代表,参与周王在"菱京"举行的射礼。通常情况下,射礼中成耦的双方往往具有一定的内在联系。唐兰先生据此指出,吴𢕧、吕㽙即班簋铭文(《集成》4323)中所见的"吴伯"和"吕伯",其职司或与邲、荋二地的军务有关。④ 所论很有道理。无独有偶,西周中期的吕服余盘铭文(《集成》10169)也提到吕氏贵族赓续父、祖之业,协助備仲管理驻守宗周地区的"西六师"。此外,同时期吕族铜器的出土地点亦多在西土周边。如西周中期吕姜簋(《集成》3348)出自甘肃灵台县境内的西岭西周墓,⑤"吕姜"即姜姓吕氏女子的自称形式;而陕西永寿县好畤河出土的吕雔姬鬲(《集成》636),则为吕氏贵族与姬姓周人通婚的实物证明。

---

① 顾颉刚:《"四岳"与"五岳"》,《史林杂识初编》,第34—45页;王玉哲:《先周族最早来源于山西》,《古史集林》,第185—189页。不过,顾先生据《山海经》及《楚辞》,认为最早的"四岳"是指"西方萃聚之四山",其名后随齐、姜戎之东迁而移至中原,"被于晋疆",汾域遂有"太岳"及"霍太山"。笔者对此未敢过分赞同。
② 《说文·叙》云:"吕叔作藩,俾侯于许。"
③ 徐少华:《"平王走(奔)西申"及相关史地考论》,《历史研究》2015年第2期。
④ 唐兰:《西周青铜器铭文分代史征》,第370页。
⑤ 甘肃省博物馆文物队、灵台县文化馆:《甘肃灵台县两周墓葬》,《考古》1976年第1期。

综合以上若干线索推断，西周"吕伯"之国很有可能亦居西土，大致位于泾水中游一带，毗邻"西申"。至于汾域之吕，在此阶段则未见踪迹，因而西土吕国恐怕即是由前者西迁所致。周宣王将同姓申、吕一并徙封南阳，以重建王朝的南土蕃屏，地名"吕"遂移植于南阳盆地。春秋以后楚人北上灭吕，并将部分吕族遗民东迁淮域，《续汉志》及《水经·汝水注》所载新蔡县境内的"吕亭"即其遗迹。①

（3）夨（陕西陇县、凤翔及宝鸡一带）——虞（山西平陆北）——（山东境内）——吴（江苏南部地区）

据传世文献记载，商周之际有"虞、芮争讼"之虞，与周代晋南地区的姬姓虞国同称。另一方面，相传周太王之子太伯、仲雍出奔"荆蛮"，遂在长江下游地区建立了吴国。此外，西周金文中尚可见到一个以"夨"为名的国族。学者或围绕"夨"的文字释读、族姓、地望及其称王问题展开讨论；或联系江苏丹徒烟墩山出土的宜侯夨簋，对太伯奔吴和吴国分封等重要史事加以考察，业已取得丰硕的成果。不过，其中仍有不少疑难亟待解决，尤其是在夨、虞、吴三者是否存在源流关系方面，诸家意见可谓聚讼纷纭。为方便讨论，我们不妨先从时代较早的"虞、芮争讼"问题谈起。

《诗·大雅·绵》卒章云：

> 虞、芮质厥成，文王蹶厥生。予曰有疏附，予曰有先后，予曰有奔奏，予曰有御侮。

所谓"虞、芮质厥成，文王蹶厥生"者，毛传及《史记·周本纪》均谓虞、芮之间本存争端，有感于文王之施政教化，遂言归于好。

就虞地而言，汉唐学者多于晋南求之，如《周本纪》集解引《汉书·地理志》曰："虞在河东大阳县，芮在冯翊临晋县。"又，正义引《括地志》云："故虞城在陕州河北县东北五十里虞山之上，古虞国也。"②是谓虞国在今山西平陆县境内。然而揆情度理，虞、芮既有土田纠纷，讼之于周，说明三者所居殆相邻近，似不至于分处晋、陕两地。据《国语·齐语》记载，周室西陲一带其实正有地名"西吴"，即：

---

① 徐少华：《周代南土的历史地理与文化》，第44—46页。
② 《史记》卷4《周本纪》，第117页。

> 西征攘白狄之地，至于西河，方舟设泭，乘桴济河，至于石枕。悬车束马，踰太行与辟耳之溪拘夏，西服流沙、西吴。南城周，反胙于绛。岳滨诸侯莫敢不来服，而大朝诸侯于阳谷。

谛审文意可知，"流沙""西吴"二地即为齐桓公西征所及之至，韦昭注："流沙、西吴，雍州之地。"①说当可从。按：古雍州之境有吴山，为陇山支脉，在今陕西陇县以南、千阳县以西，所谓"西吴"应指此地。《史记·封禅书》云：

> 自未作鄜畤也，而雍旁故有吴阳武畤，雍东有好畤，皆废无祠。②
> 自华以西，名山七，名川四。曰华山，薄山。薄山者，衰山也。岳山，岐山，吴岳，鸿冢，渎山。渎山，蜀之汶山。……而四大冢鸿、岐、吴、岳，皆有尝禾。③

"吴岳"即吴山，毋庸赘言。而"吴阳武畤"传为上古帝王在吴山之南所作的祭祀场所，战国早期秦灵公因之，建成上、下二畤，故吴山之得名恐怕由来已久。另外，《汉志》右扶风汧县原注：

> 吴山在西，古文以为汧山。雍州山。……芮水出西北，东入泾。《诗》"芮阮"，雍州川也。④

芮水即今之黑河，⑤发源于今甘肃华亭县境内的陇山东麓，东流经崇信、灵台诸县，至陕西长武县东南汇入泾河。综上来看，汧陇地区不仅存在芮水，还有与之毗邻的吴山；更为关键的是，两处地理坐标均位于周原西北，适与文王时期的周邦之地相去不远，彼此往来交通可谓便利，这种现象恐非巧合。近世已有学者结合上述线索，推定商周之际的虞、芮并在汧陇地区，⑥无疑是更有说服力的。

---

① 《国语》卷6《齐语》，第243页。
② 《史记》卷28《封禅书》，第1359页。
③ 《史记》卷28《封禅书》，第1372页。
④ 《汉书》卷28《地理志》，第1547页。
⑤ 李晓杰主编：《水经注校笺图释·渭水流域诸篇下》，第366—367页。
⑥ 齐思和：《西周地理考》，《中国史探研》，第38页；张筱衡：《散盘考释》（下），《人文杂志》1958年第4期。

无独有偶，西周𠦪族遗存的集中分布地恰好也在汧河流域。据考古资料显示，同时期𠦪族铜器主要出土于陕西陇县、凤翔及宝鸡境内的汧河谷地，时代从商末周初一直延续至西周晚期。① 关于国族名号"𠦪"字的释读问题，学界曾有释"矢"、释"夨"、释"吴"等不同意见。北赵晋侯墓地 M114 出土的叔𠦪方鼎公布后，李伯谦先生率先提出"叔𠦪"即晋国始封君"唐叔虞"的看法，②得到了广泛的认同。李学勤、陈絜、陈斯鹏及陈剑诸位先生则从不同角度，分别阐明"𠦪"字读作"虞"或"吴"的理由。③ 那么，基于"𠦪"读为"虞"的文字学依据，并结合时代及地望范围等因素加以考察，则"虞、芮争讼"之虞应即汧河流域的𠦪，初步可以定论。④

围绕𠦪的族姓问题，学界过去一直存在姬姓⑤和姜姓⑥之分歧。近年吴镇烽先生撰文介绍了一件𬯀王尊，时代为西周早期前段，其铭文作：

　　　　𬯀王作𠦪姬宝尊彝。

吴镇烽、陈昭容二位先生从女性称名规则的角度，指出"𠦪姬"是来自𠦪族的姬姓女子。⑦ 所论可信。按西周金文所见"𠦪王""吕王""丰王""幽

---

① 卢连成、尹盛平：《古矢国遗址、墓地调查记》，《文物》1982 年第 2 期。
② 李伯谦：《叔矢方鼎铭文考释》，《文物》2001 年第 8 期。
③ 李学勤：《叔虞方鼎试证》，《中国古代文明研究》，第 117—119 页；陈絜、马金霞：《叔𠦪鼎的定名与西周历史上的𠦪国》，朱凤瀚、赵伯雄主编：《仰止集——王玉哲先生纪念文集》，天津：天津人民出版社，2007 年，第 353—367 页；陈斯鹏：《唐叔虞方鼎铭文新解》，张光裕、黄德宽主编：《古文字学论稿》，第 180—191 页；陈剑：《据〈清华简（五）〉的"古文虞"字说毛公鼎和殷墟甲骨文的有关诸字》，李宗焜主编：《古文字与古代史》第 5 辑，第 261—286 页。
④ 陈絜、马金霞：《叔𠦪鼎的定名与西周历史上的𠦪国》，朱凤瀚、赵伯雄主编：《仰止集——王玉哲先生纪念文集》，第 353—367 页；Chen Chao-jung. "On the possibility that the two Western Zhou states Yu and Rui were originally located in the Jian River valley". In Imprints of Kinship: Studies of Recently Discovered Bronze Inscriptions from Ancient China. edited by Edward L. Shaughnessy，HongKong：The Chinese University Press，2017. pp.189–208.
⑤ 卢连成：《西周矢国史迹考略及相关问题》，《人文杂志丛刊》第 2 辑，1984 年；沈长云：《谈铜器铭文中的"夨王"及相关历史问题》，《考古与文物》1989 年第 6 期。
⑥ 张政烺：《矢王簋盖跋——评王国维〈古诸侯称王说〉》，《甲骨金文与商周史研究》，北京：中华书局，2012 年；黄盛璋：《铜器铭文中的宜、虞、矢的地望及其与吴国的关系》，《考古学报》1983 年第 3 期；王明珂：《西周矢国考》，《大陆杂志》75 卷，1987 年第 2 期。
⑦ 吴镇烽：《近年新出现的铜器铭文》，《文博》2008 年第 2 期；陈昭容：《"矢姬"与"散姬"——从女性称名规律谈矢国族姓及其相关问题》，李宗焜主编：《古文字与古代史》第 3 辑，第 251—286 页。

王"等名号，俱为当时的部族首领在其封域内自行称王之例，①"隔王"的情形与之相若，其身份当为隔邦之君或者隔族首领。② 1972 年，甘肃灵台白草坡墓地 M2 出土了一组"隔伯"青铜器，包括鼎 2、簋 2、卣 2、尊 1 及盉 1，年代为西周早期，铭文均缀有"隔伯作"字样，说明墓主应系"隔伯"无疑。③ 考虑到 M2 有使用腰坑和殉狗的商文化葬俗，那么至少可以排除"隔伯"为姬姓周人的可能性。准此，"隔王"和"夨姬"就不会是父女关系，而是夫妻关系，"夨姬"即嫁至隔族的夨氏之女，然则夨的族姓便只能是姬姓。

通过以上讨论，我们已基本确认"虞、芮争讼"之虞，其实就是汧河流域的夨，由此则不难联想到《史记》太伯奔吴的记载。《吴太伯世家》有言：

> 吴太伯，太伯弟仲雍，皆周太王之子，而王季历之兄也。季历贤，而有圣子昌，太王欲立季历以及昌，于是太伯、仲雍二人乃犇荆蛮，文身断发，示不可用，以避季历。季历果立，是为王季，而昌为文王。太伯之犇荆蛮，自号句吴。荆蛮义之，从而归之千余家，立为吴太伯。

上揭引文通过一段"尚贤"故事的演绎，从而将太伯失位、出奔"荆蛮"和号吴为君加以衔接，可谓传说与史实相互杂糅，带有明显的整合痕迹。继而经过后世的附会，太伯奔吴之地遂得以进一步确认，如《周本纪》正义

---

① 针对周邦之外的国君称王现象，王国维主张"盖古时天泽之分未严，诸侯在其国自有称王之俗"。参见王国维《散氏盘考释》，《王国维遗书》第 6 册，上海：上海古籍书店，1983 年，第 9—10 页；王国维《古诸侯称王说》，《观堂集林》卷 1，《观堂集林》（附别集），第 1152—1153 页。张政烺先生后来对王说进行修正，反对将所谓"诸侯称王"的局部现象加以泛化，无疑具有积极的矫枉作用。参见张政烺《矢王簋盖跋——评王国维〈古诸侯称王说〉》，《甲骨金文与商周史研究》，第 230—233 页。不过，张先生认为僭号称王者皆为异姓邦君，则未必尽确。就目前所见资料来看，称王的对象大致以西土旧邦或边裔戎狄之君居多，究其缘由，可能是这一群体与姬姓周人的关系较为特殊，同时也不排除受到地域文化因素的影响。
② 李零先生认为，"隔"即《大雅·皇矣》"侵阮徂共"之"阮"，是说颇有胜意。参见李零《西周的后院与邻居》，北京大学出土文献研究所编《青铜器与金文》第 1 辑，第 46—59 页。今按"隔"字从阜、矞声，亦可读"蛮"，"隔王""隔伯"即"蛮王""蛮伯"。"矞""蛮"古音并在元部，来、明二母一系，可以互通。
③ 甘肃省博物馆文物队：《甘肃灵台白草坡西周墓》，《考古学报》1977 年第 2 期。

云："太伯奔吴，所居城在苏州北五十里常州无锡县界梅里村，其城及冢见存。"①

事实上，司马迁谓太伯奔"荆蛮"而建立吴国，未免疑窦颇多，此已为研究者所熟知。按春秋以前"荆蛮"近楚，当在江、汉之间，②而吴国地处长江下游，彼此山川悬隔，不可同日而语，亦无由加以牵合。另一方面，周族早在太王、王季之世尚僻居西土，为"蕞尔小邦"，其势力之波及范围总体仍不出关中地区，因而无论从当时的客观条件抑或主观动因来看，太伯、仲雍之徒远涉至江南立国，其可能性恐怕都微乎其微。

近世学者对旧说提出质疑的同时，因谓太伯所奔之吴即晋南虞国。③这一观点相较无疑具有进步性。《汉书·地理志》河东郡大阳县原注："吴山在西，上有吴城。"④此"吴城"为周代虞国所都，一名"北吴"，⑤在今山西平陆县北的张店镇古城村一带。⑥虞为姬姓封国，《左传》僖公五年宫之奇曰：

> 大伯、虞仲，大王之昭也；大伯不从，是以不嗣。虢仲、虢叔，王季之穆也；为文王卿士，勋在王室，藏于盟府。将虢是灭，何爱于虞？

引文述及虞、虢二国之来源，谓虞之始祖可追溯至太伯、仲雍二人。《吴太伯世家》则载周人"封周章弟虞仲于周之北故夏虚，是为虞仲，列为诸侯"。竹添光鸿氏折衷其说，主张虞国始封君实为虞仲，而《传》以仲雍为始祖者，系出于追念之意。⑦所论可从。迄今已发现的虞国铜器，包括晋南出土的虞侯政壶（《集成》9696）、吴叔戈（《新收》978）及传世器虞司寇伯吹壶（《集成》9694），其年代皆相对偏晚，亦无助于虞国始封时间的推定。不过，结合《尚书·西伯戡黎》《尚书大传》及《周本纪》的记载来看，周人势力最终得以扩展至晋南地区，大致已临近克商前夕；另据近年开展

---

① 《史记》卷4《周本纪》，第115页。
② 童书业：《春秋左传研究》（校订本），第319—320页。江淮下游地区得以称"荆"，大概不会早于战国后期。
③ 钱穆：《周初地理考》，《燕京学报》第10期，1931年。
④ 《汉书》卷28《地理志》，第1550页。
⑤ 《汉书·地理志》云："（武王）又封周章弟仲于河北，是为北吴，后世谓之虞，十二世为晋所灭。"
⑥ 国家文物局主编：《中国文物地图集·山西分册》（下），第1154页。
⑦ 竹添光鸿：《左氏会笺》卷5，第30页。

的考古调查,可知平陆虞国故城的始建年代亦不早于西周中期。① 因此,平陆之虞自非太伯、仲雍所封,而是西周立国后始封的姬姓诸侯,当无疑问。

一旦排除太伯、仲雍出居之地在长江下游和山西平陆的可能性,那么可供考虑的对象则仅有西土之虞。刘启益先生曾提出,太伯所奔之吴其实就是汧河流域的𢍙,也即"虞、芮争讼"之虞。② 遗憾的是,由于"𢍙"字释读及其族姓问题在当时均无定论,不少学者对此都持以怀疑甚至否定之态度。然而,目前既已澄清"𢍙"与"吴""虞"诸字的关系,同时也已明确𢍙为姬姓,那么自当重新审视太伯居𢍙的合理性。《国语·晋语四》记载文王治国,有云:"询于八虞,而咨于二虢,度于闳夭而谋于南宫,诹于蔡、原而访于辛、尹,重之以周、邵、毕、荣。"韦昭注引汉人之说,以"八虞"为担任虞官的八士,显然是用后世职官加以附会。③ 按"八虞""二虢"相对为文,"二虢"即文王之弟虢仲、虢叔,则"八虞"也应理解为众多虞氏贵族才是。《国语》既以"八虞"居首,与"二虢"并举,而位列闳夭、南宫氏、辛甲大夫、尹氏及周、召等人之前,说明"八虞"的地位恐怕要高于其他,其辈分大概也不会低于文王。综合种种迹象推断,这个在先周时期即已存在的虞族群体,最有可能对应的就是太伯、仲雍代表的姬姓之吴。进一步说,既然以"八虞"为核心的虞族成员,同文王时期的周邦依旧联系紧密,并为前者的发展壮大作出贡献,也就足以佐证太伯奔吴断不会远至江南或河东地区,而应该位于周邦左近,否则作为其后裔的"八虞"之徒,便很难出现在文王的股肱之列。如是,自然很容易联想到汧陇地区的𢍙。

卢连成先生通过有关遗存的分析,认为今宝鸡以北的贾村塬一带即为𢍙国的中心区域所在,而陇县南坡、韦家庄等地则是𢍙族支庶的封邑。④ 所论大致可从。器物类型学研究表明,𢍙族铜器的年代基本涵盖了西周各段,尤以西周早期较为集中,𢍙伯鬲等少数器物或可早至周初,适与"虞、芮争讼"的时代相衔接。就铭文来看,𢍙氏贵族的称谓包括

---

① 山西大学北方考古研究中心、山西省考古研究所侯马工作站、平陆县文物旅游局:《山西平陆虞国故城遗址调查简报》,《中原文物》2019年第6期。
② 刘启益:《西周矢国铜器的新发现与有关的历史地理问题》,《考古与文物》1982年第2期。
③ 《国语》卷10《晋语四》,第389页。按韦注所谓的"八虞"以伯达、伯括为首,而伯括即南宫适,与下文的"南宫"重出,这也说明韦注之言不确。
④ 卢连成:《西周矢国史迹考略及相关问题》,《人文杂志》丛刊第二辑《西周史研究》,第232—248页。

"夨伯"(《集成》514)、"夨仲"(《集成》10889)、"夨叔"(《新收》654)和"夨王"(《集成》5398)等,却未尝出现称"侯"之例,可见夨氏身份当为内服邦君而非外服诸侯。至于称王这一特殊现象,则表明夨与周邦的并存大概由来已久,其先世很可能保持着较为特殊的关系。① 准此,无论是从名号和族姓的角度,还是基于时代、地望及称谓因素的考察,均不难发现太伯始创之吴与汧河流域的夨是完全契合的,理应是一非二。

倘若以上推论可以成立,则太伯奔吴的史实便可得以进一步廓清。史载太伯、仲雍不嗣而去周,后世每每彰炳此举为"避位尚贤"的典范,多少掩盖了历史的真实面目。我们知道,商周时期的别族和另立宗氏,是族组织发展到一定阶段的自然产物。参照"二虢""文之昭"和"武之穆"的情形来看,窃以为太伯奔吴的实质,大概与周室支子之族的分衍迁徙别无二致。具体而言,太伯、仲雍所代表的这一别支,约在太王之世从周族分立出来,徙居汧水流域的吴(虞)地,继而"以地为氏",因号曰"吴(虞)"。此后,吴(虞)人一直与母邦周保持着密切联系,故文王时期仍有"八虞"为周室辅,而西周金文所见之"夨伯""夨王"即其直系后裔。相对于周人嫡宗来说,由太伯、仲雍分立形成的这一吴(虞)氏,不妨视作"继别为宗"的情形。

太伯奔吴与夨的关系既已辨明,那么接下来需要重点讨论的就是江南吴国的来源问题。据《左传》记载,吴亦为姬姓,且系周室之苗裔。如:

> 吴子寿梦卒,临于周庙,礼也。凡诸侯之丧,异姓临于外,同姓于宗庙,同宗于祖庙,同族于祢庙。是故鲁为诸姬,临于周庙。
>
> (《左传》襄公十二年)
>
> 吴,周之胄裔也,而弃在海滨,不与姬通,今而始大,比于诸华。
>
> (《左传》昭公三十年)

上述文字或反映鲁君之举,或出自楚国贵族之言,其来源殊异,指归却基本一致,说明吴为姬姓之说恐非向壁虚造,至少代表了春秋战国时人的一种普遍认知。至于《吴太伯世家》之作,则将吴国始祖明确追溯至太伯、仲雍,而后世的种种讨论,即大多围绕这一基础展开。

---

① 沈长云:《〈柤侯夨簋〉铭文与相关历史问题的重新考察》,《上古史探研》,第162—170页。

针对上述问题,当代学者主要存在两种倾向:其一是坚持《左传》和《史记》所载基本为史实,但需结合其他出土资料加以索隐或局部修正;另一种立场主要是基于考古学文化的分析与对比,指出西周时期的长江下游南部地区存在一支独具特色而自成体系的区域性考古学文化,且与东周吴、越文化关系密切,由此认为传世文献对吴国起源及早期史事的记载,很可能是边缘族群后来重构其"华夏"血统的产物。① 按目前所知确系人为构拟的血缘或家族谱系,其早期祖先的形象多半比较模糊,世系往往也晦暗不明,甚至出现大幅断裂的情形。如商、周二族的始祖契和弃,都是具有传说色彩的人物,彼此本不会存在血缘联系,然而东周以降,人们却将前者一并视作帝喾之子;又如《史记》称越人为大禹之后,匈奴亦夏后氏之苗裔,但对其间世系的描述却含糊其辞。此类谱系显然都是出自后世的重构,绝不可以信史视之。相较之下,司马迁关于吴人早期历史的记述,不仅族源相对明确,即始祖为真实可考的历史人物,而且世系传承较为清晰,似与上述"制造血统"的情形犹有不同。② 因此在笔者看来,尽管《史记》文字难免带有"层累"痕迹,且在细节方面亦有演绎失真的问题,但其核心素材恐怕还是渊源有自的,正如太史公所言"余读《春秋》古文,乃知中国之虞与荆蛮句吴兄弟也",类似的史实主干应是可以通过"去伪存真"来实现剥离的。

学者或从吴国名号的特殊性角度,质疑吴人源自华夏集团。众所周知,东周时期吴人对国名的称谓形式趋于多样化,如"工𢼸""攻虞""攻敔""攻吾""句吴"等,尤其是吴国君主多采用音译人名,反映出其文化特征确实有别于诸夏。不过,前揭大部分名号的核心词素均读如"吴"音,古音并在疑母鱼部,故中原诸国亦称之为"吴"。换句话说,吴人自称与他称的差异仅在于前缀,只是因为各地语音殊异而转写有别,其主干终究是趋同的。毕竟,华夏族群远播蛮荒,别居四裔,一旦长期不与中国交通,则难免受到当地文化风俗的浸淫,出现"因俗简礼"的变化本不足为奇。更何况,目前所知的吴人国名皆出现于时代较晚的东周铭刻。因此,名号方面的局部出入,非但不足以排斥吴人的姬周血统,反而有助于佐证这种联系

---

① 这一方面近年的代表性成果,参见徐良高《考古学文化、文献文本与吴越早期历史的构建》,《考古》2020年第9期。
② 有学者提出,"太伯—仲雍—季简—叔达"这一周式的早期世系,连同太伯、仲雍奔吴之故事,恰是后世吴人"移花接木"的结果。参见张学锋《吴国历史的再思考——以近年来苏南春秋古城遗址的发掘为线索》,《苏州文博论丛》2011年总第2辑;张敏《鸠兹新证——兼论西周春秋时期吴国都城的性质》,《东南文化》2014年第5期。

可能并非虚妄。

1954年,江苏丹徒烟墩山出土了西周早期的宜侯夨簋,其铭文记载周康王命"虞侯㠯"徙封至宜地任侯,这件铜器的归属一直是学术界争论的焦点。唐兰、李学勤等先生结合文献记载,指出簋铭内容当与吴国分封有关,此说得到很多学者的支持。但与此同时,也有学者相继提出质疑和驳议,其主要依据大致包括以下两方面:一是前人对铭文"虞"字考释有误;二即宜侯夨簋的时空背景与其发现地存在较大出入。今按:簋铭"虞"字最先由唐兰先生释出,早年陈梦家、陈邦怀、郭沫若诸家原释为"虔"字,后来也有学者提出其他不同看法。不过,据修复后的铭文照片来看,"虞侯"及"虞公父丁"之释读均正确无误,当可信据。① 至于上述第二个问题,窃以为很值得重视。笔者过去未及深察,暂从前贤成说,乃至将"迁侯于宜"视作夨君在江南地区的局部徙封,现在应予检讨和修正。②

首先,宜侯夨簋铭文(《集成》4320)开篇云:

唯四月,辰在丁未,王省珷王、成王伐商图,诞省东或(国)图。王立(莅)于宜,入土(社),南乡(向),王命虞侯夨曰:"迁侯于宜。"

引文大意是说,康王检视武、成二位先王征伐商国的路线图及"东国"的地图之后,③乃莅临宜地主持徙封虞侯的册命仪式。细绎文意可知,宜地既为周王所亲至,同时又与"东国"这一区域密切相关,若将其位置定在长江下游附近的丹徒一带,则不仅脱离了"东国"的基本四至,而且也已超出当时中原王朝势力的实际控制范围,④康王巡省疆土恐难及于此。故有学者结合"东国"一词推断,宜地当在周初"东国"范围之内,⑤这一认识更为合理。

---

① 宜侯夨簋高清照片承蒙中国国家博物馆田率先生提供,谨致谢忱。
② 赵庆淼:《续说吴、虞、㠯之关系及其徙徒问题》,北京大学出土文献研究所编:《青铜器与金文》第1辑,第627—636页。
③ "图"字,笔者原从陈梦家先生读为"边鄙"之"鄙",犹有未安,今仍读为"图"。
④ 陈昭容先生指出,根据西周有铭铜器的地理分布情况来看,江淮中下游地区在同一时期并不属于汉字文化圈的范围,宜侯夨簋的时空定位应当重新考虑。陈先生于2017年10月27日在复旦大学出土文献与古文字研究中心及2019年9月21日在吉林大学古籍研究所所作的两场讲座中,分别介绍了上述观点。
⑤ 王晖:《西周春秋吴都迁徙考》,《历史研究》2000年第5期;陈絜:《宜侯夨簋与宜地地望》,《中原文物》2018年第3期;强晨:《由宜侯夨簋看西周"东国"中宜地所在》,《中国国家博物馆馆刊》2018年第10期。

其次,学界对于宜侯吴簋的出土背景也存在一定争议。据原简报介绍,丹徒烟墩山的这处遗存包括三个单位,即一座"大墓"和两个"小墓",其中"大墓"出土铜器除宜侯吴簋之外,尚有牺觥、鼎、鬲、簋、盉、盘、角状器(兕觥)及兵器、马器若干件。[①] 肖梦龙先生结合烟墩山二号墓的发掘收获,重申上述遗存为一座大型土墩墓,年代应在西周早期。[②] 王晖先生则通过分析宜侯吴簋的出土环境,推断其性质当为窖藏,并指出该地点与虞侯所封之地无关。[③] 胡进驻和曹定云先生均认为,宜侯吴簋系战争掠夺之物,其族属并非吴人,而出土遗存的年代当为春秋。[④] 钱公麟先生基于宁镇地区相关遗存的类比考察,亦认为宜侯吴簋是一件"舶来品",最终在东周时期与其他器物以窖藏形式一并埋藏在烟墩山。[⑤]

上述研究不局限于宜侯吴簋,而是结合相关遗存的特征加以通盘考察,这种思路无疑是可取的。遗憾的是,鉴于宜侯吴簋并非科学发掘所得,其原始出土背景现已无法准确复原,因而该遗存的性质究竟为墓葬抑或遗存,目前恐怕难以遽下定论。但可以肯定的是,仅以宜侯吴簋作为标准器,来判定其他共存器物及整个遗存年代的做法,确实存在明显缺陷。不少研究者都已注意到,烟墩山器群内部的文化特征并不一致,大体可以划分为三种类型:其一是以宜侯吴簋为代表的"中原型",属于典型的中原文化系统;其二是以兽面纹鼎、弦纹鬲、附耳簋及双耳盘为代表的"融合性",即器形往往仿制中原同类器物,但在纹饰方面多加变化和改造;其三则为"地方性",其形制、纹饰均为当地所独创,带有强烈的区域性色彩。[⑥] 从断代的角度来说,宜侯吴簋与后两种类型的器物恐怕并不具有共时性。马承源先生曾对江南土墩墓出土铜器的时代进行细致分析,其中指出吴文化的假附耳盘应处在铜盘的蜕化阶段,年代不会早于春秋中期。[⑦] 另

[①] 江苏省文物管理委员会:《江苏丹徒县烟墩山出土的古代青铜器》,《文物参考资料》1955年第5期。张敏先生后来对原报道作了若干订误,指出所谓一"大墓"、两"小墓"实际是一座西周墓。参见张敏《宜侯矢簋轶事》,《东南文化》2000年第4期。
[②] 肖梦龙:《江苏丹徒大港烟墩山二号墓的发掘与研究》,《江苏社联通讯》1988年第1期。
[③] 王晖:《西周春秋吴都迁徙考》,《历史研究》2000年第5期。
[④] 胡进驻:《矢国、虞国与吴国史迹略考》,《华夏考古》2003年第3期;曹定云:《古文"夏"字再考——兼论夏矢、宜侯矢、乍册矢为一人》,《考古学研究》(五),第482—492页。
[⑤] 钱公麟:《从〈宜侯矢簋〉谈起》,《苏州文博论丛》2016年总第7辑。
[⑥] 杨正宏、肖梦龙主编:《镇江出土吴国青铜器》,北京:文物出版社,2008年,第6—18页。
[⑦] 马承源:《长江下游土墩墓出土青铜器的研究》,上海博物馆集刊编辑委员会编:《上海博物馆集刊》第4期,上海:上海古籍出版社,1987年,第198—220页。

外,烟墩山器群中还有一件铜镈,①而这种器类的普遍出现,同样也是在东周阶段。因此,烟墩山遗存的埋藏年代亦当依据上述器物加以推定,与宜侯夨簋的时代跨度自是不言而喻。

通过以上讨论可知,宜侯夨簋的时空背景与烟墩山遗存明显不合,说明"迁侯于宜"的宜地并非位于丹徒一带,而学者或将该器视作异地的"舶来品",应是合理的意见。不过,这一认识并不足以推翻宜侯夨簋为早期吴器的推论。毕竟,具有典型周文化风格的虞侯徙封之器,最终出现在东周吴国范围内的吴文化遗存中,无论是基于名号抑或族属的内在关联,此种现象都难以用巧合来加以解释。换言之,与其设想宜侯夨簋是作为战争掠夺的异属铜器而随机流入吴境,不如认为该器原本即属于西周吴人的传世之物,后随其家族自"东国"宜地辗转南迁,从而被携带至长江下游地区埋藏。至于宜侯之国后又称"吴"的原因,李学勤先生认为是新、旧国名的交替使用,②所言合理。我们知道,在古代国族的迁徙过程中,"以地名国"和"地随族迁"两种现象往往兼而有之,采用新名或沿袭旧名均不可一概而论。笔者推测,东周吴人之所以恢复旧称,有可能即是为了刻意强调自身的华夏血统。

至此,我们不妨通过文献与考古资料的整合,试对早期吴国的来龙去脉及其与夨、虞二国的关系作一勾稽。《吴太伯世家》载:

> 是时周武王克殷,求太伯、仲雍之后,得周章。周章已君吴,因而封之。乃封周章弟虞仲于周之北故夏虚,是为虞仲,列为诸侯。

又云:

> 自太伯作吴,五世而武王克殷,封其后为二:其一虞,在中国;其一吴,在夷蛮。

按司马迁之言,即武王克商而封太伯、仲雍之后周章于吴,并封周章弟虞仲于晋南为虞,是为兄弟之国。这里存在两处明显的问题,其一是分封

---

① 江苏省文物管理委员会:《江苏丹徒烟墩山西周墓及附葬坑出土的小器物补充材料》,《文物参考资料》1956年第1期。
② 李学勤:《宜侯夨簋与吴国》,《文物》1985年第7期。

吴、虞二国的时间，再则为吴、虞始封之君的关系。

我们知道，武王克商只不过代表天下"共主"的位置由"大邑商"转移至"小邦周"，而周人之所以能够大规模推行分封，通常是以对殷旧势力及周边异族的征服和占领土地作为基础，所以"封邦建国"运动集中出现在周公东征以后的成康时期。①吴、虞二国的始封大概亦不例外，按常理来讲是不太可能早至武王之世的。

另一方面，《史记》称周章封吴居先，其弟虞仲封虞在后，这一人物关系和分封次序恐怕也不尽合乎史实。如前所述，太伯、仲雍出居之吴实即汧河流域的矢，而《左传》僖公五年宫之奇语又明确指出晋南虞国为二人后裔所封，那么虞国的始封君虞仲，就应该出自周初的矢氏贵族。根据卢连成先生推排的金文矢族世系来看，西周初年的"矢伯"为矢氏宗子，成康时期则有公室贵族"矢仲"，②而后者恰与虞国始封的时间及人物若合符节，故此"矢仲"和《吴太伯世家》的"虞仲"当系一人。至于文献提及的吴国始封君周章，其人既为太伯之后，又和虞仲同宗，因而从逻辑上讲，他的来源则无外乎矢、虞二族，如此便需结合宜侯吴簋加以辨析。

簋铭言周王命"虞侯吴"迁至宜地担任侯职，这里的"虞侯"究竟国别为何，学界向来有吴国、③虞国④及西土之矢⑤等不同看法。现既已澄清宜侯吴簋的时空背景与周初长江下游地区无关，那么就只能在虞、矢二者中考虑。据西周金文所见，矢氏贵族除以"伯""仲"等排行名为称，同时亦偶或称"王"，却未尝出现称"侯"之例，这就表明矢并不属于周王朝外服的诸侯系统；而晋南虞国之君的职事为"侯"，则明确见于周代铜器铭刻（《集成》9696）。因此，簋铭"虞侯"显然不会出自西土之矢，而是指康王时期的某位虞国之君，即始封君"虞公父丁"之子。

---

① 杜正胜：《古代社会与国家》，第349—352页；沈长云：《说燕国的分封在康王之世——兼说铭有"匽侯"的周初青铜器》，《上古史探研》，第142—155页。
② 卢连成：《西周矢国史迹考略及相关问题》，《人文杂志》丛刊第二辑《西周史研究》，第232—248页。
③ 唐兰：《宜侯矢簋考释》，《考古学报》1956年第2期；李学勤：《宜侯矢簋与吴国》，《文物》1985年第7期。
④ 黄盛璋：《铜器铭文中的宜、虞、矢的地望及其与吴国的关系》，《考古学报》1983年第3期；于薇：《西周封国徙封的文献举证——以宜侯矢簋铭文等四篇文献为中心》，《中国历史地理论丛》2013年第1辑。需要说明的是，黄盛璋先生认为虞侯徙封在今河南宜阳，该地与吴国无关。
⑤ 刘启益：《西周矢国铜器的新发现与有关的历史地理问题》，《考古与文物》1982年第2期。

就周初之政治地理形势而论,随着成康时期对东方的持续经略,周人已基本实现对今山东大部分区域的有效控制,东夷集团的势力范围被不断压缩。大概正是基于上述背景,西周统治者继续不遗余力地推行"封建亲戚"政策,从而将虞侯自晋南故地改封至"东国"宜地,以期壮大新征服地区的同姓封国势力。需要注意的是,尽管虞侯受命迁居于宜地,但晋南虞国并未因此消失,而是一直延续到春秋早期方为晋国所灭,可见虞侯之位自当另有本国公室贵族承袭,遂与徙封东土的宜侯即东周吴国之先别为两支。那么,宜侯吴便理应视作事实上的吴国始封君,倘若联系文献记载推测,其人或可对应《吴太伯世家》的"周章"。由是观之,司马迁谓太伯作吴,至周初始有吴、虞之分,所论亦大致不误。只不过,吴国先世原为晋南虞国徙封的产物,二者并非同时受封立国;且吴国始封之君实为虞仲后裔,若论同辈兄弟关系,则不妨以宜侯吴与继任之虞侯为例,似乎较为妥帖。

准此,𢇇、虞、吴三者之关系及其早期世系可试作推排如下:

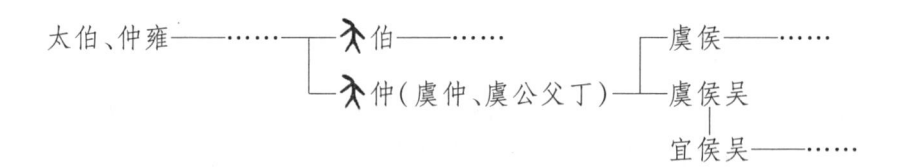

太伯、仲雍————……————𢇇伯————……————虞侯————……
　　　　　　　└——𢇇仲(虞仲、虞公父丁)———┤虞侯吴
　　　　　　　　　　　　　　　　　　　　　　　│
　　　　　　　　　　　　　　　　　　　　　　宜侯吴————……

总的来说,太史公兼采文献与传说,经整合而成《吴太伯世家》,其功犹不可没。但终因去古较远,从而误将吴人所自出之宗族主干的世系和事迹,一并归入吴国早期历史,遂使族群分合之轨迹隐而不彰。至于太伯、仲雍之后,季简、叔达父子相承却以排行为称,多少亦反映出早期世系犹有不明之处。今幸得出土器铭与考古资料互为佐证,可窥见其本末源流大抵如是。

(4)芮(甘肃华亭至陕西陇县一带)——芮(陕西大荔东南)——(陕西韩城东北)——芮(山西芮城)

两周时期有一姬姓之芮,为周人世族芮氏封邑,《尚书·顾命》"芮伯"和厉王时期名臣芮良夫即其君也。西周晚期的芮公鬲铭文(《集成》711)云:"芮公作铸京氏妇叔姬媵鬲。"可证芮为周之同姓。关于此芮的地望,《汉志》左冯翊临晋县注:"芮乡,故芮国。"①《括地志》云:"南芮乡

---

① 《汉书》卷28《地理志》,第1545页。

故城在同州朝邑县南三十里,又有北芮城,皆古芮国。"①覉其里至,当按《谭图》标注于今大荔县东南的洛、渭二水交汇处北岸。② 此外,《考古图》著录有一件西周晚期的芮公簠(《集成》4531),并云"咸平年,同州民汤善德获于河滨",③亦可作为芮邑所在的一则辅证。然据考古调查来看,上述区域内迄今未发现任何西周文化遗存,④设若地志记载无误的话,不排除是历史上黄河主泓道西摆及渭河泛滥导致相关遗迹遭到破坏。

传世文献中常见芮、梁连言之例,如《左传》桓公九年:"虢仲、芮伯、梁伯、荀侯、贾伯伐曲沃。"《史记·秦本纪》载"成公元年,梁伯、芮伯来朝",又穆公二十年"秦灭梁、芮"。正义曰:"梁、芮国皆在同州。秦得其地,故灭二国之君。"⑤按梁国在今韩城市南的夏阳镇一带,那么同时期芮地定然相去不远。2005年,韩城市东北的昝村镇梁带村发现了两周之际的芮氏家族墓地。据发掘报告介绍,该处墓地位于黄河西岸的台地上,陆续已勘探出各级墓葬1 300余座,其中高等级贵族墓出土的春秋早期铜器上铸有"芮公""芮太子"字样的铭文,足以证明当时的芮伯之邑就在今韩城境内。⑥ 根据出土遗物的年代特征推测,韩城之芮很可能是大荔之芮在西周晚期局部北徙的产物,其下限或可与公元前640年秦国灭芮相衔接。

据《诗·大雅·绵》和《史记·周本纪》可知,殷周之际尚有"虞、芮争讼"之芮。集解谓虞在河东,芮在冯翊。正义则以虞、芮相接,谓此芮在芮城县西二十里之"芮城"。⑦ 今之学者多据《尚书大传》和《周本纪》所载文王阶段周族的扩张进程,推断虞、芮俱为西土旧邦,⑧显然更为合理。就芮的地望而言,很可能与《汉志》右扶风汧县境内的"芮水"有关。芮水发

---

① 李泰等著,贺次君辑校:《括地志辑校》卷1,第28页。
② 谭其骧主编:《中国历史地图集》第1册,第19、22—23页。
③ 吕大临:《考古图》卷3,北京:文物出版社,2019年,第187页。
④ 国家文物局主编:《中国文物地图集·陕西分册》(上),第234—235页。
⑤ 《史记》卷5《秦本纪》,第184、190页。
⑥ 陕西省考古研究所等:《陕西韩城梁带村遗址M19发掘简报》,《考古与文物》2007年第2期;陕西省考古研究院等:《陕西韩城梁带村遗址M27发掘简报》,《考古与文物》2007年第6期;陕西省考古研究所等:《陕西韩城梁带村遗址M26发掘简报》,《文物》2008年第1期;陕西省考古研究院等编:《梁带村芮国墓地:二〇〇七年度发掘报告》,北京:文物出版社,2009年。黄川田修先生根据当地考古部门近年对梁带村遗址周边的调查踏勘,指出党家村一带发现的两周时期居址,或可为寻找芮人都邑提供新的线索。参见黄川田修《韩城梁带村两周铜器考——试论芮国封地之历史背景》,《早期中国史研究》第2卷第1期,2010年6月。
⑦ 《史记》卷5《秦本纪》,第184页。
⑧ 齐思和:《中国史探研》,第38页;张筱衡:《散盘考释》(下),《人文杂志》1958年第4期。

源于甘肃华亭县境内,其南部与今陕西陇县接壤,恰好符合虞、芮比邻的史实。① 至于此芮与姬姓之芮的关系,陈槃先生认为是一兴一替,即武王克商灭芮而封姬姓。② 陈昭容先生指出,梁带村墓地出土的半环形钺和凤鸟纹提梁卣,其造型、纹饰均与关中西部泾渭地区所出的同类器物具有密切联系。③ 张天恩先生也注意到上述现象,并据此推测西周大荔之芮可能是由芮水流域的故地徙封而来。④ 这些意见都颇富启发性。台北故宫博物院藏有一件西周早期的芮姞簋,铭文作:"芮姞作旅簋,⋈。"⑤结合商周既嫁女性作器的金文通例来看,其中的族氏铭文"⋈"应是器主夫家的族名标识,而"芮姞"则为出自芮氏的姞姓女子。窃以为这一姞姓之芮,很可能就是商末周初居于汧陇地区的古芮国。⑥ 至于周代姬姓之芮,它与姬姓周人的血缘关系其实并不明确,考虑到召、荣、南宫诸氏大概都曾经历周初"赐姓"的过程而最终融入姬周族群,⑦所以汧陇地区的姞姓之芮在入周以后改弦更张,转型为周人同姓的内服邦君,并东迁定居于今大荔境内,应该是合乎情理的,希望这一推论能够得到新材料的进一步证实。

值得注意的是,晋南芮地虽同"虞、芮争讼"之芮无涉,却很可能与韩城之芮存在一定关联。据《左传》桓公三年记载,春秋早期芮伯万曾为其母芮姜所逐,"出居于魏",后因秦人相助乃得以返国。杜预注称"魏"在"河东河北县",即今山西芮城县西,⑧其地望恰好与《括地志》所载之"故芮城"完全吻合。因此笔者认为,晋南地区之所以会出现"芮"的地名遗迹,恐怕是芮伯万出奔于魏的结果。

---

① 陈昭容:《谈西周早期虞芮两国位于汧河流域的可能性》,芝加哥艺术博物馆与芝加哥大学顾立雅中国古文字学中心主办"近二十年新出土中国古代青铜器国际学术研讨会"论文,2010 年 11 月 5—7 日;李零:《西周的后院与邻居》,北京大学出土文献研究所编:《青铜器与金文》第 1 辑,第 46—59 页。
② 陈槃:《春秋大事表列国爵姓及存灭表譔异》(三订本),第 364 页。
③ 陈昭容:《谈西周早期虞芮两国位于汧河流域的可能性》,芝加哥艺术博物馆与芝加哥大学顾立雅中国古文字学中心主办"近二十年新出土中国古代青铜器国际学术研讨会"论文,2010 年 11 月 5—7 日。
④ 张天恩:《芮国史事与考古发现的局部整合》,《文物》2010 年第 6 期。
⑤ 《故宫西周金文录》,台北:国立故宫博物院,2001 年,第 45 页。
⑥ 赵庆淼:《芮姞簋与古芮国探微》,《故宫博物院院刊》2016 年第 2 期。
⑦ 韩巍:《西周金文世族研究》,北京大学博士学位论文,2007 年,第 84—126 页;韩巍:《从叶家山墓地看西周南宫氏与曾国——兼论"周初赐姓说"》,北京大学出土文献研究所编《青铜器与金文》第 1 辑,第 98—118 页。
⑧ 谭其骧主编:《中国历史地图集》第 3 册,北京:中国地图出版社,1982 年,第 35—36 页。

（5）黎（山西长治西南）—？—黎（山西黎城东北）——犂（山东郓城西）

《左传》宣公十五年晋伯宗谓赤狄潞氏之罪有五，其一即"弃仲章而夺黎氏地"。杜预注："黎氏，黎侯国，上党壶关县有黎亭。"此黎侯为西周所封，杜注以为在今山西长治市西南。不过，晚商晋南地区还有另一黎国，即《西伯戡黎》之"黎"。《史记·周本纪》正义引《括地志》云"故黎城，黎侯国也，在潞州黎城县东北十八里"，①即今山西黎城县东北。上述两个黎地相去不远，皆位于今长治市境内，究竟孰为周代黎国所在，一直没有得到很好的解决。

2006年，黎城县西关村发现了一处周代黎国贵族墓地，其中M8出土的春秋早期铜鼎和一对铜壶上，分别铸有"楷宰"和"楷侯宰"字样的铭文，②而"楷侯"正是周人分封于此、见诸《春秋》经传的黎侯。由此至少可以肯定，彼时的黎国应该在今黎城县境内。至于长治西南的"黎亭"，究竟是周代黎侯始封之地，抑或仅为晚商黎国所在，目前尚不易确指。如按《谭图》所标示，则周初封黎是因袭故黎国地，后自长治西南徙居黎城一带。③ 2012—2014年，山西考古部门在长子县东南的南漳镇西南呈村发现了一处西周墓地，探明墓葬75座，并对1座大型墓（M15）和14座小型墓进行了清理。据简报介绍，已发掘的15座墓葬年代为西周中期至西周晚期，文化面貌总体属于晋文化范畴，其中的大型墓呈"甲"字形，墓葬规格及葬制、葬式均与晋侯墓和井叔墓相近，墓主身份可能为姬姓诸侯。④尽管目前尚未出土可供直接证明墓主国别的文字资料，但从地理位置来看，长子西南呈墓地适与长治西南的"黎亭"相吻合。因此，西周黎国曾在这一区域发生局部迁徙的可能性，显然值得充分重视。

《左传》哀公十一年载卫大叔疾"使侍人诱其初妻之娣寘于犂"，此"犂"为卫地，在今山东郓城县西。汉置黎县于此，《汉志》东郡黎县下颜师古注："孟康曰：《诗》黎侯国，今黎阳也。臣瓒曰：黎阳在魏郡，非黎县也。"⑤今按臣瓒说是，孟康虽将黎县、黎阳误混为一，但以黎县与先代黎侯相联系，则不无合理之处。春秋中叶，黎侯迫于赤狄之侵而流落至卫，

---

① 《史记》卷四《周本纪》，第118页。
② 山西省考古研究院：《山西黎城西关墓地M7、M8发掘简报》，《江汉考古》2020年第4期。
③ 谭其骧主编：《中国历史地图集》第1册，第13—14，22—23页。
④ 山西省考古研究所：《山西长子县西南呈西周墓地发掘简报》，《考古》2016年第3期。
⑤ 《汉书》卷28《地理志》，第1558页。

寓居泥中。《邶风·式微》序云："黎侯寓于卫，其臣劝以归也。"孔颖达指出，《式微》之中露、泥中二邑既为黎侯所徙居，故泥中亦得"黎"名，①即《左传》卫之犁地也。《左传》宣公十五年云："晋侯治兵于稷，以略狄土，立黎侯而还。"是黎侯在晋国帮助之下，最终得以复邦于故土。

（6）秦（山东曲阜）——（甘肃甘谷西南）——秦（甘肃清水北）——（甘肃礼县东北）

据《史记·秦本纪》载，秦人先祖非子奉周孝王之命，主管马政于"汧渭之间"，因功受封为周室附庸，乃邑于秦。集解引徐广曰："今天水陇西县秦亭也。"②即今甘肃清水县境内。2005—2008 年，早期秦文化联合考古队对牛头河流域进行了系统的区域调查，在今清水县城以北发现了李崖遗址，其规模可达百万平方米。③ 2010—2011 年，考古工作者在该遗址发掘了十余座早期秦文化墓葬，均采用竖穴土坑墓和仰身直肢葬，时代约相当于西周中期，随葬陶器中的相当一部分具有浓厚的商文化风格，如方唇分裆鬲、侈口厚唇簋及折肩大口尊等，其中的腰坑、殉犬葬俗也与后来的秦墓基本一致。这无疑为探索非子封秦的位置提供了关键线索。④

鉴于《秦本纪》对秦族早期历史的记述并不十分清楚，因而陇西秦人和秦地的来源问题，一直存在诸多争议。直到清华简《系年》刊布后，其中第三章记载周成王平定三监之乱后，飞廉东逃于商盖氏，于是成王东征商盖，诛杀飞廉，继而"西迁商奄之民于邾虡"，"是秦之先"。整理者已经指出，"商盖"即商奄，也就是禽簋铭文（《集成》4041）所见"盖侯"之国。而"邾虡"即《禹贡》雍州山的"朱圉"，在今甘肃甘谷县西南。⑤ 因此，这段文字告诉我们一个基本史实：陇西地区的秦人实际起源于东方，其前身则为"商奄之民"。换句话说，嬴秦之先始居于商奄故地，应该可以肯定。

《春秋》庄公三十一年"筑台于秦"，杜预注："东平范县西北有秦亭。"按杜氏之说，则秦地在今范县东南，属于"济西之田"，去鲁似嫌过远。据

---

① 孔颖达：《毛诗正义》卷 2，阮元校刻《十三经注疏》，第 305 页。
② 《史记》卷 5《秦本纪》，第 178 页。
③ 2005—2008 年早期秦文化联合考古队两次调查牛头河流域后，梁云先生便已提出非子封邑可能位于清水李崖遗址的观点。参见梁云《非子封邑的考古学探索》，《中国历史文物》2010 年第 3 期。
④ 赵化成等：《甘肃清水李崖遗址考古发掘获重大突破》，《中国文物报》2012 年 1 月 20 日第 8 版；梁云：《关于早期秦文化的考古收获及相关认识》，《中国史研究动态》2017 年第 4 期。
⑤ 清华大学出土文献研究与保护中心编，李学勤主编：《清华大学藏战国竹简》（贰），第 142 页。

前文考辨，此"秦"当为鲁近郊之地，在今山东曲阜周边，大抵近是。然《左传》定公四年又云伯禽"因商奄之民"而就封于鲁，可见商奄与鲁在地域上无疑一脉相承。那么，商奄之民既为嬴秦之先，鲁国近郊亦有秦地，族名与地名、族源与地望可谓均相契合。以此看来，《系年》所载西迁朱圉的商奄之民，很可能就是居住在商奄境内之秦地的嬴姓人群。

按照《系年》的说法，西周统治者将商奄之民安置在陇西的朱圉，其目的在于"以夷制夷"，即借助东土旧族来抵御"奴虘之戎"。李学勤先生结合考古发现认为，今甘谷县西的毛家坪遗址可能就是商奄之民西迁朱圉的初居地。[①] 就地望而言，李先生的观点有其合理性。然从年代来看，毛家坪遗址的秦文化墓葬最早不过西周中期晚段，上距商奄之民的西迁尚有较长时间，而且当地常见的屈肢葬俗与所出陶器，也不属于商文化系统。所以梁云先生怀疑，陇西秦人可能是在西周中期从山西境内西迁的。[②] 朱凤瀚先生亦谨慎地指出，西迁秦人的族属与具体路径仍有诸多问题未能明朗。[③] 在笔者看来，《系年》所记商奄之民徙居朱圉，与陇西秦文化遗存的年代上限暂时难以吻合，其原因无外乎以下两种可能性：其一，《系年》对史事的追述过于笼统，以致忽略了秦人西迁曾经过晋地中转的这个重要环节；第二，毛家坪遗址周边也许存在年代更早的秦文化遗存，有待于考古发现的进一步证实。此外，毛家坪秦墓所见屈肢葬、头向朝西及洞室墓等因素，不排除为早期秦文化与土著文化相融合的产物，其代表人群或以当地下层居民为主，[④]因而在葬制、葬俗方面与秦族核心群体所具有的商文化背景存在诸多差异，大致是可以理解的，并不足以推翻商奄之民始居朱圉之说；相反，考虑到西迁秦人是为了抵御西土之戎，而《秦本纪》亦载西周晚期的大骆之族肩负有"和戎"的重任，那么毛家坪遗址所反映出区域文化的色彩，恰恰暗示了早先阶段秦人的活动地域恐怕距此不远。至于司马迁在描述恶来——大骆——非子一支的世系后，又接着说"以造父之宠，皆蒙赵城，姓赵氏"，其本意旨在表明陇西之秦与晋地赵氏的共祖关系，而这种针对自身族源的专门强调，很可能出自《秦纪》或东

---

① 李学勤：《谈秦人初居"邾虘"的地理位置》，清华大学出土文献研究与保护中心编，李学勤主编：《出土文献》第2辑，第1—4页。
② 梁云：《西垂有声：〈史记·秦本纪〉的考古学解读》，第45—47、56—58页。
③ 朱凤瀚：《清华简〈系年〉所记西周史事考》，李宗焜主编：《第四届国际汉学会议论文集：出土材料与新视野》，第441—460页。
④ 如东周秦人的上层贵族多使用竖穴土坑墓和仰身直肢葬，社会中下层则流行洞室墓和屈肢葬，可见构成秦人共同体的族属来源并不单一。

周秦人的刻意渲染,似不宜视作非子先世尝居山西的确证。

通过《秦本纪》和《系年》的对读可知,"秦"这一地名随秦人先民自东徂西的播迁,恐怕亦非一蹴而就。始迁朱圉的商奄之民是否以"秦"为号,目前已无从得知,但大骆之族居犬丘而仅称"骆嬴",则史有明文。直到大骆庶支的非子服事于周,获得赐土命氏的殊遇,这才开始使用"秦嬴"的名号。就族名与地名的关系来看,非子受封于清水之秦,显然是以其先人在东方的旧居地名来命名所封之地,从而致使地名"秦"最终移植于陇西地区。因此从某种程度上讲,非子一支自称为"秦嬴",亦不妨视作对其先代名号的继承和恢复。至于非子后裔的秦庄公征伐西戎,收复大骆之地而兼有之,"秦嬴"一支乃徙居犬丘旧居,最终取代"骆嬴"而为"西垂"之主。①

(7)郰城、徐州(山东曲阜东南)——徐州(山东滕州市南)——徐(江苏泗洪东南)

《史记·秦本纪》云:"秦之先为嬴姓。其后分封,以国为姓,有徐氏、郯氏、莒氏……"可见徐为嬴姓,与秦人族系相同。《逸周书·作雒》记载武王崩殂,管、蔡二叔"及殷东徐、奄及熊盈以略",以致东土不宁。② 成王、周公东征平息叛乱之后,作为亲商势力的徐人自然遭到沉重打击。《左传》定公四年记载伯禽封鲁,所赐"殷民六族"之中就有"徐氏",应指周人所征服的徐族成员,此时殆已沦为鲁侯附庸。

周初东征之际,徐人的主体基本就分布于后来的鲁国境内。首先,

---

① 《秦本纪》正义引《括地志》谓西垂(西犬丘)在汉陇西郡西县,即今甘肃礼县境内,其地北邻朱圉之山。20世纪90年代以来,礼县城西的西山坪及城东的大堡子山等地发现了多处西周晚期至春秋早期的秦文化遗存,包括西山坪秦墓、大堡子山城址、秦公陵区和圆顶山秦贵族墓葬区,进一步证实了文献关于同时期秦人居地的记载。参见戴春阳《礼县大堡子山秦公墓地及有关问题》,《文物》2000年第5期;早期秦文化考古联合课题组《甘肃礼县大堡子山早期秦文化遗址》,《考古》2007年第7期;早期秦文化联合考古队《2006年甘肃礼县大堡子山祭祀遗迹发掘简报》,《文物》2008年第11期;梁云《西垂有声:〈史记·秦本纪〉的考古学解读》,第122—135页。

② 学界对"熊盈"一词的内涵多有争议。如傅斯年先生尝言:"所谓盈者,当即嬴之借字。"又云"《作雒解》熊嬴并举,不可以为一"。参见傅斯年《夷夏东西说》,《民族与中国古代史》,第55页。郭沫若先生认为,"熊盈"即楚先祖鬻熊。参见郭沫若《金文有无考》,《金文丛考》,第56页。杜勇先生则主张,金文"熊""嬴"二字形近易讹,而"盈""嬴"同音,故"熊盈"指嬴姓之族。参见杜勇《令簋、禽簋中的"伐楚"问题》,《中国历史文物》2002年第2期。窃以为"盈"读作嬴,确不可易;而"熊"或可从顾颉刚先生说,读为"祝融"之"融"。所谓"熊、盈族十有七国",即是说东方的祝融后裔及嬴姓族群参与叛周者达十七国之多。参见顾颉刚《三监及东方诸国的反周军事行动和周公的对策——周公东征史事考证之三》,《文史》第26辑,北京:中华书局,1986年,第1—12页。

《逸周书·作雒》及《左传》昭公元年俱以"徐""奄"并称，既知商奄为鲁，则徐人势力当不会相去甚远。另一方面，除徐氏之外，伯禽受赐的"殷民六族"中尚有條氏、索氏、长勺氏等族。其中，條氏很可能就是征人方卜辞所见的攸侯一族。① 李学勤先生曾据卜辞中"攸"与"淄""淮"两地的空间关系，指出攸侯领地应在今山东境内的淄、潍二水之间。② 陈絜先生进一步推断攸地大致位于今莱芜以东。③ 而索氏在今兖州市嵫山区李宫村一带，已由商末周初索族铜器的出土地点得到证明。④ 至于长勺氏安在，则与《春秋》庄公十年的齐、鲁边邑"长勺"有关，即今莱芜东北的汶水上游左近。综合以上线索来看，徐族故地很可能亦在泰山南部的汶、泗流域周边。⑤

据顾颉刚先生考订，鲁东、鲁南及齐国北境共有三处"徐州"之地，均与徐人旧居有关。⑥ 其中，鲁东和鲁南之"徐州"极易混淆，顾氏所论亦有未安之处，需作仔细辨析。《说文·邑部》"郑"字下："邾下邑地。从邑、余声。鲁东有郑城。"又《史记·鲁世家》："（顷公）十九年，楚伐我，取徐州。"集解引徐广曰："徐州在鲁东，今薛县。"⑦今按：《说文》曰"郑"为邾邑，又云"鲁东有郑城"，所指本来十分明确。覈其方位可知，该地似在今曲阜东南、邹城以东一带，属于迁绎之前的邾国故地。而徐广既言"徐州在鲁东"，同时又谓其地在薛，显然是将两处"徐州"混为一谈，以致所述方位自相矛盾，断不可从。段玉裁云："楚所取之徐州即郑地，疑非薛。齐湣王三年已封田婴于薛，不能至鲁顷公十九年鲁尚有薛也。"⑧所言甚是。因此，鲁东和鲁南之"徐州"自当区别为二：前者在鲁国东郊，原为邾邑，后属鲁，一名"郑城"；后者在薛，战国为齐地，五国合纵攻齐期间

---

① 陈梦家：《殷虚卜辞综述》，第306页；方辉：《从考古发现谈商代末年的征夷方》，山东大学东方考古研究中心编：《东方考古》第1集，第249—262页。
② 李学勤：《商代夷方的名号和地望》，《中国史研究》2006年第4期。
③ 陈絜、赵庆淼：《"泰山田猎区"与商末东土地理——以田猎卜辞盂、鼒诸地地望考察为中心》，《历史研究》2015年第5期。
④ 郭克煜等：《索氏器的发现及其重要意义》，《文物》1990年第7期；王恩田：《人方位置与征人方路线新证》，张永山主编：《胡厚宣先生纪念文集》，北京：科学出版社，1998年，第105—106页。
⑤ 《左传》成公二年鞌之战后，齐侯败归，"遂自徐关入"。"徐关"位于齐都临淄西南，即今淄博市淄川区一带。"徐关"以"徐"为名，可能也是早期徐人徙居的遗迹。
⑥ 顾颉刚：《徐和淮夷的迁、留——周公东征史事考证四之五》，《文史》第32辑，北京：中华书局，1990年，第1—28页。
⑦ 《史记》卷33《鲁周公世家》，第1547页。
⑧ 段玉裁：《说文解字注》卷6，第296页。

一度为鲁所取。① 由是观之,顾先生以鲁东"徐州"为徐国故地,与薛之"徐州"并非一地,这些意见都很合理;然谓前者"在今山东兰山、郯城一带",则未免去鲁过远,恐难信从。相较而言,邾邑"邹城"位于曲阜东南,同时密迩商奄,视作徐人旧居无疑更为合适。

齐国北境的"徐州"原作"舒州",一名"平舒"。《春秋》哀公十四年"齐陈恒执其君,置于舒州",即此。《史记·田齐世家》作"徐州",正义云:"齐之西北界上地名,在勃海郡东平县也。"②即今河北大城县一带。揆情度理,东土徐族的活动地域恐怕难及于此,是否为后来徐人所迁亦无可考实。③ 至于鲁南之"徐州",《史记·越世家》:"句践已平吴,乃以兵北渡淮,与齐、晋诸侯会于徐州。"是为东周时期淮北地区的一处交通要邑。此"徐州"在薛,历代地志记载可谓渊源有自,如《续汉志》鲁国薛县原注:"本国,六国时曰徐州。"④传统观点一般认为"徐州"即薛邑,属于"同地异名"的关系。陈伟先生则通过梳理汉代以前的文献记载,指出"薛"与"徐州"向来交替出现,从不互举换用,由此推断二者应非一地。⑤ 是说有理。据考古勘查可知,薛国故城遗址位于今滕州市官桥镇西南,其主体遗存年代自东周一直延续至秦汉时期,城内墓地出土有春秋薛侯及薛国公族所作铜器,该城址始建于春秋阶段,城墙外侧部分则为战国改筑。⑥ 而《史记·孟尝君列传》索隐引《竹书纪年》,谓齐威王封田婴于薛而城之,⑦由此适可得到考古学上的印证。这就足以表明,周代薛国、齐薛邑及秦汉薛县治所应系一脉相承,即在今薛城遗址一带。

《水经·泗水注》有云:

> 漷水又西南迳蕃县故城南,又西迳薛县故城北。《地理志》曰:夏车正奚仲之国也。《竹书纪年》梁惠成王三十一年,邳迁于薛,改名徐州。……漷水又西迳仲虺城北,晋《太康地记》曰:奚仲迁于邳,仲虺居

---

① 《吕氏春秋·首时》:"齐以东帝困于天下,而鲁取徐州。"此指齐湣王末年五国合纵攻齐,鲁国趁机袭取徐州。
② 《史记》卷46《田敬仲完世家》,第1884页。
③ 按:今河北境内的徐水、徐无山等地,可能与"余无之戎"的北徙有关。
④ 《后汉书·志》第20《郡国二》,第3429—3430页。
⑤ 陈伟:《楚东国地理研究》,第51—55页。
⑥ 任式楠、胡秉华:《山东邹县滕县古城址调查》,《考古》1965年第12期;中国社会科学院考古研究所山东工作队等:《山东滕县古遗迹调查简报》,《考古》1980年第1期;山东省济宁市文物管理局:《薛国故城勘察和墓葬发掘报告》,《考古学报》1991年第4期。
⑦ 《史记》卷75《孟尝君列传》,第2352页。

之以为汤左相。……《晋书地道记》曰：仲虺城在薛城西三十里。①

按上揭引文之说，薛城以西三十里处尚有一座"仲虺城"，即奚仲所迁之邳，其后仲虺居之，故名。而《纪年》所谓"邳迁于薛，改名徐州"，则是说邳人在战国时期自泗水下游迁回薛地旧居，并将该地更称为"徐州"。两相对比来看，至少在汉晋时人的认知里，薛之"徐州"就是奚仲迁邳之地，即所谓"仲虺城"。若按晋代地志所载里至，"仲虺城"的位置应在薛城遗址以西的古泗水东岸。然而由于历史时期黄河的夺泗入淮，这一地区大部分现已被微山湖所覆盖，殊难考知其详。②

陈槃先生也曾基于族名和地名的关联，认为薛地"徐州"可能是徐族南迁的遗迹，他指出："盖徐氏之南下也，先居薛，最后则居泗耳。"③这一观点很有启发性。然据《纪年》所载，"徐州"之名应始于战国，若此说可靠，则东周时人改故邳为"徐州"，不排除是根据徐人徙居之故事而命名的可能。《鲁颂·閟宫》云："保有凫、绎，遂荒徐宅。至于海邦，淮夷、蛮貊。及彼南夷，莫不率从。"按《閟宫》乃春秋鲁人歌颂僖公武功的诗作。"荒"者，旧训为有，正义曰："言安有凫山、峄山，遂有是徐方之居。"④因而《诗》云"保有凫、绎，遂荒徐宅"，大意即是说鲁国势力跨涉凫、峄二山，一直向南延伸至"徐宅"。凫山、峄山俱在今山东邹城市南境，⑤而彼时徐人既已定居淮河下游（《大雅·常武》），故所谓"徐宅"似乎不宜视作此地，那么最合适的解释，便只能是指鲁南的徐人旧居。倘若这一推测不误，适可作为徐族南迁尝居薛地的佐证。

随着西周早期周人势力在东方的持续扩张，未被征服的徐族成员被

---

① 郦道元著，陈桥驿校证：《水经注校证》卷25，第596页。
② 有学者认为，奚仲所迁之邳即今官桥镇以东的西康留遗址。参见胡秉华、翟力军《薛河流域遗址与古薛国关系的考察》，中国社会科学院考古研究所《滕州前掌大墓地》，北京：文物出版社，2005年，第577—582页。诚然，今薛河北岸的西188留、北辛村至大韩村之间，迄今发现的先秦文化遗址十分密集，其中尤以龙山文化和两周时期遗存最为丰富。参见国家文物局主编《中国文物地图集·山东分册》（上），北京：中国地图出版社，2007年，第178—179页；中国国家博物馆田野考古中心、山东大学考古学系《山东薛河流域系统考古调查报告》，北京：科学出版社，2016年，第309、325、330页。不过，上述区域位于薛城遗址东北，除非认定文献所载薛与"仲虺城"（即徐州）的方位关系有误，方可作出这样的推论。
③ 陈槃：《春秋大事表列国爵姓及存灭表譔异》（三订本），第505页。
④ 孔颖达：《毛诗正义》卷20，阮元校刻《十三经注疏》，第617页。
⑤ 一说"峄阳"是指"葛峄山"。《汉志》东海郡下邳县注："葛峄山在西，古文以为峄阳。"参见《汉书》卷28《地理志》，第1588页。

迫迁离故土,辗转南徙,其间可能一度居薛,但最终退守淮水下游地区。傅斯年先生尝言:"(徐)其本土应在鲁,后为周公、鲁公逐之。保淮水。"①所论大体合乎情势。《大雅·常武》是记录宣王时期经略"南国"的战争史诗,其中既言"率彼淮浦,省此徐土",又云"四方既平,徐方来庭"。"徐方"即徐人南迁建立的方国,其地虽已远至淮水之滨,却依旧难以摆脱被中原王朝征服的命运。需要借此澄清的是,班簋铭文(《集成》4341)记载周穆王时期对东土的一次规模较大的军事行动,征伐对象即所谓"东国𤯼戎"。"𤯼"字或释为"痟",②或释作"瘠",③暂无定说,但学界通常认为"𤯼戎"是指徐戎,此役与古本《竹书纪年》和《后汉书·东夷传》所载徐偃王之乱有关。不过,"𤯼"字所从之"𠂤"旁又见于清华简《皇门》,简文分别作"𠂤"(简7)、"𠂤"(简8)两形,可以确认为"肎(肯)"字无疑。④通过对比不难看出,班簋"𤯼戎"之"𤯼"字同样从"肎(肯)"得声,古音或在溪母蒸部,读为影母元部的"偃"尚有窒碍,然则"𤯼戎"未必可与偃姓之戎或徐偃王相联系,其族属不妨存疑待考。⑤

东周徐国立足淮域,一面不时联络淮夷诸邦,伺机北上侵扰泗上列国。《尚书·费誓》:"徂兹淮夷、徐戎并兴。"《书序》云:"鲁侯伯禽宅曲阜,徐、夷并兴,东郊不开,作《费誓》。"是谓徐戎趁鲁国初立,联合淮夷入侵鲁境,伯禽于是出师征讨。⑥今之学者对此多持怀疑态度,并通过文例对比与史事系联,主张《费誓》实系鲁僖公时期的作品,与《鲁颂·閟宫》所述当为同时之事。⑦是说更为可信。另一方面,徐人也试图向淮南地区进行扩张,但终因处在吴、楚争霸地带而为吴人所灭。《左传》僖公三年

---

① 傅斯年:《夷夏东西说》,《民族与中国古代史》,第58页。
② 唐兰:《西周青铜器铭文分代史征》,第362页;马承源主编:《商周青铜器铭文选》第3卷,第109页。
③ 李学勤:《班簋续考》,《古文字研究》第13辑,第181—188页。李先生认为,"痟"可读作滑或猾,旧训为乱,故"痟戎"犹云"乱戎"。此说并未将"痟戎"与具体部族相对应,立论较为审慎。
④ 清华大学出土文献研究与保护中心编,李学勤主编:《清华大学藏战国竹简》(壹),第164页。
⑤ 窃疑"𤯼"可能读为"熊",二者均为溪母蒸部字,所谓"东国𤯼戎"殆指《逸周书·作雒》"熊、盈"之"熊"的后裔,属于留居东土的祝融集团。
⑥ 王鸣盛谓《费誓》之"费"本作"粊",地在曲阜附近。参见王鸣盛《尚书后案》卷30,《清经解》卷433,第3册,第213页。
⑦ 余永梁:《〈粊誓〉的时代考》,顾颉刚编著:《古史辨》第2册,上海:上海古籍出版社,1982年,第75—81页;杨筠如:《尚书覈诂》卷4,西安:陕西人民出版社,2005年,第438—439页。

"徐人取舒"，杜预注："徐，国，在下邳僮县东南。"据《春秋大事表》所云，南直隶泗州北八十里有古徐城，①即今江苏泗洪县东南的半城镇一带，②此即春秋徐国都邑所在。另需注意的是，《水经·泗水注》载："（武原）县东有徐庙山，山因徐徙，即以名之也。山上有石室，徐庙也。"③汉晋武原县治今邳州市西北的戴庄镇境内。近年经过系统发掘的梁王城遗址，即在戴庄镇西约5公里处，而附近的九女墩M3年代为春秋晚期，其中出土成套钮钟上有"徐王之孙"铭文。有学者据此提出，梁王城遗址的性质当为春秋中晚期徐国都城，④或至少与春秋以后的徐人活动有关。⑤ 笔者倾向于后说，梁王城遗址和九女墩墓群可能是徐灭国后遗民流散徙居的遗存。

（8）杞（山东新泰）——杞土（河南杞县）——杞（山东新泰）——（山东安丘东北）——（山东安丘西北）

杞为姒姓，乃夏余之国。《史记·陈杞世家》："杞东楼公者，夏后禹之后苗裔也。殷时或封或绝。周武王克殷纣，求禹之后，得东楼公，封之于杞，以奉夏后氏祀。"集解引宋忠曰："杞，今陈留雍丘县也。"⑥又，《汉志》陈留郡雍丘原注："故杞国也。周武王封禹后东楼公，先春秋时徙鲁东北，二十一世简公为楚所灭。"⑦

综合前揭文献记载，不难初步得出以下认识：第一，杞人立国或可早至殷商时期；第二，周初封杞在今河南杞县一带；第三，春秋之前杞国已迁至鲁地东北。总体而言，学界对上述前两点结论并无明显争议，但就杞人东迁的年代问题，却一直存在西周中期说、⑧西周晚期说⑨和春秋早期说⑩

---

① 顾栋高辑，吴树平、李解民点校：《春秋大事表》卷5，第580页。
② 陈伟：《楚东国地理研究》，第43—46页。
③ 郦道元著、陈桥驿校证：《水经注校证》卷25，第603页。
④ 南京博物院等：《梁王城遗址发掘报告·商周卷》，北京：文物出版社，2023年，第285—286页。
⑤ 孔令远、陈永清：《江苏邳州市九女墩三号墩的发掘》，《考古》2002年第5期。
⑥ 《史记》卷36《陈杞世家》，第1584页。
⑦ 《汉书》卷28《地理志上》，第1558页。
⑧ 陈昌远：《古杞国历史地理问题考辨》，《中国历史地理论丛》2000年第1期；钱益汇：《杞国都城迁徙及相关历史地理问题疏证》，《首都师范大学学报》（社会科学版）2011年第4期。
⑨ 王献唐：《山东古国考》，济南：齐鲁书社，1983年，第247页；郭克煜：《杞国迁居山东问题》，《齐鲁学刊》1989年第4期；杨善群：《杞国都城迁徙与出土铜器考辨》，《学术月刊》2000年第2期；杜勇：《杞国的东迁及其他》，王尹成主编：《杞文化与新泰》，第244—253页。
⑩ 王恩田：《从考古材料看楚灭杞国》，《江汉考古》1988年第2期；魏嵩山：《杞国的立国及其迁徙地望考》，王尹成主编：《杞文化与新泰》，第34—42页。

的分歧，尚有必要加以辨析。下面，笔者拟采取逆推的办法进行讨论。

春秋鲁国北鄙有成邑。《春秋》桓公六年"公会纪侯于成"，杜预注："在泰山钜平县东南。"顾栋高谓在"兖州府宁阳县东北九十里"。① 即今山东宁阳县东北、新泰市西境一带。此"成"后为孟氏之邑，与"文之昭"郕氏所封之地有别，后者在今山东宁阳县北。又，《左传》昭公七年云："晋人来治杞田，季孙将以成与之。"杜预注："成，孟氏邑，本杞田。"此处透露了一个关键信息：成邑原为杞国之地，后来才被鲁人所占据。晚清道光、咸丰年间，今新泰境内出土了一批两周之际的杞伯铜器，包括鼎、簋、壶、匜等共约十件，铭文内容基本相同，表明该批器物乃是杞伯每刃为其配偶邾曹所作。清人许瀚指出："今杞彝器并出其间，知班所云徙鲁东北者，即新泰地也。"② 这一论断甚为精辟。由此，通过出土器铭与传世文献的互证可知，两周之际杞国确位于鲁地东北，其核心区域大致就在今山东新泰境内。

西周中期史密簋铭文（《新收》636）云："敔南夷卢、虎会杞夷、舟夷，雚（讙）不所（质），③ 广伐东或（国）。"此"杞夷"即指杞人。杞被冠以"夷"称，盖因叛周之故，也不排除与杞人深受东夷文化浸淫有关。簋铭既言南夷中的卢、虎联合杞人、舟人侵犯东土，周王乃命师俗、史密率齐师等武装进行征讨，足见杞人应活动于东方近齐之地。李学勤先生联系新泰杞器的出土，推断杞国当时可能已在新泰。④ 其说至确。不过，结合晚商卜辞和铜器铭文来看，杞居东土的时间仍可进一步前推。

台北故宫博物院藏有一件晚商时期杞妇卣（《集成》5097），其铭文作"亚醜，杞妇"。按"杞妇"即出自杞族的女子，"亚醜"则为杞女所嫁夫家的族氏名号，⑤故在所作器铭中予以标识。"亚醜"是活跃于商代东土地区的雄族，《合集》36419即有"小臣醜其作圉于东对"之辞；另一方面，目前所知"亚醜"铜器可达百余件之多，其中大部分可能都出自青州苏埠屯商墓，⑥足以证明该族领地就在今山东青州境内。晚商杞氏贵族既与"亚

---

① 顾栋高辑，吴树平、李解民点校：《春秋大事表》卷7，第722页。
② 吴式芬：《攈古录金文》卷2，杭州：西泠印社，1913年，第47—50页。
③ 陈剑：《说慎》，《甲骨金文考释论集》，北京：线装书局，2007年，第45页。
④ 李学勤：《史密簋铭所记西周重要史实考》，《中国社会科学院研究生院学报》1991年第2期。
⑤ 李零：《苏埠屯的"亚齐"铜器》，《文物天地》1992年第6期。
⑥ 董珊：《释苏埠屯墓地的族氏铭文"亚醜"》，李宗焜主编：《古文字与古代史》第4辑，第337—368页。

醜"一族结为婚媾,可见二者所居地域大致相去不远。

相应的证据不一而足。殷墟卜辞中同样习见"杞"字,每用作国族名或地名,如《合集》13890出现"杞侯"之称,说明杞族成员当时已担任"侯"的职事。另据黄组卜辞记载,商王征人方途中曾经驻跸于杞地:

> 庚寅卜,在婄(香)贞:王步于杞,亡灾。
> 壬辰卜,在杞贞:今日王步于󰀀,亡灾。
> 癸巳卜,在󰀀贞:王巡罍,往来亡灾。于自北。
> 甲午卜,在󰀀贞:王步于剌(索),亡灾。　　(《合集》36751)

依上揭王步卜辞可知,自"杞"至"󰀀"一日以内便可抵达。按《英藏》2525有"󰀀、雷、󰀁商鄙"之辞,其中的"雷"又作"丘雷",到索地的距离也在一日行程,即:

> 癸未卜,行贞:今夕亡𡆥。在正月,在丘雷卜。
> 甲申卜,行贞:今夕亡𡆥。在剌(索)卜。　　(《合集》24367,出)

陈絜先生据"󰀀""雷"皆为商地周边的鄙属之邑,从而推定"商鄙"至杞、索二地的距离分别应在一日行程左右。① 其中,具有定点意义的地名是"索",由商末周初索族铜器的出土可知,索氏之邑大致就在今山东兖州西北的李宫村一带。② 那么,相较于今河南杞县而言,新泰附近显然是晚商杞地的最佳之选,如此便可与杞妇卣铭所反映的史实构成互证。

综上所论,至少在晚商及西周中晚期至春秋早期这两个阶段,杞国都应该位于今山东新泰境内。不过,《史》《汉》二书均以杞县为周初封杞之地,其说大概亦有所本,似不宜轻易否定。针对这一矛盾,王恩田先生曾提出"杞分二国"之说加以弥缝,认为新泰之杞是殷商故国,战国以后为楚所灭;杞县之杞则为西周始封,春秋以后受迫于淮夷而北迁缘陵。③ 尽管这一观点颇富新意,但指先秦杞国是二非一,目前还缺乏确凿证据,难以

---

① 陈絜、赵庆淼:《"泰山田猎区"与商末东土地理——以田猎卜辞盂、爯诸地地望考察为中心》,《历史研究》2015年第5期。
② 郭克煜等:《索氏器的发现及其重要意义》,《文物》1990年第7期;王恩田:《人方位置与征人方路线新证》,张永山主编:《胡厚宣先生纪念文集》,第105—106页。
③ 王恩田:《从考古材料看楚灭杞国》,《江汉考古》1988年第2期。

遽下断语。其实,杞居新泰和受封在时代上适可相互错开,彼此并不构成矛盾。传统观点以为周初封杞在今河南杞县,亦非毫无线索可循。西周早期亳鼎铭文(《集成》2654)有云:

公侯赐亳杞土、𮧵土、㮰禾、齻禾,亳敢对公仲休,用作尊鼎。

所谓"杞土""𮧵土",即分别以"杞""𮧵"为名的两块土地,①而"㮰禾""齻禾"则是"㮰""齻"二地出产的农作物,凡此都是器主从"公侯"之处得到的赏赐。值得注意的是,柯昌济《金文分域续编》注明亳鼎出自"河南省开封县",②而杞县恰好位于今开封东南,二地相互比邻。那么,鼎铭"杞土"若在今杞县一带,则与该器的出土地信息颇为吻合。这样的话,不仅为豫东杞地之得名追溯到更早的来源,而且也为周初封杞的位置提供了同时期出土文献的佐证。

西周统治者在远离杞人旧居的豫东地区重新封杞,恐怕也有着深刻的历史根源。如前所述,晚商杞君以"侯"为称,表明杞在当时便已位列商王朝的外服诸侯,属于商人较为倚重的地方势力代表。殷周鼎革之后,尽管杞人改弦易辙而服属于周,但周人贵族对这些被征服的殷旧势力,往往仍怀有不同程度的防范意识,经常采取强制迁离故土等手段,以铲除殷遗血缘组织与特定地域的固有联系。③ 因此在笔者看来,所谓"封杞"也许就是西周统治者借"褒封"之名,将归附的杞人自东方故地迁至中原进行重新安置,从而达到瓦解其原有地缘根基之目的,其实质殆接近于商人的"奠置"。④

不过,据亳鼎铭文反映的情形来看,彼时的"杞土"显然已不复为杞国所居,而是成为贵族之间转授的采邑,这大概表明杞在中原地区立国的时间颇为短促。关于杞人他迁的原因,或以为是受到宋国所迫。⑤《管子·霸形》:"宋伐杞,狄伐邢、卫,桓公不救。"又《大匡》云:"宋不听,果伐杞,桓公筑缘陵以封之,予车百乘,甲一千。"按春秋诸侯"城缘陵而迁杞",主

---

① "𮧵"字下部从止,上部所从即小邾国墓地 M3 所出昆君妇壶(《铭图》12353)器主的国族名。参见杨坤《从亳鼎铭文看西周早期鲁国的经略》,《青铜器与金文》第 6 辑,上海:上海古籍出版社,2021 年,第 83—96 页。
② 柯昌济:《金文分域续编》卷 9,《金文文献集成》第 42 册,北京:线装书局,2005 年,第 438 页。
③ 参见朱凤瀚《商周家族形态研究》(增订本),第 285—286 页。
④ 关于"奠置"的含义及具体方式,参见裘锡圭《说殷墟卜辞的"奠"——试论商人处置服属者一种方法》,《"中研院"历史语言研究所集刊》第 64 本第 3 分,1993 年。
⑤ 郭克煜:《杞国迁居山东问题》,《齐鲁学刊》1989 年第 4 期。

要是由于"淮夷病杞"之故,《左传》僖公十三年对此已有明确交代,况且宋君亦曾莅临援杞的"咸之会",故《管子》将杞迁缘陵归咎于宋,难免令人生疑。然而,西周时期是否存在宋人伐杞之事呢?窃以为这种可能性不妨考虑。毕竟,周初封杞在今杞县境内,其东面恰与宋国为邻,也许就在杞国甫立未久之际,宋人便开始侵夺其地,从而迫使杞人迁回东方旧居。① 倘若这一推测可以成立,不仅有助于解释亳鼎"杞土"缘何会沦为贵族私邑,同时亦可与史密簋"杞夷"活动于东土的史地背景相衔接。

至此,先秦杞国的来龙去脉便基本清晰了。要之,晚商之杞本居于今山东新泰附近,是商人在东方的属国。殷周易代后,西周统治者将杞人内迁至今河南杞县一带进行安置,同时"褒封"杞国于此,亳鼎之"杞土"应即杞人就封留下的地名遗迹。但为时不久,杞人可能因宋国所迫而迁回新泰旧居,并一直延续至春秋早期。《春秋》隐公四年载"莒人伐杞,取牟娄"。"牟娄"在今山东诸城市境内,可见杞国当时似有进一步东移之势。至于东周以后杞人的迁徙往复,杜预尝言:"推寻事迹:桓六年,淳于公亡国,杞似并之,迁都淳于;僖十四年,又迁缘陵;襄二十九年,晋人城杞之淳于,杞又迁都淳于。"② 由此即可窥知梗概。

(9)郕(山东长清东南)——郕(山东济宁南)——郕(山东长清东南)

郕,《公羊传》《汉书·地理志》均作"诗",其族姓文献阙载,据金文可知当为嬴姓。③

《春秋》襄公十三年:"夏,取郕。"杜预注:"郕,小国也。任城亢父县有郕亭。"江永云:"今亢父城在济宁州南五十里,郕城在州东南。"④ 其故址在今济宁市唐口镇寺堌堆。⑤ 另据《左传》襄公十八年记载,春秋齐境亦有郕地。是岁诸侯联军伐齐,晋师突破西部重镇平阴后,魏绛、栾盈统

---

① 若按这一推论,则亳鼎可能属于宋国之器,对照《史记·宋微子世家》所载世系来看,鼎铭"公仲"也许就是西周早期的宋君微仲。今按:《春秋》经传和东周金文中的宋君多称"宋公",此"公"实系尊称而非爵称,故可广泛用于当时的贵族名号。而亳鼎铭文中出现的"公侯",应视作"尊称(公)+诸侯称号(侯)"的称名形式,此与"鲁侯""晋侯"等诸侯称"公"同例;而"公仲"则属于"尊称(公)+排行名(仲)"的称名形式,说明其人在本宗族内排行为"仲"。
② 《春秋》隐公四年杜预注。
③ 据长清万德镇石都庄出土郕子仲簋铭文,可知郕为嬴姓。参见赵平安《〈郕子仲盖〉的名称和郕国的姓氏问题》,《古籍整理研究学刊》2006年第1期。
④ 江永:《春秋地理考实》卷4,《清经解》卷255,第2册,第249页。
⑤ 国家文物局主编:《中国文物地图集·山东分册》(下),第379页。

率下军"克郜"。杜预注:"平阴西有郜山。"此外,晚近地志对郜之地望另有详细说明。如沈钦韩引《大清一统志》:"郜山,在平阴西十二里。"① 又《续山东考古录》云:"郜邑在(平阴)西南三十里。"② 覈其里至,一般认为即今平阴县西南之亭山。任相宏先生经过实地调查,指出亭山一地未发现任何周代遗存,故郜国在此的可能性应予排除。③

传统观点普遍主张,鲁南"郜亭"即郜国所在。惟陈槃先生尝言:"疑郜旧居郜山,迫于齐而南下,最后则为鲁所灭也。"④ 所论已初步勾勒出郜在齐、鲁之间的迁徙轨迹。20世纪70—80年代,济南长清区东南的南、北大沙河沿线陆续出土多件郜国铜器。⑤ 1995年,考古工作者在长清五峰山南的仙人台遗址发现了一处周代郜国墓地,共发掘贵族墓葬六座,时代跨度自春秋早期延续至春秋晚期。⑥ 基于上述考古发现,研究者遂对"亢父郜亭说"提出质疑,认为鲁所取郜应是长清仙人台之郜。⑦

不过,尽管仙人台郜国墓地的国别相对明确,但其间各墓在年代和文化面貌方面却存在着不少差异。根据墓葬的分布特征来看,M1—M4、M6与M5或可分为两组,前五座墓的年代集中于春秋早期,随葬品形制与鲁文化器物具有明显共性;M5则为春秋晚期墓葬,随葬品也呈现较为典型的齐文化风格。综合上述现象,朱继平女士推断仙人台墓地的主人很可能是由前后不同阶段的郜国贵族构成。具体而言,春秋早期之郜原在长清仙人台遗址附近,后来随着齐国势力的扩张,郜人被迫南迁"郜亭"。春秋中晚期之际,鲁因郜国内乱而袭取其地,部分郜遗转而依附于齐,重新迁回郜国故地定居。⑧ 这一推论建立在客观分析考古材料的基础上,不仅

---

① 沈钦韩:《春秋左氏传地名补注》卷7,第85页。
② 叶圭绶撰,王汝涛等点注:《续山东考古录》,济南:山东文艺出版社,1997年,第251页。
③ 任相宏:《山东长清县仙人台周代墓地及相关问题初探》,《考古》1998年第9期。
④ 陈槃:《春秋大事表列国爵姓及存灭表譔异》(三订本),第742—744页。
⑤ 李晶:《济南市博物馆收藏的一件郜国铜器》,《文物》2002年第10期;昌芳:《山东长清石ној庄出土周代铜器》,《文物》2003年第4期;吴桂荣:《山东长清县北黄崖发现的周代遗物》,《考古》2004年第4期。
⑥ 山东大学考古系:《山东长清县仙人台遗址发掘简报》,《考古》1998年第9期;山东大学考古系:《山东长清县仙人台周代墓地》,《考古》1998年第9期;山东大学历史文化学院考古系:《长清仙人台五号墓发掘简报》,《文物》1998年第9期。发掘者认为M3的年代最早,约在西周晚期。笔者认为,M3随葬铜鼎的腹部较浅,蹄足两端饱满,主体纹饰以重环纹和垂鳞纹相配,具有较为典型的春秋早期特征,故该墓的年代上限恐难早至西周晚期。
⑦ 任相宏:《山东长清县仙人台周代墓地及相关问题初探》,《考古》1998年第9期。
⑧ 朱继平:《周代郜国地望及相关问题再探》,《杭州师范大学学报》(社会科学版)2013年第3期。

对仙人台墓地的文化断层现象作出妥善的解释,同时基本廓清了南、北二"郳"的源流关系,其结论应该切近实际。

至于仙人台 M5 出土的公典盘(《新收》1043),其铭文言"寺(邿)子姜首返(及)寺(邿),公典为其盥盘"。研究者围绕"邿子姜首"的称谓、"及"字含义及器物用途等问题展开讨论,提出了不少真知灼见。①鄙意以为,"邿子姜首"之称可从李学勤先生说,理解为嫁至邿国的姜姓女子;而"及"有往嫁之义,②这一用法见于《诗经》和《楚居》,③故"及邿"二字自当连读。那么,这件铜盘便是齐国贵族"公典"为嫁女于邿所作的媵器。联系当时邿国的存灭背景来看,该器应可视作春秋晚期邿遗与齐人联姻的实物证据,故随既嫁的姜姓女子埋藏于邿国墓地范围内。④

综上所述,周代邿国原位于今济南长清区东南的仙人台遗址附近,春秋早中期之际迁至鲁南"邿亭",即今济宁市唐口镇寺堌堆一带。《左传》襄公十三年邿国内乱,鲁国趁机袭取邿地,部分邿人复迁回齐境旧居,并最终沦为齐国附庸。

(10)舟道(山东东平西北)——(山东邹平东)——舟、州(山东安丘东北);

(11)鄑(山东平阴西南)——鄑(山东临淄东北)

《春秋》桓公五年"州公如曹",同年《传》:"淳于公如曹。度其国危,遂不复。"杜预注:"淳于,州国所都,城阳淳于县也。"淳于故城在今山东安丘市东北。州亡国后,其地为杞人所并。

"州"一作"舟",二字古通。《荀子·君道》云:"(文王)倜然乃举太公于州人而用之。"《韩诗外传》卷四作"舟人",此"州(舟)"均指上述东土州国。用作族氏名号的"舟"见于晚商金文,经常与"亚""尹""佣"等

---

① 方辉:《邿公典盘铭考释》,《文物》1998 年第 9 期;李学勤:《邿子姜首盘和"及"字的一种用法》,《重写学术史》,石家庄:河北教育出版社,2002 年,第 267—271 页;涂白奎:《〈邿公典盘〉及相关问题》,《考古与文物》2003 年第 5 期。相关论著较多,恕不一一胪列。
② 涂白奎:《〈邿公典盘〉及相关问题》,《考古与文物》2003 年第 5 期;程燕:《鲍子鼎铭文补释——兼论邿子姜首盘铭文中的"及"》,《中国历史文物》2010 年第 2 期。
③ 刘丽:《谈〈楚居〉中"及"字的一个特殊用法》,清华大学出土文献研究与保护中心编,李学勤主编:《出土文献》第 4 辑,上海:中西书局,2013 年,第 49—55 页。
④ 有学者将盘铭首句读作"邿子姜首及,邿公典为其盥盘",认为邿公典即春秋晚期齐国的邿邑大夫,而 M5 则为其女姜首出嫁后遭返母家所葬。参见张志鹏《山东长清仙人台墓地五号墓国别与年代考》,《东南文化》2016 年第 1 期。

构成复合关系,说明舟族早在商代晚期就已颇为活跃。① 其中,"亚舟"的"舟"字多与"亚"形分置,②而非铸于前者内部,故"亚"形在此可能具有指示氏名的意义,③"亚舟"则指具有家族长一类特定身份的舟族成员。而"尹"多用作职事名号,它与"舟"形成复合氏名,大概是用于标识担任"尹"职后产生的舟族别支。佣氏既为媿姓,与"舟"族属背景相异,所以"佣舟"可能是指居住在舟地的佣人分族。

在为数众多的舟族铜器当中,具有出土地信息者相对较少,却足以反映出该族的活动轨迹。其中,安阳武官村商墓曾出土带有"舟"字族铭的铜鼎(《集成》1148)和铜戈(《集成》10748)各一件,足见舟族与商王室之间的密切联系。《集成》8782 著录的晚商铜爵,其铭文作"亚鼄舟"。曾毅公《山东金文集存》称该器"乾隆末年出土于寿张县梁山"。④ 然而同坑所出另一爵,铭文与之相同,《集成》7814 著录作"亚鼄",其中的"舟"字未能拓出。"鼄"用作地名之例,尚见于殷墟卜辞。如《合集》6016:

贞:雍刍于鼄;
贞:雍刍勿于鼄。

该组卜辞大意即是贞问雍人在鼄地打草畜牧之事。既然是借力以劳,那么按照常理推测,雍族之人所前往之鼄地,恐怕与其居邑不会相去太远。而雍地习见于晚商田猎卜辞,常为商王蒐狩所至,大致位于淄水上游的原山附近。⑤ 由此看来,卜辞鼄地的位置很可能亦在东土,而复合氏名"鼄舟"所标识的对象,也许就是舟族成员徙居鼄地后形成的分族。

舟族活动于今山东境内,其实尚有颇多线索可循。据西周中期的史密簋铭文(《新收》636)记载,南夷集团的卢、虎二族一度北上,会合杞夷、舟夷共同侵扰王朝东土;周王乃命师俗、史密率齐师、族徒、遂人予以反

---

① 关于商金文"舟"字族徽的整理,详参雒有仓《商周青铜器铭文"舟"与舟人族系研究》,《古文字研究》第 28 辑,第 198—205 页。
② 参见《集成》1407、7822、9846、9911 及《新收》1643、1932 诸铭。
③ 朱凤瀚先生认为,金文"亚"字象宗庙之形,所以商周族氏铭文中常以"亚"形来标识族氏名号。参见朱凤瀚《商周青铜器铭文中的复合氏名》,《南开学报》(哲学社会科学版)1983 年第 3 期。
④ 参见山东省博物馆编《山东金文集成》,济南:齐鲁书社,2007 年,第 560 页。
⑤ 陈絜:《卜辞雍地地望及其他》,李伯谦主编:《中华之源与嵩山文明研究》(第三辑),北京:科学出版社,2017 年,第 204—211 页。

击,最终平息了叛乱。李学勤先生认为,舟夷即《春秋》州国,此时已都淳于。① 考虑到簋铭既以舟、杞并举,而杞又在新泰附近,故氏说大抵近是。另外,传世文献中也有相应的地名线索,或可进一步佐证早期舟族的活动地域。《左传》哀公二十一年:

> 秋八月,公及齐侯、邾子盟于顾。……是行也,公先至于阳谷。齐闾丘息曰:"君辱举玉趾,以在寡君之军,群臣将传遽以告寡君,比其复也,君无乃勤。为仆人之未次,请除馆于舟道。"

"顾"即《商颂》"韦、顾既伐"的顾国故地,在今河南范县东南。② 至于"舟道"所在,杜注仅云"齐地",并未说明具体位置。但细绎文意,鲁哀公先行至于阳谷等待齐侯,齐人欲在"舟道"为之准备行馆,可见"舟道"定然密迩阳谷,当在今山东东平县西北一带。不难发现,这一区域恰与晚商"亚䚋舟"器的出土地(寿张县梁山)十分接近,这种现象恐怕绝非偶然。按《齐风·南山》有所谓"鲁道",一般认为即"适鲁之道";③ 散氏盘铭(《集成》10176)则可见"周道""郿道""单道""凡道"之属,亦分别是指通往相关诸地的各条道路。准此,《左传》"舟道"自当理解为舟地之道,同时很可能就是晚商舟族活动于梁山附近的地名孑遗。

探讨舟族的分衍与迁徙轨迹,还有必要联系同时期的雟族和鄝地。商周金文中常见"𩁉""𩁑"等字,每用作族氏名号,但其释读久无定说。程少轩先生撰文考释为"雟",④ 当可信从。1974 年,辽宁喀左县山湾子窖藏出土了一件商末周初铜卣(《集成》5069),其盖部有铸铭"串雟,父丁"四字,器内底铭文则作"舟,父甲"(《集成》4907)。⑤ 这种缀有不同族徽之器、盖相配使用或一并埋藏的现象,往往表明有关族氏很可能存在某种密切联系。相应的证据不一而足。西周中期雟徽簋铭(《集成》3940)整

---

① 李学勤:《史密簋铭所记西周重要史实考》,《中国社会科学院研究生院学报》1991 年第 2 期。陈絜先生则认为,史密簋"舟夷"可能活动于"舟道"一带。参见陈絜《"梁山七器"与周代巡狩之制》,《汉学研究》第 34 卷第 1 期,2016 年。
② 杨伯峻:《春秋左传注》(修订本),第 1717 页。
③ 朱熹:《诗集传》卷 5,第 60 页;屈万里:《诗经诠释》,台北:联经出版事业股份有限公司,1983 年,第 107 页。
④ 程少轩:《试说"雟"字及相关问题》,复旦大学出土文献与古文字研究中心编:《出土文献与古文字研究》第 2 辑,上海:复旦大学出版社,2008 年,第 131—145 页。
⑤ 喀左县文化馆等:《辽宁省喀左县山湾子出土殷周青铜器》,《文物》1977 年第 12 期。

体铸于"亚"字形框内,其上端同样出现了"舟"字族铭,可见器主"雟徽"一方面以"雟"为氏,同时又身为舟族成员,如此则无非说明一个事实:金文雟氏应是由舟人分衍产生的支族。

事实上,舟、雟二族在族属方面的内在关联,同时又表现为同名地名在地理空间上的密切联系。据《春秋》经传记载,东周齐境有两处鄑地,李零、董珊二位先生在讨论晚商雟族的分布时,对此已有所关注。① 其中,《左传》僖公二十六年"公追齐师,至鄑"的"鄑",在今山东平阴县西南的东阿镇一带,南距"舟道"甚近。考虑到该处鄑地恰好位于晚商舟人的活动区域周边,因而很可能就是舟族别支——雟氏的旧居所在。另一处鄑地原为纪国之邑,故名"纪鄑"(《国语·齐语》),后入于齐,在今淄博市临淄区东北。程少轩先生已注意到,今山东邹平县境也曾出土舟族铜器,而该地点又距故纪鄑邑较为接近,由此可见鲁北鄑地很可能与雟族的活动有关。② 这一推论非常合理。据《金石索》记载,"长山县人耕地得两爵、一卣、一鬲,售于历城市肆"。③ 按长山县旧治即今山东邹平县长山镇,在今淄博市区西北。这批出土器物当中,有两件同铭舟爵,铭文均作"父戊作彝,舟"(《集成》9012;9013),时代约在西周早期,相较梁山所出舟器略晚。这样看来,舟族铜器出现在济水下游沿线不同地点的先后关系,适与舟人自西徂东的播迁轨迹是完全吻合的。那么,鲁北临淄附近的鄑地,则应该是在舟人集团辗转东迁过程中,由其分族雟氏徙居而留下的地名遗迹。

综上所论,商金文中所见的族名"舟",乃世居东土的姜姓之族,与商王国的关系颇为密切。晚商舟族原先大致分布于今山东西部的东平、梁山一带,春秋地名"舟道"即其活动遗迹;金文雟氏则为舟人分化形成的一个支族,所居很可能就在齐境西南之鄑地,即今山东平阴县东阿镇附近。不难看出,晚商舟人聚居的济、汶二水下游及大野泽北部一带,恰好处于连接中原和东土地区的交通节点上。大概正是由于这一缘故,随着殷周易代后周人势力在东方的不断扩张,舟人集团迫于军事压力,乃循济水下游沿线向鲁北地区渐次东迁,先后活动于今邹平、临淄附近,纪鄑一地很可能就是分族雟氏留居的孑遗。大致在西周中期前后,舟族主体最终迁

---

① 保利艺术博物馆:《保利藏金》(续),广州:岭南美术出版社,2001年,第27—30页。
② 程少轩:《试说"雟"字及相关问题》,复旦大学出土文献与古文字研究中心编:《出土文献与古文字研究》第2辑,第144—145页。
③ 冯云鹏、冯云鹓:《金石索》卷1,《金文文献集成》第3册,第19页。

至今安丘东北的淳于立国,史密簋"舟夷"即此,直至春秋早期其地为杞所并。若仔细寻味《春秋》"州公如曹"之记载,州君在亡国之际不以出奔曹国为远,无非暗示出州、曹之间可能关系甚密,而此间种种联系,也许就根植于二者曾在济水流域为邻的历史渊源。

（12）丹阳（河南淅川西南）——丹阳（湖北秭归东）——丹阳（安徽当涂东北）

《世本·居篇》："楚鬻熊居丹阳,武王徙郢。"①此"丹阳"地望何在,自古以来一直聚讼纷纭。② 近年刊布的清华简《楚居》中,尽管没有明确提到"丹阳"一地,但对早期楚人的活动轨迹作了详细记载,有助于我们通过史事背景的系联来推知"丹阳"方位。《楚居》简1—3云:

> 季连初降于騩山,氏于穴穷。前出于乔山,宅处爰波。逆上泖水,见盘庚之子,处于方山。女曰妣隹,秉兹率相,詈冑四方。季连闻其有聘,从,及之泮,爰生䋲伯、远仲。妣（毓）裳羊,先处于京宗。穴酓（熊）迟徙于京宗,爰得妣䰙,逆流哉（载）水,厥㺇（狀）㙯（聶）耳,乃妻之,生侸叔、丽季。③

其中,"穴穷""乔山"等地究竟何指,学界争议较大,不妨暂且阙疑。据《大戴礼·帝系》载,老童生重黎及吴回,吴回生陆终,陆终六子之最少者即为季连。④《史记·楚世家》载重黎、吴回均号"祝融",在包山楚简、望山楚简和新蔡葛陵楚简中,祝融与老童、穴熊并称为"三楚先",足见其在后世楚人心目中的地位。按《左传》昭公十七年有"郑,祝融之墟也"之说,又《左传》昭公十二年云"昔我皇祖伯父昆吾,旧许是宅",可知上古祝融集团分布于郑、许等地,即今河南中部的新郑、许昌一带,那么季连的活动地域亦当近是。李学勤先生指出"騩山"即《山海经·中山经》的"騩山",也就是今河南新郑、密县一带的具茨山,简文称季连降于騩山,当与

---

① 宋衷注,秦嘉谟等辑:《世本八种》,雷学淇辑本,第46页。
② 主要观点大致包括"枝江说""秭归说""丹淅说""当涂说""东方说"和"商县——丹淅说"等。参见陈槃《春秋大事表列国爵姓及存灭表譔异》（三订本）,第168—186页；徐少华、尹弘兵《楚都丹阳探索》,北京：科学出版社,2017年。
③ 清华大学出土文献研究与保护中心编,李学勤主编：《清华大学藏战国竹简》（壹）,第181页。
④ 按照《楚世家》和《帝系》的说法,季连是传说中的楚人先祖,出现年代要远早于商周之际的鬻熊（穴熊）。但《楚居》中的季连具有明显的神性色彩,且所处的时代跨度很大,所以简文季连并不是一个具体人物,应指季连所在的这一部族。

其为祝融之子的传说有关。①

"洲水"指汉代以后的均水(《汉志》作"钧"),其上游即发源于熊耳山西麓的淅川。新蔡葛陵楚简有"昔我先出自𨟻逃"之记载(甲三·11、24),整理者已将"𨟻"与"洲水"相联系,②洵为卓识。所谓"𨟻道"可能是指淅川一带的地穴。③ 由此可知,季连一支后自中原腹地向南阳盆地及丹淅地区迁徙,④并循淅川逆流而上,活动于伏牛山南麓一带。至于"见盘庚之子"这一传说,所涉及的人物似不宜过分指实,大致应理解为楚先族在沿淅川北上的过程中,曾经与晚商阶段的商人集团发生过局部接触,可能因此与之通婚,遂得娶妣隹为妻。有学者据此推断,季连部族彼时与盘庚亲子关系亲密,所居当在商王国腹地周边,则恐怕并不确切。

季连在水滨迎娶妣隹后,生下了䞈伯、远仲二人。所谓"毓䙷羊",整理者疑读作"毓徜徉",意即生育顺畅。⑤ 赵平安先生认为,"䙷羊"即《山海经》中的"常羊之山",在今陕西商洛市南,而"毓䙷羊"应理解为"毓于䙷羊",是说䞈伯、远仲在常羊一地长大。⑥ 其说颇有胜意,窃以为可从。穴熊即鬻熊,毋庸赘言。⑦ 据简文所云,季连一支"先处于京宗",穴熊则"迟徙于京宗",后者到达京宗后娶妣㚤为妻,育有𢛳叔、丽季,而丽季正是《楚世家》所载的鬻熊之子熊丽。细绎文意可知,季连和穴熊虽并为楚人先公,实际却代表了同一部族内部平行发展的不同支系,因而其子嗣以伯、仲、叔、季排行为称,但在徙居"京宗"的时间上则有早晚之别。其中,鬻熊—熊丽一支当为后世楚人的直系祖先。毕竟,《楚居》在讲到楚人名号的缘起时,正是将其来源追溯到丽季的诞生;而楚君之名称为"酓(熊)某",也是从丽季之子熊狂正式开始,或可视作以其先祖穴熊之字为氏。

---

① 李学勤:《论清华简〈楚居〉中的古史传说》,《中国史研究》2011年第1期。
② 清华大学出土文献研究与保护中心编,李学勤主编:《清华大学藏战国竹简》(壹),第183页。
③ 裘锡圭:《说从"肖"声的从"贝"与从"辵"之字》,《文史》第100辑,第9—28页。
④ 关于季连部族南迁路线的推测,参见徐少华《从〈楚居〉析楚先族南迁的时间与路线》,楚文化研究会编:《楚文化研究论集》第11集,上海:上海古籍出版社,2015年,第310—317页。
⑤ 清华大学出土文献研究与保护中心编,李学勤主编:《清华大学藏战国竹简》(壹),第183页。
⑥ 赵平安:《试说〈楚居〉"妣䙷羊"》,《文物》2012年第1期。
⑦ 孔广森已指出:"鬻熊即穴熊,声读之异,史误分之。"参见方向东《大戴礼记汇校集解》,北京:中华书局,2008年,第754页。在包山简和新蔡葛陵简的祭祷简文中,位于老童、祝融之后的"楚先"或作"䵏(鬻)熊",或作"穴熊",学界通常将二者视作一人,是完全正确的。

准此,自然就可以解释"三楚先"为何有穴熊而无季连了。①

"京宗"一地不见于传世文献,研究者多从楚人发祥地和音韵角度,推断"京宗"之名当与荆山有关。② 另外,也有学者基于"京宗"为通名的认识,只是在具体观点上犹有不同。如高崇文先生认为,"京宗"即都邑宗庙所在,此指周人的宗周镐京。③ 尹弘兵、徐少华二位先生均主张,简文"京宗"不是一个固定的地点。尹先生认为,季连和穴熊所居之"京宗"应在中原地区;④而徐先生认为,穴熊之"京宗"应在丹淅地区偏北,季连氏之"京宗"或更靠近伏牛山南麓。⑤ 周宏伟先生则谓"京宗"即早期楚人之太庙,位于关中平原东部的华山(旧有荆山之称)北麓一带。⑥

在笔者看来,"京宗"一词不排除具有通名属性,类似于周人的"京室"和东周楚人的"郢"。不过,简文既言季连氏"先处于京宗",接着又说穴熊"迟徙于京宗",那么至少这里的"京宗"理应视作一地,恐怕难以区别为二,这是首先需要明确的。至于"京宗"的地望范围,窃以为不妨结合简文记载及早期周、楚关系加以推定。今按:《楚居》叙述楚先公先王的迁徙、居处之行为,其常见文例一般包括四种,一为"徙"或"徙居",二为"徙袭",三为"复",四即"处"或"为处"。其中,"徙"或"徙居"含义清楚,"复"即返归,无需赘言。"袭"有因袭之义,故"徙袭"意即因袭前王之郢而居之,⑦表明时王迁居之地,亦尝为前王所居。整理者指出,简文"为处"与"徙居"相对,⑧这一认识非常重要。按《楚居》"为处"之例三见,分别为:

至灵王自为郢徙居秦(乾)溪之上,以为处于章[华之台]。

---

① 赵平安:《"三楚先"何以不包括季连》,李宗焜主编:《古文字与古代史》第3辑,第371—378页。
② 李学勤:《论清华简〈楚居〉中的古史传说》,《中国史研究》2011年第1期;宋华强:《清华简〈楚居〉1—2号释读》,武汉大学简帛研究中心网站,2011年1月15日;笪浩波:《从近年出土新材料看楚国早期中心区域》,《文物》2012年第2期。
③ 高崇文:《清华简〈楚居〉所载楚早期居地辨析》,《江汉考古》2011年第4期。
④ 尹弘兵、吴义斌:《"京宗"地望辨析》,《江汉考古》2013年第1期。
⑤ 徐少华:《从〈楚居〉析楚先族南迁的时间与路线》,楚文化研究会编:《楚文化研究论集》第11集,第310—317页。
⑥ 周宏伟:《〈楚居〉"京宗"新释》,《中国史研究》2019年第3期。
⑦ 清华大学出土文献研究与保护中心编,李学勤主编:《清华大学藏战国竹简》(壹),第188页。
⑧ 清华大学出土文献研究与保护中心编,李学勤主编:《清华大学藏战国竹简》(壹),第189页。

白公起祸,焉徙袭湫郢,改为之,焉曰肥遗。以为处于酉澫。
王太子以邦居鄗郢,以为处于鄵郢。

凡称"徙居"者,通常表明该行为伴随有一定距离的迁移过程。而"以为"二字连言,则是虚词复语,似有"所以""因此"之义,意在表达"徙居"和"处于"这两个行为之间应具有承接关系,即先后所居的两个地点相距不远。① 准此,简文云季连氏后裔䋣伯、远仲"毓甹羊,先处于京宗",自当说明"京宗"与"常羊之山"大致邻近,那么"京宗"的地理位置,便很可能同样位于今陕西商洛市以南一带。

从早期周、楚关系来看,这一推论也可得到相应的支持。我们知道,早在商末周初阶段,楚先族与周邦的往来就十分密切。据《史记·周本纪》载,由于文王盛名远播,"太颠、闳夭、散宜生、鬻子、辛甲大夫之徒皆往归之"。集解引刘向《别录》曰:"鬻子名熊,封于楚。"②而《楚世家》既言"鬻熊子事文王",又载楚武王语曰:"吾先鬻熊,文王之师也。"尽管前人对鬻熊与周文王的具体关系尚有争议,但无可否认的是,上述记载均表明楚先族在商代末年便已归附于周,因而在武王克商后,遂有"巴、濮、楚、邓,吾南土也"之谓。既然双方在先周阶段即已建立起较为稳定的联系,那么从地缘政治和交通路径等方面来看,彼时的周、楚居地恐怕不宜过于悬远。倘若鬻熊之族主要活动于今商洛以南的豫陕鄂三省交界地带,则楚先民经丹江河谷北上穿越秦岭后,便可直抵周人势力核心区所在的关中平原,二者的密切交流自可通过蓝田—武关道顺利实现。

至此,不妨让我们重新回归《楚居》原文,其中提及的若干线索由此均可得到印证。据简文所言,穴熊晚于季连一支徙居"京宗",继而获得了名为"妣㛴"的女子。有学者指出,"妣㛴"之"㛴"疑读为厉,"妣㛴"即古厉国或厉人之女。③ 所论甚是。按古厉族为烈山氏之后裔,《续汉志》南阳郡随县条下刘昭注引《帝王世纪》曰:"神农氏起列山,谓列山氏,今随厉乡是也。"④而神农氏的降生,相传亦与华阳、常羊等地有关。如《水经·

---

① 黄锡全:《楚简秦溪、章华台略议——读清华简〈楚居〉札记之二》,武汉大学简帛研究中心网站,2011年9月1日。
② 《史记》卷4《周本纪》,第116页。
③ 复旦大学出土文献与古文字研究中心研究生读书会(蒋文执笔):《清华简〈楚居〉研读札记》,复旦大学出土文献与古文字研究中心网站,2011年1月5日。
④ 《后汉书·志》第22《郡国四》,第3478页。

渭水注》云：

> 岐水又东迳姜氏城南为姜水。按《世本》：炎帝，姜姓。《帝王世纪》曰：炎帝，神农氏，姜姓。母女登游华阳，感神而生炎帝。①

又《太平御览》引《帝王世纪》云：

> 神农氏，姜姓也。母曰任姒，有乔氏之女名登，为少典妃，游于华阳，有神龙首感女登于常羊。②

尽管上述记载不能完全等同于史实，但其中透露出神农氏可能曾活动于今陕西东南部一带，恰好与楚先民和烈山氏通婚的地理背景相合，此绝非偶然可以解释。至于简文所谓"逆流载水"，大意即是说穴熊得到厉人之女后，乃自水路逆流而行。若这一水道是指丹江上游，则表明彼时楚人正循蓝武道一线向北局部移动，不难看出，简文的有关描述显然符合鬻熊之世周、楚邻近的史实。

鉴于《世本》既已明言"鬻熊居丹阳"，而《楚居》则记载穴熊、丽季至熊狂皆居"京宗"，那么"京宗"和"丹阳"理应视作同地异名的关系，抑或"京宗"属于"丹阳"范围内的具体地点。按传世文献所见先秦"丹阳"一地，原指今豫陕鄂三省交界的丹淅之会以北地区，因在丹水北岸，故名"丹阳"，此已为研究者所熟知。《史记·韩世家》："（宣惠王）二十一年，与秦共攻楚，败楚将屈丐，斩首八万于丹阳。"索隐云："故楚都，在今均州。"③即今河南淅川县西南、丹水以北的区域。④自清人宋翔凤以后，童书业、陈槃诸氏皆认为鬻熊所居之"丹阳"即此。⑤石泉先生则在前者基础上首倡"商县—丹淅说"，力主早期楚人原居于商县附近，其迁徙路线是自北向南沿丹江河谷而下。⑥现据《楚居》记载可知，楚先穴熊所居"京宗"当在陕

---

① 郦道元著，陈桥驿校证：《水经注校证》卷18，第442页。
② 李昉等撰：《太平御览》卷78《皇王部三》，第365页。
③ 《史记》卷45《韩世家》，第1872页。
④ 早期文献中的"丹阳"用作区域名，而不是指一个具体城邑或者地点。参见杨宽《西周史》，第628页。
⑤ 宋翔凤，梁运华点校：《过庭录》卷9，第156—162页；童书业：《春秋楚郢都辨疑》，《童书业历史地理论集》，第213—221页；陈槃：《春秋大事表列国爵姓及存灭表譔异》（三订本），第177—178页。
⑥ 石泉：《楚都丹阳地望新探》，《古代荆楚地理新探》，第174—199页。

西商洛以南一带,适与先秦"丹阳"的方位基本吻合,这无疑为传统"丹淅说"提供了新的支持。

至此我们似可推断,鬻熊所居之"丹阳"应即东周楚地"丹阳",是指今河南淅川县西南的丹水以北地带。《楚居》季连氏及穴熊一支徙居的"京宗",很可能是这一区域内的某个具体地点,殆已初步具备楚先族政治和宗教中心的性质。近年来,在陕西商南至河南淅川的丹江沿线,陆续发现了较为密集的西周时期遗存,其文化面貌具有明显的地方性特征,与关中地区的周文化存在一定差异,但与稍晚的早期楚文化更为趋同。[①] 因此有学者认为,以过风楼遗址为代表的豫陕鄂交界地带的西周遗存,很可能与早期楚人的活动有关。[②] 不过,上述考古学文化中的商末周初遗存并不十分丰富,且整体年代区间相较鬻熊居"丹阳"的时段明显偏长,其所属人群是否为当地的楚人别支或其他土著部族,这种可能性似可考虑。

无独有偶,西周早期楚君熊绎的居地亦称"丹阳"。《史记·楚世家》:"熊绎当周成王之时,举文、武勤劳之后嗣,而封熊绎于楚蛮,封以子男之田,姓芈氏,居丹阳。"然而《左传》昭公十二年又说:"昔我先王熊绎辟在荆山,筚路蓝缕以处草莽,跋涉山林以事天子,唯是桃弧、棘矢以共御王事。"对照上述两种记载,似乎暗示"丹阳"一地就在荆山,故有学者认为"丹阳"之名随楚人迁徙而发生流动,笔者过去亦持类似看法。现在重新加以审视,终觉此说犹有未安,必须进行修正。

据《楚居》所云,自穴熊徙居"京宗"以降,其直系后裔丽季、熊狂皆居此地,直到熊绎之世,楚人始由"京宗"迁至"夷屯"定居。整理者结合《楚世家》之说,认为"夷屯"即史书中的"丹阳"。[③] 但寻绎文意不难发现,熊绎是因袭旧居"京宗"在先,后来才和屈约使都嗌卜徙于"夷屯"。因此,就"京宗"和"夷屯"而言,单据《楚世家》仅能断言,其中至少有一地相当于"丹阳";而联系《左传》则可推知,其中至少应有一地位于荆山。既然前文已经考订"京宗"当在丹淅地区,亦即"丹阳",那么"辟在荆山"所对应的地点,则只能是后来徙居的"夷屯"。由是观之,《楚世家》称熊绎"居

[①] 张天恩:《丹江上游西周遗存与早期楚文化关系试析》,《周秦文化研究论集》,北京:科学出版社,2009年,第166—175页;王红星:《楚都探索的考古学观察》,《文物》2006年第8期。
[②] 何晓琳、高崇文:《试论"过风楼类型"考古学文化》,《江汉考古》2011年第1期。
[③] 清华大学出土文献研究与保护中心编,李学勤主编:《清华大学藏战国竹简》(壹),第185页。

丹阳",乃指其因袭先代之旧居;而《左传》云"昔我先王熊绎辟在荆山",则是针对其南迁之新邑,二者原本泾渭分明,不应相互混淆。

至于"𫊸屯"的位置,整理者以为邻近商密之都,在今丹淅地区。① 李家浩先生则认为,"𫊸屯"即见于《史记》等文献的楚先王陵墓"夷陵",在今湖北当阳境内。② 据《楚居》记载,自熊绎徙居"𫊸屯"之后,直到西周中晚期之际的熊渠诸位先公尽居于此。那么,若以荆山作为参照,并结合昭王时期京师畯尊铭(《铭图》11784)所言"王涉汉伐楚"云云,不难推知"𫊸屯"一地当在汉水以南的荆山附近。众所周知,《左传》哀公六年云"江、汉、雎、漳,楚之望也",而新蔡葛陵楚简亦有"宅兹雎、漳,以选迁处"之记载,所以荆山以南的沮漳河流域,一直是早期楚文化和楚都探索的重点地区,近数十年也陆续发现了很多重要遗存。③ 不过,这些楚文化遗存的年代基本都在东周以后,暂时无助于确定简文"𫊸屯"的地望。

今湖北秭归境内亦有地名"丹阳"。《山海经·海内南经》载有"丹山",郭璞注:"丹山在丹阳南,丹阳居属也。"其地在"今建平郡丹阳城,秭归县东七里。"④《水经·江水注》引《宜都记》说,以为熊绎所居之"丹阳"即此。⑤ 非是。《左传》僖公二十六年云:

> 夔子不祀祝融与鬻熊,楚人让之。对曰:"我先王熊挚有疾,鬼神弗赦,而自窜于夔,吾是以失楚,又何祀焉?"

是谓楚先王熊挚因疾失国,出奔至夔,遂为夔氏始祖。不过,熊挚曾继任楚君一事,并见于《楚世家》和《楚居》记载,殆无可疑,那么夔子与熊挚的关系只能另作考虑。徐少华先生认为,熊挚死后,其弟熊延代立为君,熊挚嫡嗣的一支被迫出走于夔,别为夔君,故曰"失楚"。⑥ 氏说可从。那么,秭归境内之所以会出现地名"丹阳",很可能是随着熊挚后裔自楚迁夔

---

① 清华大学出土文献研究与保护中心编,李学勤主编:《清华大学藏战国竹简》(壹),第185页。
② 李家浩:《谈清华战国竹简〈楚居〉的"夷屯"及其他——兼谈包山楚简的"坉人"等》,清华大学出土文献研究与保护中心编,李学勤主编:《出土文献》第2辑,第55—66页。
③ 王红星:《楚都探索的考古学观察》,《文物》2006年第8期。
④ 袁珂:《山海经校注》(增补修订本)卷10,成都:巴蜀书社,1993年,第327页。郝懿行指出,"丹山在丹阳南,丹阳居属也"为郭注之文,后误作经文耳。
⑤ 郦道元撰,陈桥驿校证:《水经注校证》卷34,第791页。
⑥ 徐少华:《夔国历史地理与文化遗存析论》,《中国史研究》2012年第2期。

移徙而来的。

此外，《史记·秦始皇本纪》载始皇三十七年东巡，"浮江下，观籍柯，渡海渚。过丹阳，至钱唐"。正义引《括地志》云："秦兼并天下，以为鄣郡也。"①此"丹阳"又见于里耶秦简(8-430)，为秦置县，属鄣郡，在今安徽当涂县东北。《汉志》属丹阳郡，原注曰："楚之先熊绎所封。"②鉴于"当涂说"无法得到出土文献与考古学的支持，今之学者普遍对此不甚措意，然而班氏之说虽不确切，却可由其"本末倒置"而窥见地名"丹阳"之流动轨迹。

众所周知，今苏、皖两省交界的江左之地，春秋战国之际先后为吴、越二国所有，而彼时的楚"东国"区域，主要是指方城之外、淮水南北的楚国境土。③ 战国中期楚灭越后，其东部疆域逐渐扩展至长江下游南岸的苏南、浙北等地。此后，由于"白起拔郢"和江汉基地的沦陷，楚国政权的重心遂东移至淮河中游一带，大批楚贵族和平民也陆续迁到江淮地区定居，并成为当地社会的主导力量。随着楚人势力的东进，"楚""荆"等地名乃移徙至淮河中下游及江、淮之间，故《史记·货殖列传》以江、汉之地为"西楚"、苏、皖为"东楚"，二者兼得"楚"名；而西汉初年又封刘贾为荆王，领有淮东五十二城，"镇江、淮之间"，④是淮左地区亦得称"荆"。准此，结合上述历史背景及地名流动的特征来看，秦代长江下游附近出现地名"丹阳"，恐怕亦是战国后期楚人集中东迁的产物。

总之，"丹阳"原本是指今河南淅川县西南、丹江以北的地区，属于区域名的概念。正是因为楚先季连氏和鬻熊尝居于此，这一地名遂具有楚族发祥地的特殊意义，继而随着后世楚人的分衍、迁徙而不断播迁，先后移植于湖北秭归和安徽当涂等地。

(13) 巴、巴水(川、陕交界的大巴山一带)——巴(重庆境内)

巴是先秦时期的南方古族，后建立起区域性方国，国名与族名同称。《汉书·地理志》巴郡注引应劭曰："《左氏》巴子使韩服告楚。"⑤《左传》

---

① 《史记》卷6《秦始皇本纪》，第261页。
② 《汉书》卷28《地理志》，第1592页。
③ 陈伟：《楚东国地理研究》，第1—6页。
④ 《汉书》卷35《荆燕吴传》，第1918页。
⑤ 《汉书》卷28《地理志》，第1603页。《汉志》巴郡班固自注："秦置，属益州。"王念孙据《左传》桓公九年正义所引《汉志》，认为今本"秦置"下脱"故巴国"三字。参见王念孙《读书杂志》卷5，北京：中国书店，1985年，第4页。按《左传》桓公九年正义云："《地理志》巴郡，故巴国，江州是其治下县也。昭十三年楚共王'与巴姬埋璧'，则巴国姬姓也。"窃疑"故巴国，江州是其治下县也"一语并非出自《汉志》，而是孔疏之文。

桓公九年杜预注:"巴,国。在巴郡江州县。"古之学者翕然而从。高士奇则认为:"巴都屡徙,江州其最初之都。"①陈槃先生就此指出:"今案高氏前说是,后说则不无问题。"②是谓巴人始都江州说不确。《左传》昭公九年詹桓伯曰:

> 我自夏以后稷,魏、骀、芮、岐、毕,吾西土也。及武王克商,蒲姑、商奄,吾东土也;巴、濮、楚、邓,吾南土也;肃慎、燕亳,吾北土也。吾何迩封之有。

引文追述西周初年周人南土所至,以巴、濮、楚、邓并举,说明四者所居可能相去不远,至少应处在相近的地理纬度。其中,邓在今湖北襄阳市西北的邓城遗址,③楚人原居丹淅地区,成王之世乃南迁荆山,其地望范围相对明确。濮即"百濮"之统称,《左传》文公十六年记载庸人联合"群蛮"伐楚,"麇人率百濮聚于选"。按庸国所都在今湖北竹山县境,麇地在今湖北郧县一带,④故"百濮"很可能分布于江、汉之间的鄂西北地区,庸人遂得以就近招之。那么,结合濮、楚、邓三者的方位来看,早期巴人所居大致亦在楚地西北,恐难远至巴郡旧治所在的今重庆境内。

《史记·苏秦列传》:"汉中之甲,乘船出于巴,乘夏水而下汉,四日而至五渚。"索隐曰:"巴,水名。与汉水近。"⑤不难看出,此巴水与巴人居地,其名称、地望均可谓契合。蒙文通先生据此推断,巴之始国原在汉水流域,后迁阆中,东周以后复徙东南,"春秋之末,巴、楚且相拒于扞关也"。⑥童书业先生亦云:"今陕南川、陕间有大巴山脉,并有巴水,当为古巴族活动之地。"⑦徐中舒先生则认为,巴人原居川、鄂两省之间,战国阶段受楚逼凌,退居清江,秦汉时期乃沿江向西发展。⑧上揭诸家所论虽稍有不同,但基本都强调巴人的分布地域原本相对靠北,当在汉水上游附近的巴水、大巴山一带,无疑更为合乎史实。段渝先生进一步指出,巴人最

---

① 高士奇:《春秋地名考略》卷11,李勇先主编:《中国历史地理文献辑刊》第3编《诗礼春秋四书尔雅地理文献集成》(三),第179页。
② 陈槃:《春秋大事表列国爵姓及存灭表譔异》(三订本),第401页。
③ 石泉:《古邓国、邓县考》,《古代荆楚地理新探》,第105—126页。
④ 江永:《春秋地理考实》卷2,《清经解》卷253,第245页。
⑤ 《史记》卷69《苏秦列传》,第2272页。
⑥ 蒙文通:《中国古代民族移徙考》,《禹贡半月刊》第7卷第6、7期,1937年。
⑦ 童书业:《古巴国辨》,《童书业历史地理论集》,第243页。
⑧ 徐中舒:《论巴蜀文化》,成都:四川人民出版社,1982年,第91—99页。

初立国于汉水上游的陕东南地区与大巴山之间,后辗转南迁至长江中游的川东地区,至于广义的"巴"地范围,则因为巴国的迁徙而有所盈缩变化。① 这是很有道理的。

综上,巴人起初活动于秦岭以南的汉水上游地区,后建立了同名方国,地处周代南土,今川、陕交界的大巴山一带即其中心区域所在。约自春秋中叶以降,楚、秦等国势力相继延伸至丹江河谷及汉水上游等地,处在劲敌环伺状态之下的巴人,很可能迫于楚、秦的扩张而局部南迁,但惜其具体轨迹已难以复原。公元前316年秦灭巴国,改置巴郡于今重庆境内,是为地名"巴"随巴人移徙而流动的线索。

(14) 养(河南桐柏东)——养、蒹陵(安徽界首);养(河南桐柏东)——养乡(湖北荆门西北)

据《左传》所见,邓国贵族有名曰"养甥"者,杜预以为即邓甥"仕于舅氏也",不确。"养甥"实系养氏之甥,乃邓人娶养氏之女所生后裔,故为邓国公族成员。另外,春秋楚国亦有养氏一族,名臣养由基即其代表。《左传》昭公十四年载:"楚令尹子旗有德于王,不知度,与养氏比,而求无厌。王患之。九月甲午,楚子杀斗成然,而灭养氏之族。"杜预注:"养氏,子旗之党,养由基之后。"

从考古发现反映的情况来看,上述养氏均属于"以国为氏"的类型。1970年,湖北江陵岳山大队楚墓中出土一组青铜器,时代大致相当于春秋中晚期之际,②其中一簠即鄝伯受为其妹叔嬴所作的媵器(《集成》4599),引起了学界的关注。研究者结合器铭文例,指出"鄝"读为"养",是一个文献失载的嬴姓古国。③ 十分正确。关于此养国的地望,或以为即《左传》昭公三十年楚昭王使吴公子所居之养邑,④其地与"城父"和"胡"相近,在今河南沈丘县东南的安徽界首市附近。⑤ 一说即《续汉志》颍川郡襄城县下司马彪所注之"养阴里",在今河南宝丰县西北。⑥

20世纪60—80年代,今河南桐柏、泌阳县境陆续出土了多批带有

---

① 段渝:《巴人来源的传说与史实》,《历史研究》2006年第6期。
② 荆州地区博物馆:《江陵岳山大队出土一批春秋铜器》,《文物》1982年第10期。
③ 黄盛璋:《鄝器与鄝国地望及与楚之关系考辨》,《江汉考古》1988年第1期;何浩:《蒹器、养国与楚国养县》,《江汉考古》1989年第2期。
④ 何浩:《蒹器、养国与楚国养县》,《江汉考古》1989年第2期。
⑤ 顾栋高辑,吴树平、李解民点校:《春秋大事表》卷7,第857页。
⑥ 黄盛璋:《鄝器与鄝国地望及与楚之关系考辨》,《江汉考古》1988年第1期。

"𢎯"铭的青铜器,包括𢎯伯庸器组(盘,《集成》10130;罐,《集成》9960)、𢎯仲无龙匜(《集成》10249)及𢎯仲侯(?)匜,①时代大致均在春秋早期。1994年,桐柏县月河镇左庄村春秋墓M1发掘出土了一件铜铎,其正、反两面铸有铭文"鄟子伯受之铎"(《新收》393),②与江陵岳山楚墓所出铜簠铭中的"鄟伯受"当系一人。发掘者基于"永""羕"通用之例,并结合有关铜器出土地域的一致性,指出以往发现的"𢎯"器国别实际也就是"鄟(养)",继而推定周代养国在今河南桐柏县境内。③ 这一结论无疑是可信的。既然养国的中心区域在今桐柏月河一带,则"养甥"这一称名形式所反映出的养、邓之间密切往来,适可与二国并在淮、汉地区的空间关系相吻合。考虑到春秋以后汉阳、淮域诸邦相继为楚所吞并,那么同时期楚国的养氏之族,应该也就是沦为附庸后改仕于楚的养国贵族。

在养国地望得到考古材料证明的基础上,徐少华先生通过地名之间的内在关联,推测东周楚国境内的两处名"养"之地,均与养人的迁徙居处有关。其中,今安徽界首之养邑,可能是楚平王灭养氏之族后,将养氏遗民东迁安置的地点;而《续汉志》和《水经·汝水注》所见之"养阴里""养水",或即楚昭王以养邑改封吴国二公子,又迫使养人徙居汝水上游而产生的新地名。④ 所论很有启发性。不过,根据鄟子伯受铎出土于桐柏月河墓地的情况来看,养国虽在春秋中期以后沦为附庸,但其公室贵族并未尽皆入楚为仕,而是仍有部分留居故土,一定程度上维持着小国的局面,并且得以媵女适楚,缔结政治婚姻。换句话说,楚国养氏惨遭灭族之下场,未必代表嬴姓养国亦不复存在,正如"鄟俘"观丁父之族无法等同于鄟国公室一样。因此笔者认为,春秋晚期并见于楚境的两处养地,大概一度具有平行发展的关系:桐柏境内的养国故地仍为养国公室所居,而界首附近之养邑,则很可能是入楚为仕的养由基之族所封,从而导致地名"养"移徙于此。此后,楚昭王复以养邑作为吴公子封地,二养遂呈现异姓而同氏之景象。曾侯乙墓遣册中有"鄟君"之名

---

① 王儒林:《河南桐柏县发现周代铜器》,《考古》1965年第7期;李芳芝、张金端:《河南泌阳发现春秋铜器》,《文物资料丛刊》(6),北京:文物出版社,1982年,第169—171页;黄运甫:《河南桐柏县发现一批春秋铜器》,《考古》1983年第8期。
② 南阳市文物研究所、桐柏县文管办:《桐柏月河一号春秋墓发掘简报》,《中原文物》1997年第4期。
③ 董全生、张晓军:《从金文羕、𢎯看古代的养国》,《中原文物》1996年第3期;董全生、赵成甫:《桐柏月河一号春秋墓相关问题研究》,《中原文物》1997年第4期。
④ 徐少华:《羕国铜器及其历史地理探析》,《考古学报》2008年第4期。

(《曾》119)，其人即楚国在鄝地所置的封君。裘锡圭、李家浩先生认为，此"鄝"即《左传》昭公三十年之养邑，①氏说可从。鉴于曾侯乙墓的年代为战国早期，约在公元前433年之后不久，故简文"鄝君"也许就是承袭养邑之封的吴公子后裔。②

然而复杂的是，战国铜器铭文和楚简中尚有地名"羕陵"（羕陵公戈，《新收》2000；《包山》86），"羕陵"又作"鄝陵"（《包山》117）或"漾陵"（曾姬无卹壶，《集成》9711；《包山》127）等，其实无别。针对"鄝"与"羕陵"的关系，学界一直存在意见分歧。③ 据包山简128记载，楚左尹和"鄝公赐"等官员命"羕陵宫大夫"④纠察"羕陵"之州的里人不与其父同室之事。⑤ 其中，"鄝公赐"为楚县公之名，结合东周楚人灭国置县的传统来看，此"鄝公"很可能就是楚人在养国故地所设的县公。而简文"羕陵"之名凡两见，一律作全称形式，由此足证"鄝"与"羕陵"应非一地。安徽寿县朱家集出土的战国中期曾姬无卹壶铭文言：

> 唯王廿又六年，圣桓之夫人曾姬无卹虩（吾）宅兹漾陵，蒿间之无匹，用作宗彝尊壶。后嗣用之，职在王室。

"宅"字旧释为"安"，现从黄德宽、程鹏万先生改释。⑥ 所谓"宅兹漾陵"，大意即楚声王遗孀曾姬居住在"羕陵"一地。"蒿间"之名，又见于包山简103—114、115—119两组简文，其内容记载了以"蒿间"为首的"羕陵""安陵""新都"及"鄝"等地的贷金数量。陈伟、李零二位先生由此认为，"蒿间"应是包括众多楚县在内的区域名。⑦ 徐少华先生则根据"蒿间"属地"安陵""正阳""鄢""鄝"诸县并在淮域的情形，指出简文"羕陵"

---

① 湖北省博物馆：《曾侯乙墓》附录1，北京：文物出版社，1989年，第520页。
② 徐少华：《羕国铜器及其历史地理探析》，《考古学报》2008年第4期。
③ 参见吴良宝《战国楚简地名辑证》，第91—96、182—184页。
④ 关于"宫大夫"性质的讨论，可参见游逸飞《试论战国楚国的"宫大夫"为爵》，李学勤主编《出土文献》第5辑，上海：中西书局，2014年，第75—85页。
⑤ 关于包山简"州里人"的理解，参见陈絜《再论包山楚简"州"的性质与归属》，《中国古代社会高层论坛文集》，北京：中华书局，2011年，第261—283页。
⑥ 黄德宽：《曾姬无卹壶铭文新释》，《古文字研究》第23辑，北京：中华书局，2002年，第102—106页；程鹏万：《曾姬无卹壶铭"吾宅"二字补释》，《古文字研究》第28辑，北京：中华书局，2010年，第336—340页。
⑦ 陈伟：《包山楚简初探》，武汉：武汉大学出版社，1996年，第101页；李零：《读楚系简帛文字编》，《出土文献研究》第5辑，北京：科学出版社，1999年，第145页。

与界首之养邑在地望上最为吻合。① 上述观点均合理可信。准此,包山简"羕陵"和曾姬无卹壶铭的"㶏陵"当在今安徽界首市一带,乃是养邑在战国以后加缀"陵"字美称的更名。

值得注意的是,包山简中除了"羕陵公"(《包山》177)、"羕陵攻尹"(《包山》107)等县级行政职官外,尚可见到"羕陵君"(《包山》86)之称,后者即为"羕陵"一地所置的封君。考虑到战国楚县与封君之邑并处一地的现象并不罕见,②因而彼时楚人由"鄾君"或"羕陵君"封地析置羕陵县,大体也是合乎情理的。

此外,新近刊布的北京大学藏秦简《道里书》中还出现了"养乡",即：

销到养乡八十一里。   (04-217)
养乡东到巅乡百一十二里,行桃丘道。   (04-216)

"销"为秦南郡属县,又见于里耶秦简、张家山汉简《秩律》及岳麓秦简《三十五年质日》,据周振鹤先生考证,其地在今湖北荆门市以北的石桥驿至南桥之间。③"巅乡"和"养乡"均为销县所辖之乡,二地东西相望,相去一百一十二里。另据简04-085"销北到巅乡五十六里、到鄀界十七里"之记载,可知"巅乡"地处销县以北,大致在今钟祥市双河镇西北一带。④ 那么,"养乡"显然位于销县西北方向,覈其里至,约略可推定在今荆门市西北的栗溪镇附近。

关于地名"养乡"的溯源,辛德勇先生提出不妨从养国遗民流散的角度加以考虑。⑤ 这一思路很有启发性。众所周知,东周时期楚国在进行对外扩张的过程中,往往采取灭国为县和迁徙遗民的统治策略,⑥而包山简的"鄾公",即可视作楚人因养国故地置县的直接证据。相较而言,上述

---

① 徐少华:《包山楚简释地五则》,《江汉考古》1996年第4期。不过,徐先生后来调整了有关看法,认为曾姬无卹壶的"㶏陵"应在今桐柏境内,包山简之"羕陵"即此,为楚人在养国故地所置邑县,而"羕陵君"所封仍在界首之养邑。参见徐少华《羕国铜器及其历史地理探析》,《考古学报》2008年第4期。笔者赞同前说。

② 参见何浩《鲁阳君、鲁阳公及鲁阳设县的问题》,《中原文物》1994年第4期;陈伟《包山楚简初探》,第109页。

③ 周振鹤:《秦末汉初的销县——里耶秦简识小》,简帛研究网,2003年12月1日。

④ 辛德勇先生指出,"巅乡"可能在今双河镇以西的乐乡关遗址一带。参见辛德勇《北京大学藏秦水陆里程简册初步研究》,《出土文献》第4辑,第228页。

⑤ 辛德勇:《北京大学藏秦水陆里程简册初步研究》,《出土文献》第4辑,第238页。

⑥ 何浩:《楚灭国研究》,第89—116页;徐少华:《周代南土历史地理与文化》,第284—291页。

"养乡"僻处荆山南部的丘陵地带,其开发程度似不及楚县和封君之邑,但作为内迁安置养国遗民的地点,倒是不无可能。事实上,楚国统治者确实曾有内迁淮域诸邦于荆山周边之举,如《左传》昭公十三年:"楚之灭蔡也,灵王迁许、胡、沈、道、房、申于荆焉。"杜预注:"荆,荆山也。"尽管彼时养国是否亦在其列,文献记载已无法稽考,但从楚人安置遗民的传统及"地随族迁"的角度推测,南郡销县所辖之"养乡",确有可能是楚灭养后内徙其民而留下的地名遗迹。① 至于汝水上游的"养阴里""养水"等地名,目前仅见于汉晋地理文献,它们究竟是否与养国遗民的播迁有关,恐怕还需要早期史料的进一步佐证。

至此,我们可结合地名关联,对周代养国成员的分衍、迁徙轨迹试作小结如下:

第一,周代养国为淮水上游的嬴姓小国,中心区域在今河南桐柏县月河镇一带,其国族名号作"䢵""羕"或"鄝"。春秋楚国养氏为养国贵族入仕于楚者,今安徽界首市附近的养邑可能即其封邑。

第二,养国约在春秋晚期为楚所灭,包山简"鄝公"即楚人在养国故地所置之县公。北大秦简《道里书》所见南郡销县之"养乡",有可能是养国遗民内迁楚境的安置地点。

第三,楚平王灭养氏之族后,楚人又以养邑改封吴国二公子,曾侯乙墓竹简之"鄝君",或即承袭养邑之封的吴公子后裔。约在战国中期前后,养邑又更名"羕陵",出土战国文字资料中的"羕陵君"和"羕陵公",其所居之地至少有一个可对应上述养邑,同时也不排除楚人析"羕陵君"封地置县的可能性。

(15)胡(河南郾城)——胡(安徽阜阳)——(湖北荆山附近)——胡(安徽阜阳)

胡为周代封国,金文作"䣨"。《史记·陈杞世家》索隐引《世本》云:"胡,归姓。"②1978 年,陕西武功县任北村窖藏出土一组䣨叔簋,其铭(《集成》4062)云"䣨叔、䣨姬作伯媿媵簋"。"伯媿"为䣨叔、䣨姬之女,而"媿"即胡国族姓"归"的本字。据保利艺术博物馆所藏西周早期子方鼎铭(《新收》1567)记载,荣仲因营建宫室告成,乃延请芮伯、䣨侯和"子"莅临,可见胡国之君具有王朝外服诸侯的身份。

---

① 如《左传》昭公元年记载楚灭赖后,灵王乃命"迁赖于鄢"。此即楚人将淮、汉地区的亡国之余内迁腹地的明证。
② 《史记》卷 36《陈杞世家》,第 1582 页。

关于胡国地望何在，文献记载存在一定分歧。《汉书·地理志》汝南郡女阴县原注："故胡国。"①又《春秋》昭公四年："秋七月，楚子、蔡侯、陈侯、许男、顿子、胡子、沈子、淮夷伐吴。"杜注："胡，国。汝阴县西北有胡城。"是谓胡在汝阴，即今安徽阜阳市境内。另一种观点则主张，胡国在今河南郾城附近。如《史记·楚世家》载昭王二十年"灭胡"，正义引《括地志》云：故胡城在豫州郾城县界。"②

1975 年，陕西扶风县庄白村西周墓出土了一组"𢕒"器，铭文内容多涉及西周中期周王朝与淮夷的战事，其中的𢕒簋铭文（《集成》4322）记载"𢕒率有司、师氏奔追袭戎于棫林，搏戎𢻳"。裘锡圭先生认为，"搏戎𢻳"即"搏戎于𢻳"的省文，可知"𢻳"近"棫林"，而"棫林"在今河南叶县东北，则"𢻳"地应以郾城说为是。③ 这是很正确的。另据《史记·老子韩非列传》所载，郑武公"欲伐胡，乃以其子妻之"，其后"袭胡，取之"。此"胡"当近于郑，亦在郾城的可能性较大。综上来看，西周至春秋初年的胡国均为郾城之胡。

东周以后胡国尚存，《春秋》经传中屡见的"胡子"即为其君。《左传》昭公三十年载吴国二公子奔楚，楚昭王使居养邑，"取于城父与胡田以与之，将以害吴也"。细绎文意可知，"胡"与养邑、城父密迩比邻，故可取其所属之田以益吴公子之封。按养邑在今安徽界首市附近，城父则在今安徽亳州市东南，那么此"胡"显然是指汝阴之胡，在今安徽阜阳市一带。过去曾有学者认为，胡国有归姓、姬姓之别，郾城之胡和汝阴之胡属于异姓而同氏者，这一观点主要是对《韩非子·说难》及《史记·老子韩非列传》有关文字的误解所致。事实上，郑武公称胡为"兄弟之国"，只不过是冠冕堂皇的辞令而已，实不足以证明胡、郑为同姓之国。裘锡圭先生指出，郾城和阜阳很可能是归姓胡国的先后所居之地，并不存在异姓的两个胡国。④ 其说甚是。考虑到春秋初年既有郑人取胡一事，那么汝阴之胡理应是由失地的郾城之胡东迁而来。

胡国徙居颍水下游地区后，逐渐沦为楚之附庸，并一度受楚人所迫而内迁荆地。《左传》昭公十三年载："楚之灭蔡也，灵王迁许、胡、沈、道、房、申于荆焉。平王即位，既封陈、蔡而皆复之。"按楚灵王灭蔡在鲁昭公

---

① 《汉书》卷 28《地理志》，第 1561 页。
② 《史记》卷 40《老子韩非列传》，第 1717 页。
③ 裘锡圭：《说𢕒簋的两个地名——"棫林"和"胡"》，《裘锡圭学术文集》第 3 卷，第 33—38 页。
④ 裘锡圭：《说𢕒簋的两个地名——"棫林"和"胡"》，《裘锡圭学术文集》第 3 卷，第 33—38 页。

十一年(前531年),后二年楚国内乱,公子弃疾继承王位,是为平王。可见胡国入楚为时不久,便又重新返归淮北故地。楚昭王之世,胡人一度叛楚即晋,并在吴师入郢之际助吴攻楚。昭王复国后,不久即采取报复行动,最终攻灭胡国,相关史事在《左传》和《系年》中都有明确交代,即:

> 吴之入楚也,胡子尽俘楚邑之近胡者。楚既定,胡子豹又不事楚,曰:"存亡有命,事楚何为?多取费焉。"二月,楚灭胡。
>
> (《左传》定公十五年)
>
> 景平王即世,昭【王】即位,陈、蔡、胡反楚,与吴人伐楚。秦异公命子蒲、子虎率师救楚,与楚师会伐唐,县之。昭王既复邦,焉克胡、围蔡。
>
> (《系年》第十九章)

包山简47中有人名作"𡎺公旅期",其中的"𡎺"字由刘钊先生释出,并读为"胡"。① 颜世铉先生认为,简文之"𡎺"是楚灭胡国后所置之县,在今安徽阜阳市。② 吴良宝先生倾向于此"𡎺"在河南郾城。③《水经·汝水注》云:

> 汝水又东南流迳郾县故城北,故魏下邑也,《史记》"楚昭阳伐魏,取郾"是也。④

郦注征引文字为今本《史记》所阙,具有很高的史料价值。"昭阳"是威、怀二王之世的楚国重臣,其人亦见于包山简的记载。据徐少华先生考订,所谓"楚昭阳伐魏、取郾",与《楚世家》怀王六年昭阳败魏于襄陵当系同时之事。⑤ 此外,大约撰成于楚宣王时期(前370—前341年)的《楚居》中,⑥还提到了地名"鄢郢"。赵平安先生基于简文"为郢"的考证,推断"鄢郢"并非今湖北宜城之鄢邑,而是指郾城之郾。⑦ 氏说可从。通过上

---

① 刘钊:《包山楚简文字考释》,《出土简帛文字丛考》,台北:台湾古籍出版有限公司,2004年,第9页。
② 颜世铉:《包山楚简地名研究》,第207—208页。
③ 吴良宝:《战国楚简地名辑证》,第200页。
④ 郦道元著,陈桥驿校证:《水经注校证》卷21,第503页。
⑤ 徐少华:《周代南土历史地理与文化》,第321—322页。
⑥ 赵平安:《〈楚居〉的性质、作者及写作年代》,《清华大学学报》(哲学社会科学版)2011年第4期。
⑦ 赵平安:《〈楚居〉"为郢"考》,《中国史研究》2012年第4期。

述线索来看,郾城一地在战国以后恐怕已不再名"胡",而是更称为"郾"。至于包山简的具体年代,根据其中出现的"以事纪年"资料,亦可推定为楚怀王前期(前322—前316年),①因此简文"臾"地为阜阳之胡的可能性较大。

综上,周代胡国为媿(归)姓封国,属于外服诸侯序列,旧居在今河南郾城一带。春秋初年郑国袭取其地,胡人被迫东迁颍水下游地区,徙居今安徽阜阳境内,地名"胡"亦随之移植于此。公元前495年楚人灭胡,因其故地而改置胡县,秦汉以后更名"汝阴",从而避免与今河南灵宝市西的"胡(湖)"地发生重名。

(16)罗(湖北南漳东北)——(湖北枝江)——罗(湖南汨罗)

罗为近楚之国。《左传》桓公十二年载:"伐绞之役,楚师分涉于彭。罗人欲伐之,使伯嘉谍之,三巡数之。"彭水即后世之筑水,发源于今湖北房县,东流入汉。杜预注:"罗,熊姓国。在宜城县西山中,后徙南郡枝江县。"《读史方舆纪要》襄阳府宜城县下云:"罗州城,在县西二十里,春秋时罗国地。"②《中国历史地图集》据此将罗国标识于今湖北宜城市西的朱市镇一带。③ 张修桂先生则认为,罗国故址或在今南漳县东南的清河镇附近。④ 此外,今南漳县武安镇洪山寺村的罗家营遗址年代属于东周时期,亦相传为古罗国城所在。⑤ 上述三处地点相去不远,皆位于今宜城、南漳二县之间。《水经·沔水注》云:

> 夷水,蛮水也。桓温父名夷,改曰蛮水。夷水导源中庐县界康狼山,山与荆山相邻。其水东南流历宜城西山,谓之夷溪,又东南迳罗川城,故罗国也。又谓之鄢水,《春秋》所谓楚人伐罗渡鄢者也。夷水又东南流与零水合,零水即涑水也。⑥

细绎文意可知,此"罗川城"位于"宜城西山"东南,同时又在"夷水""零

---

① 湖北省荆沙铁路考古队:《包山楚简》,北京:文物出版社,1991年,第14—15页。
② 顾祖禹撰,贺次君、施和金点校:《读史方舆纪要》卷79,第3713页。
③ 谭其骧主编:《中国历史地图集》第1册,第29—30页。
④ 张修桂:《〈水经·沔水注〉襄樊—武汉河段校注与复原——附:〈夏水注〉校注与复原(上篇)》,《历史地理》第25辑,上海:上海人民出版社,2011年,第25、28页。
⑤ 国家文物局主编:《中国文物地图集·湖北分册》(下),西安:西安地图出版社,2002年,第84页。
⑥ 郦道元撰,陈桥驿校证:《水经注校证》卷28,第667页。

水"交汇处西北,应即春秋罗国所在。

"夷水"一名鄀水,即《左传》桓公十三年"及鄀,乱次以济"之"鄀",后称蛮河。楚师既然涉鄀以伐罗,说明罗国必在今蛮河以北,故可首先排除武安镇南的罗家营遗址。熊会贞指出,《水经注》所载源自康狼山、东南流经"宜城西山"的所谓"夷水",实际是指今蛮河支流的清凉河,而"零水"才是蛮河的正源。① 氏说可从。按蛮河干流与清凉河交汇于今武安镇西南,那么基于这一地理坐标来看,郦注所说的"宜城西山",应指今南漳县北部的荆山余脉,而清凉河出此山后东南流经之"罗川城",显然位于今南漳县以东一带。准此,上述三种观点中似以张修桂先生之说近是。另据《中国文物地图集》所示,南漳县东北的清凉河沿岸有一处黄家营遗址,面积约为6万平方米,年代相当于东周时期,亦与罗国故址较为吻合,②其具体性质值得进一步关注。

《左传》桓公十三年记载楚屈瑕率师伐罗,终以大败而归。然此役后,罗国亦不复见于《春秋》经传,盖不久即为楚人所吞并。《汉书·地理志》南郡枝江县原注:"故罗国。"③若按前揭杜预之说,此罗国即是由"宜城西山"的故地南迁于此。又《水经·江水注》云:

> (枝江)其地夷敞,北据大江,江汜枝分,东入大江,县治洲上,故以枝江为称。《地理志》曰"江沱出西,东入江"是也。其地,故罗国,盖罗徙也。罗故居宜城西山,楚文王又徙之于长沙,今罗县是矣。④

按《汉志》长沙国所辖有罗县,在今湖南汨罗市一带,颜注引应劭曰:"楚文王徙罗子自枝江居此。"⑤是知罗国遗民南迁枝江未久,又被楚人远徙至江南之地进行安置。

从出土文献的记载来看,战国楚境已有地名曰"罗",即:

> 罗之瓘里人湘箇,讼罗之虎域之□者邑人疋女。　（《包山》83）

---

① 杨守敬、熊会贞撰,段熙仲点校,陈桥驿复校:《水经注疏》卷28,第2394页。不过,按照"互受通称"这一原则,今之清凉河虽系古夷水支流,但仍可称之为"夷水"。
② 国家文物局主编:《中国文物地图集·湖北分册》(上),第136—137页;《中国文物地图集·湖北分册》(下),第84页。
③ 《汉书》卷28《地理志》,1566页。
④ 郦道元撰,陈桥驿校证:《水经注校证》卷34,第795页。
⑤ 《汉书》卷28《地理志》,第1639页。

据简文所示，罗地范围内设有"里""域"等基层社会组织。另外，湖南长沙出土的郾客铜量铭文（《集成》10373）中还出现了人名"罗莫敖"，而"莫敖"也是楚国县级行政单位中的常设官员。这些线索足以表明，"罗"的性质当为楚县，而《汉志》罗县即是承袭前者而来。① 战国楚人以罗遗徙居之地置县，因名曰"罗"，由是亦可窥见"地随族迁"之例。

（17）徐吾、余吾（山西屯留西北）——徐无（河北遵化东）

《后汉书·西羌传》曰："后二年，周人克余无之戎，于是太丁命季历为牧师。"注云该文出自《竹书纪年》，为太丁四年之事。②《国语·郑语》史伯言成周"北有卫、燕、狄、鲜虞、潞、洛、泉、徐、蒲"，韦昭注："潞、洛、泉、徐、蒲，皆赤狄，隗姓也。"③此"徐"应指"余无之戎"，主要活动于周室以北的晋地周边。

《左传》成公元年载周人伐茅戎，"败绩于徐吾氏"。杜预注："徐吾氏，茅戎之别也。"孔疏则以为茅戎聚落之名，似不如杜说准确。"徐吾氏"亦即"余无之戎"，与茅戎的族属背景相近，故结成联盟以挫周师。出土秦封泥可见"余吾丞印"，④表明秦代已置余吾县，《汉书·地理志》属上党郡，在今山西屯留县西北。综合名号与地理位置判断，此地应是春秋"徐吾氏"旧居所在，而同时期的赤狄诸族（如潞氏、东山皋落氏等）亦聚居于周边区域，⑤或可佐证这一推论。无独有偶，秦封泥中尚有"徐无丞印"，⑥"徐无"即《汉志》右北平郡所辖之徐无县，治今河北遵化县东，适与晋地"余吾"同名异地。结合春秋中叶晋国大举进讨赤狄各部的历史背景来看，汉右北平辖境的"徐无"一地，很可能是"余无之戎"被晋国击破后、辗转北迁留下的地名遗迹。

第二节 地名"区别式播迁"

所谓"区别式"播迁，是指有关地名在经历"地随族迁"的过程后，被

---

① 徐少华：《包山楚简释地八则》，《中国历史地理论丛》1996年第4辑；吴良宝：《战国楚简地名辑证》，第238—240页。
② 《后汉书》卷87《西羌传》，第2870—2871页。
③ 《国语》卷16《郑语》，第508页。
④ 刘瑞编著：《秦封泥集存》，第794页。
⑤ 赤狄潞氏在今山西潞城县东北，东山皋落氏则在今山西昔阳县东南的皋落镇一带，均分布于太行山脉沿线。
⑥ 刘瑞编著：《秦封泥集存》，第827页。

人为地加缀"东""西""上""下""大""小""新""故"等方位词或区别字，从而导致迁入地与迁出地的名称呈现局部相异。如春秋晚期蔡昭侯徙居州来，更名"下蔡"，那么相对于今河南新蔡境内的故"蔡"而言，新地名"下蔡"显然具有区别意义。至于蔡国先前所在之地，后来又分别更称"上蔡"和"新蔡"，同样是出于规避"异地同名"的考虑。需要说明的是，诸如"新郑"与"郑"、"西鄂"与"东鄂"、"西虢"与"东虢"等成组地名，尽管其中的区别性成分往往出现在战国以后或者秦汉时期，①与有关族群的迁徙活动未必具有共时性；但它们之所以呈现紧密的内在关联，并需借助地名词缀加以区分，终究源自"地随族迁"所造成的地名流动。因此本节一并予以胪列，待到具体讨论中再行说明。

（1）亳、景亳（河南濮阳西南）——亳、西亳（河南偃师西）——亳、北亳（山东曹县东南）

关于成汤居"亳"，《孟子》《荀子》《战国策》等先秦典籍俱有明文。《左传》昭公四年云"商汤有景亳之命"，可见"亳"指"景亳"。《史记·殷本纪》采《书序》之说，言"汤始居亳，从先王居"。正义引《括地志》曰：

> 宋州谷熟县西南三十五里南亳故城，即南亳，汤都也。宋州北五十里大蒙城为景亳，汤所盟地，因景山为名。河南偃师为西亳，帝喾及汤所都，盘庚亦徙都之。②

上揭引文分别注明三"亳"所在，并谓"南亳""西亳"先后为汤所都，而"景亳"系会盟之地，所论较为详密，可视作传统观点之代表。"北亳说"出自西晋臣瓒，《汉志》山阳郡薄县下颜师古注引臣瓒曰："汤所都。"近人王国维在此基础上，力主"汤始居亳"即今山东曹县境内之"北亳"。③ 邹衡先生则始倡"郑亳"说，亦在学界影响甚钜。④

诸说之中，谷熟"南亳"不见于先秦文献和出土古文字资料，王国维已非之；邹衡先生结合李景聃等人的考古调查，进一步强调其说不足为据，⑤

---

① 顾炎武即指出："汉时县有同名者，大抵加'东''西''南''北''上''下'字以为别，盖本于《春秋》之法。燕国有二，则一称北燕；邾国有二，则一称小邾；是其例也。"参见顾炎武著，陈垣校注《日知录校注》卷20，第1132页。
② 《史记》卷3《殷本纪》，第93页。
③ 王国维：《说亳》，《观堂集林》卷12，第518—522页。
④ 邹衡：《论汤都郑亳及其前后的迁徙》，《夏商周考古学论文集》（第二版），第171—202页。
⑤ 邹衡：《论汤都郑亳及其前后的迁徙》，《夏商周考古学论文集》（第二版），第174—175页。

迄今已鲜有从者。至于偃师"西亳"和郑州"郑亳",所分别对应的偃师商城和郑州商城虽不排除为早商都邑,但前者位于文献记载的夏王国晚期核心区范围内,更兼密迩二里头遗址,故一般认为它的出现是以商代夏政作为前提,①并非"汤始居亳"明矣。《左传》昭公四年杜预注:"河南巩县西南有汤亭,或言'亳'即偃师。"若可认定偃师商城确为"西亳"的遗迹,即汉晋"汤亭"所在,那么不难想见,地名"亳"在成汤灭夏之后出现于今偃师境内,应是商人自东徂西徙居夏后氏故地的结果。而"郑亳"说面临的问题,首先在于名、实相异,即以东周陶文"京"字误释为"亳"立论;再则,据后来的考古发掘表明,郑州商城的始建可能要稍晚于偃师商城商文化遗存的年代上限。② 因此,郑州商城能否视作成汤所居之亳,目前也存在一定疑问。

汤都之亳为曹县"北亳"说,经过雷学淇、王国维的论述阐发,又陆续得到当代学者的支持和修正,③然细绎之犹有可疑。按曹县之亳为春秋宋地,一作"薄"。《左传》哀公十四年载,大夫桓魋"请以鞌易薄",宋公谓"薄"为宗邑而不许。杨伯峻先生据庄公二十八年《传》"曲沃,君之宗也",认为"曲沃于晋,亦犹亳之于宋,皆祖庙所在"。④ 邹衡先生也指出:"宋的宗庙中固然可以供奉商的始祖,但它毕竟是微子受周封后才立的,与成汤时的商宗庙根本不是一回事。"⑤这些意见都很正确。换句话说,曹县之亳只是东周宋国宗邑,而非商之宗邑,据以认定成汤居亳在此,显然是十分勉强的。傅斯年先生尝言:"亳,实一迁徙之名。地名之以居者而迁徙,周代亦然。"⑥由此看来,春秋宋境之所以会出现所谓亳(薄)地,很可能是随着微子封宋而移徙过去的地名,正如周代殷遗居鲁,故鲁国都城亦有"亳社"。⑦ 20 世纪 80 年代,邹衡先生为廓清先商阶段鲁西南、豫东地区文化面貌,带队在今菏泽市东南的安丘堌堆遗址进行发掘,发现了

---

① 中国社会科学院考古研究所:《中国考古学·夏商卷》,第 217—218 页。
② 中国社会科学院考古研究所河南二队:《河南偃师商城宫城北部"大灰沟"发掘简报》,《考古》2000 年第 7 期。
③ 程平山、周军:《商汤居亳考》,《中原文物》2002 年第 6 期;罗琨:《"汤始居亳"的再探讨》,宋镇豪、肖先进主编:《殷商文明暨纪念三星堆遗址发掘七十周年国际学术研讨会论文集》,北京:社会科学文献出版社,2003 年,第 244—249 页。也有学者主张汤都之"亳"与"景亳"有别,"景亳"仅为会盟之地,在今曹县以东的梁堌堆遗址。参见田昌五、方辉:《"景亳之会"的考古学观察》,《殷都学刊》1997 年第 4 期。
④ 杨伯峻:《春秋左传注》(修订本),第 1686 页。
⑤ 邹衡:《论汤都郑亳及其前后的迁徙》,《夏商周考古学论文集》(第二版),第 176 页。
⑥ 傅斯年:《大东小东说》,《"中研院"历史语言研究所集刊》第 2 本第 1 分,1930 年。
⑦ 《春秋》哀公四年:"六月辛丑,亳社灾。"杜预注:"亳社,殷社,诸侯有之,所以戒亡国。"又《穀梁传》哀公四年范宁注:"亳,即殷也。殷都于亳,故因谓之亳社。"

龙山文化、岳石文化和早商文化依次叠压的文化层；①同时，考古人员又在相传为"北亳"故地的今曹县以南涂山集一带作了调查，并未发现任何商代遗迹和商文化遗物，从而进一步佐证"北亳"说不确。②

欲探讨成汤居亳究竟安在，窃以为最关键的线索，莫过于对"景亳"这一地名的推原。《诗·商颂·玄鸟》："四海来假，来假祁祁，景员维河，殷受命咸宜，百禄是何。"所追述的乃是商人初受天命之盛况，当以成汤居亳、号称天下共主作为背景。毛传训"景"为大，郑笺又谓"员"当作云，"河"假为何，并将"景员维河"解释为"其所贡于殷大至，所云维言何乎"，未免过于迂曲，恐不可信。③朱熹《诗集传》则指"景"为山名，即《左传》"景亳"之所在，而"员"有"周"义，故"景员维河"意即"景山四周皆大河也"。④《商颂·殷武》言"商邑翼翼，四方之极"，即是通过描绘往昔商都之状，来歌颂高宗武丁能够承继先王余绪；其下章又云"陟彼景山，松柏丸丸"，则是说武丁复成汤之道，取景山之木建成宗庙，以安先王神主。据文意来看，此"景山"当为商人故都所依，宋儒之说明显更为合理，而黄河、景山两种地理元素相互融合，遂成为商人开国圣地之象征，如此亦可谓切中诗旨。

"景山"一地，凡两见于《诗经》，其方位明确者当属卫地。《鄘风·定之方中》云："升彼虚矣，以望楚矣。望楚与堂，景山与京，降观于桑。"毛传谓"虚"指"漕虚"，"楚"即楚丘。郑笺："自河以东，夹于济水，文公将徙，登漕之虚以望楚丘，观其旁邑及其丘山，审其高下所依倚，乃后建国焉。"所言甚是。今按：此诗所述乃卫文公欲自漕（曹）地徙居楚丘之事，旧注训"景"为大、或训为远，均非确诂，其中的"楚""堂"与"景山"皆为地名。诗云卫人自曹虚东望，楚丘与景山俱得寓目，说明二地定然相互比邻。按楚丘在今河南滑县以东，则景山亦在周边，大致即今河南濮阳西南一带。

另一处与商都密切相关的"景山"，其地望线索见于《水经·济水注》：

菏水分济于定陶东北，东南右合黄沟枝流，俗谓之界沟也。北迳

---

① 北京大学考古系商周组、菏泽地区博物馆、菏泽市文化馆：《山东菏泽安邱堌堆遗址1984年发掘报告》，北京大学考古文博学院、北京大学中国考古学研究中心编：《考古学研究》（八），北京：科学出版社，2011年，第317—405页。
② 邹衡：《论菏泽（曹州）地区的岳石文化》，《夏商周考古学论文集》（续集），北京：科学出版社，1998年，第64—83页。
③ 孔颖达：《毛诗正义》卷20，阮元校刻《十三经注疏》，第1344页。
④ 朱熹：《诗集传》卷20，第245页。

己氏县故城西，又北迳景山东，……又北迳楚丘城西，《郡国志》曰：成武县有楚丘亭。①

据引文所述方位关系可知，汉晋己氏县故城西北有所谓"景山"，其东北则为楚丘城，地望在今山东曹县东南。

两相对比不难发现，卫地景山与成汤所居之"景亳"更为契合。曹县东南的景山位于鲁西南、豫东交界之地，这里既非大河所经，北至济水亦有相当距离；而卫地景山在今滑县以东、濮阳西南一带，先秦黄河下游故道自其西面而来，蜿蜒折向东北流，几乎呈三面环绕之势，②适与《玄鸟》"景员维河"所描绘的地理景观完全吻合。③ 再则，从先商文化——早商文化发展的空间背景来看，作为先商文化代表的下七垣文化"漳河类型"主要分布于漳河下游及滏阳河沿线，商先公相土所居之"商丘"亦在豫北地区；郑州地区相当于早商一期阶段的文化内涵尽管相对复杂，吸收了较多岳石文化及部分二里头文化、潞王坟—宋窑类遗存（原称为"先商文化辉卫类型"）等不同文化因素，但商文化因素仍在其中占有主导地位，所以上述现象大概是商族南下过程中不断融合周边族群（可能包括东夷、夏族及其与邦）的物化表现。④ 相较而言，同时期鲁西南、豫东地区除个别遗址之外，⑤基本属于岳石文化的分布范围，说明当地总体仍处在东夷集团势力的控制下，不太可能作为商人核心区域之所在。⑥ 总的来说，即便夏

---

① 郦道元著，陈桥驿校注：《水经注校证》卷8，第214页。
② 谭其骧主编：《中国历史地图集》第1册，第24—25页。
③ 杜正胜：《古代社会与国家》，第254—258页。
④ 中国社会科学院考古研究所：《中国考古学·夏商卷》，第164—169页。
⑤ 杞县鹿台岗遗址即属于下七垣文化的地方类型。学者或据这一现象认为，夏末商族的活动范围已达到豫东地区，此即成汤"景亳之会"在考古学上的反映。参见宋镇豪《商代史论纲》，北京：中国社会科学出版社，2011年，第45页。
⑥ 岳石文化与公认的早商文化（二里冈文化）属于不同的文化系统，二者之间并无先后承继关系，但存在较为密切的交流和相互影响。参见邹衡《论菏泽（曹州）地区的岳石文化》，《夏商周考古学论文集》（续集），第64—83页；段宏振、张翠莲《豫东地区考古学文化初论》，《中原文物》1991年第2期。不过，也有学者认为郑州早商文化与岳石文化的密切关系，可以视作同一支考古学文化的不同发展阶段，继而提出商文化主要来源于岳石文化的观点。参见栾丰实《试论岳石文化与郑州地区早商文化的关系——兼论商族起源问题》，《华夏考古》1994年第4期。为了在豫东地区寻找先商文化遗存，20世纪90年代，中国社会科学院考古研究所与美国哈佛大学皮保德博物馆组成中美联合考古队，重点发掘了柘城山台寺、虞城马庄、商丘潘庙三处遗址，并对商丘宋城作了局部勘探，发现了相当于龙山时期和岳石文化的地层，却未能找到相应的商文化遗迹。参见中国社会科学院考古研究所、美国哈佛大学皮保德博物馆《豫东考古报告——"中国商丘地区早商文明探索"野外勘察与发掘》，北京：科学出版社，2017年。张光直先（转下页）

商之际或有部分商族成员一度南下豫东地区，但这并不足以代表商人主体的迁徙方向；至于先商文化——早商文化发展过程中与岳石文化的种种关联，有可能是商、夷联盟存在的客观反映，却无法视作成汤居亳位于东方的证据。① 因此，"景亳"及景山的位置仍以卫地说为宜。

另外，成汤居亳的地望范围，还可借助当时与商人往来交通的其他部族得到佐证。事实上，无论王国维抑或邹衡先生，都对这一方法有所运用，只是诸家依据的地理坐标互不相同而已。其一，据《史记·殷本纪》和清华简《汤处于汤丘》所云，伊尹作为有莘氏之臣而归于汤，商人既与有莘氏互为婚媾，其所居之地大概也不会相去过远。按《左传》僖公二十八年载晋、楚城濮之战前夕，晋侯登临"有莘之虚"以观军容，次日晋师陈于"莘北"，遂与楚人展开决战。"有莘之虚"即有莘氏故地，传统观点多谓在今山东曹县西北。② 不过，考虑到此役晋师既已次于城濮，则"有莘之虚"亦当近是，恐不能远至鲁西南一带，而应在今鄄城西南的濮水故道南岸为宜。准此，有莘氏故地适与今濮阳境内的"景亳"相近。

其二，《孟子·滕文公下》云"汤居亳，与葛为邻"，因而葛的地望对于探讨汤所居亳具有重要的参考意义。然而，历代地志所载名"葛"之地甚多，且往往与地名"亳"并见于邻近区域，不排除为后人附会所致。如《汉书·地理志》陈留郡宁陵县注引孟康曰："故葛伯国，今葛乡是。"③该"葛乡"在今河南宁陵县东北，恰与曹县"北亳"和谷熟"南亳"均相比邻，传统观点亦谓葛伯之国即此，颇有可疑。《春秋》桓公十五年云："邾人、牟人、葛人来朝。"杜预注："三人皆附庸之世子也，其君应称名，故其子降称人。"今按：三国既作为附庸来朝，而鲁国势力范围又较为有限，则彼此去鲁似不宜过远。邾在今山东曲阜东南，为鲁之近地，杜注谓"牟"在"泰山牟县"，即今山东莱芜附近，倘若"葛"在今宁陵东北，则其地密迩宋都商丘，恐不足以附庸于鲁。沈钦韩已疑杜说，并推测"葛"为泰山周边小国，④氏说颇具灼见。另外，《左传》僖公十七年载齐桓公有内宠名曰"葛

（接上页）生后来提出，以郑州二里冈为代表的商文化可能存在两个先商的源头，即分别来自冀南豫北的漳河流域和东方的岳石文化。参见张长寿、张光直《河南商丘地区殷商文明调查发掘初步报告》，《考古》1997年第4期。

① 张渭莲女士认为，"汤始居亳"是在豫北的濮阳、内黄一带，但"亳"实际是随商人所至而迁徙的，成汤与东方诸国举行"景亳之会"，也许就发生在鲁西南、豫东地区。参见张渭莲《商文明的形成》，第168—173页。
② 谭其骧主编：《中国历史地图集》第1册，第24—25页。
③ 《汉书》卷28《地理志》，第1559页。
④ 沈钦韩：《春秋左氏传地名补注》卷1，第17页。

嬴",其人系嬴姓葛氏之女,为少皞氏之后,嫁与齐侯作为嬖妾,由此亦可佐证葛为东土故国。既然葛伯之国本近于鲁,殆在今鲁西一带,那么商亳位于河、济之间的今濮阳境内,大致也是合适的。①

其三,《商颂·长发》:"九有(域)②有截,韦、顾既伐,昆吾、夏桀。"郑笺云:"韦,豕韦,彭姓也。顾、昆吾,皆已姓也。三国党于桀恶。"崔述《商考信录》云:"此文称'韦、顾既伐,昆吾、夏桀',则是汤先伐韦、顾,次乃伐昆吾,最后乃伐夏也。"③今之学者或从商人进军方向的角度,指出上述诸邦既依次为成汤所征服,则其地理分布相对于商亳而言,理应大体呈现由近及远之态势。这是很有道理的。其中,"韦"即"豕韦",《左传》襄公二十四年杜预注:"豕韦,国名。东郡白马县东南有韦城。"在今河南滑县东南。④ "顾",传统观点认为即《左传》哀公二十一年"盟于顾"之"顾",《元和郡县志》濮州范县条云:"故顾城在县东二十八里,夏之顾国也。"⑤即今山东鄄城县东北。邹衡先生则援引王国维说,认为"顾"即《春秋》庄公二十三年"公会齐侯盟于扈"之"扈",在今河南原阳县西境。⑥ 较之前说为胜。昆吾为己姓之国,其遗迹分别见于两地:一在今河南许昌境内的许国故地,《左传》昭公十二年楚灵王云"昔我皇祖伯父昆吾旧许是宅",即此;二为《左传》哀公十七年之"昆吾之观"及"昆吾之虚",杜注云"今濮阳城中",即今濮阳县东南的帝丘故城。⑦ 至于上述两处昆吾氏遗存的源流关系,目前尚无确凿依据可供判断,孔颖达尝言"盖昆吾居此二处,未知孰为先后也",⑧金鹗则据《郑语》韦昭注,以为"夏桀时昆吾在许,

---

① 《史记·田敬仲完世家》载宣公四十四年"伐鲁、葛及安陵",《六国年表》"葛"作"莒",似与葛伯之国无涉。
② "九有"者,鲁诗、韩诗并作"九域"。
③ 崔述:《商考信录》卷1,顾颉刚编订:《崔东壁遗书》,上海:上海古籍出版社,1983年,第133页。
④ 邹衡先生曾据《吕氏春秋·具备》"汤尝约于郼亳矣",认为"郼亳"即"韦、顾既伐"的"韦"。但《吕氏春秋·慎大览》又有"亲郼如夏"一语,高诱注:"郼读如衣。"若"郼"当读为衣或殷,则显然与"韦、顾既伐"之"韦"无关。
⑤ 李吉甫撰,贺次君点校:《元和郡县图志》卷11,第297页。
⑥ 邹衡:《夏文化分布区域内有关夏人传说的地望考》,《夏商周考古学论文集》(第二版),第229—230页。
⑦ 2005年,河南省文物考古研究所在濮阳县五星乡高城村发现了一处大型东周城址,总面积达916万平方米,经钻探表明其下部叠压有龙山、二里头、殷墟等不同时期的文化遗存,目前已基本确认该遗址即春秋卫都帝丘所在。参见河南省文物考古研究所、首都师范大学历史学院、濮阳市文物保护管理所:《河南濮阳县高城遗址发掘简报》,《考古》2008年第3期。
⑧ 孔颖达《春秋左传正义》卷60,阮元校刻《十三经注疏》,第4733页。

不在卫"。① 若考虑到上古祝融集团的地域分布,并结合商人自东徂西的扩张态势的来看,昆吾部族始居"旧许"之地的可能性似乎较大。这样的话,韦、顾并居河、济之间,而昆吾或在豫中平原腹地,这一区域恰好与同时期二里头文化与潞王坟—宋窑类遗存的分布范围大致重合。② 那么,商人既克韦、顾及昆吾,自是意味着将夏后氏集团的主要羽翼——翦除,如此也完全符合商人自"景亳"渐次西进的扩张方略。

综上所论,通过构建"有莘之虚""葛""韦""顾"及"昆吾"这一"地名群"加以整体考察,亦可佐证成汤灭夏之前的亳都当在河、济之间,即今河南濮阳西南一带的"景亳"。商人西进克夏后,又在夏后氏故地范围内兴建偃师商城,从而达到镇戍夏余之目的,亦名曰"亳"。因其方位在西,后世乃称"西亳",一名"汤亭"。周武王封微子于宋,以续殷祀,而宋人作为商遗,其国得以称"商",所立宗邑亦得名"亳",后别称"北亳"。准此,地名"亳"随商人族群转徙之轨迹即可见一斑。

此外,《世本·居篇》尚有"契居蕃"之说。王国维以《汉志》鲁国蕃县当之。丁山疑"蕃"为"亳"字音讹,即《左传》昭公九年"燕亳"及战国赵地"番吾",并由此推定商人发祥地在今永定河与滱河之间。③ 王玉哲先生在对河北中南部区域的相关地名进行梳理后,认为"博水""蒲水""蒲吾""番吾"都可能是商族始居地"亳"的转写,是商契后裔在迁徙过程中带到各地的遗迹。④ 另一方面,邹衡先生又从考古学的角度,指出先商文化来自大河以西的古冀州之域,说明早期商族是沿着太行山东麓逐步南下,而"契居蕃"的地望范围大致就在滹沱河流域一带。⑤ 上述意见基本都将商人发祥地推定在今冀中地区,但也有学者通过考古学文化因素的对比,对商族溯源作了进一步考察。如李伯谦先生认为,下七垣文化的主流可能是继承太行山西麓的晋中龙山期文化逐渐发展形成的。⑥ 张渭莲女士则结合下七垣文化杏花村类型的分布,推测"契居蕃"或可在今晋中

---

① 金鹗:《求古录礼说》卷8,第488页。
② 中国社会科学院考古研究所:《中国考古学·夏商卷》,第145页。有学者认为,潞王坟—宋窑类遗存(作者称为"辉卫文化")可能即夏、商之际以韦族为主体所创造的文化遗存。参见张立东:《论"辉卫文化"》,中国社会科学院考古研究所《考古学集刊》第10辑,北京:地质出版社,1996年,第206—256页。
③ 丁山:《商周史料考证》,第16—17页。
④ 王玉哲:《商族的来源地望试探》,《历史研究》1984年第1期。
⑤ 邹衡:《论汤都郑亳及其前后的迁徙》,《夏商周考古学论文集》(第二版),第171—202页。
⑥ 李伯谦:《先商文化探索》,《中国青铜时代文化结构体系研究》,第78—90页。

太原盆地和忻定盆地一带寻找。① 但需注意的是，鉴于文献既已明言"汤始居亳"，是成汤以前商人未尝居亳明矣。因此，无论商契所居位于冀中地区，还是可以追溯到滹沱河、汾河上游一带，我们都没有充分理由将所谓"蕃"地直接视同于"亳"。

（2）周（陕西岐山、扶风县交界地带）——宗周（陕西西安市长安区）——成周（河南洛阳市老城区）

周原位于岐山之阳，有广义和狭义之分。广义的周原是指今关中平原西部北倚岐山、南临渭水、西接汧河、东抵漆水河的狭长区域，东西绵延70余公里，南北宽20余公里；狭义的周原则指今岐山、扶风二县北部交界的周原遗址，大致包括法门、京当、黄堆等乡镇辖境，总面积约30平方公里。② 一般认为，太王迁岐所居即在今周原遗址一带，是姬姓周人的重要发祥地。③《诗·大雅·绵》曰："古公亶父，来朝走马。率西水浒，至于岐下。周原膴膴，堇荼如饴。"郑笺云："周之原地，在岐山之南，膴膴然肥美。"《汉书·地理志》右扶风美阳县原注："《禹贡》岐山在西北。中水乡，周大王所邑。"④ 从考古证据来看，周原遗址东部的贺家、王家嘴、刘家等地已发现多处先周文化墓地，齐家沟以东130米的区域内也发现了先周文化堆积。值得注意的是，凤雏东南至礼村北壕一带曾出土多块空心砖，同时发现有夯土建筑基槽，表明这一区域很可能存在先周时期的大型夯土建筑。截至目前，已经确认周原遗址先周聚落的分布范围约为5.1平方公里，远远超过周公庙遗址同期遗存的面积，这无疑为太王迁岐之地的确认，提供了考古学上的有力支持。⑤

事实上，《尚书》《诗经》等先秦文献及出土古文字资料中所见用作地名的"周"，往往即指岐周所在的周原遗址。⑥ 如《大雅·大明》"来嫁于

---

① 张渭莲：《商文明的形成》，第157—159页。
② 史念海：《周原的变迁》，《河山集》（二集），第214—231页。
③ 陈全方：《早周都城岐邑初探》，《文物》1979年第10期。这一观点大体代表学界的主流意见，恕不备举。
④ 《汉书》卷28《地理志》，第1547页。
⑤ 雷兴山、种建荣：《周原遗址商周时期聚落新识》，湖北省博物馆编：《大宗维翰：周原青铜器特展》，北京：文物出版社，2014年，第18—26页。
⑥ 尹盛平：《试论金文中的"周"》，《考古与文物》丛刊第3号《陕西省考古学会第一届年会论文集》，1983年，第33—39页；宗德生：《试论西周金文中的"周"》，《南开学报》1985年第2期；陈絜：《周代农村基层聚落初探》，朱凤瀚主编：《新出金文与西周历史》，第162—165页；赵庆淼：《再论西周时期的"周"地及相关问题》，中国社会科学院考古研究所夏商周研究室主编：《三代考古》（八），北京：科学出版社，2019年，第501—521页。

周,曰嫔于京",意即大任自母邦嫁至岐周,以为王季之配;而《思齐》云"思媚周姜,京室之妇","周姜"即太王之后,其妇名所冠夫家的国族名号,显然也来源于岐阳之周。又史墙盘铭(《集成》10174)记载微史家族先祖前来归顺周邦后,武王乃命周公"舍寓,于周俾处",即赐予寓居之地,使其客居于周。李学勤先生指出,微史家族世代担任王朝史职,墙盘和𤼈钟诸器又并藏一窖,出土于周原遗址,说明盘铭之"周"就在此地。① 这是非常正确的。

按照汉唐时期学者之说,姬姓周人之所以采用"周"作为国族名号,主要是由于太王徙居岐阳之周,即所谓"以地为氏"和"以地名国"。如《史记·周本纪》集解:"徐广曰:'(岐)山在扶风美阳西北,其南有周原。'骃案:皇甫谧云'邑于周地,故始改国曰周'。"②又张守节正义云:"因太王所居周原,因号曰周。"③由此可知,姬姓周族、周邦及周王朝的"周",实际都滥觞于岐阳之周。④

不过,由于早期地名普遍具有较强的流动性,它通常会随着相关族群的播迁而发生移徙,地名"周"亦不例外。商末周初之际,周人的政权重心开始自西土向东方渐次转移,若按"地随族迁"之通例,其所徙之地理应可以相继冠以"周"名。⑤ 如《尚书·召诰》:"越六日乙未,王朝步自周,则至于丰。"伪孔传曰:"成王朝行从镐京,则至于丰,以迁都之事告文王庙。"⑥此"周"与丰邑相距甚近,大约一日便可到达,视作镐京殆无疑问。⑦ 又《逸周书·世俘》记载克商之后,"武王朝至燎于周";《史记·周本纪》则

----

① 李学勤:《青铜器与周原遗址》,《西北大学学报》(哲学社会科学版)1981年第2期;尹盛平:《试论金文中的"周"》,《考古与文物》丛刊第3号《陕西省考古学会第一届年会论文集》,第33—39页。
② 《史记》卷4《周本纪》,第114页。
③ 《史记》卷4《周本纪》,第111页。
④ 殷墟甲骨文中出现的"周",并非指姬姓周族。参见晁福林《从甲骨卜辞看姬周族的国号及其相关诸问题》,《古文字研究》第18辑,第202—219页;董珊:《试论殷墟卜辞之"周"为金文中的妘姓之琱》,《中国国家博物馆馆刊》2013年第7期。
⑤ 1959年在沣西遗址马王村H11出土有一件陶鬲,其分档和腿腹之间分别刻有1个"周"字。参见中国科学院考古研究所沣西发掘队《陕西长安鄠县调查与试掘简报》,《考古》1962年第6期。沣西马王村H11的年代为先周晚期,属于先周文化的范畴,所以"周"字陶文在沣西地区的出现,或许表明丰邑在文王迁丰之际也一度冠以"周"名。不过,西周铜器铭文所见丰邑则俱称为"丰"。
⑥ 孔颖达:《尚书正义》卷15,阮元校刻《十三经注疏》,第448页。
⑦ 尹盛平:《试论金文中的"周"》,《考古与文物》丛刊第3号《陕西省考古学会第一届年会论文集》,第33—39页;何景成:《西周王朝政府的行政组织与运行机制》,北京:光明日报出版社,2013年,第63页。

言"武王至于周,自夜不寐"。正义曰:"周,镐京也。"①凡此皆是镐京称"周"的重要证据。在笔者看来,自武王建镐至于成王迁洛,作为当时王朝政治中心的镐京,冠以"周"名自是理所当然。在西周文献和铜器铭文中,镐京又称为"宗周",如《小雅·正月》"赫赫宗周,褒姒灭之",毛传曰:"宗周,镐京也。"据考古勘察和发掘表明,丰镐遗址主要分布于今西安市长安区西北的沣河两岸,丰邑处在沣西的马王镇境内,镐京则以沣东的斗门镇为中心,二者属于同一个地理单元,在功能方面互补共存,呈现出"一都双城"的基本格局。② 所以,也有学者提出丰、镐二京统称为"宗周"的意见。但西周早期作册䰝尊铭(《集成》5432)既言"公太史咸见服于宗周",其下又云"公太史在丰",那么按照同铭地名相互排斥之原则,足见"宗周"与"丰"仍应作适当区分。

《尚书·康诰》:"惟三月哉生魄,周公初基作新大邑于东国洛,四方民大和会。"此即成王初年周公兴建洛邑之始,与《召诰》《洛诰》所载召公相宅、周公营成周诸事适可前后呼应。何尊铭文(《集成》6014)言"唯王初迁宅于成周",实际是指洛邑整体告竣之后,成王遂将王宅东迁于此,因谓之"成周"。③ 不难看出,"成周"之名的出现,并得以取代原名"新邑",显然是由于成王徙居和都城迁移所致。

尹盛平先生指出,早在东都洛邑未建成之时,周原和镐京皆名曰"周";约至成王五年洛邑建成后,洛邑始称为"成周",而镐京更名曰"宗周",岐下之周则依然名"周",以示彼此有别。④ 所论甚有理据。"宗周"和"成周"均是在沿袭原地名"周"的基础上,增加区别性前缀而产生的新地名。其中,"宗周"冠以"宗"字,可能是因为武王建镐而克商,奠定了周室为天下所宗的历史地位,正如皇甫谧云:"武王自丰居镐,诸侯宗之,是为宗周。"⑤至于"成周"之"成",盖取功成之义,象征着成王实现了"宅兹中国"的政治构想。然无论如何,上述地名前缀的出现和使用,从而有助于跟岐周之"周"相区别,则是不言而喻的。

(3) 虢、西虢(陕西宝鸡市陈仓区)——虢、东虢(河南荥阳市东北);

---

① 《史记》卷4《周本纪》,第129页。
② 中国社会科学院考古研究所、陕西省考古研究院、西安市周秦都城遗址保护管理中心:《丰镐考古八十年》,北京:科学出版社,2016年,第12—14页。
③ 朱凤瀚:《〈召诰〉、〈洛诰〉、何尊与成周》,《历史研究》2006年第1期。
④ 尹盛平:《试论金文中的"周"》,《考古与文物》丛刊第3号《陕西省考古学会第一届年会论文集》,第33—39页。
⑤ 徐宗元辑:《帝王世纪辑存》,北京:中华书局,1964年,第90页。

虢、西虢（陕西宝鸡市陈仓区）——虢、南虢（河南三门峡市）

《左传》僖公五年载宫之奇曰："虢仲、虢叔，王季之穆也。"《国语·晋语四》则称文王"孝友二虢"。韦昭注："二虢，文王弟虢仲、虢叔。"① 是知西周虢氏为王室别支，其先世可追溯至王季之子的虢仲、虢叔。

虢仲、虢叔所封有东、西之别，一在今陕西宝鸡市陈仓区虢镇，一在今河南荥阳市广武镇。二虢之名号原先一并作"虢"，约至秦汉时期乃冠以方位词前缀，分别称为"西虢"和"东虢"。《左传》僖公五年孔疏引贾逵云："虢仲封东虢，制是也；虢叔封西虢，虢公是也。"②《国语·周语上》及《郑语》韦昭注也以"西虢"为虢叔所封。③ 不过，由于《左传》隐公元年记载郑灭"东虢"之际，其君犹称"虢叔"，遂有学者认为封"东虢"者实即虢叔，与传统观点有所不同。相较而言，笔者更倾向于前说。

首先，东虢之君缘何以"虢叔"相称，孔疏已讲得十分明白，即"言所灭之君字'叔'也"。④ 此"叔"既为表字，则仅是用于标识该虢君在其同辈家族成员中的排行，而非承自始封者的个人名号。另据《左传》所载，春秋早期担任周王卿士的虢氏贵族，并有"虢仲""虢叔"之称，⑤考虑到彼时"东虢"已亡，因而无论"虢仲"抑或"虢叔"，均为"西虢"之后。李学勤先生指出，《春秋》经传中的"仲""叔"都是虢君本人的字，与文王弟虢仲、虢叔无关。⑥ 其说甚是。因此，虢仲之后可依表字而称为"虢叔"，至于虢叔一支的后裔中，同理亦可出现"虢仲"之称。⑦

其次，西周铜器铭文所见虢氏贵族供职于王室者甚众，例如"虢仲"（虢仲盨，《集成》4435；柞伯鼎，《铭图》2488）、"虢叔"（癲鼎，《集成》2742）、"虢旅"（𣄰比鼎，《集成》2818）、"虢季子白"（虢季子白盘，《集成》10173）。"西虢"地处西土，密迩周邦，虢仲盨、城虢仲簋诸器相传均出自关中西部，⑧虢季氏家族铜器及虢仲家臣所作的公臣簋，则分别发现

---

① 《国语》卷10《晋语四》，第388页。
② 孔颖达：《春秋左传正义》卷12，阮元校刻《十三经注疏》，第3896页。
③ 《国语》卷1《周语上》，第15页；《国语》卷16《郑语》，第508页。
④ 孔颖达：《春秋左传正义》卷2，阮元校刻《十三经注疏》，第3724页。
⑤ 此"虢叔"或即《左传》僖公五年的"虢公丑"。
⑥ 李学勤：《三门峡虢墓新发现与虢国史》，《走出疑古时代》（修订本），沈阳：辽宁大学出版社，1997年，第178—181页。
⑦ 任伟：《西周封国考疑》，第227页。
⑧ 王国维：《虢仲簋跋》，《观堂别集》卷2，《观堂集林》（附别集），第1199—1201页。

于扶风强家村窖藏和岐山董家村窖藏；①而"东虢"直到两周之际，仍被史伯视作"子男之国"(《国语·郑语》)。那么对比来看，上述出任王官的虢氏成员，恐怕大多来自"西虢"及其分支族氏。② 此外，《韩诗外传》载子夏有"周公学乎虢叔"之说，《新序》"周公"则作"武王"，可见在东周以后的传说中，文王母弟虢叔通常被视作一位才学、德望兼备的贤者，在周人贵族内部享有较高地位。结合这一线索推测，虢叔及其后裔长期担任内服王官的可能性也相对更大。

再者，周初分封之际往往存在"元子出封、少子留守"的现象，如周公封鲁、召公封燕俱由长子代为就封，此已为研究者所熟知。虢仲虽非元子，但论年齿仍较虢叔为长。然则就分封情势来看，"二虢"起初很可能一并封在关中虢地，后来虢仲东迁立国，地名"虢"也就随之移徙至今荥阳境内；虢叔一支则仍居西土，留佐王室，成为西周世族世官的典型代表。

《汉书·地理志》弘农郡陕县原注："故虢国。……北虢在大阳，东虢在荥阳，西虢在雍州。"③寻绎文意可知，虢国故址在陕县地，与河东大阳县境之"北虢"有别。1956 年，考古工作者在今河南三门峡市区北部的上村岭一带发现了周代虢国墓地。④ 此后经过四次钻探和两次大规模发掘，基本确认这是一处经过规划的大型邦墓地，各级墓葬及车马坑总数达 500 座以上。⑤ 至于上村岭东南约 2 公里的李家窑遗址，则与虢国墓地具有明确的对应关系，应即同一时期的虢都所在。⑥ 在两周之际的虢氏铜器铭文中，可见"虢季氏子组"(《集成》661；《集成》3971)这一人名，而"虢季氏子组"或作"虢季子组"(《集成》5376)，说明彼时的"虢季"即"虢季氏"之省称。从目前发掘的高等级墓葬来看，三门峡虢国内部至少包括虢仲氏和虢季氏两支。其中，20 世纪 50 年代发掘的 M1631 出土有虢季氏子䢵

---

① 吴镇烽、雒忠如：《陕西省扶风县强家村出土的西周铜器》，《文物》1975 年第 8 期；岐山县文化馆、陕西省文管会：《陕西省岐山县董家村西周铜器窖穴发掘简报》，《文物》1976 年第 5 期。
② 李学勤：《三门峡虢墓新发现与虢国史》，《走出疑古时代》(修订本)，第 178—181 页。
③ 《汉书》卷 28《地理志》，第 1549 页。
④ 中国社会科学院考古研究所：《上村岭虢国墓地》，北京：科学出版社，1959 年。
⑤ 河南省文物考古研究所、三门峡市文物工作队：《三门峡虢国墓》(一)，北京：文物出版社，1999 年。
⑥ 李家窑遗址考古发掘队：《三门峡发现虢都上阳城》，《中国文物报》2001 年 1 月 10 日第 1 版；河南省文物考古研究所、三门峡市文物考古研究所：《河南三门峡李家窑西周墓发掘简报》，《文物》2014 年第 3 期；河南省文物考古研究院、三门峡市文物考古研究所：《三门峡市李家窑遗址两周墓发掘简报》，《华夏考古》2016 年第 4 期。

鬲(《集成》683)，①90年代清理的M2009和M2001则分别为虢仲墓和虢季墓。②另一方面，虢仲和虢季氏铜器也在关中地区多有发现，除前揭虢仲盨、城虢仲簋及周原遗址的两处窖藏之外，著名的虢季子白盘即出土于宝鸡虢川司，与"西虢"地望完全吻合。据此可以断定，三门峡虢国应是"西虢"自关中地区东迁的产物。

关于三门峡虢国墓地的断代问题，学界一直存在局部争议。发掘者和部分研究者认为其年代区间为西周晚期至春秋早期，从而将虢氏东迁的时间推定在犬戎灭周之前；③同时也有学者对此提出质疑，主张其中的出土器物大多相当于两周之际或春秋早期，其上限不能早到西周晚期，所以三门峡虢国墓地及李家窑遗址应是虢氏随平王东迁形成的遗迹。④在笔者看来，虢氏作为王室股肱，先于宗周覆亡而东徙的可能性甚微。据清华简《系年》第二章载，幽王死后，"邦君、诸正乃立幽王之弟余臣于虢，是携惠王"；⑤古本《纪年》亦云虢公翰"立王子余臣于携"。⑥雷学淇引《新唐书》所载《大衍历议》之说，谓"携"即"西京地名"，⑦或有道理。值得注意的是，《系年》第二章接着说携惠王立二十一年，而在虢地为晋文侯所杀，文侯于是拥立平王，继而东徙成周，"晋人焉始启于京师"。所谓"启于京师"，意即晋人开始趁机向周室故地开拓疆土。⑧那么联系晋文侯先前的一系列行动来看，可知"携王"之立仍居关中地区，而彼时"西虢"亦未东迁明矣。此外，以往针对虢国墓地出土铜器所作的时代推断，确实存在整体偏早的倾向，即使有个别器物呈现出略早特征，也要充分考虑其异地流入甚至异属背景的可能性。总体而言，彭裕商先生基于高规格大墓

---

① 中国社会科学院考古研究所：《上村岭虢国墓地》，第32页。
② 河南省文物考古研究所、三门峡市文物工作队：《三门峡虢国墓》(一)，第7—11页。
③ 林寿晋：《〈上村岭虢国墓地〉补记》，《考古》1961年第9期；李丰：《虢国墓地铜器群的分期及其相关问题》，《考古》1988年第11期；蔡运章：《虢文公墓考——三门峡虢国墓地研究之二》，《中原文物》1994年第3期。
④ 俞伟超：《平王东迁以后的西虢墓地》，《古史的考古学探索》，北京：文物出版社，2002年，第151—154页；李学勤：《三门峡虢墓新发现与虢国史》，《走出疑古时代》(修订本)，第178—181页；宁会振：《上村岭虢国墓地时代刍议》，《华夏考古》2000年第3期。
⑤ 清华大学出土文献研究与保护中心，李学勤主编：《清华大学藏战国竹简》(贰)，第138页。
⑥ 方诗铭、王修龄：《古本竹书纪年辑证》(修订本)，第64页。
⑦ 雷学淇：《竹书纪年义证》卷27，第422页。
⑧ 这里的"京师"或即《大雅·公刘》与多友鼎铭之"京师"，在今陕西彬县、旬邑一带，也有可能是指宗周故都，但无论如何，该地都应位于关中地区。

的年代判定，指出虢国墓地主体当为东周初年的遗迹，相对更为可靠。①

《左传》僖公二年载："晋里克、荀息帅师会虞师，伐虢，灭下阳。"杜预注："虢邑，在河东大阳县。"又五年《传》云："八月甲午，晋侯围上阳。……冬十二月丙子朔，晋灭虢。"杜预注："上阳，虢国都，在弘农陕县东南。"从地理位置来看，以上村岭墓地和李家窑遗址为中心的东周虢国遗存，显然属于虢都"上阳"的范围，即《汉志》所谓的"故虢国"。《水经·渭水注》引《太康地记》曰："平王东迁，（虢）叔自此之上阳，为南虢矣。"②是谓虢氏东迁而徙居"上阳"，后称"南虢"，则"北虢"当为"下阳"之别称无疑。"下阳"在今山西平陆县西南的黄河北岸，与虢都"上阳"夹河相对，故有上、下之分及南、北之别。③

综上所论，文王母弟虢仲、虢叔二人始封之虢，原本在今宝鸡市陈仓区虢镇一带，《汉志》右扶风虢县即因其旧名。④ 后来，虢仲家族徙封于今河南荥阳市东北，亦以"虢"名，延续至春秋初年遂为郑国所灭；虢叔一支则留居西土虢地，其家族成员累世担任王官。两周之际王室倾覆，西土虢氏拥立"携王"继统而未果，乃随平王东迁立国，定都于今三门峡市区一带的"上阳"，其原居地名"虢"亦得移徙至此。约在秦汉以后，时人为适当区分上述三处虢地，又分别称之为"西虢""东虢"和"南虢"。此外，与"南虢"相对者尚有所谓"北虢"，实即《左传》所见之虢邑"下阳"，在今山西平陆县西南，为三门峡虢国北部的门户要塞，而非另一虢国所在。

（4）郑（陕西华县）——郑、郑父之丘、新郑（河南新郑）

《世本·居篇》云："郑桓公居棫林，徙拾。"《史记·郑世家》则载周宣王封少弟友于郑，索隐曰："郑，县名，属京兆。秦武公十一年'初县杜、郑'是也。又《系本》云'桓公居棫林，徙拾'。宋忠云'棫林与拾皆旧地名'，是封桓公乃名为郑耳。"⑤《汉志》京兆郑县原注："周宣王弟郑桓公邑。"⑥是谓郑桓公始封在今陕西华县之郑地。

今之学者或对传统说法持有异议，认为郑之初封在今陕西凤翔境内

---

① 彭裕商：《虢国东迁考》，《历史研究》2006 年第 5 期。
② 郦道元著，陈桥驿校证：《水经注校证》卷 18，第 441 页。
③ 王先谦：《汉书补注》卷 28，北京：中华书局，1983 年，第 674 页。
④ 出土秦封泥有"郭丞"残文，"郭"即虢也，是秦在虢地设县之证。参见刘瑞《秦封泥集存》，第 666 页。
⑤ 《史记》卷 42《郑世家》，第 1758 页。
⑥ 《汉书》卷 28《地理志》，第 1544 页。

的"西郑",也即西周金文中常见之"奠"地。究此说缘起,殆可追溯至臣瓒之言,《汉志》颜师古注引臣瓒曰:

> 周自穆王以下都于西郑,不得以封桓公也。初桓公为周司徒,王室将乱,故谋于史伯而寄帑与贿于虢、会之间。幽王既败,二年而灭会,四年而灭虢,居于郑父之丘,是以为郑桓公,无封京兆之文也。①

按臣瓒的基本逻辑,是以京兆郑县为"西郑",乃周穆王以降所都,故非郑桓公始封之地,其初衷本在于反驳班说。但客观而论,京兆郑县位于宗周以东,谓之"西郑"显然不甚贴切。况且,古本《竹书纪年》既载"穆王所居郑宫、春宫",②又《史记·秦本纪》云:"德公元年,初居雍城大郑宫。"正义引《括地志》曰:"岐州雍县南七里故雍城,秦德公大郑宫城也。"③据此可知"郑宫"在雍,即今凤翔县南郊一带,金文"王在奠"之"奠"④及"西郑"均指该地,其与《汉志》京兆郑县本不相涉。⑤

不过,今人通过"棫林"而将郑氏始封地与"西郑"联系起来,则恐怕尚有未安。首先,尽管《世本》云"桓公居棫林",秦都雍城范围内也建有"棫阳宫",⑥然而仅从单字关联出发,便将"棫林"和"棫阳"指为一地,在证据方面犹嫌薄弱。其次,《左传》襄公十四年载诸侯伐秦,欲"济泾而次","郑司马子蟜帅郑师以进,师皆从之,至于棫林"。寻绎文意可知,此"棫林"乃诸侯涉泾所驻之地,应在泾水下游西岸的今咸阳以北,至秦都雍城尚有相当距离,不宜加以牵合。⑦联军是役无功而返,故曰"迁延之役",亦可佐证"棫林"尚未深入秦国腹地。实际上,"棫林"二字郑玄《诗

---

① 《汉书》卷28《地理志》,第1544页。
② 方诗铭、王修龄:《古本竹书纪年辑证》(修订本),第47页。
③ 《史记》卷5《秦本纪》,第184页。
④ 出现"王在奠"字样的西周铜器铭文,参见大簋(《集成》4165)、免尊(《集成》6006)、免卣(《集成》5418)、三年瘌壶(《集成》9726)等。此"奠"地建有专供周王驻跸的宫庙建筑,其重要性绝非一般城邑可比,不排除具有陪都之功能,可见"周自穆王以下都于西郑"之说殆非虚妄。
⑤ 唐兰:《西周青铜器铭文分代史征》,第379页;卢连成:《周都减郑考》,《考古与文物》丛刊第2号《古文字论集》(一),第8—11页;尚志儒:《郑、棫林之故地及其源流探讨》,《古文字研究》第13辑,第438—439页。
⑥ 《汉书·地理志》右扶风雍县注:"棫阳宫,昭王起。"此外,雍城遗址南郊东社采集的秦瓦当上也有"棫阳"二字,可以为证。
⑦ 雷学淇认为"棫林"之地去泾已远,实际也是受到雍地有"棫阳宫"的影响,其说不足为据。参见雷学淇《竹书纪年义证》卷26,第398页。

谱》则作"咸林",并谓"今京兆郑县是其都也"。① 迩来又有学者注意到,宋庠《国语补音》中的《旧音》部分引杜预《春秋世族谱》,亦云郑桓公"封于咸林"(为《永乐大典》辑本《世族谱》所未见),适可与《诗谱》相互印证,说明"咸林"为正字而"棫林"系形近致误。② 准此,非但无从证实"棫林"在雍地一带,就连《世本》"桓公居棫林"的可信度都很成问题,这无疑动摇了"西郑"说的基础。相较而言,李仲操先生肯定"西郑"在今凤翔的前提下,力主郑桓公始封仍在京兆郑县。③ 此说依从传统主流观点,强调两处郑地自有分别,应该更为可靠。至于华县之郑地与"咸林"的关系,目前尚难遽下断语,二者有可能属于"同地异名",此外也不排除"咸林"即郑之都邑所在。

《世本》所言郑桓公"徙拾"一事,则牵涉两周之际郑氏的东迁问题,以往学界亦颇多争讼。按《国语·郑语》记载,幽王末年王室动荡,作为司徒的桓公不得不预先考虑本宗族的后路,他采纳史伯的建议,东寄其家眷、财产于虢、郐之间,"虢、郐受之,十邑皆有寄地"。韦昭注:"后桓公之子武公,竟取十邑之地而居之,今河南新郑是也。"④《史记·郑世家》多采《郑语》,并谓郑桓公与幽王同死于骊山之下。对此,古本《纪年》所载则有相异之处:

  晋文侯二年,周宣王子多父伐郐,克之。乃居郑父之丘,是曰桓公。⑤

"多父"即郑桓公友。⑥ 若循《纪年》之文,则桓公乃是亲力灭郐,继而占有其地。前引臣瓒之言,即是折中《郑语》和《纪年》二说,既谓郑人先于周亡而东寄帑、贿,又称桓公在幽王败后相继攻灭郐、虢,始得徙居郑父之丘。

清华简《郑文公问太伯》中保存了不少前所未见的早期郑国史事,对于廓清这一疑团颇有助益。该篇甲本简4—7云:

---

① 孔颖达:《毛诗正义》卷4,阮元校刻《十三经注疏》,第709页。
② 周雯:《棫林地望释疑》,《历史地理》第26辑,第397—404页。
③ 李仲操:《谈西郑地望》,《文博》1998年第5期。
④ 《国语》卷16《郑语》,第524页。
⑤ 方诗铭、王修龄:《古本竹书纪年辑证》(修订本),第70页。朱右曾《汲冢纪年存真》指出"宣"当作"厉"字,是也。
⑥ 雷学淇《竹书纪年义证》认为"多"即"友"字之讹,未必。"多父"殆是称字,与私名作"友"并无矛盾。

昔吾先君桓公后出自周，以车七乘、徒三十人……。战于（以）鱼丽，吾【乃】获郱、邭，覆车袭介，克郐迢迢，如容社之处，亦吾先君之力也。世及吾先君武公，西城伊涧，北就邬、刘，萦轵蒍、邢之国，鲁、卫、蓼、蔡来见。①

上揭文字记载了郑国桓、武二公东迁启疆、奠定基业的大致经过。整理者指出"郱"可读为函，疑即函冶，春秋为晋范氏之邑；或地在函陵，今河南新郑一带。"邭"读为訾，在今河南巩县，与郑、卫之间的訾地非一。② 另外也有学者认为，简文"郱"可读为氾，即今河南襄城县的郑地"氾"。③ 今按："邭"为春秋周地之"訾"可从，但"郱"究竟何指犹可斟酌。

据下文所云，郑国领有河内的蒍、邢等地，是在郑武公进一步开疆拓土后得以实现的。桓公先前率众东进中原，主要目标是灭郐而夺取立足之地，其兵锋所及，恐怕尚难至于黄河北岸的函冶。而郑地南氾位于汝水上游，既与桓公之徒循黄河南岸东行的路线偏差较大，也不符合"济、洛、河、颍"的特定范围，同样应予排除。④ 至于函陵一地，更在郐国以东，如按简文所述桓公东行之次第，则是先获"郱、訾"，继而长途远征以克郐，那么"郱"地似当位于郐国以西才是。准此，窃疑此"郱"有可能是指函谷。《战国策·秦策一》载苏秦说秦惠王，称秦国"东有肴、函之固"。此"函"即指函谷关，与崤山比邻而连言，地在今河南灵宝市北。《元和郡县志》陕州灵宝县下引《西征记》曰："函谷关城，路在谷中，深险如函，故以为名。"⑤ 以地理形势观之，郑人自关中故地东行，必先经由函谷方可抵达洛阳盆地，占领訾地作为据点后，继而东取郐国之地，故简文言"吾【乃】获函、訾""克郐迢迢"，如是自为顺理成章。近来马楠女士结合传世、出土文献从"合"、从"会"字多有通用之例，指出《世本》"徙拾"应即"徙郐"。⑥ 其说可信。

---

① 清华大学出土文献研究与保护中心编，李学勤主编：《清华大学藏战国竹简》（陆），第119页。
② 清华大学出土文献研究与保护中心编，李学勤主编：《清华大学藏战国竹简》（陆），第121页。
③ 参见吴良宝《清华简地名"郱、邭"小考》，清华大学出土文献研究与保护中心编，李学勤主编《出土文献》第9辑，北京：中西书局，2016年，第178—182页。
④ 吴良宝：《清华简地名"郱、邭"小考》，清华大学出土文献研究与保护中心编，李学勤主编：《出土文献》第9辑，北京：中西书局，2016年，第178—182页。
⑤ 李吉甫撰，贺次君点校：《元和郡县图志》卷6，第158页。
⑥ 马楠：《清华简〈郑文公问太伯〉与郑国早期史事》，《文物》2016年第3期。

尤需注意的是,郑太伯说"昔吾先君桓公后出自周",相似文例又见于《左传》昭公十六年子产语"昔我先君桓公与商人皆出自周"。所谓"出自",恐非出封别子之义,而应理解为自周室故地徙来,杜注以为"郑本在周畿内,桓公东迁并与商人俱",可谓得之。此外,清华简《良臣》简8—9又云:"郑桓公与周之遗老:史伯、宦仲、虢叔、杜伯,后出邦。"①上述两篇文献一言"后出自周",一曰"后出邦"者,其意无非是暗示桓公东迁于时为晚,不能早于周室之覆亡,而《良臣》出现的"遗老"一词,适可佐证这推论。至于郑人克郐的时间下限,窃以为当在平王东迁之前。按《左传》隐公六年周桓公有"我周之东迁,晋、郑焉依"之说,又《国语·晋语四》云:"吾先君武公与晋文侯戮力一心,股肱周室,夹辅平王。"是知协助平王东迁者实为郑武公。彼时郑国既居中原,迭经桓、武二公之经营,业已初具势力,故可为王室之辅。

综上所述,若以犬戎灭周作为时间节点,则郑桓公或于王室将倾之际,先行东寄帑、贿预作铺垫。其后祸起宗周,桓公遂自关中故地率众东迁,吞并郐国之地作为基业,从而入主溱、洧二水之间。在上述过程中,郑人乃以始封地之名称来命名所徙居之新邑,故曰"郑"或"郑父之丘"。《汉志》颜师古注引应劭说,谓郑武公与平王东迁,"更称新郑"。② 然而覈诸先秦文献,尚未发现春秋郑地更名"新郑"的确凿证据,战国韩兵铭刻中亦习见"郑令"之称(《集成》11336;《集成》11555;《集成》11385),是彼时犹以"郑"名置县。《史记·秦始皇本纪》载二十一年"新郑反",③此"新郑"即秦人占领韩国故地后所作的更名,之所以增缀"新"字,应是为了跟秦国原有的郑县(今陕西华县)加以区分。

2002年,考古工作者在郑韩故城东北角发现一处战国晚期的大型制陶作坊遗址,其中出土的一件大瓮肩部陶片上,刻有篆书"新郑"二字。发掘者认为这是关于"新郑"地名来历最早的文物,说明至少在公元前230年左右,韩国陶工已将当地称为"新郑"了。④ 不过,考虑到该遗址内陶窑的使用年代自战国晚期一直延续至西汉早期,其中的Y1、Y3均打破了城墙夯土,这些遗迹很可能形成于秦人灭韩后,所以陶文"新郑"是否可以早

---

① 清华大学出土文献研究与保护中心编,李学勤主编:《清华大学藏战国竹简》(叁),第157页。
② 《汉书》卷28《地理志》,第1544页。
③ 《史记》卷6《秦始皇本纪》,第233页。
④ 河南省文物考古研究所新郑工作站:《郑韩故城发现战国时期大型制陶作坊遗址》,《中原文物》2003年第1期。

至战国末年,目前不妨谨慎对待。

（5）绛、故绛（山西翼城西北）——绛（山西侯马西）

绛为春秋晋都之所在。《左传》庄公二十五年："晋士蔿使群公子尽杀游氏之族,乃城聚而处之。冬,晋侯围聚,尽杀群公子。"次年《传》云："夏,士蔿城绛,以深其宫。"对照前后传文可知,绛地本为献公安置和诛杀公族之所,其后士蔿于此大兴土工,广建宫室。《史记·晋世家》则载士蔿尽诛群公子,"而城聚都之,命曰绛,始都绛"。① 此处明言献公始都,是绛与故都翼及曲沃均非一地。今翼城县西北2公里处的苇沟—北寿城遗址范围内,发现有周代城址一座,面积约64万平方米,其中以东周晋文化遗存为主。当地曾采集到战国时期一件夹砂红陶釜,领部有戳印陶文"降亭"二字,"降"即"绛"也,表明该遗址很可能即晋献公所都之绛。②

《左传》成公六年载晋景公迁都新田前夕,"晋人谋去故绛,诸大夫皆曰：'必居郇、瑕氏之地。'"杜预注："晋复命新田为'绛',故谓此'故绛'。"所论甚是。按"故绛"即士蔿所城、献公始都之绛,由于晋国徙都之后,新田亦得冠以"绛"名,旧都之地遂又称"故绛",以示区别。有学者认为,晋迁新田而改称"新绛",恐未必然。晋都新田遗址一带的侯马乔村墓地,曾出土大量带有"降亭"字样的战国陶文,此"降（绛）"当指新田无疑。③ 又,《战国策·齐策一》陈轸说齐王曰："秦得绛、安邑以东下河,必表里河而东攻齐。"是以"安邑"与"绛"并举,可见战国以后新田称"绛"不改,未尝增加"新"字前缀为别。此外,珍秦斋所藏战国晚期韩兵宅阳令矛（《铭图》17699）,现存残铭14字,其铭末缀有地名"降（绛）",疑为秦人加刻的置用地。④ 若然,则绛地入秦仍应沿袭旧名,遂为《汉志》所承。

（6）蔡、上蔡（河南上蔡西南）——蔡、新蔡（河南新蔡）——下蔡（安徽凤台）

《史记·管蔡世家》："武王已克殷纣,平天下,封功臣昆弟。于是封

---

① 《史记》卷39《晋世家》,第1641页。
② 北京大学历史系考古专业山西实习组等：《翼城曲沃考古勘察记》,北京大学考古系编：《考古学研究》（一）,北京：文物出版社,1992年,第124—228页；国家文物局主编《中国文物地图集·山西分册》（下）,第870页。
③ 山西省考古研究所侯马工作站编：《晋都新田：纪念山西省考古研究所侯马工作站建站40周年》,太原：山西人民出版社,1996年,第44页。
④ 类似现象尚见于私家庋藏的廿三年新城令矛（《铭续》1288）,秦刻铭为地名"武始"。参见虞同《二十三年新城令矛考》,武汉大学简帛研究中心网站,2012年9月25日。

叔鲜于管，封叔度于蔡，二人相纣子武庚禄父，治殷遗民。"集解引《世本》曰："居上蔡。"① 又，《汉志》汝南郡上蔡县原注："故蔡国，周武王弟叔度所封。"② 是谓叔度始封于蔡，即今河南上蔡县境内。

不过，《逸周书·作雒》云："武王克殷，乃立王子禄父，俾守商祀；建管叔于东，建蔡叔、霍叔于殷，俾监殷臣。"《汉志》则以武庚及管、蔡二叔并称"三监"。无论何说为是，蔡叔均在"三监"之列，可见其人并未实际就国，而是奉命监守殷都故地。因此，太史公既言叔度封蔡，又谓其相武庚于殷，显然存在相互矛盾之处，只能从《作雒》之辞而取其一端。《左传》定公四年载子鱼曰：

> 管、蔡启商，惎间王室，王于是乎杀管叔而蔡蔡叔，以车七乘、徒七十人。其子蔡仲改行帅德，周公举之，以为己卿士，见诸王，而命之以蔡。其命书云："王曰：'胡！无若尔考之违王命也。'"

据引文可知，成王即位初年，蔡叔因参与"三监"之乱而流放致死。周公乃复举其子胡，封之于蔡，以奉叔度之祀，是为蔡仲。由此来看，蔡国之封理应始自蔡仲为是。那么，蔡叔既未尝就封于蔡，犹被视作始封君者，则无非是出于后世追尊之故，因号"蔡叔"。

关于蔡仲所封之地，《管蔡世家》集解引宋忠曰："胡徙居新蔡。"③ 而《汉志》汝南郡新蔡县原注："蔡平侯自蔡徙此，后二世徙下蔡。"④《左传》隐公四年杜注亦云："蔡，今汝南上蔡县。"俱谓春秋早期蔡国犹居上蔡，与宋忠说相异。1963年，考古人员对今上蔡县西南芦岗的蔡国故城进行了调查，得知该城址略呈长方形，四面周长10公里余，城墙夯土内分别有西周陶片和东周遗物出土，城内中部还发现夯土台基、古井、陶水管及筒瓦、板瓦等遗迹。调查者认为，该城址始建于西周初年，春秋以后经过加固和复修。⑤ 这样就从考古方面确定了蔡国始封的具体位置，从而印证班固、杜预之说的准确性。

公元前531年，楚灵王诱杀蔡灵侯，遂灭蔡为县；三年后楚平王即位，

---

① 《史记》卷35《管蔡世家》，第1564页。
② 《汉书》卷28《地理志》，第1562页。
③ 《史记》卷35《管蔡世家》，第1565页。
④ 《汉书》卷28《地理志》，第1561—1562页。
⑤ 尚景熙：《蔡国故城调查记》，《河南文博通讯》1980年第2期。

改立蔡公子庐为君,是为平侯。《汉志》和《水经·汝水注》均记载蔡平侯有徙居新蔡之举,①此事大致发生于蔡人复邦不久,所徙之具体位置就在今新蔡县城东部一带。② 据周晓陆、路东之先生介绍,新蔡故城遗址出土的战国楚封泥中,所见与地名"蔡"相关者包括"蔡""蔡市""蔡北门"及"蔡瞏"等字样。③ 其中,"蔡"即时人对新蔡的称谓,④"蔡市""蔡北门"则分别是指当地之市场和北门,而"蔡瞏"可读为"蔡县",即楚人于新蔡所置之县。⑤ 此外,尚有一枚封泥疑作"新蔡"二字(图5.1)。然而谛审拓片可知,其首字左半部分所从并非"辛"旁,与同时期楚系之"新"字从辛或从辛、从木颇为不类,⑥释作"新蔡"恐有未安。因此,新蔡一地在东周阶段很可能仅以"蔡"名,即为蔡平侯徙都所致;而目前所知较早的"新蔡"之称,则见于秦封泥"新蔡丞印",⑦其增缀"新"字大概始自秦人置县。

图5.1

清华简《系年》第十九章云:

> 昭王既复邦,焉克胡、围蔡。昭王即世,献惠王立十又一年,蔡昭侯申惧,自归于吴,吴缦(洩)庸以师逆蔡昭侯,居于州来,是下蔡。楚人焉县蔡。⑧

据引文可知,蔡昭侯因惧怕楚人的报复行动,遂在楚昭王复国后徙居州来,是为下蔡,以期就近取得吴国的庇护。《汉志》沛郡下蔡县原注:"故州来国,为楚所灭,后吴取之,至夫差迁昭侯于此。"⑨按照传统观点,州来故地在今安徽凤台县一带,南隔淮河与寿县相望。谭其骧先生则认为,

---

① 《水经·汝水注》记载新蔡县境有"大吕亭",下云"蔡平侯始封也"。而《管蔡世家》集解引宋忠曰:"平侯徙下蔡。"所言与《左传》《汉志》不合,未可信据。
② 国家文物局主编:《中国文物地图集·河南分册》,第443页。
③ 周晓陆、路东之:《新蔡故城战国封泥的初步考察》,《文物》2005年第1期。
④ 另有一枚封泥上施以两印,分别作"襄"和"蔡市"。周、路二位先生认为"襄"即襄城,故此"蔡"应指近于襄城之上蔡,而非新蔡。
⑤ 见下引《系年》第十九章"楚人焉县蔡"。
⑥ 汤余惠主编:《战国文字编》,福州:福建人民出版社,2001年,第928页。
⑦ 刘瑞编著:《秦封泥集存》,第887—888页。
⑧ 清华大学出土文献研究与保护中心编,李学勤主编:《清华大学藏战国竹简》(贰),第184页。
⑨ 《汉书》卷28《地理志》,第1572页。

州来邑原在淮南,所谓蔡徙州来,实际是在州来故地的淮水北岸营建了一个新邑,亦即下蔡。① 1955 年,安徽寿县西门外发现了一座春秋晚期的蔡侯墓,②通过对出土铜器铭文的考释研究,可以确定该墓主人即蔡昭侯申。③

"下蔡"之名,既见于《系年》、包山简、鄂君启车节(《集成》12110)及战国楚玺(《玺汇》0097),说明其出现时间不会晚于战国早期。一般认为,蔡昭侯东迁州来即更称"下蔡",此说肯定了地名"蔡"随国族迁徙而发生流动的事实,但对前缀产生的客观背景似未及深究。今按"下蔡"之"下"作为增缀的方位词,一般用于标识同名地名之中处于河流下游,或者相对方位在南的地点,因而揆情度理,地名使用者只有在需要对不同蔡地进行区分的前提下,通常才会作出相应的更名。倘若"下蔡"之称属于蔡人的命名,那么蔡平侯既已徙居新蔡,为何只是因其旧名"蔡"而未见更称呢?由此无非说明,同名地名的空间流动与区别性词缀的产生,往往并不一定具有共时性。段玉裁在《说文解字注》中尝言:"上蔡、新蔡、下蔡,汉时用以名县,非周时有此名也。"④陈槃先生亦指出,"上蔡"应是蔡国既迁而"始追为此称"。⑤ 二说均已注意到地名前缀的相对滞后性,无疑值得称道,只是对其出现时间的推定未必尽确。

《战国策·魏策三》云:"若道河外,背大梁,而右上蔡、召陵,以与楚兵决于陈郊。"此"上蔡"与"召陵"连言,可见上蔡之蔡的更名亦不晚于战国时期。在笔者看来,若从楚人的立场加以观察,则有助于更好地理解方位词前缀的产生背景。蔡人东迁州来以后,汝水流域的故土均为楚国所占有,分别为上蔡之蔡和新蔡之蔡,其名起初犹未更改。公元前 447 年楚惠王灭蔡,州来一带最终也沦为楚境,在这样的客观形势之下,楚人面对若干重名的蔡国故地,采取加缀方位词的办法予以区别,便显得甚为必要。"上蔡"与"下蔡"在地理方位上既有南、北之分,其所在淮域亦有上游和中游之别,故二者很可能是在楚人灭蔡后,按照相对方位进行的统一更名,从而分别冠以"上""下"字样相对为称,并以为楚县之名。秦代因

---

① 谭其骧:《鄂君启节铭文释地》,《长水集》(下),第 205—207 页。
② 安徽省文物管理委员会、安徽省博物馆:《寿县蔡侯墓出土遗物》,北京:科学出版社,1956 年。
③ 裘锡圭、李家浩:《谈曾侯乙墓钟磬铭文中的几个字》,《裘锡圭学术文集》第 3 卷,第 54—60 页。
④ 段玉裁:《说文解字注》卷 6,第 292 页。
⑤ 陈槃:《春秋大事表列国爵姓及存灭表譔异》(三订本),第 665 页。

之,遂有上蔡、下蔡及新蔡三县。

（7）申山、上申之山（陕北地区）——申首之山、申、西申（甘肃平凉、镇原一带）——申（河南南阳）——申（河南信阳）

《左传》庄公二十二年："姜,太岳之后也。"《左传》襄公十四年亦载姜戎氏本为"四岳之裔胄"。又《国语·周语中》："齐、许、申、吕由大姜。"韦昭注："四国皆姜姓也,四岳之后,大姜之家也。"①可见申为姜姓,与齐、许、吕等国共祖,并为"太岳（四岳）"之后。《大雅·崧高》云："崧高维岳,骏极于天。维岳降神,生甫及申。维申及甫,维周之翰。"毛传曰："崧,高貌,山大而高曰崧；岳,四岳也。"是言崧然高峻者惟此"太岳（四岳）"之山,故可降神而生申、吕二国。"太岳（四岳）"即今山西霍州境内的霍太山,然则申氏之族源亦当追溯至此。②

据文献记载来看,西周时期申国有二。《国语·郑语》曰"申、缯、西戎方强",《史记·秦本纪》则言"申、骆重婚,西戎皆服",说明申国地处西土,大致与西戎比邻而居。③古本《竹书纪年》载"平王奔西申",又云"鲁侯、申侯及许文公立平王于申"。对此,《系年》第二章讲得更为清楚,即："王与伯盘逐平王,平王走西申。幽王起师,围平王于西申,申人弗畀。缯人乃降西戎,以攻幽王,幽王及伯盘乃灭。"④直接证实了亡周之申即"西申"无疑。

《山海经·西山经》所载有"申首之山","申水"出焉,又有"申山"及"上申之山"。蒙文通先生认为,"西申"应与上述名"申"之地有关,位于"安塞米脂以北,西连中卫"的范围内。⑤李峰先生通过考订"申首之山",指出"西申"的位置可能在今甘肃平凉地区。⑥徐少华先生结合《系年》及考古资料,推断"西申"在今甘肃平凉至镇原以北的"申首之山"及"申水"一带,而陕北地区的"申山"和"上申之山",则与姜姓申戎的分

---

① 《国语》卷2《周语中》,第49页。
② 王玉哲：《先周族最早来源于山西》,《古史集林》,第185—189页。
③ 针对亡周之申在南阳的旧说,近世学者已颇多怀疑,并谓申国当在周畿西北近地。参见刘德岑《申氏族之迁徙》,《禹贡》半月刊第6卷第1期,1936年；童书业《春秋史》,上海：上海古籍出版社,2003年,第57页；顾颉刚《顾颉刚古史论文集》第二册,北京：中华书局,1988年,第353页。
④ 清华大学出土文献研究与保护中心编,李学勤主编：《清华大学藏战国竹简》（贰）,第138页。
⑤ 蒙文通：《周秦少数民族研究》,第63页。
⑥ 李峰,徐峰译,汤惠生校：《西周的灭亡：中国早期国家的地理和政治危机》,第259—260页。

布和迁徙有关。① 近年在庆阳市合水县何家畔乡南硷西周墓中，出土了一件西周晚期的伯硕父鼎，该铭记载器主配偶名曰"申姜"，即来自申国的姜姓女子，亦可进一步佐证"西申"的地望范围应在陇东一带。②

《史记·齐太公世家》："（太公）其先祖尝为四岳，佐禹平水土甚有功。虞夏之际封于吕，或封于申，姓姜氏。"③又《潜夫论·志氏姓》："炎帝苗胄，四岳伯夷，为尧典礼，折民惟刑，以封申、吕。裔生尚，为文王师，克殷而封之齐，或封许、向，或封于纪，或封于申。"④是谓"四岳"之后始封申、吕，后乃别封齐、许、向、纪诸氏。但覈诸早期文献，《国语·周语下》实际只讲"祚四岳国，命以侯伯，赐姓曰姜，氏曰有吕"，接着才有"申、吕虽衰，齐、许犹在"之说。寻绎文意可知，"四岳"苗裔最初仅立吕氏，后来则陆续分衍出申、吕、齐、许等不同别支。换言之，尽管周代申人的始源可追溯至晋南霍太山一带，但申氏一支的形成却未必亦然。结合陕北至陇东一线的众多名"申"之地来看，作为申族之先的部分姜姓人群，很可能较早便已离开汾域故地，并在辗转西迁的过程中相继徙居上述地点，通过"以地为氏"途径产生了以"申"为号的若干族氏。其中，分布于陕北"申山"附近的申族成员，因长期与西戎集团杂处，社会文化发展水平相对较低，故有"申戎"之称；另一部分申人则继续西迁，最终定居陇山以东的"申首之山"一带，约在周初以后受封建国。众所周知，早在太王之世，姬姓周族与姜姓集团便已往来密切，太王之妃太姜即为双方相互联姻的明证。据此推测，姜姓申、吕之族徙居西土的年代恐怕应在商代晚期以前。

南阳申国为周宣王之世所封。《大雅·崧高》："亹亹申伯，王缵之事。于邑于谢，南国是式。"又云："王命申伯，式是南邦。因是谢人，以作尔庸。"所述即宣王封舅氏申伯于南土之事。申伯即西申之君，谢在今南阳境内，郑笺："今因是故谢邑之人而为国"，故南阳申国即是由西申的一部分南迁而来，徙封之目的殆与西周晚期周人重建南土蕃屏有关。《左传》庄公三年载"楚文王伐申，过邓"，而《左传》庄公三十年已见"申公斗班"之名，"申公"即楚灭申后在其故地所置的县公，说明申国之亡当在楚文王伐申后不久。今南阳西关及卧龙区物资城分别出土有春秋楚器申公彭宇

---

① 徐少华：《"平王走（奔）西申"及相关史地考论》，《历史研究》2015年第2期。
② 梁云：《陇山东侧商周方国考略》，《西部考古》第8辑，北京：科学出版社，2015年，第100—117页。
③ 《史记》卷32《齐太公世家》，第1477页。
④ 王符撰，汪继培笺，彭铎校正：《潜夫论笺校正》卷9，第405页。

簋(《集成》4610)①及申公寿簋(《铭续》498），②可证申国徙封的地点就在今南阳市区一带。至于《通典》《元和郡县志》及《诗集传》所谓申国之地在今信阳境内的说法，③则是楚灭申后将其遗民东迁淮域安置的结果，是为"地随族迁"。④

此外尚有必要重新审视"南申"的问题。1981年，南阳北郊砖瓦厂出土一批青铜器，包括鼎一、簋二、盘一及车马器若干，据当地文物考古部门的现场调查推断，该处遗存的性质当为墓葬。⑤ 其中的两簋即所谓"仲爯父簋"，其形制、纹饰与宣王之世的颂簋、师寰簋、梁其簋诸器较为接近，时代应在西周晚期偏晚，约相当于宣王时期。"仲爯父簋"甲簋器、盖同铭（图5.2），乙簋器铭与前者相同，盖铭则有一定差异（图5.3）。为方便讨论，先分别将其文字迻录如次：

盖铭，《集成》4188.1	器铭，《集成》4188.2

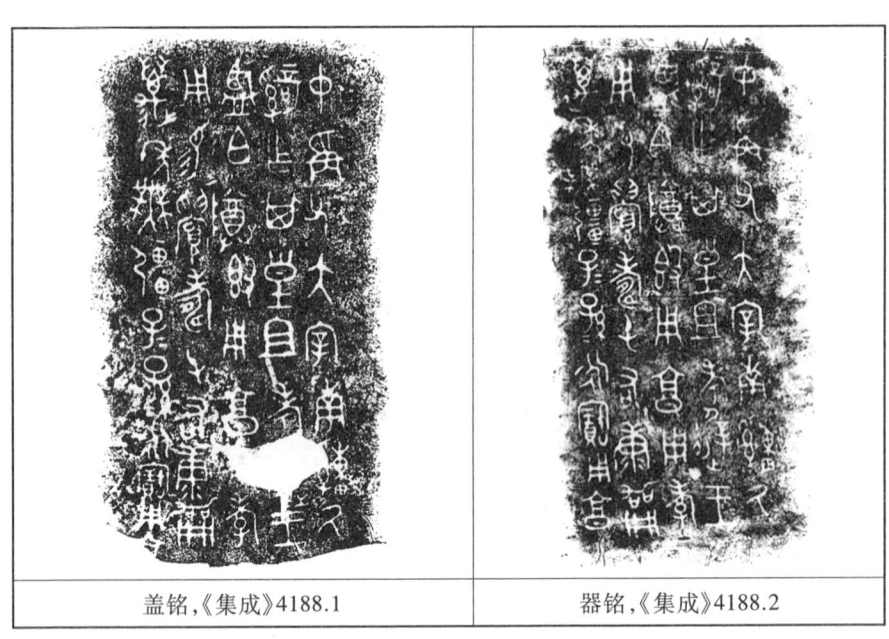

图 5.2　甲簋

---

① 王儒林、崔庆明：《南阳市西关出土一批春秋青铜器》，《中原文物》1982年第1期。
② 李长周：《从南阳申公寿墓的铭文说起》，《中国文物报》2012年12月7日第6版。2000年，卧龙区物资城发现的一座春秋楚贵族墓中，另出有一件申公之孙无所鼎，时代为春秋晚期。参见董全生、李长周《南阳市物资城一号墓及其相关问题》，《中原文物》2004年第2期。
③ 如《通典·州郡十三》申州条云："春秋时申国之地。"朱熹《诗集传》亦谓申伯南迁"在今邓州信阳军"。
④ 徐少华：《周代南土历史地理与文化》，第34—37页。
⑤ 崔庆明：《南阳市北郊出土一批申国青铜器》，《中原文物》1984年第4期。

| 盖铭,《集成》4189.1 | 器铭,《集成》4189.2 |

图 5.3　乙簋

1. 仲爯父大宰南酅(申)厥辞：作其皇祖考遅(夷)王、监伯尊簋。用享用孝，用易(赐)眉寿，屯(纯)右(佑)康勋，万年无疆。子子孙孙永宝用享。　　　　　　　　　　　　(《集成》4188.1-2,4189.2)

2. 南酅(申)伯大宰仲爯父厥辞：作其皇祖考遅(夷)王、监伯尊簋。用享用孝，用易(赐)眉寿，屯(纯)右(佑)康勋，万年无疆。子子孙孙永宝用享。　　　　　　　　　　　　　　　(《集成》4189.1)

由于上铭中出现了"南酅(申)"字样，加之器物的年代和出土地点，恰好可以与《大雅·崧高》所记周宣王徙封申伯于南土的历史背景相衔接，因而学界通常认为，"仲爯父簋"的发现足以证明申伯所封就在今南阳附近，其国名称为"南申"。如李学勤先生指出：

> 申国在周朝南土，《诗》有明文，《郑语》也说当成周之南有申、吕等诸侯国。铭文之所以在"申伯"前冠以"南"字，可能是为了与"西申"相区别。①

---

①　李学勤：《论仲爯父簋与申国》，《中原文物》1984 年第 4 期。

李先生针对"南申"的解释颇有新意,得到了很多学者的赞同。客观地说,诸家之所以认可"南申"为国名、"南申伯"为申君的贵族名号,主要是因为侧重于乙簋盖铭立说。如李先生认为,"南申伯大宰仲禹父厥辞"皆是动词"作"的主语,"南申伯"即《大雅·崧高》里面徙居南土的申伯,"大宰"为官名,相当于申国之相;而"仲禹父"与"厥辞"乃一字一名,"禹"读为"称",旧注谓"犹言也",合乎古人名字相应的原则。①

单就乙簋盖铭而言,照此理解自然未尝不可,但其余三铭皆作"仲禹父大宰南申厥辞",用相同的思路解释起来,难免存在一定的窒碍。对此,刘雨先生进一步提出:

> 两相比较,可以看出甲乙两铭内容相同,字数相等(后者仅较前者多出一"伯"字),其不同在于修饰"仲禹父"的语词次序。甲簋"大宰南申"置于"仲禹父"后,乙簋"南申伯大宰"置于"仲禹父"之前,语词次序不固定是本铭的一大特色。②

刘先生指出本铭具有语言变化的特点,可谓切中肯綮。然而在他看来,簋铭首句的"厥辞"当释为"又(有)嗣(司)",同"大宰南申"构成"仲禹父"的后置修饰语,故其正常语序当作"南申伯大宰有司仲禹父"。这也就意味着,仲禹父的身份不过是南申国大宰的属官。

客观地讲,"厥""又"二字在金文中形体接近,洵易相混;不过,簋铭该字一律皆作"㕁"形,释"厥"并无疑问,若指其为"又"字之讹,恐怕并不确切。更为重要的是,金文所见名词或名词性词组后置充当修饰成分,主要是用作中心语的后置定语,如"虎冟熏裹""玄衣黹屯""鋚旂五日""戈琱㦰歌必彤沙"等,此俱为研究者所熟知。③ 但在国族名、职官名与人名连属构成的同位语关系中,国族名和职官名基本都居于人名之前,而未尝出现一并后置的语法结构。④ 因此,即使乙簋盖铭首句之"南申伯大宰仲禹父厥辞",姑且可以单独理解为"南申国大宰表字仲禹父、名曰厥辞"一类意思,但其他诸铭的"仲禹父大宰南申",均难以视作"南申大宰仲禹

---

① 李学勤:《论仲禹父簋与申国》,《中原文物》1984年第4期。
② 刘雨:《南阳仲禹父簋不是宣王标准器》,《古文字研究》第18辑,第390—397页。
③ 参见赵平安《两周金文中的后置定语》,《金文释读与文明探索》,第192—202页;张玉金《西周汉语语法研究》,北京:商务印书馆,2004年,第332—333页。
④ 参见周法高《中国古代语法:造句编》,台北:"中研院"历史语言研究所,1993年,第107—112页。

父"之倒文。可见这种解释是存在明显缺陷的。

值得注意的是，学界针对"仲禹父簋"铭文的释读和理解，其实也有不同的看法。比如，陈絜先生曾引《集成》4188，指出簋铭所谓"申厥辞"者，可与西周金文常见的"今余唯申先王命"相比况，并认为其意犹言"大宰南"被"仲禹父"再次册命。① 另外，在吴镇烽先生编著的《铭图》一书中，"仲禹父簋"的著录名称后又有括注，注明该器又称"南䌛厥辞簋"。② 这些意见虽有些许出入，但思路是值得重视的。

鄙意以为，欲正确把握"仲禹父簋"蕴含的历史信息，首先须破除对单篇铭文先入为主的倾向，即不宜预设某例属于正常语序，其余则为词语倒置甚至误铸所致。事实上，倘若客观审视诸铭并加以综合考察，不难发现首句的两种表述原本并无抵牾之处，而是各自独立成辞且内涵趋同的。

具体而言，甲簋器、盖及乙簋器铭（简称①）首句之"仲禹父大宰南䌛厥辞"一语，既然无法视作"贵族表字+职官名+国族名+私名"的名词性词组，则应该理解为"仲禹父大宰南"与"䌛厥辞"构成的主谓句式。其中的"南"用为人名，与"仲禹父大宰"属于同位语关系，意即"仲禹父"的大宰名曰"南"者。"䌛"，当从裘锡圭先生释为"申"，有"重申"之义，在此用作动词，毋庸赘言。③ 所谓"申厥辞"者，句法结构与"申先王命""申憙（就）乃命"等金文恒语完全相同，从字面意思来看，最直接的解释就是"仲禹父的大宰南重申了他的命辞"，而命辞的具体内容，显然是指簋铭下面提到的祭祀祖考云云。

至于上述命辞的"始作俑者"究竟是谁？这个答案适可通过乙簋盖铭（简称②）来予以揭示。②云"南申伯大宰仲禹父厥辞"，按照前文的统一理解，本铭的"南"当视作人名，为施动的主语，"申"作动词"重申"讲，宾语即"伯大宰仲禹父厥辞"。而"申伯大宰仲禹父厥辞"一语，其文例同于作册令方彝（《集成》9901）之"扬明公尹厥宣"和同簋（《集成》4271）的"扬天子厥休"，这里的"厥"均用作代词，分别复指前文提到的"伯大宰仲禹父""明公尹"和"天子"，用法相当于代词的"其"。准此，②中该句的主干部分亦可提炼为"南申厥辞"，其含义恰与①"仲禹父大宰南申厥辞"完

---

① 陈絜：《应公鼎铭与周代宗法》，《南开学报》（哲学社会科学版）2008年第6期。
② 吴镇烽：《商周青铜器铭文暨图像集成》05199、05200，上海：上海古籍出版社，2012年，第11册，第218、221页。以下简称《铭图》。
③ 裘锡圭、李家浩：《谈曾侯乙墓钟磬铭文中的几个字》，《裘锡圭学术文集》第3卷，第50—60页。

全吻合,足以互洽。两相对比来看,二者之间虽然存在异文,但无非是在叙述上各有偏重,总体并无关宏旨:① 在人名"南"前缀有"仲爯父大宰"五字,用以标识施动者的职事和身份;② 在省略前者的基础上,增加了"伯大宰仲爯父"作为"厥辞"的修饰成分,意在表明这一命辞来源于"仲爯父","南"只不过是继为重申,并铭于宗器罢了。因此,所谓"仲爯父簋"的作器者其实是"南"而非"仲爯父",根据青铜器的一般定名习惯,该簋不妨改称为"南簋"或"大宰南簋"为宜。

既然上揭簋铭之"南申"当系主谓结构,并非国族名号,因而无法视作南土之申尝称"南申"的直接证据,但这并不妨碍该器当与申国有关。毕竟,从所出墓葬的年代和地望来看,研究者多谓这批器物属于南阳申国的遗存,应该是有道理的。不过,即使在南土之申国、申地出现以后,它与"西申"在同时期史料中通常都仅作"申"之本名,例如:

唯王三月初吉辛丑,伯硕父作尊鼎,用道用行,用孝用享,于卿事辟王、庶弟元朓(兄),我用与嗣赤戎驭方。伯硕父、𩰬(申)姜,其受万福无疆,蔑天子光,其子子孙孙永宝用。

(伯硕父鼎,西周晚期,《铭图》2438)

唯正十又一月,𩰬(申)公彭宇自作鬲(列)簋,宇其眉寿,万年无疆,子子孙孙,永宝用之。　　(申公彭宇簋,春秋中期,《集成》4611)

𩰬(申)伯谚多之行。　　(申伯谚多壶,春秋晚期,《新收》379)

𩰬(申)王之孙叔姜,自作飤簋,其眉寿无諆(期),永保用之。

(叔姜簋,春秋晚期,《新收》1212)

伯硕父鼎铭中的"申姜"出自西申,与器主为夫妻关系。梁云先生认为,"伯硕父"之所以能够负责管理"赤戎"及西北边境的民族事务,当与其夫人的家族背景有着很大关系。① 所言至确。申公彭宇簋出自南阳西关,簋铭"申公"即楚人灭申后所置的县公,"彭宇"即《左传》哀公十七年的楚令尹彭仲爽之后。申伯谚多壶与叔姜簋的年代均在春秋晚期,彼时南阳之申早已为楚所灭,故二器当为入楚以后的申遗贵族所作,只是在铭文中刻意凸显自己的出身而已。

通过前揭诸例足以证明,尽管在陇东和南阳并有申地的情况下,时人

---

① 梁云:《陇山东侧商周方国考略》,《西部考古》第 8 辑,第 100—117 页。

也未尝使用"西申""南申"之名来加以区分。徐少华先生就此指出,即便在申伯徙封于南土之后,留居西土故地的本族很可能仍称"申"或"申侯",至于《纪年》称其为"西申",当是以后来的格局言之。① 此说很有道理。管见所及,目前出现"西申"名号的文献资料,如《逸周书·王会解》、古本《纪年》及清华简《系年》等,其写定年代基本都在战国时期,②甚至不排除有后人的改易或增附,因而所谓"西申"很可能是战国以后才开始使用的国名和地理称谓。

总之,战国时人在西土的申伯本国名称之前加缀方位词"西",应是为了与南阳盆地的申国、申地有所区分;至于后者是否也在同一阶段拥有"南申"的称谓,目前尚乏确凿证据以供判断,故不妨谨慎对待,但从行文方便的角度而言,称之为"南申"亦不失为一种权宜之计。

(8) 许、旧许(河南许昌东)——许(河南叶县西南)——(安徽亳州东南)——(湖北荆山附近)——(河南叶县西南)——(河南西峡北)——(河南鲁山东南)

《左传》隐公十一年:"夫许,太岳之胤也。"又《国语·周语下》:"祚四岳国,命以侯伯,赐姓曰姜,氏曰有吕。……申、吕虽衰,齐、许犹在。"可知周代许国出自吕氏,是发源于晋南霍太山一带的姜姓集团后裔。近年刊布的清华简《封许之命》,是一篇关于周初封许的重要文献,其内容不仅证实了上述文献记载的可靠性,同时也填补了许国早期历史的若干空白。《封许之命》简3—5云:

> 亦唯汝吕丁,扞辅武王,干敦殷受,咸成商邑,……命汝侯于许。汝唯臧耆尔猷,虔恤王家,谏乂四方不烝,以勤余一人。③

据简文所言,许国的始封之君名叫"吕丁",其人曾辅佐周武王克商有功,所以受封至许地为侯。《说文·叙》云:"吕叔作蕃,俾侯于许。"《左传》隐

---

① 徐少华:《"平王走(奔)西申"及相关史地考论》,《历史研究》2015年第2期。
② 按《王会解》中曾提到"空同、大夏、莎车、姑他、旦略、貌胡、戎翟、匈奴、楼烦、月氏"等部族,这些地理概念显然不会出自西周时人的史地认知。杨宽先生尝言:"这部《逸周书》中,就收辑有假托西周历史的故事,最为后人所爱读的就是《王会解》。《王会解》是描写周成王在成周会见四方少数民族贡献特产的盛大典礼的。……尽管它是小说性质,并非真有其事,但它是战国的作品,所叙述的先秦少数民族的情况,还是很值得我们珍视的材料。"参见杨宽《论〈逸周书〉》,《中华文史论丛》1989年第1期。
③ 清华大学出土文献研究与保护中心编,李学勤主编:《清华大学藏战国竹简》(伍),上海:中西书局,2014年,第118页。

公十一年正义引杜预《世族谱》则谓"文叔"封许。"文叔"即"吕叔"也,又名"吕丁",足见齐、许源出吕氏之说确不可易。

整理者指出,根据简文所记吕丁辅佐文、武二王的史实,可以推断许国始封当在成王之世。① 其说可信。需要注意的是,许君的名号在金文和《春秋》经传中又作"许男"(《集成》2549),而"男"原本就属于周代外服诸侯序列,与"侯""甸"皆可统称为"诸侯",其例见于令方彝铭(《集成》9901),所以简文称吕丁"侯于许",与此正相吻合。

周初封许之地在今河南许昌市以东一带,鲁国在其附近领有朝宿之邑,因以"许"名,称为"许田"。春秋以后楚国日益崛起,不断向汝、颍上游地区进行扩张,许国自身势力弱小,更兼处在晋、楚争霸中原的前沿地带,因而长期为列强所迫,频繁徙国,疲于奔命。公元前576年,许灵公畏郑所逼,请附于楚,楚人于是迁许至叶,即今河南叶县西南,是为首迁。《左传》襄公十一年记载诸侯伐郑,"东侵旧许"。又,《左传》昭公十二年亦有"昔我皇祖伯父昆吾旧许是宅"之辞。"旧许"即今许昌市东的许国故地,彼时已为郑国所占领,故加区别字前缀"旧"以示区别。另据《左传》昭公九年所述,是岁楚公子弃疾迁许于夷地之城父,同时"迁方城外人于许"。杜预注:"成十五年许迁于叶,因谓之许。今许迁于夷,故以方城外人实其处。"据此可知,许国初迁于叶,乃将原居地名移植至此,其故国之地则称"旧许",适可与叶地之"许"有所分别。

《左传》昭公十三年:"楚之灭蔡也,灵王迁许、胡、沈、道、房、申于荆焉。平王即位,既封陈、蔡而皆复之。"按楚灵王灭蔡在鲁昭公十一年,是许国在东迁城父不久后,又一度被迫南徙楚国腹地。楚平王复立诸邦之际,许人当自楚境还居于叶,故《左传》昭公十八年左尹王子胜劝平王迁许,其言曰"叶在楚国,方城外之蔽也"。② 是年,楚人复迁许于析邑(即"白羽"),在今河南西峡县北,从而将许国完全置于掌控之中。

《春秋》定公四年:"许迁于容城。"《传》文无说,清华简《系年》对这一史事的背景却有详细交代。《系年》第十八章云:

  竟平王即世,昭王即位。许人乱,许公佗出奔晋。晋人罗(罹),城汝阳,居许公佗于颂(容)城。晋与吴会为一,以伐楚,閱方城。

---

① 清华大学出土文献研究与保护中心编,李学勤主编:《清华大学藏战国竹简》(伍),第117页。
② 杨伯峻:《春秋左传注》(修订本),第1400页。

据简文可知，许国先前一直依附于楚，但在楚昭王即位之后发生内乱，其君转而背楚即晋。晋人于是加固汝水北岸的防御，并纳许君于容城（今河南鲁山县东南），继而联合吴国以伐楚。李守奎先生指出，晋人迁许于汝水上游一带的容城，其目的在于扶植许人，使之成为"方城"外部对抗楚国的势力。① 所论很有道理。

然而许迁容城为时未久，即为郑国所吞并。《春秋》定公六年："郑游速帅师灭许，以许男斯归。"同年《传》云"郑灭许，因楚败也"。是谓吴师入郢致使楚国元气大伤，一时无暇北顾，故郑人趁机袭取许地。不过，《春秋》哀公元年、十三年尚可见"许男"之名，杜注推测为楚人再度助许复国，其说大抵可从。自此以后，许国彻底沦为楚之附庸，并于战国初年最终为楚所灭。② 综上所言，许人在春秋阶段前后凡六徙国，其中迁叶之际，地名"许"随该国的南迁而发生移徙，同时也导致许国故地又称为"旧许"。

（9）鄂（山西乡宁一带）—？—（河南叶县西）——鄂（湖北随州西北）——鄂、西鄂（河南南阳北）；鄂、西鄂（河南南阳北）——鄂、东鄂（湖北鄂州西南）

据《史记·殷本纪》载，商纣之世以鄂侯为"三公"之一。裴骃集解引徐广曰："（鄂）一作'邘'，音'于'。野王县有邘城。"③郭沫若先生联系鄂侯驭方鼎铭（《集成》2810），认为其中的"𣏂"是指荥阳大伾山，故鄂侯所居本在河内之地。④ 马承源等先生由此推断，周初分封"武之穆"邘氏于此，从而导致了鄂国的南迁。⑤ 但实际上，鄂侯驭方鼎"𣏂"字应隶释为"坯"，并非从"不"得声；⑥而《禹贡》"大伾"一地则在今河南浚县境内，⑦亦与成周以东的"𣏂"地了不相涉。李学勤先生指出，旧注云"鄂"或作"邘"，是就异文音读而言，邘在沁阳，并不意味着鄂国亦在沁阳。⑧ 这是有道理的。

---

① 李守奎：《清华简〈系年〉所记楚昭王时期吴晋联合伐楚解析》，《古文字与古史考——清华简整理研究》，第128页。
② 何浩：《楚灭国研究》，第281—283页。
③ 《史记》卷3《殷本纪》，第107页。
④ 郭沫若：《两周金文辞大系图录考释》，《郭沫若全集·考古编》第8册，第232页。
⑤ 马承源主编：《商周青铜器铭文选》（三），第102页。
⑥ 赵庆淼：《西周金文"坯"地识小》，《中原文物》2014年第5期。
⑦ 谭其骧：《西汉以前的黄河下游河道》，《长水集》（下），第62页；史念海：《河南浚县大伾山西部古河道考》，《历史研究》1984年第2期。
⑧ 李学勤：《论周初的鄂国》，《中华文史论丛》2008年第4期。

西周晚期噩侯簋铭（《集成》3928—3930）云："噩侯作王姞媵簋,王姞其万年,子子孙永宝用。"可见鄂为姞姓,曾与姬周王室通婚。需要指出的是,上古姞姓国族多分布于晋陕高原及周边的黄河中游地区,说明姞姓人群很可能具有较为明确的北方来源；而另一方面,东周晋国境内亦有鄂地。如《左传》隐公六年："翼九宗五正顷父之子嘉父逆晋侯于随,纳诸鄂。"杜预注："鄂,晋别邑。"《晋世家》正义引《括地志》云："故鄂城在慈州昌宁县东二里。"① 《大清一统志》则载乡宁县南一里有"鄂城"，"今谓之'鄂侯故垒'。"② 上述文献提到的所谓"鄂城",即位于乡宁旧县一带、夹鄂河南北相对的两座城址。据近年的考古调查表明,该城址内的遗存年代或为战国时期,③但在前者的西南及西北不远处,相继发现了嘉父山和内阳垣两处春秋墓地。④ 综合有关线索来看,纵使晋侯出居之鄂未必在此,这一地区仍不失为探寻早期鄂国故地的方向。

法国东波斋收藏的西周早期疑尊（《铭续》792）、疑卣（《铭续》881）二器（图5.4），是近年刊布有关鄂国徙封的重要实物资料。其铭文首句云"唯仲羲父于入噩侯于鰲城"，"于入"应读为"往纳"，意即前往拥立鄂侯就国,董珊先生提出"鰲"读作"犨"的可能性,很值得重视。⑤ 按春秋楚国北鄙有犨邑,在今河南叶县以西,若上铭"鰲城"确指此地,则鄂国徙封南土的时间或可早至成王前后。不过,考虑到犨邑地处"方城"之外,南距西鄂故城尚有相当之距离,所以地名"西鄂"并非周初鄂国南迁的产物,这是需要明确的。

目前可以肯定的是,西周早期静方鼎（《新收》1795）和"安州六器"之一中甗（《集成》949）铭文所提到的"噩师",即驻守鄂国的军事武装,当与昭王南征的史事密切相关。近年来,随州市西北的安居镇羊子山发现了西周早期的鄂侯家族墓地,其中M4出土多件带有"噩侯""噩仲"字样铭文的青铜器,包括鼎、尊、卣、盘、罍、方罍等器类,连同20世纪70年代M3所出的噩侯弟㫚季尊,足以证实当时的鄂国就在今随州境内,与叶家山曾

---

① 《史记》卷39《晋世家》，第1636页。
② 《嘉庆重修一统志》卷140《山西·平阳府》，《四部丛刊续编》本，第8册，上海：上海书店出版社，1985年。
③ 许文胜：《山西乡宁故鄂城遗址调查》，《文物世界》2017年第6期。
④ 张新智、阎金铸：《嘉父山墓地发掘收获》，《文物世界》2009年第6期；许文胜、张红娟、李林：《乡宁县内阳垣清理一批夏、春秋时期墓葬》，《文物世界》2004年第1期。
⑤ 董珊：《疑尊、疑卣考释》，《中国国家博物馆馆刊》2012年第9期。

国比邻而居。① 然而考古资料同时显示,随州羊子山噩国遗存只延续到西周早期晚段,曾国亦然。这种现象大概暗示出,随着昭王南征以失败告终,西周国家势力可能一度被迫退出随枣走廊,在此期间,曾、鄂两国的命运无从得知。②

图 5.4　疑尊铭文及摹本(董珊先生作)

据西周晚期禹鼎铭文(《集成》2833)记载,鄂侯驭方在厉王之世一度发动叛乱,联合南淮夷、东夷大举侵周,周王遣令对反叛者采取严惩措施,即所谓"毋遗寿幼",故学界长期认为鄂国由此灭亡。然而令人惊喜的是,2012—2014年间,考古人员在南阳市区东北的新店乡夏饷铺村,又发现了两周之际以后的鄂国贵族墓群,共清理墓葬80余座,目前已刊布M19—M20、M7—M16、M1及M5—M6四组墓葬的发掘资料,时代均为春秋早期。③

---

① 张昌平:《论随州羊子山新出噩国青铜器》,《文物》2011年第11期。
② 朱凤瀚先生曾提出,昭王南征的失利导致汉东地区的政治局势失控,鄂国也有可能是在这样的历史背景下被迫内迁。参见朱凤瀚《论西周时期的"南国"》,《历史研究》2013年第4期。
③ 河南省文物局南水北调办公室、南阳市文物考古研究所:《河南南阳夏饷铺鄂国墓地M1发掘简报》,《江汉考古》2019年第4期;河南省文物局南水北调办公室、南阳市文物考古研究所:《河南南阳夏饷铺鄂国墓地M7、M16发掘简报》,《江汉考古》2019年第4期;河南省南水北调办公室、南阳市文物考古研究所:《河南南阳夏饷铺鄂国墓地M19、M20发掘简报》,《江汉考古》2019年第4期;河南省文物局南水北调办公室、南阳市文物考古研究所:《河南南阳夏饷铺鄂国墓地M5、M6发掘简报》,《江汉考古》2020年第3期。需要说明的是,原简报将墓地年代定在西周晚期至春秋早期,笔者更倾向于其年代上限当在两周之际。关于这一系列问题,韩巍等先生已有专文讨论,兹不展开。

其中的 M19 和 M16 出有两件同铭铜壶，其铭云"鄂侯作孟姬媵壶"，可见鄂侯曾为姬姓女子铸作媵器。按常理度之，这一情形或可从两个不同角度加以解释：首先，即鄂侯是为本族女子出嫁作媵，从而说明南阳夏饷铺之鄂当为姬姓，是两周之际前后重新受封的周系贵族，反映出统治者利用"封建亲戚"的手段，试图重建王朝南土的蕃屏。另一种可能性，即上述现象属于"异姓媵"的变例。这也就意味着，周人在平定鄂侯驭方叛乱后并未绝灭其嗣，而是将归附的鄂国贵族内迁至南阳盆地，重新就地进行安置，以期实现政治笼络。而新立的鄂侯既与姜姓申、吕联姻，[①]一面又替姬姓贵族嫁女作媵，俨然已是依附者的态度，足见周人政策卓有成效。客观地讲，上述两说均属于"解释"的范畴，目前尚乏关键证据以供证实。考虑到古之"因国"和"胜国"有别：凡两国前后相继，因其故墟民人、以立新邦者，谓之"因国"，故有血缘相异却沿用相同氏名的现象，即"异族同号"；如征服一国而灭之，且毁其社，则谓之"胜国"。[②] 循例来看，设若西周贵族灭鄂侯驭方而绝其嗣，自属"胜国"；而另立姬姓封国取代前者，承袭其号，则又属"因国"，二者既然无法兼容，则只能根据国名相因的事实取其一端，所以笔者暂且仍倾向于鄂侯乃姞姓一脉相承的认识。

按《汉书·地理志》载南阳郡有属县"西鄂"，故址在今南阳市北的石桥镇一带。就地理位置而言，夏饷铺鄂国墓地位于西鄂故城东南仅数公里处，空间关系可谓十分密切。据此看来，今南阳境内之所以出现"鄂"的地名遗迹，自然不妨从"地随族迁"的角度加以推原，即至少可以追溯到两周之际的鄂国内迁。不过，随州之鄂与南阳之鄂在年代衔接上尚有较大缺环，西周中期至晚期偏早的鄂国究竟何在，仍是未来需要重点探索的问题之一。[③]

今湖北鄂州市境内的"鄂"地来历亦久。陈梦家先生早年曾认为，西

---

① 夏饷铺 M5、M20 出土的一对鄂姜鬲和数件鄂姜簋，应是鄂侯夫人的自作器，足以表明鄂侯曾与姜姓国族通婚，而具体对象最有可能就是同在南阳的申、吕二国。
② 顾炎武著，陈垣校注：《日知录校注》卷 6，第 335—336 页。
③ 1975 年，河南商水县练集镇朱集村的一处周代墓葬出有两件同形铜簋，时代约相当于西周晚期，两簋内底铭文已被磨平，其一盖内有铭曰："鄂仲耴作宝簋，用祈眉寿，子子孙孙永宝用享。"参见秦永军、韩维龙、杨凤翔《河南商水县出土周代青铜器》，《考古》1989 年第 4 期。值得注意的是，同墓所出另有 3 件铜簋，铭文（《新收》395—397）皆言"遹氏仲作沦仲娲冢母媵簋"，此"遹氏仲"即见于《春秋》经传的陈大夫"原仲"，所以墓葬年代当在春秋早期，而噩仲耴簋的族属显然与墓主国别并不一致。联系有关器铭被刻意损毁的情形来看，上述噩仲耴簋很可能属于掠夺的外来之器，其间经历了易主的过程，它在作为随葬品埋藏之际，所有者俨然已是东周陈国贵族。

周鄂国所封是在鄂城一带。① 李学勤先生支持陈说,并提出鄂国地涉随州、鄂城的可能性。② 但是,结合随州羊子山墓地和叶家山墓地的考古发现,可知彼时鄂国的势力范围恐怕相对有限,不太可能延伸至长江中游以南地区。《史记·楚世家》载:"熊渠甚得江汉间民和,乃兴兵伐庸、杨粤,至于鄂。……乃立其长子康为句亶王,中子红为鄂王,少子执疵为越章王,皆在江上楚蛮之地。"是谓熊渠之子熊挚受封于鄂,号曰"鄂王"。正义引《括地志》并持两说,一曰:"邓州向城县南二十里西鄂故城,是楚西鄂。"又云:"武昌县,鄂王旧都。今鄂王神即熊渠之子神也。"③有学者联系熊渠伐庸在鄂西北地区,认为此"鄂"不能远至鄂城一带,应是指南阳之鄂。另据考古调查与发掘表明,鄂州市区南郊的楚系墓葬年代多在战国中期以后,下限可延续至秦汉之际或西汉初期;④至于大冶市金牛镇境内的"鄂王城"遗址,其始建和使用年代亦不早于战国阶段。⑤ 这些线索都暗示出,鄂州之"鄂"的得名可能无法追溯至东周以前,因而熊挚封"鄂王"一事不排除为民间传说的附会所致。

值得注意的是,旧注曾对楚境两处鄂地的关系有所讨论,如《楚世家》正义引刘伯庄说,谓鄂地本在楚西,后徙于楚,是为"东鄂"。⑥ 郑威先生据此推断,这一记载可能反映了战国鄂君迁邑的史实,即随着垂沙之役后楚国宛、叶之地的沦陷,鄂君也失去了原先位于南阳以北的封邑,遂被东迁至今鄂州一带重新分封。⑦ 氏说合理可信。如是,则鄂州之"鄂"的地名来源,理应与战国后期楚封君——鄂君的徙封有关,其间部分时代偏晚的楚文化遗存,亦可借助这一角度得到较好的解释。秦汉以降,南阳之"鄂"与鄂州之"鄂"又分别冠以方位词前缀,更称"西鄂"和"东鄂"。《汉书·地理志》南阳郡西鄂县下颜注引应劭曰:"江夏有鄂,故加'西'云。"⑧ 揆情度理,"西鄂"和"东鄂"之称既为对文,且是出于相互区别之故,则二者之更名大致亦当同时。

---

① 陈梦家:《西周铜器断代》,第 217 页。
② 李学勤:《论周初的鄂国》,《中华文史论丛》2008 年第 4 期。
③ 《史记》卷 40《楚世家》,第 1692—1693 页。
④ 湖北省鄂城县博物馆:《鄂城楚墓》,《考古学报》1983 年第 2 期。
⑤ 大冶县博物馆:《鄂王城遗址调查简报》,《江汉考古》1983 年第 3 期;湖北省文物考古研究所:《大冶五里界:春秋城址与周围遗址考古报告》附录一,北京:科学出版社,2006 年,第 259—270 页。
⑥ 《史记》卷 40《楚世家》,第 1692 页。
⑦ 郑威:《楚国封君研究》(修订本),第 91—94 页。
⑧ 《汉书》卷 28《地理志》,第 1565 页。

（10）息（河南罗山南）——息、新息（河南息县西南）

息是先秦时期淮域诸邦之一。关于息国的地望，传世文献多以为在汉晋汝南郡新息县境。如《左传》隐公十一年杜预注："息，国，汝南新息县。"又《水经·淮水注》云：

> 淮水东迳**故息城**南，《春秋左传》隐公十一年郑、息有违，言息侯伐郑，郑伯败之者也。……淮水又东，迳**新息县故城**南。应劭曰：息后徙东，故加新也。王莽之新德也，光武十九年，封马援为侯国。……魏太和中，蛮田益宗效诚，立**东豫州**，以益宗为刺史。①

按引文所述方位，此"故息城"当在"新息县故城"以西，其地南临淮水。而郦注所谓的"新息县故城"，即北魏所置东豫州治所"南新息"，在今河南息县一带。② 据考古调查显示，今河南息县西南、淮河北岸的徐庄村一带有一座古城遗址，年代大致相当于周至汉晋时期。徐少华先生结合地望、时代等因素，指出该城址应即周代息国、汉新息县所在。③ 可以信据。

1979—1985 年间，信阳地区文管会和罗山县文化馆先后对河南罗山县莽张乡天湖村商周墓地进行了三次发掘，共清理商代墓葬 25 座，时代相当于殷墟二期至殷墟四期，在出土的 47 件有铭铜器中，带有"息"字铭文者共计 29 件。④ 因此，罗山天湖晚商墓地的性质属于息国贵族墓地，业已得到学界的公认。⑤《世本》及《左传》杜注俱称息为姬姓，但上述墓地中的大部分墓葬都采用腰坑和殉狗葬俗，有的墓葬在棺椁之间或填土中还置有殉人，这些现象均与周代息国的姬姓背景龃龉不合。另外，罗山天湖墓地位于淮河以南，北至息国故城的直线距离超过 30 公里，二者之间不太可能存在居、葬对应的关系。故有学者据此认为，周代息国可能是周人灭息后改封的姬姓国。⑥ 这是有道理的。不过，西周早期息伯卣铭（《集成》5385）云："唯王八月，息伯赐贝于姜，用作父乙宝尊彝。"根据息

---

① 郦道元著，陈桥驿校证：《水经注校证》卷30，第704页。
② 谭其骧主编：《中国历史地图集》第四册，北京：中国地图出版社，1982年，第46—47页。
③ 徐少华：《周代南土历史地理与文化》，第86页。
④ 河南省信阳地区文管会、河南省罗山县文化馆：《罗山天湖商周墓地》，《考古学报》1986年第2期。
⑤ 李伯谦、郑杰祥：《后李商代墓葬族属试析》，《中原文物》1981年第4期。
⑥ 徐少华：《周代南土历史地理与文化》，第85页；赵燕姣：《古息国变迁考》，《中原文物》2014年第3期。

国贵族使用日名的现象来看，周初之息与晚商息国为一脉相承的可能性，恐怕也无法轻易排除。当然，此中存在两种具体情况：一是商息在入周以后归附周王朝统治，并通过"构拟血缘"的方式，将自身族系改为姬姓；另一种可能即周人在西周初年灭掉商息之后，重新分封姬姓贵族于此，是为周代息国，其君在《左传》中称为"息侯"。周息贵族由于受到当地商文化残余的影响，从而出现使用日名的习俗。但无论孰说为是，周代息国肯定已不再位于商息故地，罗山天湖晚商墓地上部为战国楚墓所叠压，却未尝发现西周遗存，便是最为直接的佐证。

《汉书·地理志》汝南郡新息县下颜注引孟康曰："故息国，其后徙东，故加'新'云。"①是谓息国东迁之后，其故地乃更名"新息"，所言与《水经注》引应劭说同，着实令人感到费解。孔颖达就此质疑曰："若其后东徙，当云'故息'，何以反加'新'字乎？盖本自他处而徙此也。"②是论切中肯綮，但惜未能有所发明。现由考古资料可知，晚商息国原在今罗山县莽张乡一带，是为商息故地；而今息县西南的"故息城"，则为周代息国所在。因此，"息"这一地名当是由周代息国的建立而移至淮河北岸，今息县一带始得"息"名。春秋早期楚人灭息置县，并在当地设有"申、息之师"，以为北部边防重镇，而《左传》定公四年亦云"左司马戌及息而还"，可见彼时息地犹未更名。后来，殆是出于进一步区分商、周息国故地的考虑，时人遂在息县名上冠以"新"字前缀，更称"新息"。至于"新息"之名何时出现，目前所见史料中尚无明确证据，推测可能不会早至战国以前。

（11）鄀、上鄀（河南淅川西南）——（河南西峡西）；鄀、下鄀（湖北钟祥西北）—？—鄀、上鄀（河南淅川西南）

鄀是周代南土小国。《左传》僖公二十五年"秦、晋伐鄀"下杜预注："鄀本在商密，秦、楚界上小国，其后迁于南郡鄀县。"《水经·沔水注》同之，③均谓商密之鄀为本国，南郡之鄀则系鄀人南迁所致。

据清华简《楚居》记载，楚先王熊绎与屈紃欲自"京宗"徙居"夷屯"，曾使"鄀嗌"为此事进行占卜；而楚人迁至"夷屯"之后，建成"楩室"以供祭祀，又盗窃鄀人之犝作为牺牲。从上揭内容来看，鄀是西周早期便已存在的南土旧邦，而鄀人的活动地域不但近于"京宗"，同时又与"夷屯"密

---

① 《汉书》卷28《地理志》，第1563页。
② 孔颖达：《春秋左传正义》卷4，阮元校刻《十三经注疏》，第3771页。
③ 《水经·沔水注》云："沔水又迳鄀县故城南，古鄀子之国也。秦、楚之间，自商密迁此，为楚附庸，楚灭之以为邑。"

迩相邻,这一特殊现象显然值得重视。整理者指出,简文之"鄀"当是商密之鄀,在今河南淅川县西南。① 另有学者认为,此"鄀"与西周晚期若敖所居之"鄀"、春秋早期庄敖所徙之"鄀郢"有关,三者所指实系同一地,即南郡鄀县。② 平心而论,上述两种观点均有合理性,其立论基础都在于鄀地与熊绎所居"塞屯"的空间联系,但彼此之所以会呈现截然对立,主要是因为对"塞屯"地望的认识有所不同。

首先必须明确的是,《楚居》记载两周之际及春秋早期的楚君若敖、庄敖曾先后徙居"鄀"和"鄀郢",而彼时楚国的核心区域尚在汉水以南无疑,所以这些以"鄀"为称的地点只能对应南郡鄀县,即《左传》定公六年楚令尹"迁郢于鄀"之"鄀"。准此,从若敖居"鄀"的情形推断,南郡鄀县之地此前当为鄀国所在,约至西周晚期始为楚人占领,其名因袭不改。春秋初年楚武王所任用的"鄀俘"观丁父,应该就来自这一鄀国。那么,上述结论是否意味着南郡之鄀当系本国,而商密之鄀反为余绪呢?在我们看来,问题恐怕没有这么简单。如前所述,早期楚人无论是定居"京宗"抑或徙居"塞屯"期间,都曾与鄀族成员发生密切往来,这无非说明鄀人的活动范围与两处地点均相邻近。然据笔者前文考订,"京宗"原为鬻熊所居,即相当于传世文献中的"丹阳",地望在今河南淅川县西南;"塞屯"则为熊绎所徙,位于汉水以南的荆山周边,二者相去不可谓近,鄀人亦无由在汉水南北疲于奔命。因此,最为合理的解释便是:早期鄀族居地同样并不唯一,丹淅地区既有之,汉南荆山附近亦然,前者毗邻"京宗",后者则近于"塞屯",故与同一阶段楚族的活动轨迹反复交织。

在周代铜器铭文中,鄀尚有"上鄀""下鄀"之称,此亦有助于佐证笔者的上述推论。郭沫若先生较早提出鄀分上、下之说,认为二鄀"上下相对,必同时并存",其中南郡之鄀为本国,故称"上鄀",商密之鄀则为分支,是"下鄀"。③ 徐少华先生赞成商密为"下鄀",同时又对郭说加以修正,主张"上鄀"应在"下鄀"以北,即今河南西峡县境内的丁河古城。④ 陈昌远先生则认为,鄀国原在汉水上游,春秋以后南徙汉水下游,故称商密之地为"上鄀",所迁宜城一带则称"下鄀"。⑤ 胡刚先生结合清华简记载,

---

① 清华大学出土文献研究与保护中心编,李学勤主编:《清华大学藏战国竹简》(壹),第185页。
② 胡刚:《有"鄀"铜器与鄀国历史新论》,《文物》2013年第4期。
③ 郭沫若:《两周金文辞大系图录考释》,《郭沫若全集·考古编》第8册,第374—378页。
④ 徐少华:《鄀国铜器及其历史地理研究》,《江汉考古》1987年第3期。
⑤ 陈昌远:《〈上鄀府簠〉与鄀国地望考》,《中原文物》1991年第4期。

又提出秦、晋联军徙都之"审城"很可能就是"上鄀"。① 总之,关于"上鄀"和"下鄀"的归属及其地望问题,学界的意见并不统一,因而仍有讨论的必要。

首先,"上鄀"之称见于上鄀公敄人簠盖(《集成》4183),同人所作之器另有鄀公敄人钟(《集成》59);无独有偶,鄀公诚簠(《集成》4600)和下鄀雍公诚鼎(《集成》2753)的作器者亦为同一人。这就说明"上鄀"和"下鄀"均用作国族名号,故可统称为"鄀",析言则有上、下之别。郭沫若先生认为,这一现象"盖由分封而然","犹小邾之出自邾娄而称为小矣"。② 所论虽非十分准确,但已道出二鄀同源而异流的本质,仍有启发意义。

其次,"上鄀"和"下鄀"分别所冠的"上""下"二字,属于国族名或地名之上增缀的方位词,具有区分不同实体之间相对方位的意义。一般来说,时人是以居北、居上游为"上",而居南、居下游为"下",故有"上蔡"与"下蔡"、"上阳"与"下阳"为对。因此,就地理方位而言,"上鄀"自当位于"下鄀"以北,郭沫若先生以"上鄀""下鄀"分别对应南郡之鄀和商密之鄀,则未免有违于鄀分上、下的命名初衷。

再者,目前已知的"上鄀"铜器共有4件,除了上鄀公敄人簠盖为春秋早期之器,其余上鄀府簠、上鄀公簠及上鄀子戈的时代,均在春秋中期后段至春秋晚期。其中,上鄀公簠出土于淅川下寺春秋楚墓 M8,其铭文(《新收》401)云"上鄀公择其吉金,铸叔嫚(芈)、番改媵簠",结合器物年代与铭辞内容来看,此"上鄀公"显然并非既已亡国的鄀国之君,③而是楚国在"上鄀"故地所置的县公,其身份当为楚人贵族。更为关键的是,上鄀公簠的出土地点——今淅川县仓房镇下寺一带,恰与商密的地望(今淅川县西南老城)颇为接近,这无疑有力地证明了"上鄀"就在丹淅地区,应即商密之鄀。那么,结合地名遗迹及其方位关系来看,"下鄀"的位置则当以南郡之鄀为是。

下鄀雍公诚鼎是目前仅见的"下鄀"铜器,年代约相当于西周晚期,较之"上鄀"诸器相对偏早,所以南郡之鄀并非商密之鄀在春秋以后南迁所建,应该可以肯定。另一方面,联系《楚居》所见若敖居"鄀"的历史背景来看,"下鄀"至迟在两周之际已为楚国所吞并,其地及遗民遂没入于楚。

---

① 胡刚:《有"鄀"铜器与鄀国历史新论》,《文物》2013年第4期。
② 郭沫若:《两周金文辞大系图录考释》,《郭沫若全集·考古编》第8册,第375页。
③ 《左传》文公五年:"初,鄀叛楚即秦,又贰于楚。夏,秦人入鄀。"其后鄀国不复见于文献记载,亡国可能即在此时。

不过,据《集古录跋尾》记载,下鄀雍公諴鼎原出自上雒(今陕西商洛市境内),①这一现象似乎说明,部分鄀遗或在亡国之后辗转北徙,不排除与丹淅地区的"上鄀"再度合流,以致"下鄀"铜器最终流散至此。由是观之,刘彬徽先生指出两鄀同时并存,据方位观念而以在河南者为"上鄀",居湖北者为"下鄀",应是目前最为合理的解释。②

《左传》僖公二十五年云:

> 秦、晋伐鄀。楚斗克、屈御寇以申、息之师戍商密。秦人过析,隈入而系舆人,以围商密,昏而傅焉。宵,坎血加书,伪与子仪、子边盟者。商密人惧,曰:"秦取析矣!戍人反矣!"乃降秦师。[秦师]囚申公子仪、息公子边以归。

《系年》第六章对此事亦有记载,内容可补《左传》之阙,即:

> 秦、晋焉始会(合)好,戮力同心。二邦伐鄐(鄀),徙之申(中)城,回(围)商密,截(捷)繣(申)公子义(仪)以归。

对比两段引文来看,秦、晋所伐对象当为商密之鄀无疑,亦即"上鄀"。而联军徙鄀所至之"申城",则理应位于商密周边,并且相对靠近秦、晋一侧,如此方可便于控制。

"申城"之名,尚见于曾侯乙墓遣册(简156),简文作"申城子之骠为左骖"。③ 此"申城子"系战国初年的楚封君之一,曾为曾侯乙的葬礼致送赗赙。④ 又,西周中期士山盘铭文(《铭图》14536,图5.5)尝以"苄侯"与"鄀"连言并举,其中体现的空间关系值得关注。

> 唯王十又六年九月既生霸甲申,王在周新宫,王格大室,即位。士山入门,立中廷,北向。王乎(呼)乍(作)册尹册令(命)山,曰:于

---

① 欧阳修:《集古录跋尾》卷1,上海:上海古籍出版社,2020年,第58—59页。
② 刘彬徽:《上鄀府簠及楚灭鄀问题简论》,《中原文物》1988年第3期。
③ 湖北省博物馆:《曾侯乙墓》图版二一八、二一九,北京:文物出版社,1987年。
④ 简文整理者推测,"申城"可能是《春秋》成公九年鲁人所城之"中城"。参见湖北省博物馆《曾侯乙墓》附录一、注227,第527页。今按:此"中城"并非地名,杜注所言实不可信,前人已有驳议。参见杨伯峻《春秋左传注》(修订本),第842页。

入(纳)芇侯,徣(遂)徵蠚(郜)、刑(荆)、方服,眔亢虘服、履服、六孽服。芇侯、蠚(郜)、方宾贝、金。

图 5.5 士山盘铭文

据铭文所云,士山的使命包括"于入芇侯"和征取"蠚""刑""方"诸邦的贡服。① "于入芇侯"可从李学勤先生说,读为"往纳芇侯",意即遣人前往拥立芇侯就国。② "蠚"即郜国,"刑"可读为荆,此指楚国。《左传》僖公四年管仲对楚使云"尔贡包茅不入,王祭不共,无以缩酒",说明楚人对周王室负有进贡方物的义务。

根据同辞关系来看,士山受王命前往迎立"芇侯",继而征取南土郜、楚诸邦的贡纳,其前后使命之间自当具有密切关联,大抵就属于顺道而行

---

① 关于盘铭"服"字的理解,参见董珊《谈士山盘铭文的"服"字义》,《故宫博物院院刊》2004 年第 1 期。
② 李学勤:《论士山盘——西周王朝干预诸侯政事一例》,《文物中的古文明》,第 195—198 页。

之举。那么，西周"芈侯"之国的所处位置，恐怕亦与鄀国相去不远，很有可能就在简文"审城"之地。据徐少华先生介绍，丁河故城在今河南西峡县西15公里，位于商密以北不远，当地发现有较为丰富的周代文化遗存。① 从地理位置来看，丁河故城处在连接关中与南阳盆地的蓝武道东段，亦即秦、楚界上之地，秦、晋联军就近徙鄀至此，以便操纵前者携离于楚，也颇为合乎情理。因此，简文"审城"的地望是否就在丁河故城，大概可以考虑。

综上所论，鄀国至迟在西周初年便已分立为二，其一位于丹淅地区，即商密之鄀，与鬻熊所居"京宗（丹阳）"为邻；另一则在汉水以南的荆山附近，与熊绎徙居之"塞屯"相近，后为南郡鄀县所在。约至西周晚期，二鄀因相对方位关系有南、北之别，故又分别称为"上鄀"和"下鄀"，以示区分。随着两周之际楚人的对外扩张，汉南"下鄀"率先为楚所灭，其地仍以"鄀"名；春秋早期楚国势力北上越过汉水，控制南阳盆地，商密"上鄀"于是也沦为前者附庸，后又一度北迁"审城"，并在秦、楚之间摇摆不定，终为秦国所灭。由此看来，尽管"上鄀""下鄀"究竟孰为本国，目前尚难以遽定，但二者得名显然都与早期鄀族的分衍有关，而非鄀人失国后另选迁处的结果。

最后，我们不妨对南郡之鄀的地望问题略作补述。《水经·沔水注》云：

> 沔水又经鄀县故城南，古鄀子之国也。秦、楚之间，自商密迁此，为楚附庸，楚灭之以为邑。……县北有大城，楚昭王为吴所迫，自纪郢徙都之，即所谓鄢、鄀、卢、罗之地也。秦以为县。②

《谭图》据上述引文记载，将古鄀国和南郡鄀县一并标注于汉水东岸的今钟祥市丰乐镇一带。③

关于鄀地的具体位置，唐宋地理志中有着更为详细的记述。如《史记·楚世家》正义引《括地志》，谓"故鄀城"在"襄州乐乡县东北三十二里"的"楚昭王故城"以西五里。④《元和郡县志》也提到，襄州乐乡县北三

---

① 徐少华：《鄀国铜器及其历史地理研究》，《江汉考古》1987年第3期。
② 郦道元著，陈桥驿校证：《水经注校证》卷28，第668页。
③ 谭其骧主编：《中国历史地图集》第1册，第29—30页；谭其骧主编：《中国历史地图集》第2册，第22—23页。
④ 《史记》卷40《楚世家》，第1716页。按：正义引《括地志》"在故鄀城东五里"的"鄀"系"鄢"字之讹。参见李泰等著，贺次君辑校《括地志辑校》，第188—189页。

十七里有"郡国故城"。① 石泉先生据此推断,郡地大致在今钟祥市西北、胡集镇南的丽阳村一带。② 徐少华先生则认为,今钟祥市西北转斗镇附近的罗山遗址可能是古郡国和南郡郡县所在。③ 这两处地点均在汉水西岸,实际位置非常接近。近年刊布的岳麓秦简《三十五年质日》,保存有一段从南郡往返咸阳的旅程记录,其中提到行人己未日"宿当阳"、庚申日"宿销"、辛酉日"宿箬乡",可见三地相距不过一日行程。④ "当阳"为秦置县,治今湖北荆门市南;⑤"销"又见于里耶秦简和张家山汉简,周振鹤先生考证其地在今荆门以北的石桥驿至南桥之间;⑥陈伟先生指出"箬乡"即故郡国、郡郢及秦汉郡县所在,并结合《左传》所载吴师入郢及楚人"迁郢于郡"之际的政治地理形势,认为郡地位于汉水之西的丘陵地带,是相对安全的地方,从而进一步肯定石泉先生之说。⑦ 上述三地皆为秦南郡境内荆襄干道上的重要节点,考虑到各地的里程关系及驿路的走向,周、陈二位先生的意见应是最优之选。⑧

此外,北大藏秦简《道里书》中,还有关于"箬乡"至"鄢"具体里程的记载,即04—088:"箬乡到鄢八十里。""鄢"即楚别都鄢邑、秦鄢县和汉宜城县,在今宜城市东南的楚皇城遗址。该地至胡集镇丽阳村的直线距离约为26公里,若将驿路走向的实际曲度考虑在内,则这一数据与秦简所记"鄢"到"箬乡"的陆路里程(合今33.4公里)十分接近,⑨足以佐证研究者对故郡国、"箬乡"地望的推定。然需注意的是,秦简"箬乡"仅为鄢县所辖一乡,彼时尚未置县,而《汉志》南郡郡县既由"箬乡"发展而来,则其

---

① 李吉甫著,贺次君点校:《元和郡县图志》卷21,第531页。
② 石泉:《古鄢、维、涑水及宜城、中庐、邔县故城新探——兼论楚皇城遗址不是楚鄢都、汉宜城县》,《古代荆楚地理新探》,第331页。
③ 徐少华:《古郡国、郡县及楚郡都地望辨析》,武汉大学历史地理研究所编:《石泉先生九十诞辰纪念文集》,武汉:湖北人民出版社,2007年。据考古调查表明,罗山遗址的年代跨度为春秋中晚期至汉晋时期,面积上相当于小国或县治的规模。参见徐少华、尹弘兵、郑威《钟祥罗山遗址调查简报》,《江汉考古》2007年第3期。
④ 朱汉民、陈松长主编:《岳麓书院藏秦简》(壹),上海:上海辞书出版社,2010年,第91—92页。
⑤ 谭其骧主编:《中国历史地图集》第2册,第22—23页。
⑥ 周振鹤:《秦末汉初的销县——里耶秦简识小》,简帛研究网,2003年12月1日。
⑦ 陈伟:《岳麓秦简〈三十五年质日〉地名小考》,《历史地理》第26辑,第442—445页。
⑧ 蒋文:《岳麓秦简〈三十五年质日〉地理初探》,复旦大学出土文献与古文字研究中心网站,2011年4月5日。
⑨ 按秦里一里约合今417.6米,则"箬乡"到"鄢"的陆路里程应在33.4公里左右。秦制参见中国历史大辞典编纂委员会《中国历史大辞典》,上海:上海辞书出版社,2000年,第3458页。

地望最初当在汉水以西；但《水经注》明确记载汉水流经"郡县故城南"，这一地点又只能位于汉水东岸。为解决上述矛盾，辛德勇先生提出汉晋郡县治所也许经过移治，即"筶乡"最终由"都乡"变为"离乡"，这种可能性值得重视。①

（12）顿（河南周口东南）——顿、南顿（河南项城西）

顿为周代淮水流域北部小国。《左传》僖公二十三年："秋，楚成得臣帅师伐陈，讨其贰于宋也。遂取焦、夷，城顿而还。"杜预注："顿，国，今汝阴南顿县。"又，《春秋》僖公二十五年："楚人围陈，纳顿子于顿。"杜预注："顿迫于陈而出奔楚，故楚围陈而纳顿子。"结合上述两段文字来看，楚人在短时期内反复出师陈国，先有"城顿"之举，后又协助顿君返国，可见顿国近陈，应是楚人用来牵制前者的附庸，故屡为陈国势力所迫。另据《系年》第五章载，早在楚文王世便有"取顿以赣（恐）陈侯"之举，说明顿国沦为楚之附庸，当已为时不短。

《汉书·地理志》汝南郡南顿县原注："故顿子国，姬姓。"颜师古注引应劭曰："顿迫于陈，其后南徙，故号'南顿'。"②是谓顿国受迫于陈而南迁，原居地名"顿"亦随之移徙，后世则采取增缀方位词的办法相区别，更称其所徙之地为"南顿"。按：汉南顿县在今河南项城市西之南顿乡，③《左传》所载楚师纳顿子之地即此。

至于顿国故地安在，《水经·颖水注》则有详细记述，即：

> 颖水又东，右合谷水。水上承平乡诸陂，东北迳南顿县故城南，侧城东注。《春秋左传》所谓顿迫于陈而奔楚，自顿徙南，故曰"南顿"也。今其城在顿南三十余里。④

据引文所言，故顿城更在"南顿"以北三十余里，可谓密迩于陈。徐少华先生结合阚骃《十三州志》"故顿子城在颖水之南，故谓颖阴城"的记载，推定顿国故城当在今河南商水县黄寨镇以北、沙颖河以南一带，可以信从。⑤

---

① 辛德勇：《北京大学藏秦水陆里程简册初步研究》，清华大学出土文献研究与保护中心编，李学勤主编：《出土文献》第4辑，第226页。
② 《汉书》卷28《地理志》，第1562页。
③ 谭其骧主编：《中国历史地图集》第2册，第19—20页。
④ 郦道元著，陈桥驿校证：《水经注校证》卷22，第515页。
⑤ 徐少华：《周代南土历史地理与文化》，第181页。

(13)（山东滕州南）——邳、下邳（江苏睢宁北）——上邳（山东滕州南）

《左传》昭公元年称"商有姺、邳"，杜预注："二国，商诸侯。邳，今下邳县。"汉晋下邳县在今江苏睢宁县北的古邳镇一带。① 又，《左传》定公元年载薛宰曰："薛之皇祖奚仲居薛，以为夏车正。奚仲迁于邳，仲虺居薛，以为汤左相。"《汉书·地理志》鲁国薛县原注亦云："夏车正奚仲所国，后迁于邳。汤相仲虺居之。"②据此可知，薛人远祖奚仲本居于薛，其后南迁至泗水下游的邳地立国，奚仲后裔仲虺因之而居薛，遂为商代薛国之先。所以，薛、邳二国理应存在共祖关系。

据历年的考古调查和发掘表明，周代薛国在今山东滕州市以南官桥镇和张汪镇之间的薛城遗址，其间的文化遗存十分丰富，并一直延续至汉代以后，可见秦汉薛县旧治亦在此地。③ 20世纪80年代以来，考古工作者又在薛国故城以东的前掌大遗址，陆续清理发掘了120余座商周墓葬，其中出土的带铭铜器大部分缀有"史"字族徽，说明这里应是同时期史族的家族墓地。④ 我们知道，在西周铜器铭文中，作为族氏名号的"史"往往与"薛"具有稳定的同铭或复合关系，如：

1. 父己，亚奇（薛），史。　　（亚薛鼎，《集成》2014，西周早期）
2. 薛侯肇(?)作父乙鼎彝。史。

（薛侯鼎，《集成》2377，西周早期）

通过上揭铭文足以证实，史族与薛氏应具有血缘组织上的"包摄——隶属"关系，周代薛国即是由史族成员建立的封国。⑤ 而另一方面，滕州前掌大墓地与薛国故城东西相距仅数百米，上述遗存的空间布局也完全符合史族与薛国的对应关系。

不过，关于奚仲所迁之邳的位置，汉晋时期还有一种颇为流行的说法。《水经·泗水注》云：

---

① 谭其骧主编：《中国历史地图集》第2册，第44—45页。
② 《汉书》卷28《地理志》，第1637页。
③ 任式楠、胡秉华：《山东邹县滕县古城址调查》，《考古》1965年第12期；山东省济宁市文物管理局：《薛国故城勘察和墓葬发掘报告》，《考古学报》1991年第4期。
④ 中国社会科学院考古研究所山东工作队：《滕州前掌大商代墓葬》，《考古学报》1992年第3期；《山东滕州前掌大商周墓地1998年发掘简报》，《考古》2000年第7期；中国社会科学院考古研究所：《滕州前掌大墓地》，北京：文物出版社，2005年。
⑤ 冯时：《殷代史氏考》，《黄盛璋先生八秩华诞纪念文集》，北京：中国教育文化出版社，2005年，第19页；何景成：《商代史族研究》，《华夏考古》2007年第2期。

濉水又西迳仲虺城北。晋《太康地记》曰：奚仲迁于邳，仲虺居之以为汤左相，其后当周爵称侯，后见侵削，霸者所绌为伯，任姓也。应劭曰：邳在薛。徐广《史记音义》曰：楚元王子郢客，以吕后二年封上邳侯也。有下，故此为上矣。《晋书·地道记》曰：仲虺城在薛城西三十里。①

寻绎应劭和晋代地志之意，是谓奚仲迁邳而仲虺随之，所迁之邳地就在薛城以西三十里处的"仲虺城"。

今按：上述说法与早期文献记载多有抵牾，实不可信。《左传》既称"奚仲迁于邳"而"仲虺居薛"，可见仲虺乃是因袭奚仲故地，一兴一替，前赴后继，故其所居必非邳地明矣。然而《汉志》班注仅言"汤相仲虺居之"，后人很可能是由于曲解其意，以致产生了"仲虺居邳"的歧说。此外，汉晋学者之所以会认为奚仲迁邳在薛，恐怕还受到薛地附近有所谓"上邳城"及"仲虺城"的影响。《水经·泗水注》云："泗水又南，濉水注之，又迳薛之上邳城西，而南注者也。"②细绎文意可知，濉水流经"上邳城"西北后南注泗水，故该地的具体方位当在薛国故城以西的泗水东岸，如此则与"仲虺城"的位置正相契合。实际上，针对薛地"上邳城"的来历，古代文献中亦有明确交代，如《水经·泗水注》引《竹书纪年》曰：

梁惠成王三十一年，邳迁于薛，改名徐州。

据引文所言，邳国原先并不在薛地附近，而是直到战国中期才由他处迁来，徙居之地更称"徐州"。所谓"邳迁于薛"者，《史记·鲁世家》索隐及《孟尝君列传》正义引《纪年》并作"下邳"，③所指对象已然十分明显。准此，结合《左传》记载来看，此邳国当为奚仲迁居所建，地望则以杜注之说为宜，即在汉晋下邳县旧治一带。

相应的线索不一而足。《史记·田敬仲完世家》载邹忌拜相，"居朞年，封以下邳，号曰成侯"。④《六国年表》将此事置于齐威王二十二年，⑤根据杨宽先生对战国年表的校订，"邳迁于薛"正值齐威王十八年（前339

---

① 郦道元著，陈桥驿校证：《水经注校证》卷25，第596页。
② 郦道元著，陈桥驿校证：《水经注校证》卷25，第598页。
③ 方诗铭、王修龄：《古本竹书纪年辑证》（修订本），第143页。
④ 《史记》卷46《田敬仲完世家》，第1890页。
⑤ 《史记》卷15《六国年表》，第721页。

年），恰好略早于邹忌封下邳的时间。① 那么，联系上揭《纪年》文字不难推想，正是由于邳人去国而北迁薛地，齐人遂得以封邹忌于下邳，可谓顺理成章。

既然已经廓清奚仲迁邳当在下邳，我们便可对邳分上、下的由来作一番梳理。《汉志》东海郡下邳县颜注引应劭曰："邳在薛，其后徙此，故曰下。"又引臣瓒曰："有上邳，故曰下邳也。"②今按应说本末倒置，上文已有驳议，兹不赘言。臣瓒则谓邳分上、下是相对为称，至少更为合乎情理。如前所述，薛国远祖奚仲本居于薛，其后迁邳，因以为国，在今江苏睢宁县北的古邳镇一带，《左传》言"商有姺、邳"即此。山东峄县境内曾出土两件不伯簋（《集成》10006—10007），年代约在战国早期，考虑到峄县与古邳镇密迩相邻，故此"不"可读为邳，"邳伯"即邳国之君，可见彼时名号犹未改易。③至于奚仲后裔仲虺亦居薛地，以服事于商，其后受封立国，位在外服诸侯。直至战国中叶，邳人复自邳地北迁于薛，虽为返归早年旧土，却将所居地名"邳"移徙于斯。是故薛亦有邳，与邹忌所封之邳国故地同名，一度均为齐国所有。于是，考虑到薛之邳地处在泗水上游，方位居北，遂称"上邳"；而邳国故地位于泗水下游，方位在南，故名"下邳"，以示二者之别。汉代以后，时人或对邳国的本末源流已不甚了然，乃误以薛之邳地为奚仲所迁，并牵合"仲虺居邳"这一歧说，遂将"仲虺"之名附会于"上邳"，"上邳"又称"仲虺城"，盖来源于此。

（14）阴（河南卢氏东北）——下阴、阴（湖北老河口西北）

春秋阴地为"阴戎"所居。《左传》昭公九年载：

> 晋梁丙、张趯率阴戎伐颖。王使詹桓伯辞于晋，曰："……先王居梼杌于四裔，以御螭魅，故允姓之奸居于瓜州。伯父惠公归自秦，而诱以来，使偪我诸姬，入我郊甸，则戎焉取之。"

杜预注："允姓，阴戎之祖，与三苗俱放三危者。"据此可知，"阴戎"即允姓之戎，其先世原居"瓜州"，晋惠公自秦归国以后，乃诱使其徙居周室近地。

按《左传》僖公二十二年"秦、晋迁陆浑之戎于伊川"，以往学者多联

---

① 杨宽：《战国史料编年辑证》，台北：台湾商务印书馆，2002年，第406—407页。
② 《汉书》卷28《地理志》，第1589页。
③ 王献唐：《邳伯罍考》，《考古学报》1963年第2期。

系上述史实，认为"陆浑之戎"就是后来的"阴戎"，因其迁居阴地而得名，如杜注即持此说。不过，《春秋》昭公十七年载晋师灭"陆浑之戎"，又同年《传》言"陆浑子奔楚，其众奔甘鹿"，说明"陆浑"亡国而其君奔楚，当在公元前525年。然而《左传》昭公十九年尚有"楚工尹赤迁阴于下阴"之记载，可见"阴戎"彼时犹居阴地，似不宜将其与"陆浑之戎"简单视同为一。

《后汉书·西羌传》："陆浑戎自瓜州迁于伊川，允姓戎迁于渭汭，东及轘辕。在河南、山北者号曰阴戎，阴戎之种遂以滋广。"①寻绎其文意，殆"陆浑戎"及"允姓戎"并居河南、山北之阴地，故以"阴戎"为之总名。陈槃先生则指出："阴戎与陆浑戎种姓虽同，而居地则有别。陆浑城在今河南嵩县北三十里，阴戎则在晋阴地。"又云："盖阴戎与陆浑戎境地邻接，但各有君长，不相统属，故阴戎附晋，而陆浑戎则亲楚。二国之分，地势使然，故名号亦异。"②所论较旧说更为缜密，大抵近是。2013—2015年间，洛阳市文物考古研究院在河南伊川县鸣皋镇徐阳村清理发掘了一批春秋墓葬和车马坑，并在周围调查发现墓葬300余座，结合该墓地的葬制、葬俗及地理位置来看，目前可以初步判定墓主族属当为"陆浑戎"。③

《左传》宣公二年载晋赵盾率师救焦，"遂自阴地，及诸侯之师侵郑"。杜预注："阴地，晋河南、山北，自上洛以东至陆浑。"如按杜氏之说，则黄河以南、伏牛山以北的伊、洛流域之大部俱属阴地，所指范围未免略嫌宽泛。按《左传》哀公四年载楚司马"起丰、析与狄戎，以临上雒"，继而遣使向晋阴地大夫士蔑索要蛮氏之君，可见阴地位于洛水上游的"上雒"附近，而晋国在当地设有专职大夫管辖，其性质应与晋县无别。《读史方舆纪要》卢氏县"阴地城"条云："在县东北。……或曰晋有阴地之命大夫。命大夫，别县监尹也。城即其戍守之所。"④此说谓阴地大夫驻所后称"阴地城"，在今河南卢氏县东北，其地望较杜注更为明确，同时也符合《左传》的有关记述，故而应该可信。准此，春秋"阴戎"与"陆浑戎"所居实非一处，"阴戎"之地位于洛水上游，毗邻"上雒"，而"陆浑戎"主要分布在今伊川县西南一带，其间尚有熊耳山相阻隔。然无论如何，上述二者均是惠公归晋后始由边裔之地徙居中土的异族集团，彼此即使族属并不一致，原先也定然

---

① 《后汉书》卷87《西羌传》，第2873页。
② 陈槃：《春秋大事表列国爵姓及存灭表譔异》（三订本），第1020—1021页。
③ 吴业恒：《河南伊川徐阳发现东周陆浑戎贵族墓地》，《中国文物报》2016年4月22日，第8版；吴业恒：《河南伊川徐阳墓地初步研究》，北京大学出土文献研究所编：《青铜器与金文》第2辑，第423—431页。
④ 顾祖禹撰，贺次君、施和金点校：《读史方舆纪要》卷48，第2268页。

存在密切的地缘联系,故有偕同内迁之举。其中,"陆浑戎"可能是以旧居之名"陆浑"来命名新土,"阴戎"则是允姓之戎自"瓜州"徙居阴地而得名,至于"陆浑"是否为"瓜州"别称,尚待进一步考察。

《左传》昭公十九年云:"春,楚工尹赤迁阴于下阴,令尹子瑕城郏。"此"阴"即"阴戎","下阴"则为楚地,杜预注:"阴县,今属南乡郡。"地在今湖北老河口市西北。《汉书·地理志》南阳郡阴县颜注:"即《春秋左氏传》所云'迁阴于下阴'者也,与鄀相近。"①可见"阴戎"受楚人所迫南迁楚境,以致旧居地名"阴"移植于此,因其所徙之地方位在南,遂称"下阴",从而与先前所居的晋之阴地有所区分。西汉省去"下"字前缀,仍以"阴"名置县,属南阳郡。

(15) 成、郕(山东宁阳)——成阳(山东鄄城)

成为周武王之弟叔武所封,其国名在西周金文中作"成"(伯多父盨,《集成》4419),《春秋》经传作"郕",《公羊》则作"盛"。《春秋》隐公五年:"卫师入郕。"杜预注:"东平刚父县西南有郕乡。"按汉晋刚县旧治在今山东宁阳县东北的堽城镇附近,②故成国地望当在宁阳以北不远。③ 而春秋鲁国北鄙尚有成邑,其地原属杞田,后为孟氏采邑,在今宁阳东北、新泰以西一带。④ 清人高士奇云:"鲁成邑在宁阳东北九十里,盖亦以近郕而得名。"⑤所论很有道理。《读史方舆纪要》及《春秋大事表》均谓成国都于汶上县西北二十里处,⑥与杜注所指方位不同,据陈槃先生考订,今汶上境内的所谓"郕城"应为"夫钟"的遗迹,而非周代成国所在。⑦

《左传》文公十二年:"郕伯卒,郕人立君。大子以夫钟与郕邽来奔。"此后成国不复见于《春秋》经传,盖不久即为鲁国所吞并。《汉书·地理志》载济阴郡有属县"成阳",在今山东菏泽市东北。《水经·瓠子河注》云:"(雷)泽之东南即成阳县,故《史记》曰武王封弟叔武于成。应劭曰:其后乃迁于成之阳,故曰成阳也。"⑧《史记·秦本纪》正义引《括地志》亦

---

① 《汉书》卷28《地理志》,第1565页。
② 国家文物局主编:《中国文物地图集·山东分册》(上),第260—261页。
③ 谭其骧主编:《中国历史地图集》第1册,第26—27页。
④ 《左传》昭公七年:"晋人来治杞田,季孙将以成与之。"杜预注:"成,孟氏邑,本杞田。"
⑤ 高士奇:《春秋地名考略》卷13,李勇先主编:《中国历史地理文献辑刊》第3编《诗礼春秋四书尔雅地理文献集成》(三),第197页。
⑥ 顾祖禹撰,贺次君、施和金点校:《读史方舆纪要》卷33,第1558页;顾栋高辑,吴树平、李解民点校:《春秋大事表》卷5,第573页。
⑦ 陈槃:《春秋大事表列国爵姓及存灭表譔异》(三订本),第334—335页。
⑧ 郦道元撰,陈桥驿校证:《水经注校证》卷24,第574页。

云："濮州雷泽县本汉郕阳县。古郕伯姬姓之国，周武王封弟季载于郕，其后迁城之阳也。"①若按上述记载，则成亡国后或有遗民南迁，因其所徙之地在故国之"阳"，遂称"郕阳"。不过，地名"阳"字后缀若是用于标识方位，则无外乎表示山南、水北之义，而"郕阳"与宁阳境内的成国故地显然并不具备上述方位关系。因此笔者推测，"郕阳"之"阳"可能仅是在原地名"成"上加缀的美称。

（16）邽、上邽（甘肃天水市西）——邽、下邽（陕西渭南市东北）

《史记·秦本纪》载武公十年，"伐邽、冀戎，初县之"。集解云："《地理志》陇西有上邽县。应劭曰：'即邽戎邑也。'"②此"邽"原为邽戎所在，秦人攻取其地为县，③起初仍以"邽"名，在今甘肃天水市西。《汉书·地理志》载其县名作"上邽"者，主要是因为当时还有地名"下邽"，为京兆尹辖县，在今陕西渭南市东北的渭河北岸。《汉志》颜注引应劭曰："秦武公伐邽戎，置有上邽，故加'下'。"颜师古曰："邽音圭，取邽戎之人而来为此县。"④《水经·渭水注》则整合二说，云："渭水又东迳下邽县故城南，秦伐邽，置邽戎于此。有上邽，故加'下'也。"⑤所言较应劭说更为合理。综合上述记载来看，秦灭邽戎而迁其余民于渭水下游，所徙之地亦得"邽"名。后来，秦人为了进一步区分境内的两处邽地，乃按二者所处地理位置有渭水上游和下游之别，又分别增加方位词前缀"上""下"，更称为"上邽"和"下邽"。按出土秦封泥中既有"上邽丞印"，⑥又可见"下邽丞印""下邽右尉"及"下邽"等字样，⑦说明秦并六国前后已采用"上邽""下邽"之名置县，分属陇西郡与内史，后为汉制所承。

第三节　地名"复合式播迁"

所谓"复合式播迁"，是指原居地名 A 随族群迁徙而发生空间流动

---

① 《史记》卷5《秦本纪》，第215页。
② 《史记》卷5《秦本纪》，第182页。
③ 春秋秦国所置之县，性质基本属于县鄙之县或县邑之县，与郡县之县有别。参见周振鹤《县制起源的三阶段说》，《中国历史地理论丛》1997年第3期。
④ 《汉书》卷28《地理志》，第1544页。
⑤ 郦道元撰，陈桥驿校证：《水经注校证》卷19，第463页。
⑥ 刘瑞编著：《秦封泥集存》，第687页。
⑦ 周伟洲：《新发现的秦封泥与秦代郡县制》，《西北大学学报》1997年第1期；刘瑞编著：《秦封泥集存》，第597—599页。

后，迁入地的旧有地名 B 并未因此消失，而是跟移徙过来的地名 A 相结合，乃至构成新的"复合地名"AB。

需要注意的是，族群迁移导致不同名号之间的"复合"现象，往往只是通过"复合氏名"的形式表现出来，却未必产生相应的"复合地名"，二者的客观界限应予明确。如 A 族分支一旦徙居 B 地，则可能采用地名 B 作为族氏名号的组成部分，于是形成"复合氏名"AB；但是，我们只能确定其中的 B 来源于同名地名，而无法判断是否同时存在有"复合地名"AB。职是之故，真正意义上的"复合地名"恐怕为数不多，本节仅据有限的史料略作讨论。

（1）唐迁于杜——唐杜、荡社、汤杜（西安市长安区东北）

《史记·秦本纪》载：

> 宁公二年，公徙居平阳，遣兵伐荡社。三年，与亳战，亳王奔戎，遂灭荡社。

集解引徐广曰："荡音'汤'。社，一作'杜'。"由于"荡社"又作"汤杜"，更兼与国族名"亳"并举，故后世学者或将"荡社"与商祖成汤相联系，继而演绎出汤都"杜亳"的歧说。如索隐云："西戎之君号曰亳王，盖成汤之胤。其邑曰荡社。徐广云一作'汤杜'，言汤邑在杜县之界，故曰汤杜也。"①

然细绎《史记》原文，是谓秦宁公二年初伐"荡社"不克，次岁又战"亳王"而驱之，于是乘势攻克"荡社"，那么最合理的解释便是："荡社"在此用为地名，是指戎人"亳王"所居之邑。按"荡"字从汤得声，"社""杜"二字皆从土声，故"荡社""汤杜"音近可通，而与成汤都亳了不相涉。至于"荡社"一地的名号来源，传世文献中恰有相应的线索可循。《左传》襄公二十四年云：

> 春，穆叔如晋。范宣子逆之，问焉，曰："古人有言曰'死而不朽'，何谓也？"穆叔未对。宣子曰："昔匄之祖，自虞以上为陶唐氏，在夏为御龙氏，在商为豕韦氏，在周为唐杜氏，晋主夏盟为范氏，其是之谓乎！"

---

① 《史记》卷5《秦本纪》，第181页。

上揭内容亦见于《国语·晋语八》,具体文字大同小异。杜预、韦昭二氏所注俱以"唐杜"为二国名,并称周成王灭唐而改封叔虞,其后迁唐于杜,故谓之杜伯。① 孙诒让《唐杜氏考》一文则指出:

《史》之"荡社",盖即"唐杜"也。庚声与昜声,古音同部。《白虎通义·号篇》:"唐,荡荡也。"《说文》"喝":"古文唐,从口、昜。"故"唐杜"通作"荡杜"。"杜"与"社",同从土得声,故又作"荡社"也。②

孙氏考证"唐杜"与"荡社""汤杜"所指实一,并谓"刘累之后所封者,自为杜县之唐杜",均系卓见;但认为"杜"者本"唐"之别名,连言"唐杜"之例同于"荆楚",则并不确切。

结合上述两说,窃以为"唐杜"并非二国名,其间亦不宜断读。"唐杜"一词作为血缘名号讲,即是唐人迁杜而产生的"复合氏名"。史载晋南唐国为陶唐氏后裔所建,原居汾、浍之间,周初成王灭唐而封叔虞,并将部分唐国遗民西迁至关中杜地安置,别为杜氏,以封杜伯,连缀原有氏名乃称"唐杜氏"。然而唐人既迁于杜,若以旧居地名"唐"来冠名迁入地,则亦可称之为"唐杜",从而有别于同时期存在其他的杜地,后因音近转写,遂又作"荡社""汤杜"。

(2) 吴迁于房——吴房(河南遂平县一带)

房为周代南土小国。《国语·周语上》载内史过对周惠王曰:"昔昭王娶于房,曰房后,实有爽德,协于丹朱,丹朱凭身以仪之,生穆王焉。是实临照周之子孙而祸福之。"韦昭注:"房,国名。"③《通志·氏族略》据上述"协于丹朱"之说,指出房为祁姓国,乃帝尧之后丹朱所封。④

《左传》昭公十三年:"楚之灭蔡也,灵王迁许、胡、沈、道、房、申于荆焉。平王即位,既封陈、蔡而皆复之。"杜预注:"道、房、申,皆故诸侯,楚灭以为邑。"又云:"汝南有吴防县,即防国。"《汉书·地理志》汝南郡有属县吴房,在今河南遂平县境,故房国即此。据"安州六器"之一的中甗铭文(《集成》949)记载,昭王南征前夕曾命臣属先行开道,并在沿途设置专供驻跸的王居,器主中自方、邓巡省而来,最终抵达今湖北随州市西北的噩

---

① 《国语》卷14《晋语八》,第454页。
② 孙诒让:《籀庼述林》卷1,台北:广文书局,2011年,第21—22页。
③ 《国语》卷1《周语上》,第32页。
④ 郑樵撰,王树民点校:《通志二十略·氏族略第二》,第68页。

国驻扎。关于此"方"的地望,唐兰先生尝以楚"方城"当之,①徐少华先生力主房国说,地在邓国以北。② 李学勤先生则联系士山盘铭(《铭图》14536)的"方",认为二者所指当为一地,即见于《左传》文公十二年的"庸方城",在今湖北竹山县东南。③ 按中甗铭文既称"方、邓"为"小大邦",可见其性质应是南土邦国之一,恐非楚、庸二国之"方城"所能及。另据同时期静方鼎铭(《新收》1795)所言,昭王南巡狩的起始地乃是成周,那么结合成周与邓、曾、鄂等南土诸邦的地理交通来看,将此"方"比定在南阳盆地以东、汝水沿线的房国一带,应该也是比较合适的。

春秋早期以后,随着楚人势力在汝、颍地区的持续扩张,房国亦与其他淮域小邦一样,最终沦为楚国的附庸,基本处于名存实亡的境地。《左传》定公五年:"九月,夫槩王归,自立也。以与王战而败,奔楚,为堂溪氏。"是言阖闾弟夫槩返国争位,失利之后被迫出奔于楚,受封"堂溪",因以为氏焉。按"堂溪"一作"棠溪",在今河南遂平县西北,适与房国故地密迩比邻。《汉志》汝南郡吴房县颜注引孟康曰:"本房子国。楚灵王迁房于楚。吴王阖闾弟夫槩王奔楚,楚封于此,为堂溪氏。以封吴,故曰'吴房',今吴房堂溪亭是。"④由此可知"堂溪"本为房国之地,后入于楚,楚人以封吴王子夫槩。然而吴人徙居又将本国地名"吴"移植于此,以致新、旧地名连缀而作"吴房",其例同于"唐杜",并为《汉志》所承袭。

(3)滑迁于费——费滑(河南偃师市东南)

《春秋》庄公十六年:"十有二月,会齐侯、宋公、陈侯、卫侯、郑伯、许男、滑伯、滕子,同盟于幽。"杜预注:"滑国都费,河南缑氏县。""滑伯"即滑国之君,为郑国附庸,所都费地即今偃师市缑氏镇一带。公元前627年,秦师伐郑未得逞志,遂灭滑而还。《左传》成公十三年载吕相绝秦曰:"(秦)迭我殽地,奸绝我好,伐我保城,殄灭我费滑,散离我兄弟。""费滑"即上述滑国,因其都于费地,故名。又,《左传》襄公十八年:"蒍子冯、公子格率锐师侵费滑、胥靡、献于、雍梁。"此时滑已亡国,杜预谓"胥靡、献于、雍梁,皆郑邑",则"费滑"亦当近是,其名仍因袭不改。

---

① 唐兰:《西周青铜器铭文分代史征》,第300页。
② 徐少华:《周代南土历史地理与文化》,第152—153页。需要说明的是,徐先生认为房国本在叶县方城山附近,后迁至今河南遂平县一带,并谓楚"方城"之得名或与早期房国居此有关。
③ 李学勤:《论士山盘——西周王朝干预诸侯政事一例》,《文物中的古文明》,第196—197页。
④ 《汉书》卷28《地理志》,第1562页。

《春秋》庄公三年载"公次于滑",而同年《传》曰:"公次于滑,将会郑伯,谋纪故也。郑伯辞以难。"杜预注:"滑,郑地,在陈留襄邑县西北。"即今河南睢县西北,适在鲁、郑之间。《路史·国名记》云:"今拱之襄邑西北有滑亭,为周、秦、晋、郑更邑。本水名,后迁于费,曰费滑。今偃师缑氏镇有古滑城。"①若按罗泌之说,则滑国原本在今睢县西北的"滑亭",其后迁都缑氏之"费",原居地名"滑"亦随之移徙,于是形成"复合地名"——"费滑"。不过,睢县"滑亭"是否取自水名,目前尚无法确知。《左传》宣公八年载楚庄王兴师攻灭舒蓼,正其疆界,"及滑汭"。此"滑汭"即滑水之曲处,大致在今安徽合肥市南部一带,肯定与上述"滑亭"无涉。

(4)莱迁于郳,莱、牟相近而合称——莱牟(淄博市淄川区淄河镇)

《尚书·禹贡》称青州之地"莱夷作牧"。"莱夷"属于上古东夷集团,早期主要聚居在今鲁北地区的淄、潍流域,故《史记·齐太公世家》有"营丘边莱"之说;周代以后则渐次东移,分布地遍及山东半岛中东部。莱国即为"莱夷"所建,国名在金文中作"釐"(叔夷钟,《集成》273),春秋中期屡屡受到齐国扩张的侵扰。据《左传》襄公六年记载,是岁齐侯兴师灭莱,并有"迁莱于郳"之举,即:

> 十一月,齐侯灭莱,莱恃谋也。于郑子国之来聘也,四月,晏弱城东阳,而遂围莱。甲寅,堙之环城,傅于堞。及杞桓公卒之月,乙未,王湫帅师及正舆子、棠人军齐师,齐师大败之。丁未,入莱。莱共公浮柔奔棠。正舆子、王湫奔莒,莒人杀之。四月,陈无宇献莱宗器于襄宫。晏弱围棠,十一月丙辰而灭之。迁莱于郳,高厚、崔杼定其田。

关于齐人"迁莱于郳"的地望问题,很早便已引起学界的关注,然而迄今尚无定谳。以杜注、孔疏为代表的观点认为,"郳"即小邾国所在的"郳城"。如《左传》襄公六年杜预注:"迁莱子于郳国。"正义进一步引申说:"小邾附属于齐,故灭莱国而迁其君于小邾,使之寄居以终身也。"②另一种意见主张"郳"非小邾,而是齐国境内之地名。是说滥觞于东汉许慎,《说文·邑部》云:"郳,齐地。从邑,兒声。"段玉裁、王献唐、赵平安等学者从之,只是并未具体指出该地安在,杨伯峻先生即感叹"惜郳地今已无可考"。③

---

① 罗泌:《路史·国名记戊》,《四部备要》第 44 册,上海:中华书局,1936 年,第 372 页。
② 孔颖达:《春秋左传正义》卷 30,阮元校刻《十三经注疏》,第 4206 页。
③ 杨伯峻:《春秋左传注》(修订本),第 948 页。

针对注、疏所谓"郳"即小邾之说，较早进行系统驳正者当推段玉裁。段氏在《说文解字注》中指出：

> 《左传》襄六年："齐侯灭莱，迁莱于郳，高厚、崔杼定其田。"杜云："迁莱子于郳国。"正义云："郳即小邾。小邾附属于齐，故灭莱国而迁其君于小邾。"按《世本》云："邾颜居邾，肥徙郳。"宋仲子注云："邾颜别封小子肥于郳，为小邾子。"《左传》云："鲁击柝闻于邾。"小邾者，邾所别封，则其地亦在邾、鲁，不当为齐地。今邹县有故邾城，滕县东南有郳城，皆鲁地。且郳之称小邾久矣，不应又忽呼为郳也。许意郳是齐地，非小邾国。①

段氏基于东周山东地区的政治地理格局，缜密地论证"迁莱于郳"之"郳"当为齐地，与小邾国"郳城"属于"异地同名"的关系。王献唐先生也指出："小邾在鲁南滕县，没有莱的踪迹，齐国也不能将莱人集团，随便安插在鲁国的附庸国内。"②所论甚为合理。2002年，枣庄市文物考古部门对山亭区东江村小邾国墓地进行了抢救性发掘，证实了春秋小邾国位于邹、鲁之南的具体地望。③ 揆情度理，若说齐人擅自越过强邻境土，而将莱遗远迁至鲁国卧榻之侧的小邾国都邑加以控制，这种可能性显然微乎其微。

实际上，新见出土文献所提供的相关证据，也足以印证许、段之说确不可易。上博简《竞建内之》简9—10："公身为亡（无）道，进芋（华）明子以驰于倪（郳）廷。"④这是春秋齐人隰朋和鲍叔牙批评齐桓公的话。赵平安先生通过字形、辞例考辨，将该句释读为"拥华明子以驰于郳市"，并结合《说苑·尊贤》关于齐桓公"与妇人同舆驰于邑中"的记载，指出"华明子"应是桓公宠妃"华孟子"，而"郳市"即郳邑之市。他又进一步补充说："简文'郳'自当为齐邑，可以证明《说文》对'郳'的解释是有依据的。"⑤可谓卓见。

---

① 段玉裁：《说文解字注》，第298—299页。
② 王献唐：《山东古国考》，第170页。
③ 李光雨、张云：《山东枣庄春秋时期小邾国墓地的发掘》，《中国历史文物》2003年第5期。
④ 马承源主编：《上海博物馆藏战国楚竹书》（五），上海：上海古籍出版社，2005年，第175—176页。
⑤ 赵平安：《上博藏楚竹书〈竞建内之〉第9至10号简考辨》，《新出简帛与古文字古文献研究》，北京：商务印书馆，2009年，第260—266页。

不唯如此,金文材料中也有"郳"为齐地的相应线索。《集成》10969著录的一件东周齐兵"郳左屍"戈,"左屍"当读为"左库",即齐国在郳地所设的武库。此外,《古玺汇编》3233收录的战国齐玺,其文字作"郳逻鉨"。① 赵平安先生认为,该玺属于齐国郳邑的选官之印。② 窃以为"郳逻"视作人名似乎更为合适,"郳"即玺主之氏。众所周知,先秦时期普遍存在着"以地为氏"现象,故当时人名结构中的氏名,很大一部分来源于其采邑或族居地的地名,如晋大夫随会之"随"、吕锜之"吕"及齐大夫崔杼之"崔"、晏婴之"晏"等,不胜枚举。由是观之,战国齐地居民存在以"郳"为氏的现象,很可能与部分人群尝以"郳"为居邑的背景有关。准此,《左传》襄公六年所载齐人"迁莱于郳"的"郳",本为东周齐境固有之地名,而与鲁南的小邾国无涉,当可基本论定。

管见所及,历代文献中与"莱夷"关系密切的东土地名组主要有二,其一位于黄县旧治(今山东龙口市)东南,另一处则是淄水上游的古莱芜谷及附近的汉莱芜县故址。传统观点通常认为,莱国原居潍水流域,而黄县境内的"莱山""莱子城"等地名,则是莱人徙居郳地之后产生的遗迹。如高士奇《春秋地名考略》:"或曰:今莱州府治,即春秋时齐之郳邑也。"③ 持相同意见的还有陈槃、逄振镐等先生。④ 然而客观地说,既然承认齐人"迁莱于郳"的"郳"当为春秋齐邑,那么其地望就不太可能远至胶东半岛的沿海地区。毕竟,据《国语·齐语》记载,齐桓公时期的疆土四至是比较明确的:

　　既反侵地,正封疆:地南至于岱⑤阴,西至于济,北至于河,东至于纪酅。

韦昭注:"纪,故纪侯之国。酅,纪季之邑,已入于齐也。"⑥ 其中,纪国在今

---

① 玺文或释作"遂遂鉨"。参见肖毅《古玺文分域研究》,第518页。
② 赵平安:《上博藏楚竹书〈竞建内之〉第9至10号简考辨》,《新出简帛与古文字古文献研究》,第266页。
③ 高士奇:《春秋地名考略》卷14,李勇先主编:《中国历史地理文献辑刊》第3编《诗礼春秋四书尔雅地理文献集成》(三),第218页。
④ 陈槃:《春秋大事表列国爵姓及存灭表譔异》(三订本),第742—744页;逄振镐:《莱夷与莱国》,《烟台师范学院学报》(哲学社会科学版)1997年第2期。
⑤ 《国语》明道本"岱"作"陶"字,王引之据《管子·小匡》校正为"岱"。参见徐元诰撰,王树民、沈长云点校《国语集解》,北京:中华书局,2002年,第232页。
⑥ 《国语》卷6《齐语》,第242页。

山东寿光市南,酅邑在今临淄区东北,均位于淄水以东不远。尽管纪国已在春秋早期为强齐所吞并,但其东部的杞、莱、州、夷诸国尚存,故桓公时期的齐国东境大致仅抵今弥河一线的寿光、青州、临朐等地,尚不足以延伸至胶东半岛一带。① 杨伯峻先生即指出:"齐桓公之疆境不至海,《齐语》'东至于纪酅'可以为证。"② 如前所述,通过上博简《竞建内之》和传世文献的互证,可知桓公携华孟子驾车巡游的郳地确为齐邑,那么该地无疑位于上揭引文所描述的齐国疆域之内。这也就意味着,莱遗民在齐人控制下所徙居的地点,同样不会远至纪、莱以东的胶东地区。因此,黄县附近存在与"莱"相关的地名遗迹,完全有可能跟"莱夷"族群自身的分衍、播迁有关,而无由同齐人"迁莱于郳"加以联系。

莱芜谷为淄水上游河谷,古称"弇中",又名"长峪道",在今淄川、博山两区辖境。莱芜谷两山夹川,由此循淄水北行可至齐都临淄,向南翻越淄、汶分水岭则可抵达汶水谷地,因而长期作为齐、鲁之间的交通干道之一。③ 西汉置莱芜县于此,旧治在今淄川区东南二十公里的淄河镇城子村。④ 我们知道,春秋齐、鲁两国大致以泰沂山脉为界,齐国南境可抵于泰山之阴,战国时期齐人又依山势修筑了东西走向的齐长城,长城以北则为齐国的核心区域。《水经·淄水注》曰:"汉末,有范史云为莱芜令,言莱芜在齐,非鲁所得引。"⑤ 清人叶圭绶亦云:"汉莱芜县去临淄百数十里,在长城领北,乃齐地,非鲁地。"⑥ 这里已明确指出,莱芜谷地属于春秋齐国势力的控制范围,因而符合齐人迁莱的选址。

至于亡国之后莱遗民的去向问题,早期文献中恰有线索可循。《左传》定公十年记载齐、鲁"夹谷之会",其中就提到了"莱人":

---

① 胶东半岛北部沿海的今烟台、龙口至招远等地,近年来陆续出土了一批西周早、中期及两周之际的青铜器。但是,这些器物的国族属性非常复杂,其所有者不仅包括齐、纪等国的贵族,也有来自西土的芮国公室成员。因此,上述考古发现的学术意义并不相同,有些可能与西周早期周've东夷的历史背景有关,有些则不排除为失国贵族流散逃亡的孑遗,至少无法客观反映出某一封国的实际疆域所至。参见杜正胜《古代社会与国家》,第342、372页;李峰著,徐峰译,汤惠生校《西周的灭亡:中国早期国家的地理与政治危机》,第349—350页。
② 杨伯峻:《春秋左传注》(修订本),第290页。
③ 郝导华、董博、崔圣宽:《试论齐国的交通》,山东大学东方考古研究中心编:《东方考古》第9辑,北京:科学出版社,2012年,第354页。
④ 杨守敬、熊会贞撰,段熙仲点校,陈桥驿复校:《水经注疏》卷26,第2223页;谭其骧主编:《中国历史地图集》第2册,第21页。
⑤ 郦道元撰,陈桥驿校证:《水经注校证》卷26,第621页。
⑥ 叶圭绶撰,王汝涛等点注:《续山东考古录》,第402页。

夏,公会齐侯于祝其,实夹谷。孔丘相。犂弥言于齐侯曰:"孔丘知礼而无勇,若使莱人以兵劫鲁侯,必得志焉。"齐侯从之。孔丘以公退,曰:"士兵之!两君合好,而裔夷之俘以兵乱之,非齐君所以命诸侯也。裔不谋夏,夷不乱华,俘不干盟,兵不偪好。于神为不祥,于德为愆义,于人为失礼,君必不然。"齐侯闻之,遽辟之。

据顾炎武考订,"夹谷"之地有三,一在东海祝其县,即今江苏赣榆县境内,顾氏已指其地僻远,非齐、鲁会盟所宜;其二在今莱芜市区以南,与新泰市北境接壤;另外,今淄川区西南三十里亦有"夹谷",旧名"祝其山",其地密迩莱芜谷。顾氏征引《水经注》关于莱遗活动的记载,指出"'夹谷'当在此地,故得有莱人,非召莱千里之外也"。① 所论至为合理。

换句话说,正是因为莱人邑聚邻近"夹谷",齐国遂在会盟之际得以就近驱使以劳;而孔子所谓的"裔夷之俘",无疑是指寓居莱芜谷周边的莱人,即被迫徙居齐境的莱国遗民。因其出身东夷集团,后又历经战败亡国之命运,在身份上彻底沦为齐国附庸,故称"裔夷之俘"。准此,齐人灭莱后"迁莱于郳"的郳地,最有可能就在临淄以南的汉莱芜县治附近,如是方与春秋晚期莱人的聚居地域相契合。另一方面,由于莱芜谷地向来处在齐国封疆之内,那么就地理位置而言,齐桓公携华孟子驾车巡游于斯,显然亦合乎情理。

相应的证据不一而足。殷墟甲骨文中另可见国族名"兒",它与商王国的联系颇为密切,其君或家族长称为"兒伯",在卜辞中与"畫"存在同版关系:

(1) 甲午卜,亘贞:翌乙未易日。王占曰:"有求,丙其有来艰。"三日丙申,允有来艰自东,畫告曰:"兒……" (《合集》1075 正,宾)
(2) ……东,畫告曰:"兒伯……" (《合集》3397,宾)

不难看出,(1)、(2)很可能属于一组同文卜辞,验辞部分均提到"畫"向商王通报"兒伯"的动向,说明"畫"与"兒伯"的领地大致相去不远,故在遇到紧急情况时可为呼应。其中,"畫"是甲骨刻辞中常见的人名与族名,作地名或增饰水旁作"漬"。《孟子·公孙丑下》:"孟子去齐,宿于画。"又

---

① 顾炎武撰,陈垣校注:《日知录校注》卷31,第1811—1812页。

《史记·田单列传》载燕师破齐,乐毅令"环画邑三十里无人",裴骃集解引刘熙说谓"画"为"齐西南近邑"。① 又《水经·淄水注》:"又有溡水注之,水出时水,东去临淄城十八里,所谓溡中也。"②此"畫"在齐都临淄以西,溡水之畔,一般认为即卜辞畫族之邑所在。③ 这样看来,"兒伯"领地恐怕亦在临淄周边。

按"郳"字以"兒"为谐声偏旁,故"兒""郳"二字相通无碍,这与《竞建内之》中的"倪"字可读为"郳",完全是相同的道理。近来也有学者敏锐地注意到"兒""郳"之间的关系,但因囿于"郳"即小邾的成见,故认为"兒伯"领地可能在今滕县一带。④ 现在既已廓清,春秋齐国境内自有郳地,便不必舍近求远地将其与鲁南的小邾国相联系。进一步说,既然卜辞兒地同样近于临淄,那么其地望便极有可能就在齐境之郳邑,即汉莱芜县治所在的今淄川区淄河镇境内。所以,当"兒伯"领地出现敌情或其他特殊状况时,位于莱芜谷北端的畫族首领便会及时向商王禀告。由是观之,通过对甲骨文兒地方位的探讨,无疑可为前文"迁莱于郳"的结论,提供一个颇为有力的互证。

《水经·淄水注》引旧说云:"齐灵公灭莱,莱民播流此谷,邑落荒芜,故曰'莱芜'。"⑤是说认为"莱芜"之得名与莱国遗民的徙居有关,是可信的;然以"邑落荒芜"来解释"芜"字的由来,则不免有望文生义之嫌。对此,王献唐先生曾指出:"莱芜是因莱族与牟族杂居而得名,古读'牟'为重唇音,声与'芜'相似,故转写为'芜'。"⑥其说颇具卓识。牟是春秋时附庸于鲁的小国,《春秋》桓公十五年:"邾人、牟人、葛人来朝。"杜预注:"牟,国,今泰山牟县。"按汉晋牟县旧治在今莱芜以东一带,故今莱芜市境应即牟国故地所在,其东北方向适与淄水上游的莱遗居地相望。在笔者看来,随着莱国遗民在此盘踞日久,其原居地名"莱"终得移徙于斯,并逐渐取代旧地名"郳"而为人们所知;后来,大概由于"莱""牟"二地相近的缘故,时人又将二者连缀复合而成地名"莱牟",音近或作"莱芜",用来命名淄河上游谷地一带。西汉政府在此置莱芜县,"牟中"之地便被称为

---

① 《史记》卷82《田单列传》,第2457页。
② 郦道元著,陈桥驿校证:《水经注校证》卷26,第626页。
③ 胡厚宣:《殷代封建制度考》,《甲骨学商史论丛初集》,第27页;李学勤:《帝辛征夷方卜辞的扩大》,《中国史研究》2008年第1期。
④ 孙亚冰、林欢:《商代地理与方国》,第410页。
⑤ 郦道元著,陈桥驿校证:《水经注校证》卷26,第621页。
⑥ 王献唐:《山东古国考》,第166页。

"莱芜谷",地名"莱芜"亦最终得以固定下来。

(5) 东周楚国诸"郢"

《世本·居篇》:"楚鬻熊居丹阳,武王徙郢。"①又《史记·楚世家》载楚武王伐随而卒,"子文王熊赀立,始都郢"。过去人们通常依据上述记载,认为春秋以后的楚国都城长期在"郢",是指一个具体的地点,只是围绕都"郢"究竟是在武王抑或文王之世,一直存在局部争议。

另一方面,据《左传》《史记》等文献所见,东周楚国的通都大邑往往犹可冠以"郢"名,如"郊郢"(《左传》桓公十一年)、"鄢郢"(《战国策·齐策三》)等;白起拔郢后,楚顷襄王被迫迁都于陈,又名"郢陈"(《史记·秦始皇本纪》);而《楚世家》载考烈王二十二年,"楚东徙都寿春,命曰郢",是楚国末代都城寿春亦称为"郢"。此外,《左传》定公六年令尹子西"迁郢于鄀,而改纪其政,以定楚国",则直接体现出"郢"这一称谓具有空间流动性的特征,其性质似乎更接近于通名。如陈梦家先生即认为:"楚人称村落为'郢',所以凡楚所迁徙的都邑常以'郢'名。"②

随着新见出土文献资料的不断刊布,越来越多以"郢"为称的楚国地名逐渐为人们所知,如"蓝郢"(《包山》7;《新蔡》甲三·297)、"䣊郢"(《包山》165)、"栽郢"(《包山》162)、"鄩郢"(《新蔡》甲一·3)、"肥遗郢"(《新蔡》甲三·240)等。至于鄂君启车节铭文(《集成》12110)"就下蔡,就居巢,就郢"的"郢",以往或说是在寿春,现在看来也有重新审视的必要。考虑到新蔡葛陵简文中明确出现"王自肥遗郢徙于鄩郢之岁"的记录,不少学者都将上述诸地视作楚国别都,故可称"郢"。吴良宝先生进一步指出,战国楚人往往单称首都为"郢",而将都城之外的楚王临时驻跸之处称为"某郢",以示区别。③ 令人庆幸的是,近年刊布的清华简《楚居》中,详细记载季连以降至于楚悼王时期楚人的历次迁徙经过,不仅披露了为数更多的称"郢"之地,而且具体交代了"郢"的得名来源。《楚居》简8云:

  武王酓䣽自宵徙居免,焉始[□□□□□]福。众不容于免,乃溃疆浧之波(陂)而宇人焉,氏(抵)今曰郢。

据引文所言,楚武王自宵徙居免地后,因为人口众多,当地无法容纳,于是

---

① 宋衷注,秦嘉谟等辑:《世本八种》,雷学淇辑本,第46页。
② 陈梦家:《殷虚卜辞综述》,第253页。
③ 吴良宝:《战国楚简地名辑证》,第38页。

将附近"疆浧"的围岸掘开,去水造陆以安置居民,所以后来就称之为"郢"。① 整理者指出,楚自武王之后,王居多称为"郢",这种现象应与武王居"疆浧"有关。② 换言之,最初的"郢"是指由"疆浧"改造而成的人居聚落,亦即下文提到的"疆郢";但考虑到"郢"的名称原是取自"浧"(即沼地)这种特殊的地貌形态,故后来又可作为通名冠于不同地点。由此可见,"郢"的概念大致也曾经历过由特殊到一般的"专名通名化"过程,因而从某种程度上来讲,"某郢"这一地名形式同样接近于"复合地名"。

就《楚居》所见,楚武王至肃王阶段以"郢"为称的地点共有十四个,倘若再加上"郊郢"、"菽郢"及"郢陈"、寿春等地,楚国境内的"某郢"总数则可达近二十个。尽管楚地幅员辽阔,但一国之内竟会设有如此之多的都城或陪都,恐怕也不太合乎常理,所以"郢"即便具有通名特征,也不宜直接视作都城的代名词。简文整理者认为:"郢不是一个固定的地名,而是武王之后王居的通称,犹西京、东京之'京'"。此外,也有学者主张"郢"用作宫殿名,或以为楚国的行政中枢所在。③ 上述观点无疑都是对传统认知的一大突破。不过需要注意的是,《楚居》所见称"郢"之地,尽管无一例外曾为楚王所居;但反而言之,楚王的徙居之地却未必都要冠以"郢"名,如"烝之野""秦溪之上""栖湛""蔡"等地便是其例,这就说明"郢"并不能完全等同于楚国王居。另据包山简7"王廷于蓝郢之游宫"的记载,可知"蓝郢"一地设有离宫别馆,可供楚王巡行驻跸及处理政务,同时也反映出"郢"和"游宫"属于包摄——隶属关系,二者并不具有等质性。相较来看,窃以为"郢"作为设有中枢行政机构的地点可能更近事实。就大多数情况而言,楚国的政治中心理应随着楚王的徙居而发生移动,但在少数时候,二者的迁移也可能会出现相分离的情形。如《楚居》简13—15云:

> 白公起祸,焉徙袭湫郢,改为之,焉曰肥遗。以为处于栖湛,栖湛徙居鄢郢,鄢郢徙居那吁。王太子以邦复于湫郢。王自那吁徙蔡。王太子自湫郢徙居疆郢。王自蔡复鄢。

---

① 赵平安先生读"浧"为"围",认为"围疆浧之陂"即是采取"围水造陆"的办法,相当于后世的"筑圩子"。参见赵平安《试释〈楚居〉中的一组地名》,《中国史研究》2011年第1期。
② 清华大学出土文献研究与保护中心编,李学勤主编:《清华大学藏战国竹简》(壹),第187页。
③ 参见陈民镇《清华简〈楚居〉集释》,复旦大学出土文献与古文字研究中心网站,2011年9月23日。

据引文可知，白公胜作乱之际，楚惠王自"为郢"复居"湫郢(肥遗)"，然后依次徙居"栖满""鄢郢""鄁吁"诸地，又命太子(简王)还治"湫郢"主持国政，自己则从"鄁吁"徙居于"蔡"，后来又回到了"鄢"。

值得注意的是，自从楚惠王与太子(简王)分处两地、太子秉政之后，惠王徙居之地皆不再冠以"郢"名，而太子所居之地则恰恰相反，相同的现象尚见于稍晚的楚简王与太子(声王)交替徙居时期。晏昌贵先生指出："太子所居称'郢'，而王所居则不称'郢'，原因在于太子所居才是'邦'之在，可见简文中的'郢'等同于邦。"①是说很有道理。但就表述而言，与其认为"郢"可以等同于"邦"，似不如说"郢"名的流动和"邦"的转徙具有同步性，这是因为太子主政定有楚国行政机构相随，而行政中枢所在即往往有象征着"邦"的政治意味。因此，《楚居》诸"郢"不必皆为时王所居，只是与楚国行政中枢的变迁保持一致而已。

综上，自从武王之世"围疆浧之波而宇人焉"，通过在原有聚落附近扩建新邑，从而确立了"郢"作为国家政治中心的特殊意义后，楚国的行政中枢每迁到一地，"郢"的名称就会随之移徙至不同地点，并与当地的原有地名相结合，最终产生形式为"某郢"的众多"复合地名"。另一方面，部分"某郢"在特定时段一旦失去了政治中心的地位，便会省去"郢"字而恢复其原有名称，以示与当时称"郢"的其他地点有所区别。总之，上述"郢"称的增缀与省简，未必都与楚王的迁徙居处相同步，这是我们通过《楚居》得到的重要信息。

若按出现时间的先后关系，东周楚境以"郢"为称的地名大致可以胪列如次：

疆郢、郊郢、湫郢、樊郢、为郢、免郢(福丘)、郝郢、睽郢、娍郢、鄂郢、鄢郢、蓝郢、䣕郢、鄩郢、肥遗郢、鄩郢、栽郢、郢陈(陈)、郢(寿春)

其中，"疆郢"为"免郢"扩建的一部分，"肥遗郢(肥遗)"则由"湫郢"改建并更名而来，所以约略可以视作同地。整理者指出，"疆郢"和"免郢"浑言无别，析言则有先后大小之别。② 甚是。

---

① 晏昌贵：《〈楚居〉逸简》，武汉大学简帛研究中心主办：《简帛》第17辑，上海：上海古籍出版社，2018年，第23—27页。

② 清华大学出土文献研究与保护中心编，李学勤主编：《清华大学藏战国竹简》(壹)，第187页。

关于《世本》"武王徙郢"，即"疆郢"的地望，汉晋以降的学者一般认为在今湖北荆州市区以北五公里的纪南城遗址。如《汉书·地理志》南郡江陵县原注："故楚郢都，楚文王自丹阳徙此。"①又《楚世家》正义引《括地志》曰："纪南故城在荆州江陵县北十五里。杜预云：国都于郢，今南郡江陵县北纪南城是也。"②这一观点自古以来罕受质疑，几成定谳。但是，根据考古勘察与发掘的情况，纪南城遗址的主体年代当在战国中期以后，其中缺乏春秋时期的楚文化遗存，这就与"武王徙郢"的时间明显不合。③因此，楚武王始居之"郢"并非纪南城遗址，目前已成为多数学者的基本共识。鉴于沮漳河下游地区迄今尚未发现西周春秋时期的聚落群和中心聚落，所以不少研究者都将关注的目光投向北部的襄宜平原。④ 如徐少华先生曾结合蔡侯居楚的史实，认为春秋楚郢都可能就在出土蔡国铜器的今南漳县武安镇、宜城市朱市乡一带。⑤ 尹弘兵、赵平安等先生也提出，今宜城西南雷河镇官堰村的郭家岗遗址作为"武王徙郢"之地的可能性最大。⑥

不过，从传世文献提供的线索来看，楚武王时期楚国的政治中心似乎应较襄宜平原相对偏南。如《左传》桓公十三年记载楚莫敖伐罗，其内容作：

> 及鄢，乱次以济，遂无次。且不设备。及罗，罗与卢戎两军之，大败之。

据《水经·沔水注》可知，罗国都于"宜城西山"东南的"罗川城"，在今南漳县以东的蛮河沿线。⑦ 鄢水又名夷水，即今之蛮河，其下游主要流经今南漳县东南及宜城市西南。此役发生于楚武王四十二年，莫敖伐罗

---

① 《汉书》卷28《地理志》，第1566页。
② 《史记》卷40《楚世家》，第1696页。原文作"五十里"，今据《括地志辑校》订正为"十五里"。
③ 湖北省博物馆：《楚都纪南城的勘察与发掘》（上、下），《考古学报》1982年第3、4期。
④ 王红星：《楚都探索的考古学观察》，《文物》2006年第8期。
⑤ 徐少华：《从南漳宜城出土的几批蔡器谈春秋楚郢都地望》，楚文化研究会编：《楚文化研究论集》第6集，武汉：湖北教育出版社，2005年，第157—167页。
⑥ 尹弘兵：《楚国都城与核心区探索》，武汉：湖北人民出版社，2009年，第247页；赵平安：《试释〈楚居〉中的一组地名》，《中国史研究》2011年第1期。不过，赵先生后来对这一看法有所修正，认为郭家岗遗址是《楚居》"为郢"所在。
⑦ 郦道元撰，陈桥驿校证：《水经注校证》卷28，第667页。

尚需北涉鄢水，无疑表明当时的楚都("免"与"疆郢")应在宜城平原以南，而郭家岗遗址的位置未免并不符合这一条件。又《左传》庄公十八年云：

> 及文王即位，与巴人伐申，而惊其师。巴人叛楚而伐那处，取之，遂门于楚。

杜预注："那处，楚地，南郡编县东南有那口城。"杨守敬认为"那口"即《续汉书·郡国志》南郡编县境内的"蓝口聚"。①《谭图》将该地标注于今钟祥西北的汉水西岸，②何浩先生亦持相同意见，③当可信据。巴师自汉水中游地区顺流南下伐楚，先取"那处"，旋即又围攻楚国城门，可见文王即位初年所都必近于"那处"，最有可能就在今钟祥西境至荆门以北一带。对照《楚居》来看，彼时文王所居适在"疆郢"。

不宁唯是，上述推论亦可从两周之际至春秋初年楚人的迁徙轨迹中得到印证。按照《楚居》的记述，这一阶段楚君徙居的时空序列为：若敖居"鄀"——蚡冒居"焚"——宵敖居"宵"——武王居"免"。不难看出，若敖、蚡冒及宵敖三位楚君的居地，皆与其个人名号存在严格的对应关系。其中，"鄀"即鄀国故地及秦简"箬乡"，在今钟祥市西北、胡集镇南的丽阳村附近；④"宵"可对应秦汉鄩县，在今荆门市北的石桥驿镇至南桥一带；⑤"焚"的具体位置虽难以确指，但大致亦当介乎二者之间，而不太可能相去过远。这也就意味着，武王居"免"及"疆郢"的地望，恐怕也应该在上述区域及其周边重点探寻。另一个可以引为佐证的线索，即《左传》庄公十八年载楚武王克权之后，乃将其臣民迁至"那处"进行安置。杜预注："南郡当阳县东南有权城。"其地在今荆门市东南。⑥ 准此，结合前揭若敖、宵敖之世楚人中心聚落的变迁来看，尽管武王时期仍保持着向江汉平原南部扩张的态势，但其核心区域尚不足以拓展至长江北岸

---

① 杨守敬、熊会贞撰，段熙仲点校，陈桥驿复校：《水经注疏》卷28，第2403页。
② 谭其骧主编：《中国历史地图集》第2册，第22—23页。
③ 何浩：《楚灭国研究》，第37页。
④ 陈伟：《岳麓秦简〈三十五年质日〉地名小考》，《历史地理》第26辑，第442—445页。
⑤ 程少轩：《谈谈〈楚居〉所见古地名"宵"及相关问题》，武汉大学简帛研究中心网站，2011年5月31日。
⑥ 张修桂：《〈水经·沔水注〉襄樊—武汉河段校注与复原——附：〈夏水注〉校注与复原（下篇）》，《历史地理》第26辑，上海：上海人民出版社，2012年，第4页。

的沮漳河下游一带。①总之，通过传世文献与出土资料的互证可知，"武王徙郢"的地望范围应大致不出今钟祥以西至荆门北部之间。那么，无论襄宜平原腹地抑或沮漳河下游地区，显然均与这一区域存在出入，所以目前来说殆非上佳之选。

"郊郢"一地，旧说或据《汉志》南郡郢县原注"楚别邑，故郢都"，认为南郡郢县旧治即楚"郊郢"所在，如王先谦《汉书补注》云："楚有二郢，都曰郢，别邑曰郊郢。"②但考古调查和发掘业已证实，今荆州市区以北的郢城遗址主要使用于秦汉时期，其始建年代不早于白起拔郢，故与春秋"郊郢"并无关系。③

上说得以排除后，目前存在的代表性观点约有两种。黄锡全先生认为，《楚居》称楚武王时有"疆郢"，而文献所见只有"郊郢"，"疆""郊"二字古音相近，故所谓"郊郢"应该就是指"疆郢"，其地在钟祥的郢州故城一带。④另据北大秦简《道里书》记载，秦代南郡江陵县东北的杨水（即章渠之东段）沿线亦有地名曰"郊"。按照简文提供的里程信息推算，此"郊"的地望或可比定在今荆州市区东北的关沮乡附近，辛德勇先生进一步提出该地可能与《左传》"郊郢"存在联系。⑤今按："郊郢"在郢州故城之说由来已久，清人顾栋高、钱坫及今之学者多持此论，⑥然细绎之犹有可疑。据《元和郡县志》记载，魏晋时期钟祥境内建有石城，以置戍焉，该地背山而西临汉水，至唐代贞观年间改置郢州，遂以石城作为州治。⑦观其沿革可知，无论是城址的出现抑或得名，郢州故城的年代均不会早到秦汉

---

① 《水经·沔水注》云："（龙）陂水又迳郢城南，东北流谓之杨水。又东北，……三湖合为一水，东通荒谷。荒谷东【西】岸有冶父城。《春秋传》曰：莫敖缢于荒谷，群帅囚于冶父。谓此处也。"据郦注，南北朝时期"郢城"以东的杨水沿岸，尚有水名"荒谷"和邑名"冶父城"，即见诸《左传》桓公十三年的"荒谷"和"冶父"。不过，上文提到的"郢城"在今荆州市区以北的郢城村一带，实为《汉志》南郡郢县旧治，并非东周楚国诸"郢"之一。所以"荒谷"和"冶父城"这两处地名，很可能是后人根据"武王徙郢"而产生的附会，不能反过来作为推定楚武王居地的证据。
② 王先谦：《汉书补注》卷28，第708页。
③ 江陵郢城考古队：《江陵县郢城调查发掘简报》，《江汉考古》1991年第4期；黄盛璋：《战国"江陵"玺与江陵之兴起因沿考》，《江汉考古》1986年第1期。
④ 黄锡全：《楚武王"郢"都初探——读清华简〈楚居〉札记之一》，复旦大学出土文献与古文字中心网站，2011年5月31日。
⑤ 辛德勇：《北京大学藏秦水陆里程简册初步研究》，《出土文献》第4辑，第199—200、208页。
⑥ 顾栋高辑，吴树平、李解民点校：《春秋大事表》卷7，第839—840页；钱坫：《新斠注地里志》卷5，《二十五史补编》本，北京：中华书局，1998年，第49页。
⑦ 李吉甫撰，贺次君点校：《元和郡县图志》卷21，第538页。

以前，这样便与"郊郢"难以相合。此外，《左传》桓公六年载楚武王侵随，斗伯比即有"吾不得志于汉东"之言论，可见当时楚国的核心区域仍在汉水以西，无由置"郢"于汉水东岸，此即郢州故城视作"郊郢"的另一明显缺陷。

在笔者看来，黄锡全先生以"郊郢"为"疆郢"的论断是合理的，除了借助《楚居》与《左传》的对比，传世文献本身也能提供一些关键线索。《左传》桓公十一年云：

> 楚屈瑕将盟贰、轸。郧人军于蒲骚，将与随、绞、州、蓼伐楚师。莫敖患之。斗廉曰："郧人军其郊，必不诫。且日虞四邑之至也。君次于郊郢，以御四邑，我以锐师宵加于郧。郧有虞心而恃其城，莫有斗志。若败郧师，四邑必离。"

按引文所言，斗廉自告奋勇奇袭郧师，并劝莫敖屈瑕驻守"郊郢"以待四国来犯，此策是以攻外与守内同步进行，从而互为呼应。这样看来，"郊郢"一地彼时若非楚都所在，至少也是楚国核心地带的重要城邑，故可承担起捍卫一国的重任，而上述特质显然与武王时期的政治中心"免"及"疆郢"最为吻合。

那么，为何"郊郢"是指"疆郢"而非"免"地呢？其中除了"疆郢"早已称"郢"之故，还要考虑到"免"与"疆郢"的先后关系和空间形态。我们知道，先秦时期都邑聚落的扩张与发展，往往采取在原中心聚落附近扩建新邑的办法，最终形成两城甚至多城群起并立的空间景观，诸如西周丰邑与镐京遗址、成周遗址、韩旗故城与春秋王城遗址，以及东周以后的临淄齐故城、郑韩故城、邯郸赵王城、易县燕下都等遗址皆是如此。[1]《尔雅·释地》："邑外谓之郊。"故"郊"的本义应指都邑近地。"免"本为武王徙居的中心聚落，而"疆郢"则是在其附近选址扩建的新邑，然则"疆郢"相对于故都"免"来说，理应处在后者之郊。童书业先生尝言，"郊郢"当在郢都郊外之地。[2] 是说可谓切中肯綮。因此，"疆郢"起初又被冠以"郊"字而称为"郊郢"，显然是合乎情理的。

---

[1] 参见李学勤《东周与秦代文明》，上海：上海人民出版社，2007年，第39、47、69、79页；许宏：《先秦城市考古学研究》，北京：北京燕山出版社，2000年，第62—65、126页。当然，战国时期的都城结构往往还涉及城、郭布局，跟早先两城并立的情形犹有不同。

[2] 童书业：《春秋左传研究》（校订本），第209页。

"湫郢"后来更名为"肥遗",即新蔡葛陵简中的"肥遗郢"(《新蔡》甲三·240)。"湫"字原形作"![]",从禾、从二水。李学勤先生将"湫"字直接隶写作"湫",认为"湫郢"即《左传》庄公十九年的"湫"地。① 赵平安先生指出"湫""湫"形体有别,并非一字;"湫"应视作"黍"字繁化,古音在书母鱼部,与清母幽部的"湫"字相近,可读为"湫"。② 值得注意的是,新近刊布的安徽大学藏战国楚简《诗经》中也出现了该字,即《鄘风·柏舟》"髧彼两髦"之"髧",《齐诗》《韩诗》皆作"紞",简文则写作"湫"。整理者及黄德宽先生指出,上述从水、从禾之字应即"湛"字异体,即埋沉之"沉"的专字。③ 准此,"湫郢"之"湫"究竟安在,窃以为似有两种思路可供考虑。

其一是将"湫郢"读为"沈郢"。东周楚国有职官名曰"沈尹",传统观点多以为"沈尹"即沈县之尹,地在寝丘。④ 设若"沈尹"之"沈"确系地名,那么楚国境内可供考虑的地点,无外乎即今河南平舆县北的沈国故地及孙叔敖子所封之寝丘,后者在今河南固始县境。⑤ 不过,"沈尹"之称始见于《左传》宣公十二年,而彼时沈国犹存,不容楚人置县;⑥加之楚文王世徙居多在江汉平原周边,若将湫郢定在淮域亦稍嫌悬远,⑦所以"沈"地的选择只能另寻他径。按《左传》桓公八年记载楚武王"合诸侯于沈鹿",黄德宽先生已疑"湫郢"或与"沈鹿"有关。⑧ 若"沈鹿"之"鹿"的本字即

---

① 李学勤:《清华简〈楚居〉与楚徙鄩郢》,《江汉考古》2011年第2期。
② 赵平安:《试释〈楚居〉中的一组地名》,《中国史研究》2011年第1期。"湫"字尚见于新蔡葛陵简甲三·414+412和上博简《兰赋》2,有学者提出该字可能是"黍"字异体。参见宋华强《新蔡葛陵楚简初探》,武汉:武汉大学出版社,2010年,第449页。
③ 安徽大学汉字发展与应用研究中心编,黄德宽、徐在国主编:《安徽大学藏战国竹简》(一),上海:中西书局,2019年,第127页;黄德宽:《释新出战国楚简中的"湛"字》,《中山大学学报》(社会科学版)2018年第1期。
④ 需要指出的是,近来陆续有学者指出"沈尹"不宜理解为"沈县之尹",而是楚金文和楚简中出现的"酓尹",此说颇有胜意。参见谢明文《释东周金文中的几例"酓"字》,清华大学出土文献研究与保护中心编,李学勤主编《出土文献》第6辑,上海:中西书局,2015年,第82—90页。
⑤ 魏嵩山:《沈国与寝丘地理辩证》,《湖北大学学报》(哲学社会科学版)1992年第2期。
⑥ 前人对此问题已有较为详细的辨析,参见杨伯峻《春秋左传注》(修订本),第728—729页。
⑦ 此外,孙叔敖后裔所封之寝丘,素以水土贫瘠著称,作为楚王徙居之地也不甚合宜。如《吕氏春秋·异宝》:"孙叔敖疾,将死,戒其子曰:'王数封我矣,吾不受也。为我死,王则封汝,必受无利地。楚、越之间有寝之丘者,此其地不利,而名甚恶。'"
⑧ 黄德宽:《释新出战国楚简中的"湛"字》,《中山大学学报》(社会科学版)2018年第1期。

"麓",则自可省去通名成分而单作"沈",据其地望在今湖北钟祥附近来看,①"沈鹿(麓)"与"湫郢"的联系便无太大窒碍。

另一种设想是从语音角度出发,鉴于"湛(沉)"为定母侵部字,"湫"为清母幽部字,而上古幽、侵二部的关系十分密切,对转之例甚多,②定、清二纽的发音部位也比较接近,所以"湛(沉)"字仍不排除读为"湫"的可能性。如按后说,是"湫郢"亦在今钟祥境内。《读史方舆纪要》宜城县条云:

> 郧城,县东南九十里。……又湫城,杜预曰:"在郧县东南。"《左传》庄十九年"楚文王伐黄,还及湫",即此。③

据《水经·沔水注》载,汉晋郧县位于汉水东岸,治今钟祥市丰乐镇一带。而"湫"既在郧县东南,则其地望应不出今钟祥以北至丰乐镇之间。楚文王经行汉东地区以伐黄,返国还至于此,从交通地理上讲是合适的。

"樊郢",整理者和李守奎先生均主张湖北樊城说,④也有学者认为在今河南信阳境内的樊国故地。⑤ 考虑到楚文王先后徙居的"疆郢""湫郢""为郢"和"免郢"均位于江汉平原一带,并结合其在位时期有"县申、息"及灭邓之举来看,若将"樊郢"比定在汉水北岸的樊城,作为楚人势力向淮、汉之间挺进的前沿根据地,恐怕更为合乎当时的情势。

"为郢",整理者认为或与《左传》僖公二十七年"子玉复治兵于蔿"的蔿地有关。⑥ 赵平安先生结合《左传》所记楚灵王返国"将欲入鄢"的史实,推断"为郢"即今宜城附近的楚别邑"鄢",并从音理上阐明"为""鄢"相通的理由。⑦ 窃以为相对合理。据《楚居》记述,楚文王离开江汉平原

---

① 谭其骧主编:《中国历史地图集》第1册,第29—30页。
② 如章太炎就主张以阳声韵的侵、缉、冬三部与阴声韵的幽部相配。参见陈复华、何九盈《古韵通晓》,北京:中国社会科学出版社,1994年,第39—41页。
③ 顾祖禹撰,贺次君、施和金点校:《读史方舆纪要》卷79,第3712页。
④ 清华大学出土文献研究与保护中心编,李学勤主编:《清华大学藏战国竹简》(壹),第188页;李守奎:《〈楚居〉中的樊字及出土楚文献中与樊相关文例的释读》,《文物》2011年第3期。
⑤ 魏栋:《清华简〈楚居〉"樊郢"考论》,《历史地理》第36辑,上海:复旦大学出版社,2018年,第44—52页。
⑥ 清华大学出土文献研究与保护中心编,李学勤主编:《清华大学藏战国竹简》(壹),第188页。
⑦ 赵平安:《〈楚居〉"为郢"考》,《中国史研究》2012年第4期。

腹地的"疆郢"之后,依次徙居"湫郢""樊郢"及"为郢",最后则返回"疆郢"附近的"免郢",而"湫郢"和"樊郢"恰好又都位于汉水中游沿线,这一现象恐怕并非偶然。众所周知,文王在位阶段正值楚国对外扩张的高峰,《左传》哀公十七年子穀曰:

> 彭仲爽,申俘也,文王以为令尹,实县申、息,朝陈、蔡,封畛于汝。

又《系年》第五章云:

> 文王以北启出方城,圾(及)蘿(畛)于汝,改旅于陈,焉取顿以贛(恐)陈侯。

据引文可知,楚文王在武王"克州、蓼,服随、唐"的基础上,又继续向汉水以北地区开拓疆土,先是征服了南阳盆地及淮水上游的部分小国,继而北出方城直抵汝水流域,揭开了楚国逐鹿中原的序幕。由此看来,文王之世的政治中心一度在汉水中游沿线进行移徙,很可能是出于楚人向淮、汉以北扩张的战略需要。如是,"为郢"作为文献所见的楚别邑"鄢",即今宜城市郑集镇境内的楚皇城遗址,[1]不仅可与"湫郢""樊郢"二地循水路互为呼应,同时也跟上述历史背景甚为切合。

"郝郢"位于郝国故地,在今钟祥市西北、胡集镇南一带,楚昭王时"迁郢于郝"的遗迹即此,毋庸赘言。"睽郢"为楚成王首度徙居,或与《左传》僖公二十七年"子文治兵于睽"的"睽"地有关。[2] 考虑到子文"治兵"是以成王出师伐宋作为背景,所以"睽"地位于楚国北境的可能性相对较大,具体地望待考。

"媺郢""鄂郢"均是楚昭王初次徙居,其间迁徙的先后经过为:秦溪之上——媺郢——鄂郢——为郢——秦溪之上——媺郢。整理者指出"秦溪"即文献所见的"乾豀",并从《左传》昭公十二年杜注,定其地望于今安徽亳州市东南七十里。[3] 不过,《左传》昭公十三年载楚灵王自"乾

---

① 黄盛璋:《关于湖北宜城楚皇城遗址及其相关问题》,《历史地理论集》,北京:人民出版社,1982年,第411—429页。
② 清华大学出土文献研究与保护中心编,李学勤主编:《清华大学藏战国竹简》(壹),第188页。
③ 清华大学出土文献研究与保护中心编,李学勤主编:《清华大学藏战国竹简》(壹),第189—190页。

豀"返国,"沿夏,将欲入郢",若"乾豀"位于相距汉水中游甚远的楚"东国"地区,则从地理情势来看确实存在诸多窒碍,故有研究者就此提出新解。李守奎先生据《系年》中"夫差"又作"夫秦王"之例,并将楚昭王在吴师入郢之际出奔随国,与简文所见徙居"秦溪之上"联系起来,主张"秦溪"即溳水支流的"㴐水",在今湖北随州市西北。① 赵平安先生则认为,简文"秦溪"应指《水经注》所记汝水支流的"溱水",在今河南确山县境。②《左传》昭公六年:"令尹子荡帅师伐吴,师于豫章,而次于乾豀。"杜预谓"豫章"在"江北淮水南",③当在淮河上游附近,而同时期吴、楚两国反复争夺的重点亦在淮域,所以"乾豀"作为淮上之地似乎更为合理。

《楚居》简 12—13 言"盍(阖)庐(闾)内(入)郢,焉复徙居秦溪之上",此"郢"是指"为郢",即今宜城东南的"鄢"。值得注意的是,这里并未提到楚昭王去"郢"而奔随,大概是因为这段寄居他国的经过并不光彩,故在后世楚人的历史书写中被刻意隐去了。同样不见于《楚居》者,尚有《左传》定公六年令尹子西"迁郢于鄀"一事。然而简文却重点强调"复徙居秦溪之上",很可能意在表明楚人击退吴师之后,昭王又得以再度重返淮域,败绩之事遂隐而不彰。倘若上述推论不误,则"媺郢""鄩郢"二地大致亦在楚国北境,整理者谓"鄩郢"即汉代西鄂,在今河南南阳市北,④应该可从。

"鄢郢"的问题相对复杂。《战国策·齐策三》《史记·蔡泽列传》等文献中所见的"鄢郢",都是指今宜城境内的楚别邑"鄢",当无疑义。《楚居》整理者从传统说法,亦将简文"鄢郢"视作鄢邑。赵平安先生则通过文献比对,考证"为郢"实际是上述鄢邑,同时将"鄢郢"改定为今河南郾城一带的楚之边邑"鄢"。⑤ 氏说论证充分,应可信据。此外,简 14—15 载楚惠王自"鄩吁"徙居于"蔡",后又从"蔡"返回到"鄢",王太子(简王)则返国主政,先后徙居"湫郢"和"疆郢"。既然惠王与太子分处两地,而太子所居均在楚国传统核心区范围内,那么惠王徙居的"鄢""蔡"二地,

---

① 李守奎:《论清华简中的昭王居秦溪之上与昭王归随》,《古文字与古史考——清华简整理研究》,上海:中西书局,2015 年,第 116—121 页。
② 赵平安:《〈楚居〉"秦溪"考》,清华大学出土文献与中国古代文明研究中心等编:《出土文献与中国古代文明——李学勤先生八十寿诞纪念论文集》,上海:中西书局,2016 年,第 324—327 页。
③ 见《左传》昭公十三年杜注。又,定公四年杜注以"豫章"为"汉东、江北地名"。
④ 清华大学出土文献研究与保护中心编,李学勤主编:《清华大学藏战国竹简》(壹),第 190 页。
⑤ 赵平安:《〈楚居〉"为郢"考》,《中国史研究》2012 年第 4 期。

同在楚国北境的可能性显然最大，这也可以从侧面佐证"鄾郢"当为鄾城之鄾。

"蓝郢""郍郢"之名并见于包山简。刘彬徽、何浩先生认为，"蓝郢"是指楚国蓝县之"郢"，亦即汉晋南郡编县东南的"蓝口聚"，在今湖北钟祥市西北的汉水西岸；"郍郢"即《说文》所云沛郡城父县之"郍乡"，在今安徽亳州市东南。①《楚居》整理者从其说。晏昌贵先生联系北大藏秦代水陆里程简册所见之"渍澅亭"和"邻澅亭"，并据"安陆"（治今云梦县城）至二地的具体里至，推断"郍郢"当在今湖北安陆市境，或可对应安陆城东李店镇新河村的战国城址。②

简 15—16 云"王太子以邦居郍郢，以为处于鄩郢"，学者多结合"以为处于"之辞，主张"鄩郢"和"郍郢"二地相去不远。"鄩郢"亦见于包山简，整理者根据简 62 所见"鄩郢司直"和"安陆之下隋里人"的管辖关系，提出"鄩郢"或近于"安陆"。③ 黄锡全先生读"鄩"为"轸"，认为"鄩郢"即春秋轸国之地，在今湖北应城市西。④ 晏昌贵先生则通过梳理《楚居》文例，指出"以为处于"前后出现的两个地点，当属于大地名和小地名的关系；而"郍郢"和"鄩郢"则为平行关系，并无大小之别。因此，简 16 不应接在简 15 后，其间恐有缺简或脱文，缺漏部分所记当为楚简王与太子（声王）交替徙居之事，简 16 简首之"鄩郢"乃是楚声王最后的徙居地。⑤ 此说甚有理据。但包山简整理者从简文出发，认为"鄩郢"距"安陆"不远的观点仍值得重视，只是具体地望犹待确定。

"鄩郢"之"鄩"字，应分析为从邑、𧊒声，而"𧊒"是一个从寻、从由的双声符字，战国楚简中多用作"覃"字。⑥ "鄩郢"之地望众说纷纭，但据简文所云"邦大旆，焉徙居鄩郢"，可见楚邦大灾是促使悼王迁居的重要原因，然则"鄩郢"一地很可能相距楚人传统核心区较远。窃疑"鄩郢"之"鄩"或可读为寝，此指楚地寝邑。按"鄩""覃"二字古音并在侵部，与

---

① 刘彬徽、何浩：《论包山楚简中的几处楚郢地名》，湖北省荆沙铁路考古队：《包山楚墓》，北京：文物出版社，1991 年，第 564—566 页。不过，《左传》定公五年"蓝尹"之"蓝"也未必用作地名，不排除可能是单纯的职事名。
② 晏昌贵：《郍郢考》，徐少华、谷口满、罗泰主编，晏昌贵、郑威副主编：《楚文化与长江中游早期开发国际学术研讨会论文集》，武汉：武汉大学出版社，2021 年，第 290—294 页。
③ 湖北省荆沙铁路考古队：《包山楚简》，第 44 页。
④ 黄锡全：《"䣙郢"新探——读清华简〈楚居〉札记》，《江汉考古》2012 年第 2 期。
⑤ 晏昌贵：《〈楚居〉逸简》，武汉大学简帛研究中心主办：《简帛》第 17 辑，第 23—27 页。
⑥ 如上博简《孔子诗论》简 16 及安大简《诗经》简 3"葛覃"之"覃"字。参见安徽大学汉字发展与应用研究中心编，黄德宽、徐在国主编：《安徽大学藏战国竹简》（一），第 72 页。

"寑"相通无碍。《史记·白起王翦列传》载秦王政二十三年伐楚,是役"李信攻平舆,蒙恬攻寑,大破荆军"。此"寑"在今安徽临泉县境,是楚"东国"地区的要邑,符合悼王因邦灾而远徙的背景。

关于"栽郢"之"栽"字,学界以往颇有争讼,有释"栽"、释"葴"、释"栽"等不同观点,① 暂从朱德熙、裘锡圭及李家浩先生意见隶定作"栽"。② 然就地望而言,研究者多认为"栽郢"就是传世文献中的"纪郢",即今荆州市区以北的纪南城遗址。③ "栽郢"之名未见于《楚居》,说明其出现时间不会早至楚悼王世(前401—前381年);而天星观简中则有"秦客公孙鞅问王于栽郢之岁"的记载,刘彬徽先生推断其年代范围当在楚宣王在位的前361年至前356年之间,④ 这与纪南城遗址兴起的年代上限是基本吻合的,所以"栽郢"为纪南城的可能性相对较大,白起拔"郢"之"郢"当指此地。⑤ 而"郢陈"和寿春之"郢"的位置相对明确。"郢陈"位于故陈国及楚陈县之地,即今河南淮阳市一带,寿春在今安徽寿县,二者称"郢"均是由于战国后期楚都东迁所致。

第四节 从"地随族迁"到"张大一统":地名空间流动机制的变迁

如前所述,商周族群迁徙与地名流动的关系极为密切,国族的移徙经常伴随有原居地名的"复制"和"移植",这样就通过同一地名在不同地点之间的有序播迁,最终产生若干成组的重名或关联地名。尽管前揭"地随族迁"的客观情形不尽一致,但结果都导致了有关地名的空间流动,其播迁轨迹在地理空间上总体呈现复杂交错的景象,似无特定规律可循。

然而到了春秋晚期,随着宗族组织的解体,地缘因素最终取代血缘关系成为维系社会的主要力量,列国也普遍通过改革建立起地方行政系统,

---

① 参见吴良宝《战国楚简地名辑证》,第52—56页。
② 湖北省文物考古研究所、北京大学中文系:《望山楚简》,北京:中华书局,1995年,第86页。
③ 黄盛璋:《鄂君启节地理问题若干补正》,《历史地理论集》,第286—289页;黄锡全:《"栽郢"辨析》,楚文化研究会编:《楚文化研究论集》第2辑,武汉:湖北人民出版社,1991年,第311—324页。
④ 刘彬徽:《楚国纪年法简论》,《江汉考古》1988年第2期。
⑤ 王光镐:《楚文化源流新证》,武汉:武汉大学出版社,1988年,第456页。

由原先的"族邑林立"状态逐渐过渡到统一的集权国家阶段。在这样的历史背景下,各级血缘组织与其专属领地之间的固有联系趋于瓦解,国族名号与地名的合一性自然也难以为继。战国中后期至秦汉时期,地名已经成为国家行政区划的重要组成部分,它的沿革和演变基本是在政治因素主导下完成的,而受到人口迁移的影响相对减弱。①尽管这一阶段的地名流动现象依然存在,但其根本动力业已发生了深刻的变化,总体特征则是随着新兴集权国家或统一中央王朝的疆域扩张而向外迁移,其中尤以"九原""苍梧""豫章""朝鲜""瓜州""流沙""三危""昆吾""大夏"等地名较为典型。

（1）九原

"九原"本为春秋晋地。《国语·晋语八》云"赵文子与叔向游于九原"。②《礼记·檀弓下》载赵文子之言曰:"武也得歌于斯,哭于斯,聚国族于斯,是全要领以从先大夫于九京也。"郑玄注:"晋卿大夫之墓地在九原。'京'盖字之误,当为'原'。"③《太平寰宇记》则指出"九原"一名"九京",在今山西新绛县北。④战国赵地亦有"九原"。《史记·赵世家》载武灵王二十六年,"复攻中山,攘地北至燕、代,西至云中、九原"。⑤此"九原"在今内蒙古包头市以西,秦始皇三十三年(前214年)置郡于此,秦末地入匈奴。西汉元朔二年(前127年)复置,更称五原郡。由此可见,"九原"一地在战国中期以后已从汾水下游北移至河套地区。

（2）苍梧

"苍梧"原为战国楚地。《战国策·楚策一》载苏秦称楚国"南有洞庭、苍梧",可知该地当在楚之南境。鲍彪以"苍梧"为"交州郡",吴师道曰:"(史记)正义云:'苍梧山在道州南。'按此乃楚粤穷边处。交州苍梧,则粤地也。"⑥吴氏已意识到楚地苍梧与交州苍梧有别,殊为可贵。《史记·五帝本纪》载舜南巡狩,"崩于苍梧之野,葬于江南九疑,是为零陵。"⑦这段文字采自《礼记·檀弓上》"舜葬于苍梧之野",并以汉代语言

---

① 东晋南朝政府为安置永嘉前后南渡的北方侨民,曾在江南地区按其原籍郡县地名另设州、郡、县地方政府,并最终有部分地名保留下来,但此种"侨州郡县"属于地方行政系统的移植,与战国以前的"地随族迁"现象有着本质区别。
② 《国语》卷14《晋语八》,第471页。
③ 孔颖达:《礼记正义》卷10,阮元校刻《十三经注疏》,第2764页。
④ 乐史撰,王文楚等点校:《太平寰宇记》卷47,第986页。
⑤ 《史记》卷43《赵世家》,第1811页。
⑥ 《战国策》卷14《楚策一》,第501页。
⑦ 《史记》卷1《五帝本纪》,第44页。

来解释战国时人的地理认知,指出"苍梧"故地就在西汉零陵县境,即今湘江上游一带。周振鹤先生结合里耶秦简记载,认为秦苍梧郡很可能直接沿袭楚国建置,并将其方位推定在今湖南东部的湘、资二水流域,南以五岭为限。① 所论可从。武帝元鼎六年(前 111 年),西汉政府又在新占领的南越之地重置苍梧郡,郡治广信(今广西梧州),此时苍梧的辖境则基本移至岭南地区。

(3) 豫章

"豫章"原为春秋楚地。《左传·定公四年》云:"冬,蔡侯、吴子、唐侯伐楚。舍舟于淮汭,自豫章与楚夹汉。"杜注:"吴乘舟从淮来,过蔡而舍之。"②可见吴师溯淮水而上以伐楚,至蔡国则舍舟登陆组成联军,故"淮汭"当在蔡境无疑。所谓"自豫章与楚夹汉",意思是说诸侯联军自"豫章"西行,与楚师夹汉水形成对峙,那么"豫章"一地显然应在蔡国以西、汉水以东的淮河上游附近。杜预以"豫章"为"汉东江北地名",尽管不够确切,但大体方位仍基本合理。③《汉书·地理志》有豫章郡,所辖在今江西省境内,治南昌(今江西南昌)。县名"南昌"又见于秦封泥和里耶秦简,秦代属庐江郡,④所以地名"豫章"最终移徙至长江以南,很可能始自西汉置郡。

(4) 朝鲜

《战国策·燕策一》载苏秦说燕文侯曰:"燕东有朝鲜、辽东。"就语意来看,彼时的"朝鲜"为燕国东邻,其地与辽东接壤,而苏秦之言所反映的,应是燕国大举东略之前的疆域四至。《史记·朝鲜列传》:"自始全燕时尝略属真番、朝鲜,为置吏,筑鄣塞。秦灭燕,属辽东外徼。汉兴,为其远难守,复修辽东故塞,至浿水为界,属燕。"⑤此谓燕国全盛之际,曾取真

---

① 周振鹤:《秦代洞庭、苍梧两郡悬想》,《复旦学报》(社会科学版)2005 年第 5 期。
② 孔颖达:《春秋左传正义》卷 54,阮元校刻《十三经注疏》,第 4638 页。
③ 旧说或谓"豫章"东起霍邱、六安一带,西抵信阳、应山之间,所指范围恐嫌过大。参见杨伯峻《春秋左传注》(修订本),第 1280 页。石泉先生则认为"豫章"地近汉水,应在南阳盆地南端,所定地望似又相对偏西,难以契合《左传》所见"豫章"与淮域的紧密联系。参见石泉《从春秋吴师入郢之役看古代荆楚地理》,《古代荆楚地理新探》,第 355—416 页。最近,雷晋豪先生则将《左传》文字改读为"舍舟于淮,内(人)自豫章,与楚夹汉",力主"豫章"在南阳说最为合理。参见雷晋豪《说"淮汭"与"豫章":吴师入郢之役战争地理新探》,《历史地理研究》2020 年第 1 期。雷先生认为"淮汭"之"淮"属于干流,理论上不应该存在"淮汭"这一地名。不过,古代文献所见某水系的干、支流之间往往"互受通称",故以"淮汭"来称呼汝水入淮处,实际亦在情理之中。
④ 晏昌贵:《秦简牍地理研究》,第 183 页;刘瑞:《秦封泥集存》,第 963 页。
⑤ 《史记》卷 115《朝鲜列传》,第 2985 页。

番、朝鲜之地以为己属,所筑"鄣塞"即辽东外长城,秦暨汉初因之,其界东抵浿水。浿水即今朝鲜国北部的清川江,①可见战国后期燕取"朝鲜"之地并不在朝鲜半岛境内,而应在密迩辽东地区才是。② 相应的线索尚见于《史记·匈奴列传》,其中记载燕将秦开"归而袭破走东胡,东胡却千余里",又云"燕亦筑长城,自造阳至襄平,置上谷、渔阳、右北平、辽西、辽东郡以拒胡"。③ 对比来看,燕昭王时所攻取的"朝鲜"故地,恐怕也只能位于上述五郡,尤其是辽东郡的辖境之内。此外,《汉志》玄菟郡颜注引应劭曰:"故真番,朝鲜胡国。"④这就说明,故"真番"国所在的燕长城以东地区,原先亦统属于广义的"朝鲜"之地。西汉初年,燕人卫满聚党出"鄣塞",入主朝鲜半岛,役使真番、朝鲜各部及燕、齐亡命者而称王。武帝元封年间(前108年),汉廷攻灭卫氏朝鲜,并在辽东长城之外新置四郡,其中的乐浪郡治"朝鲜"则在今平壤附近。⑤ 准此,地名"朝鲜"自战国后期至西汉前期同样呈现局部外移之势。⑥

(5) 大夏

《史记·郑世家》载子产曰:"迁实沈于大夏,主参,唐人是因,服事夏、商。其季世曰唐叔虞。"集解引服虔云:"大夏在汾、浍之间,主祀参星。"⑦此"大夏"与"夏虚"为一地二名,乃叔虞封唐之地,在今临汾盆地一带。战国以降,"大夏"则开始象征中原王朝的西北边域所至。《逸周书·王会解》:"大夏兹白牛。"孔晁注:"大夏,西北戎。"⑧此"大夏"即为西北边地异族,有别于华夏集团。秦琅邪刻石云:"六合之内,皇帝之土。西涉流沙,南尽北户。东有东海,北过大夏。"⑨《汉书·地理志》陇西郡有

---

① 谭其骧主编:《中国历史地图集》第2册,第27—28页。
② 林沄:《"燕亳"和"燕亳邦"小议》,《史学集刊》1994年第2期;任伟:《西周封国考疑》,第213页。
③ 《史记》卷110《匈奴列传》,第2885—2886页。
④ 《汉书》卷28《地理志》,第1627页。
⑤ 谭其骧主编:《中国历史地图集》第2册,第27—28页。
⑥ 《史记·朝鲜列传》司马贞索隐引应劭曰:"玄菟本真番国。"与《汉志》玄菟郡注引应劭说近同。结合两处注文可知,故"真番"国亦在汉玄菟郡地。然而汉武帝所设之真番郡,辖境在今朝鲜半岛中部的汉江流域,相较旧地同样有所外移。周振鹤先生则认为"真番"原在"朝鲜"以南,汉因其故国而置真番郡。参见周振鹤《汉武帝朝鲜四郡考》,中国地理学会历史地理专业委员会《历史地理》编辑委员会编:《历史地理》第4辑,上海:上海人民出版社,1986年,第119—130页。
⑦ 《史记》卷42《郑世家》,第1773页。
⑧ 黄怀信、张懋镕、田旭东撰,黄怀信修订,李学勤审定:《逸周书汇校集注》(修订本),上海:上海古籍出版社,2007年,第884—885页。
⑨ 《史记》卷6《秦始皇本纪》,第245页。但正义引杜预说谓"大夏"在"今并州",并不正确。

属县大夏,治今甘肃广河县西,①其地望基本符合时人对"大夏"方位的一般性认知。②

(6) 瓜州

"瓜州"本为姜戎、允姓之戎等部族的居地。《左传·昭公九年》载晋惠公自秦返国之际,曾诱使"允姓之奸"徙居周畿近地,又称姜戎先祖离开"瓜州"乃出于秦人所迫,说明该地当在秦、晋之间,③即今晋陕交界地带。《汉书·地理志》敦煌县原注:"杜林以为古瓜州地。"颜师古云:"即《春秋左氏传》所云'允姓之戎居于瓜州'者也。"④旧说以今刻古,虽不确切,但犹可知汉代"瓜州"一地已移徙至河西走廊的西端。

(7) 流沙

与"瓜州"情形相近者,尚有"流沙""三危""昆吾"等地。《尚书·禹贡》"导水章"曰:"道弱水至于合黎,余波入于流沙。"下文讲到"九州"四境所及,又云"东渐于海,西被于流沙"。⑤ 此"流沙"历来争议甚多,推求文意来看,实际是战国时人对西北边域辽远之地的统称。⑥ 如《国语·齐语》就以"流沙""西吴"并举,韦昭注:"流沙、西吴,雍州之地。"⑦"西吴"即陇山支脉吴山,在今陕西千阳县西北;而"流沙"作为当时"天下"西至的象征,大致即相当于《禹贡》雍州的西境,蒙文通先生考证其地应在岷山以北的陇右临洮一带,⑧较为合理。至于汉代"流沙"所在,则较先前向西推移甚远。《汉书·地理志》张掖郡居延县原注:"居延泽在东北,古文以为流沙。"⑨此"流沙"在今内蒙古额济纳旗北部。

---

① 周振鹤编著:《汉书地理志汇释》,合肥:安徽教育出版社,2006年,第343页。
② 至于张骞通西域出使的"大夏",则专指汉代葱岭以西的希腊化王国巴克特里亚(Bactria)。姚大力先生最近提出,"大夏"应即"tu-gara"的汉字写音形式,它是由于大月氏西迁而从塔里木被移植到阿姆河南北的一个新"睹货逻"地区,用来指代业已灭亡的巴克特里亚。参见姚大力《敦煌为什么叫敦煌——兼谈吐鲁番及相关地名的来源》,《文汇报》2018年9月14日。若然,则地名"大夏"出现在葱岭以西,其中同样不可缺少族群迁移的作用。
③ 顾颉刚:《史林杂识初编》,第46—53页。王玉哲先生认为"瓜州"当在晋国以北,或与今山西介休西北的"瓜衍之县"有关。参见王玉哲《中华民族早期源流》,第233—243页。
④ 《汉书》卷28《地理志》,第1614—1615页。
⑤ 孔颖达:《尚书正义》卷6,阮元校刻《十三经注疏》,第318、323页。
⑥ 顾颉刚、刘起釪:《尚书校释译论》,第785页。
⑦ 《国语》卷6《齐语》,第243页。
⑧ 蒙文通:《古地甄微》,成都:巴蜀书社,1998年,第167页。
⑨ 《汉书》卷28《地理志》,第1613页。

（8）三危

"三危"传为放逐三苗之地。《尚书·禹贡》："三危既宅,三苗丕序。"孔传："西裔之山已可居,三苗之族大有次叙。"①是谓"三危"乃西部边陲之山。《史记·夏本纪》索隐："郑玄引《河图》及《地说》云'三危山在鸟鼠西南,与岐山相连'。"②又《汉书·地理志》陇西郡首阳县注："《禹贡》鸟鼠同穴山在西南,渭水所出。"③可见"鸟鼠"即渭水导源之地,在今甘肃渭源县西南。那么,早期的"三危"亦当距此不远,大致就在今甘肃南部的岷山北缘一带。然而汉代以后,"三危"一地又随"瓜州"而移徙至敦煌附近。如《左传·昭公九年》云："先王居梼杌于四裔,以御螭魅,故允姓之奸居于瓜州。"杜预注："允姓,阴戎之祖,与三苗俱放三危者。瓜州,今敦煌。"④又《山海经·西山经》"三危之山"下郭璞注："今在燉煌郡,《尚书》云'窜三苗于三危'是也。"⑤

（9）昆吾

"昆吾"原为夏方伯昆吾氏所居。《左传·哀公十七年》载卫都帝丘有"昆吾之观",杜预注："卫有观,在古昆吾氏之虚,今濮阳城中。"⑥战国以后"昆吾"之地有二,《汉书·扬雄传》："武帝广开上林,南至宜春、鼎胡、御宿、昆吾。"晋灼曰："昆吾,地名也,有亭。"⑦在今陕西蓝田县境。另一"昆吾"则与西戎发生关联,最终用作西域地名而为世人所知。《列子·汤问》曰："周穆王大征西戎,西戎献锟铻之剑,火浣之布。"或以为"昆吾"乃炼石之名,可铸剑；《博物志》引《周书》则称"昆吾"为地名,近西域。⑧《元和郡县志》伊州条下云："《禹贡》九州之外,古戎地。古称昆吾,周穆王伐西戎,昆吾献赤刀。后转为伊吾,周衰,戎狄杂居泾、渭之北伊吾之地。"⑨此"昆吾（伊吾）"则在今新疆哈密境内。

上揭"瓜州""流沙""三危""昆吾"等地名先后分别出现在黄河流域和西域周边的现象,对于学界探寻华夏族早期源流的影响至为深远。早

---

① 孔颖达：《尚书正义》卷6,阮元校刻《十三经注疏》,第317页。
② 《史记》卷2《夏本纪》,第66页。
③ 《汉书》卷28《地理志》,第1614—1615页。
④ 孔颖达：《春秋左传正义》卷45,阮元校刻《十三经注疏》,第4467页。
⑤ 郝懿行：《山海经笺疏》卷2,杭州：浙江人民美术出版社,2013年,第144页。
⑥ 孔颖达：《春秋左传正义》卷60,阮元校刻《十三经注疏》,第4733页。"古"字《阮本》作"於",今正。
⑦ 《汉书》卷87《扬雄传》,第3541页。
⑧ 杨伯峻：《列子集释》卷5,北京：中华书局,1979年,第189页。
⑨ 李吉甫撰,贺次君点校：《元和郡县图志》卷40,第1028页。

在西汉时期,司马迁便提出了"夫作事者必于东南,收功实者常于西北"的著名论断,他说:

> 故禹兴于西羌,汤起于亳,周之王也以丰、镐伐殷,秦之帝用雍州兴,汉之兴自蜀汉。①

后世注家多有影从,并由此产生了"夏为羌种""汤亳在杜"之类的说法,但这实际与上古族群的源流史实扞格不合。近代以来,"中国文明西来说"一度盛行,不少学者即认为中原与西域之间地名和传说的种种关联,正是华夏族起源于西方的重要表征。以今天的学术标准来看,上述观点显然存在不尽合理甚至"本末倒置"之处,况且民国时期已有学人敏锐地指出,中原和西域的地名"层化"可能是西汉武帝时期开通西域、定"昆仑"于于阗南山后,将整套本部地名搬迁过去的结果。② 相较而言,这一解释也许更有理据。

结合"九原""苍梧""豫章""朝鲜""大夏"等地名的外迁及其时代背景考虑,战国中叶以后至秦汉时期地名的空间流动,确实与早先的"地随族迁"模式存在显著的差异:这一阶段,原来位于传统"华夏"边缘地带的部分地名,相对集中地随着统一集权国家的领土扩张而向外推移,从而在宏观上呈现"外向"的态势。不难看出,这些地名普遍具有一个共同特征,即在时人共同的知识体系中往往象征着边域之地,或与原居四裔的异属族群存在种种关联。那么,在"内诸夏而外夷狄"观念的深刻影响下,中央王朝政府采用过去的边裔地名来命名新取得的领土,实际是借助先前的"天下"观念塑造形成新的边疆。这样,不仅在保持既有圈层格局的基础上,实现了对国家政治版图和空间秩序的重新规划;同时也意味着传统意义上的"华夏"范围得到扩展,域外夷狄或经历了"华夏化"的过程,或被驱逐至"四海"之外,这无疑为超越民族和文化界限的对外扩张提供了理论支持。

其实,类似的现象在中国古代历史上屡见不鲜。如初唐"西域"原指

---

① 《史记》卷15《六国年表》,第686页。
② 参见郑德坤《层化的河水流域地名及其解释》,《郑德坤古史论集选》,第113—115页。近来也有学者提出,自武帝拓边西北以后,中央政府便开始依据《尚书》等儒家经典对新征服地区命名,特别是到了西汉末年,再据古文经学之义系统地将一批《禹贡》山川地名安置到了西北诸地。参见牛敬飞《论汉代西部边疆上的〈禹贡〉地名》,《学术月刊》2018年第3期。

敦煌以西地区，与西汉至隋的"西域"范围基本一致；然而贞观十年(636年)侯君集攻占高昌后，"西域"的东界则西移到吐鲁番地区；长寿元年(692年)王孝杰收复"安西四镇"，致使"西域"的范围继续向西拓展，并特指帕米尔高原以西地区。上述"西域"所指地域范围的变化，同样也是唐朝政府在西北边陲统治方式的转变及边境西移的结果。[①] 以是观之，相对于中原王朝核心区而言，前揭若干地名在地理空间上集中呈现由近及远、自内而外的流动现象，其中自然不可缺少人群迁移的影响，但根本动因恐怕还须归于中央集权国家在领土疆域方面推行的"大一统"举措。

总之，战国中后期到秦汉时期，尽管地名的空间流动现象依然存在，但无论是在主导因素抑或客观表征方面，都与先前的"地随族迁"机制有着显著的差异，其间无不折射出集权政治因素的深刻影响。因此，在综合个案研究的基础上，针对不同阶段地名迁移的特征加以历时性考察，或可有助于我们深化对早期国家形态演进的认识。

[①] 荣新江：《"西域"概念的变化与唐朝"边境"的西移——兼谈安西都护府在唐代政治体系中的地位》，《北京大学学报》(哲学社会科学版)2012年第4期。

第六章 先秦地域之间的族群交流
——基于"地名组群"的重叠现象及其他要素的综合考察

但凡史学研究,总体无外乎以时间、空间和人群作为基本要素。古代族群迁徙所具有源流性特征,不仅需要研究者廓清具体史实的年代与早晚关系,同时也要密切关注人类社群所处地理空间的变换,而地名的空间流动,显然正是时、空要素发生变迁的重要体现。

运用"地名组群"和古史传说来考察族群迁徙的思路与方法,本书第一章已经作了详细介绍。从常理来说,鉴于"地随族迁"现象的广泛存在,重名地名往往暗示了国族迁徙的可能性,而加缀方位词和区别字的关联地名,有时也足以反映人群的流动方向和国族的本末源流,故可作为探索族群活动与地理空间关系的一个重要视角。至于不同区域之间的地名一旦呈现集群性重合,加之古史传说也透露出两地居民在族系方面的关联,则无疑又大大增加了区际族群交流的现实可能性,此即利用地名资料"逆向"推原人群流动的理论依据。

在本章中,笔者拟通过更为直观的案例分析,进一步揭示"地名组群"的重叠现象和古史传说、出土金文族徽及考古学文化等要素,对于探讨先秦不同地理区域之间族群交流的学术意义。一般来说,时段越长、地理资料积累越丰富,地名重名的数量就会越多,偶合的概率也会随之增大。考虑到古代地名往往具有较强的历时沿袭性,所以我们针对重名地名资料的筛选,主要是依据先秦出土文献和汉晋以前的传世典籍及其注解,而很少涉及晚近的史书地志,这是需要首先说明的。

第一节　豫东北、鲁西与鲁西南、
　　　　　豫东地区的重名地名群

在唐代以前的史书地志记载中，今豫东北、鲁西与鲁西南、豫东地区之间存在一系列重叠的地名，前者集中分布在古河、济下游的今河南濮阳、鹤壁及山东范县、鄄城等地，后者主要位于济水和睢水故道并流所经的今山东曹县至河南商丘一带。其中具有重名关系的地名，至少包括"商""亳""景山""楚丘""曹""莘""葛""戎"等若干组，不难发现，它们又与先秦古国古族多有牵涉。从常理来说，此种现象恐怕绝非偶然，无疑值得关注与探究；但长期以来，学者往往聚焦具体史实及其方位的辨正，或致力于考察商、葛、莘等个案的国族源流，[①]而对区域间地名的整体关联不甚措意，着实比较遗憾。事实上，如果尚未廓清上述重名对象的相互关系，便直接从中选取系联或考订的依据，难免会得出南辕北辙的结论。

按照笔者的思路，观察区域地名重叠现象的基本视角，主要包括"群"和"组"两个方面。具体而言，同一区域内部的众多地名，是基于特定的空间关系联结成群；而每组地名既然在不同地域重复出现，则势必有先后之分，甚至存在源流关系。这也就意味着，"群"与"群"的重叠和层化，实际是通过若干"组"的积累展现出来。职是之故，本文的重点理应在于辨明各组地名的本末源流，其间不但要考虑地名资料所处文本的属性与时代因素，同时须以时空背景明确的史实作为依据。在此基础上，再结合群内地名的亲疏远近关系，对其进行分类、分层次的考察，整个重名地名群的形成过程便可得以复现。

通过上述工作，不仅可以澄清部分重名地名出现的早晚关系，从而为古史研究中地理坐标的筛选，提供一些相对可靠的关键性"支点"。另一方面，笔者也希望在阐发"地随族迁"通例及其具体表现之外，进一步揭示重名地名群背后隐含的非人群迁移因素，尤其是特定历史阶段的共同知识背景，对于地名空间流动的客观影响。因此，其普遍性意义是不言而喻的。

[①] 关于这一方面，近年出现具有代表性的研究，参见张渭莲《商文明的形成》，第164—173页；林志鹏《先秦葛国源流考——兼论"周公奔楚"及亳之迁徙》，徐少华主编、晏昌贵副主编《荆楚历史地理与长江中游开发——2008年中国历史地理国际学术研讨会论文集》，武汉：湖北人民出版社，2009年，第1—14页；魏栋《论清华简"汤丘"及其与商汤伐葛前之亳的关系》，《中华文史论丛》2017年第1期。

一、相土居"商丘"辨疑

上述重名地名群内部的"商"这一地名,不但牵涉到商族起源和迁徙等重大历史问题,而且与夏后相及商先公相土所居每相交织,自古以来一直多有争讼,不妨首先予以廓清。关于相土居"商丘"及其地望问题,时代较早且最为重要的线索见于《左传》。《左传》襄公九年士弱对晋侯曰:

> 陶唐氏之火正阏伯居商丘,祀大火,而火纪时焉。相土因之,故商主大火。商人阅其祸败之衅,必始于火,是以日知其有天道也。

又《左传》昭公元年子产云:

> 昔高辛氏有二子,伯曰阏伯,季曰实沈,居于旷林,不相能也,日寻干戈以相征讨。后帝不臧,迁阏伯于商丘,主辰。商人是因,故辰为商星。

据上引文字可知,居"商丘"者始为阏伯,其后相土因之,皆主祀大火(即大辰)。

然而《左传》昭公十七年又有"宋,大辰之虚"的记载,故《汉书·地理志》、《左传》襄公九年杜注均谓"商丘"即宋,是说影响甚钜。时至今日,仍有不少学者认为,殷墟卜辞中出现的部分"商"地就是后来的宋都商丘;而考古学领域采用"都邑法"来追溯先商文化的来源,也往往重视在今豫东地区进行田野实践工作。不过,相土居"商丘"与宋都商丘之间究竟属于同地,抑或仅为一源一流的关系,尚需从文献史学的角度加以辨析。

首先,寻绎前揭《左传》之文,其本意是说阏伯处"商丘"而祀大火,相土因之亦居于此,故商人同样主祀大火,并以大辰为商星。其次,《史记·宋世家》载西周初年周人封微子于宋,以续殷祀,而不言所谓"商丘"。可见宋都又称"商丘",当在微子封宋以后,盖因其地为商遗贵族所居,故旧居之名随人群移徙而发生流动。如是亦可佐证,阏伯、相土所居之"商丘"必不在宋。那么结合以上两点来看,东周时人又称宋地为"大辰之虚",应该正是殷遗微子封宋的结果;倘若反之以宋国主辰,来逆推相土和阏伯的居地"商丘"即此,则未免有因果倒置之嫌。此外,孙淼先生还提出,阏伯、商人主祀大火,与宋地的星野为辰是两个不同概念,后者所引述的分野学说流行于东周时期,商代乃至更早阶段并无这样的地理认知,所以即便宋为"大辰之虚",也不足以证明相土所居"商丘"在宋。①

汉晋以降又有"商丘"为卫地说,当代亦有不少学者从之。是说源自《水经·瓠子河注》,即:

> 河水旧东决,迳濮阳城东北,故卫也,帝颛顼之墟。昔颛顼自穷桑徙此,号曰**商丘**,或谓之**帝丘**,本陶唐氏火正阏伯之所居,亦夏伯昆吾之都,殷相土又都之。故《春秋传》曰"阏伯居商丘""相土因之"是也。②

据郦注所言,东周卫地有颛顼之墟,其后依次为阏伯、昆吾氏和相土所居,该地或称"商丘",或谓"帝丘"。不过,关于帝丘的始末及其地名沿革,《左传》等文献的记载甚为清楚,请看以下三段文字:

> 1. 狄围卫,卫迁于帝丘,卜曰三百年。卫成公梦康叔曰:"相夺予享。"公命祀相。宁武子不可,曰:"鬼神非其族类,不歆其祀。杞、鄫何事?相之不享于此久矣,非卫之罪也,不可以间成王、周公之命祀,请改祀命。" (《左传》僖公三十一年)
>
> 2. 梓慎曰:"……宋,大辰之虚也;陈,大皞之虚也;郑,祝融之虚也,皆火房也。星孛及汉,汉,水祥也。卫,颛顼之虚也,故为帝丘,其星为大水,水,火之牡也。其以丙子若壬午作乎!" (《左传》昭公十七年)
>
> 3. 卫侯梦于北宫,见人登昆吾之观,被发北面而噪曰:"登此昆吾之虚,绵绵生之瓜。余为浑良夫,叫天无辜。"(《左传》哀公十七年)

例1载卫成公迁都帝丘后,由于梦见夏后相与始祖康叔争夺祭享,乃命卫人祀相,大夫宁武子反对此举,并谓"相之不享于此久矣",可见夏后相曾居帝丘无疑。例2、3分别解释了帝丘又称"颛顼之虚"及"昆吾之虚"的

---

① 孙淼:《古商丘考》,中国先秦史学会秘书处编,唐嘉弘主编:《先秦史研究》,第222—235页。
② 郦道元撰,陈桥驿校证:《水经注校证》卷24,第573页。

由来,毋庸赘言。值得注意的是,其中以"大辰之虚"和"大皞之虚""祝融之虚""颛顼之虚"并举,相互构成排比关系,足以表明"大辰"与"大皞""祝融""颛顼"等部族名号大致相当,在此应是作为商族集团的代名词,从而体现商人主辰的历史渊源,而非宋地和大辰本有对应关系。综合《左传》记述,我们可将帝丘一地的源流情况梳理如下:

表6.1 帝丘源流表

居民主体	颛顼	夏后相	昆吾	卫
地名沿革	颛顼之墟、帝丘	帝丘	昆吾之墟	帝丘、卫
历史遗迹			昆吾之观	

按夏后相、昆吾氏和商先公相土的所处时代相近,若谓三者及其代表的部族皆尝居于一地,这难免使人产生疑问。① 实际上,《左传》凡言相土或商人居"商丘",均明确称其因袭阏伯故地而来,而"帝丘"则一概系于颛顼、夏后相及昆吾氏,从不互有交叉。这一现象无疑表明,"商丘""帝丘"二地之得名应该渊源有自,至于阏伯、相土居商丘和颛顼、后相、昆吾氏居帝丘,很可能本就分属不同的史事序列,彼此之间是泾渭分明的。

需要说明的是,《太平御览》卷八十二引《竹书纪年》曰:"帝相即位,处商丘。"②王应麟及朱右曾、雷学淇俱已指出"商丘"当作"帝丘",甚是。③ 此外,茆泮林辑《世本》云"相徙商邱,本颛顼之虚",④而雷学淇辑本则作"相土徙商邱",⑤并无"本颛顼之虚"一语。按茆本系辑自《太平御览》卷一百五十五所引《帝王世纪》,其相关文字作:

> 《世本》:契居番,相徙商丘。本颛顼之墟,故陶唐氏之火正阏伯之所居也。故《春秋传》曰:阏伯居商丘,祀大火,相因之,故商主大火。谓之辰,故辰为商星。今濮阳是也。⑥

---

① 邹衡先生已指出这种情形可能性甚微。参见邹衡《夏文化分布区域内有关夏人传说的地望考》,《夏商周考古学论文集》(第二版),第224页。
② 李昉等撰:《太平御览》卷82《皇王部七》,北京:中华书局,1960年,第383页。
③ 方诗铭、王修龄:《古本竹书纪年辑证》(修订本),第5—6页。
④ 宋衷注,秦嘉谟等辑:《世本八种》,茆泮林辑本,第96页。
⑤ 宋衷注,秦嘉谟等辑:《世本八种》,雷学淇辑本,第68页。
⑥ 李昉等撰:《太平御览》卷155《州郡部一》,第754页。

不难看出，茚本中出现的"本颛顼之墟"一语，实际并非《世本》原文，而是皇甫谧对"商丘"的补充解释。至于上揭"相徙商丘"和"相因之"二语，其"相"字之下均有脱文。徐宗元据《太平寰宇记》卷五十七所引相同文字，分别作"相土徙商丘"和"相土因之"，指出当补"土"字，这是很正确的。[①]因此，《世本》原文当与《左传》相合，并无所谓相居"商丘""本颛顼之墟"的记载。

又，《史记·夏本纪》集解引《帝王世纪》云："帝相徙于商丘，依同姓诸侯斟寻。"[②]此言帝相徙居"商丘"，适与前揭《太平御览》所引《纪年》之误如出一辙。究其原因，也许要追溯到简本《纪年》的整理和早期流传。按"商""帝"二字古文字形体相近，而晋人在整理汲冢出土战国文献时，不排除就已经将"帝丘"误释为"商丘"，从而在简本《纪年》的早期流传过程中，便产生了帝相居"商丘"的歧说。另一方面，考虑到夏后相、商先公相土与帝丘、商丘等名号存在相似性，本就容易混淆，因而彼此之间的对应关系，魏晋时期的学者恐怕也已不甚清楚。至于皇甫谧作《帝王世纪》，遂将夏后相所居误作"商丘"，并且视同于颛顼之墟。经过上述"张冠李戴"式的构建联系，帝丘、颛顼之墟、昆吾之墟这一系列原本沿革有序的地名，最终却与"阏伯居商丘，相土因之"的历史背景交织在一起，于是出现了《水经注》中那样的编排和记述。

综上，既已廓清了相土所居"商丘"并非今之商丘，也不能等同于今濮阳境内的帝丘，那么剩下的线索便只有"相土之东都"了。据《左传》定公四年记载，周初康叔始封之际，曾在"相土之东都"范围内取得一块领地，"以会王之东蒐"。杜预指出该地性质类似汤沐邑，目的在于助祭泰山，这就说明"相土之东都"同样也坐落于泰山附近，否则卫人断无遥领"飞地"之理，从卫国本土与泰山的方位关系来看，其地望范围很可能就在泰山以南、汶水下游以北的山前平原一带。[③] 王国维考证早期商人八迁，其一即为"相土自西都商邱迁居东都泰山下"，[④]相土既于泰山附近设有东都，则其原先的旧居"商丘"，理应地处前者之西才是。我们在初步排除商丘说和濮阳说的前提下，发现符合上述方位条件，并可能具备"商丘"名号的地

---

① 徐宗元辑：《帝王世纪辑存》，第62页。
② 《史记》卷2《夏本纪》，第86页。
③ 黄组征人方卜辞中出现的"商"地，可对应《春秋》鲁国郚邑和《汉志》东平国章县地，在今东平县接山镇境内，与"相土之东都"的所在范围较为吻合。
④ 王国维：《说自契至于成汤八迁》，《观堂集林》卷12，第515—516页。

理客体,大致仅有冀、豫两省交界的漳河下游地带,这一区域同时也属于下七垣文化"漳河类型"的核心分布区,也许是未来寻找相土之"商丘"的方向所在。当然,以上所论只是笔者基于现有线索所作的一点蠡测,在客观证据方面仍很不充分,欲最终落实"商丘"的具体地望,还有待于新出史料提供更确切的依据。

二、各组重名地名的文本与地望

作为本文研究对象的这一重名地名群,核心内容主要包括"商""亳""景山""楚丘""曹""莘""葛""戎"等八组地名,其中的部分地名又可兼作国名或部族名,具体形式也非仅限于此,但均不影响其指称地理实体及方位的准确性。① 鉴于以上各组地名分别出现在豫东北、鲁西和鲁西南、豫东地区,我们不妨使用 A 和 A* 代表二者,以示区别,继而逐次分析这些重名对象的文本背景与具体地望,重点明确它们的差异与联系,以期为考察地名群的层化现象提供若干关键线索。

(1) 商

A. 商/商邑/商墟

盘庚迁殷后,地名"商"也随着商人迁居而移徙至今安阳境内,它起初专指商人都城所在的殷墟,后来逐渐扩展至周边的近畿之地。正如《合集》36975 所见,其中的"商"与"四土"同版并贞卜年,理应将殷都及商王国核心区域包摄在内,内涵上殆接近于王畿。

周初沬司土疑簋铭(《集成》4059)有"王来伐商邑,诞令康侯鄙于卫"之辞,所述乃是成王东征平定"三监"之乱,继而分封康叔于卫的史实。史载殷末帝辛既都沬邑,是谓"妹邦",而武庚亦于此地承续其祀,故严格说来,成王所伐"商邑"及《史记·卫康叔世家》"居河、淇间故商墟"者,俱指以沬邑为中心的商国故地。关于沬邑安在,学界曾有淇县说、汤阴说等不同认识,然据沬、卫一脉相承的前提,并结合考古资料及新发现推断,其核心位置当在今鹤壁市淇滨区以西的辛村遗址一带。

A*. 商/商丘

豫东地区的"商"系宋国别称。《左传》昭公八年:"大蒐于红,自根牟至于商、卫,革车千乘。"杜注:"商,宋地。鲁西竟接宋、卫也。"又《国语·吴语》载夫差北征,"阙为深沟,通于商、鲁之间,北属之沂,西属之济,以会

---

① 如"曹"又作"漕",系通假之故;而"楚丘"或作"楚",则是通名后缀发生省简。

晋公午于黄池"。韦昭注："商,宋也。"此外,宋国都城又名"商丘",符合早期国名、都邑名同称之例。杜预《春秋释例》云："宋、商、商丘,三名,梁国睢阳县也。"①在今商丘宋国故城遗址。

（2）景山

A. 景山

此为卫地。《诗·鄘风·定之方中》："升彼虚矣,以望楚矣。望楚与堂,景山与京,降观于桑。"按曹邑在今滑县东南的白马故城,楚丘在今滑县东北,而景山既位于曹邑之东,同时又密迩楚丘,所以基本可以确定在今滑县以东至濮阳西南一带。

A*. 景山

今鲁西南、豫东地区犹有另一景山,其线索见于《水经·济水注》,即：

> 菏水分济于定陶东北,东南右合黄沟枝流,俗谓之界沟也。北迳己氏县故城西,又北迳景山东,……又北迳楚丘城西,《郡国志》曰：成武县有楚丘亭。②

据引文所述空间关系可知,此景山位于汉晋己氏县故城西北,同时又在成武县楚丘亭西南,覈其地望,当在今山东曹县东南。

（3）亳

A. 景亳

《左传》昭公四年"商汤有景亳之命",杜注："河南巩县西南有汤亭,或言亳即偃师。"《史记·殷本纪》正义引《括地志》云："宋州北五十里大蒙城为景亳,汤所盟地,因景山为名。河南偃师为西亳,帝喾及汤所都。"③后说指出景亳、西亳乃成汤先后所都,并谓景亳因景山而得名,无疑合乎理据。如前所论,成汤所居景亳的地望范围当不出今豫北地区,而《玄鸟》《定之方中》诸篇所见的卫地景山,则与前者最为相契。

A*. 亳

东周宋邑。《左传》庄公十二年记载宋国内乱,"群公子奔萧,公子御说奔亳,南宫牛、猛获帅师围亳"。杜注："蒙县西北有亳城。"在今曹县东

---

① 杜预：《春秋释例》卷5,《丛书集成》本,第153页。
② 郦道元著,陈桥驿校注：《水经注校证》卷8,第214页。
③ 《史记》卷3《殷本纪》,第93页。

南,后世又称"北亳"。"亳"一作"薄",即《左传》哀公十四年"请以鄑易薄"者。

（4）曹

A. 曹（漕）

东周卫邑。《左传》闵公二年载狄人灭卫,卫国遗民东徙涉河,"立戴公以庐于曹"。"曹"一作"漕",《卫风·载驰》"驱马悠悠,言至于漕",序曰:"卫懿公为狄人所灭,国人分散,露于漕邑。"在今滑县东南的白马故城。

A*. 曹

此系周代封国名,兼作地名。为文王子曹叔振铎所封,都邑所在地后称"陶丘",在今菏泽市定陶区西北。

（5）楚丘

A. 楚丘/楚

东周卫邑。《鄘风·定之方中》言卫人登上曹墟,"以望楚矣",又云"望楚与堂"。"楚"即楚丘,在今河南滑县东北。

A*. 楚丘

《春秋》隐公七年:"天王使凡伯来聘,戎伐凡伯于楚丘以归。"杜注:"卫地,在济阴城武县西南。"又《水经·济水注》引《续汉书·郡国志》曰:"成武县有楚丘亭。"[1] 覈其地望,在今山东成武县西南、曹县东南一带。[2] 清人顾栋高对杜氏卫地说有所驳议,强调上述楚丘当为戎邑,地界曹、宋之间,与卫人东迁所都之楚丘并非一地。[3] 所论至确。据同年《传》文记载,凡伯是在聘鲁返周之际,途经楚丘而为戎人所劫,足见该地理应位于去鲁适周（洛邑王城）的交通干道上。从凡伯一行的角度来说,经由古大野泽以南的宋、曹间地,路径自是最为便捷,倘若取道卫地楚丘,则犹需西渡济水,未免迂远。因此,戎伐凡伯的楚丘一地,当从旧注定在今鲁西南地区,与卫地楚丘自有分别,不容混淆。

（6）戎

A. 戎州

据《左传》哀公十七年载,卫庄公曾登城而望,见帝丘郊外有"戎州"分布,于是命人削坏其邑。后来卫卿石圃联合匠氏以攻公室,庄公逾墙折

---

[1] 郦道元撰,陈桥驿校证:《水经注校证》卷8,第214页。
[2] 杨伯峻:《春秋左传注》（修订本）,第53页。
[3] 顾栋高辑,吴树平、李解民点校:《春秋大事表》卷7,第889—890页。

股,遂为戎州人所俘,"入于戎州己氏"。所谓"戎州"即戎人邑聚。杜注:"己氏,戎人姓。"按先秦己姓,系《国语·郑语》提到的"祝融八姓"之一,而夏后氏联盟集团中的昆吾,恰好又是尝居帝丘的己姓人群,故帝丘一地直到春秋时犹存"昆吾之虚""昆吾之观"遗迹。准此,无论就族属还是活动地域而言,帝丘郊外的己姓之戎均与昆吾甚为契合,很可能就是盘踞在卫地的昆吾氏孑遗。至于前者缘何冠以"戎"号,恐怕正如"夏馀"杞人又被称为"杞夷"一样,都是周人对政治对立或文化殊异之族群的泛称而已。

A*. 戎

此为国族名,兼作地名。《春秋》隐公二年:"春,公会戎于潜。"杜注:"陈留济阳县东南有戎城。"据"谭图"标示,地望在今定陶西南、曹县西北的济水故道南岸。① 《春秋》隐公七年"戎伐凡伯于楚丘"及《春秋》庄公十八年"公追戎于济西"者,俱指此"戎"无疑。②

（7）莘

A. 莘/有莘之虚

《左传》僖公二十八年记载城濮战前,楚将子玉去宋而追击晋师,晋侯乃自曹境退避三舍,四月戊辰次于城濮,登临有莘之虚以观军容,次日己巳晋师"陈于莘北",遂与楚国联军展开决战。由此可知,莘地又名"有莘之虚",即有莘氏之旧居,其地密迩城濮。城濮,杜注以为卫地,盖因毗邻濮水故道而得名,那么从晋侯回师的方向判断,莘地理应处于曹、卫之间。《春秋大事表》谓"山东曹州府濮州南七十里有临濮城",③即今山东鄄城县西南的临濮集,作为城濮所在是合适的,然则莘地亦在周边不远。更确切地说,若从晋师列阵于莘北而战的情形推测,莘地及有莘之虚的具体位置,大抵就在城濮偏南一带。

另一方面,据清华简《汤处于汤丘》所述,成汤曾娶妻于有莘氏;而《史记·殷本纪》也提到,伊尹作为有莘氏媵臣,利用陪嫁的机会投奔商人,于是得到成汤的重用。若莘国故地在今鄄城西南一带,则恰好与豫东北地区的汤都景亳相去不远,互为政治婚姻是很自然的事情,此亦可佐证我们对有莘之虚的推断是合理的。

---

① 谭其骧主编:《中国历史地图集》第1册,第24—25页。
② 杨伯峻:《春秋左传注》(修订本),第206页。
③ 顾栋高辑,吴树平、李解民点校:《春秋大事表》卷7,第778页。

A*. 故莘城/莘仲故城

鲁西南、豫东地区所见以"莘"为名的遗迹至少有两处。其一,《元和郡县志》曹州济阴县条云:"莘仲故城,在县东南三十里,盖古之莘国也。"①《春秋大事表》认为晋侯所登有莘之虚即此,②在今山东曹县西北。再则,《史记·殷本纪》正义引《括地志》曰:"古莘国在汴州陈留县东五里,故莘城是也。"③《元和郡县志》汴州陈留县下则作"故莘城,在县东北三十五里"。④ 二者所记里至有所差异,但揆其方位总体接近,大致在今河南兰考县西南。

针对上述两处冠以"莘"名的地点,江永《春秋地理考实》引《春秋传说汇纂》云:"今开封府陈留县有莘城,兖州府曹县有莘仲集,其地接二县界也。"江氏则认为:"晋师陈于莘,莘在陈留,则城濮亦在陈留;但陈留去曹颇远,不得接界,莘仲集当别是一地。"⑤所论有理。按"故莘城"和"莘仲故城"并见于《元和志》,分别隶属汴、曹二州,彼此既在地望上无法折中,自当遵循地志记载区别为二。其中,设若有莘之虚在今曹县西北的"莘仲故城",那么前者至于城濮的空间距离,至少也在60公里以上,这显然不符合《左传》所见二地密迩比邻的客观情形,遑论远在陈留附近的"故莘城"。换言之,鲁西南、豫东地区出现的所谓"莘"地遗存,基本可以排除作为有莘之虚的可能性,其来源恐怕需要另行追溯。

(8) 葛

A. 葛

《春秋》桓公十五年:"邾人、牟人、葛人来朝。"杜预注谓葛"在梁国宁陵县东北",即今河南宁陵县东北。按杜说非是,三国既为附庸而前来朝鲁,说明彼此理应去鲁未远。其中,邾在鲁国东南的今邹县东境,牟在汉晋"泰山牟县"之地,即今山东莱芜境内,均为鲁国近邻,故葛人断不会密迩宋都却附庸于鲁。王夫之推测此葛即鲁南"葛峄",⑥沈钦韩则认为是泰山近旁小国,⑦较旧说更为合理,《左传》僖公十七年所见齐桓公内宠

---

① 李吉甫撰,贺次君点校:《元和郡县图志》卷11,第293页。
② 顾栋高辑,吴树平、李解民点校:《春秋大事表》卷7,第779—780页。
③ 《史记》卷3《殷本纪》,第94页。
④ 李吉甫撰,贺次君点校:《元和郡县图志》卷7,第177页。
⑤ 江永:《春秋地理考实》卷2,《清经解》卷253,第2册,第244页。按清人所谓"莘仲集"的具体位置,参见谭其骧主编《中国历史地图集》第8册,第22—23页。
⑥ 王夫之:《春秋稗疏》,《清经解续编》卷10,第1册,第47页。
⑦ 沈钦韩:《春秋左氏传地名补注》卷1,《丛书集成》本,第17页。

"葛嬴",应即这一东土葛氏之女。《孟子·梁惠王下》引《书》曰"汤一征,自葛始",又《万章》云"汤居亳,与葛为邻",可见夏商之际商人的势力范围一度与葛相近。按成汤所居景亳当在豫北景山一地,如葛伯国位于鲁西地区,①则完全符合相互比邻的地理背景,亦可从侧面佐证葛为东方土著的认识。

A*. 葛乡

豫东一带葛地的出现相对较晚。《汉志》陈留郡宁陵县下颜注引孟康曰:"故葛伯国,今葛乡是。"②《续汉志》梁国宁陵县条亦云:"有葛乡,故葛伯国。"③尽管这些地志记载与前揭杜注近乎一词,然就性质和时代来说,它们均与《春秋》经传不可同日而语,至多仅可表明汉晋宁陵县境内存在所谓"葛乡"的地名遗迹。至于学者或将"葛乡"与葛国故地相联系,不过反映了当时较为流行的一种史地认知,同样无法取代史实层面。

三、"重名地名群"的内部关系及其形成

基于上文的梳理考辨,我们便可从"组"和"群"的角度,分别考察重名地名的时代关系与区域内部地名的空间关系。首先,不妨以首见或年代较早的文本作为依据,兹将各组地名的信息集中展示如下,以见梗概。

地名	A	来源	A*	来源
商	商/商邑/商虚	《合集》36975、沬司土疑簋	商/商丘	《左传》昭公八年、《国语·吴语》
景山	景山/景	《鄘风·定之方中》《商颂·玄鸟》	景山	《水经·济水注》
亳	景亳	《左传》昭公四年	亳	《左传》庄公十一年

---

① 按阿、葛二字音近,作为地名可相通用,如《史记·赵世家》载成侯十九年"与燕会阿",此"阿"又作"葛",即孝成王十九年"燕以葛、武阳、平舒与赵"之"葛"。参见《史记》卷43《赵世家》,第1801、1829页。因此,结合称谓与方位来看,鲁西之葛可能就是《史记·田敬仲完世家》齐威王"烹阿大夫"之"阿",位于东周齐国西境,即今山东阳谷县东北。
② 《汉书》卷28《地理志》,第1559页。
③ 《后汉书·志》第20《郡国二》,第3426页。

(续表)

地名	A	来　源	A*	来　源
曹	曹/漕	《左传》闵公二年、《卫风·载驰》	曹	曹伯狄簋盖(《集成》4019)
楚丘	楚丘/楚	《鄘风·定之方中》、《左传》闵公二年	楚丘	《春秋》隐公七年
戎	戎州	《左传》哀公十七年	戎	《春秋》隐公二年
莘	莘/有莘之虚	《左传》僖公二十八年	故莘城/莘仲故城	《括地志》《元和郡县志》
葛	葛	《春秋》桓公十五年	葛乡	《汉志》孟康注、《春秋经传集解》

如果从文本属性、时代因素和具体史实等方面出发,上揭各组重名地名分别出现在两地的早晚关系,便可初步清晰起来。就文本属性来说,宁陵"葛乡"所见的《汉志》孟康注、《春秋经传集解》等,其性质均为典籍的后世注释,属于"阐释"的范畴,也经常掺杂作者的主观认知,若用来追溯早期史实,难免正误参半;而《春秋》经传这样的"原始记录",往往更能直接地反映史实,如通过"葛人来朝"的记载,至少可以推知周代葛国所在的大致地域。从文本年代来看,部分鲁西南、豫东的地名遗迹,主要保存在魏晋阶段及以后的经传注释或史书地志。比如,曹县东南的"景山"出自《水经·济水注》,而兰考县西南与曹县西北有所谓"故莘城"和"莘仲故城",分别见诸《括地志》和《元和志》。相比之下,分布在豫东北、鲁西的重名对象"景山"和"有莘之虚",则始见于《诗经》《左传》等先秦典籍,时代上具有明显偏早特征。最后就史实而论,相较殷代至周初便已存在于豫北的"商"和"商邑"之称,豫东地区的"商"和曹县东南的"亳"均为东周宋地,目前尚无确切证据表明,前者的出现可以追溯到周代之前;[1]后者虽与"景亳"同见于《左传》,但若回归到"汤始居亳"的历史情境下,则不难推想豫东北一带的"景亳"理应具有更早的来源。至于"楚丘"和"戎"分见两地,均为《春秋》经传所载,无法直接判断早晚关系,不过帝丘郊外

---

[1] 董作宾、陈梦家等学者曾将卜辞的"商"和"丘商"定在今河南商丘,这主要是受到汤始居亳为谷熟"南亳"的旧说影响,其实商丘一地称"商",代表的同样是"流"而非"源"。

的己姓之"戎",既可对应昆吾氏之余绪,也许渊源相对久远。而卫地和封国名"曹"究竟孰先孰后,仅据现有资料则难以遽断,属于其中较为特殊的一组样例。

综上,在本文重点关注的八组重名地名中,凡位于豫东北、鲁西者,大多有着较早的文献依据或时代背景。当然,即使文本年代相对偏晚,也并不代表所含内容一概属于晚出,尤其是面对地名这种沿袭性较强的对象。不过,就常理而论,历史记载与相关史事在时间上越接近,越是保持相对同步性,受到后世的主观影响就会越少,这部分史料显然应得到尊重和优先考虑。因此,通过上文缕析和对比可知,有关重名地名集中出现在豫东北、鲁西的年代,整体要早于鲁西南、豫东地区,而每组地名的早晚关系一旦逐次理清,"群"与"群"的层次关系也就基本明确了。

重名地名的时代先后得以揭示,无疑为探讨地名空间流动的可能性,提供了具有关键意义的指向。客观地说,针对单一地名重复出现的原因,一般只要捕捉到相关人群发生移徙的线索,往往不难进行解释。然而,若要考察整个重名地名群的形成背景,尤其是发掘其间隐含的某些特定因素,显然不能仅靠单一地名孤立地进行积累,还需关注群内诸地名的内在关联。进一步讲,根据地名之间关系的密切程度,上述异地并见的地名群就可划分为不同亚群,即:

(1) 商、亳、葛、莘

这四组地名是以商人势力范围为核心进行系联的结果。其中,"商"是国族名号兼作地名,用于商族故地或商王国核心区域的通称。"亳"为灭夏以前的成汤所居之邑,一度与"葛"为邻。有莘氏曾嫁女于汤,并以伊尹为媵,可见莘国故地至"亳"大抵亦不甚远。

(2) 曹、景山、楚丘、戎

前引《鄘风·定之方中》既云"望楚与堂,景山与京",可见"景山""楚丘"与作者所在地"曹墟"相去不远,三者位置相对集中。而《春秋》隐公七年载戎人选择"楚丘"作为截击凡伯之地,表明"戎"与"楚丘"的空间关系同样较为密切。

实际上,这两个亚群在内容方面也有若干交集,不妨以豫东北、鲁西地区为例试作揭示。如"亳"即景亳,若以其所在的"景山"为线索,犹可系联"曹"和"楚丘";而所谓"戎州"位于帝丘近郊,亦与以上诸地密迩比邻,彼此构成的空间关系十分稳定。现结合分类与系联所体现群内地名的亲疏远近,通过简单绘图示意如下:

```
      ┌─────┐ ┌─────┐
      │ 商  │ │ 曹  │
      │ 葛  │亳│ 楚  │
      │ 莘  │景│ 丘  │
      │     │山│ 戎  │
      └─────┘ └─────┘
```

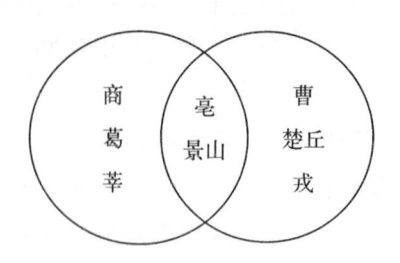

图 6.1　豫东北、鲁西地区部分古地名关系示意图

揆情度理，倘若单一地名散见于若干地点，其实际成因往往比较复杂，甚至不能排除偶然因素。然而，不同区域之间一旦出现成组地名的重叠，这种现象恐怕就并非偶合可以解释，其中或多或少隐含某些特殊的历史渊源。众所周知，古代部族的居邑地名和传说事迹，常会随着有关人群的移徙轨迹而不断播迁，这是一种甚为普遍的史实通例，毕竟"开发者往往根据他原来所知道的地方加以地理类推而给无名土地命名"。① 那么，我们既已基本厘清上述各组地名的早晚关系，自然有理由从源与流的角度，重新审视这一重名地名群的形成背景，尤其是基于地名和国族名的对应关系，并通过捕捉人群移徙的线索，以期揭示"地随族迁"通则在其间起到的客观作用。

首先，今濮阳周边的"亳"即景亳，为成汤所居之邑，而豫北的"商""商邑"和"商墟"，也是作为商王国故地而得名。相较之下，曹县东南的"亳"及豫东"商丘"的早期文献依据，目前仅可追溯到《春秋》经传，故只能暂以宋地视之。另据《左传》哀公十四年载，宋大夫桓魋尝请"以鞌易薄"，宋景公则称"薄"为宗邑而不许其请。考虑到周代宋国是由殷遗贵族微子所封，商、宋之间本就一脉相承，沿袭先代名号自属当然，是故宋人国名称"商"，《诗》有《商颂》。准此，结合律、例两个方面判断，宋国都城之所以又称"商丘"，同时境内也会出现名"亳"的宗邑，理应是微子代表的商人贵族就封于宋后，乃将承自先祖的国、邑地名一并移徙过去，继续命名新土的结果。

其次，作为国族名和地名的"戎"同样并见于两地：一是帝丘附近的己姓戎人聚落，在今濮阳境内；再则位于今定陶西南、曹县西北，即济水沿线的戎人根据地。值得注意的是，《汉志》载梁国所辖有己氏县，②而"已"

---

① 茹克科维奇著，崔志升译：《普通地名学》，第 29 页。
② 《汉书》卷 28《地理志》，第 1636 页。

"己"二字形近易讹,侯甬坚先生曾举居延汉简及《后汉书》为例,指出其中四处提到县名均作"己氏",说明《汉志》作"已氏"者当系讹文。① 今按所谓"己氏",原本是指卫地戎人的族姓,故可缀于"戎州"之后;另一方面,汉己氏县故址在今曹县东南,恰与鲁西南、豫东交界的戎地相去不远,可见"戎"和"己氏"的特定关系,已在范围上有所扩展,而不仅限于卫地一隅。既然"己氏"之名在异地的重复出现,其播迁轨迹与"戎"近乎保持一致,那么不难想见,西汉政府始置己氏县的基础,理应在于当地曾有己氏之戎集中分布。如是,上述两处戎地居民在族属上的客观联系就比较清楚了,接着需要辨明孰源孰流的问题。

先秦文献所见早期昆吾的遗迹,除分布于许地之外,便是卫都帝丘的"昆吾之虚"及"昆吾之观",而在鲁西南、豫东一带并无踪迹可寻,这从侧面大概表明,己氏之戎的先世活动于卫地的年代恐怕较早。另据《春秋》经传记载,曹、宋之间的戎人一度入朝周室,可见其地位堪比列国,至少具备独立政治实体的属性;而帝丘周边的"戎州己氏",仍是以基层聚落组织——"州"的形态依附于卫,说明整体势力相对有限,发展阶段也较为原始。尽管在目前史料当中,尚未找到己氏之戎往来移徙于南、北两地的直接证据,但若联系以上线索来看,卫地的昆吾氏后裔应该相当于"源",其主体人群可能是在周初封康叔于卫后,乃自帝丘被迫辗转南迁,而留居故地的部分孑遗,则在春秋阶段成为卫国境内的"戎州己氏"。

从另一方面来讲,通过缕清群内地名的内在关联,不但可以还原地名之间是怎样"连缀成网"的,更有助于考察重名关系为何会由单组扩展到多组,从而为重名地名群的科学解释提供依据。实际上,除早期族群活动外,后代知识阶层对于一些古史地理问题的基本认知,同样会对重名地名群的形成产生重要影响。比如,在战国秦汉时期主流的历史书写中,成汤居亳"与葛为邻",加之伊尹以有莘氏媵臣身份而奔汤,均代表了时人某种共同的知识背景,其可靠程度无异于史实,这样也就确定了商、亳、葛、莘之间的固有联系。其中,随着周初微子家族受封于宋,"商""亳"之名最终移徙到宋国境内,此即"地随族迁"的典型表征。以常理度之,殷遗贵族集团的徙封既可导致旧居地名的集中流动,那么与前者关联紧密的"葛"和"莘",无疑存在被后人一并移植到宋地周边的可能性与合理性。诚然,

---

① 侯甬坚:《西汉梁国己氏县名校证》,《历史地理探索》,北京:中国社会科学出版社,2004年,第267—270页。

倘若仔细爬梳文献所载的众多成汤遗迹,不难发现它们除了随着"亳"名的播迁而散见于多地,甚至会同伊尹的遗迹一并出现在特定区域。如:

  1.《括地志》曰:薄城北郭东三里平地有汤冢。按:在蒙,即北薄也。又云洛州偃师县东六里有汤冢,近桐宫,盖此是也。
(《史记·殷本纪》正义引①)

  2.(己氏)县有伊尹冢。崔骃曰:殷帝沃丁之时,伊尹卒,葬于亳。《皇览》曰:伊尹冢在济阴己氏平利乡。 (《水经·泗水注》②)

  3.《括地志》云:伊尹墓在洛州偃师县西北八里。又云:宋州楚丘县西北十五里有伊尹墓,恐非也。 (《史记·殷本纪》正义引③)

  4.臣瓒曰:汤居亳,今济阴县是也。今亳有汤冢,己氏有伊尹冢,皆相近也。   (《汉书·地理志》颜师古注引④)

  据引文可知,汉唐之际相传为"汤冢"的遗迹至少在两地均有分布,其一即曹县东南的"北亳(薄)",再则就是偃师"西亳"附近。饶有意思的是,恰好就在这两处"汤冢"周边,又分别出现了"伊尹冢"的遗迹。仅从史实角度而论,学者大多认同这些旧闻的可靠性很成问题,不宜将它们与真实的历史人物严格对应起来,颜师古谓之"事并不经",诚为切中肯綮。不过,传说性遗迹成组重见于异地的特殊现象,其意义显然远不止真伪判断这一层面。

  我们知道,偃师"西亳"和曹县"北亳"两处地名的渊源,可以分别追溯到成汤灭夏和微子封宋的历史背景,那么其间一并存在"汤冢"之类遗迹,恐怕就与商人集团的前后迁徙不无关系,尽管不排除或有局部史实所本,但纯系追念的可能性更大。至于"伊尹冢"同样也在上述两地重复出现,这显然无法简单以巧合视之,而是后世有意识地进行编排的产物。按照时人的基本逻辑,当地既被视作商人故都所在,亦有成汤之遗迹存焉,则伊尹身为王室股肱,绝无理由孑然其外。更有甚者,但凡有所相涉的对象,即一概附丽于此,以致诸多关联人物的传说遗迹呈现集中分布的景观。例如《太平寰宇记》河南府偃师县条下,所记录的人文景观不仅限于

---

① 《史记》卷3《殷本纪》,第98页。
② 郦道元著,陈桥驿校证:《水经注校证》卷25,第599页。
③ 《史记》卷3《殷本纪》,第99页。
④ 《汉书》卷28《地理志》,第1556页。

"汤王庙""汤王陵坑"和"伊尹墓",就连"比干墓"也赫然在目。① 推本溯源,"比干墓"之所以会一并出现在此,应是后人误以盘庚迁殷为所谓"亳殷",②即先王成汤之旧都,从而将偃师境内的某处遗迹伪托殷商贵族比干,其主观色彩是十分明显的。

上述基于某些文本片段或史实素材之间的联系,有选择地采撷传说旧闻,对特定区域内的人文景观进行穿凿附会,并随时代推移而不断"层累"的现象,在历代史书地志的记载中其实屡见不鲜。如:

1. 葛,南京宁陵县有故宁城是。北去亳城百里,亳即汤始居。或云,许州郾城北三十里有葛伯城。　　(《通志·都邑略》"葛"条③)

2. 葛,鲁附庸。齐昭公母葛嬴。在河内修武,有葛伯城、葛伯墓。
(《路史·国名纪乙》"少皞后国"④)

3. 葛伯城,在县南,相传古葛伯国也。
(《读史方舆纪要》许州郾城县条⑤)

按照学界的基本共识,夏商之际的商族势力范围当在夏之东方,而葛伯之国既与商人比邻,则不可能先已遥居中原腹地。另一方面,葛人作为鲁国附庸,犹见载于《春秋》经传,也说明葛氏根据地的位置一直比较稳定,在今鲁西地区的可能性最大。那么,从"葛""亳"相互连属的文本背景来看,迟至汉晋时期出现的宁陵"葛乡"说,显然是立足于成汤始居之亳即谷熟"南亳"的认知前提,同时兼顾"与葛为邻"这一基本共识而产生的。循此逻辑,葛国故地只能在今商丘以南的"南亳"周边,便不难理解了。至于晚近文献所见修武及郾城附近的"葛伯城",同样没有证据表明它们与先秦葛国的源流有关,故不妨从解释的角度加以考虑。其中,河内修武与偃师"西亳"隔河相望,大致合乎"亳""葛"比邻的史实背景,所以修武"葛伯城"既系晚出,很可能是在汤都"西亳"说基础上形成的"层累",与宁陵"葛乡"情形相仿。而豫中地区所见名"葛"之地,尚有东周郑地"繻葛"

---

① 乐史著,王文楚等点校:《太平寰宇记》卷5,第83页。
② 《尚书序》有"盘庚五迁,将治亳殷"之说,谓地在河南。晋人束晳举孔壁之文为据,指出"将治亳殷"应系"将始宅殷"之讹。参见孔颖达《尚书正义》卷9,阮元校刻《十三经注疏》,第356页。
③ 郑樵撰,王树民点校:《通志二十略·都邑略》,第566页。
④ 罗泌:《路史·国名纪乙》,《四部备要》本,第333页。
⑤ 顾祖禹撰,贺次君、施和金点校:《读史方舆纪要》卷47,第2190页。

（一名"长葛"），在今河南长葛市东北，适与郾城相去不远，符合相近地理客体常采用相同称谓之例，然则所谓"葛伯城"的出现，不排除就是后人循地名单字进行附会的结果。

至此，整体回顾汉唐地志所载鲁西南、豫东的"景山""葛乡"和"莘仲故城""故莘城"等遗迹，它们不仅时代上要明显晚于豫东北、鲁西地区的重名对象，而且跟早期商族、葛人及有莘氏的对应关系，往往也缺乏确凿依据，遑论与有关人群的迁徙流动进行衔接。联系"商""亳"旧称随微子就封而移植于宋的背景来看，以"景山""葛""莘"为称的地名最终同样出现在宋地周边，恐怕即属于"层累"的产物，只是体现后世知识阶层的史地认知而已。具体来说，既然地名"商""亳"早在周代便已见于宋地，加之二者作为商族故地，尤其是成汤所居的说法，至迟在汉晋时期业已颇为流行，那么遵循当时学者的历史观念和认知逻辑，只有在前者周边一并出现景山、葛伯和有莘氏的遗迹，如是方才符合彼此的固有联系。正如《元和志》"莘仲故城"条所言："伊尹耕于莘野，汤闻其贤，聘以为相，即此地。"①只不过，与其认为这是在阐释地名遗迹真实的历史内涵，不如视作后人对地点进行命名或附会的缘由。

此外，地名"楚丘"同样重见于卫地和曹、宋之间，前者接近"戎州"所在的帝丘，后者则是作为戎伐凡伯的地点，更为关键的是，这一地望范围的变换恰与己氏之戎的活动轨迹基本一致，从而实现跟具体人群的空间流动相衔接。由是观之，戎人南迁不仅导致"戎"和"己氏"名号的移植，而"楚丘"早在东周初年就已别为二地，恐怕也要归因于此。相较"商""亳"等地名的移徙，"戎""楚丘"乃至"己氏"之称也渐次出现在鲁西南、豫东地区，无疑属于时代殊异却又方向一致的另一系地名流动，只是彼此依靠"景山"作为纽带，最终被拼接在同一空间平面当中。

综上，唐以前文献所见豫东北、鲁西和鲁西南、豫东地区之间存在着一套重叠的地名群，就时代而论，各组重名地名出现在豫东北、鲁西者普遍较早，这就为揭示地名的空间流动提供了关键指向。其中，"商""亳"和"戎"重见于两地，主要动力当分别归于殷遗微子封宋和己氏之戎南迁，凡此均系先秦"地随族迁"通例的具体表现，反映出区域间的族群移徙和政治联动。另一方面，鉴于群内地名特定的空间关系，犹可窥知重名对象进一步扩展到多组的其他缘由。首先，南、北两处"楚丘"都与己氏之戎为

---

① 李吉甫撰，贺次君点校：《元和郡县图志》卷11，第293页。

邻,此种现象绝非巧合可以解释,很可能是戎人以旧居周边地名来命名所迁新土的结果。此后,人们基于汤始居亳为谷熟"南亳"或曹县"北亳"的史地认知,又在鲁西南、豫东地区以"商""亳"为中心重建地理坐标,陆续将"葛""莘"和"景山"等地名系联纳入其间,这俨然已属于后世的"层累",却一度被错误地认定为上古若干重要史事的实际发生地。早在魏晋南北朝时期,部分知识群体便已难以区分两地间的重名地名,如《春秋》隐公七年戎伐凡伯之"楚丘",杜预指出其地望在"济阴城武县西南",却误以为国别属卫,可见已将两处"楚丘"牵合为一。至于郦道元在《水经·济水注》中,同样认为《鄘风·定之方中》的"景山"在今曹县东南,而齐桓公所城"楚丘"即菏水途经之"楚丘",以致将卫人东迁复国的整个空间背景,合盘错置于今鲁西南、豫东交界地带。通过以上正本清源的工作,后代"层累"的过程方可得以复现,而人为造成的种种纠葛和误解亦能得到澄清。总的来说,无论是"地随族迁"所导致的地名流动,抑或建立在特定知识背景上的地名层化,上述出现在鲁西南、豫东地区的地名群,整体都属于被不断"建构"起来的古史地理框架,实际仅相当于"流"而并非"源"。这同时也提醒我们,利用地名遗存来考察上古族群轨迹与重大史事背景,必须以辨清文本、地名和人群三重对象的源流关系作为前提。

第二节　汾水流域与海岱地区的族群交流

在历史时期人们的基本观念中,由于太行山脉的纵贯阻隔,汾水流域和海岱地区通常被视作两个具有对立意义的地理单元,并分别称为"山右"和"山左"。就上古三代而言,汾水流域作为"夏虚"之所在,长期被认为是早期夏族的核心区;而以泰沂山脉为中心,包括济水下游及淄、潍、泗、沂诸流域的广义海岱地区,①则大部分属于东夷集团的势力范围。尽管在这样相对独立发展的两大地理和文化区域之间,早至先秦阶段便已存在有相当规模的族群交流。傅斯年先生在《夷夏东西说》一文中尝言:

---

① "海岱"一词源自《尚书·禹贡》,曰"海、岱惟青州",又云"海、岱及淮惟徐州"。前者是指渤海至泰山之间的地带,属于古青州辖境;后者是指泰山、黄海及淮河下游之间的地带,属于古徐州辖境。本书采用广义的"海岱"概念,地理空间上涵盖泰山南北的区域,大致即相当于今山东省辖境。

历史凭借地理而生，这两千年的对峙，是东西而不是南北。现在以考察古地理为研究古史的一个道路，似足以证明三代及近于三代之前期，大体上有东西不同的两个系统。这两个系统，因对峙而争斗，因争斗而起混合，因混合而文化进展。夷与商属于东系，夏与周属于西系。①

傅氏继以具体国族为例，指出"夏余"的杞、鄫曾居东土，而嬴姓秦、梁僻处西方，当是东西两大人群集团交流融合的结果。不过，考虑到直接记载国族源流的文字信息往往付之阙如，加上大量地名、国族名的史料价值尚未得到充分发掘，所以围绕上述区域之间族群迁移的专题研究历来并不多见。

在本节中，笔者通过重名"地名组群"的构建与古史传说的梳理考辨，即立足于两大区域之间地名、国族名的重叠现象及族群谱系方面的关联，试对早期汾水流域与海岱地区族群交流的面貌进行初步勾稽。需要说明的是，上述具有整体性的复原工作，理应是以充分的个案研究作为基础。然而为客观史料所限，我们往往难以将每组地名、国族名发生重名的原因逐一廓清。因此，只有发挥方法论的自身价值进行有限弥补，即依靠地名群的集群性特征，借助其中若干地名、国族名的固有联系来考察问题。这种联系首先是地域性的，同一群内的地名、国族名坐落于特定的区域之内，必然具有相对稳定的空间关系。另外，也有部分国族名所对应的主体人群之间，同时也存在相同的族属背景，这样就在纯粹地缘关系的基础上，又增添了一层血缘关系的纽带。

一、汾水流域与海岱地区地名、国族名的重叠现象

根据笔者的初步整理和统计，先秦汾水流域与海岱地区存在重名关系的地名、国族名不但数量较多，而且很有代表性。现不妨按照文本载体的差异，暂将这些地名、国族名分为两大部分，首先通过传世文献和金文、简牍资料进行筛选，其后再对具有争议的甲骨刻辞记录加以讨论。

1. 传世文献与金文、简牍资料所见重名例

（1）秦——秦

众所周知，汾水流域是早期秦人先民的重要根据地之一。如《史记·秦本纪》载，秦祖中潏曾"在西戎"，"保西垂"。学者多已指出，该"西垂"并非具体地名，而是以中潏所服事的商王国作为参照对象，在此泛指晚商

---

① 傅斯年：《夷夏东西说》，《民族与中国古代史》，第2页。

时期商人的西部边域,大致相当于汾水中下游一线。① 中潏后裔蜚廉亦效命于商,为殷纣所遣而使于北方,武王克商之际其子恶来被杀,蜚廉乃筑坛于霍太山,死后葬焉,故后世相传蜚廉墓冢在霍山之上。② 饶有意思的是,西周时期分封蜚廉之后的孟增、造父一系,则是以晋地皋狼、赵城作为封邑,而上述地点恰好又在秦祖中潏驻守的"西垂"范围内,所以周人此举实际即可视作复其旧居。

关于汾域之"秦"的名号线索,宾组卜辞中已有用例可循。如《合集》1086正:

丁巳卜,古贞:周以嫊。一
丁巳卜,古贞:以𡥪。一
周以嫊。一
贞:周弗以嫊。

这版卜辞先针对"以嫊"或"以𡥪"进行选卜,又围绕"周以嫊"展开正反对贞。其中的"嫊"字从女、从秦,与晚商妇名在族氏名号上添加"女"旁的现象完全相同,如"妇妌"之"妌"、"妇𥕛"之"𥕛"等,此"嫊"是指秦族之女,故该辞大意即是贞问"周"向商王室致送秦女之事。由此看来,武丁时期恐怕已有秦人分布于"周"的势力周边,无论这个"周"是指姬姓之周抑或妘姓之周,其方位均应优先考虑商之西土,亦即中潏所保"西垂"之范围。③ 尽管这支秦人并未在汾域直接留下"秦"的地名遗迹,但秦人先世

---

① 王国维在《秦都邑考》中便已指出:"西垂殆泛指西土,非一地之名。"参见王国维《观堂集林》卷12,第529页。王玉哲先生也认为,晚商"西垂"位于商王国西境的今山西地区。参见王玉哲《中华民族早期源流》,第277—287页。考古学证据同样表明,殷墟时期商文化与"石楼—绥德类型"等地方性考古学文化的分界线,基本维持在今山西灵石以南的汾水流域一线,汾水以西的晋陕交界地带则为商人敌对方国的势力范围。参见李伯谦《从灵石旌介商墓的发现看晋陕高原青铜文化的归属》,《中国青铜文化结构体系研究》,第167—184页;朱凤瀚《由殷墟出土北方式青铜器看商人与北方族群的联系》,《考古学报》2013年第1期。
② 《水经·汾水注》云:"(霍太山)上有飞廉墓。……周武王伐纣,兼杀恶来。飞廉先为纣使北方,还无所报,乃坛于霍太山而致命焉。"参见郦道元著,陈桥驿校证《水经注校证》卷6,第161页。
③ 过去人们往往默认殷墟卜辞之"周"就是姬姓周人,尽管学界对其族源存在"关中说"和"汾域说"之争,但无论孰说为是,均不影响"周以嫊"之"秦"位于殷西的基本认知。如陈梦家、夏含夷等先生主张姬姓周人在迁岐之前原居汾域,所以卜辞所见之周、秦故事亦发生在晋南地区。参见陈梦家《殷虚卜辞综述》,第291—293页;夏含夷《早期(转下页)

与晋南地区的密切联系则是无可置疑的。

海岱地区的"秦"为春秋鲁地。《春秋》庄公三十一年"筑台于秦",杜预注:"东平范县西北有秦亭。"《谭图》据以将该地标注于今河南范县东南。① 不过,考虑到此"秦"既为鲁地,且同年《经》云"筑台于郎"的"郎"亦为鲁南郊近邑,②然则杜注谓"秦"在范县"秦亭",似有去鲁稍远之嫌。另据《春秋》僖公三十一年记载,是岁鲁人分曹地而始取"济西田",即可表明春秋早期鲁境尚未扩展至济水西岸。③ 赵平安先生曾据小邾国墓地出土的秦妊铜器,并结合驫羌钟铭(《集成》157)"征秦、迮齐入长城"之辞,推断范县"秦亭"另有所指。④ 准此,庄公筑台之"秦"恐怕并非范县"秦亭",而很可能与同年"筑台于郎"一般,具体位置大概就在鲁国腹地,即今山东曲阜周边。

在清华简《系年》第三章中,出现了有关秦人西迁的记载,为廓清上述

(接上页)商周关系及其对武丁以后殷商王室势力范围的意义》,《温故知新录:商周文化史管见》,台北:稻禾出版社,1997年,第16页。董珊先生则力主卜辞之"周"为妘姓周(琱)族说,并认为妘周的早期势力范围在今周原一带。参见董珊《试论殷墟卜辞之"周"为金文中的妘姓之琱》,《中国国家博物馆刊》2013年第7期。今按:宾组卜辞中尚有"令周取巫于🚶"(《合集》8115)的记载,即是说遣令周人向"🚶"征取巫者,此"🚶"作为国族名和贵族首领名,显然具有标示方位的意义,但其地望范围一直很难落实。令人庆幸的是,绛县横水墓地M3250出土有一件🚶仲盉,据器形和铭文判断,当为西周早期晚段之器。参见山西省考古研究院、山西大学北方考古研究中心、运城市文物工作站、绛县文物局编著:《佣金集萃:山西绛县横水西周墓地出土青铜器》145,上海:上海古籍出版社,2021年,第596—600页。尽管以单件异属铜器作为随葬品,其流入途径存在多种可能性,但鉴于该墓葬和器物年代及墓主族属,并不符合考古所见周初"分器"墓的基本标准,所以上述🚶仲盉出自佣氏贵族墓地,大概率即来源于双方之间的赠赐或者馈赠。进一步说,倘若联系"戈""戌"等族之器见于横水佣氏墓地,而翼城大河口霸伯墓M1出土🚶(丙)父丁爵的情形来看,这种商系族氏铜器集中流入晋南佣、霸二氏的现象,无疑可以提供相应的指向,即暗示有关国族在地理空间上也许本就相去不远,故可以地缘关系为基础保持相互的密切往来。参见山西省考古研究院、山西大学北方考古研究中心、临汾市文物局、翼城县文物旅游局编著:《霸金集萃:山西翼城大河口西周墓地,土青铜器》030,上海:上海古籍出版社,2021年,第134—137页。

① 谭其骧主编:《中国历史地图集》第1册,第26—27页。
② 杨伯峻:《春秋左传注》(修订本),第248页。
③ 陈絜:《塑方鼎铭与周公东征路线初探》,李宗焜主编:《古文字与古代史》第4辑,第261—290页。
④ 赵平安:《山东秦国考》,《金文释读与文明探索》,第175—178页。需要说明的是,东江小邾国墓地出土器铭上既有"秦妊",又有"华妊"和"秦妊",三者皆是嫁到小邾的妊姓女子之称谓。而同一墓地盗掘出土的铜器尚有铸叔妊秦媵盘,有学者认为"秦妊"即此"叔妊秦",只是将女子私名置于女姓之前。这一意见很有道理,所以"秦妊"之称未必能够证明妊姓之秦的存在。参见谢明文《谈谈周代金文女子称谓研究中应该注意的几个问题》,清华大学出土文献研究与保护中心编,李学勤主编《出土文献》第10辑,上海:中西书局,2017年,第53—61页。

秦地的来历提供了重要线索,即:

> 成王屎伐商邑,杀录子耿,飞历(廉)东逃于商盖(奄)氏。成王伐商盖(奄),杀飞历(廉),西迁商盖(奄)之民于邾(朱)虘(圄),以御奴虘之戎,是秦之先。①

据简文所述,陇西地区的秦人最初来源于东方,其先世正是周初自商奄西迁的嬴姓居民。另一方面,《左传》定公四年则言伯禽"因商奄之民"而封鲁,商奄与鲁一兴一替,在地域上自然一脉相承。秦人之先既居商奄故地,而鲁庄公筑台之"秦"亦在曲阜附近,那么从名号、地望均相契合的角度来看,《春秋》所见鲁国境内的名"秦"之地,应该就是嬴秦先民的旧居所在。

(2) 京——京

古本《竹书纪年》:"晋武公元年,尚一军。芮人乘京,荀人、董伯皆叛。"②雷学淇已指出"乘"训为陵,有胜义,京是邑名。③ 可谓确诂。荀、董二国均为晋国邻邦,荀在今山西新绛县东北,董在今山西临猗县西北。④ 春秋早期的芮国则与前者隔黄河相望,在今陕西韩城市区东北,已为梁带村芮伯家族墓地的考古发现所证实。⑤ 那么,芮人自黄河西岸入侵京邑,以致荀人、董伯皆叛,可见京邑亦与河东的荀、董相近,其地望大致就在晋陕交界的今韩城、万荣一带。⑥ 此"京"的相关史迹,周代金文中亦有线索可循。《集成》743 著录有一件西周晚期的芮公簠,其铭文云:"芮公作铸京仲氏妇叔姬媵簠,其子子孙孙永宝用享。"上海博物馆所藏芮公簠(《集成》711)与前者基本同铭,区别仅在于妇名作"京氏妇叔姬",与"京仲氏妇叔姬"当系同人无疑。芮为姬姓,从时代来看应是指韩城之芮,而这一京氏与芮通婚,二者想必不会相去太远。马承源等先生指出,此即古本

---

① 清华大学出土文献研究与保护中心编,李学勤主编:《清华大学藏战国竹简》(贰),第 141 页。
② 方诗铭、王修龄:《古本竹书纪年辑证》(修订本),第 73 页。
③ 雷学淇:《竹书纪年义证》卷 29,第 447 页。
④ 谭其骧主编:《中国历史地图集》第 1 册,第 22—23 页。
⑤ 张天恩:《芮国史事与考古发现的局部整合》,《文物》2010 年第 6 期。
⑥ 徐中舒先生曾指出:"春秋之虞、芮、荀、董,皆在汉河东郡,京亦当在其间。"参见徐中舒《从古书中推测之殷周民族》,《徐中舒历史论文选辑》,北京:中华书局,1998 年,第 29 页。据最新报道,2020-2023 年陕西韩城陶渠遗址发现了高等级建筑区和大中型墓葬区,其中"甲字形"大墓 M16 出土 2 件铜戈,均有铭文"京"字,可初步判断春秋初年京邑亦在黄河西岸,即今韩城市芝阳镇陶渠遗址。

《纪年》"芮人乘京"之"京",与芮邻近。① 甚是。

海岱地区的"京"亦为国族名和地名。管见所及,出土地明确位于山东境内的"京"器,包括长清兴复河的晚商京鼎(《集成》1140)、济阳刘台子 M2 的西周早期京觯(《集成》6090)及潍坊市望留镇麓台村的东周齐兵京戈(《集成》10808),已足以为探寻东方京族和京地的范围提供了指向。美国克利夫兰艺术博物馆收藏有一件商代晚期铜卣,其铭文(《铭三》1086)作"齐京母"三字。参考时代相近的杞妇亚醜卣(《集成》5097)、商妇甗(《集成》867)、宋妇觚(《铭图》9778)诸铭的同类文例来看,"京母"应是京氏贵族妇女的自称形式,"齐"则是她所适夫家的族氏名号,故在作器时采用连缀方式加以标识。不难推想,晚商京、齐二族通过婚媾缔结政治关系,应是以二者密切的地缘联系作为前提。此外,《集成》11085 著录了一件春秋晚期的齐系铜戈,其胡部铸有铭文"京㢱八族戈"五字。② 与前者铭辞风格相近的例子,尚有郏左㢱戈(《集成》10969)、郲右㢱戈(《集成》10997)及成右㢱戈(《铭图》17065)等。其中的"㢱"字可读为库,即武库之义,所谓"京㢱"即齐国设于京地的武库。鉴于国族名、地名相合无间,这就足以印证上述"京"在东土的推论。

(3) 黄——黄

《左传》昭公元年载子产云:"台骀能业其官,宣汾、洮,障大泽,以处大原。帝用嘉之,封诸汾川,沈、姒、蓐、黄,实守其祀。今晋主汾而灭之矣。"杜预注:"四国,台骀之后。"据此可知,汾水流域有故国名"黄",乃台骀之后所封,地处"大原"附近,后为晋国所灭。

海岱地区的"黄"为东周齐国边邑。《春秋》宣公八年:"夏六月,公子遂如齐,至黄乃复。"江永指出,此"黄"当为自鲁适齐所由之地,并非黄县东南之古黄城。③ 所言至确。据《水经·瓻子河注》载,汉晋昌国县故城东南有"黄山""黄阜",乃时水支流所出,④地望大致在今山东淄博市南、淄川区东北一带,恰好位于齐、鲁之间的南北交通线上。然则《春秋》经传所见之"黄"即此,⑤无疑最为合适。

---

① 马承源主编:《商周青铜器铭文选》第 3 卷,第 348 页。
② 戈铭"京"字原释为"亳",今正。参见周波《说楚地出土文献中的"京州"与"京君"》,中国文化遗产研究院编:《出土文献研究》第 14 辑,上海:中西书局,2015 年,第 154—159 页;陈絜《卜辞京、鸿地望与先秦齐鲁交通》,《史学集刊》2016 年第 6 期。
③ 江永:《春秋地理考实》卷 2,《清经解》卷 253,第 2 册,第 241 页。
④ 郦道元著,陈桥驿校证:《水经注校证》卷 24,第 577 页。
⑤ 杨伯峻:《春秋左传注》(修订本),第 693 页。

（4）吕——吕

汾域之"吕"为春秋晋地，乃晋大夫吕甥采邑。《续汉书·郡国志》河东郡永安县条下："故彘，阳嘉二年更名。有霍大山。"刘昭注："《博物记》曰'有吕乡'，吕甥邑也。"① 地在今山西霍州市西南。②

海岱地区的"吕"为地名，见于西周早中期之际的纪侯貉子卣铭（《集成》5409），它作为周王外出巡狩途中的驻跸之所，同时又是王赏赐纪侯一事的发生地点，故与纪国相去不远，很可能就在今鲁北的淄、潍流域附近。

（5）箕——晜/纪

汾域之"箕"有二，均为春秋晋地。《春秋》僖公三十三年："晋人败狄于箕。"杜预注："太原阳邑县南有箕城。"地望在今山西太谷县以东。③ 江永反驳杜说，指出"白狄在西河，渡河而伐晋，箕地当近河"，并以《左传》成公十三年"入我河县，焚我箕、郜"的"箕"当之，在今山西蒲县附近。④ 所论甚有理据，应该可信。上述两处同名箕地的具体位置，《谭图》已有明确标注。⑤ 李学勤先生认为，太谷县境内的箕地乃是殷末箕子家族的封邑。⑥

周代东土封国有纪，与齐国同为姜姓，地望亦相毗邻，都城在今山东寿光市纪台镇一带。就铜器铭文所见，纪的国族名号一般作"己"或"晜"。然而就时代来看，作"己"者早在晚商阶段便已出现，应是纪的初文。⑦ 西周早期开始在"己"上增缀"其"旁作"晜"，殆是为了加强表音作用，两种字形遂通用无别，⑧直至西周晚期以后"晜"字逐渐占据主流。⑨ 按"晜""箕"二字均从其声，用为地名自可视作"异地同名"关系。

---

① 《后汉书·志》第19《郡国一》，第3398、3400页。
② 乐史著，王文楚等点校：《太平寰宇记》卷43，第905页。
③ 顾栋高著，吴树平、李解民点校：《春秋大事表》卷7，第809页。
④ 江永：《春秋地理考实》卷2，《清经解》卷253，第2册，第245页。
⑤ 谭其骧主编：《中国历史地图集》第1册，第22—23页。
⑥ 晏琬：《北京、辽宁出土铜器与周初的燕》，《考古》1975年第5期；李学勤：《小臣缶方鼎与箕子》，《殷都学刊》1985年第1期。
⑦ 如1983年在寿光益都侯城故址发现一批铭"己"青铜器，年代均在商代晚期，其族属当为纪。参见寿光县博物馆《山东寿光县新发现一批纪国铜器》，《文物》1985年第3期。
⑧ 西周中期己侯作姜縈簋（《集成》3772）、己侯貉子簋（《集成》3977）及西周晚期己侯钟（《集成》14）、己华父鼎（《集成》2418）诸器皆作"己"，而公貿鼎（《集成》2719）、繁簋（《集成》4146）、晜仲壶（《集成》6511）等器则写作"晜"。
⑨ 从文字学上讲，"晜"是一个从己、从其的双声符字，故与从其得声之字可通。如商金文中的族徽"亚其"和"亚晜"，所标识的对象正是同一族氏，适可为证。参见何景成《"亚矣"族铜器研究》，《古文字研究》第25辑，第148—155页。

(6) 唐——唐

汾域之"唐"为古国名,亦作地名。据《史记·晋世家》载,周成王即位之后,唐人作乱,周公灭之,成王遂封叔虞于唐,地在"河、汾之东"。① 这一唐国的名号,在古文字资料中常作"昜"或从"昜"之形。② 北赵晋侯墓地 M31 出土有一件文王玉环,上有刻铭 12 字,其辞作:

玟(文)王卜曰:我眔 𨉷(唐)人弘戋(践) 𢆍 人。③

"𨉷"字象三足带柱爵形器,即"斝"字初文,在此应读为"唐"。④ 不难想见,文王时期与周人联合伐"𢆍"的"唐",无疑是指分封叔虞之前的晋南唐国。而唐国故地古称"大夏",《史记·郑世家》子产曰:"迁实沈于大夏,主参,唐人是因,服事夏商。"服虔云:"大夏在汾、浍之间,主祀参星。"⑤准此,唐的地望可基本锁定在今临汾盆地一带。⑥

海岱地区的"唐"为春秋鲁地,一作"棠"。《春秋》隐公二年:"秋八月庚辰,公及戎盟于唐。"杜预注:"高平方与县北有武唐亭。"在今山东鱼台县境。

(7) 晋——鄂

汾域的"晋"为地名,兼作国名。叡公簋铭文(《铭图》4954)言:"叡公作斄姚簋,遘于王令昜伯侯于晋。"此"昜"即叔虞所封之唐,"昜伯"也就是叔虞之子晋侯燮父。朱凤瀚先生指出,该铭称燮父自唐徙封至晋地为侯,无疑说明西周晋都所在的"晋"并非叔虞始封的"唐",前者应在今曲沃、翼城二县交界的天马—曲村遗址。⑦

---

① 《史记》卷 39《晋世家》,第 1635 页。
② 孙亚冰:《昜国考》,《古文字研究》第 27 辑,第 42—48 页。
③ 山西省考古研究所、北京大学考古学系:《天马—曲村遗址北赵晋侯墓地第三次发掘》,《文物》1994 年第 8 期。学界针对"𢆍"字释读尚有不同意见,窃以为读"贾"之说似乎较优,"𢆍"可能是指汾水下游的贾,与故唐国相毗邻。
④ 李学勤:《文王玉环考》,《华学》第 1 辑,广州:中山大学出版社,1995 年;陈斯鹏:《唐叔虞方鼎铭文新解》,张光裕、黄德宽主编:《古文字学论稿》,第 180—191 页;李春桃:《从斗形爵的称谓谈到三足爵的命名》,"中研院"历史语言研究所集刊》第 89 本第 1 分,2018 年。
⑤ 《史记》卷 42《郑世家》,第 1773 页。
⑥ 李伯谦:《叡公簋与晋国早期历史若干问题的再认识》,《古代文明研究通讯》总第 33 期,2007 年。
⑦ 朱凤瀚:《叡公簋与唐伯侯于晋》,《考古》2007 年第 3 期。

《说文·邑部》"鄑"字条下："宋、鲁间地。从邑,晉声。"①是"鄑"从晉声,二字音近可通。海岱地区有两处名"鄑"之地。一为纪邑,《春秋》庄公元年:"齐师迁纪郱、鄑、郚。"杜预注:"北海都昌县西有訾城。"在今山东昌邑市西北。一如《说文》所举,地在宋、鲁之间。《春秋》庄公十一年:"夏五月戊寅,公败宋师于鄑。"杨伯峻先生云:"鄑音訾,又音晋。此鄑为鲁地。"②

(8) 翼——翼

春秋早期晋都名"翼",故晋侯又称为"翼侯"。《左传》隐公五年:"曲沃庄伯以郑人、邢人伐翼,王使尹氏、武氏助之,翼侯奔随。"杜预注:"翼,晋旧都,在平阳绛邑县东。"考虑到北赵晋侯墓地的下限已至春秋初年,恰好在时代上可与羊舌春秋早期晋侯墓地相衔接,所以晋都翼的位置当大致不出二者之间,最有可能仍在天马—曲村遗址一带。换言之,"翼"或即晋地在东周以后的更名。

春秋邾邑有"翼"。《左传》隐公元年:"邾子使私于公子豫,豫请往,公弗许。遂行,及邾人、郑人盟于翼。"在今山东费县西南。

(9) 洮——洮/桃

《左传》昭公元年载子产曰:"台骀能业其官,宣汾、洮,障大泽,以处大原。"杜预注:"汾、洮,二水名。"《续汉书·郡国志》河东郡闻喜县条下:"有洮水。"③《水经·涑水注》:"涑水所出,俗谓之华谷,至周阳与洮水合。"④是谓洮、涑二水在周阳邑(今绛县西南)附近交汇,合流之后统称涑水。而《左传》言"宣汾、洮"者,则是洮、涑二水"互受通称",故以支流洮水之名兼指涑水。

山东境内名"洮"之地有二,均为春秋鲁邑。《春秋》庄公二十七年:"公会杞伯姬于洮。"杜预注:"洮,鲁地"。又《左传》襄公十七年:"齐侯伐我北鄙,围桃。"此"桃",《公羊》作"洮"。杜预注:"弁县东南有桃虚。"江永认为,《左传》既言齐师伐鲁北鄙,而汉晋弁县在今泗水县东,地处鲁国东境,于方位多有不合。他指出,汶上县东北四十里有汉桃乡县故城,应是鲁国北鄙之桃邑所在。⑤ 氏说可从。至于《春秋》庄公二十七年之

---

① 许慎:《说文解字》卷6下,第135页。
② 杨伯峻:《春秋左传注》(修订本),第185页。
③ 《后汉书·志》第19《郡国一》,第3398页。
④ 郦道元著,陈桥驿校证:《水经注校证》卷6,第167页。
⑤ 江永:《春秋地理考实》卷3,《清经解》卷254,第249页。

"洮",《谭图》标注在今宁阳县东北,①亦较弁县东南说为佳。

(10) 栎——泺

晋南之"栎"为东周晋地。《史记·晋世家》载晋悼公十一年,"冬,秦取我栎"。索隐引《春秋释例》曰:"在河北。"②可知"栎"在河东边秦之地。《国语·晋语四》:"及文子成晋、荆之盟,丰兄弟之国,使无有间隙,是以受郫、栎。"韦昭注:"郫、栎,晋二邑。"③此以"郫""栎"连言,是知二地必然邻近。"郫"即《左传》成公六年"必居郫、瑕氏之地"者,在今山西临猗县南的涑水沿线。《谭图》将"栎"标注于涑水下游的今山西永济市境内,④适与郫地相去不远,当可信从。

《春秋》桓公十八年:"公会齐侯于泺。"杜预注:"泺,水。在济南历城县西北,入济。"又《水经·济水注》:"泺水又北流注于济,谓之泺口也。"⑤杨伯峻先生云:"泺音洛,今山东省济南市西北之洛口。"⑥战国时期为齐之历下邑。

(11) 稷——稷

春秋晋地有"稷"。《左传》宣公十五年:"晋侯治兵于稷,以略狄土,立黎侯而还。"《续汉书·郡国志》河东郡闻喜县条下有"稷山亭",注云:"县西五十里。《左传》曰:'宣十五年晋侯治兵于稷。'"⑦在今山西稷山县南。

《左传》昭公十年记载齐国内乱,"五月庚辰,战于稷,栾、高败,又败诸庄。国人追之,又败诸鹿门"。杜预注:"稷,地名。六国时齐有稷下馆。""稷下"在齐都临淄稷门附近,《左传》昭公二十二年"莒子如齐莅盟,盟于稷门之外"即此,在今淄博市临淄区西北。

(12) 瑕——瑕丘/负瑕

《左传》文公十二年载秦师"复侵晋","入瑕"。"瑕"为晋地。根据先前晋卿臾骈"薄诸河"的建议,可知秦、晋对峙发生于河东地区,故此"瑕"当指《左传》成公六年"郫、瑕"之"瑕",在今山西临猗县西南一带。

山东境内亦有地名"瑕丘"。《史记·樊郦滕灌列传》载樊哙从高祖

---

① 谭其骧主编:《中国历史地图集》第1册,第26—27页。
② 《史记》卷39《晋世家》,第1683页。
③ 《国语》卷14《晋语八》,第459页。
④ 谭其骧主编:《中国历史地图集》第1册,第22—23页。
⑤ 郦道元著,陈桥驿校证:《水经注校证》卷8,第210页。
⑥ 杨伯峻:《春秋左传注》(修订本),第151页。
⑦ 《后汉书·志》第19《郡国一》,第3400页。

东征项羽,"攻邹、鲁、瑕丘、薛"。① 此"瑕丘"为《汉书·地理志》山阳郡属县,秦属薛郡,东周以前则为鲁地,即《左传》哀公七年之"负瑕",在今山东兖州市一带。

(13) 先——姺/莘

春秋晋国世族有先氏,如先丹木后裔先轸、先且居、先克等,累世担任晋卿之职,显赫一时。《国语·晋语四》:"胥、籍、狐、箕、栾、郤、柏、先、羊舌、董、韩,实掌近官。"可见先氏属于晋之旧宗,只是族姓尚不甚明确,一说姬姓,为晋国公室的疏属别支;或谓"先、范同祖",则系唐人后裔。但无论如何,先氏作为"以地为氏"的类型,表明汾水流域当有同名地名与之对应,而最关键的线索自属山西浮山县桥北商周墓地。该墓地自 1998 年以后陆续被盗,2003 年,当地考古部门对涉及的 5 座大型墓和 9 座中型墓进行了清理发掘,并未再发现青铜器。② 在公安机关追缴的 7 件出土铜器中,4 件铜瓿的圈足内部及 1 件铜方罍的两耳下部都铸有族氏铭文"㚔",应释作"先"。③ 崎川隆先生后来对桥北墓地出土及公私收藏的 14 件"先"器加以综合分析,指出这批铜器的年代属于殷墟文化二期晚段,即大致相当于武丁晚期。④ 如是,上述器铭便与宾组卜辞所见先族活动的时代背景相吻合,足以证实晚商先族的根据地当在晋南桥北一带,至于晋国先氏与前者是否一脉相承,则尚待进一步确认。

《左传》昭公元年云"商有姺、邳",杜预注:"二国,商诸侯。""姺"亦作"莘"或"侁",即商代之有莘氏。就其地望而言,后世学者或以为即今山东曹县西北的"莘仲集",或指在今河南兰考县附近的"故莘城",未必可靠。根据《左传》僖公二十八年"有莘之虚"密迩"城濮"的情形来看,莘(姺)氏故地当在濮、济二水之间,即今山东鄄城西南一带。

2. 殷墟甲骨刻辞所见关联"地名组群"的讨论

熟悉商代地理的学者都知道,甲骨文地名体系的建立与方位考订,主

---

① 《史记》卷 95《樊郦滕灌列传》,第 2655 页。
② 桥北考古队:《山西浮山桥北商周墓》,北京大学中国考古学研究中心、北京大学震旦古代文明研究中心编:《古代文明》第 5 卷,北京:文物出版社,2006 年,第 347—394 页。
③ 田建文、李俊峰:《山西桥北墓地"先"字铭文》,《古代文明研究通讯》第 36 期,第 12—16 页。罗琨先生原将该字隶释为"失",后据整理者发表的清晰器铭照片,同意整理者释"先"的意见。参见罗琨《殷墟卜辞中的"先"与"失"》,《古文字研究》第 26 辑,北京:中华书局,2006 年,第 52—57 页;罗琨《读〈山西桥北墓地"先"字铭文〉》,《古代文明研究通讯》第 37 期,第 22—32 页。
④ 崎川隆:《先族铜器群初探》,《饶宗颐国学院院刊》创刊号,香港:中华书局,2014 年,第 197—223 页。

要是依靠地名的整体系联及其中具有定点意义的若干地理坐标之确定，而征人方战争的经由路线与商王田猎区的核心方位，则是复原整个晚商地理框架的肯綮所在。上述一系列问题长期为学术界所重视，相关研究成果亦颇为丰硕，但迄今形成的基本认识尚有明显分歧。就田猎地名的整体方位而言，大体包括"沁阳说""东方说"和"殷都周边说"三种观点；至于征人方战争的地域范围，则同样存在"东南说""西方说"和"东方说"的对立，兹作简要述评如次。

"沁阳田猎区"学说肇端于郭沫若《卜辞通纂》，后在陈梦家《殷虚卜辞综述》中最终成型。郭先生吸收王国维所考订的部分卜辞地名，并借助卜辞文例进行系联，从而建立了以所谓"衣"地为中心的地名群，由此形成"沁阳田猎区"的基本框架。陈先生则在郭氏的基础上，进一步扩大了"沁阳田猎区"的范围，并将帝辛征人方战争的起始点"大邑商"推定于此。

"东方说"是董作宾先生在《殷历谱》一书中系统提出的。董氏利用干支系联的方法，通过历谱的复原将众多卜辞地名的空间距离呈现出来，继而得出商王"田猎区"是在殷都以东的泰山、蒙山及峄山之间，这一结论后来得到岛邦男、钟柏生等学者的支持。

"殷都周边说"是松丸道雄先生在改进既有研究方法的基础上提出的。松丸氏通过细致考察田猎卜辞文例与诹日特征，主张商王田猎乃是一种"当日往返"的活动，所以众多田猎地应当分布在以殷墟为中心，约二十公里为半径的区域内。尽管松丸氏后来对殷墟地望的认识又有局部修正，[①]但田猎地位于殷都周边的基本结论并无改变。另外，郑杰祥先生通过同版和干支系联，推定商王田猎地主要分布于今河南濮阳及新乡以东至山东西部边缘地带，并提出"濮阳田猎区"的概念。[②] 当然，氏说在论证方面与松丸存在诸多差异，只是二者的结论就地理方位而言较为接近，故暂且归入"殷都周边说"。

征人方战争的路线和时空背景，同样是利用系联方法、依靠若干坐标点进行复原的。相较于长期占据主流地位的"东南说"，董作宾先生早在《甲骨文断代研究例》中，便已提出"殷之东方，可征为征人方必至之地"的观点，此即"东方说"之滥觞。至于"东南说"的缘起，实际是郭沫若先

[①] 松丸道雄：《再论殷墟卜辞中的田猎地问题》，吴荣曾主编：《尽心集——张政烺先生八十庆寿论文集》，第45—56页。

[②] 郑杰祥：《商代地理概论》，第79—156页。

生注意到征人方所至之地"有在淮河流域者",继而提出"殷代之尸方,乃合山东之岛夷与淮夷而言"。①董先生后来在《殷历谱》中,接受了郭氏的上述意见,乃将征人方战争的部分行程排定在淮河以南,从而造成了有关地理背景的扩大。此后经过陈梦家、岛邦男、陈秉新等学者的不断充实和修订,②"东南说"迄今已成为内部系联紧凑、信息较为丰富的学术体系,影响力不言而喻。其中具有定点意义的地名,主要包括"商""亳""杞""淮"和"人方("夷方")"等。研究者基于"商"在商丘、"亳"在梁国谷熟(一说在今亳州)、"杞"在杞县及"淮"为淮水的认识,往往将"人方"与后世的淮夷相联系。这样,即便诸家针对部分地名或局部线路的处理并不一致,但征人方所途经的主体区域均只能位于殷都东南方向,大致以今豫鲁皖苏四省交界地带为中心。③

"西方说"原是李学勤先生在《殷代地理简论》一书中系统提出的,但作者后来重新审视"夷方"名号及其与东夷的关系,又将征人方所涉及的"索""杞""攸""溏""淮"等地名,分别安排在今山东境内的兖州、新泰、莱芜、临淄及潍水流域,从而奠定"东方说"的基础,这反映了李先生晚年学术思想的转变。④与此持论相近的代表作,尚有王恩田先生《人方位置与征人方路线新证》一文。

实际上,关于晚商田猎区与征人方路线问题,根据研究者所排谱表即可发现彼此的客观联系,即:田猎地名与征战途经地名每每重叠,所以二者理应合而观之。⑤近年来,陈絜先生通过卜辞系联和"地名群"的整体考察方法,一面确定有关地名体系的基本方位,同时根据"重名地名群"的并见原则,以寻找田猎卜辞、卜旬卜辞、卜夕卜辞及王步卜辞之间的史事与空间联系,遂在"泰山田猎区"的基础上构建出晚商东土地理的整体框

---

① 郭沫若:《卜辞通纂》,《郭沫若全集·考古编》第2卷,科学出版社,1983年,第462页。
② 陈秉新、李立芳:《出土夷族史料辑考》,安徽:安徽大学出版社,2005年。
③ 参见孙亚冰、林欢《商代地理与方国》,第376—386页。需要指出的是,丁骕先生在《重订帝辛征人方日谱》一文中,不仅提出对"董谱"的修订方案,其结论仍将人方定在淮河流域,同时也提出了人方在山东境内的另一方案。参见丁骕《重订帝辛征人方日谱》,《董作宾先生逝世十四周年纪念刊》,台北:艺文印书馆,1978年。但作者后来又重申前说,并将后说否定。参见丁骕《夏商史研究》,台北:艺文印书馆,1993年,第378—385页。
④ 李学勤:《夏商周与山东》,《烟台大学学报》(哲学社会科学版)2002年第3期;李学勤:《重论夷方》,《当代学者自选文库·李学勤卷》,合肥:安徽教育出版社,1999年,第90—96页;李学勤:《商代夷方的名号和地望》,《中国史研究》2006年第4期;李学勤:《帝辛征夷方卜辞的扩大》,《中国史研究》2008年第1期。
⑤ 钟柏生:《殷商卜辞地理研究》,第13页。

架。这一体系就方法而言具有进步性,在结论方面也较为妥善地处理了"东方说"和"东南说"相互对立的问题,所以本书在晚商田猎区和征人方地理的安排上,总体即以此说作为参考。

需要指出的是,部分田猎地名和征人方所涉地名亦与卜辞诸邦方存在重名关系,如"召"与"召(刀)方"、"羌"与"羌方"、"歔"与"歔方"等;而另一方面,与"舌方""土方"发生接触的"沚戜""望乘""帛""龚"等贵族个体及其家族成员,又往往具有在东土地区活动的文字线索或留下相应的考古遗迹。针对上述现象,目前来说有两种处理办法可供选择,相对自然的途径,就是将同称的方国、部族名与地名的所指对象视作相同实体,做一个"先叠加、后省并"的工作,然后按照通行的系联原则来建立地名群。这样处理的结果,即商王田猎区、征人方途经地和诸邦方基本处于同一方位或地域,倘若进一步扩大系联对象,则殷墟甲骨刻辞所见的大部分国族名、地名恐怕亦无例外。平心而论,上述研究过程本身十分符合"证明"的基本逻辑,但最终结论仍有若干问题不易解释,尤其是众多的商人服属国族和敌对邦方并处一域,欲妥善安排彼此的具体空间关系,似乎尚有一定的难度,下面我们不妨试作推演和验证。首先,武丁时期的卜辞有如下记载:

1. 沚戜告曰:土方征于我东鄙[田,戋]二邑。舌方亦侵我西鄙田。
   (《合集》6057,宾)
2. 癸丑卜,争贞:龚及舌方。   (《合集》6341,宾)
3. 戊寅卜,宾贞:今秋舌其围缶。   (《合集》6352,宾)
4. 辛未卜:伯或称册,唯丁自征邵。
   辛未卜:丁弗其比伯或伐邵。   (《花东》449,子卜辞)
5. 壬申卜:御召于缶。   (《合集》33030,历)

基于一般对同版、同辞关系的理解,可据例2、3认为舌方与龚、缶相近,可由例5认为召、缶比邻,而缶方又在黄组卜辞中与羌方、羞方、歔方合称为"四邦方",受到商王所率侯、田的征伐(《合集》36528反),说明诸邦方定然相互密迩。"伯或"又名"沚或"(《屯南》81),或即宾组卜辞常见的"沚戜",[①]而例4既言"伯或"会同商王征伐召方,故沚族的势力范围理应接近后者。

---

① 李学勤:《论"妇好"墓的年代及有关问题》,《文物》1977年第11期;裘锡圭:《论"历组卜辞"的时代》,《裘锡圭学术文集》第1卷,第109页。

例1称舌方、土方分别侵扰"沚䩂"领地的西鄙和东鄙,则舌方、土方与沚地的相对关系自当分处西、东。此即代表了过去学界较为通行的看法。

其次,在系联结论的基础上,明确具有定点作用的坐标。我们知道,晚商巢族铜器的集中出土地主要包括安阳殷墟、济南长清①和费县,②除殷墟之外,其余均在山东境内,故不少学者主张巢是具有东方背景的商系强族,其根据地就分别位于长清、费县二地。值得注意的是,费县所出巢器共计28件,其中绝大部分均带有"巢䩂"字样的铭文,这种稳定的复合关系足以表明,"巢䩂"应是巢族成员徙居䩂地形成的分支族氏,然则晚商䩂地的位置自可初步推定在费县一带。第二,正如田猎卜辞所示,召地与丧、盂、宫等地作为商王卜选的田游之所,彼此经常同版并见;③另据"泰山田猎区"学说的系联和考证可知,盂地位于泰山东南的"龟阴之田"一带,丧地大致在今章丘东南,所以召地的范围最有可能就在今莱芜东北的淄、汶源头附近。那么,若将召地与召(刀)方视同为一,则召(刀)方亦然。准此,综合以上两个支点及系联结论,我们可将各地的方位关系在地图上试作标示(图6.2):

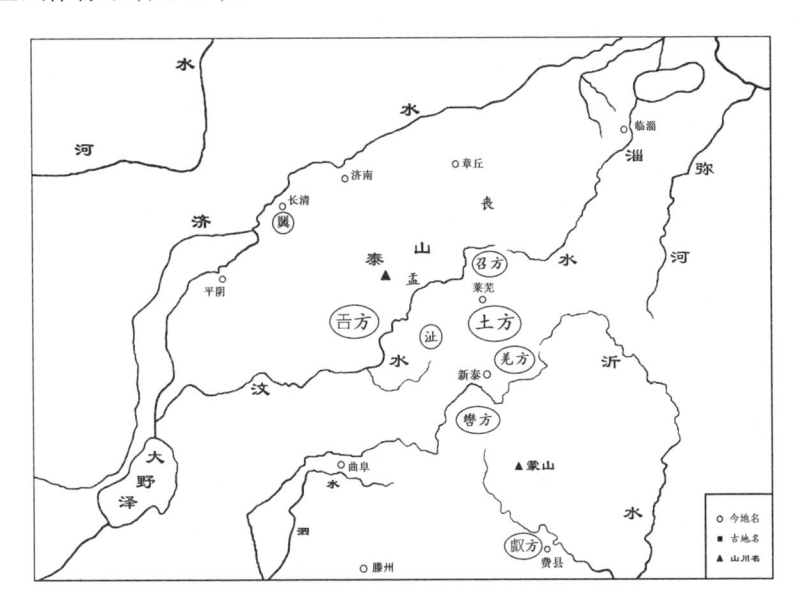

图6.2 武丁卜辞若干地名的系联及方位关系拟构示意图

---

① 山东省博物馆:《山东长清出土的青铜器》,《文物》1964年第4期。
② 程长新、曲得龙、姜东方:《北京拣选一组二十八件商代带铭铜器》,《文物》1982年第9期。
③ 如《合集》36640、36663诸版卜辞。

如上图所示,若欲同时满足巢——舌方、舌方——䅹、舌方——沚、沚——召方、召方——䅹等五组地名皆相邻近的基本前提,那么舌方和䅹地范围的最优选,显然应在汶水上游周边的鲁中山地一带。一旦偏离上述特定区域,则商人与诸邦方的互相攻伐,难免要跨涉较多其他国族的领地,显得不合情理。而另一方面,鉴于䅹方和叡方等并称"四邦方"的记载,䅹地位置的安排无疑要结合叡方的地望加以考虑,大体当以沂蒙山南麓至祊河一线为中心的鲁东南地区为宜,但这样就与舌方、召方近䅹的系联结论产生了矛盾,二者似难调和。此外,据《合集》33030"御召于䅹"可知,彼时䅹地恰好处在商人抵御召方入侵的前沿,这也就意味着,二者相去商王国的控制区域应有远近之别。那么,从殷墟时期商文化在东方渐次扩张的整体进程来看,如召方坐落于鲁中山地,䅹地的方位则安排在鲁西、鲁北等地较为合适。毕竟我们很难推想,设若商王一众已将势力范围长驱推进至鲁东南地区,却还要面对召方等敌对部族来自背后的袭扰。以上所论,仅是利用武丁卜辞对舌方、土方及䅹方、叡方并在东土的可能性进行初步评估。若联系田猎卜辞和征人方卜辞合而观之,人方集团的诸邦伯及众多田猎地名同样也需要安排在以泰沂山脉为中心的范围内,那么不同时代的众多方国、部族及据点便会产生较高的空间重叠度,区域内部势必显得较为拥挤,相互之间的方位关系恐怕也会更加不易拟定。

有鉴于此,我们拟采取另一种处理方案,即不妨将诸邦方与商王田猎地重名者视作"异地同名"关系,也就是说,"召"与"召(刁)方"、"羌"与"羌方"、"叡"与"叡方"所指均非同一地理实体,那么彼此的地望自可不必局限于同一区域。不难看出,上述思路本身更侧重"解释"而有别于"证明",与前一种学说体系的差异主要在于切入点和解决路径,仅是提供另一种认知角度以供考虑和商榷,并不意味着孰是孰非之分。需要强调的是,正是因为"异地同名"论实质上扩大了甲骨刻辞所载史事的地理背景,从而为利用系联结论来安排地名间的方位关系,提供了相对宽松的空间,这就要求我们在研究过程中坚持相对保守的原则,即将纯粹的卜辞地名系联和有铭铜器的出土地置于优先地位,只有在族名所反映的人群活动线索与地名所处方位相一致的前提下,方可认定有关人群的活动与其族居地是位于同一区域的。① 毕竟,类似"五族戍"这般受中央权力支配而脱离自身族居地的人群流动,其普遍性恐怕不宜低估;而一族一邑的

---

① 关于系联要素和文例的筛选标准,详参本书绪论第三节,此不赘述。

"族邑"形态和若干族氏集中聚居的"大邑"形态，①在当时很可能也是并行不悖的，所以人名、族名背后的空间轨迹，未必都能代表同名地理实体的位置。否则，若从不同方位的"坐标系"出发，分别进行相对宽泛的系联工作，难免会人为造成过多的"异地同名"样本。

在笔者看来，诸邦方之中最具有确定方位意义的对象首推召方。召方之名见于宾组、历组和花东子卜辞，其名号或作"刀"（《合集》33035）、"邵"（《花东》275），所指实一，②为方便称引，下文统一写作"召"。据卜辞记载，召方与商人基本保持敌对的关系，如《屯南》1049：

癸丑贞：召［方］立，唯戎于西。
己未贞：王令遘（？）……于西土，亡灾。

该辞言召方兴师，作戎于"西"，又说商王遣人乘传前赴"西土"，足见召方的活动地域可通过"西土"加以定位。需要说明的是，甲骨刻辞中的"西"字含义有二，一是用作方位词，此种最为常见；另外亦可用作专称，以特指某一国族或地理实体，如"西邑"（《合集》6156 正）、"西子"（《合集》25169）。就卜辞所见，"西邑"不仅和"黄尹"一并作为商人出祭的对象（《合集》7865），而且能够作祟害王（《合集》7864 正），说明它很可能是一个具有人神化特征的政治地理客体。③ 而"西方"一词或作专名，其情形约略近于"西邑"，如：

1. ……唯西方蚩我。　　　　　　　　　　（《合集》33094，历）
2. ……酉贞：王叀西方征。　　　　　　　（《合集》33093，历）

不过，卜辞中也有部分"西方"与其余诸方同版并贞，具体事类往往围绕祈求年成展开，言"西土"者亦然。根据同版内容和同类文例，可以判断

---

① 除安阳殷墟遗址之外，像济南大辛庄、滕州前掌大、龙口归城这样规模较大、发展程度较高的区域性中心聚落，其内部的人群构成大概也比较复杂，至少从出土族氏铭文的多元性即可窥见一斑，暗示出当时可能有不同血缘背景的人群聚居于此，这样便与卜辞"五族戍"所反映的多族联合驻守的史实形成呼应。因此，窃以为针对晚商西周地缘因素的发展水平及国家形态问题，也许有必要重新认识和加以评估。
② 李学勤：《殷代地理简论》，第 83 页；陈剑：《说花园庄东地甲骨卜辞中的"丁"——附：释"速"》，《故宫博物院院刊》2004 年第 4 期。
③ 有学者已将"西邑"与清华简中出现的"西邑夏"相联系，认为卜辞"西邑"即是指夏，或是作为夏王国亡灵的代称。参见李学勤《清华简与〈尚书〉〈逸周书〉的研究》，《史学史研究》2011 年第 2 期；蔡哲茂《夏王朝存在新证——说殷卜辞的"西邑"》，《中国文化》第 44 期，2016 年 10 月秋季号，第 47—51 页。

"西"为方位词,"西方""西土"均系泛称而非专称。如:

1. 辛亥卜,丙贞:禘于北方曰勹,风曰㚔,㞢[年]。
   辛亥卜,丙贞:禘于南方曰髟,风夷,㞢年。
   贞:禘于东方曰析,风曰劦,㞢年。
   贞:禘于西方曰彝,风曰㐭,㞢年。　　　(《合集》14295,宾)
2. 贞:西土受年。
   贞:西土不其受年。　　　　　　　　　(《合集》9741 正,宾)
3. 己巳王卜,贞:[今]岁商受[年]。王占曰:吉。
   东土受年。
   南土受年。吉。
   西土受年。吉。
   北土受年。吉。　　　　　　　　　　　(《合集》36975,黄)

例 3 以"商"与包括"西土"在内的"四土"并卜,可知诸对象之间应当具有等质性,"西土"是相对于"商",即商人核心区域而言的概念,此指商王国西部边域之领土。按同时期卜辞尚有"小臣醜其作圈于东对"(《合集》36419)的记载,所谓"东对"犹言"东封",亦即东方的封疆,出土"亚醜"铜器的苏埠屯商墓无疑正处在这一范围内。考虑到"西土"适与"东对"对文成辞,所以前者具体到地理版图上,大致即相当于殷都以西的太行山脉南段至晋陕交界地带。而卜辞既称召方作戎于"西土",则召方的势力范围或可初步考虑在今山西南部周边。①

《春秋》成公十六年载:"九月,晋人执季孙行父,舍之于苕丘。"②此"苕丘"者,杜预仅言"晋地",未详所在。据《传》文所云,彼时鲁国君臣正随晋师伐郑,晋人听从叔孙侨如的谗言而扣押季文子,囚之于"苕丘";待到子叔声伯赴晋求成,季孙得以获释,复与郤犨在今河南原阳县以西的扈地结盟。结合事件前后涉及的地点推测,晋人囚禁季氏之所,最有可能就位于联军伐郑的后方,大致即今山西东南部至晋"南阳"之地一带,而上述

---

① 关于召方的位置,学界通常认为是在殷都以西,但具体观点犹有差异。陈梦家先生因将召方误释为"黎方",乃定其地望为晋南黎国。参见陈梦家《殷虚卜辞综述》,第 285—287 页。岛邦男氏认为,召方之地可能与周代召公的采邑"召城"有关,在今陕西宝鸡境内。参见岛邦男著,濮茅左、顾伟良译《殷墟卜辞研究》,第 777—778 页。孙亚冰、林欢女士主张在今山西中部地区。参见孙亚冰、林欢《商代地理与方国》,第 283 页。
② 《公羊传》作"招丘","苕""招"并从召声,自可相通无碍。

区域恰好与晚商"西土"的范围相合,那么晋地"莒丘"无疑可作为比定"召方"地望的关键线索。如前所述,《合集》33030称商人在"礬"抵御召方入侵,而《合集》6352则提到舌方也曾围攻礬地,这两次事件的时代背景相近,表明礬地大概是武丁时期边域守备的一个门户。无独有偶,宾组卜辞中还有舌方活动于"西土"的明确记载,即:

  贞:使人于沚。
  贞:舌方弗󰀀西土。
  贞:使人于沚。
  [贞]:舌[方]其󰀀西土。   (《合集》6357)

"󰀀"字,象以手在室内探取之形,当为"探"之本字,表示袭击之义。① 商王卜问舌方是否会进犯"西土",可知舌方的活动地域同样位于殷都以西,这跟前揭舌方——礬——召方的空间关系是吻合的。从本版占卜事项的顺序来看,"使人于沚"和舌方入侵"西土"很可能存在前后逻辑关系,说明商王向沚地增派人力,正是出于应对边域军事活动的考虑。若然,则《合集》6057所见舌方、土方攻击的"沚馘"领地,应即相当于这里的沚地,②贵族个体名号、族氏名号与地名所指的地理实体是一致的,其方位大体处于舌方东南和土方西南,故二者侵沚的具体区域犹有不同。

需要说明的是,以往学者或据验辞"允有来艰自西"而推定沚在殷西,这一判断的理由其实并不充分。鉴于《合集》13362与记载舌方、土方侵边的《合集》6057、《合集》584、《合集》137诸版卜辞,在占卜事类、验辞及干支等方面均有密切关联,故可认定它们属于武丁之世的同时占卜之物。③ 不过,由《合集》13362正辞末所记"五月在敦"来看,彼时商王的驻跸地点实际在敦,那么所谓"来艰自西""来艰自北",自是相对于敦地而言,并非过去一般认为是以殷都作为参照的。④ 按宾组卜辞屡言商王"去

---

① 刘钊:《卜辞所见殷代的军事活动》,《古文字研究》第16辑,北京:中华书局,1986年,第112—113页。
② 另据《合集》9572"王往逐󰀀于沚",可知武丁曾经亲赴沚地逐猎。
③ 朱凤瀚:《武丁时期商王国北部与西北部之边患与政治地理——再读有关边患的武丁大版牛胛骨卜辞》,中国国家博物馆编:《中国国家博物馆馆藏文物研究丛书:甲骨卷》,第269—281页。
④ 陈絜先生已提出,战事发生之际,商王方盘游于敦、宜、唐等地。参见陈絜《作册旂组器中的地理问题与昭王边域经营策略》,《南方文物》2019年第3期。需要说明的是,过去学界一般将敦视作"沁阳田猎区"范围内的重要地点,参见陈梦家《殷虚卜辞综述》,第259页。

束于敦",①暗示敦、束二地很可能相去不远;在无名组卜辞中,尚有逐猎束地以西之麋和"王其田鸡"同版并卜的记录(《合集》29031),而"鸡"可对应《春秋》桓公十七年齐、鲁边邑之奚,大致就在泰山南麓、汶水以北一带,②这无疑有助于廓清敦地的基本方位。另一方面,敦又是卜辞常见的商王田游之所,与曹、盂及唐(黎)、羌等地都相去不远,③尤与枭(䚦)地的关系颇为密切,如:

1. 贞:乎鸣比戉史(使)戚。
   贞:勿乎鸣比戉。
   贞:于枭京。
   贞:于敦。　　　　　　　　　　　　　(《合集》4723,宾)

2. 在敦卜。
   于之。
   在枭京卜。
   兹用。　　　　　　　　　　　　　　　(《屯南》2305,历)

3. 于䚦,亡灾。
   不雨。
   其雨。
   辛未卜,翌日壬王其逊于敦,亡灾。
   于梌,亡灾。　　　　　　　　　　　　(《合集》28917,无名)

4. ……卜,在䚦[贞:王]今夕亡𡆥。[在]十月又二。
   ……卜,在敦[贞]:王今夕亡𡆥。　　　(《合集》36578,黄)

"枭"字从木、从由,或释为"柚",④或释作"粤蘽"之"粤",⑤可从。按"寻"为侵部字,与幽部的"由"存在较为严格的对转关系,所以"䚦"不妨

---

① 参见《合集》5127、5128、7861诸辞。
② 陈絜:《"鸡麓"地望与卜辞东土地理新坐标》,《古代文明》2017年第1期。
③ 参见《合集》37746、37403、37421诸辞。
④ 王子杨:《甲骨文字形类组差异现象研究》,上海:中西书局,2013年,第287—307页。此外,也有学者将"枭"释为"未(昧)"字,认为"未(昧)"可对应传世文献中的妹地或沬邑。参见郑杰祥《商代地理概论》,第30—33页;晁福林《殷卜辞所见"未(沬)"地考》,《中国史研究》2019年第2期。
⑤ 田秋棉、陈絜:《商周䚦、寻、谭诸地的纠葛及相关历史问题之检讨》,《史学集刊》2021年第1期。

视作在"宋"上加注"寻"旁而产生的一个双声符字,其音读及所指对象均与"宋"字无别。"宋"又称"宋京"者,是指宋地范围内的高丘地貌或高台类建筑,毋庸赘言。至于宋（鄩）、敦二地反复同版出现,无疑表明它们是相互邻近的,而在此可以起到定点作用的地名是"栐":

1. 辛丑卜,翌[日壬王其巡]于覃,亡灾。
   于栐,亡灾。
   于鄩,亡灾。　　　　　　　　　　　　　　（《合集》28922,无名）

2. 于栐,亡灾。
   于鄩,亡灾。　　　　　　　　　　　　　　（《合集》28941,无名）

3. 于栐,亡灾。引吉。
   于鄩,亡灾。吉。
   不雨。吉。
   其雨。吉。　　　　　　　　　　　　　　　（《屯南》2181,无名）

上揭三组卜辞中,商王都是在某一驻跸地分别贞问前往他地田猎是否顺利,由文例可知,栐、鄩二地显然均分布在占卜地周边不远,否则同版卜选便失去了实际意义。而前引《合集》28917 更以栐、鄩、敦三地并卜,无疑同样符合这一情况。其中,栐地即商末四祀邲其卣铭(《集成》5413)"王在栐"之"栐",或可对应周初太保簋铭(《集成》4140)之"余土"及清华简《系年》的"句俞之门",①因而它不仅要坐落于东周齐长城的沿线,同时还应尽可能接近"梁山七器"的出土地,那么结合上述方位关系判断,泰山以西的今山东长清至肥城一带,恐怕就是卜辞栐地所在的最优选。循此来看,鄩、敦二地的位置大体也应相对偏近鲁西地区为宜。另外,宋地又见于花东子卜辞,它与"商""河"的空间关系值得注意:

丁卜,在宋：其东獸(狩)。
丁卜：其二。
不其獸(狩),入商。在宋。
丁卜：其涉河獸(狩)。

---

① 陈絜：《"梁山七器"与周代巡狩之制》,《汉学研究》第34卷第1期,2016年。

丁卜：不獸（狩）。
其涿河獸（狩），至于󰀀（粪）。
不其獸（狩）。

这版卜辞在内容上可以分为三组。其中，首先贞问的事项为：究竟是自枼地东行狩猎，抑或不狩猎而进入"商"；其余两组也是围绕田猎活动进行占卜，一曰"涉河"，一曰"涿河"而"至于粪"，即采取的出猎路线有所不同。

由于学者多将这里的"河"理解为黄河，加之"󰀀"往往又被误释作淇水之淇，① 则很容易将"枼"的方位定在殷墟以东的黄河故道附近，但这样未免有悖于枼地和众多"泰山田猎区"地点之间的紧密联系。事实上，早期文献所见的"河"虽为黄河的专称，但既可以指黄河主泓道，亦可指那些曾为黄河及其岔流所侵夺的水道，即黄河下游在不断摆动中形成的若干故道。② 按《禹贡》在"兖州"下云："九河既道，雷夏既泽，灉、沮会同。"又曰："浮于济、漯，达于河。"这里提到的"九河"，显然是指兖州境内众多的黄河分流支津，它们基本都分布于今豫东北至鲁西地区之间。如按史念海先生说，济水也曾作为黄河下游的重要支津，③ 那么占卜主体"子"不排除即逗留于济水沿线的枼地，一面伫候"丁"的到来，同时规划自己未来的活动："涉河""涿河"殆指循济水两岸田游狩猎；"东狩"即可东行前往泰山附近的田猎地，"入商"则是西行进入豫东北的商王国核心区，④ 二者既呈相反方向，故而采用对贞格式。此外，同时期宾组卜辞还屡见商王"往于敦""出于敦""至于敦""步于敦"诸例，⑤ 而敦地恰好又密迩于枼，这就更进一步证实了枼、敦二地之所在位置，应是商王出巡过程中往返途经的关键节点，很可能具有类似于王畿门户的意义。我们知道，古大野泽以北的今东平、梁山一带，自古就是中原王朝势力进入海岱地区的

---

① "󰀀"字或释作"淇"，恐有未安，应系"粪除"之"粪"字初文。参见刘钊、洪飏、张新俊编纂《新甲骨文编》，福州：福建人民出版社，2009年，第246—247页。
② 谭其骧：《西汉以前的黄河下游河道》，《长水集》（下），北京：人民出版社，1987年，第56—86页。
③ 史念海：《历史时期黄河流域的侵蚀与堆积（下篇）》，《河山集》（二集），第55—56页。
④ 《旅顺》1949正有"丁未卜，在歸贞：王其入大邑商，亡害在歔"之辞，同版内容多为商王在喜、壅、宫等田猎地巡游之记录，对比可知"入商"即"入大邑商"，是指以殷墟为中心的商王畿地区。另，《合集》36546有"癸未……其入大邑商……在歔"之残辞，与《旅顺》1949或为同时占卜之物。
⑤ 参见《合集》4722、6647正、7941正、7954、7957诸辞。

必经之地,在区域政治联动方面长期发挥着交通枢纽的作用。① 由是观之,若将卜辞㠱(𥃝)、敦的地望范围初步圈定于斯,则不仅合乎商王出入王畿每每择此驻跸的现象,同时亦可满足二地在空间上接近田猎区的事实。

基于以上讨论,我们若以敦地为参照点,则《合集》6057"来艰自北"所对应的战事地理背景,基本可以涵盖殷都以北的太行山脉东西两侧地带,土方殆是由此奔袭南下,从而攻击"沚𢦔"领地的东鄙。需要说明的是,鉴于卜辞所见方国与晋陕地区发现的考古遗存之间究竟存在何种关系,目前学界的认识并不一致,加之殷都西北区域也缺乏可靠的文献地名线索以供比对,所以笔者无意将某种特定类型的物质遗存与舌方、土方等部族直接联系起来,目前仅需厘清其方位关系即可。不过,考虑到晚商阶段殷墟商文化的西北边缘,基本维持在今山西中部的灵石、介休往南至曲沃、侯马一线,而汾水以西的黄河两岸高原山地,则属于石楼类型(晋西)和绥德类型(陕东北)的分布范围。那么上述区域之间在考古学文化上的整体差异性,或多或少也体现出"我群"和"他群"的文化和地缘边界,无疑仍可为族群辨识及其势力范围的大致定位提供重要的线索。② 具体而言,即舌方可能盘踞在汾水中游及以西的晋西北地区,土方也许主要活动于晋东北的太行山西麓地带,而"沚𢦔"领地作为抵御北方族群南侵的前沿据点,位于汾水中游周边的可能性是比较大的。

比较棘手的问题是羌方位置的安排。首先,在何组卜辞中,羌方与商方具有同辞关系:

> 叀商方步,立于大乙,戋羌方。　　　　　　　(《合集》27982)

所谓"叀商方步"即"步商方"的倒装形式,故该辞大意是说,商王打算取

---

① 贝塚茂树:《关于殷末周初的东方经略》,刘俊文主编:《日本学者研究中国史论著选译·上古秦汉》,北京:中华书局,1993年,第58—121页。
② 关于舌方、土方的具体位置,学界长期以来虽未达成共识,但其间研究视野的开拓有目共睹,即从起初单纯依靠卜辞地名系联,发展到结合区域考古学文化进行考察。参见陈梦家《殷虚卜辞综述》,第272—274页;岛邦男著,濮茅左、顾伟良译《殷墟卜辞研究》,第739—747页;李伯谦《从灵石旌介商墓的发现看晋陕高原青铜文化的归属》,《中国青铜文化结构体系研究》,第167—184页;曹玮《陕晋高原商代铜器的属国研究》,李宗焜主编《古文字与古代史》第2辑,第303—328页;朱凤瀚《由殷墟出土北方式青铜器看商人与北方族群的联系》,《考古学报》2013年第1期。

道商方或从商方出发,前往征讨羌方,那么商方和羌方即非相互比邻,至少也应处在同一方位或区域。这里的商方既以"方"称,显然不能理解成商国或商王畿地区,而是另有他指。值得注意的是,历组卜辞中就提到了一个名"商"的敌方,曾为商人所攻伐,即:

1. 己酉卜,攸亢告启商。　　　　　　　　　　　　　（《屯南》312）
2. 庚寅贞:王令竝伐商。
   庚寅贞:叀[?]令伐商。
   庚寅贞:叀[?]令[伐……]。
   [癸]卯贞:畫在……,羌方弗戋。
   ……贞,利在井,羌方弗戋。　　　　　　　　　　（《屯南》2907）

例1的"攸亢"为攸氏贵族,或系攸侯亢之省,"启"有先导、前军之义,[①]故"启商"意即攸亢担任伐"商"的先头部队。按攸侯家族一直是商人经营东土的股肱力量,入周以后则作为"殷民六族"之"條氏"封予鲁君伯禽管辖,[②]其根据地不仅是商末征人方的前沿重镇,同时也要满足接近鲁国封域的前提,因而位于淄、汶二水上游或偏东一带,[③]大概最为合适。然则此"商"的地望范围亦不会相去过远。

例2记载商王反复占卜令竝、[?]等贵族伐商之事宜,同版还提到畫、利参与征讨羌方的战争。畫、利二人均见于同时期花东卜辞,分别称为"子畫"和"子利",其身份应是"子"为族长的家族亲属成员。[④] 其中,子畫的领地就在齐都临淄西郊之画邑,而山东寿光"益都侯城"故址也集中发现了一批带有族氏铭文"竝己"的晚商青铜器,时代相当于殷墟三期。[⑤] 那么结合卜辞记载推断,上述畫、竝二族活动于海岱地区的遗迹,

---

① 于省吾:《甲骨文字释林》,第287—291页。
② 陈梦家:《殷虚卜辞综述》,第306页;李学勤:《商代夷方的名号和地望》,《中国史研究》2006年第4期。
③ 陈絜、赵庆淼:《"泰山田猎区"与商末东土地理——以田猎卜辞盂、鞏诸地望考察为中心》,《历史研究》2015年第5期。李学勤先生认为,攸侯和"人方邑旧"均位于淄、潍二水之间。参见李学勤《商代夷方的名号和地望》,《中国史研究》2006年第4期。方辉先生则提出,攸地或在鲁北邹平一带。参见方辉《从考古发现谈商代末年的征夷方》,山东大学东方考古研究中心编:《东方考古》第1集,第249—262页。
④ 林沄:《花东子卜辞所见人物研究》,陈昭容主编:《古文字与古代史》第1辑,第13—35页。
⑤ 寿光县博物馆:《山东寿光县新发现一批纪国铜器》,《文物》1985年第3期。

很可能正是其家族始祖——子畫和竝二位贵族在商人对东方的经略中建立战功，继而得以受封的结果。无独有偶，黄组卜辞所见商王征人方的经由地中恰有一个商地，位于汶水下游北岸的今东平县鄣城村一带；①另据《合集》36537"王征殺、践商"之辞所示，当地人群与商人的冲突直到商末阶段仍未最终平息。由此看来，卜辞"商方"和"伐商""启商"之"商"的最优选，无疑就是坐落于东土区域内的上述商地，而前者与羌方的空间关系既得以建立，那么羌方最有可能就在泰山以南至汶水流域这一基本范围。

另外，无名组卜辞中的数则线索，适可佐证上述推论。如：

1. ……其令戍[御]羌方于敦，于利……又商，戋羌方。

(《合集》27974)

2. 戍其迟，毋归，于之若，戋羌方。
   戍其归，乎騎，王弗悔。
   其乎戍御羌方，于义祖乙，戋羌方，不丧众。
   于汀帝，乎御羌方，于之戋。
   ……其大出。

(《合集》27972)

3. 戍叀义行用，遘羌方，又戋。
   弜用义行，弗遘方，戋。

(《合集》27979)

例 1 称商人戍守于敦以针对羌方，说明敦地自与羌方的活动范围相去不远，若前者位于殷都以东，则后者亦然。例 2、3 均是商王围绕戍众抵御羌方之事展开占卜。其中，"于义祖乙"和"于汀帝"构成对贞关系，意即在义、汀二地分别举行祭祀祖乙和禘祭的活动，同时呼令戍众迎战羌方，祈求能够取得胜利。"义行"的"行"应是一种军事编制或军事组织之名，犹《左传》所见之军行，②该辞既言商王起用驻守义地的行伍同羌方交战，足见义地当为征伐羌方的前沿据点。此外，《屯南》2179 尚有"在义田来执羌"之辞，"在义田"即商人派驻义地的田官，他向商王贡纳执获的羌人，亦可佐证义地与羌方的空间关系。然而在历组卜辞中，"义"又是攸侯领地的鄙属之邑，曾为"中牧"所屯驻：

---

① 陈絜：《卜辞滳水与晚商东土地理》，《中国史研究》2017 年第 4 期。
② 《左传》僖公二十八年："晋侯作三行以御狄。"杜预注："晋置上、中、下三军，今复增置三行，以辟天子六军之名。"

戊戌贞：右牧于𢼸攸侯出鄙。
中牧于义攸侯出鄙。 （《合集》32982）

准此，义地的位置自可参照攸地的方位加以推定，大致即坐落于淄水上游周边或偏东一带。而羌方不但接近于敦，同时又毗邻于义，其活动地域自然不难想见，最有可能就在泰山东南的今泰安至莱芜之间。如是，则进一步验证了前文的推论。

不过，问题似乎并非如此简单。据黄组卜辞《合集》36528 反所示，羌方又同叀方、羞方、𩰯方合称为"四邦方"：

乙丑王卜，贞：含巫九备，余作尊徝（周）告侯、田，册叀方、羌方、羞方、𩰯方，余其比侯、田出践四邦方。

上揭卜辞无疑表明，至少就商末阶段而言，羌方在地域上当与𩰯方、叀方诸方国相互比邻，若按前述𩰯方、叀方并在殷都以西，则羌方亦然。那么就逻辑而论，羌方的地望问题便存在两种可能性，一是晚商羌方自可分别为二，东土和西土均有之；再则，卜辞羌方俱指同一对象，初居东方而后迁西土。结合甲骨刻辞的若干内证来看，我们更倾向于前一种情形。

首先，在时代相对较早的历组、无名组卜辞中，叀方和𩰯方已有同版并举之例，而羌方则相对独立存在，彼此并无交叉。如：

1. 于翌日乙酉。
   戍及虘方。
   弗及。
   兹方、東、虘方作戍。 （《合集》27997，无名）
2. 東可伯東乎，𢼸𨦛方、叀方、𩰯方。
   弜東乎。 （《合集》27990，无名）

例 1 围绕戍众进攻叀方一事进行占卜，背景应与叀方联合兹方及東起兵作乱有关。据例 2 可知，東即"可伯東"之省称，其人可能属于商王国和叀方的中间势力，故在此又作为商王呼令的对象，受命向𨦛方、叀方、𩰯方发起行动。① 那么,倘若我们将叡方、缯方视作具有稳定关系的组合,不难发现同时期的羌方则是孑然于前者之外的,这是一个很重要的事实。②

进一步说,通过对比不同类组卜辞的文本背景差异,可知较早阶段的羌方与叡方、缯方并无同版或同辞关系,基本互不相涉;然在商末黄组卜辞中,羌方却与叡方、缯方连言而合称"四邦方"。③ 准此,根据有关方国的组合关系及其分布地域推断,不同时段的羌方显然存在所指非一的可能性。有助于佐证这一推论的,是早期𠂤、宾组卜辞中关于"羌"的记载:

1. 癸亥卜,令雀伐羌、䖒,雀屮王事,不米众。
（《村中南》343,𠂤）
2. 癸酉卜,王贞:羌其征沚。 （《合集》20531,𠂤）
3. 癸卯卜,宾贞:叀甫乎令沚蚩羌,屮[来]。七月。④
（《合集》6623,宾）

例1以"羌""䖒"连言,一同受到商人贵族"雀"的征伐,说明二者地望理应相互邻近。又,《合集》5663言"贞:多犬及䖒、㞢",是"䖒""㞢"同为"多犬"所追及。其中,"㞢"即"徵"字初文,其地可对应《国语·楚语》"秦有徵、衙"之"徵",在今陕西澄城县西南。⑤ 至于"䖒"字,可从赵平安先生释为"票"字声符,作地名即相当于春秋秦邑"鄜"及《汉书·地理志》左冯翊鄜县,在今陕西洛川县东南。⑥ 那么,此"羌"的势力范围亦当位于殷都以西。例2、例3记载"羌""沚"之间互有攻伐,这里的"沚"不仅是指

---

① "𢽾"字从日、从燕、从攴,在此用为动词,可能有进攻一类的意思,具体待考。"绊方"之"绊"从羊、从糸,与从糸、从羊首人形的"羌"字写法不同,所指非一,应予区分。
② 宾组卜辞《合集》8598有"舌……其以绊方"之残辞,似乎透露出舌方和绊方的空间关系,若舌方近于商王国西土,则绊方很可能亦然,这样便可进一步佐证舌方——缯——召方的密切联系。
③ 黄组卜辞中另有王征"三邦方"的记录,如《合集》36530所见占卜地为"大邑商",而《合集》36531则提到商王在出征途中曾前往渭地田猎,此"三邦方"恐怕另有所指,未必与"四邦方"有关。
④ 一般将该版卜辞释作"令沚蚩羌方,七月",并视为较早出现"羌方"的例证。但此处的所谓"方"字并不清晰,今可辨识的部分,唯横画两端向上出头甚多,与同一类组的其余"方"字颇为不类。联系《合集》6621、6622的文例来看,本版卜辞的旧释"方"字很可能实系"屮"字,其右侧残部缺一"来"字。
⑤ 裘锡圭:《古文字释读三则》,《裘锡圭学术文集》第3卷,第424—433页。
⑥ 赵平安:《释"䖒"及相关诸字》,《金文释读与文明探索》,第149—159页。

同名的贵族个体及其家族,同时也可以指《合集》6057、《合集》6357中作为"沚䧊"领地的政治地理实体,其地位于舌方东南和土方西南,大致在今汾水中游至太行山西麓之间,然则"羌"的活动地域亦可约略推知。倘若将关注的目光稍微下移,《尚书·牧誓》记载武王克商的同盟包括"庸、蜀、羌、髳、微、卢、彭、濮"八国,其中的"羌",伪孔传谓在"西蜀叟",乃是就秦汉以后的情形言之,但它属于周人的西土"友邦"应无问题。准此,就名号和地域来看,该"羌"不排除与晚商西土之"羌"及"羌方"存在族属联系。

若将以上所论略作梳理,我们不难发现𠂤、宾组卜辞的"羌"与黄组卜辞之羌方,彼此尽管年代悬隔,却在地理方位上可以基本重合;而历组、何组、无名组卜辞的羌方,则在时代、地域方面均与前者自有分别。准此,联系无名组卜辞的相关记载来看,彼时商人集中力量围攻东土羌方,很可能导致前者被彻底征服甚至覆亡,因而在稍晚的田猎卜辞中,仅可见到羌地而不复出现羌方的身影(详见下文)。至于黄组卜辞"四邦方"中的羌方,则恐怕代表了𠂤、宾组卜辞所见殷西之"羌"的余绪,正是因为东土羌方的消失,商人于是更称前者为"羌方",但它与东土羌方终究属于同名异实的关系。这大概是目前较为合理的解释。

最后不妨讨论"盂方"的问题。"盂方"主要见于黄组卜辞,基本都是作为商王的征伐对象而出现的,其中具有定位意义的刻辞当属《合集》36518:

乙巳王贞:启乎祝曰:"盂方廿人,其出伐🖋自高。"其令东会于高,弗悔,不𡿧𢦔。王占曰:吉。①

该辞中的"🖋"字,李学勤先生释为"遇";②蒋玉斌先生改释为"屯",断句作"其出伐,屯自高"。③ 就字形而言,释"屯"确凿可从,但考虑到"伐"字之后往往须接宾语,加之卜辞"🖋"字每用为地名,故笔者更倾向于"其出

---

① 林宏明先生将该版卜辞与《甲骨续存补编》5.146.1进行缀合,后者内容作:"其令东会方,悔。吉。在九月。"此云"其令东会方",犹言"其令东会(盂方)于高"。参见林宏明《甲骨新缀第546—549例》,中国社会科学院历史研究所先秦史研究室网站,2014年12月10日。
② 李学勤:《释新出现的一片征夷方卜辞》,《殷都学刊》2005年第1期。
③ 蒋玉斌:《释甲骨金文的"蠢"兼论相关问题》,《复旦学报》(社会科学版)2018年第5期。

伐🀄自高"作一句读,其大意是说,前军报告孟方出击"🀄自高",商王乃命师旅东进会合于"高"。所谓"🀄自高"者,意即🀄地范围内名为"高"的地点,①既为军队所驻,故谓之"自"。其中,"🀄"作为商王巡行的驻跸地,在黄组卜旬辞中与"齐"具有同版关系,②此"齐"应在临淄一带;而"高"又见于田猎卜辞和征人方卜辞,与之同版者尚有隶属于"泰山田猎区"的麃、䍙(羌)、雍、䎽③及京、堆(鸿)、䤷(徹)、孊(桑)等地。④ 综合以上线索可以推断,晚商孟方的活动地域当在东土无疑。

此外,约为西周穆王器的师旂鼎铭(《集成》2809)有"师旂众仆不从王征于方雷"一辞。以往学者或从唐兰先生说,以"方雷"为国名,即《国语·晋语》之"方雷氏"。⑤ 或以"征于方"为一句读,"雷"字属下视作人名。然而在军事铭文中,"征"字之后通常不用介词"于"来引出对象,如"征东夷"(小臣謎簋,《集成》4239)、"征南淮夷"(翏生盨,《集成》4459)、"征淮南夷"(況盆,《文物》2020年第1期)等,那么循例来看,若将"征于方雷"分析为动词"征"+介词"于"+国族名"方雷"的结构,恐怕也未必妥帖。西周早期辛器相簋铭(《铭图》5224)另有"王在限,王子至于方"之记载,胡嘉麟先生根据同铭出现的介词"于"写作繁化的"𨻮"形,指出"至于方"当视作"至"+地名"孟方"的结构,如此适可与师旂鼎铭相互照应,而"孟方雷"则可理解为部族首领名号,与"人方无斁"(《集成》944)、"人方䚄"(《集成》5417)等同例。⑥ 窃以为这一解释颇有胜意。考虑到西周金文中仍可见到"孟方"之名,而辛器相簋的出土地,恰好又是属于东夷故地的今山东龙口市中村镇徐家村,⑦那么上述"孟方"很可能就代表了晚商东土孟方的余绪。

另一方面,也有学者提出同时期殷都以西亦有"孟方",其主要依据即黄组卜辞《合补》11242(图6.3):⑧

---

① 孙亚冰、林欢二位学者已提出,"高"可能是"🀄自"下的次级地名。参见孙亚冰、林欢《商代地理与方国》,第407页。
② 参见《合集》36821。
③ 参见《合集》37494、37533、37653诸版卜辞。
④ 参见《合集》36567+《合补》11115+《合集》36830(门艺、孙亚冰缀合)。
⑤ 唐兰:《西周青铜器铭文分代史征》,第324—325页。
⑥ 胡嘉麟:《师旂鼎铭文与西周军法研究》,王沛主编:《出土文献与法律史研究》第8辑,北京:法律出版社,2020年。
⑦ 马志敏:《山东省龙口市出土西周铜簋》,《文物》2004年第8期。
⑧ 李学勤:《论新出现的一片征卜方卜辞》,《殷都学刊》2005年第1期;孙亚冰、林欢:《商代地理与方国》,第408—409页。

图 6.3 《合补》11242(《合集》36523+《合集》36181)

甲戌王卜,贞:舍巫九囅,🐦盂方率伐西或,戠西田,晋盂方,妥余一人,余其比多田出征盂方。

谨慎地说,此版缀合在行款和文字布局上比较特殊,如"田""晋"及"人""余"二字之间的空白均显过大,似乎不无疑问。倘若不以这一缀合成果作为基础,而仅采用其上半部分《合集》36181的内容,则相关文字作:

甲戌王卜,贞:[舍]……囅,🐦盂方……西或,戠西田,……方,妥余一人,……比多田出征……

相似的例子不一而足,《合集》36182+《辑佚》690尚有"🐦人方率伐东或,东戠东侯,晋人方"之记载,内容较为完整。① 结合文例及辞意来看,此言"🐦人方率伐东或""戠东侯",显然与上揭"盂方……西或""戠西田"构成对文关系,而"其比多侯"也同"比多田出征"互为呼应。既然商王纠合"东侯"的力量征伐人方,是因为后者侵扰了商人的"东或",那么《合集》36181称商王组织"西田"采取军事措施,定然也跟盂方在"西或"的行动

---

① 李学勤:《殷墟甲骨辑佚·序》,段振美、焦智勤、党相魁、党宁编:《殷墟甲骨辑佚:安阳民间藏甲骨》,第1—3页。

有关。准此，即便我们不考虑《合集》36523的介入，同样可以初步判断商末盂方一度活动于"西或"。

"西或"一词与"东或"对言，二者并见于周代铜器铭文，一般读为"东国"和"西国"，其含义相当于"东域""西域"或者"东土""西土"。需要说明的是，倘若商王是在殷都之外的某地进行占卜，则"东或""西或"也不排除是以实际驻跸地作为基点，用来指称所在地以东或以西的区域。不过，这一假设的前提在于，无论是人方抑或盂方入侵之际，商王的占卜地都必须固定不变，否则"东或"和"西或"对文便失去了实际意义。那么照此推演，相关卜辞所提到各类实体的空间关系，大致应当呈现如下格局（图6.4）：

盂方　西或　西田分布区　□商王占卜地　东侯分布区　东或　人方

图6.4　商王占卜地及人方、盂方空间关系假想示意图

不过客观地说，这一假设成立的可能性甚微。首先，《合集》36182+《辑佚》690记载人方是在丁巳日[54]进攻"东或"，《辑佚》689所卜同事的干支为己未[56]，二者可以衔接无碍；①而《合集》36181称盂方袭扰"西或"则发生在甲戌[11]，显与上述时间难以系联。既然人方和盂方的入寇并不具有共时性，那么我们也就无法确知，商王占卜地在此期间是否保持一致。更为关键的是，倘若"东或""西或"是以殷都之外某地作为中心的地域划分，那么根据相关卜辞的描述，商王当是在该地东部设有"多侯"，同时在其西部置有"多田"，如是在一个相对有限的区域内安排有众多侯、田职官，而且是经过十分齐整的规划和空间布局，显然既不符合晚商时期的历史发展水平，也并不存在现实可行性。因此，我们只能放弃上述假设，继而承认卜辞"东或"和"西或"均是就殷都或商王畿地区而言的地理概念，与西周金文中的同类名词具有完全相同的内涵。这样，殷商西土地区同样亦有盂方，殆可初步论定。

---

① 李学勤：《殷墟甲骨辑佚·序》，段振美、焦智勤、党相魁、党宁编：《殷墟甲骨辑佚：安阳民间藏甲骨》，第1—3页。

至此，我们可将前文所涉卜辞诸邦方的地理方位信息初步揭示如次：

表 6.2　卜辞诸邦方地理方位一览表

序　号	方国名	西　土	东　土
1	舌方	√	
2	土方	√	
3	召方	√	
4	𡚬方	√	
5	㪉方	√	
6	羌方	√（黄组）	√（历、何、无名组）
7	盂方	√	√
8	人方		√

在上揭诸邦方中，涉及东、西两大区域之间的实体重名者，主要包括召方——召、盂方——盂方（盂）、羌方——羌方（羌）及㪉方——㪉四组，下面逐次予以讨论。

（14）召方——召

东土召地见于田猎卜辞，其名称通常作"𩫨"，乃"召"字之繁化，毋庸赘言。召地作为商王卜选的田游之所，每与"泰山田猎区"内的丧、雍、宫、盂等地同版并见，且占卜的干支均不超过一日间隔，①说明它们理应相去不远。否则，商王在短时间内难以实现在上述各地之间往返游猎，逐次占卜也就失去了实际意义。有助于佐证这一推论者，则有宋人著录的晚商戍铃方彝铭（《集成》9894）：

己酉，戍铃尊宜于召。……在九月，惟王十祀，劦日五，惟来束（东）。

据文例判断，"惟来束"应系"惟来东"之误摹，说明戍铃此行是前往东方，所以召地显然位于殷都以东。2005 年，安阳安钢第二炼钢厂西南发掘的

---

① 参见《合集》36640、《合集》36642、《合集》36643、《合集》36663 诸版卜辞。

商墓 M11 中出土了三件骨片,其中一件上有残辞 16 字:

  壬午,王迩于召𢈢,延田于麦录(麓),获兕。亚赐……。①

"召𢈢"或为商人设于召地的一种离宫别馆式建筑。② 既然商王先驻跸于召,旋即又赶赴"麦麓"田猎,足见二地定然相互毗邻。

  董作宾先生曾缀合过一组征人方卜辞,其中既提到了"麦",还出现了地名"永"。③ 门艺女士则在董缀的基础上,又将《合集》36957 与之缀合,即:

  庚子[37]王卜,在淩次,贞:今日步于瀑,亡灾。在正月。获狐十又一。
  辛丑[38]王卜,在瀑次,贞:今日步于🀄,亡灾。
  壬寅[39]王卜,在🀄次,贞:今日步于永,亡灾。
  癸卯[40]王卜,在永次,贞:今日步于□。
  乙巳[42]王卜,在溫贞:今日步于攸,亡灾。
    (《英藏》2562+《合集》37475+《合补》11141+《合集》36957④)

这是一组始终点明确、干支与占卜地一一对应的黄组卜步辞,根据庚子到癸卯的干支前后相连,可知麦、瀑、🀄、永四地依次的间距均在一日行程以内。其中,"永"既为攸侯的边鄙之邑,也是商末征人方的前沿据点:

  癸丑卜,黄贞:旬亡㞢。在正月,王来征人方,在攸侯喜鄙永。
  ……㞢。在正月,王来征人方,在攸。 (《合集》36484,黄)

据研究表明,攸侯领地很可能位于今莱芜东北的淄、汶上游一带。⑤ 另外,

---

① 刘忠伏、孔德明:《安阳殷墟殷代大墓及车马坑》,国家文物局主编:《2005 中国重要考古发现》,北京:文物出版社,2006 年,第 59—62 页。
② 裘锡圭:《释殷虚甲骨文的"远"、"𢻻"(迩)及有关诸字》,《古文字研究》第 12 辑,第 86 页。
③ 董作宾:《殷历谱·下编》卷 9《日谱三》,第 57 页。
④ 门艺:《殷墟甲骨黄组卜步辞新缀》,河南大学黄河文明与可持续发展研究中心主办:《黄河文明与可持续发展》第 5 辑,第 39—45 页。
⑤ 陈絜、赵庆森:《"泰山田猎区"与商末东土地理——以田猎卜辞盂、㵒诸地地望考察为中心》,《历史研究》2015 年第 5 期。

《合集》36825记载商王在"赢"占卜"步于攸"一事,而赢地可对应汶水上游、今莱西北之鲁国赢邑,如此适可佐证上述推论。准此,相距"攸侯喜鄙永"仅三日行程左右的麦、召二地,其范围理应不出相对偏西的泰山周边。另就田猎卜辞所见,召与丧、宫、雍诸地的关系最为密切:

1. 戊戌卜,贞:王迍于召,往来亡灾。
   己亥[卜],贞:王迍[于]召,往[来]亡灾。
   辛丑卜,贞:王迍于丧,往来亡灾。
   壬寅卜,贞:王迍于召,往来亡灾。　　（《合集》36640,黄）
2. 乙巳卜,贞:王迍于召,往来亡灾。在九月。
   丁未卜,贞:王迍于宫,往来亡灾。
   戊申[卜,贞]:王迍雍,[往]来亡灾。王占曰:吉。
   己酉卜,贞:王迍召,往来亡灾。　　（《合集》36643,黄）

从辞意来看,商王是在某一驻跸地分别贞问前往各地巡省是否顺利,而据所缀干支及命辞"往来亡灾"可知,召、丧、宫、雍四地均应分布在占卜地周边一日行程左右的距离之内。其中,丧地在今章丘东南,宫地位于临淄附近,①雍地则在淄水上游的原山一带,②所以,召地位置最有可能坐落于泰山东北方向的莱芜至淄川之间。这一区域正好毗邻古莱芜谷,作为商王出巡的田游之所,可谓十分合适。

（15）盂方(盂)——盂方(盂)

关于商代西土盂方的地望,学者或以为在沁阳之邘(盂)。然此邘(盂)地位于河内,毗邻商王国中心区域,是否为盂方所在不易确指。另,春秋晋国亦有盂地,见于《左传》昭公二十八年:"魏献子为政,分祁氏之田以为七县,分羊舌氏之田以为三县……盂丙为盂大夫。"此"盂"为晋公族祁氏采邑,在今山西阳曲县东北。③

晚商田猎卜辞中亦有盂地,它在整个田猎区内的地位颇为突出,常为商王巡行、蒐狩所至,如:

---

① 临淄区永流乡战国齐墓出土铜量上有铭文"齐宫乡鄩里"五字,此"宫乡"即齐都临淄所辖之乡名,其地望与卜辞宫地甚为契合。参见魏成敏、朱玉德《山东临淄新发现的战国齐量》,《考古》1996年第4期。
② 陈絜《卜辞雍地地望及其他》,李伯谦主编:《中华之源与嵩山文明研究》(第三辑),第204—211页。
③ 谭其骧主编:《中国历史地图集》第1册,第22—23页。

1. 辛酉[58]卜,贞:王其[田]丧,亡灾。
   壬戌[59]卜,贞:王其田盂,亡灾。　　　(《合集》37573,黄)
2. 辛亥[48]卜,贞:王其田盂,亡灾。
   壬子[49]卜,贞:王其田向,亡灾。
   乙卯[52]卜,贞:王其田丧,亡灾。　　　(《合集》33530,无名)
3. 戊申[45]卜,贞:王田于盂,往来亡灾。在□[月]。
   己酉[46]卜,贞:王遘于召,往来亡灾。　　　(《合集》36663,黄)
4. 辛亥卜,翌日壬王其比在成犬㠱,弗悔,亡灾。引吉,在盂。
   　　　　　　　　　　　　　　　　　　　(《合集》27925,无名)
5. 唐(皆)霝(零)二田,丧、盂有大雨。　　　(《合集》30044,无名)

例1至例3都是性质纯粹的田猎卜辞,盂和丧、向、召等地分别同版贞问,干支亦前后相连,说明各地皆分布于占卜地周边,其间距当在一日行程左右。① 其中,召地已如前文所论,丧、向二地均属于"泰山田猎区"内部地名。如《合集》37562云"……在丧贞:[王]田瀍,卒逐亡灾",即是商王在丧卜问赴瀍田猎之事宜,可见丧地定然毗邻临淄以西的瀍地,②大致就在泰山东北方向的今章丘、淄川之间;至于向地,则以《春秋》经传所见鲁、莒二国之边邑"向"最为合适。③ 例4称商王在盂地占卜,次日会同成地的犬官㠱进行田游活动是否顺利,此成地或可对应鲁国孟氏之成邑,在今山东宁阳东北。例5则将丧、盂并称为"二田",一同作为零祭祈雨的对象,足证二者应当密迩比邻。综合以上线索来看,田猎卜辞中的盂地大致坐落于丧、向、成之间而更接近于丧地,很可能就在泰山东南方向的"龟阴之田"附近,其方位正与《合集》36518的东土盂方相一致;而《左传》定公十四年记载卫太子蒯聩"献盂于齐",此"盂"适在卫国东境、"相土之东都"左近的泰山脚下,同上述卜辞盂地较为吻合。④

(16) 羌方——羌方(羌)

商代的"羌"名实关系问题比较复杂。李学勤先生认为,甲骨文"羌"

---

① 李学勤、彭裕商:《殷墟甲骨分期研究》,第373—377页。
② 卜辞瀍地即齐都临淄以西之画邑,参见李学勤《帝辛征夷方卜辞的扩大》,《中国史研究》2008年第1期。
③ 陈絜:《坒方鼎铭与周公东征路线初探》,李宗焜主编:《古文字与古代史》第4辑,第274—275页。
④ 陈絜、赵庆森:《"泰山田猎区"与商末东土地理——以田猎卜辞盂、夒诸地地望考察为中心》,《历史研究》2015年第5期。

字有广义、狭义之别,广义的"羌"用作商人对西方异族的泛称,其活动地域较广;狭义的"羌"则专指羌地范围内的羌方。① 罗琨先生进一步指出,卜辞"获羌"统指商人对异族人口的掳掠,与伐羌方战争不可等同。② 这些意见都很有道理。除羌方之外,甲骨刻辞中还可见到"北羌"(《合集》6626)、"马羌"(《合集》6624)、"羌龙"(《合集》6631)诸名号。其中的"北羌"即是在异族泛称"羌"前冠以方位词,用来标识其活动地域;而通过系联"马羌""羌龙"与卜辞出现的"马方""龙方"之称,可将"羌"字视作专名之前加缀的通名。因此,本节仅针对羌方及相应之羌地进行讨论,而不涉及"获羌""执羌""来羌""逸羌"等泛指被征服异族的"羌"。

如前所述,羌方与商王国基本处在敌对的战争状态。根据不同类组卜辞的地名系联可知,历组、何组及无名组的羌方均位于东土地区;而在商末黄组卜辞中,同䘚方、羞方、戯方并称"四邦方"者亦有羌方,其来源或可追溯到早期自、宾组卜辞所见活动于晋陕地区的"羌"。值得注意的是,田猎卜辞中尚可见到一个名"羌"之地,每作繁化的"羌""䍨"诸形,③所指实一。"羌"作为商王经常前往的蒐狩之所,与曹、斝、敦、阞等地的空间关系十分密切,④而上述地点的分布也相对集中,如曹、斝、阞三地均坐落于鲁中"汶阳之田"范围内。⑤《合集》37743是一版鹿头骨刻辞,其文字作:"己亥,王田于䍨……在九月,唯王十[祀]"。据黄组卜辞常见文例推断,该版记事刻辞所载的内容,显然发生于帝辛十祀征人方途中,由此可见䍨地方位确在东土无疑。另外,同时期卜辞《合集》37533有云:

  戊寅卜,在高贞:王田,卒逐亡灾。
  壬□卜,在盖(?)贞:王田䍨,卒[逐]亡灾。

本版卜辞中的高、䍨二地,既是作为商王先后田猎的目标点,在空间上理应相去不远。此高即《合集》36518" 自高""东会于高"之"高",是商师征伐孟方的前沿据点,而孟方、盂地位于泰山东南的"龟阴之田"一带,那

---

① 李学勤:《殷代地理简论》,第80页。
② 罗琨:《殷商时期的羌和羌方》,王宇信主编:《甲骨文与殷商史》第3辑,上海:上海古籍出版社,1991年,第405—426页。
③ 如《合集》37408、37409作"田䍨",《合集》37416、37421则作"田羌"。参见姚孝遂主编《殷墟甲骨刻辞类纂》,第41页。
④ 参见《合集》37405、《合集》37408、《合集》37416、《合集》37421、《英藏》2289诸辞。
⑤ 陈絜:《卜辞滳水与晚商东土地理》,《中国史研究》2017年第4期。

么高地的位置亦当近是。如前所论,东土羌方与敦、义二地都比较接近,其活动地域大致就在今泰安至莱芜之间,准此,田猎卜辞叴(羌)地的地望范围便与这一羌方基本重合了。

(17) 敔方——蔽

"敔方"之名,或作"虘",如《合集》7910言"一月,在虘",可见商王曾亲莅该地进行占卜。又,无名组卜辞《合集》27889有"小臣敔"之名,其人即敔族成员出任王室小臣者,说明敔对商人一度保持着服属关系。至于黄组卜辞的"敔方",则与䎽方、盖方、羌方合称"四邦方",受到商王所率侯、田的征伐(《合集》36528反)。上述诸邦方的整体方位,可以䎽地作为切入点进行系联,即通过"御召于䎽"和"舌其围䎽"所反映的空间关系,初步推定在殷都以西的今山西中南部地区。①

此外,黄组卜辞中尚有另一名"敔"之地:

乙卯王卜,在麇帥(次)贞:余其敦蔽,叀十月戊申戋。王占曰:吉。在八月。 (《英藏》2523)

"蔽"字从敔、从四中,系"敔"字异体无疑。岛邦男通过黄组卜旬辞的缀合及地名系联,指出商王的占卜地"麇"当在殷都东南区域,②可谓卓见。岛氏采用的缀合材料即《合集》36537,其辞作:

癸巳卜,在反贞:王旬亡𡆥。在五月。王祂于上鲁。
癸卯卜,在麇贞:王旬亡𡆥。在六月。王祂于上鲁。
癸丑卜,在寏贞:王旬亡𡆥。在六月。王祂于上鲁。
癸亥卜,在向贞:王旬亡𡆥。在六月。王祂于上鲁。
癸酉卜,在上鲁贞:王旬亡𡆥。在七月。
癸未卜,贞:王旬亡𡆥。在七月。王征毁、践商,在觔。
癸巳卜,在上鲁贞:王旬亡𡆥。在七月。

这是一组干支连贯、地点明确的黄组卜旬辞,③其中提及的多处地名均在山

---

① 陈梦家:《殷虚卜辞综述》,第277—282页;钟柏生:《殷商卜辞地理论丛》,第175页。
② 岛邦男著,濮茅左、顾伟良译:《殷墟卜辞研究》,第714—716页。
③ 从内容上看,它与《合集》36819很可能系同时占卜之物,后者作:"癸巳王卜,贞:旬亡𡆥,在反。癸卯王卜,贞:旬亡𡆥,在麇。"

东境内。例如,向、敫二地乃卜辞常见的商王田猎点,前者与丧、宫、盂、榆诸地皆相密迩,彼此间距不过一日行程,①揆其方位,似以《春秋》经传所见鲁、莒之间的"向"最为契合。② "敫"与丧、向、盂等田猎地亦存在严格的同版关系,③或即《左传》庄公八年"齐侯使连称、管至父戍葵丘"之"葵丘",在今山东临淄以西。④ 此"商"作为商人征讨的对象,可能与《屯南》2907"伐商"之"商"是一非二,位于汶水下游的东平县境。"觞"又见诸花东子卜辞:

甲戌卜:子乎郗(索)贺妇好?用。在⟨⟩。
丙子:岁祖甲一牢,岁祖乙一牢,岁妣庚一牢?在郗(索),来自觞。⑤　　　　　　　　　　　　　　　　　　（《花东》480）

第二辞称"子"在丙日自"觞"前来,至"索"占卜,故觞、索二地势必相互比邻,而卜辞索地很可能在今兖州一带,⑥然则觞地大致亦在附近。

至于"上鲁"一地,黄组卜旬辞中屡为商王所驻跸,李学勤先生认为该地近莒,⑦钟柏生先生主张"上鲁"为鲁地,可对应《春秋》文公七年"遂城郕"之"郕"。⑧ 准此,综合卜辞"地名群"所反映各地的方位关系来看,基本可以确定麇地在今山东境内。那么,《英藏》2523 既称商人以"麇"作为攻"蔽"的前沿据点,则可说明"蔽"的地望亦在东土。

（18）沚——沚

此外,与舌方、土方相关的重名地名尚有"沚"。前已提到,宾组卜辞《合集》6178、《合集》6180 诸辞,都围绕"舌方敦沚"和"登人伐舌方"之事进行占卜,足以证明这里的"沚"即相当于"沚戓"领地,二者在名、实方面均可对应无碍。⑨ 考虑到《合集》6357 明确记载舌方活动于商王国"西

---

① 李学勤、彭裕商:《殷墟甲骨分期研究》,第 373—377 页。
② 陈絜:《塑方鼎铭与周公东征路线初探》,李宗焜主编:《古文字与古代史》第 4 辑,第 274—275 页。
③ 参见《合集》37661、蔡哲茂《甲骨缀合集》190 诸辞。
④ 此"葵丘"即《左传》昭公十一年的"渠丘",参见杨伯峻《春秋左传注》（修订本）,第 174 页。
⑤ 关于本版"觞"字释读,参见李春桃《释甲骨文中的"觞"字》,《古文字研究》第 32 辑,第 83—89 页。
⑥ 郭克煜等:《索氏器的发现及其重要意义》,《文物》1990 年第 7 期。
⑦ 李学勤:《论商王廿祀在上鲁》,《夏商周年代学札记》,第 55—61 页。
⑧ 钟柏生:《殷商卜辞地理论丛》,第 59—62 页。
⑨ 此外,同时期宾组卜辞《英藏》571 言"舌方其敦戓",此"戓"即"沚戓"之省,很可能是以贵族私名指代其所率人众,与作为政治地理实体的"沚"含义有所不同。又,《合集》6332 云"贞:戓启,王其幸舌方",乃是命令"沚戓"担任伐舌方的先导。

土",说明沚地方位亦在殷都及太行山脉以西。然需注意的是,《合集》6057 称"沚𢦔"领地先后为舌方、土方所侵扰,可知其相对位置处在舌方东南和土方西南;而同时期卜辞所见甾、呈等部族,则仅是受到舌方的袭扰,却未尝跟土方发生冲突,所以沚地位置当较甾、呈相对靠东,①即大致在今灵石、介休及其以东区域,也许较为合适。

无独有偶,门缀黄组卜步辞《英藏》2562+《合集》37475+《合补》11141+《合集》36957 中亦有沚地,即：

庚子[37]王卜,在湊次,贞:今日步于瀺,亡灾。在正月。获狐十又一。

辛丑[38]王卜,在瀺次,贞:今日步于🐾,亡灾。

壬寅[39]王卜,在🐾次,贞:今日步于永,亡灾。

癸卯[40]王卜,在永次,贞:今日步于□。

乙巳[42]王卜,在温贞:今日步于攸,亡灾。

己未[56]王卜,在贞:田元,往来亡灾。

乙丑[2]王卜,在攸贞:今日㳂从攸东,亡灾。

丁丑[14]王卜,在□贞:今日步于𢦔,亡灾。

戊寅[15]王卜,在𢦔贞:今日步于弁,亡灾。

庚辰[17]王卜,在弁贞:今日步于叉,亡灾。

辛巳[18]王卜,在叉贞:今日步于沚,亡灾。

壬午[19]王卜,在沚贞:今日步于杜,亡灾。②

据上引文字来看,前五辞与后五辞商王的行程安排十分紧凑,其干支间隔基本为一日,至多不过两日,占卜地和出行目的地也保持前后衔接。唯在乙巳日前往攸地之后,至丁丑日赶赴𢦔地期间,商王驻跸之所明确者仅攸地一见,出巡的地点则为"攸东"。上述现象大概表明,这段时期内商王很可能一直驻足于攸地,所从事的任务恐怕与征伐人方密切相关。考虑到该版卜辞可以排入帝辛十祀征人方日谱,③那么其中的沚地在方位上只能

---

① 朱凤瀚:《武丁时期商王国北部与西北部之边患与政治地理——再读有关边患的武丁大版牛胛骨卜辞》,中国国家博物馆编:《中国国家博物馆馆藏文物研究丛书:甲骨卷》,第 269—281 页。

② 该条卜辞干支多释为"壬申",门艺女士已指出或为"壬午"之误,是可信的。

③ 孙亚冰、林欢:《商代地理与方国》,第 380—381 页。

和人方保持一致,即位于殷都以东地区。

二、重名国族名、地名群的历史学考察

在上文中,笔者已对先秦汾水流域与海岱地区发生重合的国族名、地名作了初步整理,并逐一进行辨正方位和考订地望的工作。通过缕析可以看出,两大地理单元之间的重名现象不仅非常典型,而且呈现较为普遍之态势,这就很容易使人联想到背后隐含的历史信息,尤其是它与同一时空范围内族群活动的内在关联。基于这样的思路,我们不妨将上述重名国族名、地名划分为不同类型,继而分别探讨其重复出现的原因及特点,以期实现对有关族群交流史事的钩沉索隐。

1. 秦;京;黄

前文胪列的18组重名国族名、地名中,秦、京、黄三者所对应的国族,在族源、族属及流动特征方面均具有鲜明的一致性,故可归为同一类型。

（1）秦

秦人以少皞为始祖,是起源于东方的嬴姓古族,这已成为学界的共识。① 秦祖蜚廉的事迹不仅见于汾域霍山,海岱地区亦有之,如《孟子·滕文公下》:"周公相武王诛纣,伐奄,三年讨其君,驱飞廉于海隅而戮之。"今据《系年》记载可知,蜚廉在周师攻伐下东逃商奄,其实正是因为秦人旧居在此,蜚廉不过是返回故土,企图依靠残余势力负隅顽抗罢了。因此,晋南地区之所以出现蜚廉的传说遗迹,显然是嬴姓秦人西迁汾域的产物,这是首先需要明确的。

其次,按照《史记·秦本纪》之说,部分秦族先民早在中潏阶段便已"在西戎,保西垂"。② 蜚廉为中潏之子,其后别为两支:一支以恶来为祖,传五世至于非子,是为西迁陇右的秦人;另一支以季胜为祖,其后别为赵氏,一直留居汾域。其中讲到蜚廉卒葬霍太山,恶来于武王伐纣时被杀,则与《系年》存在一定的出入。

众所周知,古代传说常将部族的历史归于某一英雄人物,有时甚至会将后代之事迹冠在前代的身上。实际上,无论蜚廉抑或恶来,恐怕都只是作为一族的代表,所谓父、子相承的表述,亦往往是标识大致的辈分关系,甚至仅在于表明史事背景的共时性。所以,《系年》称蜚廉东逃于"商盖

---

① 李学勤:《清华简关于秦人始源的重要发现》,《光明日报》2011年9月8日第11版。
② 《秦本纪》载申侯谓周孝王曰:"昔我先郦山之女,为戎胥轩妻,生中潏。"由此足以佐证,秦人先民西迁汾域的年代必然早于商末。

氏",随后成王诛之,很可能就是对周人践奄、征服恶来之族的另一种历史书写,①似不必强求细节尽合。但这段记录通过蜚廉的个体事迹,透露出晋南和商奄两地居民之间的血缘纽带及政治联动,则非常值得我们关注。结合传世典籍与出土文献的记载来看,以中潏、蜚廉为代表的人群,早在商末之前就已经离开东方故地,辗转迁徙至汾水流域定居,即宾组卜辞"周以嬻"所见之秦族,名号因袭其旧而未改。至于《系年》所言西迁"商盖之民"于朱圉,"是秦之先",则明确交代东周秦国的直系祖先应追溯至商奄的嬴姓人群,而不可率尔等同于世居汾域的中潏、蜚廉一支,所以《秦本纪》将蜚廉定为秦人始祖,未免存在混淆世系的问题。② 在笔者看来,汾域之秦与世居商奄的嬴姓集团,应是具有相同族系、却又平行发展的两个分支,彼此既有联系又有区别,其源流关系可作如下示意:

```
大费 ┈┈┬─ "商盖之民" ┈┈ 恶来 ┬┈┈          （东方之秦）
        │                      └┈┈ 非子      （陇西之秦）
        └─ 中潏 ┈┈ 飞廉 ─ 季胜 ────── 造父（汾域之秦—赵氏）
```

需要说明的是,《秦本纪》在记述恶来、非子一支的世系后,又补充说"以造父之宠,皆蒙赵城,姓赵氏",这显然无助于将西迁朱圉的秦人和世居汾域的季胜、造父一支相区分。前辈学者在未见《系年》的前提下,由此推测秦先大骆、非子犹居晋南,至非子时始移至陕西犬丘,③这里注意到秦人渐次西迁及其轨迹的复杂性,仍颇具启发意义。据西周中晚期之际的师酉簋(《集成》4288—4291)、询簋(《集成》4321)诸铭记载,师酉、师询家族的世袭职事乃是为周王室管理"秦夷""京夷""虒夷"及"成周走亚"等群体,而上述人群的居地定然不会相去太远,否则断无统一管辖之可能。其中,"成周走亚"既为成周一地的军事武官,则"秦夷""京夷"的驻所也无外乎位于周畿腹地。这些为周王室提供力役的秦族成员,恐怕即是在周初东征后被迁至成周一带定居,从而与其他诸夷一道,集中接受周人的管理和役使。准此,东方秦族同源异流之大势即可见一斑。

(2) 京

1975年,山西石楼县义牒镇褚家峪村出土一件带有族徽"京"的晚商

---

① 朱凤瀚:《清华简〈系年〉所记西周史事考》,李宗焜主编:《第四届国际汉学会议论文集:出土材料与新视野》,第441—460页。

② 《秦本纪》"太史公曰"部分在列举嬴姓后裔时,则将"蜚廉氏"和"秦氏"别作两支,相较更为合理。

③ 参见王玉哲《中华民族早期源流》,第277—287页。

直内戈(《集成》10743),其铭文写法与长清兴复河所出京鼎(《集成》1140)基本一致,时代约相当于殷墟二期至殷墟三期。值得注意的是,上述同一地点出土具有共存关系的晚商铜器,还包括带有族徽"🐦"的直内戈和"🐦"形族徽的銎内戈各一,①年代亦相接近。据甲骨、金文所示,商代东土既有京地,同时也存在京族的活动线索,毋庸赘述;而"🐦"作为地名,尚见于黄组卜旬辞和征盂方卜辞,约略在今鲁北近齐之地;至于喙部凸显、单足侧立的"鸟"形族徽,则还集中出现在滕州前掌大遗址的于屯村北墓地,②这对廓清该族的源流无疑具有明确的指向作用。综上来看,山西石楼地区在晚商阶段便已存在部分东方族群的活动轨迹,其中至少包括"京""🐦""🐦"等族氏。结合遗存特征及出土背景可知,上述人群尽管族系多元,且带有非常浓厚的军事色彩,总体规模却似乎并不很大,正如卜辞记载的"五族戍"一般,即相当于驻守某一据点的多族武装联合体。准此,联系当地邻近殷西北边域的情势推测,以"京"为代表的这部分不同来源的东方土著,很可能是接受商人的统一调遣,于是自东徂西移驻晋西地区守备边邑,从而形成了族系各异却又集中埋藏的遗存景观。

如前所言,师酉簋(《集成》4288—4291)、询簋(《集成》4321)诸铭都曾提到"京夷"之名,"京夷"即来自京地的夷人。③ 按《礼记·王制》有"东方曰夷""南方曰蛮""西方曰戎""北方曰狄"之说,这种将族群名号与地理方域一一对应的齐整编排固属晚出,④但据甲骨、金文及《左传》等早期史料所见,商周中原统治者每称东方的异族群体为"夷",则是不容置疑的事实。然则"京夷"之属被冠以"夷"名,理应与其自身的东方背景密切相关。

1933年,山东滕县安上村出土了春秋早期的京叔盘(《集成》10095)和孟嬴匜(《集成》10184)各一,盘铭曰"京叔作孟嬴媵[盘],子子孙永宝用",匜铭则言"作孟嬴匜,永宝用"。⑤ 足以表明金文京氏当为嬴姓。⑥ 众

---

① 山西省考古研究所、山西博物院、韩炳华主编:《晋西商代青铜器》,北京:科学出版社,2017年,第332—334页。
② 李鲁滕:《滕州前掌大村南墓地发掘报告(1998—2001)》,山东省文物考古研究所编:《海岱考古》第3辑,北京:科学出版社,2010年,第227—375页。
③ 陈梦家:《西周铜器断代》,第285页。
④ 童书业:《夷蛮戎狄与东南西北》,《童书业历史地理论集》,第169—175页。
⑤ 盘、匜的出土信息,参见山东省博物馆编《山东金文集成》,第692页。
⑥ 胡嘉麟:《从芮国青铜器看芮国的婚媾与邦国关系》,陕西省考古研究院、上海博物馆编:《两周封国论衡:陕西韩城出土芮国文物暨周代封国考古学研究国际学术研讨会论文集》,第107—124页。

所周知,上古嬴姓族群大多起源于东方,而出土文献中恰好又有东土京地的相关线索。如历组卜辞《合集》33209以"衰田于京"和"于嬴衰田"同版对贞,"嬴"即《春秋》经传所见之齐、鲁边邑,位于汶水上游的今莱芜西北一带;①黄组卜辞《合集》36567的"京"则为商王征人方的经由地,其方位亦在泰山周边;至于齐系铭刻京㱿八族戈(《集成》11085)的"京",乃是东周齐国境内置有武库的战略要地。总之,上述诸例无疑都将京地的坐标指向了东土地区,其范围大致无外乎齐、鲁之间,与金文京氏的族源可以重合。

进一步说,倘若结合"京仲氏""京叔"的称名形式来看,嬴姓京氏在西周时期至少已分衍形成了两个支系。其中,西迁晋南者属于"京仲氏",与今陕西韩城境内的嬴姓梁国隔河相望,又与芮公家族结为婚媾;留居东方故地者则为"京叔"之族,此外还有迁居成周服事于王室的"京夷"。不难看出,上述情形适与早期秦族的分衍迁徙轨迹颇有相似之处。

(3) 黄

据《左传》昭公元年载,汾川之黄乃是台骀后裔所封,台骀则为金天氏少皞之后,②同为嬴姓。所以,黄与秦、京应具有相同之族属,其先世同样来源于东方。《后汉书·东夷传》云"夷有九种",其中的"黄夷"有可能就是黄国之先。③东土黄地位于淄水上游左近,与齐、鲁之间的京、嬴二邑均相去不远,而《史记·秦本纪》所列的徐、郯、秦、菟裘等嬴姓国族,同样也分布在泰沂山脉周边,④彼此存在紧密的地缘联系,说明这一区域原本就是嬴姓集团的聚居之所。

从早期地名、国族名的合一关系来看,黄的族源及相关地理坐标均在今山东境内,这种现象恐怕绝非偶然。换言之,淄川之黄作为少皞后裔、嬴姓"黄夷"的故地,显然是比较合适的。那么,根据两大区域之间的重名现象和人群族属联系,并结合同姓秦、京的源流不难推想,台骀之族原先大概定居于淄水上游的黄地一带,与诸嬴相互比邻,台骀徙封汾川之后,其后裔的一支遂采用本族旧名"黄"为称,从而导致原居地名的空间流动,并最终成为东夷集团留在汾域的孑遗。

---

① 谭其骧主编:《中国历史地图集》第1册,第22—23页。
② 《左传》昭公元年杜预注:"金天氏,帝少皞。"又,《史记·五帝本纪》"少皞氏"下裴骃集解引服虔曰:"金天氏帝号。"
③ 《后汉书》卷85《东夷列传》,第2807页。
④ 秦在商奄故地,徐、郯俱在鲁国以东,菟裘在鲁东北。

2. 吕;箕——異/纪;叔——蕨;沚;召

以上揭对象为代表的若干组地名、国族名,不仅重复于汾水流域和海岱地区,而且它们在区域之间的地理坐标变化,基本都可以跟同名国族的人群迁移联系起来,故不妨归纳为第二种类型。进一步讲,通过对史料的分期、断代及族源的追溯,我们还可以初步推知这些地名、国族名出现于不同区域的早晚关系,这无疑有助于廓清有关人群的来龙去脉。

(4) 吕

汾域之吕与姜姓集团的兴起渊源颇深。《国语·周语中》:"齐、许、申、吕由大姜。"韦昭注:"四国皆姜姓也,四岳之后,大姜之家也。"①是谓周代封国申、吕、齐、许皆系大姜同宗,其先世可追溯至"四岳"。又《左传》庄公二十二年云:"姜,太岳之后。"此言"太岳之后"者,实际是说上古姜姓族群的发祥地当在"太岳"一带,即今山西霍州境内的霍太山。②而春秋晋国的吕邑,恰好就坐落于"太岳"附近,地名与族名、地望与族源均可谓若合符节。不宁唯是,殷墟卜辞中还可见到舌方侵"吕"的记载,即:

丙辰卜,殼贞:曰舌方以鬱方敦吕,允……(《合集》8610正,宾)

据辞意判断,舌方既与鬱方联合攻"吕",说明后者当为商王国领地或者边域属邦,并且位于舌方入寇的前沿地带,因而很可能在今山西中南部一带。这样,不仅为晋国吕邑的得名上溯至更早的阶段,同时也从侧面印证了汾域之吕与"太岳"的空间联系。因此,姜姓吕氏的族源应可追溯至今霍州西南的吕地,毗邻"太岳",而卜辞之吕及吕甥采邑都是沿袭旧名而来。③

海岱地区的吕地是周王巡省东土的驻跸之所,其地去纪不远,约略可推定在鲁北的淄、潍流域附近,而这一区域恰与周初封齐的势力范围大致相当。据《左传》昭公二十年晏子所言,太公是因袭薄姑氏故地而居临淄;《史记》则谓吕尚封于齐营丘,"营丘边莱",故莱夷争之。正义引《括地志》曰:"营丘在青州临淄北百步外城中。"④可见齐之始封当在淄水流域,

---

① 《国语》卷2《周语中》,第49页。
② 王玉哲:《先周族最早来源于山西》,《古史集林》,第185—189页。
③ 徐少华:《周代南土历史地理与文化》,第40页。
④ 《史记》卷32《齐太公世家》,第1480页。

东境则与纪、莱等国接壤。我们知道,太公家族出自姜姓集团中的吕氏,其先世"尝为四岳"。① 所以太公封齐的实质,也就是吕氏支封于东方立国的过程,至于后嗣丁公仍称"吕伋"的现象,更反映出旧有名号随人群迁徙而得以承袭之事实。综上看来,吕地不仅并见于汾水流域和海岱地区,且其地望范围的前后变化,还可以跟姜姓吕氏的行迹,尤其是太公封齐的历史事件进行衔接,这就说明地名"吕"在区域之间的重叠现象,很可能正是周初吕尚之族东迁立国的产物。

（5）箕——異/纪

除了名号的重合现象,东土纪国在族源方面也与汾水流域存在联系。按纪和申、吕、齐、许同属于姜姓集团,诸姜俱为"太岳之胤",发祥地当在晋南的霍太山附近。陈槃先生很早便已注意到纪与山西箕地的隐性联系,并由此推测纪之始国当在汾域,后渐次移居中土,最后乃迁至淄潍地区。② 尽管这一推论在证据链上尚有缺环,然其视野之宏阔,仍足以予人启发。

欲以姜姓纪氏为对象,管窥区域之间的族群交流和政治联动,仅靠单一名号的重合和族源线索的指向性,未免显得相对薄弱,尤其是箕、異（纪）所对应人群的族属关系如何,迄今已然无从推知。在这样的前提下,成组地名、族氏名与地理空间的紧密结合,无疑可以提供关键的佐证作用,我们不妨先以"复合氏名"作为切入点进行溯源。1983年,山东寿光"益都侯城"故址出土一批晚商青铜器,时代相当于殷墟三期,③其中5鼎、5爵、3瓿、1尊、1卣都出现了族氏铭文"己竝",另有1件铜刀和2件铜锛缀以"己"字族徽。④ "己"即纪国之纪,毋庸赘言,可见寿光之纪早在商末便已出现,其源流分明如此。管见所及,"己"仅与"竝"构成"复合氏名",且复合频率相对较高,这就说明"己竝"理应视作"己"或者"竝"的一个分支族氏。考虑到带有"己竝"和"己"字族徽的铜器集中出土于寿光纪国故地,那么根据"复合氏名"的形成途径,"己竝"这一复合形式理应属于林沄先生归纳的"地名性复合",即部分竝族成员徙居己地后,遂在原有名号"竝"的基础上,连缀地名"己"而产生的"复合氏名",用以揭橥这

---

① 《史记》卷32《齐太公世家》,第1477页。
② 陈槃：《不见于春秋大事表之春秋方国稿》,第84—85页。
③ 朱凤瀚：《中国青铜器综论》,第1017页。
④ 寿光县博物馆：《山东寿光县新发现一批纪国青铜器》,《文物》1985年第3期。

一新分立的族氏。① 至于单署"己"者,则是省去母族名号而仅以支族名号作为标识。

周代纪国境内尚有属邑"郱",《春秋》庄公元年:"齐师迁纪郱、鄑、郚。"杜预注:"齐欲灭纪,故徙其三邑之民而取其地。郱在东莞临朐县东南。"即今山东临朐县东南一带。按"郱"字从邑、从并得声,故"郱""竝"二字音近可通,具备重名的基本条件。有学者从族名、地名合一的角度,认为纪国郱邑很可能与晚商竝族人群的徙居有关,②根据"己竝"器的出土地及己、竝二氏的血缘联系来看,这一观点是有道理的。

另一方面,"竝"也是甲骨刻辞、金文中常见的国族名和人名,该对象服事于商王国,负有贡纳、征战、祭祀等义务,如:

1. 竝入十。　　　　　　　　　　　(《合集》17085 反,记事刻辞)
2. 辛未贞:其令射㠱即竝。
   辛未贞:叀戋令即竝。　　　　　(《合集》32886,历)
3. 庚寅贞:王令竝伐商。　　　　　(《合集》2907,历)
4. 丙寅卜,贞:翌丁卯邑竝其㞢于丁牢,㞢一牛。五月。
   　　　　　　　　　　　　　　　(《合集》14157,宾)
5. 庚申卜,出贞:令邑竝酌河。　　(《合集》23675,出)

前三例中的"竝"均系贵族人名,亦可兼指其所统率之族氏。例 2 围绕遣命"射㠱"③抑或"戋"与"竝"协同配合进行占卜,例 3 称商王命"竝"征伐汶水下游的"商方",这些史事大致发生在武丁后期,下限不过祖庚、祖甲,在考古学年代上要早于寿光己器。因此不难推断,寿光境内的"己竝"遗迹,很可能是竝族成员因功受封于东土而形成的。

例 4—5"邑竝"作为祭祀行为的施动者,亦指贵族个体无疑。此"竝"与"邑"连缀合一,在称谓形式上与"复合氏名"极为相似,因而很可能是以分族名号来称代个人。"邑"同样是卜辞、金文中常见的国族名,该族铜

---

① 何景成:《商周青铜器族氏铭文研究》,第 194 页。
② 王永波:《竝族探略——兼论殷比干族属》,《考古与文物》1992 年第 1 期;严志斌:《商代青铜器铭文研究》,第 329—332 页。
③ "射㠱"是指由㠱族成员组成的射手武装。参见林沄《商代兵制管窥》,《林沄学术文集》,第 155 页。

器主要出土于安阳殷墟和灵石旌介商墓。① 后者是晚商强宗"⿱冂人（丙）"氏的族墓地,其中随邑鼎(《新收》999)伴出者,尚可见到署有"亚羌"、"戈"、"㝬"等族徽的器物,②这种现象至少可以表明,上述各族氏彼时应有成员活动于晋中盆地南部一带。③ 由是观之,"邑竝"乃是邑族人群徙居竝地而形成的支族名,此种解释恐怕最为切合二者连缀的密切关系,那么这也就意味着,"竝"作为汾域地名的可能性恐怕值得考虑。

1970 年,山西石楼县灵泉镇肖家塌村(原城关公社)出土了一件商式銎内戈(《集成》10851),时代相当于殷墟二期左右,内部一侧铸有铭文"竝",与甲骨文"竝"字完全写法一致,在此用为族氏徽识,另一面则有铸铭"开"。④ 有学者据以推断,商代竝族根据地可能就在今山西中部一带,并认为后世的"并州"之名即滥觞于此。⑤ 尽管我们目前还难以确定汾域出现竝地的年代上限,然无论如何,联系"邑竝"名号及上述铜戈的出土地来看,晚商阶段至少存在部分竝族成员一度活动于汾水中游附近,则是无可置疑的。就具体时代而言,可据相关甲骨分期和铜器断代结论初步推定在武丁至祖庚、祖甲之世。⑥ 准此,不妨结合以上所论要点,试将

---

① 参见邑云觯(《集成》6463)、小臣邑卣(《集成》9249)、邑鼎(《新收》999)等。
② 山西省考古研究所:《灵石旌介商墓》,北京:文物出版社,2006 年,第 196—202 页。
③ 按照学界的一般认知,灵石旌介商墓出邑鼎的现象,或可表明丙、邑二族之领地相去不远。参见李伯谦《从灵石旌介商墓的发现看晋陕高原青铜文化的归属》,《中国青铜文化结构体系研究》,第 167—184 页。笔者则倾向于从相对保守的立场出发,即 A 地出土 B 族铜器,至多反映出 B 族人群曾经活动于 A 地的这一轨迹,而不足以推定 B 族根据地与 A 地的空间关系。就上述族徽而言,"亚羌""戈"所对应的族氏基本都有比较明显的殷西背景。例如,晚商西周戈族铜器尽管分布范围较广,但在多数地点均为零星出土,相对集中的发现主要是在安阳殷墟遗址、泾阳高家堡墓地和绛县横水墓地,这足以为当时戈人的主要活动地域提供暗示。无独有偶,与"戈"保持复合关系的族徽尚有"⿴囗丨",该徽识见于周原遗址、天马—曲村 M6195、绛县横水 M2001、M2022、M3250 出土铜器及毁公簋、芮姞簋等,应是晚商西周时期主要分布在晋陕地区的一个族氏。至于"㝬"器,除灵石旌介商墓之外,在安阳殷墟西区和大司空村南地、济南刘家庄墓地、随州叶家山曾侯墓 M111 均有出土,其中殷墟 2 件、刘家庄 3 件,据此恐难断言"㝬"确切的族源方位。此外,2019 年山西公安机关移交当地文物部门的盗掘文物中,也有一件晚商时期的"㝬母癸"盉。参见山西省文物局编《山西珍贵文物档案》(10),北京:文物出版社,2020 年,第 29 页。
④ 杨绍舜:《山西石楼新征集到的几件商代青铜器》,《文物》1976 年第 2 期;山西省考古研究所、山西博物院、韩炳华主编:《晋西商代青铜器》,第 325、671 页。"开"疑即"开"字,它与"竝"字族徽联署于同器之现象,或与"复合氏名"具有相近意义。
⑤ 彭邦炯:《竝器、竝氏与并州》,《考古与文物》1981 年第 2 期;宋镇豪:《夏商社会生活史》,第 57 页。
⑥ 关于历、宾、出组卜辞的相对年代及其对应王世,参见黄天树《殷墟王卜辞的分类与断代》,北京:科学出版社,2007 年,第 9 页。

"竝""己"二者所对应的遗迹信息揭示如次,以见梗概：

表 6.3　竝、己遗迹信息一览表

对象	线索	汾水流域	海岱地区
竝	族氏遗迹	1. 卜辞"邑竝"称谓； 2. 竝🯂戈,今石楼县东	1. 卜辞"竝伐商"； 2. "竝己"器群,今寿光县古城乡
竝	地名遗迹	并州,来源待确认	邢邑,今临朐县东南
己	族氏遗迹	/	"竝己"器群,今寿光县古城乡
己	地名遗迹	/	纪都,今寿光市纪台镇

据上表所示,汾水流域和海岱地区都可见到竝族的物质遗存及相关地名遗迹,这就足以反映出同时期该族成员的活动轨迹,但其早晚关系尚难遽断。根据"己竝"铜器所见族氏名号的复合关系,可知寿光己氏是由竝族人群徙居己地以后形成的分族；同时,地名"邢"又出现在周代纪国故地范围内,这一现象也完全符合"地随族迁"的通则。那么,联系上古姜姓族群多发祥于汾水流域的情形来看,即便我们暂时无法坐实竝氏的族源亦在此地,但晚商阶段存在部分竝族人群自西向东迁移流动,其可能性与合理性显然应该重视。

(6) 斏——蔽

地名"斏/蔽"分别见于殷都以西和以东区域,前者乃是"四邦方"之斏方所在,后者则为商王征伐的对象。就地名联系到族名的角度而言,在东土范围内,可与蔽地构成对应关系的族氏则有"冀斏"。1981年,据传山东费县境内出土一批晚商青铜器,共计28件,其中15件均铸有"冀斏"字样的铭文。[①] 在商代金文中,"斏"基本上仅同"冀"构成"复合氏名",组合关系非常稳定；而"冀"则是彼时的商系望族之一,与其他族氏名号的复合形式相对复杂,这就说明族徽"冀斏"是用于标识血缘组织之间的分化关系,即冀族成员徙居斏地之后分立的支系。管见所及,集中出土晚商冀器的地点主要包括安阳殷墟、山东长清及费县等地。1957年,长清兴复河北岸发现青铜礼器16件及兵器、车马器若干,很可能系墓葬出土；1964

---

① 程长新、曲得龙、姜东方：《北京拣选一组二十八件商代带铭铜器》,《文物》1982年第9期。

年,又在当地征集到5件出土铜器。① 上述两批器物的年代相当于殷墟三期左右,②其中均出现了铭文"裘 🙏",并有单铸族徽"裘"的情况,可见该处遗存当为裘族所有。另一方面,同时期裘族成员联姻或发生战事的对象亦多位于东土,如齐妇鬲(《集成》486)的"齐"及小子𦉢簋(《集成》4138)、小子𢍰卣(《集成》5417)之"人方",故有不少研究者认为,晚商裘族主要分布于海岱地区,或者原本就是东方部族,这一观点诚有其合理性。不过,倘若重新审视裘的族属并梳理相关卜辞资料,则不难发现早期裘族的活动和晋陕地区其实也存在着密切关联。

首先,就裘的族系而言,学者多认为其不属于子姓商人集团,③如李伯谦先生就明确提出,裘是晚商阶段居住在殷都西北的异姓国族。陈絜先生又根据西周金文中的贵族称名规则,进一步推断裘为隗姓。④ 上述意见正确可从。众所周知,周代隗姓国族的分布以今山西境内最为集中,如《国语·郑语》史伯对郑桓公曰:"当成周者,……北有卫、燕、狄、鲜虞、潞、洛、泉、徐、蒲。"韦昭注:"潞、洛、泉、徐、蒲,皆赤狄,隗姓也。"⑤此五国彼时皆在晋南及其周边区域,周人或视之为"狄",其先世即是长期盘踞在晋陕高原一带、具有北方文化传统的族群。此外,近年考古发现的绛县横水墓地和翼城大河口墓地,在葬式、葬俗方面具有较高的一致性,也反映出墓主族属当与北方戎狄有关。⑥ 其中,绛县横水墓地的主人为倗伯家族成员,翼城大河口墓地则是霸伯家族的埋葬地,西周倗仲鼎铭(《集成》2462)言"倗仲作毕媿媵鼎",足以证实倗为媿姓。就地理位置而言,倗、霸二氏的居地均在同时期晋国的势力范围之内,彼此相距甚近,势必联系紧密,那么结合墓地反映的族属背景判断,二者大概都属于叔虞封唐之际领有的"怀姓九宗"。⑦ 综合上述若干线索来看,媿姓裘族滥觞于晋陕地

---

① 山东省博物馆:《山东长清出土的青铜器》,《文物》1964年第4期。
② 朱凤瀚:《中国青铜器综论》,第1049页。
③ 裘锡圭:《关于商代的宗族组织与贵族和平民两个阶级的初步研究》,《裘锡圭学术文集》第5卷,第132页;李伯谦:《裘族族系考》,《考古与文物》1987年第1期。
④ 陈絜:《商周姓氏制度研究》,第175页。
⑤ 《国语》卷16《郑语》,第508页。
⑥ 山西省考古研究所、运城市文物工作站、绛县文化局:《山西绛县横水西周墓地》,《考古》2006年第7期;山西省考古研究所大河口墓地联合考古队:《山西翼城县大河口西周墓地》,《考古》2011年第7期。
⑦ 田伟:《试论绛县横水、翼城大河口墓地的性质》,《中国国家博物馆馆刊》2012年第5期;韩巍:《横水、大河口墓地若干问题的探讨》,陕西省考古研究院、上海博物馆编:《两周封国论衡:陕西韩城出土芮国文物暨周代封国考古学研究国际学术研讨会论文集》,第388—407页。

区的可能性，恐怕同样值得考虑。实际上，据殷墟卜辞记载，甾与殷西区域的部分国族早已往来频繁，如：

1. 贞：叀戉。
   贞：甾及䣙、㘇。　　　　　　　　　　　（《合集》5455、5456，宾）
2. 癸丑卜，争贞：舌方弗㞢□。
   癸丑卜，争贞：甾及舌方。　　　　　　　（《合集》6341，宾）

上揭两例的"甾"都是贵族人名兼作族氏名，表示甾族首领及其所率领的家族成员。例 1 围绕"戉"或"甾"进行卜选，"及"有追击之意，意即派遣两位贵族之一前往攻击"䣙"和"㘇"。"戉"是宾组卜辞中常见的族名和人名，以往一般根据它与舌方和"沚"的关系，[①]乃将其方位定在殷西地区。[②] 绛县横水 M1006 出土署有族徽"戉"的成组铜器，包括觚、方尊、方彝各 1 件，[③]时代约在西周早期晚段，表明"戉"与晋南倗氏往来密切，或有助于佐证利用卜辞系联所作出的推论。另据学者研究表明，"㘇"和"䣙"可分别对应东周秦国之徵、鄌二邑，[④]前者在今陕西澄城县西南，后者在今陕西洛川县东南。至于舌方的地理位置，同样也在殷都西北的晋陕高原一带。那么，结合所卜对象的空间关系不难推知，武丁时期至少曾有甾人活跃于河、汾之间，考虑到其年代相对偏早，因而很可能代表了商周甾族的"源"而非"流"。[⑤] 但惜当地暂缺同名的地名遗迹作为参照，否则将有助于甾氏族源的定点。

相较而言，甾族人群在东方的活动遗迹则要略显偏晚。如前揭齐妇鬲为殷墟四期铜器，其中用作地名、国族名的"齐"，主要见于帝乙、帝辛时

---

① "戉"与舌方互有攻伐的卜辞，如《合集》6371、《合集》6376、《英藏》1179 正等。"戉"与"沚"关系密切者，如《合集》175、《合集》4284 等。
② 岛邦男著，濮茅左、顾伟良译：《殷墟卜辞研究》，第 741—744、857 页。
③ 山西省考古研究院、山西大学北方考古研究中心、运城市文物工作站、绛县文物局编著：《倗金集萃：山西绛县横水西周墓地出土青铜器》006、012、013，第 24—27、47—59 页。
④ 裘锡圭：《古文字释读三则》，《裘锡圭学术文集》第 3 卷，第 424—433 页；赵平安：《释"䣙"及相关诸字》，《金文释读与文明探索》，第 149—159 页。
⑤ 2019 年，山西公安机关曾向当地文物部门移交一件被盗的青铜盘。盘口沿下部饰云雷纹一周，其间饰卷角兽首，高圈足，并饰弦纹二周，年代当为西周早期，其铭文云："进作金妇尊彝，甾。"参见山西省文物局编《山西珍贵文物档案》(10)，第 126 页。若该器确系山西地区盗掘出土，或可为笔者的推论增加一则线索。

期的黄组卜辞;①而小子䍙簋、小子䍙卣诸铭所见䍙氏贵族和人方部族的往来,则与殷末征人方的历史背景相吻合;至于长清、费县两地出土的成组䍙器,其年代也基本相当于殷墟三期至殷墟四期。② 这些现象似乎集中暗示出一个事实:䍙族人群大举进入东土地区的时间也许要晚至武丁以后。③ 鉴于䍙和殷西䵼方的关系并不明朗,而蔽地则为商王经略东方过程中的目标地,它和"䍙䵼"器群不仅具有共时性特征,且在地理方位上相对一致,其间的联系恐怕颇为密切。那么,即便目前的线索尚不足以坐实媿姓䍙氏的族源同样位于汾水流域,但我们至少可以据此推断,山东境内出土䍙族铜器的所有者,应该就是殷末前夕伴随商人势力东扩而流入东土的䍙氏贵族。其中,徙居蔽地的䍙族人群"以地为氏",于是形成了以"䍙䵼"为徽识的分族;而长清兴复河北岸发现的"䍙🦀"器群,则属于移驻当地的䍙族别支遗存。

(7) 沚——沚

用作国族名号的"沚",主要见于宾、历组卜辞,与商王国的关系未必一直稳定。一方面,它曾作为商人采取军事行动的对象,不排除双方一度存在敌对状态,④如"令戉必(毖)沚"(《合集》175)、"甫允羍沚"(《合集》5857)。另一方面,商人也动员以"沚䵼"为代表的沚族成员,对其他部族发动战争,所涉对象包括羌、獛、龙方、召方等,如:

1. 癸卯卜,宾贞:叀甫乎令沚蚩羌,㞢[来]。七月。

(《合集》6623,宾)

2. 丁丑卜,㱿贞:今🖐王比沚䵼伐土方,受㞢又。

(《英藏》581,宾)

3. 癸酉贞:王比沚或伐召方,受又,在大乙宗。

(《合集》33058,历)

4. 乙酉卜,贞:乎亩比沚伐獛。 (《合集》6937,宾)

---

① 参见《合集》36493、36804 诸辞。
② 严志斌:《商代青铜器铭文研究》,第 317 页。
③ 《合集》5770 以"叀䍙令盖射"和"令皋盖射"对贞,其中的"盖"用作动词,或读为庠,大意是说命令"䍙"或"皋"教演习射。参见于省吾主编《甲骨文字诂林》,第 2653 页。总之,这版卜辞所记内容与地名"盖"并不相涉。
④ 《屯南》4090 有残辞作"……未……沚方……",或将"沚方"视为一词。但"沚"是否又称"沚方",目前尚乏其他旁证,且该辞读作"……未……沚,方……"的可能性,恐怕也无法排除。

5. 王叀龙方伐。
   王叀沚戓比。
   王叀望乘比。 （《乙编》5340,宾）

上揭诸辞中,例1和自组卜辞"羌其征沚"（《合集》20531）关系紧密,其中用作族名和地名的"沚",可以对应《合集》6057、《合集》6180、《合集》6357 所见与舌方接境的"沚",即"沚戓"的家族领地,方位当在殷都西北的汾水中游附近,与例2、例3所载"沚戓""沚或"会同王师分别征伐土方、召方的地理背景相合。需要提及的是,《合集》6 又有"马方其征,在沚"之记载,说明沚地位于马方入侵商王国边域的前沿,但相关卜辞中缺少关于马方地望的确切证据。① 此外,《集成》10857、10858 著录的晚商铜戈上,均有"戈""马"两种徽号并署而构成的"复合氏名",这既可视作戈人迁居马方之地后产生的分族标识,同时也不能排除"马"在此用作职事徽号,表示担任"马"这种武职的戈族成员。② 如是后者,同样亦无助于马方位置的推定。③

值得注意的是,例4、5 则可提供早期沚族成员活跃于东方的有关线索。前者称商王呼令"沚"协助"向"伐"獍",而"獍"用为地名又写作"礶"。在黄组卜步辞中,"礶"作为商王出巡的目的地,与"鄙林方"（《英藏》2563）具有严格的同辞关系,并见于帝辛十祀征人方日谱,④故"獍（礶）"和林方的方位理应基本一致,均在殷都以东区域。例5 大意说商王前往讨伐龙方,欲以"沚戓"或"望乘"作为配合。龙方或即《左传》成公二

---

① 蒋玉斌先生将《合集》8409 与《辑佚》18 进行加缀,从而出现"虔告曰:马方其涉河东兆"之辞。然在笔者看来,尽管此版缀合于残处和文字而言均可密合,但缀后的每行首字均作逐行下移之情形,在行款方面似乎并不合理。而且细审《辑佚》18 可见"告"字上方仍留有残画,未必可以直接上承《合集》8409 的"虔"字。

② 如殷墟卜辞中的"多马""多马羌"等,都是由"马"这种职事组成的武装力量,其管理者称为"马亚""多马亚"或"马小臣"。参见林沄《商代兵制管窥》,《林沄学术文集》,第155 页。王贵民先生认为这里的"马"并非骑兵,而是代指一乘战车。参见王贵民《商周制度考信》,石家庄:河北教育出版社,2014 年,第158 页。

③ 灵石旌介商墓 M1 出土的双耳圈足铜簋（M1:35）,其外底部铸有一象形意味甚浓的马形徽识,发掘者认为可能属于马方的遗存。参见山西省考古研究所《灵石旌介商墓》,第200 页。笔者过去一度也倾向于此说。严志斌先生通过对出土铜器的纹饰组合分析,指出该簋与其他 族物具有较高的一致性,仍应视作 族之器为宜。参见严志斌《灵石旌介商墓铜器研究》,陈光祖主编《金玉交辉:商周考古、艺术与文化论文集》,台北:"中研院"历史语言研究所,2013 年,第93—116 页。

④ 孙亚冰、林欢:《商代地理与方国》,第379 页。

年鲁国北鄙之"龙",①在今泰安东南的汶水沿线,所以彼时"沚馘"定然是在东土为商王奔走效命。

现由不同角度的系联出发,已知晚商东、西两大区域均有沚地(见前),同时并见沚族成员活动的相应线索,那么接着就要厘清二者的源流关系。就上述沚族成员出现在不同区域的历史记录来说,有关材料的时代是比较接近的,很难对其早晚关系作出确切判断。不过,关于早期沚族人群的地域流动,通过下引卜辞似犹可窥见一丝端倪:

1. 己未卜,㱿令⬚往沚。
   己未卜,㱿勿令⬚往沚。（《合集》6947,宾）
2. ……壴往沚,亡囚。（《合集》7996,宾）
3. 庚午贞：壴以沚。
   辛未贞：王令竝以𢦚于敽。（《屯南》1047,历②）

例1、2分别是商王对委派贵族"⬚"或"壴"前往沚地的占卜记录,唯惜语焉不详。但若联系例3则不难推知,此举之目的很可能便是让"壴"率领沚人展开行动,而这种商人贵族对沚族成员的支配和调遣,既是以地方势力对商王国的服属作为前提,同时显然也构成人群流动的政治动因。考虑到"壴以沚"和"竝以𢦚于敽"构成对贞关系,而"敽"又是武丁时期王室在东方的田猎地,③那么"壴"即非是将沚人致送到东土敽地,也应是前往商王国统治区域或亟待拓殖的边地进行安置,以便进行集中控制和加以利用。由此看来,大约同一阶段"沚馘"又在东方参与对獸和龙方的战事,其中缘由便不难理解了。

基于以上所论,考察门绶黄组卜步辞中殷东沚地的由来,较为合理的逻辑就是从"地随族迁"的角度进行解释,即"沚馘"集团因在东方战争中建有功勋而就地受封,乃以旧居命名新土而产生的地名遗迹,故不妨视作沚人播迁东土的余绪。但需指出的是,同时期卜辞中已不复见到沚氏贵族的身影,却又出现了"人方沚伯"的名号(《东大》B0945),表明该地至商

---

① 陈絜:《作册旂组器中的地理问题与昭王边域经营策略》,《南方文物》2019年第3期。
② 《屯南》1047与《合集》32997及《合集》32996为成套卜辞,其中"敽"字在《合集》32996作"龟"。
③ 陈絜、田秋棉:《卜辞"龟"地与武丁时期的王室田猎区》,《故宫博物院院刊》2018年第1期。

末一度又为隶属人方集团的部族首领所占据。① 这种边域领土归属权发生变动的现象并非个例，无非暗示其方位恰在商、夷势力对峙和反复拉锯的前沿，所以商王要在征人方途中巡行及此，不排除亦含有收复故土的意味。

（8）召方——召

汾水流域附近的召地为召方所在。召方与商王国的战事，主要见于宾、历组和花东子卜辞，时代约相当于武丁后期至祖庚时期，②其中的历组二类卜辞有云：

    1. 己酉卜，召方来，告于父丁。　　　　　　　　（《合集》33016）
    2. 乙未卜，贞：召来，于大乙延。
       乙未卜，贞：召方来，于父丁延。
       己亥卜，贞：竹来以召方，于大乙束。　　　　（《屯南》1116）

"竹"是服属于商的部族首领，他向商人致送召方成员，可见彼时召方已经战败，并开始接受商王国的集中统治和支配。在时代稍晚的无名组卜辞中，又有如下记载：

    王其田于刀（召），屯日亡灾。侃王。　　　　　　（《屯南》2341）

上揭地名原作"刀"，亦即刀（召）方所在地，与田猎卜辞常见作"𠭥"者截然不同，盖出于刻意区分之意。这时商王得以亲赴刀（召）方田游，暗示该地已彻底处在商人的控制下，而此后的甲骨刻辞中也不复出现刀（召）方之名。

至于商王田猎地"𠭥（召）"和召方究竟存在怎样的关系，以往学界普遍默认空间重合而未予深究，但若从"异地同名"的角度重新加以考察，则二者地名用字相异、所处时代有别的现象，便不能不引起我们的重视。众

---

① 与"人方汕伯"结构相近的称谓，尚有"人方濰伯"（《铭图》14766）、"人方无改"（《集成》944）、"人方䍙"（《集成》5417）等，皆是人方下属的部族首领名号。当然，《东大》B0945系残辞，相关文字也不排除断读为"……人方，汕伯执……其以用"。这样，"汕伯"就不必理解成人方集团成员，而可能是参加征人方战事的部族首领。参见曹锦炎、沈建华编著《甲骨文校释总集》，上海辞书出版社，2006年，第6969页。

② 黄天树：《殷墟王卜辞的分类与断代》，第9页；陈剑：《说花园庄东地甲骨卜辞中的"丁"——附：释"速"》，《故宫博物院院刊》2004年第4期。

所周知,西周世族之中有著名的召公家族,召公奭作为王室股肱,长期担任太保一职,与周公旦并为二公,地位显赫,但召氏的族源问题一直未能得到妥善的解决。《史记·燕世家》仅笼统地说召公奭"与周同姓",却未尝指明其与周王室的血缘关系,非但与"文之昭""武之穆"等宗室子弟截然有别,甚至也不及太伯、仲雍和"二虢"等早期别支,犹可据传说对其出身进行追溯。此外,西周早期金文所见召公家族成员普遍有使用日名、族徽的习俗,①亦与姬姓周人的文化传统龃龉不合。职是之故,今之学者对召公姬姓说多有怀疑,并认为召氏并非出自周族本支,而是属于商系文化背景的东方族群。② 白川静先生更明确指出,卜辞召方原本就是召公家族的祖先,它一度为商人所征服,周人势力东进后转而与周联合,遂成为周代的重要世族。③ 这一思路无疑是很有启发性的。

倘若将视域纵贯晚商、周初两个阶段,并将召方、召地与召公家族联系起来加以思考,则召方的去向及周代召氏的来源,或可由此得以钩沉。根据裘锡圭先生的研究,商人对待征服对象往往采取"奠置"的手段,其实质即迫使服属国族的一部分或全部离开故土,迁至商王国控制的特定区域进行安置。④ 结合前揭"召方来""竹来以召方"等占卜记录来看,召方在被商人征服之后,应有相当一部分族众改弦更张,沦为商王国治下的附庸群体,从而在商系贵族的支配下被迫徙居他处。考虑到无名组、黄组田猎卜辞的年代已经接近商末,而戍铃方彝的历日亦可排入帝辛十祀征人方历谱,⑤所以东土召地的出现时间,显然要迟至商伐召方战争之后,那么联系"地随族迁"这一通例进行思考,上述两处召地的源流及其与召方的内在联系,便不难浮现在研究者眼前。综合种种线索推断,军事上的失利很可能引起了召方的内部分化,部分召人转而归附于商,并被商人迁往殷东地区进行奠置,以加强商王国在东方的统治力量,此举自然可以导致地

---

① 参见伯稣鼎(《集成》2407)、稣爵(《集成》9089)、宪鼎(《集成》2749)、伯宪盉(《集成》9430)、匽侯旨鼎(《集成》2269)及洛阳北窑西周墓出土的叔造尊(《新收》349)。
② 任伟:《西周封国考疑》,第166页;韩巍:《西周金文世族研究》,第85页。此外,有学者根据《国语·鲁语下》"古者分同姓以珍玉""分异姓以远方之职贡"的记载,提出召公家族成员就封时未获分器,与鲁公伯禽、卫康叔、唐叔虞等同姓诸侯迥然有别。参见景红艳:《以出土文献为据再论召公不是文王之子》,《考古与文物》2015年第5期。
③ 白川静:《召方考》,《甲骨金文学论集》,京都:朋友书店,1973年,第171—203页。
④ 裘锡圭:《说殷墟卜辞的"奠"——试论商人处置服属者的一种方法》,《裘锡圭学术文集》第5卷,第169—192页。
⑤ 孙亚冰、林欢:《商代地理与方国》,第391—392页。

名"召"的移植。① 另一方面，也有部分失去故地的召族成员恐怕并未东徙，而是流散于殷西边域的晋陕地区，继续同商人势力往来周旋。这支召人后来辗转活动至关中一带，与新崛起的姬姓周人密切接触，从而缔结形成反商同盟，并被纳入"西土集团"之内，最终在血缘层面上获得周人的认同，是为周代召氏之先。设若上述推论可以成立，那么作为召公食采的周畿召邑，无疑亦可视为卜辞召方的又一余绪。

综上所论，前揭吕、箕/其、竝、叞/蔽、沚、召这六组地名，不但并见于汾水流域和海岱地区，而且在两大区域之间地理位置的变动，亦与同名国族的人群活动轨迹基本相合。尤为关键的是，就相对年代来看，它们集中成群出现在殷西地区的时间似乎也要早于东方。这样的话，其中所反映的族群流动就不仅具有明确的方向性，同时也很容易使人联想到当时的历史背景。

据卜辞和金文资料记载，晚商时期以人方为首的东夷部族俨然已成为商王国的肘腋之患，帝乙、帝辛在位期间曾多次出师征伐，海岱地区自然也就成为商人重点经营的方域。②《吕氏春秋·古乐》载"商人服象，为虐于东夷"，《左传》昭公十一年叔向语则云"纣克东夷，而陨其身"，均凝练地勾画出商末阶段的历史主线。我们知道，早期国家的军事扩张与移民通常是相辅相成的，战争为人群的迁徙、居处提供了各种物质资源，而最高统治者徙民实边以及推行封建的主要目的，也往往在于巩固对外战争的成果，以突破空间距离对早期国家边域管理能力的限制。对此，伊藤道治先生有一段生动的描述：

> 当时的军队以族的编制为基础，各级指挥官以自己一族的家臣、侍从组成军队，当军队在某地定居时，可以原封不动地转变为领主。当时根据下一步的军事行动进一步向东扩张，便占据了新的土地，成

---

① 据商末四祀邲其卣铭（《集成》5413）记载，商王曾先后驻跸于召地和榆地，其空间关系与田猎卜辞所示完全相合，说明召、榆二地不仅距离比邻，而且并在东土。饶有意思的是，西周成王世的太保簋铭（《集成》4140）则言，太保（召公）平定录子耴之乱有功，因得受赐"榆土"以为采邑。合观两铭可知，周天子益封召公家族的土地，恰好与商末召人的东方旧居为邻，此举恐怕亦非偶然现象，不排除带有复尔故土的考虑。

② 李学勤：《夏商周与山东》，《中国古代文明研究》，第378—379页；方辉：《从考古发现谈商代末年的征人方》，《海岱地区青铜时代考古》，第357—383页；邵望平：《商王朝东土的夷商融合》，山东大学东方考古研究中心编：《东方考古》第4集，第95—103页。

为那个地方的领主。①

结合上述历史背景及小子𫓧簋、小子𢁅卣诸铭反映的史实来看,晚商汾水流域和海岱地区之间出现的这次族群迁徙,大概正是伴随着商人势力在东方的持续扩张而产生的。其中,除了以"汜戉"为首的汜族成员,还有"竝己"为代表的姜姓人群和"𢍰𢍰""倗舟"等媿姓人群,②应当都是这个移民集团的重要组成部分。他们作为商人东进的支持者和参与者,接受最高统治者的集中组织征调,自殷西故地积极投身于东土拓殖运动,并在海岱地区建立了若干新的根据地,与济南大辛庄、临淄薄姑氏、青州苏埠屯、滕州前掌大等商文化据点相互呼应,从而在地缘格局上形成对东夷集团的钳制和包夹。这一整体情势,适与西周初年在泰山南北两翼分封齐、鲁、滕、薛等诸侯颇有异曲同工之处。此外,商人势力在不断东扩之际,也会役使部分被征服的服属国族迁往东方,以达到充实边域力量及防备外侮之目的,同时加强对新占领地区的土地开发和资源利用(如海盐和动植物资源),召人的东徙或即其中的一个显例。

当然,就姜姓族群而言,王献唐先生曾提出早期山东境内存在一个"姜姓统治集团"的著名论断,③其中不仅有齐、纪,还包括逄、州、夷等蕞尔小邦,它们辗转移居东方的年代显然并不一致。如逄氏先祖名叫"逄伯陵",《国语·周语下》:"我皇妣大姜之侄,伯陵之后,逄公之所凭神也。"又《左传》昭公二十年下晏子对齐侯曰:

> 昔爽鸠氏始居此地,季萴因之,有逄伯陵因之,蒲姑氏因之,而后太公因之。

据晏子所言,早在太公封齐之前,逄伯陵一族便已活动于临淄周边,至商末阶段又为薄姑氏所取代,可见逄氏当系较早定居东土的姜姓部族。1979—1985 年间,考古人员在济阳刘台子遗址陆续清理了 4 座西周墓葬

---

① 伊藤道治著,江蓝生译:《中国古代王朝的形成》,第 215 页。
② 据初步统计,署有复合氏名"倗舟"的铜器共 11 件,时代主要集中在殷墟三、四期。在笔者看来,所谓"倗舟",应是倗氏徙居舟地而形成的分族之名号。其中,"倗"既为晋南地区的媿姓旧宗,"舟"则系东土地名,那么"倗舟"所体现的族氏迁移史迹,显然与复合氏名"𢍰𢍰"颇为相似。
③ 王献唐:《山东古国考》,济南:齐鲁书社,1983 年,第 159—224 页。

(M2—M4、M6),出土的多件铜器上均署有"逢"字族铭,年代跨度约相当于西周早期晚段至西周中期偏早,故可确定周代逢氏已西迁至济阳一带立国,但总体范围仍不出海岱地区。①

在这批根植于东方的姜姓集团中,太公封齐正值西周初年,时代断限最为明确,相较逢、纪诸氏为晚。然需注意的是,关于太公其人的出身,传世文献的记载其实颇有异词。如《荀子·君道》曰:"(文王)倜然乃举太公于州人而用之。"《韩诗外传》作"舟人"。俞樾云:"太公姜姓,疑本州国之人,故曰州人。"②按州为东方小国,见于《春秋》经传,《世本·氏姓篇》:"许、州、向、申,姜姓也。"③太公家族虽然亦为姜姓,但由"吕尚""吕伋"之类人名称谓本身可知,其所自出者当系吕氏本支无疑,就血缘组织之结构而论,显然不能和州氏混为一谈。在笔者看来,大概正是因为吕、州并属姜姓,加之太公就封于齐,而州居安丘,二者在族系和地域上均有密切联系,后世才会产生"举太公于州人"的附会之说。此外,司马迁于《史记·齐太公世家》又称太公为"东海上人",④适与前揭《荀子》之说颇有同源性。当然,从姜齐与诸多同姓"棠棣"比邻而居的情形来看,这恐怕也不宜简单地视作"齐东野语"。对此,杜正胜先生有一段论述很有启发性,他说:

> 前文引述塱方鼎,证太公因周公之助,击破薄姑氏,乃有临淄之地,严格说不是新征服,而是收复同姓逢伯陵之旧地。因为当地多姜姓氏族,太公治齐是同族统治,故能"因其俗,简其礼",五月而报政(《史记·齐太公世家》),驾轻就熟,是必然的道理。⑤

如果要从《齐世家》所载经过演绎的传说中,剥离出相对可靠的史实素

---

① 济阳刘台子西周墓地 M6 出有一件王姜鼎(或释"王姒",恐与字形不合),时代相当于西周早期晚段。参见山东省文物考古研究所《山东济阳刘台子西周六号墓清理报告》,《文物》1996年第12期。此"王姜"即是出自逢氏的姜姓女子,嫁与周王为配,可见东土逢氏与周王室长期保持联姻关系。
② 韩婴撰,许维遹校释:《韩诗外传集释》卷4,第146页。然而俞樾在《诸子平议》中又说,太公"身为渔父而钓于渭滨",故曰"舟人"。这一解释则是从渔者角度来解释"舟人",明显较为牵强。参见俞樾《诸子平议》卷13,北京:中华书局,1954年,第256页。
③ 宋衷注,秦嘉谟等辑:《世本八种》,雷学淇辑本,第46页。
④ 裴骃集解:"《吕氏春秋》曰:'东夷之士'。"《史记》或循《吕览》之说。
⑤ 杜正胜:《古代社会与国家》,台北:允晨文化实业股份有限公司,1992年,第373页。

材,则吕尚一族殆是自汾域的吕氏故地迁居渭滨(即所谓"以渔钓奸周西伯"),①先与西土的姬姓周人结成反商同盟,西周以后乃由分封之故,遂辗转扎根于东方的姜姓集团之列,其本末源流不容倒置罢了。

通过上文的梳理勾稽,商周汾水流域与海岱地区的族群交流大势,便已初步揭开了冰山一角。需要指出的是,古代人群迁移流动的实际情况,恐怕远较我们想象的更为复杂,而跨越不同地理区域的族氏分衍及迁徙,定然也并非局限于一时一地。例如"羌"这一称谓,早期仅见于商人的话语体系,它不但可以特指某个实际名"羌"的部族(如"羌方"),亦可作为商人对异属族群的泛称,从而与其他部族专名联署(如"羌龙")。因此,我们无法通过综合所有称"羌"者的方位线索,以期推定羌方这类具体部族的活动轨迹,那么较为稳妥的认知前提,即是不妨暂且承认"羌"名及其对应人群具有分散性和流动性之特征。就卜辞所见的种种线索来看,晚商时期称"羌"者的分布范围确实也颇为广袤,并非局限于一隅一地。考虑到商王占卜地的不确定性,诸如"来羌自西"(《合集》6596)之类涉及获俘的刻辞习语,其地理意义或可姑且不论。但《合集》19758关于"羌"在东方出没的记载,恰与历、何、无名组所见羌方的定位大致相合,则理应不容忽视:

壬子卜,王贞:羌其❏于东。
壬子卜,王贞:羌不其❏于东。

这是一版武丁中后期的师组小字卜辞。"❏"字作一人操舟之形,郭沫若先生疑即"般"字,读作"畔(叛)"。② 钟柏生先生改释为"荡",亦可备一说。③ 然无论如何,这版卜辞足以佐证殷都以东同样存在"羌"的行迹。

相应的例子不一而足,宾组卜辞《合集》6627中犹可见"北羌"之称,其辞作"己酉卜,𠭯贞:王叀北羌伐"。据名号判断,"北羌"与羌方或为同一族属的不同别支,地望当在商王国及羌方之北,④故冠方位词前缀以示

---

① 关于吕尚如何归周,司马迁又以"或曰"形式并存两说。一说吕尚尝以才干事纣,后去之而归西伯;或云吕尚原为处士,隐居海滨,后为散宜生、闳夭之徒所招。参见《史记》卷32《齐太公世家》,第1478页。
② 郭沫若:《殷契萃编》,北京:科学出版社,1965年,第643页。
③ 钟柏生:《殷商卜辞地理论丛》,第175页。
④ 罗琨:《殷商时期的羌和羌方》,王宇信主编:《甲骨文与殷商史》第3辑,第422页。

分别。

综上，在晚商国家的不同地理区域，广泛分布有若干支以"羌"为号的部族，且就称谓而言均系他称，集中代表了商人的族群认知，这种现象恐非偶然可以解释。尽管目前难以根据有限史料推原彼此的源流关系，但相近时期内同名部族并立之景观，往往是以共同的血缘或地缘背景及由此形成的族群意识作为基础，职是之故，我们显然无法轻易排除其间存在族群分衍及迁徙的可能性。

第三节 晋南与淮、汉地区的族群迁徙

研治商周史地的学者很早就注意到，在北方的汾水流域和南方的淮、汉地区之间，有相当一部分国族名、地名是存在关联甚至完全相同的。如童书业先生尝言：

> 汾水流域之国名、地名常出现于江、淮、汉水之间，如江、淮、汉水间有随、鄂、沈、黄、唐等国，汾水流域附近亦有之。[1]

童先生作出这番论述，原本意在借助区域之间的地名重名现象，来推定汉水附近亦当存在虞国，但实际却点明了构建"地名组群"的学术意义，予人以无限启发。

随着近年考古工作的推进，越来越多的学者对晋南与淮、汉地区的地名重叠现象报以关注，并意识到其背后可能隐含着早期人群移徙的史迹。[2] 比如，随州地区发现羊子山噩侯墓地及叶家山曾侯墓地之后，王占奎先生就借此契机再次谈到上述问题，他说：

> 研究周代历史地理的学者均注意到了晋南与今河南南阳、湖北襄樊及随州一带有很多地名是相同的，其原因就在于古代的北人南

---

[1] 童书业：《春秋左传研究》（校订本），第214页。
[2] 据于薇女士介绍，在湖北省博物馆、湖北省文物考古研究所主办的"礼乐中国——湖北出土商周青铜器特展暨叶家山西周墓地国际学术研讨会（武汉，2013）"上，李零、谢尧亭二位先生均已提出叶家山墓地人群来源于晋南地区的可能性。2017年4月，北京大学出土文献研究所同仁赴山西省文物考古研究所侯马工作站考察期间，李零、谢尧亭和韩巍诸位先生也在交流中谈到这一问题，亦使笔者深受启发。

移,如唐、噩等。除此以外,笔者认为,这次发现的越子鼎又提供了一个处于晋南的商代越国。①

于薇女士则通过全面的梳理与考订,总结出两周时期晋南与鄂东、豫西地区的重名地名多达 17 组,她根据这些地名在时间、空间上的分布特征,并结合区域政治、文化和资源等方面的联系,指出上述"重名地名群"的成因当与人群流动有关。② 此可视作目前关于这一问题最为系统的研究成果。

参照笔者提出的利用"地名组群"进行考察的基本思路,即① 找同名地名或关联地名的样本——② 找人、地对应关系——③ 找人群流动的线索,这"三部曲"中的第一步已经初步完成,至于第二和第三步骤,未免还有不少工作要做。客观地说,基于目前所掌握的史料,来探讨晋南和淮、汉地区之间的族群迁徙,所面临的问题恐怕要更加复杂。首先,多数重名地名样本尚不足以找到同名国族来建立可靠的对应关系,其中能够捕捉到人群流动之线索者更是十分有限,因而一定程度上需要借助地名的集群性和成组性特征,以提供相应的佐证或暗示;另一方面,有些北方部族曾经南迁的史实,却又并未通过名号重合这一方面呈现出来,无法直接纳入"地名组群"的方法论框架。这种双重"不对称"的困境无疑是对研究者的考验,但仍有必要进行实践尝试。

最后需作说明的是,本书对"淮、汉地区"这一区域单位范围的界定,原则上以自然地理单元的划分为基础,同时也适当兼顾人文地理因素,具体而言大致相当于淮、汉分水岭桐柏—大别山脉南北的区域,即主要包括淮河上游地区、南阳盆地、鄂西北地区及汉水以东的随枣走廊,其北界约以伏牛山南麓及汝、颍二水为限,南缘则抵于大巴山及汉水中下游干流周边。

一、晋南与淮、汉地区的地名、国族名重叠现象

据前引"于文"所附的"重名地名表",两周时期并见于晋南和鄂东、豫西地区的重名地名,包括汾、随、唐、霍、梁、屈、方、郇、瑕、栎、襄、邓、噩、州、三户、涞、漳,共计 17 组。笔者通过进一步爬梳和排查,谨对少数样本

---

① 李学勤等:《湖北随州叶家山西周墓地笔谈》,《文物》2011 年第 11 期。
② 于薇:《晋南与鄂东豫西地区两周时期的地名重名现象》,北京大学中国考古学研究中心、北京大学震旦古代文明研究中心编:《古代文明》第 12 卷,第 169—233 页。

的情况略作交代。其中，州、邓位于太行山脉以南的"河内"之地，三户则为故邺地以西的漳水津渡，均已脱离本文关于"晋南"或"汾水流域"这一地理单元的限定。漳即《尚书·禹贡》"覃怀底绩，至于衡漳"者，按浊漳水源出今长子县西的发鸠山，东迳太行山而接北来之清漳水，二水汇合后东流入河，故称"衡漳"，其流域范围亦主要是在分水岭及其以东区域，故不拟择取。至于《穆天子传》卷四"自河首襄山以西"之"襄山"，其地素有争议，旧说或认为即蒲坂之雷首，①但近世学者多谓"河首"是指黄河上源，故云"南至于舂山、珠泽、昆仑之丘，七百里"。② 而作为汉水中游支流的涑水，最早仅见于《水经注》之记载，文本年代相对偏晚，亦不妨存疑。这样，经过核重、去疑和补阙的基础性工作，我们重新筛选出的重名样本为 18 组，即：

随、唐、鄂、吕、霍、梁、舌（江）、黄、沈、方（房）、屈、郇、瑕、栎、汾、稷、陉、景山

上揭地名群中，随、唐、鄂、吕、霍、舌（江）、黄、沈、方（房）、郇这 10 组地名，至少出现在某一区域内可作国族名，故不妨归为第一类型。其余地名则不便进一步分类，如景山仅为山名，而汾、陉、梁、稷皆可兼作邑名和山川名。下面逐次进行说明。

（1）随——随

汾水流域的"随"为晋国地名。《左传》隐公五年："翼侯奔随。"杜预注："晋地。"晋大夫士会食邑于此，故又名"随会"。史载其地望在今山西介休县东南二十五里之古随城。③

淮、汉地区的"随"是周代国名。《左传》桓公六年载楚人有"汉东之国，随为大"之说，孔疏引《世本》云："随国，姬姓。"④《汉书·地理志》南阳郡随县自注："故国。"⑤自 1978 年曾侯乙墓的发现以来，今湖北随州市

---

① 《史记·封禅书》载"自华以西，名山七"中有薄山，索隐曰："薄山者，襄山也。应劭云'在潼关北十余里'。《穆天子传》云'自河首襄山'。"按《封禅书》原作"薄山者，衰山也"，徐广曰"蒲坂县有襄山，或字误也"。参见《史记》卷 28《封禅书》，第 1372 页。
② 参见王贻梁、陈建敏《穆天子传汇校集释》，上海：华东师范大学出版社，1994 年，第 239—240 页。
③ 杨伯峻：《春秋左传注》（修订本），第 45 页。
④ 孔颖达：《春秋左传正义》卷 6，阮元校刻《十三经注疏》，第 3798 页。
⑤ 《汉书》卷 28《地理志》，第 1564 页。

区一带又陆续发现大量同时期的曾国遗存,而这一区域恰好跟文献记载的随国故地相重叠,由此诞生了"曾、随之谜"的学术疑题。目前看来,结合随州文峰塔墓地出土随大司马行戈、曾侯與钟及枣树林墓地所见"随仲芈加""随侯"字样的铜器铭文,基本可以断定曾、随属于一国二名的关系,而"随"是时人以都邑名(地名)来指称国名的另一表述。

(2)唐——唐

晋南的"唐"是殷商故国,周成王灭之以封叔虞,因其旧名不改,古文字资料中多写作"鷽"(文王玉环、晋公盆)或"昜"(悆公篡)。据《史记·晋世家》载,故唐国位于"河、汾之东""汾、浍之间"的区域,即今临汾盆地东部一带,其具体定位仍待探寻,但非翼城、曲沃两县交界处的天马—曲村遗址,后者应是燮父迁晋之地。

淮、汉地区的"唐"为周代国名,西周金文从"庚"作"唐"(中觯),东周金文则多从"昜"旁(陽食生篡、①陽侯制随侯行鼎、②陽侯制随夫人行鼎、③鍚子器群④),所指实一。《国语·郑语》载史伯对郑桓公曰:"当成周者,南有荆蛮、申、吕、应、邓、陈、蔡、随、唐。"传统观点一般认为唐国在今随州市西北的唐县镇,⑤石泉先生则力主改定在今河南唐河县附近。⑥结合《左传》及清华简《系年》所载吴师入郢的背景来看,后说较为合理。

(3)鄂——鄂

汾水流域的"鄂"为晋国地名,春秋初年曾为晋侯出居之所。《左传》隐公六年:"翼九宗五正顷父之子嘉父逆晋侯于随,纳诸鄂,晋人谓之鄂侯。"杜预注:"晋别邑也。"旧说或指鄂地在今山西乡宁县境,如《晋世家》正义引《括地志》云:"故鄂城在慈州昌宁县东二里。"⑦然而《世本·居篇》又有"唐叔虞居鄂"之说,设若叔虞始封居鄂,则该地势必要在故唐国的范围之内,而乡宁地处黄河东岸的吕梁山南端,显然无法满足"河、汾之

---

① 1977年湖北枣阳市资山公社征集。参见黄锡全《湖北出土商周文字辑证》(增补本),武汉:武汉大学出版社,2019年,第125页。
② 2018—2019年湖北随州枣树林墓地M191曾公求夫人渔墓出土。
③ 2012年湖北随州义地岗盗掘出土。参见黄凤春、蒋斌《从新见唐国铜器铭文再谈曾随之谜——兼谈姬姓唐国的地望问题》,徐少华、谷口满、罗泰主编,晏昌贵、郑威副主编:《楚文化与长江中游早期开发国际学术研讨会论文集》,第458—465页。
④ 2001年湖北郧县五峰乡肖家河村出土。参见郧县博物馆《湖北郧县肖家河出土春秋唐国铜器》,《江汉考古》2003年第1期。
⑤ 陈槃:《春秋大事表列国爵姓及存灭表譔异》(三订本),第772页。
⑥ 石泉:《古代曾国—随国地望初探》,《古代荆楚地理初探》,第84—104页。
⑦ 《史记》卷39《晋世家》,第1636页。

东""汾、浍之间"的基本要求。此外，曲沃代翼进程中的一个史事片段，亦有助于佐证鄂地的大致方位：

> 曲沃庄伯以郑人、邢人伐翼，王使尹氏、武氏助之。翼侯奔随。……曲沃叛王。秋，王命虢公伐曲沃，而立哀侯于翼。
> （《左传》隐公五年）
> 翼九宗五正顷父之子嘉父逆晋侯于随，纳诸鄂，晋人谓之鄂侯。
> （《左传》隐公六年）

据隐公五年《传》云，晋侯为曲沃联军所逐，被迫去翼奔随，同年虢公立其子于翼，是为哀侯。然而不久，晋人又赴随地迎回故主，因国中已有哀侯之立，只得改纳于鄂，故称"鄂侯"。那么，依据事件发展的次第来看，鄂侯自随返国途中所经之区域，无外乎就是今介休以南、翼城以北的汾水东岸地带。[①] 如是，便同样将鄂的地望范围指向了临汾盆地东部一带，从而与《史记·晋世家》索隐所谓"鄂，今在大夏是也"的论断相吻合。[②]

总之，晋南之鄂现有两说：如果结合《世本》及《春秋》经传记载，东周晋地之鄂当在临汾盆地东部一带为宜；若仅从旧注中择取有效信息，而不必与叔虞所都、晋侯所居作过度关联，则乡宁境内并有鄂地，也不妨另备一说。至于早期淮、汉地区以"鄂"为名的地点，尚有随枣走廊的西周鄂国故地及南阳盆地的"西鄂故城"，如前所论，后者得名很可能与两周之际鄂国的内迁有关。

(4) 吕——甫

如前所述，汾水流域的"吕"为晋地。《续汉志》河东郡永安县下刘昭注引《博物记》云"有吕乡"，[③]即吕甥之采邑。在今山西霍州市西南。

淮、汉地区的"吕"为周代国名，传世文献作"甫"。《大雅·崧高》："维岳降神，生甫及申。维申及甫，维周之翰。"此"甫"即吕，是谓申、吕乃"太岳"之胤，周宣王一并徙封二国于南土，以为周室藩屏。关于吕国南迁

[①] 孙庆伟先生已有相近看法。参见孙庆伟《觊(尧)公簋、晋侯尊与叔虞居"鄂"、燮父都"向"》，《古代文明研究通讯》第35期，2007年。另需指出的是，《晋世家》载哀侯九年曲沃武公"伐晋于汾旁"，此云"伐晋"犹言伐翼，对象为哀侯而非鄂侯，所以这条材料不宜作为鄂地近汾的证据。

[②] 《史记》卷39《晋世家》，第1635页。

[③] 《后汉书·志》第19《郡国一》，第3398、3400页。

的地望，《潜夫论·志氏姓》云："宛西三十里有吕城。"①《水经注》《括地志》等均从此说，故址或在今南阳市卧龙区王村乡董营村一带。

（5）霍——霍

汾水流域的"霍"为山名和国名。霍山一名"太岳"，《尚书·禹贡》："壶口、雷首，至于大岳。"郑玄《唐谱》云："太岳在河东故县彘东，名霍太山。"②在今山西霍州市东南。霍国位于霍山之西，为文王之子叔处所封。《左传》闵公元年："晋侯作二军，公将上军，大子申生将下军。赵夙御戎，毕万为右，以灭耿、灭霍、灭魏。"杜预注："永安县东北有霍大山。三国皆姬姓。"

淮、汉地区的"霍"位于汝水上游，春秋蛮氏之邑，后属楚。《左传》哀公四年："夏，楚人既克夷虎，乃谋北方。……为一昔之期，袭梁及霍。单浮余围蛮氏，蛮氏溃。蛮子赤奔晋阴地。"杜预注："梁，河南梁县西南故城也。南梁有霍阳山，皆蛮子之邑也。"地在今河南汝州市西南。③

（6）舌——江

如本章第二节所论，"舌"即殷墟甲骨文中的舌方，是商王国西部边域主要的敌对势力之一，与沚、卺、吕、䣄、冀等商人服属国族都曾发生过战争。根据《合集》6057所示方位关系，舌方地处土方之西、"沚䣵"领地西北，其势力范围可能主要位于汾水中游以西的晋陕高原地带。所以，它的侵扰对象往往是汾水沿线的沚、卺、吕等部族，而驻守陕西澄城一带的呈族成员，如"呈戈化"（《合集》137反；《合集》584正）、"呈友角"（《合集》6057）等也会就近参与抵御舌方入侵的战事。

淮、汉地区的"江"为周代国名，地处淮水上游左近。《春秋》僖公二年："秋，九月，齐侯、宋公、江人、黄人盟于贯。"杜预注："江，国，在汝南安阳县。"又《汉志》汝南郡安阳侯国下颜注引应劭曰："故江国，今江亭是。"④顾栋高《春秋大事表》云："今河南汝宁府正阳县东南有故江城。"⑤故址在今正阳县大林乡涂店村的安阳故城。⑥

（7）黄——黄

晋南之"黄"为故国名，见载于《左传》昭公元年，为台骀之后的别支

---

① 王符撰，汪继培笺，彭铎校正：《潜夫论笺校正》卷9，第405页。
② 孔颖达：《毛诗正义》卷6，阮元校刻《十三经注疏》，第765页。
③ 谭其骧：《中国历史地图集》第1册，第24—25页。
④ 《汉书》卷28《地理志》，第1563页。
⑤ 顾栋高辑，吴树平、李解民点校：《春秋大事表》卷5，第582页。
⑥ 国家文物局主编：《中国文物地图集·河南分册》，第462页。

所封,地处汾水下游的"大原"附近,具体存灭时间及地望不详。

　　淮、汉地区的"黄"为周代国名,亦在淮水上游左近。《左传》桓公八年:"夏,楚子合诸侯于沈鹿,黄、随不会。"杜预注:"黄,国,今弋阳县。"《汉志》汝南郡弋阳侯国下颜注引应劭曰:"弋山在西北。故黄国,今黄城是。"① 又顾栋高《春秋大事表》云:"今河南光州西十二里有黄城。"② 今河南潢川县西6公里的隆古乡发现有一处古城址,其地理位置及城内遗存年代均与春秋黄国相合,一般认为黄国故城即此。③

　　(8) 沈——沈

　　晋南之"沈"为故国名,与"黄"均系台骀之后,所居亦在汾水下游的"大原"附近,后为晋国所灭。

　　无独有偶,两周淮水流域亦有沈国。《史记·陈杞世家》索隐引《世本》指沈为姬姓。④《春秋》文公三年:"叔孙得臣会晋人、宋人、陈人、卫人、郑人伐沈。"杜预注:"沈,国名也。汝南平舆县北有沈亭。"又《汉志》汝南郡平舆县下颜注引应劭曰:"故沈子国。今沈亭是也。"⑤ 地在今河南平舆县射桥镇西。

　　(9) 方——房

　　《小雅·六月》有云:

　　　　玁狁匪茹,整居焦获。侵镐及方,至于泾阳。织文鸟章,白旆央央。元戎十乘,以先启行……薄伐玁狁,至于大原。文武吉甫,万邦为宪。吉甫燕喜,既多受祉。来归自镐,我行永久。

自晚清以降,不少学者都因袭王肃以"镐"为"镐京"之说,更将此"方"同金文"莽京"相联系,迄今影响甚钜。

　　通观《六月》全诗,此次战事的经过大致可分为三个部分:首节记载玁狁入寇,先行侵及"镐""方"二地,继而抵达"泾阳";次云尹吉甫佐王出

---

① 《汉书》卷28《地理志》,第1563页。
② 顾栋高辑,吴树平、李解民点校:《春秋大事表》卷5,第575页。
③ 杨履选:《春秋黄国故城》,《中原文物》1986年第1期;徐少华:《周代南土历史地理与文化》,第101—102页。陈伟先生则认为,隆古乡古城与光山宝相寺的黄君夫妇墓相去过远,因而推测古黄国可能在今光山县西北20里处。参见陈伟《楚东国地理研究》,第60—64页。
④ 《史记》卷36《陈杞世家》,第1582页。
⑤ 《汉书》卷28《地理志》,第1562页。

师迎击,讨伐玁狁至于"大原";卒章则言周人得胜,自"镐"班师归来,举行饮至之礼。整个事件的经过和前后逻辑关系是非常清楚的。客观地说,细绎诗意仅可推知,"镐""方"二地应大致比邻,且相去周畿当较"泾阳"为远。

关于"泾阳"的具体方位,郑玄认为在泾水之北;①顾炎武、陈奂均以《汉书·地理志》安定郡属县"泾阳"当之,②即今甘肃平凉附近;王国维则指出秦之泾阳已在今地一带,周时亦然。③ 以是观之,"镐""方"二地显然应坐落于泾水以北,而玁狁无论是由西北抑或东北方向南下侵周,都不太可能先行袭扰周室腹地,然后才进抵泾水之阳。况且《六月》卒章又说"来归自镐,我行永久",可见"镐"非周都镐京明矣,所以郑玄谓"镐""方"二者皆是"北方地名",适与玁狁入寇的地理情势最为吻合。

更为关键的是,"侵镐及方"的地理问题不宜孤立看待,而需结合周伐玁狁战争的相关史诗加以排比分析。如《小雅·出车》云:

> 王命南仲,往城于方。出车彭彭,旂旐央央。天子命我,城彼朔方。赫赫南仲,玁狁于襄。

一般认为,《出车》和《六月》属于同时之作品。其文既言"王命南仲,往城于方",又云"天子命我,城彼朔方",反复吟咏,是知"方"与"朔方"应有密切关联。毛传曰:"方,朔方,近玁狁之国也。"毛氏谓"方"即"朔方",虽不够确切,但指其地近于玁狁的活动范围,则甚得该诗原旨。按"朔方"一词原泛指北方。《尚书·尧典》:"申命和叔,宅朔方,曰幽都。"蔡沈曰:"朔方,北荒之地。"④又《尔雅·释训》:"朔,北方也。"汉武帝元朔二年,北取河套之地而置朔方郡,"朔方"最终乃固化为专名。准此,《出车》之"朔方"当作方位词讲,即北方、北边之义,与"往城于方"的"方"含义有别。继而联系《六月》之文,可知此"方"亦即"侵镐及方"的"方",属于专名而非泛称,曩者曾为玁狁所侵扰,周王遂命南仲前往城之,以定北边,以备不虞,故曰"玁狁于襄"。

---

① 孔颖达:《毛诗正义》卷10,阮元校刻《十三经注疏》,第909页。
② 顾炎武著,陈垣校注:《日知录校注》卷3,第135—136页;陈奂:《诗毛氏传疏》卷17,上海:商务印书馆,1934年,第43页。陈氏尝言:"然则当时玁狁交侵之患,近在焦获,居心腹之内;远在镐、方,居肘腋之间。泾东、泾北皆是北狄蹂躏之处,而实未尝逾泾也。"
③ 王国维:《鬼方昆夷玁狁考》,《观堂集林》卷13,第597页。
④ 蔡沈撰,王丰先点校:《书集传》卷1,第4页。

综上，《六月》所见玁狁侵周袭扰的镐、方二地，其方位当在周畿以北，大体不出泾水中下游东北、汾水下游西南至晋陕高原南部的这一范围。参考虢季子白盘（《集成》10173）"搏伐玁狁，于洛之阳"的记载来看，周伐玁狁战争的前沿地带基本也维持在上述区域。据《史记·秦本纪》载，穆公三十六年遣孟明视等人率师伐晋，"渡河焚船，大败晋人，取王官及鄗，以报殽之役。晋人皆城守不敢出"。此"鄗"《左传》作"郊"，音近通假之故。"王官"所在，古有晋地、陕地之异说，张守节正义并存二者。① 然考虑到《左传》成公十三年吕相绝秦，尚有"入我河曲，伐我涑川，俘我王官"一辞，可见这里的"王官"当在河东而非陕境明矣。《括地志》蒲州猗氏县下云："王官故城在蒲州猗氏县南二里。"②《谭图》据此标注于今山西闻喜县南一带，③可从。那么，是役为秦人一并所取之"鄗"，其位置则无外乎晋南的汾、涑二水之间。

基于以上所论，接下来便可探讨《六月》"侵镐及方"位于汾水流域的可能性。除"镐""方"外，《六月》全诗出现的地点尚有"焦获""泾阳"及"大原"，其中尤以"大原"同汾域的关系最为密切。众所周知，无论是《左传》昭公元年"宣汾、洮，障大泽，以处大原"，抑或《尚书·禹贡》"既修太原，至于岳阳"，这里的"大（太）原"均是指霍山以南、汾水下游周边的一处广袤原地，毋庸赘言。至于"焦获"，一说即汉之"瓠中"，在今陕西泾阳县西北；④或理解为二地，断读作"焦、获"。如按后说，则"获"可依音近读为"霍"，适可对应汾域之霍。⑤ 准此，《六月》所述玁狁侵周的次第，大致即是先行屯驻于霍地一带整顿武备，然后循汾水河谷南下，分别袭扰汾、涑地区的镐（鄗）、方二地，接着西窜渡过黄河，长驱突入泾水下游北岸，从而对周畿腹地造成严重威胁，于是周王遣命尹吉甫率师出征，追击玁狁，一直将其驱赶至汾域的"大原"。不难看出，就晋陕地区的空间背景而言，上述战事的整个经过及其地理坐标的定点总体是合理的。此外，四十二年逨述鼎铭（《铭图》2501—2502）记载周宣王封"长父"至晋南杨地任

---

① 《史记》卷5《秦本纪》，第193页。《晋世家》云："四年，秦缪公大兴兵伐我，度河，取王官，封殽尸而去。"
② 李泰等著，贺次君辑校：《括地志辑校》卷2，第52页。
③ 谭其骧主编：《中国历史地图集》第1册，第22—23页。
④ 《尔雅》"周有焦护"下郭璞注："今扶风池阳县瓠中是也。"参见谭其骧主编《中国历史地图集》第1册，第17—18页。
⑤ 董珊先生已提出"获"可读为"霍"，但所针对者乃是多友鼎地名。参见董珊《略论西周单氏家族窖藏青铜器铭文》，《中国历史文物》2003年第4期。

"侯",虞逑奉命拱卫杨侯就封,其间率师驱逐玁狁,可见前者一度活动于汾水流域左近。而此役受到玁狁侵扰的"历",不排除即是位于涑水下游的秦、晋边地"栎"。① 综上,若将《六月》"镐"地与《秦本纪》"取王官及鄗"作进一步联系,并以后者为支点,则"方"的范围自可推定在汾、涑下游至泾水以东区域,如是便甚为切合"侵镐及方,至于泾阳"的行进方向。

淮、汉地区"方"为国名兼作地名。"昭王南征"诸器之一的中甗铭(《集成》949)记载,器主奉王命先行南下开通道路,依次巡省"方、邓"等"小大邦"。另外,士山盘铭(《铭图》14536)也提到器主的使命包括"征鄀、荆、方服",意即代王室向鄀、荆、方三国征取贡服。由上可知,此"方"当在王朝南土,与邓、鄀、荆(楚)诸邦相去不远。按:周代南土区域内以"方"为称的地名不止一处,如南阳盆地东北的楚"方城"和鄂西北地区的庸"方城",二者均见于《春秋》经传,但其出现年代相对偏晚,且在特征上无法相当于"小大邦"。根据中甗器主南行先"方"后"邓"的次第来看,此"方"最有可能对应淮河上游以北的房国,在今河南遂平县一带。

(10) 郇(荀)——郇阳

晋南地区的"郇"有两处。一为国名和采邑名,原为周文王之子所封。《左传》桓公九年:"虢仲、芮伯、梁伯、荀侯、贾伯伐曲沃。"此"荀侯"即"文之昭"的郇国之君。曲沃代翼后,郇被晋国吞并,故地赐晋大夫以为采邑。《汉志》颜师古注引臣瓒曰:"《汲郡古文》'晋武公灭荀,以赐大夫原氏黡,是为荀叔。'"②即春秋晋国世族荀氏之邑,在今山西新绛县西。二亦为东周晋地,《左传》僖公二十四年"狐偃及秦、晋之大夫盟于郇",又《左传》成公六年"诸大夫皆曰:'必居郇、瑕氏之地'",即此。在今山西临猗县西南的涑水北岸。

战国时期楚国北境则有地名"郇阳"。《战国策·楚策一》载苏秦为合纵说楚威王曰:"(楚地)南有洞庭、苍梧,北有汾陉之塞、郇阳。"《史记·苏秦列传》集解引徐广说,疑"郇阳"即汉晋"钧水"附近的"顺阳",在今河南淅川县南;索隐认为"郇阳"既与"陉塞"连言,其地应在"汝南、颍川之界",故以"汝南新阳县"当之。③ 上述两说均由"声近字变"的角度立

---

① 历、栎音近可通。《春秋》郑地有"栎",《国语·郑语》作"历",是其例也。
② 《汉书》卷28《地理志》,第1548页。
③ 《史记》卷69《苏秦列传》,第2260页。

论,实际并无确凿依据。王应麟、程恩泽则力主"郇阳"可对应《汉志》汉中郡郇阳县,位于旬水入汉处北侧的河谷地带,东有旬关要塞。[1] 此说在地名比对方面相对直接,就地理方位及周边形势而言亦较为合理,《谭图》即将"郇阳"标注在今陕西旬阳县西北,[2]可从。

(11)汾——汾(汾陉之塞)

晋地之"汾"即汾水,晋国所祀之川,其名见于《左传》昭公元年,毋庸赘言。

淮、汉地区的"汾"为东周楚地,见于《左传》襄公十八年:

> 子庚帅师治兵于汾。于是子蟜、伯有、子张从郑伯伐齐,子孔、子展、子西守。二子知子孔之谋,完守入保,子孔不敢会楚师。楚师伐郑,次于鱼陵。右师城上棘,遂涉颍,次于旃然。蒍子冯、公子格率锐师侵费滑、胥靡、献于、雍梁,右回梅山,侵郑东北,至于虫牢而反。子庚门于纯门,信于城下而还,涉于鱼齿之下。

细绎引文可知,楚令尹子庚"治兵于汾",应是为谋郑而预作准备,郑大夫子孔欲为内应却未得逞志。楚人于是出师伐郑,子庚率众驻在"鱼陵",右师经"上棘"而"涉颍"北上,[3]抵达"旃然"。司马蒍子冯率精锐入侵郑国西北的"费滑""胥靡"等地,继而绕行袭扰郑国东北部。这时子庚也率主力进抵郑都城下,从而形成包夹之势,只因郑人坚守不出而被迫班师,经"鱼齿"涉水南归。

关于此"汾"的地望,杜预注:"襄城县东北有汾丘城。"又《水经·颍水注》载:"颍水又东南迳柏祠曲东,历冈丘城南,故汾丘城也。《春秋左传》襄公十八年'楚子庚治兵于汾',司马彪曰:'襄城县有汾丘。'"[4]《谭图》即采用这一说法,将"汾"标注于今河南襄城县东北、许昌市西南的颍水北岸。[5] "鱼陵"为郑地,杜注云"鱼齿山也,在南阳犨县北",约在今河

---

[1] 王应麟著,傅林祥点校:《通鉴地理通释》卷10,第284页;程恩泽:《国策地名考》卷7,《续修四库全书》本,上海:上海古籍出版社,1995年,第423册,第12页。
[2] 谭其骧:《中国历史地图集》第1册,第45—46页。
[3] 据《水经·颍水注》"颍水又迳上棘城西,又屈迳其城南"之记载,可知"上棘"一地当在颍水上游北岸,大致即今河南禹州市西北。那么,楚师所涉之"颍"只有理解为颍水支流的洧水,方可调和"右师城上棘"与"遂涉颍"之间方位不协的问题。
[4] 郦道元著,陈桥驿校证:《水经注校证》卷22,第513页。
[5] 谭其骧主编:《中国历史地图集》第1册,第29—30页。

南郏县南、宝丰县东一带。据此,子庚先前既已出师进抵颍水北岸讲习武事,随后却又折返至汝水以南的"鱼陵"驻军,其间行程显然过于迂曲,着实令人费解,过去已有学者提出质疑。① 于薇女士通过对《春秋》经传所见"治兵"的梳理,指出有关事件基本都发生在本国的封境之内,而汉晋"汾丘城"在彼时并非楚地,所以杜预及后世注家对"汾"的解释当有问题,应该考虑其作为楚"方城"附近军事据点的可能性。② 这是很有道理的。

值得注意的是,上述《左传》所载之楚国汾地,在其他先秦文献中尚有别称。如《战国策·楚策一》载苏秦谓楚境"北有汾陉之塞、郇阳",此言"汾陉之塞"者,无疑表明汾地属于山谷地貌,且据险以为要塞。③ 又《吕氏春秋·有始》有云:"何谓九塞?大汾,冥阨,荆阮,方城,殽,井陉,令疵,句注,居庸。"这里将"大汾"与"冥阨""方城"等楚国北境要隘连言,同样也体现出"汾"的地貌特征及战略意义,而这些因素似与所谓"汾丘城"不甚契合。我们知道,古代统治阶层举行"治兵"的场所选择,往往与后续军事行动存在密切关联,那么揆情度理,子庚在伐郑前夕整军备战的地点,恐怕应在当时楚国的北部区域找寻。按春秋中期的楚国北境,总体维持在南阳盆地东北的楚"方城"至淮河上游一线,最北端基本是以汝水为限。④ 准此,结合汾地的种种特征来看,楚"方城"所处的伏牛山余脉及"义阳三关"所在的桐柏——大别山脉会合地带,应是初步圈定其范围的合宜之选。但考虑到东周楚人通常利用"夏路"北上伐郑,即采取经由南阳盆地后北涉汝、颍的这一交通线路,⑤所以"大汾""汾陉之塞"属于楚"方城"沿途要隘的可能性较大。若再联系楚师后续驻在"鱼陵"的情形推断,"汾"的地望或大致不出今河南叶县西南至方城县北一带,亦即位于

---

① 参见杨伯峻《春秋左传注》(修订本),第1042页。
② 于薇:《晋南与鄂东豫西地区两周时期的地名重名现象》,北京大学中国考古学研究中心、北京大学震旦古代文明研究中心编:《古代文明》第12卷,第169—233页。
③ 《史记·苏秦列传》作"北有陉塞、郇阳"。集解引徐广说,已提到"一本'北有汾陉之塞'也",而太史公径言"陉塞"者,盖是将"汾陉之塞"视同于楚国北境的"陉"地,如集解、索隐均以《春秋》僖公四年"次于陉"者当之。但实际上,"汾陉之塞"的"陉"具有通名属性,与作专名的"陉山""陉亭"有别。徐少华先生又提出,"汾陉"之"汾"是指颍水支流汾(溃)水,其上源流经汉晋召陵城南,与"陉山""陉亭"相近,故曰"汾陉"。参见徐少华《周代南土历史地理与文化》,第321页。客观地说,若将"汾陉之塞"及"汾"地安排在今河南漯河市以东,则与《左传》所记楚人伐郑的行军线路难以相协。
④ 即《左传》哀公十七年所谓"封畛于汝"。
⑤ 陈伟:《楚东国地理研究》,第212—213页。

"方城"一线的北段。①

（12）陉（陉庭、汾陉）——陉（陉山）

汾水流域的"陉"为晋地，旧称"陉庭"，战国属韩。《史记·韩世家》载桓惠王九年，"秦拔我陉，城汾旁"。正义云："秦拔陉，城于汾水之旁。"②在今山西曲沃县西北，其地西邻汾水，是以又称"汾陉"（《范雎蔡泽列传》）。旧说或因重名之故，而将此"陉"与楚国北境的"汾陉之塞"混为一谈，③今当予以廓清。

淮、汉地区的"陉"为楚地。《春秋》僖公四年载齐桓公率诸侯伐楚，"次于陉"。杜预注："楚地，颖川召陵县南有陉亭。"《谭图》将"陉山"标注在今河南漯河市以东一带，即是采用了杜注之说。④ 不过，若细绎《春秋》经传原文不难发现，杜预的解释是有明显问题的。首先，《经》言此役始于诸侯侵蔡，"蔡溃，遂伐楚"，那么按常理而论，联军伐楚所驻之地当在楚境，而不太可能位于蔡国（今河南上蔡县）以北的"召陵"附近，毕竟以当时情势而言，汝、颖二水之间的地区显然并不属楚。其次，据《传》文记载，联军伐楚之初，楚君曾经遣使交涉，只因双方针锋相对，以致不欢而散，旋即"师进，次于陉"。楚君于是又命屈完为使，从而初步达成和解，故"师退，次于召陵"。由屈完"方城以为城，汉水以为池"的外交答辞来看，尽管联军此时仍在"方城"一线外围驻足徘徊，但大抵已进逼楚国北部的战略要冲，否则楚人也不必急于求成。那么，结合诸侯侵蔡及伐楚的地理背景推测，"陉"地最有可能就坐落于上蔡西南至"方城"之间的区域；而联军前后的一进一退，同样也暗示出"陉"和"召陵"不宜相互比邻，理应保持一定的空间距离。"召陵"既在汝北，"陉"若位于"方城"南段东侧，则相对较为合适。上述区域属于伏牛山东段余脉和桐柏山北部的连接地带，地貌形态以山地、丘陵为主，㵲水、潕水、溱水等古汝河支流自西向东贯穿其间，⑤此"陉"也许就是由于地处某一河谷的交通孔道而得名。

---

① 《楚居》简11："至䉈（恭）王、康王、嗣子王皆居为郢。"鲁襄公十八年正值楚康王在位时期，故此时楚国的行政中枢当在"为郢"，即今湖北宜城市东南的鄢。楚人自鄢涉汉，经南阳盆地而北上伐郑，正是北出中原最便捷的道路。
② 《史记》卷45《韩世家》，第1878页。
③ 高士奇：《春秋地名考略》卷9，李勇先主编：《中国历史地理文献辑刊》第3编《诗礼春秋四书尔雅地理文献集成》（三），第142页。
④ 谭其骧主编：《中国历史地图集》第1册，第29—30页。
⑤ 参见杨守敬《水经注图》，谢承仁主编：《杨守敬集》，第5册，第180页。

"陉"又名"陉山",①数见于《史记》之文:

1. 十一年,威王卒,子怀王熊槐立。魏闻楚丧,代楚,取我陉山。
(《楚世家》)
2. 六年,与秦会应。秦取我汾阴、皮氏、焦。魏伐楚,败之陉山。
(《魏世家》)
3. (苏秦)说韩宣王曰:韩北有巩、成皋之固,西有宜阳、商阪之塞,东有宛、穰、洧水,南有陉山。   (《苏秦列传》)

例1、2所载乃同一史事。《楚世家》正义引《括地志》云:"陉山在郑州新郑县西南三十里。"②又《苏秦列传》集解引徐广曰:"召陵有陉亭,密县有陉山。"③

尽管旧注提及了两处"陉山"的位置,但新郑、密县本相毗邻,故二者所指实系一地。按战国中叶楚肃王至威王之世,楚人与北方韩、魏势力主要围绕汝、颍上游地区展开激烈争夺,而上述"陉山"位于中原腹地,战国时期先后为郑、韩二国所有,并非楚国北境所能及。④ 职是之故,作为楚、魏边地的"陉山"不太可能在今新郑西南,但仍无妨按照传统观点,即与《春秋》僖公四年之"陉"视为一地,只是具体地望宜从召陵"陉亭"西移至楚"方城"南段东侧。至于例3苏秦所谓韩地"南有陉山"者,乃是在垂沙之战背景下进行的描述,此役的失利导致楚人丧失了宛、叶以北的大片领土,韩国遂得以占据南阳之地,而"方城"以外至汝水中游的上蔡、舞阳、郾等地则为魏国所有。⑤《战国策·赵策四》载"魏败楚于陉山,禽唐明","唐明"即垂沙之战楚军主将唐眛,由是可知三国联合伐楚而魏人复取"陉山",其地殆在垂沙附近,即今河南泌阳县东的沘水上游一带,然则韩地"陉山"当以今新郑西南者最为合适。

(13)梁——梁

《尚书·禹贡》"冀州"下云:"既载壶口,治梁及岐,既修太原,至于岳

---

① 《楚世家》云"齐桓公以兵侵楚,至陉山",是以"陉山"为《春秋》经传之"陉"也。
② 《史记》卷40《楚世家》,第1721页。
③ 《史记》卷69《苏秦列传》,第2251页。
④ 旧说或将韩国"南有陉山"与楚国"北有陉塞"相联系,认为其地一也,系南北交通之隘道。参见王应麟著,傅林祥点校《通鉴地理通释》卷10,第283页。
⑤ 徐少华:《周代南土历史地理与文化》,第349—350页。

阳。"孔传曰:"壶口在冀州,梁、岐在雍州。"不过,《禹贡》作者于冀州之域言雍州之山,本就不合情理,况自壶口向西历经梁、岐二山,反倒与汾水流域之"太原""岳阳"渐行渐远,故后世学者对此每有质疑。蔡沈《书集传》谓此"梁"即吕梁,"岐"指狐岐,并为冀州之山,①当较旧说可信。

淮、汉地区的"梁"原为蛮氏之邑,后属楚,即《左传》哀公元年"袭梁及霍"者,《战国策·齐策一》《史记·田齐世家》又称"南梁"。在今河南汝州市西南一带,与"霍"比邻。

(14) 屈——屈

晋南地区的"屈"为东周晋邑,其地边狄。《左传》庄公二十八年载骊姬谓晋献公曰:"曲沃,君之宗也;蒲与二屈,君之疆也。不可以无主。"献公乃命太子申生居曲沃,重耳居蒲,夷吾居屈,"群公子皆鄙,唯二姬之子在绛"。杜预注:"蒲,今平阳蒲子县。二屈,今平阳北屈县。或云'二'当为'北'。"杨伯峻先生指出"二屈"即"北屈""南屈",并云"两屈盖毗邻,故夷吾一人镇之"。② 按《汉志》河东郡有属县"北屈",当系晋之屈邑改置,③在今山西吉县东北,"南屈"或在其南部不远。

淮、汉地区的"屈"为楚国世族屈氏之邑。《左传》桓公十一年:"楚屈瑕将盟贰、轸。"杜预注:"屈,楚大夫氏。"《左氏会笺》曰:"楚武王生子瑕,受屈为客卿,因以为氏。"④《水经·江水注》引《宜都记》云:"秭归盖楚子熊绎之始国,而屈原之乡里也。"⑤是说以熊绎所居在今湖北秭归县境,故将屈氏之邑附会于此,恐不足信。据清华简《楚居》记载,楚先王熊绎居于"京宗"期间,曾与屈䣂使䣄嗌占卜徙居"夷屯"一事。李学勤先生指出,屈䣂是与熊绎并列的早期楚人领袖,至于楚国后来的屈氏,由《离骚》王逸注可知源自楚武王之子屈瑕,时代要晚得多,彼此应无关系。⑥ 然而从逻辑上讲,纵使屈䣂和东周楚国屈氏并非一脉相承,也不排斥二者得氏于同地的可能性。若诚如是,则屈䣂所居之邑殆在"京宗"周边,即今丹淅地区一带。

(15) 瑕——瑕

晋南之"瑕"为东周晋地。《左传》成公六年:"晋人谋去故绛。诸大

---

① 蔡沈著,王丰先点校:《书集传》卷2,第50—51页。
② 杨伯峻:《春秋左传注》(修订本),第240页。
③ 《汉书》卷28《地理志》,第1550页。颜师古注:"即晋公子夷吾所居。"
④ 竹添光鸿:《左氏会笺》卷2,第63页。
⑤ 郦道元著,陈桥驿校证:《水经注校证》卷34,第791页。
⑥ 李学勤:《论清华简〈楚居〉中的古史传说》,《中国史研究》2011年第1期。

夫皆曰：'必居郇、瑕氏之地，沃饶而近盐，国利君乐，不可失也。'"此"瑕"密迩于"郇"，亦在今山西临猗县西南的涑水北岸。

淮、汉地区的"瑕"在汉东。《左传》桓公六年："楚武王侵随，使薳章求成焉，军于瑕以待之。"杜预注："瑕，随地。"此"瑕"近随，当在今湖北随州市境，《左传》成公十六年"楚师还，及瑕"之"瑕"亦然。①

（16）栎——栎（历）

晋南之"栎"即《左传》襄公十一年"秦、晋战于栎"者，当在河东近秦之地。《国语·晋语四》："及文子成晋、荆之盟，丰兄弟之国，使无有间隙，是以受郇、栎。"韦昭注："郇、栎，晋二邑。"②《谭图》将"栎"标注于涑水下游的今山西永济市附近，适与今临猗县西南的"郇"相去不远。③

淮、汉地区的"栎"有两处。一为春秋郑邑，即《春秋》桓公十五年"郑伯突入于栎"之"栎"，《国语·郑语》作"历"，在今河南禹州市一带。二为东周楚邑。《左传》昭公四年："冬，吴伐楚，入棘、栎、麻，以报朱方之役。"杜预注："棘、栎、麻，皆楚东鄙邑。"又云："汝阴新蔡县东北有栎亭。"非郑河南阳翟之栎也。地在今河南新蔡县西北。

（17）稷——稷

汾水流域的"稷"为春秋晋地。《左传》宣公十五年："晋侯治兵于稷，以略狄土，立黎侯而还。"杜预注："晋地，河东闻喜县西有稷山。"顾栋高《大事表》云："今山西绛州稷山县南五十里有稷神山，山下有稷亭，即晋侯治兵处也。"④在今山西稷山县南、闻喜县西北一带。

淮、汉地区的"稷"为东周楚地。《左传》定公五年载秦子蒲、子虎率师救楚，"使楚人先与吴人战，而自稷会之，大败夫概王于沂"。杜预注："稷、沂皆楚地。"顾栋高《大事表》谓"稷"当在"河南南阳府桐柏县境"。⑤《谭图》即标注于今河南桐柏县东部一带，⑥可从。

（18）景山

晋南"景山"位于中条山中段偏北，在今山西闻喜县东南石门乡境内，

---

① 《水经·阴沟水注》谓北肥水东南之"瑕城"即此，非也。按楚师自鄢陵返国，无由绕经今安徽蒙城县境，江永辨之甚确。参见江永《春秋地理考实》卷2，《清经解》卷253，第2册，第248页。
② 《国语》卷14《晋语八》，第459页。
③ 谭其骧主编：《中国历史地图集》第1册，第22—23页。
④ 顾栋高辑，吴树平、李解民点校：《春秋大事表》卷7，第813页。
⑤ 顾栋高辑，吴树平、李解民点校：《春秋大事表》卷7，第863页。
⑥ 谭其骧主编：《中国历史地图集》第1册，第29—30页

战国属魏。《山海经·北次三经》:"又南三百里,曰景山,南望盐贩之泽,北望少泽。"①《水经·涞水注》:"涞水又与景水合,水出景山北谷。……按《经》不言有水,今有水焉。西北流,注于涞水也。"②是"景山"北麓又有"景水"。

淮、汉地区的"景山"为荆山主峰,楚地。《山海经·中次八经》:"荆山之首,曰景山,其上多金、玉,其木多杼、檀。睢水出焉,东南流注于江。"③又《水经·沮水注》:"沮水出东汶阳郡沮阳县西北景山,即荆山首也。"④在今湖北保康、南漳二县交界地带。

二、关联"地名组群"的确立与早期北人南迁

正如前文所揭示的,先秦时期晋南与淮、汉地区之间存在着18组重名地名和国族名,而且它们在分布范围上相对集中,即大多坐落于重要河流及交通线附近。⑤考虑到国族名兼具标识方位和代表人群的双重作用,故可作为考察族群迁徙的切入点。其中,吕、舌(江)、黄、沈四者在南、北两大区域皆可跟具体国族建立对应关系,因而最具有示范意义,不妨先予讨论。

(1) 吕

汾水流域的"吕"位于太岳霍山附近,乃是姜姓吕氏的发祥地;而南阳盆地的"吕",则是周宣王徙封吕伯于南土所居,亦为姜姓。二者在族系方面完全一致,前后族氏名号也未尝变更,加之有《大雅·崧高》这样明确的文献记载为据,其内在联系及南迁的时间节点都十分清楚。只不过,西周晚期吕人南下立国的迁出地,当在王朝西土的泾水中游附近而非汾域旧居,这一轨迹仍有必要加以澄清。⑥

(2) 舌(江)

殷墟卜辞中的舌方,作为晚商时期北方族群的代表,其文化面貌总体上当与周代分布于晋陕高原的所谓"戎""狄"相近,故在族属方面与子姓商人殊异有别,但详情无从得知。另据《史记·秦本纪》"太史公曰"记

---

① 袁珂:《山海经校注》(增补修订本)卷3,第107页。
② 郦道元著,陈桥驿校证:《水经注校证》卷6,第168页。
③ 袁珂:《山海经校注》(增补修订本)卷5,第181—182页。
④ 郦道元著,陈桥驿校证:《水经注校证》卷32,第752页。
⑤ 这种现象既可能是两地聚落形成的自然选择,也可能暗示出人群迁移过程中对交通因素的偏重。
⑥ 详见第五章第一节。

载,嬴姓之后受封立国,以国为氏,遂有"江氏",①可见淮河上游的江国当为嬴姓。《通志·氏族略》谓江氏是"伯益之后",②可备一说。

（3）黄

晋南之黄作为西迁汾川的台骀之后,先世可追溯至东夷集团的首领少皞,后者一般被视作上古嬴姓部族之共祖。至于淮河上游的黄国,《秦本纪》"太史公曰"称嬴姓之后别为"黄氏",而传世黄君簠铭(《集成》4039)言"黄君作季嬴媵簠",系黄国之君为嫁女所作的媵器,可见黄为嬴姓,足以证实文献记载可靠。尽管南、北二黄在名号和族属方面均相一致,但目前仅可确知它们具有相同的东方背景,换言之,彼此大概属于"同源而异流"的关系。

（4）沈

汾水流域的沈亦是台骀后裔所封,其族属具有明确的东方来源。至于周代南土的姬姓沈国,《广韵》《新唐书·宰相世系表》均指其为周文王少子聃季采邑,也有学者引据"沈子它簋"认为是周公之胤所封。③ 不过,西周金文中的所谓"沈子"实际应读为"冲子",即面对祖先自称"小子""幼子"之意,④然则沈国本自周公的观点,便失去了原始的立论依据。窃以为,无论聃季所封是否即沈,《世本》谓沈国姬姓之说,仍是目前渊源最早的一种意见,不宜轻易否定。如是,则南、北二沈在族系上殊异有别,彼此不可能存在源流关系。

至于随、唐、鄂、霍、方(房)、郇等6组地名,它们与同名国族的对应关系或在晋南地区,或在淮、汉地区。尽管这种地理称谓和人群的直接关联,目前仅限于某个特定区域,但若结合有关国族的族属背景及其迁徙史实,我们仍不难将部分地名的重复出现和人群流动联系起来。兹详述之。

（5）唐

晋南的"唐"相传为陶唐氏之后,居"夏虚"。⑤ 周成王伐唐而改封叔虞于此,谓之"唐叔";部分唐人后裔则迁至杜地,是为"唐杜氏"。《左传》

---

① 《史记》卷5《秦本纪》,第221页。
② 郑樵撰,王树民点校:《通志二十略·氏族略第二》,第64页。
③ 参见陈槃《春秋大事表列国爵姓及存灭表譔异》(三订本),第674—676页。
④ 董珊:《释西周金文"沈子"和〈逸周书·皇门〉的"沈人"》,清华大学出土文献研究与保护中心编,李学勤主编:《出土文献》第2辑,第29—34页。
⑤ 战国以后开始出现一种较有影响的说法,即将陶唐氏与传说中的帝尧相联系,但这种观点并不能得到早期文献的有力支持。参见沈长云《夏后氏居于古河济之间考》,《中国史研究》1994年第3期。

襄公二十四年载范宣子曰:"昔匄之祖,自虞以上为陶唐氏,在夏为御龙氏,在商为豕韦氏,在周为唐杜氏,晋主夏盟为范氏。"按《左传》襄公二十一年杜预注:"范氏,尧后,祁姓。"又,《左传》文公六年所见晋文公夫人有称"杜祁"者,杜预注:"杜伯之后祁姓也。"又,西周晚期杜伯鬲铭(《集成》698)亦云:"杜伯作叔祁尊鬲,其万年子子孙孙永宝用。"综合上揭证据可知,周代杜、范二氏确为祁姓无疑,那么其先陶唐氏、唐国的族姓似乎不难想见,但事实却非如此简单。西周晚期的𤔲叔鼎铭文(《集成》2679)云:

　　𤔲叔樊作易姚宝鼎,用享孝于朕文祖,其万年无疆,子子孙永宝用。

铭文称"𤔲叔樊"为贵族妇女"易姚"作器,用以祭祀自己家族的祖先,故二人当为夫妻关系。鉴于器主氏名作"𤔲"既已明确,那么妇名"易姚"应由女子的父家氏名和父家族姓构成,然则易氏当为姚姓可知矣。《金文分域编》称该器出土于山西长治县,①适与汾水流域的唐族故地"夏虚"相去不远。以此看来,唐人很可能是一个世居晋南的姚姓古族,而叟公之配恰好与之同姓,显然有助于揭示区域内部各家族集团之间的政治联系。

得益于近年刊布的新资料,目前所知族氏名号作"易(唐)"的西周早期铜器约有以下十一件,现不妨列表展示如次(释文尽量使用通行字体):

表6.4　西周早期易族铜器一览表

序号	器　名	铭　　文	著　录	备　注
1	易男鼎	易男作父丁宝尊彝。子𢉖。	《铭图》1897	传出山西
2	易男鼎	易男𠭰,作父丁宝尊彝鼎。子𢉖。	《铭图》1898	
3	易男卣	易男𠭰,作父丁宝尊旅彝。子𢉖。	未著录	
4	易邑嗣鼎	易邑嗣作父丁宝尊彝。子𢉖。	《铭图》1930	传出山西
5	易邑嗣鼎	易邑嗣宝尊彝。	《铭图》1621	

---

① 柯昌济:《金文分域编》卷11,《金文文献集成》第42册,第385页。

(续表)

序号	器　名	铭　　文	著　录	备　注
6	易邑嗣鼎	易邑嗣作父丁宝尊彝，子孰。	《铭续》145	
7	易邑❋鼎①	易邑❋作父乙宝尊鼎，子廟。	《铭续》144	
8	易史孤甗	易史孤作旅彝。	《集成》888	
9	易长鼎	易长作鼒。	《集成》1968	
10	易旁簋	易旁曰：趞叔休于小臣贝三朋、臣三家。对厥休，用作父丁尊彝。	《集成》4042—4043	
11	㲃公簋	㲃公作夔姚簋，遘于王令易伯侯于晋，唯王廿又八祀。▷◁。	《铭图》4954	

上表所胪列的十一件易族铜器，根据器主和祭祀对象大致可分为四组。其中，三件"易男"器为第一组，祭祀对象皆是"父丁"；第二组的作器者为"易邑嗣"，其祭祀对象和所缀族氏铭文均与前组完全相同；第三组包括"易长"器和"易旁"器各一，这里以"长""旁"为对，很可能均是用作贵族身份的区别标识，具有表示嫡、庶的宗法意义。② 至于易邑❋鼎和易史孤甗，因其祭祀对象与其他器铭难以系联，故暂且归入第四组。至于㲃公簋铭的"易伯"，乃是指唐叔虞之子晋侯燮父，他在徙都晋地之前仍以"易伯"为称，故与异姓唐国无涉，可不予讨论。

"易男"是受封于易地的低等级诸侯，他为"父丁"制作祭器，并使用"子廟"这一族氏铭文，可见其身份当为殷遗贵族。③ 综合名号、时代及族属特征来看，若将此"易"视作晋南的姚姓之易（唐），大体是合适的。"易旁"的祭祀对象亦为"父丁"，说明其人不仅出身于易氏家族，且和"易男"

---

① 吴镇烽先生将《铭续》144定名为"易邑豕鼎"，认为"邑"后之字当释为"豕"。细审器铭可知，该字下部虽为残泐所蚀，但笔势犹依稀可辨，与"豕"字颇为不类，或即殷墟卜辞中习见的"❋"，可从裘锡圭先生释为"蛛"字初文。
② 赵庆淼：《试说周代金文人名称谓中的"长"、"旁"及其宗法内涵》，《古代文明》2018年第3期。
③ 唐兰先生曾指出，在以"侯、甸、男"为核心的商周诸侯体系中，"男"的地位最低，承担的贡赋却最重。参见唐兰《西周青铜器铭文分代史征》，第214页。

很可能为同族兄弟关系。由于"易男"具有嫡长子的继统身份,故可担任易族之家族长,并有权继承"男"的职事;而"易旁"盖因支子或庶出之故,难以获得继统的权力,所以效命服事于"趞叔",从而沦为其他贵族的臣属。① 值得注意的是,铜器铭文中既可见到"易男",又有"易长"之称,二者的区别其实并不仅限于职事名号和宗法称谓这一表象。众所周知,成王翦唐,旧邦凋零,尽管易族得益于"灭国不绝祀"的传统,依旧活跃在历史舞台上,但终究无法改变沦为周人附庸的命运。随着叔虞封唐,"启以夏政",原先位列诸侯的易氏家族长,自然也就失去了"男"的职守和称号,因而只能改用"易长"这一称谓作为身份标识,以区别于族内的同辈支庶。②

至于"易邑嗣"和"易邑🚶"二者,就人称结构而言则与"易史妖"基本一致。"史"即史官,而"邑"既与"史"处在相同的构词位置,说明"邑"也应视作职官名号才好。若进一步联系西周晚期迁簋铭文(《集成》4296)来看,这里的"邑"恐怕就相当于"邑长"一类的官吏:

> 唯二年正月初吉,王在周邵宫。丁亥,王格于宣榭,毛伯入门,立中廷,右祝迁。王呼内史册命迁,王曰:迁,昔先王既命汝作邑,甗五邑祝,今余唯申就乃命,锡汝赤市、冋䩉黄、銮旗,用事。

参照金文中常见的"命汝作嗣土"(免簋,《集成》4626)、"命汝作宰"(蔡簋,《集成》4340)等文例,可知"作邑"之"邑"同样用作名词,在此当理解为一邑之长的职官名。③ 因此,"易邑嗣"即主管易邑事务的地方行政长官,殆无疑问。那么,综合祭祀对象、所缀族徽的一致性推断,这位同样具

---

① 窃以为,"族氏名+旁"这一称谓所对应的贵族身份,很可能与传世文献中的"支子""侧室"和"余子"较为接近。《左传》宣公二年:"及成公即位,乃宦卿之适而为之田,以为公族。又宦其余子,亦为余子;其庶子为公行。"杜预注:"余子,嫡子之母弟也。"又《左传》昭公二十八年:"谓知徐吾、赵朝、韩固、魏戊,余子之不失职、能守业者也。"杜预注:"卿之庶子为余子。"尽管杜预对"余子"的解释前后略有差异,但就"余子"的非嫡长身份而言,则是一致的。

② 西周早期髙卣铭文(《集成》5431)整体铸于亚字形框内,铭末作"聶长矣其子子孙孙宝用",其风格特征与殷周之际常见的"矣亚聶侯"诸器较为接近,应系同一家族所作。但卣铭不称"聶侯"而更称"聶长",殆因为聶氏家族长入周后已不再担任"侯"的职事,这一情形与"易长"甚为相似。

③ 陈絜:《周代农村基层聚落初探》,朱凤瀚主编:《新出金文与西周历史》,第139、154—157页。

有易氏贵族身份的"易邑嗣",若非某位"易男"本人,则理应为前者的同辈兄弟。考虑到周初康叔封卫之际,当地的行政主官兼旧族首领沫嗣土逨曾前往迎迓效命(《集成》4059),所以"易男"在失去诸侯身份之后,完全有可能亦被周王朝改命为易地"邑人",转而率领宗族部曲服事于唐叔虞。

至于淮、汉地区的唐,传统观点认为是姬姓,并将其归入"汉阳诸姬"的行列。① 如《国语·郑语》:"当成周者,南有荆蛮、申、吕、应、邓、陈、蔡、随、唐。"韦昭注:"应、蔡、随、唐,皆姬姓也。"②又《史记·楚世家》正义引《世本》云:"唐,姬姓之国。"③这一姬姓唐国在周代铜器铭文中同样可以找到相应的史迹,如传世器包括西周晚期的觞姬簋盖(《集成》3945)、觞仲多壶(《集成》9572)及易叔盨(《集成》4390),沣西张家坡 M319 也出土过一件西周晚期的觞仲鼎(《新收》707),前揭用作国族名号的"觞"或"易",无疑均可读为"唐",而使用"仲""叔"等排行名为称的现象,多少也透露出器主的周文化背景。更为关键的是,觞姬簋盖铭既言"觞姬作牖嬛媵簋",说明该器属于贵族长辈为嫁女所作的媵器,而"牖嬛"即"觞姬"之女。根据媵器铭文的一般格式判断,"嬛"字从女,在此表示父家族姓,那么"觞姬"这一妇名形式中出现的氏名和女姓,理应具有一致的来源,其例同于"鲁姬""齐姜""琱妘"之属。由此足以证实"觞"为姬姓,所指当系周代南土的姬姓唐国。这样的话,反顾中觯铭文(《集成》6514)所称"王大省公族于唐",便可得到合理的解释,昭王南征途中之所以选择在唐地检阅宗室子弟,显然与唐为同姓不无关系。

自 20 世纪 90 年代以来,湖北郧县境内的肖家河、乔家院等地相继发现了一批春秋墓,墓葬多采用殉人葬俗,楚系特征浓厚,与中原地区的周文化风格迥异。其中出土的多件铜器带有"钖子"字样,包括钖子仲瀕钮一件、钖子仲瀕儿盘、匜各一④及钖子斨戈⑤两件,年代相当于春秋中期末

---

① 于薇女士认为,"汉阳诸姬"之说其实是文本讹传和地理错觉共同造成的一个误解,周代"汉阳"地区并不存在一个姬姓封国群体。这一意见很有道理。参见于薇《"汉阳诸姬":基于地理学的证伪》,《历史地理》第 24 辑,上海:上海人民出版社,2010 年,第 231—243 页。
② 《国语》卷 18《郑语》,第 508 页。
③ 《史记》卷 40《楚世家》,第 1716 页。
④ 郧县博物馆:《湖北郧县肖家河出土春秋唐国铜器》,《江汉考古》2003 年第 1 期。
⑤ 湖北省文物考古研究所、湖北省文物局南水北调办公室:《湖北郧县乔家院春秋殉人墓》,《考古》2008 年第 4 期。

叶至春秋晚期。发掘者认为"钖"作国族名,可读为"唐"。① 另外,冯峰先生还注意到,郧县乔家院 M3—M6 的随葬品均置于边箱之中,与墓主之棺南北并列,该现象不见于同时期的其他地区楚墓,却与淮河流域的春秋墓葬具有一定的相似性。② 这就进一步暗示出上述墓主族属当为淮域族群的合理性。因此,我们将器铭"唐子"视作南土唐国之君自称为"子"的用例,大概可以成立。就目前资料来看,若不囿于"居丧称子"的所谓"春秋笔法",西周时的姬姓封国之君基本没有自称"某子"的现象,但这一情形到东周以后则有变化,如"曾子"(《集成》625)、"郳子"(《集成》10330)之称的出现即是其例。刘源先生指出,春秋国君称"子"者,主要是诸夏以外的蛮夷戎狄之君及受殷文化影响较大的国族首领。③ 由此推测,"唐子"这一称谓或是受到地域文化的浸染,也不排除反映的是春秋晚期唐人灭国前后附庸于楚的史实,故其君不称"侯"而更称曰"子",④如是则与有关墓葬的楚文化属性及时代背景基本吻合了。总之,综合墓葬风格、器物铭文及其年代推断,郧县境内的"唐子"遗存很可能是楚昭王灭唐后将唐国遗民自南阳故地西迁汉滨的产物。⑤

尽管南土唐国乃是周室别支所封,与晋南之唐族属相异,彼此不可能存在源流关系,但北方唐人一度南迁之史实,在早期文献记载中仍有相应的线索可循。如《左传》昭公二十九年载蔡墨之言曰:

> 有陶唐氏既衰,其后有刘累,学扰龙于豢龙氏,以事孔甲,能饮食之。夏后嘉之,赐氏曰御龙,以更豕韦之后。龙一雌死,潜醢以食夏后。夏后飨之,既而使求之。惧而迁于鲁县,范氏其后也。

据引文所云,作为陶唐氏后裔的刘累,曾在夏后孔甲之世自汾水流域南迁至汝水上游的"鲁县"(今河南鲁山县)一带。

---

① 黄旭初、黄凤春:《湖北郧县新出唐国铜器铭文考释》,《江汉考古》2003 年第 1 期。
② 冯峰:《郧县乔家院春秋墓初识》,《南方文物》2009 年第 4 期。
③ 刘源:《"五等爵"制与殷周贵族政治体系》,《历史研究》2014 年第 1 期。
④ 春秋唐国之君,见于《春秋》经传者称"唐侯",随州枣树林墓地 M191 曾公求夫人渔墓出土的唐侯制随侯行鼎亦然,后者年代约在春秋中期。
⑤ 1990 年,郧县肖家河村发现的春秋晚期楚墓中出土了申王之孙叔姜簠。参见郧阳地区博物馆《湖北郧县肖家河春秋楚墓》,《考古》1998 年第 4 期。按楚人灭申正值春秋早期的楚文王世,而郧县一带于春秋晚期属楚,当地出土申遗之器并不奇怪,其情形或与"唐子"诸器相仿。

关于这一问题，《史记·晋世家》索隐讲得更为详细："且唐本尧后，封在夏墟，而都于鄂。鄂，今在大夏是也。及成王灭唐之后，乃分徙之于许、郢之间，故《春秋》有唐成公是也，即今之唐州也。"①《新唐书·宰相世系表》亦云："唐氏出自祁姓……成王灭唐，以封弟叔虞。其后更封刘累裔孙在鲁县者为唐侯，以奉尧祀，其地唐州方城是也。"②尽管以上记载将陶唐氏后裔与《春秋》经传的唐侯加以联系，显然不足为据，但诸说都明确提到晋南唐人尝有南迁之举，则是不容忽视的。进一步说，相较"许、郢之间"这一过于宽泛的方位描述，"鲁县"无疑具有重要的坐标意义。

1993年，平顶山应国墓地M257出土一对同铭铜簠，时代为西周中期偏晚，其铭文中也出现了唐人的线索，即：

> 唯十月初吉丁卯，𤰇史作𡢁妣媵簠，用祈眉寿永命，子子孙孙其万年，永宝用享。

据文例判断，"𤰇史"属于"国名/氏名＋职官名"的称谓形式。"𤰇"作族氏名号，尚见于1983年河南舞阳县吴城北高遗址出土的一件晚商铜爵。③而舞阳和平顶山均在汝水上游地区，二者相去不远，故不难想见"𤰇"这一族氏的传统根据地很可能就坐落于上述区域。④

该铭称"𤰇史"为"𡢁妣"的出嫁铸作媵器，那么从媵器女性称谓的通例来看，"𤰇"的族姓当为妣姓，"𡢁"所标识的则是女子所适夫家的族氏名号，可径读为"易"或"唐"。值得注意的是，两篇簠铭之"𡢁"字亦从"宀"作，在写法上适与前揭"易男""易长""易邑甗""易史妣"诸器完全

---

① 《史记》卷39《晋世家》，第1635页。
② 欧阳修、宋祁：《新唐书》卷74《宰相世系表四下》，北京：中华书局，1975年，第3201页。
③ 朱帜：《河南舞阳县吴城北高遗址出土铜爵》，《考古》1984年第5期。
④ "𤰇史"为"易妣"所作的成套媵器出自平顶山应国墓地，其原因可能有两种：一是女子出嫁途中未尝携器随行，或者既嫁之妇归宁不返（即《春秋》经传所谓"大归"），以致媵器滞留父家，最终从葬于应国墓地。若依此说，"𤰇史"即是效命于应国的异国贵族，与应侯家族的关系较为密切。二是作为夫家的赠赗之器，再次转赠给其他贵族，从而流入应国。据M257发掘简报介绍，该墓主人的身份当为应侯家族成员，墓葬年代属于西周晚期，明显晚于随葬铜簠的年代，所以两件铜簠应是从前代流传下来的。参见河南省文物考古研究院、平顶山市文物管理局、河南大学历史文化学院《河南平顶山应国墓地M257发掘简报》，《华夏考古》2015年第3期。无论按照上述哪种设想，都与该墓考古背景所揭示的情形并无矛盾。

相同,而与从"舺"形的姬姓唐国之名迥然有别,应是铸器作铭者的刻意区分所致。这种现象足以表明,此"䧹"与晋南之唐当在族属方面具有一致性,可以代表唐人亡国之后的余绪所在。如是,结合铜器出土地与"鲁县"(今河南鲁山县)相互比邻的空间关系推断,至少在西周中期前后,汝水上游周边确实存在晋南唐人别支分布的迹象;①这同时亦可佐证,传世文献关于陶唐氏后裔曾经南迁的记载并非虚妄。

若进一步从地名遗存的角度加以考察,唐人南迁汝水流域的史迹其实亦有线索可循。《史记·秦本纪》载秦庄襄王元年灭东周后,"以阳人地赐周君,奉其祭祀"。集解:"《地理志》河南梁县有阳人聚。"②此战国"阳人"一地及《汉志》"阳人聚"位于今河南汝州市西北,毗邻汝水上游,恰与南面的"鲁县"相去不远。基于上述地缘背景,并联系族名、地名的重合关系来看,"阳人""阳人聚"之得名有可能即缘于晋南唐人的南下徙居,是为"地随族迁"而形成的地名遗迹。③

(6) 鄂

据《史记·殷本纪》载,殷末有重臣鄂侯,其人与西伯昌、九侯(一作"鬼侯")并为"三公",只因反对商纣暴政而惨遭杀戮。这里提到的鄂侯,很可能就是入周以后归附周室的鄂侯之先。周代之鄂为姞姓诸侯,金文作"噩",西周晚期鄂侯簋铭文(《集成》3928—3930)云:"噩(鄂)侯作王姞媵簋,王姞其万年,子子孙永宝。"此即鄂侯家族与周王室通婚的明证,足见前者属于周人极力笼络的对象。

相传姞姓为黄帝之后。《国语·晋语四》载胥臣云:"凡黄帝之子,二十五宗,其得姓者十四人,为十二姓:姬、酉、祁、己、滕、箴、任、荀、僖、姞、儇、依是也。"尽管这段文字出自后人追述,与信史尚有一定的差距,内容也有不尽合理之处。但可以肯定的是,凡以黄帝后裔自居的上述姓族集团,普遍起源且分布于中原及以北的黄河流域。④ 就姞姓部族而论,除了

---

① 2018年,河南义马上石河墓地 M34 出土一件易妘鼎,时代为春秋前期。据西周金文妇名的通例判断,器主"易妘"应是一位嫁给易氏的妘姓女子。考虑到上述墓地属于东迁以后的虢氏遗存,与南迁唐人的活动地域比较接近,所以此"易"或与前者是一非二;当然,若联系鼎铭"易"字不从"宀"旁来看,似乎也无法排除南土姬姓唐国的可能性。

② 《史记》卷5《秦本纪》,第220页。

③ 王帅先生认为,卩史簋铭之"䧹"即洛阳附近的"唐聚",其族属为西周初年被迫徙居洛邑的殷遗民贵族,与晋南唐人也许共属一支。参见王帅《卩史簋与唐聚新解》,清华大学出土文献研究与保护中心编,李学勤主编《出土文献》第11辑,上海:中西书局,2017年,第70—81页。

④ 徐旭生:《中国古史的传说时代》(增订本),第44—46页。

传世文献中有明确记载的南燕（今河南延津县东北）、密须（今甘肃灵台县西南）和雍氏（东周宋地）之属，我们还可以利用铜器铭文提供的线索，试将周代姞姓人群的国族归属与联姻关系略作梳理，从而对其分布范围形成一个大致的认识。

表 6.5　铜器铭文所见周代姞姓族氏

序号	族氏名	铜器资料	备注
1	尹	尹姞鬲，《集成》754—755；尹叔鼎，《集成》2282	
2	邲	散伯车父鼎，《集成》2697—2700；散车父壶，《集成》9697	扶风召陈窖藏出土
3	陆	义伯簋，《集成》3619	
4	龚	伯梁父簋，《集成》3793—3796	沣西张家坡窖藏出土
5	遣	遣叔吉父盨，《集成》4416—4418	
6	丰	室叔簋，《新收》1957	
7	芮	芮姞簋，《新收》1665	
8	芍	昔鸡簋，《陕金》1.28	岐山贺家北墓地出土
9	柏	叔钊父甗，《新收》900	北赵晋侯墓地 M64 出土
10	师	晋侯作师氏姞簋，《陕金》15.1683、1684	梁带村 M300 出土

在上表中，尹氏、遣氏都是担任王官的王朝世族，当于周畿腹地领有家族居地和采邑，如遣氏有所谓"奠田"（夽鼎，《集成》2755），位置就在"西郑"的范围内。与前者情形相似的还有室叔簋之"丰姞"，此丰氏应是定居丰地而"以地为氏"的姞姓之族。芮人原居于泾水中游地区，而芍氏亦为"西土"集团的代表，与姬姓周人关系密切，如昔鸡簋"芍姞"系韩侯之配，曾得到周王后遣使聘问的礼遇。据静簋铭文（《集成》4273）所记"豳、芍师邦君"与吴㚪、吕𤞷一同参加周王射礼来看，①豳、芍二者恐怕都是王朝近畿的服属族邦，其部族首领同时兼有"邦君"的身份。豳之地望

---

① 吴㚪、吕𤞷即同时期班簋铭文（《集成》4341）所见的吴伯、吕伯，二人在铭中又被称为"邦冢君"，可见其身份与"豳、芍师邦君"相若。

素有两说,传统观点主张在今陕西彬县东北,近人或以"豳"为汾域之"汾",根据"豳王"铜器出自陕西眉县、乾县等地的现象判断,①豳地方位似仍以旧说较为合理,然则芳的地望亦当在"西土"找寻。晋侯作师氏姞簋和叔钊父甗均为晋器,前者系晋侯为姞姓师氏之女所作,后者则是晋公室贵族叔钊父为"柏姞"所作,反映出姞姓的师、柏二氏曾与晋人通婚,而铜器的流传和埋藏最终也未尝离开晋陕地区,大概说明有关人群很可能本就与晋为邻。至于邘、陆、龚这三个姞姓族氏,尽管目前难以借助文献比对的方法来确定其具体地望,但与之存在婚媾关系的家族铜器,往往见于周原、丰邑等地的窖藏遗存,②尤其是散氏根据地亦在"西土",这无疑为我们考虑上述三者的地域分布,提供了比较清晰的指向。

另一方面,作为周代姞姓人群的联姻对象,其若干信息则如下表所示:

表6.6 铜器铭文所见周代姞姓族氏的联姻对象

序号	族氏名	铜器资料	备注
1	虢	虢姞鬲,《集成》512;虢仲鬲,《集成》561—562	
2	单	单伯逨父鬲,《集成》737;单叔奂父,《新收》41	
3	奠井	奠井叔甗,《集成》926	
4	南	南姞甗,《铭图》3355	
5	华	仲姞鬲,《集成》547—558	扶风任家窖藏出土
6	霸	霸姞鼎,《集成》2184;霸姞簋,《集成》3565	
7	唐	汤(唐)伯作季姞壶,《铭图》12172	传出山西吉县、洪洞县一带
8	杨	杨姞壶,《新收》889—890	北赵晋侯墓地M63出土

---

① 王长启:《西安市文物中心收藏的商周青铜器》,《考古与文物》1990年第5期;吴镇烽编著:《商周青铜器铭文暨图像集成续编》第3卷,上海:上海古籍出版社,2016年,第82页。
② 史言:《扶风县庄白大队出土的一批西周铜器》,《文物》1972年第6期;中国科学院考古研究所:《长安张家坡西周铜器群》,北京:文物出版社,1965年,第16页。

(续表)

序号	族氏名	铜器资料	备注
9	晋	晋姞盘、匜,《陕金》15.1685、1686	梁带村 M300 出土
10	夷	夷伯簋,《新收》667	扶风强家 M1 出土
11	盩	盩伯盨,《集成》4346	甘肃宁县玉村墓葬出土

其中,虢、单、奠井、南(南宫)、华诸氏俱为历任王官的西周世族,其家族势力盘踞于周畿地区,且与姞姓贵族结为姻娅。晋姞、杨姞和霸姞都是既嫁姞姓女子的自称形式,①晋、杨是周人在汾水流域分封的姬姓诸侯,霸为"怀姓九宗"之一,其势力范围皆在晋南地区。汤伯壶据说为同墓所出成对之器,目前仅著录一件,综合器形、纹饰及铭文风格观察,器物年代似当断在西周晚期为宜。考虑到长父封杨已当宣王之世,其后继统称"伯"者不排除进入携王纪年,所以笔者更倾向于将此"汤"读为"唐",所谓"唐伯"是指处在晋侯治下的唐族遗民首领。夷伯和盩伯均为西周王朝外服邦伯。盩伯盨出土于甘肃宁县境内,透露出器主所在家族也许具有"西土"背景,而同墓所出之仲生父作井孟姬鬲,尚可引为辅证。②夷为东方姜姓封国,但昭王时期的作册睘卣铭(《集成》5407)曾提到王姜遣使前往馈问夷伯,而夷伯铜器又出自扶风强家村西周中期墓,③足见夷与周人贵族的关系比较密切,可能在王室腹地具有一定的影响力。此外,1973年沣西马王村窖藏还出土过一件"姞剌母"自作铜匜(《集成》10183),④时代为西周晚期。"姞剌母"是一位既嫁姞姓女子的自称形式,而该器又系家族窖穴埋藏之物,所以这则材料亦不妨视作当地存在姞姓通婚对象的线索。

总之,铜器铭文所见周代姞姓族氏的联姻对象,集中分布于周人核心区所在的渭河谷地、晋南汾水流域及西北的泾河上游地区,基本都是受周

---

① 杨姞壶应是姞姓女子嫁到杨国之后的自作用器。参见王人聪《杨姞壶铭文释读与北赵63号墓主问题》,《文物》1996年第5期;孙庆伟《晋侯墓地 M63 墓主再探》,《中原文物》2006年第3期。
② 庆阳地区博物馆:《甘肃庆阳地区出土的商周青铜器》,《考古与文物》1983年第3期。
③ 周原扶风文管所:《陕西扶风强家一号西周墓》,《文博》1987年第4期。
④ 西安市文物管理处:《陕西长安新旺村、马王村出土的西周铜器》,《考古》1974年第1期。

文化影响较为深刻的区域。不难看出，这一现象适与前揭同时期姞姓国族的分布态势大体重合，换句话说，通过两表分析得出相对一致的结论，无非表明晋陕地区应是上古姞姓人群的传统势力范围。

事实上，具体到文献记载的晋南鄂地周边，两周时期同样存在姞姓人群活动的迹象。按旧志所言之"故鄂城"或"鄂侯故垒"，位于乡宁县旧治一带，是一处建造在印台山和玉环山之间、横跨鄂河南北两岸的战国城址。① 近年，文物考古部门在其西南的嘉父山及西北的内阳垣，陆续清理了两处颇具规模的东周墓地，墓葬及随葬品兼有晋文化和当地土著文化两种不同因素，尤以后者所占比重较大，与晋国核心区的文化面貌存在差异，反映出以狄人为主的族群在此有着深厚的基础。② 就在上述地点西北十公里左右的吉县安平村境内，晚清同治年间曾出土一组西周晚期铜器，含叔硕父甗一及叔姞盨一。二器初为吴县潘氏所藏，现藏上海博物馆，其铭文作：

　　　　叔硕父作旅甗，子子孙孙永宝用。　　　　　　（《集成》928）
　　　　叔姞作旅盨，其万年永宝用。　　　　　　　　　（《集成》4388）

就器物及铭文风格而言，二者具有较为典型的周文化特征，旧说所谓"盖晋大夫之宗器"的推断，③总体是合理的。据铭文可知，叔姞盨系既嫁贵族妇女的自作之器，它和叔硕父器同地并出，说明"叔硕父"和"叔姞"极有可能属于夫妻关系。若"叔硕父"的身份为驻守当地的晋国贵族，那么结合晋人"疆以戎索"的传统来看，与前者通婚的有关姞姓人群，恐怕就聚居在以吉县、乡宁为中心的晋西山区一带，这无疑为推定姞姓鄂人故地的位置，提供了富有意义的线索。

《史记·殷本纪》集解引徐广曰："（鄂）一作'邘'，音'于'。野王县有邘城。"④揆诸文意，旧注仅是针对"鄂"字异文加以解释，传统观点或据此将晚商鄂国定在沁阳"邘城"，恐怕是出于误解所致。目前可以确定时代最早的鄂国遗存，应即随州安居镇羊子山一带发现的鄂侯家族墓地，年

---

① 许文胜：《山西乡宁故鄂城遗址调查》，《文物世界》2017年第6期。
② 张新智、阎金铸：《嘉父山墓地发掘收获》，《文物世界》2009年第6期；许文胜、张红娟、李林：《乡宁县内阳垣清理一批夏、春秋时期墓葬》，《文物世界》2004年第1期。
③ 光绪《山西通志·金石记》。转引自许文胜《山西乡宁故鄂城遗址调查》，《文物世界》2017年第6期。
④ 《史记》卷3《殷本纪》，第107页。

代大致相当于西周早期的成王至昭王前后。另据与前者时代相近的疑尊(《铭续》792)、卣(《铭续》881)铭文记载,仲義父受王命拥立鄂侯于"螯城",同时前往馈赠宋伯礼物,宋国贵妇公妣命疑至"侃"迎接仲義父,疑在成事之后便返回复命,于是得到公妣的赏赐。综观上述史事的整个经过可知,仲義父出使的主要任务当在于协助鄂侯顺利就国,而馈问宋伯则是此行的附带之举,所以仲義父并未实际至宋,只是将赠礼转交给在侃地迎候的器主。董珊先生结合文字音读与通假用例,尤其是"西鄂"的所处方位,推测"螯城"很可能是指今南阳东北的春秋鄳邑。① 考虑到自鄳邑继续东行,穿过中原腹地即可抵达宋国西鄙,而器主选择在这一区域迎候王官,无疑也是合适的,可见该说在史事背景的解释方面并无窒碍。因此,西周早期鄂侯徙封的初居之地,也许就在南阳盆地北端一带,但为时不久,大概是为了配合周人在江汉地区的势力扩张,鄂侯家族又再度南迁至随枣走廊地带立国。

综上所论,尽管目前尚无确凿证据表明殷末鄂国的所在位置,但若基于山西境内"鄂"的地名遗迹与有关姑姓人群在空间上的重合性,并联系同时期姑姓国族的总体分布态势来看,以今乡宁为中心的晋西山区一带,不妨视作追溯早期鄂国地望的重要区域,而西周初年鄂侯的南迁徙封有可能即来源于此。

(7) 方(房)

晋南地区的"方"为地名,早期阶段是否曾作国族名,目前尚难遽断。至于南土房国,相传则为丹朱后裔所封。《国语·周语上》载内史过曰:"昔昭王娶于房,曰房后,实有爽德,协于丹朱,丹朱凭身以仪之,生穆王焉。"是谓房后有爽败之德,肖于其先祖丹朱。《新唐书·宰相世系表》云:"房氏,出自祁姓,舜封尧子丹朱于房,朱生陵,以国为氏。"②《通志·氏族略》同之,③可见是说渊源有自。不过,钱穆先生则进一步提出,丹朱所封之"房"并非位于南土,而在山西安邑,他说:

> 舜卒鸣条,丹朱葬地与舜相毗,亦在鸣条附近;而丹朱封房,舜陟方乃死。今安邑县东北实有方山,地望正合。茅山又名防山。故

---

① 董珊:《疑尊、疑卣考释》,《中国国家博物馆馆刊》2012年第11期。
② 欧阳修、宋祁:《新唐书》卷71《宰相世系表一下》,第2397页。
③ 郑樵撰,王树民点校:《通志二十略·氏族略第二》,第68页。

知防也,方山,房也,皆一山之异名,其为近于安邑鸣条之山显然也。①

今按《国语》所载,仅是暗示房国为丹朱之后,却未尝明确提及舜封丹朱于房一事。至于将帝舜、丹朱的传说遗迹视作史实,一并坐实于晋南地区,则未免是受到后世"层累"学说的影响,碍难信从。对此,徐旭生先生有一段论述甚为精辟,即:

> 后人多信尧、舜、禹均建都于今山西省的西南境,但西汉人尚无此说。就是《汉书·地理志》河东郡安邑、蒲反、平阳三县下,班固自注也并无唐、虞、夏都等类的话,仅蒲反下有"有尧山、首山祠"一语,未说是都城。平阳下颜师古注引应劭的话,才有"尧都也"一语,可是这已经到东汉末年了。《后汉书·郡国志》平阳县下也有"尧都此"一说。说尧、舜、禹都在这一带建都,大约最先是皇甫谧这样说。②

毕竟,按照皇甫谧等学者的逻辑,舜既受禅而代为天下共主,则理应同样践祚于尧都之地,如此方可符合他们心目中上古时代帝系相承、地域一统的基本格局。

实际上,古史传说将帝尧和丹朱简单视作父子相承的关系,本身就是蒙昧不清而颇具演绎色彩的,早已无从稽考,至于以尧和陶唐氏为相同对象,更是人为地创造了一大误区。倘若对有关记载作一"去伪存真"的裁剪工作,紧扣《国语·周语上》这类早期文献所透露的原始信息,我们至多可以确定,作为周代房国之先及祁姓人群共祖的丹朱,应可代表世居"夏虚"的陶唐氏或唐人。换句话说,此即钱氏考证丹朱始封晋南的合理性因素。既然房为丹朱之后,而丹朱所属的人群集团又可对应陶唐氏,那么就来源而言,周代房国自可追溯至北方的汾水下游地区。另一方面,考虑到唐人南迁的史迹在传世文献中曾有明确记载,加之晋南地区亦同时存在"方"及"方山"等地名遗迹。如是,考察区际族群迁徙所需的三大基本要素:重名地名样本、人地对应关系及人群流动线索便都已具备。至此我们似可推断:汾水下游的唐与南土房国很可能存在源流关系,后者或是由晋

---

① 钱穆:《周初地理考》,《燕京学报》第10期,1931年。
② 徐旭生:《中国古史的传说时代》(增订本),第141页。

南祁姓人群的某一别支南迁之后,接受周人褒封而在淮河上游以北的今河南遂平县一带立国。

此外,兼具国族名和地名属性者尚有随、霍、郇三组,遗憾的是,我们迄今尚难确知每组地名所对应的实体之间,是否存在人群迁出或者徙入的关联。不过,倘若将上述三者和仅作地名的梁、屈、瑕、栎、稷、汾、陉、景山放在一起,仍可发现它们在空间分布方面存在某些饶有意思的组合特征。比如,晋南之梁相当于吕梁山脉的南段,而霍在吕梁以东的汾水西岸,二者相去不远;而汝水上游的梁、霍俱为蛮氏邑,更是相互毗邻。又如,晋南陉地傍于汾水,故名"汾陉";楚之汾、陉二地,则不仅都在楚国北境,而且均坐落于"方城"一线附近。至于瑕、栎、稷这三组地名,晋南地区集中分布在涑水沿线及汾、涑之间,若就南土而言,则全部位于桐柏—大别山脉南北两翼的淮河上游及汉东地区。不难看出,上述若干组地名在南、北两大区域内的地理分布,几乎一致呈现相对集中的态势,而且这种空间上的集群性特征较为稳定,并未随着地理区域的切换而发生改变,也使我们不由得考虑其背后是否隐含着某些特定的人为因素。其中,若以稷地作为切入点,充分发掘古史传说和地名遗迹中蕴含的信息,似乎犹可窥见区域联系的一丝端倪。

春秋晋地之稷,得名于稷山。《水经·汾水注》载:

> 汾水又迳稷山北,在水南四十许里,山东西二十里,南北三十里,高十三里,西去介山十五里。山上有稷祠,山下稷亭。①

顾名思义,稷山即当地居民祭祀农神之山,故称"稷神山",并有"稷祠""稷亭"之设。周人尊奉后稷为农神,毋庸赘言,但早期不同地域或部族集团的所祀之神未必尽同,烈山氏即其代表。如《左传》昭公二十九年载蔡墨对魏献子曰:

> 稷,田正也。有烈山氏之子曰柱为稷,自夏以上祀之。周弃亦为稷,自商以来祀之。

又《汉书·郊祀志上》:

---

① 郦道元著,陈桥驿校证:《水经注校证》卷6,第164页。

> 有烈山氏王天下,其子曰柱,能殖百谷,死为稷祠。故郊祀社稷,所从来尚矣。①

结合上引文字来看,晋南先民所祀之农神,除了周人始祖后稷外,恐怕亦有烈山氏的痕迹。实际上,烈山氏的传说在淮河上游至汉东地区之间尤为盛行,其中最为典型者,莫过于今随州市东北殷店乡一带的厉国故地。《水经·㴲水注》有云:

> 㴲水北出大义山,南至厉乡西,赐水入焉。水源东出大紫山,分为二水,一水西迳厉乡南,水南有重山,即烈山也。山下有一穴,父老相传,云是神农所生处也,故《礼》谓之烈山氏。……亦云:赖乡,故赖国也,有神农社。赐水西南流入于㴲,即厉水也。②

据引文可知,故厉国所在的厉乡、厉水一带,相传为烈山氏的早期活动地,并且立有神农之社。尽管旧说将此厉视作烈山氏甚至神农氏的本国,恐有本末倒置之嫌,未必可靠;③但上述区域和晋南稷地都有祭祀神农的传统,至少当无可疑。更有意思的是,就在厉国故地西北方向的淮河上游附近亦有稷地,位于今河南桐柏县东部一带。既然地名的重出和民间信仰、传说的分布,在地理空间上具有相对趋同之特征,那么这种现象所暗示出区域之间的若干联系,用人群迁徙来进行解释,也许是最为合理的。另外,据西周初年太保玉戈铭(《铭图》19764)所示,就在周人对"南国"地区的一次大规模经略活动中,出现了厉侯的身影:

> 六月丙寅,王在丰,命太保省南国帅汉,诞殷南,命𦀚(厉)侯辟用鼀走百人。

"省南国帅汉"或为"帅汉省南国"之倒文,意即太保循汉水巡省王朝的南部疆土,同时有殷见南土邦君、诸侯之举。戈铭称太保对厉侯有所遣命,厉之分封或在此时,也不排除先前周人已有褒封,但若透过中原王朝势力很早便利用厉侯来对淮、汉地区施加政治影响,犹可为早期北人南下的悬

---

① 《汉书》卷25《郊祀志》,第1191页。
② 郦道元著,陈桥驿校证:《水经注校证》卷32,第745页。
③ 徐少华:《古厉国历史地理及其相关问题》,《江汉论坛》1987年第3期。

想提供相应的启示。

　　通过上文的分类和举例论述,我们已对先秦晋南和淮、汉地区重见的18组地名、国族名作了初步梳理。据分析表明,吕、黄、唐、鄂、方(房)这5组地名在两大区域内所对应的人群,分别存在较为明确的同源关系。其中除黄之外,其余4组地名在区域之间的地点变化,都能够跟有关国族的迁徙轨迹衔接起来,而且源流本末相对清楚,即晋南地区的样本象征着"源",淮、汉地区的样本代表了"流",故可作为考察早期北人南迁的重要示例。至于其他多数地名组,分别在晋南和淮、汉地区均可找到相应的地理坐标,只是目前尚未找到有关政治地理实体之间存在人群迁移的直接证据,甚至还有像沈这样的反例应予排除。然而即便如此,区域内部地名呈现成组和集群特征的重叠现象,仍足以暗示早期存在政治联动与人群、文化交流的可能性及合理性。

　　进一步说,倘若不局限于"地名组群"的思路与实践,围绕早期北人南迁问题的考察,还有不少例证和线索可供关注。坐落于颍水上游、今河南许昌市东的许国,是西周以后始立的姜姓封国。《国语·周语下》:"祚四岳国,命以侯伯,赐姓曰姜,氏曰有吕。"又云:"申、吕虽衰,齐、许犹在。"可见吕、许二氏同宗同源,其家族的早期根据地当在晋南霍太山一带。另据清华简《封许之命》载,西周初年"吕丁"因左右武王有功,遂得受封于许担任诸侯职事,是为始封之君。① 《说文·叙》则作"吕叔","吕"为氏名,"叔"系家族内部的排行,足以表明许国应即周人支封吕氏别子的产物。考虑到《左传》隐公十一年既称许为"太岳之胤",即是将周代许国的来源直接追溯到霍山一带,以此看来,"吕丁"一支应是自晋南吕氏旧居南迁许地就封立国的。②

　　除许之外,淮、汉地区以胡、弦、复等为代表的媿姓国族,同样也是早期北人南迁的典型示例。《春秋》经传所见之胡,位于颍水下游的今安徽阜阳市境内。《史记·陈杞世家》索隐引《世本》谓胡国归姓,③《左传》襄公三十年杜预注同之;西周晚期默叔簋铭(《集成》4062)言默叔、默姬为其长女伯媿铸作媵器,学者多已指出"媿"即归姓之"归"的本

---

① 清华大学出土文献研究与保护中心编,李学勤主编:《清华大学藏战国竹简》(伍),第118页。
② 当然就"吕丁"而言,其本人曾效命于周武王,故理应存在"西土"地区的活动轨迹,但考虑到其间并无受封别氏的过程,所以我们仍将周代许国的来源推定为晋南吕氏。
③ 《史记》卷36《陈杞世家》,第1582页。

字，而铜器铭文所见的媿姓之㲅亦即文献记载的归姓胡国。① 按戜簋铭文（《集成》4322）有周师"奔追袭戎于棫林""搏戎㲅"之辞，裘锡圭先生根据"棫林"和"㲅"的空间关系，并联系《史记》有关"郑武公伐胡"的记述，推断东周初年以前的胡国位于河南郾城一带，相较后来方位偏西。② 而新见胡应姬鼎铭（《铭续》221）则载，胡应姬曾于昭王伐楚途中前来朝觐，说明胡在郾城的年代可早到西周前段，故为昭王南征所经。③ 准此，两周时期媿姓之胡的存在及其迁徙轨迹，基本是以淮北地区作为背景而展开的。

不宁唯是，周代淮域诸邦中的弦国，大抵同样属于南土的媿姓集团。《路史·国名纪》将弦置于"少皞后国"之列，却又谓其非嬴姓。④《左传》僖公五年称江、黄、道、柏"皆为弦姻"，既知江、黄二国并为嬴姓，那么按照周代同姓不婚的原则，弦为嬴姓的可能性恐怕甚微。《春秋传说汇纂》及顾栋高《大事表》则谓弦是隗姓，⑤相较更为合理。另据《春秋》僖公五年杜注所言，弦国在"弋阳轪县东南"，即今淮河上游南岸、河南光山县西北的仙居乡一带。⑥ 枣阳郭家庙曾国墓地 M1 曾出土一对春秋早期的幻伯隹壶，其铭作："幻伯隹作雕宝壶，其万年子孙用之。"此"幻"当读为"弦"，⑦"幻伯"即弦国之君的自称形式，可见曾、弦二国存在着往来交通。复国尽管传世文献失载，但铜器铭文中却有关于其族姓的证据，如：

1. 复公子伯舍曰：敔新，作我姑邓孟媿媵簠，永寿用之。

（复公子簠，《集成》4011）

2. 复公仲若我曰：其择吉金，用作我子孟婨（媿）寢小尊媵簠，其

---

① 李学勤：《从新出青铜器看长江下游文化的发展》，《文物》1980 年第 8 期；刘翔：《周夷王经营南淮夷及其与鄂之关系》，《江汉考古》1983 年第 3 期。
② 裘锡圭：《说戜簋的两个地名——棫林和胡》，《裘锡圭学术文集》第 3 卷，第 33—38 页。
③ 李学勤：《胡应姬鼎试释》，复旦大学出土文献与古文字研究中心编：《出土文献与古文字研究》第 6 辑，上海：上海古籍出版社，2015 年，第 109—111 页。
④ 罗泌：《路史·国名记乙》，《四部备要》本，第 332 页。
⑤ 顾栋高辑，吴树平、李解民点校：《春秋大事表》卷 5，第 582 页。
⑥ 谭其骧主编：《中国历史地图集》第 1 册，第 29—30 页。
⑦ 黄锡全：《枣阳郭家庙曾国墓地出土铜器铭文考释》，襄樊市考古队、湖北省文物考古研究所、湖北孝襄高速公路考古队编著：《枣阳郭家庙曾国墓地》，北京：科学出版社，2012 年，第 367—369 页。

万年永寿,用狃万邦。① （复公仲簠盖,《集成》4128）

上揭两铭均是记载复国公室贵族为本国女子制作媵器。其中,"邓孟媿"是嫁到邓国的媿姓之女,身份为复公子之姑,而"孟媿"则是复公仲的女儿,据此可知复为媿姓。

徐少华先生认为,两周复国即楚复县、汉复阳侯国之所在,大致位于今河南桐柏县西一带。他由此进一步提出,复及胡、弦等媿姓国族集中分布于淮水流域的现象,当与上古阶段北方媿姓狄人的南迁有关。② 所论甚有启发性。实际上,除了胡、弦、复三国,叶家山曾国墓地同样也可见到媿姓人群的身影。例如,叶家山 M2 出有两件曾侯谏作媿簋,③据铭文判断"媿"是一位以女姓为称的曾侯谏夫人,即她的父家族姓当为媿姓。无独有偶,曾侯谏作媿铜器尚见于时代略晚的 M28,包括 1 尊、2 卣及 1 壶,④铭文与前者基本一致,应系同一批次铸造的成组器用,只是为后代曾侯继承而随葬入墓。⑤ 另一方面,叶家山曾国墓地所见使用族徽的商系铜器为数不少,其中就包括多件"冀"器,非常值得关注。如 M27 出土冀觚爵壶 1 件,盖内铸有铭文"冀觚爵作父丁彝"7 字;⑥又如 M28 出有冀母辛尊一件,是冀氏贵族祭祀"母辛"的宗庙用器;⑦而 M126 出土的祖己鼎铭末则缀有复合氏名"（束）冀",表明器主所在家族应是冀族下辖的一个分支。⑧ 更为关键的是,根据西周金文所提供的内证判断,"冀"的族姓恰好

---

① 裘锡圭先生指出,妇名的"媷"字从"每"得声,当读为"媿",即复国之姓"媿"字异体。此外,该铭"寑"字释读亦从裘先生说。参见裘锡圭《复公仲簠盖铭补释——兼说珥生器铭"寑氏"》,《裘锡圭学术文集》第 3 卷,第 195—204 页。
② 徐少华:《复器、复国与楚复县考析》,《"中研院"历史语言研究所集刊》第 80 本第 2 分,2009 年。
③ 湖北省文物考古研究所、随州市博物馆:《湖北随州叶家山 M28 发掘报告》,《江汉考古》2013 年第 4 期。
④ 湖北省博物馆编:《华章重现:曾世家文物》,第 76—81、95 页。
⑤ 也有研究者认为,M27 墓主才是曾侯谏的媿姓夫人。参见孙岩《叶家山西周曾国墓地M27 墓主为媿姓夫人说》,湖北省文物考古研究所编:《曾国考古发现与研究》,北京:科学出版社,2018 年,第 153—165 页。
⑥ 湖北省文物考古研究所、随州市博物馆:《湖北随州叶家山西周墓地发掘简报》,《文物》2011 年第 11 期。
⑦ 湖北省文物考古研究所、随州市博物馆:《湖北随州叶家山 M28 发掘报告》,《江汉考古》2013 年第 4 期。
⑧ 凡国栋:《叶家山 M126 出土青铜器铭文简释》,湖北省博物馆编:《华章重现:曾世家文物》,第 13—20 页。相同的"复合氏名",尚见于《集成》5360、《集成》5309、《集成》6481诸铭。

又是媿姓：

1. 庚姬作籲女（母）宝尊彝。㠱。　　　（庚姬器，《集成》10576）
2. 庚姬作叔媿尊鬲，其永宝用。　　　（庚姬鬲，《集成》637）

例 1 是"庚姬"为祭祀其"母"所作。按照既嫁贵族女子作器之通例，这里的"母"当指器主所在夫家的先妣，亦即文姑。而从铭末所缀族徽来看，"庚姬"的"庚"应是"㠱"的一个分族氏名。例 2 称"庚姬"为"叔媿"作器，尽管未尝出现明确的媵器标识，但铭中所涉两位女子并不同姓，犹可推知二人应是母女关系。那么，"庚姬"所适之夫家当为媿姓无疑，故㠱族亦然。

综上来看，正值周初南宫氏封曾之际，一批出自㠱族的殷遗人群同样南迁流落至汉东地区，最终定居在曾国境内，其中部分媿姓上层贵族还与曾侯家族通婚。此外，1966 年京山苏家垄出土有一件甗乎簋（《集成》4157），时代已在两周之际或进入东周初年，器铭末尾仍缀有"☦（朿）"字族徽，可见㠱族后裔在南土地区的势力延续之久。如前所论，东周之前属于北方狄人系统的媿姓集团，其势力范围主要位于太行山脉以西至晋陕高原一带；而宾组卜辞中亦可见到"㠱"和"䣝"（陕西郿县）、"徵"（陕西澄城）以及舌方（汾水中游以西）直接发生联系的记载，足以表明早期㠱人曾在晋南周边活动。准此，西周早期以后出现在随枣走廊的媿姓㠱族成员，其来源显然要考虑北人南迁的可能性。

众所周知，武王克商及成王东征以后，周人贵族通过推行"封建亲戚，以藩屏周"的统治策略，不仅有效地扩展了西周王朝的疆域版图，同时也极大地改变了晚商阶段原有的地缘政治格局。在上述具有北方来源的周代南土国族当中，鄂、许二国及㠱族成员的南迁恐怕都在西周早期，更具体地说即在成王之世的可能性最大，它们皆是因为推行分封之故，或从北方故地南下立国，或随南宫氏之类的周系贵族受封而徙居新土。至于唐、房、复、胡、弦等汾水流域族群的大举南迁，既有可能同属周初分封的产物，也不排除是在早先阶段主动另寻发展空间的结果。然而无论如何，联系西周初年中原王朝势力对汉东等地的渗透来看，若谓周人利用"褒封"之手段，通过从形式上授予土地、人口及新的封国名号，乃将这批源自北方的媿姓、祁姓及姚姓旧族集中安置在淮、汉地区，从而与蔡、应、曾、息"诸姬"及鄂、厉、陈、许等异姓封国共同构成王朝的南土藩屏,大概是较为合乎历史逻辑的。① 当然,由于殷周鼎革前夕周人一度以晋南作为经营的重点区域,原先根植于当地的亲商势力或服属国族,难免会在政治立场上发生分化,有些迫于周人军事扩张的压力,恐怕要通过辗转他徙以寻求出路。在殷末周初大举南迁的北方商系人群中,不排除就包括部分来自晋南地区的移民,比如湖南地区出土的署以"戈""牵旅"等族徽的青铜器,②可能即带有一定的地域指向意义。只不过,就移居淮、汉地区的殷遗势力而言,他们最终仍无法摆脱被纳入周王朝政治体系的命运。

另一方面,若以召公、南宫家族为例,我们不难从铜器铭文中注意到,与这两大世族同时发生直接联系的地理区域,亦无外乎汉东和晋南。据太保玉戈铭所云,召公曾在成王时期亲莅江汉地区巡省,并采用"殷见"之礼召集会见了当地的国族首领。在叶家山墓地规模最大的曾侯墓 M111 中,恰好就发现了一件铸有"太保,虘"三字铭文的半环形铜钺,发掘者认为"虘"很可能是生活在昭王之世的太保家族成员,大致可从。③ 就其埋藏背景而言,也许跟太保"省南国"的早先经历有关,而同时期曾国与周王朝的关系之密切,由此亦可见一斑。至于召公家族对晋南地区的影响,则主要体现在近年当地发现的多件"太保"铜器上,即:

表 6.7　晋南地区出土"太保"诸器一览表

序号	器　名	时　代	铭　文	备　注
1	太保方鼎	西周早期	太保铸	2019 年山西公安机关移交④
2	太保圆鼎甲	西周早期	太保铸	2019 年山西公安机关移交⑤

---

① 据太保玉戈铭"帅汉,诞殷南"之辞来看,太保循汉水视察"南国"之际,这一地区恐怕已有不少国族在名义上归附于周王朝,否则也不会发生"殷见"诸邦的事情,所以周人可能主要是在形式上对这些国族的存在加以肯定。
② 王恩田先生曾将这部分铜器集中归为甲组器,认为是有关商系人群自北方南迁时携带而来。参见王恩田《湖南出土商周铜器与殷人南迁》,中国考古学会编《中国考古学会第七次年会论文集》,北京:文物出版社,1992 年,第 122—125 页。
③ 湖北省文物考古研究所、随州市博物馆:《湖北随州叶家山 M111 发掘简报》,《江汉考古》2020 年第 2 期。
④ 山西省文物局编:《山西珍贵文物档案》(10),第 49 页。
⑤ 山西省文物局编:《山西珍贵文物档案》(10),第 50 页。

(续表)

序号	器 名	时 代	铭 文	备 注
3	太保圆鼎乙	西周早期	太保铸	绛县横水 M3250 出土①
4	太保带方鼎	西周早期	太保。带作宗室宝尊彝	绛县横水 M3250 出土②
5	太保鬲	西周早期	太保铸	绛县横水 M2158 出土③
6	太保鬲	西周早期	太保铸	绛县横水 M2165 出土 2 件④
7	太保都鼎	西周早期	太保都作尃姬宝尊彝	2019 年山西公安机关移交⑤
8	太保都簋	西周早期	太保都作尃姬宝尊彝	绛县横水墓地出土⑥

上表所列的"太保"诸器，可按作器者分为三组。其中，太保方鼎在形制和纹饰方面，与叶家山 M28、M27 出土的曾侯方鼎（M28∶156；M27∶26）较为接近，但口沿下改饰云雷纹衬底的兽面纹，彰显其特殊之处。两件太保圆鼎均作通体素面、极浅鼓腹和高柱足状，据特征判断当为成组之器，很可能系同地出土。⑦ 太保带方鼎同样具有典型的西周早期风格，其腹表上部所饰浮雕鸟纹一周，可在叶家山 M65 出土的曾侯谏方鼎（M65∶47）上找到相同素材。⑧ 太保都所作之器构成鼎、簋组合，原先的埋藏地点可

---

① 山西省考古研究院、山西大学北方考古研究中心、运城市文物工作站、绛县文物局编著：《佣金集萃：山西绛县横水西周墓地出土青铜器》128，第 529—532 页。
② 山西省考古研究院、山西大学北方考古研究中心、运城市文物工作站、绛县文物局编著：《佣金集萃：山西绛县横水西周墓地出土青铜器》125，第 518—522 页。
③ 山西省考古研究院、山西大学北方考古研究中心、运城市文物工作站、绛县文物局编著：《佣金集萃：山西绛县横水西周墓地出土青铜器》081，第 332—335 页。
④ 山西省考古研究院、山西大学北方考古研究中心、运城市文物工作站、绛县文物局编著：《佣金集萃：山西绛县横水西周墓地出土青铜器》098—099，第 405—412 页。
⑤ 山西省文物局编：《山西珍贵文物档案》(10)，第 51 页。
⑥ 山西省考古研究院、山西大学北方考古研究中心、运城市文物工作站、绛县文物局编著：《佣金集萃：山西绛县横水西周墓地出土青铜器》134，第 552—555 页。
⑦ 绛县横水 M3250 所出尚有 2 件素面鼎，造型与太保圆鼎甚为相近，很可能系同批铸造之物，只是并未署有铭文而已，这种现象亦可佐证 2 件太保圆鼎当为同源的看法。
⑧ 同人所作之器见于著录者，尚有传世方鼎 7（《集成》2372、《铭图》1527—1531、《铭续》104）、瓿 1（《铭图》9820）和洛阳北窑 M161 出土的太保带戈（《集成》10954）及传出河南浚县的太保带戟（《新收》600）。

能亦同,其形制特征分别与叶家山 M27 出土的兽面纹圆鼎(M27：25)及"作宝彝"簋(M27：18)颇为相似。综上来看,晋南地区出土的这批"太保"铜器,尽管器主的具体署名互有差异,但总体上时代是比较接近的,大致即相当于西周早期的康王前后,①除召公自作之器有可能略早外,其他铜器的相对年代似难作出十分确切的推定。

缘何太保家族铜器会频繁出现在晋南地区,在笔者看来,答案其实就隐含在绛县横水西周墓 M3250 出土的倗姬簋身上。② 这件铜簋器、盖分铸,器身侈口卷沿,腹微鼓垂,圈足下设三柱足,颈部饰弦纹两周和兽首,形制与旧金山亚洲艺术博物馆藏龙纹簋、③上海博物馆藏季保簋④较为接近,年代约在西周早期晚段或早中期之际。簋铭为两行七字,曰"倗姬作保宝尊簋"。"倗姬"即嫁至倗氏的姬姓贵族女子,而"保"系"太保"或"保氏"之省,所以该器很可能是倗姬为馈赠父家太保氏所作。由此看来,西周早期召公家族与晋南倗伯家族一度结为姻娅之亲,那么绛县横水墓地发现的"太保"诸器,恐怕多半是由于家族联姻所致,自然不足为奇。

南宫氏与晋南地区发生联系,主要亦是采取上层贵族联姻之方式,与其就封汉东建立侯国,并对当地直接实行政治统治有所不同。天马—曲村 M6081 出土有一对南宫姬鼎(《新收》925—926),时代约在西周早期偏晚,铭文均作"南宫姬作宝尊鼎","南宫姬"即姬姓南宫氏女子的自称。无独有偶,《铭图》4063 著录了一件私家收藏的南宫倗姬簋,其铭文曰:"南宫倗姬自作宝尊旅簋。"尽管该簋未见照片,然据铭文风格判断,其年代当与南宫姬鼎十分接近,器主极有可能为同一人。"南宫倗姬"属于父家氏名+夫家氏名+女姓的自称形式,可见南宫氏在晋南的通婚对象亦为媿姓的倗氏贵族。⑤ 准此,晋国墓地出土南宫姬鼎的现象,自

---

① 关于叶家山墓地 M1、M65—M2、M28—M27 及 M111 各组大墓的年代,学界的看法并不完全一致,但诸家基本都认为,上述各组墓葬的年代相对接近,集中在西周早期的成康之际至昭王时期。参见《随州叶家山西周墓地第二次发掘笔谈》,《江汉考古》2013 年第 4 期;朱凤瀚《叶家山曾国墓地诸大墓之墓主人关系再探讨》,北京大学出土文献研究所编《青铜器与金文》第 1 辑,第 228—237 页。
② 山西省考古研究院、山西大学北方考古研究中心、运城市文物工作站、绛县文物局编著:《倗金集萃：山西绛县横水西周墓地出土青铜器》132,第 544—547 页。
③ 中国青铜器全集编辑委员会:《中国青铜器全集·西周1》五六,图版第 53 页、说明第 17 页。
④ 陈佩芬:《夏商周青铜器研究·西周篇(上)》,上海古籍出版社,2004 年,第 86—87 页。
⑤ 《铭图》4464 著录有一件南宫姬簋盖,适与倗季簋相配,二者密合无间,年代亦当西周早中期之际。韩巍先生据此推测,南宫姬及南宫倗姬可能就是倗季之配。参见韩巍《从叶家山墓地看西周南宫氏与曾国——兼论"周初赐姓说"》,北京大学出土文献研究所编《青铜器与金文》第 1 辑,第 98—118 页。

可得到较好的解释。值得注意的是，这两件南宫姬鼎在造型风格方面，几乎与前揭太保圆鼎完全相同，而同类器型尚见于叶家山墓地出土的龙纹鼎（M1∶14），后者仅是在颈部增饰一周双身共首龙纹，略显差异。考虑到叶家山 M1 所出的 🉂（巿）方鼎，适与成王时期的德方鼎甚为相似，然则同墓出土的龙纹鼎，大概在时代上要略早于同类型的太保圆鼎，而后者很可能是对前者继承中的一种简化。总之，就上述类型的圆鼎而论，我们当可认为召公和南宫家族吸收并使用过某种相同的文化因素，这种因素不仅并见于晋南地区的西周遗存，同时又可追溯到叶家山墓地的部分异属非姬姓居民，而他们很可能就是来源于晋南地区的媿姓人群。

相似的线索不一而足。M111 为叶家山墓地规模最大、年代较晚的一座曾侯墓，墓圹四角均设有椭圆形斜洞，洞径 0.32—0.72 米，洞口方向朝向墓坑，洞底直达二层台面以下。① 这种墓室四角开设斜洞的特殊葬制，常见于晋南地区以倗、霸为代表的高等级贵族墓葬，一般认为属于北方狄人系统的文化因素。② 此外，类似的葬制又见于琉璃河西周墓地 M1193，前者同样是在墓室四角各开一条墓道，但宽度仅有 1 米左右，③似难满足下置葬具的要求，所以其性质很可能与上述斜洞相近。M1193 的墓主身份为西周早期的一代燕侯，亦与叶家山 M111 相若，而周代燕国是由召公奭之子克就封所建，这样无疑又为召公和南宫家族的联系平添了一则重要依据。

众所周知，西周早期召氏和南宫氏的高等级贵族们，往往保持着使用日名和族氏铭文的习俗，而这种特征一般认为属于殷商文化系统。④ 现在，我们又可以找到二者在文化面貌上的其他共性，即不约而同地采用斜洞葬俗、使用相同类型的铜器等，且此类文化因素在晋南地区所对应的人群，恰恰又是非姬姓的媿姓土著集团。另一方面，与上述文化共性并存

---

① 据发掘者介绍，叶家山墓地的斜洞葬制，还见于 M28、M46、M50 等墓葬。参见湖北省文物考古研究所、随州市博物馆《湖北随州叶家山 M111 发掘简报》，《江汉考古》2020 年第 2 期。

② 宋建忠等：《山西绛县横北墓地二期考古发掘新收获》，《中国文物报》2007 年 9 月 14 日，第 5 版；山西省考古研究所大河口墓地联合考古队：《山西翼城县大河口西周墓地》，《考古》2011 年第 7 期。

③ 中国社会科学院考古研究所、北京市文物研究所琉璃河考古队：《北京琉璃河 1193 号大墓发掘简报》，《考古》1990 年第 1 期。

④ 张懋镕：《周人不用日名说》，《历史研究》1993 年第 5 期；张懋镕：《周人不用族徽说》，《考古》1995 年第 9 期。

的,是召公和南宫家族在政治、社会方面所具有的相同轨迹。比如,二者均以晋南倗氏作为联姻对象,尤其是南宫姒簋和太保诸器一并埋藏于绛县横水 M3250,①更足以窥见双方之间的密切联系;而召公本人和南宫家族又都曾经亲莅汉水流域,代表中原王朝对当地施以政治影响。不难看出,若就地理区域而言,上述诸多共性所根植的空间背景,则无外乎晋南和汉东二地。可以说,不论政治行为、社会往来抑或文化的传播、交流与影响,无疑都是南、北两大区域之间发生联动的生动体现。根据目前所掌握的证据,我们虽不能断言这些现象都是早期北人南迁的直接产物,但至少已透露出区际人群流动的若干线索,而召公和南宫家族的历史活动,则在当中起到了关键的纽带作用。②

当然,晋南与淮、汉地区的族群联系和交流,自非仅以西周封建作为时代背景,移民方向也不会局限于由北向南,只是囿于材料之故,我们暂时只能捕捉到某些关联,而无法缕清所有的史实脉络罢了。比如,晚商息国位于淮河上游地区,已为罗山天湖墓地的发掘所证实,根据使用族徽、日名和腰坑、殉牲等现象判断,此息无疑属于商文化系统。③ 无独有偶,在 2002 年发掘的临汾庞杜墓地 M2 中,再次集中出土带有"息"字族徽的青铜器 4 件,包括鼎(息父庚册)、方簋(息父乙册)、尊(息册)和卣(息册)各一,④其族属与罗山天湖墓地的主体人群显然是一致的。从族徽的复合关系来看,此"息册"当是晚商息族成员担任"册"职后形成的别支,考虑到庞杜 M2 约相当于殷墟四期,接近天湖墓地的年代下限,那么就源流而论,商末晋南的这支息人理应追溯至淮域之息,但惜其间的种种细节一时难

---

① 山西省考古研究院、山西大学北方考古研究中心、运城市文物工作站、绛县文物局编著:《倗金集萃:山西绛县横水西周墓地出土青铜器》133,第 548—551 页。从铭文来看,南宫姒簋应是姒姓贵族女子嫁入南宫氏后的自作器,它最终出现在晋南倗氏墓地,很可能是南宫氏与倗氏之间的往来交通所致。
② 就族系而言,召公家族的祖先也许具有晋南背景,但南宫氏的早期代表如南宫括,尝与"八虞""二虢"、闳夭、辛公甲等人并为文王股肱,其家族属于"西土"集团的可能性恐怕更大。所以,召公、南宫家族与晋南国族的密切联系,未必可以从族源角度进行解释。考虑到殷周之际周人势力在东扩过程中,长期以晋南地区作为经营的重点区域,若召公、南宫家族属于较早介入晋南的周系势力,则彼此之间的往来交通,自有相应的历史传统可供追溯和解释。
③ 河南省信阳地区文管会、河南省罗山县文化馆:《罗山天湖商周墓地》,《考古学报》1986 年第 2 期;李伯谦、郑杰祥:《后李商代墓葬族属试析》,《中原文物》1981 年第 4 期。
④ 吉琨璋:《山西夏商考古七十年》,"考古汇"微信公众号,2020 年 9 月 10 日;临汾市博物馆编:《平阳撷珍:临汾市博物馆馆藏文物选粹》,北京:科学出版社,2021 年,第 50—53 页。

以复原。①

综上,尽管截至目前,笔者仍无法将晋南与淮、汉地区 18 组地名、国族名集中发生重叠的成因一一廓清,也难以将"点"到"点"人群流动的轨迹完整展现。然而不可否认的是,通过对典型重名样例的剖析考察,并结合特定时段下两大区域之间政治、社会与文化方面的诸多共性因素,我们至少可以推断部分重名现象应当直接缘自北方族群的南迁,同时也是西周早期推行封建、重构南土政治地理格局的结果;而上述研究视角及其结论,亦可为其他重名样本的考察提供相应的启示。有鉴于此,若欲整体复原和准确把握晋南与淮、汉之间的区域联动,本节讨论或已起到了"窥斑见豹"的效果。

第四节　从海岱到江淮:东方族群的纵向流动景观之一

在中国古代文明发展的早期阶段,海岱地区作为"海岱民族"或"东夷集团"的势力范围,业已形成了一个相对独立的人文地理区域和自成系统的文化圈,从而构成夷、夏东西对峙格局的重要部分。不过,随着商代晚期商王国势力的东扩和商、夷冲突的日益加剧,加上西周早期的东征战争及随之产生的封邦建国运动,最高统治者在海岱地区的政治实践,总体宛如于棋盘落子布局一般,即在山川形便的基础上,通过建立若干关键性据点及控制交通线,持续对新占领地区进行规划和经营,不断将中原王朝的政治势力向东方层层推进和渗透。② 异域移民的大量涌入,一方面加速了东、西方文化交流与民族融合的进程,局部改变了海岱地区原有的政治地理格局和文化景观;而另一方面,也不可避免地给当地的空间和资源问

---

① 安阳刘家庄南 M63 曾出土息父己觚、爵一对,年代属于殷墟四期,很可能是息氏贵族入商服事于王的遗存。参见安阳市文物工作队、安阳市博物馆编著《安阳殷墟青铜器》图版八二、八三,郑州:中州古籍出版社,1993 年,第 90—91 页。从情理上推测,庞杜 M2 的"息册"或是由供职于商的这支息人改封而来。

② 研究者曾按受到商文化影响程度的差异,将海岱地区划分为三个亚文化区,即鲁中南地区、以淄、潍流域为中心的鲁北小区及胶东半岛区。其中以淄、潍流域为中心的鲁北小区,在文化面貌上的递变特征较为显著,对于观察商、夷文化的进退消长方面最有代表性。具体而言,从地理上看,当地商文化因素由西而东递减、土著文化由西而东递增;从社会层次来看,当地殷礼的浸润随社会层次的降低而递减。参见高广仁、邵望平《海岱文化与齐鲁文明》,第 220—226 页。

题带来新的挑战。

在生存领域受到挤压和发生变化的背景下,东夷集团内部逐渐出现新的分化,其应对策略及结局大致可分为留居、他徙和退缩三种。凡留居故土者,一般是在与外部势力的交流和碰撞中归附王化的当地人群,如青州苏埠屯、滕州前掌大等遗址所见部分商化夷人和土著居民,又如伯禽封鲁之际所接受的"殷民六族"。所谓"退缩"者,主要是指迫于外部军事压力,以致原有势力范围有所收缩的东夷旧族,如"莱夷"即为显例。《尚书·禹贡》称青州之地"莱夷作牧",可见其故地跨涉之广,因而太公封齐伊始犹有"营丘边莱"之患。西周以后,由于周人征东夷战争及齐、纪等封国崛起的影响,"莱夷"的生存空间日渐逼仄,但立国的核心据点大体仍维持在潍水流域一带,故《左传》襄公二年有"晏弱城东阳以偪莱"之记载。① 春秋中叶莱国为强齐所吞并,原先在海岱地区散居杂处的"莱夷",遂基本仅限于胶东半岛一隅,即后世所谓的"东莱"。② 至于"他徙"这一类型的涵括对象,顾颉刚、徐中舒、陈梦家、王玉哲等先生都曾以东夷、淮夷及南淮夷的关系作为出发点,注意到北方海岱地区与南方江淮地区之间的人群和政治联系。③ 其中,尤以顾先生题为《周公东征史事考证四》的系列文章覆盖最广、涉足最深,且在研究的系统性方面作出了很好的示范。④

总的来说,先秦海岱地区向外部世界的族群流动,确是以东夷的南迁及淮夷之形成最具代表性,历来亦受到人们的关注和重视。过去研究者围绕淮夷集团的族系特征、地名"淮"的重名现象等问题,同时结合纣克东夷及周公东征等重大史事进行考察,多已注意到东夷与淮夷的种种联系,

---

① 叶圭绶《续山东考古录》云:"考东阳城在临朐东境,莱如都黄,相去三四百里,城东阳能偪之耶?玩而遂义及偪之之说,莱都甚近东阳,已可概见。"参见叶圭绶撰,王汝涛等点注《续山东考古录》,第317页。《谭图》将"莱"标注于今山东昌邑市东南的潍水东岸一带,较为符合西周中期以后至春秋早期的政治形势。参见谭其骧主编《中国历史地图集》第1册,第26—27页。

② 王献唐:《山东古国考》,第174页。

③ 陈梦家:《隹夷考》,《禹贡半月刊》第5卷第10期,1936年;徐中舒:《蒲姑、徐奄、淮夷、群舒考》,《四川大学学报》(哲学社会科学版)1998年第3期;王玉哲:《论先秦的"戎狄"及其与华夏的关系》,《古史集林》,第382—406页。此外,相关研究论著可参看李白凤《东夷杂考》,济南:齐鲁书社,1981年;王迅:《东夷文化与淮夷文化研究》,北京:北京大学出版社,1994年;朱继平:《从淮夷族群到编户齐民:周代淮水流域族群冲突的地理学观察》,北京:人民出版社,2011年;徐峰:《过渡带:两淮地区早期社会进程》,上海:上海古籍出版社,2020年。

④ 顾先生的系列论文,原以"遗著"形式相继发表于《文史》第27、29、30、31、32各辑,后经整理集中收入中华书局2011出版的《顾颉刚全集》之《顾颉刚古史论文集》卷十。

只是对二者内在区分的辨析不够透彻,尤其是晚商人方(夷方)与周代东夷、淮夷的关系。① 众所周知,国族源流的勾稽若有相应地理坐标作为支撑,自可增强推论的可靠性和史实的立体感,然而单一地名的重合现象,尚不足以复原人群的迁移轨迹,所以相对理想的切入途径,仍应从区域联动的整体视角出发,进一步扩展关联地名、国族名的数量和范围,注意明确"群"内样本的层次关系与"组"内样本的早晚关系,并且兼顾两个涉及方向的问题:即古史传说记载的部族来源及考古遗存反映的文化交流与影响。

一、周代海岱与江淮地区的地名、国族名重叠现象

所谓"江淮地区",一般是指长江与淮河之间的区域,大体包括今江苏、安徽两省中部及河南南部的信阳地区。至于本节所讨论的政治地理实体,即主要分布在淮河干流沿线以及江、淮之间,也有少数位于淮北地区,但仍未脱离传统意义的"淮域"范围。因此,为方便行文,不妨仍以"江淮"的地理概念统摄之。

经过笔者的初步整理,周代海岱与江淮地区之间的关联地名约有23组,有些重名关系还不仅限于两处地点。尤为关键的是,其中大部分地名都可兼作国名或族氏名,因而具有指示人群的意义。下面拟在分类基础上择要进行讨论。

(一)徐(郯城、徐关、徐州)——徐;邛(红)——江;黄——黄;永——养(昶、鄝);樊——樊

上述23组关联地名中,可按属性和特征初步分为三种亚型,甲类包括徐、江(邛)、黄、永(养)和樊。这5组地名均可用作国族名,所对应的人群在族属及族源方面比较接近,在地理分布上也具有集群特征。《史记·秦本纪》最后的"太史公曰"载:

> 秦之先为嬴姓。其后分封,以国为姓,有徐氏、郯氏、莒氏、终黎氏、运奄氏、菟裘氏、将梁氏、黄氏、江氏、修鱼氏、白冥氏、蜚廉氏、秦氏。

引文提到的徐、黄、江、秦诸氏,都是先秦嬴姓国族的代表,其发源地位于

---

① 如清儒胡渭说:"淮夷盖在东方荒服之内,故亦谓之东夷。今淮、扬二府近海之地皆是也。"参见胡渭著,邹逸麟点校《禹贡锥指》卷5,第134页。

东方海岱地区。按传世文献每以徐、奄或薄姑、商奄并举，如《左传》昭公元年历数各代为乱者，谓"周有徐、奄"；塱方鼎铭（《集成》2739）则言"唯周公于征伐东夷，豐伯、薄姑咸戕（捷）"；而《逸周书·作雒》记载三监之乱，亦称管、蔡二叔联合"殷东徐、奄及熊盈以略"，可见早期徐、奄和薄姑均属盘踞于东土的亲商势力。

就"因国"而论，是太公因薄姑氏封齐，伯禽因"商奄之民"而封鲁，故后人多以齐、鲁二国分别对应薄姑、商奄。但具体说来，《左传》昭公九年杜注云"乐安博昌县北有薄姑城"，故址在今山东博兴县南二十里；旧说或以商奄在鲁故城内的"淹中""奄里"，则未必确诂，实际可能在今曲阜市南郊的西陈遗址一带。[1] 清华简《系年》载周成王东征商盖，乃"西迁商盖之民于朱圉"，"是秦之先"，可见后世秦人的先祖正是世居商奄的嬴姓人群。换句话说，上引《秦本纪》所列之"秦氏"，即代表了"周公践奄"后部分奄人别立宗氏的流变。[2] 另一方面，伯禽始封之际领有的"殷民六族"之中尚有"徐氏"，乃是周人所征服的嬴姓徐人之一部，故地当在近鲁的汶、泗流域。按鲁国以东及东北方向分别有地名"郄城"（今曲阜东南）和"徐关"（今淄川一带），而"殷民六族"中的其余对象亦大多分布于这一区域。考虑到族名与地名不仅称谓相同，且彼此所指人群和地理实体的空间背景亦相吻合，故可推断殷末周初徐人的东方旧居应当就在上述范围之内。

如本书第五章所论，随着周人势力在东土扩张的不断加剧，徐人被迫于西周以后渐次南迁，最终徙居至淮河下游左近立国，史称"徐方"，今江苏泗洪县东南之古徐城即其遗迹。《尚书·费誓》言"徂兹淮夷、徐戎并兴"，则是东周早期徐与淮夷联合北上进犯鲁境之写照。至于奄和薄姑的去向，顾颉刚先生尝以地名"淹城"和"蒲姑大冢"作为线索，推测二者在周公东征后最终远播江南地区。针对这一问题，较早的记载见于《越绝书·吴地传》：

1. 毗陵县南城，故古淹君地也。东南大冢，淹君子女冢也。去县十八里，吴所葬。

2. 蒲姑大冢，吴王不审名冢也。去县（按：即吴县）三十里。[3]

---

[1] 韩辉：《山东曲阜西陈遗址》，《大众考古》2020年第5期。
[2] 此外还有"运奄氏"，详参本书第三章第一节有关讨论。
[3] 李步嘉：《越绝书校释》卷2，第36—37页。

顾先生紧扣《吕氏春秋·古乐》所载殷遗叛后服象"为虐于东夷","周公遂以师逐之,至于江南"云云,继而推定吴地"淹城"和"蒲姑大冢"应是奄和薄姑南迁的孑遗。① 但客观地说,上揭引文未免含糊其辞,一面将有关遗迹冠以"淹"和"蒲姑"之名,同时又指它们均为吴人所葬,显然自相矛盾。更为关键的是,通过近年来对武进淹城遗址的考古发掘,可知城址约始建于春秋晚期,其间发现的土墩墓及独木舟、铜器、原始青瓷等遗物,年代亦多晚至春秋以后,且在文化面貌上与当地吴文化较为接近。② 这就足以表明,淹城系奄人南迁所建的观点无法得到考古学上的支持。

此外,《书序》尚有成王践奄而"迁其君于蒲姑"之说,学界对此记载的可靠性争议颇多。《左传》昭公十六年地名"蒲遂"下杜预注:"徐地。下邳取虑县东有蒲姑陂。"《续汉书·郡国志》同之。徐文靖《今本纪年统笺》认为奄君所迁之蒲姑即此,③顾颉刚、陈梦家先生则主张"蒲姑陂"殆是周公灭薄姑氏后的南迁之地。④ 考虑到"商奄之民"或迁或留的轨迹相对明确,谓之徙居薄姑故地则缺乏佐证;而薄姑亡国的遗民去向尚不甚清楚,若与其他东夷部族相偕南迁,⑤就当时东方形势而言是可能的,故后说也许近是。

至于江、黄、养、樊4组地名,不仅具有紧密的空间关系,而且拥有诸多明显的共性因素,故不妨合并讨论。首先,这4组地名均用作国族名号,集中分布于春秋时期的淮水上游地区,⑥它们所对应的人群无一例外都是嬴姓,可见具有浓厚的东方民族背景。

江、黄二国均为嬴姓,与秦同祖,毋庸赘言。养国文献失载,主要是得益于出土铜器铭文,尤其是桐柏月河墓地的发现而为人们所知。据鄝伯受为其妹叔嬴作媵(《集成》4599)的情形判断,养的族姓当为嬴姓无疑。⑦

---

① 顾颉刚:《顾颉刚古史论文集》卷10,北京:中华书局,2011年,第778—780、783页。
② 南京博物院等:《淹城——1958~2000年考古发掘报告》,北京:文物出版社,2014年。
③ 徐文靖:《今本纪年统笺》卷7,缩印浙江书局汇刻本《二十二子》,上海:上海古籍出版社,1986年,第1074页。
④ 顾颉刚:《顾颉刚古史论文集》卷10,第782页。陈梦家:《西周铜器断代》,第18页。
⑤ 春秋早期邓公簋盖铭(《集成》4055)云:"唯邓九月初吉,不敌女夫人始乍(连)邓公,用为女夫人尊祷簋。"郭沫若先生谓"不敌"疑即"薄姑",可备一说。参见郭沫若《两周金文辞大系图录考释》,《郭沫若全集·考古编》第8册,第181页。
⑥ 淮河流域的养地并不唯一,除此另有《左传》昭公三十年的楚国养邑,在今安徽界首市境。
⑦ 黄盛璋:《鄝器与鄝国地望及与楚之关系考辨》,《江汉考古》1988年第1期;何浩:《蓁器、养国与楚国养县》,《江汉考古》1989年第2期;徐少华:《蓁国铜器及其历史地理探析》,《考古学报》2008年第4期。

至于樊国的族系问题,这里犹需略作讨论。传世器春秋早期樊君鬲(《集成》626)言:

樊君作叔嬴𥁑媵器宝鬲。

有学者以"𥁑"为女姓之"嬭",故樊是芈姓。① 另一种意见认为,樊君之女字"叔"名"𥁑","嬴"为樊国之姓。② 此外也有学者主张"叔嬴𥁑"当断作"叔嬴、𥁑",即"叔嬴"和芈姓之女,属于一器兼媵两女之例。③ 不过,用作女姓的"芈"字,在同时期金文中基本都会加缀女旁,然则将"𥁑"视作女姓似可疑;④而另一方面,与"叔嬴𥁑"结构相同的女性称谓,亦可检出数例以供对比,如:

1. 铸叔作叔嬴秦媵盘,其万年眉寿永宝用。　　(《铭图》14456)
2. 鄦子孟嬭(芈)青之饮簠(盖铭)。
   鄦子孟青嬭(芈)之饮簠(器铭)。　　(《铭图》5795)
3. 唯正月初吉丁亥,楚王媵邛仲嬭(芈)南龢钟,其眉寿无疆,子孙永宝用之。　　(《集成》72)

上揭诸铭中的女子称谓,均属于"排行+女姓+私名"的形式(楚王钟则在排行名前增缀所适夫国之名),可见"叔嬴𥁑"之"𥁑"仍应视作私名为妥,故樊君之女及其本国当为嬴姓。

1978 年,信阳市平桥南山咀发现了一组樊君夫妇合葬墓,时代为春秋

---

① 陈槃:《春秋大事表列国爵姓及存灭表譔异》(三订本),第 513 页。
② 于豪亮:《论息国和樊国的铜器》,《于豪亮学术文存》,第 62—69 页。
③ 李学勤:《光山黄国墓的几个问题》,《考古与文物》1985 年第 2 期;陈昭容:《两周婚姻关系中的"媵"与"媵器"——青铜器铭文中的性别、身分与角色研究之二》,《"中研院"历史语言研究所集刊》第 77 本第 2 分,2006 年。
④ 不少学者援引战国早期的樊季氏孙仲𥁑鼎(《集成》2624)为例,认为器主"仲𥁑"是樊季氏的一位女性后裔,又读"𥁑"为芈,从而认定樊为芈姓。不过,东周金文凡言"某某之子""某某之孙"者,其对象实际往往以男性居多,例如邾公鈺钟(《集成》102)、僕儿钟(《集成》183)、郑臧公之孙鼎(《新收》1237)、邛仲之孙伯戔盘(《集成》10160)、曾大攻尹季怡戈(《集成》11365)诸铭。因此,笔者更倾向于将"仲𥁑"之"𥁑"视作贵族私名。参见郭若愚《郭沫若佚文〈樊季氏鼎跋〉小记》,《上海博物馆集刊》第 5 期,上海:上海古籍出版社,1990 年,第 103—106 页。退一步讲,即便此"𥁑"可理解为女姓,但考虑到该鼎年代相对较晚,故"仲𥁑"作为支封于樊国故地的楚国芈姓贵族之后,也是完全有可能的。

早中期之际。① 其中 M1 出土的成组铜器上,多铸有"樊夫人龙嬴"字样的铭文,另有一盆的作器者则为"樊君夔",表明二者当为夫妻关系。② 由于出土器铭显示樊君夫人自名"龙嬴",即嬴姓女子适樊者,乃致有学者根据"同姓不婚"的原则质疑或否定樊为嬴姓。但实际上,出于现实政治的需要,东周列国实行同姓联姻者可谓不乏其例,未必皆以旧俗为限。就淮上诸邦而言,在面对楚国势力的扩张之际,利用政治婚姻而结成地缘同盟,借联合以求自保,也是完全合乎当时情势的。③ 正如"江、黄、道、柏,皆弦姻也",若以淮河上游的地缘格局观之,樊君所娶的嬴姓夫人可能即来自江、黄等国。④

值得注意的是,无论江、黄抑或养、樊,其实都可以在海岱地区寻见相应的地理坐标或人群活动线索。《汉书·贾捐之传》有一段追述上古国家疆域四至的记载,其内容作:

> 武丁、成王,殷、周之大仁也,然地东不过江、黄,西不过氐、羌,南不过蛮荆,北不过朔方。

所谓"东不过江、黄"者,意即武丁、成王之世中原王朝的政治版图,其东界大致抵于江、黄。按商末黄组卜辞《合集》36419 有"小臣醜其作圉于东对"的记载,"作圉"有"建立疆界"之义,⑤"东对"犹言"东封",即商王国在东方的封域;另据考古资料显示,晚商"亚醜"之族的领地在今青州苏埠屯遗址一带,而这一区域同时也是考古学上商、夷文化分布的交界和过渡地带,故作为卜辞"东对"在地理空间上的直观反映是合适的。至于成王之世东域的基本范围,则当以"薄姑、商奄,吾东土也"为据,齐、鲁受封而因之,是为周人势力经营东方的主要战略据点。准此,晚商周初阶段中原王朝政治统治的东部边缘,总体约略维持在鲁北淄水流域至鲁中南的汶、泗上游一线,所以江、黄这两处具有分界意义的空间坐标,按理自当坐落

---

① 河南省博物馆、信阳地区文管会、信阳市文化局:《河南信阳市平桥春秋墓发掘简报》,《文物》1981 年第 1 期。
② "樊君夔"之名又见于长沙杨家山出土的樊君夔匜。参见湖南省博物馆《介绍几件馆藏周代铜器》,《考古》1963 年第 12 期。
③ 徐少华:《樊国铜器及其历史地理新探》,《考古》1995 年第 4 期。
④ 李学勤先生已有樊夫人龙嬴约是江、黄之女的意见,但他将樊君视作楚国贵族,则非笔者所赞同。参见李学勤《东周与秦代文明》,第 112 页。
⑤ 李学勤:《重论夷方》,《当代学者自选文库·李学勤卷》,第 90—96 页。

于上述区域之内。①

先说江地。2012 年,山东沂水县纪王崮 1 号墓出土一件鳌君季鳃盂,②时代约为春秋中期,其铭文作:

> 惟王正月初吉丁亥,邛伯厚之孙鳌君季鳃自作鑑盂,用祀用饗,其眉寿无疆,子子孙孙,永宝是尚。

据铭文所示,器主"季鳃"身为"鳌君",即鳌国之君或鳌地的部族首领,"邛伯厚"乃是其先祖之名,表明"季鳃"出自邛氏一族。按春秋金文所见江国之名或写作"邛",③故邛、江二字相通,当无任何窒碍。但是,考虑到江国地处淮水上游,同器物出土地点相去甚远,加之盂铭带有齐系文字的风格特征,故未敢轻易加以牵合,然则这里的"邛伯"究竟何指,仍需结合其他史料再作辨析。无独有偶,清华简《系年》第二十章中也出现了一处"邢"地,适可提供新的线索,即:

> 晋敬公立十又一年,赵桓子会[诸]侯之大夫以与越令尹宋盟邢,遂以伐齐。齐人焉始为长城于济,自南山属之北海。(简111—112)

简文称赵桓子会合诸侯大夫,与越令尹宋在"邢"地结盟,继而联合伐齐;齐人为抵御三晋和越国的进攻,开始在济水之畔修筑长城,循泰沂山脉向东一直延伸至海滨。以此推断,晋、越双方在伐齐前夕举行盟会的"邢"地,理应位于东周齐长城一线,即泰沂山脉分水岭的南侧周边。

《左传》昭公八年:"秋,大蒐于红,自根牟至于商、卫,革车千乘。"此"红"为鲁地,《续汉志》泰山郡奉高县下刘昭补注:"红亭在县西北,杜预曰接宋、卫也。"④《谭图》从之,将"红"标注在今泰安市以东,恰好位于齐

---

① 刘佳琳:《"东不过江黄":晚商周初王朝东界及其政治地理格局》,《烟台大学学报》(哲学社会科学版)2019 年第 4 期。我们赞同该文对"东不过江、黄"的内涵解读,惟作者认为东土之江或在鲁东南的沂水流域。
② 山东省文物考古研究所等:《沂水纪王崮春秋墓出土文物集萃》图版 19,北京:文物出版社,2016 年。
③ 参见楚王钟(《集成》72)、江叔鬲(《集成》677)、曾侯簠(《集成》4598)诸铭。
④ 《后汉书·志》第 21《郡国三》,第 3453 页。洪亮吉即采是说。参见洪亮吉《春秋左传诂》,北京:中华书局,1987 年,第 141 页。

长城以南的山前平原地带。① 按"红""邦"并从工声,自可相通无碍,加之彼此在地望范围上亦相合无间,故将二者视同为一,应是合理的意见。②考虑到"邛伯"后裔所作之器出土于今沂水县境,适与上述"邦(红)"地相去不远,完全符合早期家族组织在特定地域内分衍、流动之发展常态,所以盂铭"邛伯"很可能就是指泰山左近"邦(红)"地的封君或部族首领,而不必舍近求远地同淮上江国相联系。

再论黄地。《春秋》桓公十七年:"公会齐侯、纪侯盟于黄。"杜预注:"黄,齐地。"又《春秋》宣公八年:"夏六月,公子遂如齐,至黄乃复。"寻绎文意不难推知,此"黄"当在齐、鲁之间,与鲁侯平齐、纪之讼的会盟地所指实一。杨伯峻先生据《水经·瓠子河注》记载,指出《春秋》黄地可对应汉晋昌国县东南之"黄山""黄阜",在今淄博市淄川区东北。③ 甚是。另,济南市博物馆藏有一件战国铜戈(《新收》1546),上铭"黄戟"二字,于中航先生定该器为齐兵,系齐国黄地所造。④ 氏说可从。按《后汉书·东夷传》所载"九夷"当中可见"黄夷"之名,也许就是世居于上述黄地的夷人。

综上可知,先秦海岱地区不仅存在江、黄的地理坐标,与淮河上游江、黄二国属于"异地同名"的关系,而且它们一在汶水上游,一在淄水上游,隔泰山分水岭南北相望,空间上同样相互比邻。因此,素为人们所称述的"东不过江、黄",实际是说殷周之际中原王朝在东土势力范围的边缘,大致抵于今山东中部的淄、汶二水一线,这也基本符合当时东方夷、夏对峙的政治地理景观。

不唯如此,相似的现象犹可举永、樊为例。按殷墟卜辞中出现的"永",除了用为族氏名和人名,亦可用作地名。如无名组卜辞有"王其奠元眔永,皆在盂奠"之记载(《屯南》1092),意即商王将"元""永"二族的人众奠置于盂地;而黄组卜辞常见的贞人"永",一般认为是来自永氏家族而效命于王室的贵族个体。⑤ 至于永地,又称"攸侯喜鄙永"或省作"攸永",它作为攸侯封域内的边鄙之邑,同时也是商王征人方的前沿据点之

---

① 谭其骧主编:《中国历史地图集》第 1 册,第 26—27 页。
② 陈絜:《卜辞京、鸿地望与先秦齐鲁交通》,《史学集刊》2016 年第 6 期。
③ 杨伯峻:《春秋左传注》(修订本),第 147 页。
④ 于中航:《先秦戈戟十七器》,《考古》1994 年第 9 期。
⑤ 张秉权:《甲骨文与甲骨学》,第 433—439 页;Keightley, David N.(吉德炜)."The Late Shang State: When, Where, and What?"(商代晚期国家:何时、何地、何物). In David N. Keightley, ed. *The Origins of Chinese Civilization*(中国文明的起源). Berkeley, Cal.: University of California Press, 1983. pp. 540, 549.

一,大致位于今泰山迤东的淄水上游左近。根据人名、地名、族氏名的"三位一体"关系推断,晚商永族和贞人"永"的家族领地应即在此。另一方面,周代南土养国的名号,在铜器铭文中既可作"邘",亦可写成繁化的"鄴"。"鄴"字从邑、羕声,而"羕"亦以"永"为声符,彼此相通无碍,① 所以海岱地区的"永"和淮河上游的"养"适可构成一组重名关系。

春秋樊国在今河南信阳境内,此已为樊君夫妇墓的发现所证明。然需注意的是,同时期樊氏人群的活动线索却并非仅限淮河流域,海岱地区亦有之。春秋晚期的莒太史申鼎铭文(《集成》2732)云:

> 唯正月初吉辛亥,𩫨仲之孙莒大史申,作其造鼎十,用征以迮,以御宾客,子孙是若。

上铭"𩫨"字释读久有争讼。周忠兵先生通过对比东周"樊"字的不同形体,指出该字左半部分中的"厽"形,实即"樊"字之省构,从食可释为"燔",然则"𩫨"字应分析为从邑,樊(燔)声,亦即国名用字之"樊"。② 所论当较旧说为胜。周先生继而提出,此"樊仲"即周宣王时的名臣樊仲山甫,其后代改仕于莒;张志鹏先生则认为,担任莒太史之职的"樊仲之孙",应是东土樊国公室之后,其本国为莒所灭,与仲山甫所封之樊无关。③ 后说可从。

2008 年,日照市东港区涛雒镇下元村发现一青铜鼎残件,④时代大致相当于春秋中期。器内壁约有铭文4 行22 字(含重文2),局部不甚清晰,经照片和拓本进行比对,可初步辨识如下:

> 唯樊伯千铸鼎,畀仲嬴格母媵(?),⑤ 其万年无疆,子子孙孙永宝用。

该铭称"樊伯千"铸造铜鼎,将其付予"仲嬴格母"作为媵嫁之用,若按当时媵器的通行文例,可知"仲嬴格母"乃是出自樊国(氏)的嬴姓贵族女

---

① 董全生、张晓军:《从金文羕、鄴看古代的养国》,《中原文物》1996 年第 3 期;董全生、赵成甫:《桐柏月河一号春秋墓相关问题研究》,《中原文物》1997 年第 4 期。
② 周忠兵:《莒太史申鼎铭之"樊仲"考》,《吉林大学社会科学学报》2014 年第 1 期。
③ 张志鹏:《有"樊"铜器与樊国史地考论》,《南方文物》2019 年第 1 期。
④ 王仕安、刘建忠、李凯:《山东日照首次发现春秋时期樊国铭文青铜器》,《中原文物》2012 年第4 期。
⑤ 该字在器铭照片上,似可依稀辨识出"夯"旁上部,故暂且隶释为"媵"。

子。那么,根据樊伯千鼎的器物出土地,并联系前揭莒太史申鼎的人物信息来看,周代东土地区应有另一嬴姓樊国或樊氏存在,其势力范围很可能就在近莒的沂水中游周边,即今鲁东南沿海的日照、莒县一带。

表 6.8　周代淮域的嬴姓国族及其东方的重名线索

国族名	族姓	地望	东方的重名线索	东土位置
徐	嬴姓	今江苏泗洪县半城镇	族名"徐氏";地名"郯城""徐关""徐州"	今淄博市西南、曲阜市东南等地
江	嬴姓	今河南正阳县大林乡	族名"邛";地名"鸿"	今泰安市东
黄	嬴姓	今河南潢川县隆古乡	族名"黄夷";地名"黄"	今淄川区东北
养	嬴姓	今河南桐柏县月河镇	族名和地名"永"	今莱芜市北
樊	嬴姓	今河南信阳市平桥镇	族名"樊"	今日照市、莒县一带

如果说,周代淮河流域与海岱地区存在成组地名同名和国族同称的特殊景观,且其所对应的政治地理实体又在空间分布上相对集中,已足以揭示南北两大区域的种种紧密联系。那么,上述淮域诸邦皆为嬴姓的事实,则进一步将其族源指向了海岱地区的东夷集团,从而跟重名对象所处的地理背景相吻合。如是,有关国族的源流便与区域之间的联动实现了有效衔接,这在某些出土地明确的带铭铜器上即可得到很好的体现。例如,1977 年沂水县刘家店子村莒国墓葬出土有一件春秋早期的黄太子伯克盆(《集成》10338),①据铭文可知系黄太子伯克的自作用器;然而同人所作尚有一盘(《集成》10162),乃是为本国公室女子"仲嬴夬"准备的媵嫁之物。那么联系二者不难推想,黄太子伯克器之所以会出现在莒国境内,无非表明黄、莒二国一度互为婚媾的史实。类似的现象不一而足,如枣庄东江小邾国墓地出土有永(羕)伯疊(《铭图》13826)和昆君妇媿霝壶一对,②前

---

① 山东省文物考古研究所、沂水县文物管理站:《山东沂水刘家店子春秋墓发掘简报》,《文物》1984 年第 9 期。
② 枣庄市政协台港澳侨民族宗教委员会、枣庄市博物馆编著:《小邾国遗珍》,第 62—65 页。

者应是淮上养国的赗赙之器,最终作为随葬品留存邾人墓地;而后者尚有同人所作 2 鼎 1 盉(《集成》2502;《集成》9434),其中 1 鼎系近年自随州枣树林曾侯墓地盗出,①可能是因媵器所适对象不同之故,但同样足以窥见淮、汉地区与东土的密切联系。而上述种种形式的往来交通,恐怕不仅根植于当时特定的政治和地缘关系,甚至也要追溯到相关国族早先的生存背景以及由此形成的文化传统。有学者就曾提出,周代淮河上游黄国的出现,应是东夷之一的"黄夷"迫于商周中原王朝的压力而南迁的结果。② 通过以上讨论来看,周代淮河流域与海岱地区部分地名、国族名的集中重叠现象,自可视作早先阶段东方嬴姓族群大举移徙的产物。倘若联系商、周国家相继推进东土拓殖的历史背景来看,这种相同族系人群发生方向趋同的地域流动,最合理的解释便是外部势力介入所导致的东夷集团分化与南迁。

(二) 巢丘——巢;舒——舒;卢——卢;奚——奚;夷——夷;鈇——鈇;赖——厉;莘——莘

乙类关联地名共 8 组,包括巢(巢丘)、卢、舒、赖(厉)、夷、鈇、莘、奚。就每组地名而言,至少在南、北某一区域可以兼作国族名,但有别于前一类型的是,这种指示人群的作用缺少连贯性,即往往会随着地理空间的变换而存在某种缺环。下面不妨先将有关信息列表展示,以见梗概,再对若干要点略作讨论。

表 6.9　周代江淮地区与海岱地区的关联地名、国族名(乙类)

名号	江淮地区	地理位置	海岱地区	地理位置
巢	地名,一名居巢;国名,又称南巢	今六安市东北;今桐城市南	巢丘,地名	今泰安市南
舒	国名,统称群舒	今庐江县西南	《世本》任姓十国;郯城;舒州	今鲁中南地区
卢	史密簋"南夷卢、虎"	今庐江县一带	地名	今长清区西南

---

① 山西博物院、随州市博物馆编:《汉东大国:历代曾侯墓出土文物精品》,第 68—69 页。
② 徐少华:《周代南土历史地理与文化》,第 94 页。值得注意的是,目前发现的有铭黄国铜器主要集中在春秋时期,而基本不见早于两周之际者,这同《春秋》经传所见黄国的存灭时间大致吻合,却与殷末周初征东夷的历史背景无法衔接。这一现象也许正好体现出,具有东夷背景的黄国从"华夏边缘"逐渐融入汉字文化圈的历史进程。

(续表)

名号	江淮地区	地理位置	海岱地区	地理位置
巢	国名	今罗山县西北	地名	泰山南麓、鲁国北鄙一带
夷	地名,一名城父	今亳州市东南	国名	今胶州市东北
猒	国名	今阜阳市一带	地名作奄	汶泗流域
赖	国名作厉	今鹿邑县东南	地名	今章丘市附近
莘	地名	今界首市北	国名	今鄄城县西南

巢是江淮之间的古国。《国语·鲁语上》有"桀奔南巢"之说,韦昭注:"南巢,扬州地,巢伯之国。今庐江巢县是也。"①又《尚书序》:"巢伯来朝。芮伯作《旅巢命》。"伪孔传云:"殷之诸侯,伯爵也,南方远国。"可见南巢与中原王朝的交通由来已久。就族系而论,《左传》文公十二年杜预注:"宗、巢,二国,群舒之属。"是谓宗、巢属于群舒集团。《谷梁传》襄公二十五年疏引徐邈说,亦以巢为"偃姓之国"。②

舒作为国族名,既可特指一国,即《左传》僖公三年"徐人取舒"者;又可以统指群舒,《左传》文公十二年"群舒叛楚"下杜预注:"群舒,偃姓,舒庸、舒鸠之属。今庐江南有舒城,舒城西南有龙舒。"按舒国与群舒之别,当如申国之于申戎,所反映的乃是国、族之分。究其缘由,盖因舒人主支及宗、巢的社会文化发展程度较高,已进入相对成熟的国家阶段,从而各有专称;其余分化的各部则未尝立国,犹冠以"舒"名,乃称"群舒"。上述诸国族虽相互独立,却又统属于一个较大的宗亲集团,故其所居地域仍相密迩比邻。

《世本·氏姓篇》云:"偃姓,舒庸、舒蓼、舒鸠、舒龙、舒鲍、舒龚。"又曰:"偃姓,皋陶之后。"③是偃姓奉皋陶为祖。不过,作为传说时代的人物皋陶,其始祖又可上溯至东夷集团的首领少皞氏,而嬴姓之先伯益亦然,这种上古族群谱系的构建足以表明,嬴、偃二姓至少具有相近的族

---

① 《国语》卷4《鲁语上》,第183页。
② 杨士勋:《春秋谷梁传注疏》卷16,阮元校刻《十三经注疏》,第5279页。
③ 宋衷注,王谟等辑:《世本八种》,雷学淇校辑本,第47页。

属背景。① 此外，由于活动时代比较接近，过去人们或将皋陶、伯益视作父子关系，②尽管结论不足为信，却是注意到有关人物的密切联系。职是之故，古代学者即有主张嬴、偃为一姓之说，如段玉裁尝言：

> 按秦、徐、江、黄、郯、莒，皆嬴姓也。嬴，《地理志》作"盈"。又按伯翳嬴姓，其子皋陶偃姓。偃、嬴，语之转耳。如娥皇女英，《世本》作"女莹"，《大戴礼》作"女匽"，亦一语之转。③

按段氏从语音的角度，认为偃姓实际就是嬴姓，作"偃"很可能是秦汉以后文献的写法。④ 今人或据今本《毛诗》"燕燕于飞"之"燕"，在马王堆帛书和阜阳汉简中分别作"婴"和"匽"，进一步指出嬴、偃古音相同，二者本系同一族姓之分化。⑤ 准此，即使我们出于遵循早期文献记载的谨慎考虑，不妨仍将嬴、偃二姓区别对待，也无可否认偃姓之巢和群舒的东方背景，它们的族源与嬴姓诸夷是一致的，均可追溯到海岱地区。

除了上述族属因素之外，南巢和群舒源于东方的线索，尚有重名对象"巢丘"和"舒(徐)"。"巢丘"为鲁国北鄙之地，《左传》成公二年："齐侯伐我北鄙，围龙。……三日，取龙。遂南侵，及巢丘。"江永认为"巢丘"一地当近于"龙"，并据《水经·汶水注》比定在"泰安县界"。⑥《谭图》将"龙"标注于今泰安市东南，⑦那么细绎《传》文所言，便足以推知"巢丘"当在其南的汶水沿岸左近。不难看出，此"巢丘"相去嬴姓族群的东方根据地——徐(今曲阜东南)、奄(今曲阜周边)、菟裘(今新泰以西)及江(今泰安以东)、黄(今淄川东北)等都比较接近，因而作为偃姓之巢在海岱地

---

① 按照《五帝本纪》《夏本纪》等文献的描述，皋陶是舜、禹时代的名臣，而伯益也是和大禹同时代的人物。诸嬴以少皞为共祖，而皋陶之"皋"即或少皞之"皞"。参见徐旭生《中国古史的传说时代》(增订本)，第54—55页。
② 较早的观点见于《列女传》曹大家注："陶子者，皋陶之子伯益也。"清人雷学淇在辑校《世本》中又有详细考证，参见宋衷注，王谟等辑《世本八种》，雷学淇校辑本，第47页。
③ 段玉裁：《说文解字注》卷12，第612页。
④ 此外，刘师培亦持相近观点，氏说参见刘师培《偃姓即嬴姓说》，《左盦集》卷5，《刘申叔遗书》，南京：江苏古籍出版社，1997年，第1252—1253年。王力先生则主张，先秦嬴、偃二字声、韵皆远，难以相通。参见王力《同源字典》，济南：山东人民出版社，1992年，第20页。
⑤ 李修松：《徐夷迁徙考》，《历史研究》1996年第4期；沈长云等：《赵国史稿》，北京：中华书局，2000年，第36页。
⑥ 江永：《春秋地理考实》卷2，《清经解》卷253，第2册，第247页。
⑦ 谭其骧主编：《中国历史地图集》第1册，第26—27页。

区的原居地，应是合宜之选。

舒及群舒在海岱地区的重名线索并不唯一，就名号而言，最直接者莫过于《世本》所见之舒。《世本·氏姓篇》：

> 黄帝二十五子，得姓者十二人。任姓：谢、章、薛、舒、吕、祝、终、泉、毕、过。①

就上揭诸任而言，其中的薛（今滕州以南）、祝（今宁阳东北）、过（今掖县西北）、谢（今邹县一带②）等国族，基本都分布于商周时期的东土范围内，那么可以想见，同姓之舒的地望大概也不会相去过远。然而关键的是，江淮地区的舒及群舒皆为偃姓，显然无法仅靠重名关系而与异姓国族进行衔接，更何况任姓之舒同样渊源有自，很难设想偃、任二姓人群围绕同一舒地前后逐力的历史景象。

关于舒及群舒的东方背景，另一种解释则是徐、舒同源论，郭沫若、顾颉刚、徐中舒等前辈皆持此说。陈槃先生曾结合三个方面，即嬴、偃一姓，皋陶与伯益同宗及徐、舒二国地域比邻，从而作出"舒之与徐，盖本同而末异"的推断。③李修松先生则认为，徐、舒原是同族，后来之所以有区分，主要是因为徐居淮北、舒居淮南，方音殊异之故。④联系东周徐、舒文化的共性特征，加之群舒奉徐为宗主等情形来看，此说仍不失为一种较优解，但对徐、舒名号相通的问题，尚需略作说明。尽管传世文献每见"徐""舒"二字通假之例，如《春秋》哀公十四年"齐陈恒执其君，寘于舒州"，《史记》又作"徐州"，但用作国族名的"徐"和"舒"，在东周金文中则有相应区分。具体来说，徐的国名一般写成从余、从邑的"鄦"，如时代较早的春秋早期徐王糧鼎（《集成》2675）即是如此，但也偶见作"余"之例；⑤至于"舒"的国名专字，通常则使用"舍"字。如丹徒大港镇北山顶墓葬出土的春秋晚期甚六镈，据铭文（《新收》1251—1257）称器主身份为"舍王之

---

① 宋衷注，王谟等辑：《世本八种》，雷学淇校辑本，第46页。
② 陈絜：《射子削、射南簠与谢氏族姓及地望》，《古文字研究》第31辑，北京：中华书局，2016年，第133—137页。
③ 陈槃：《春秋大事表列国爵姓及存灭表譔异》（三订本），第540—541页。
④ 李修松：《徐夷迁徙考》，《历史研究》1996年第4期。
⑤ 蚌埠双墩钟离君柏墓出有余王容戟和余子伯向此戈各1件，时代均在春秋中晚期之际。余子伯向此戈的胡部另有刻铭7字，作"童丽公柏夺鄦人"，可见此戈乃是钟离君缴获徐人的战利品，同时也表明这里的"余子""余王"之"余"是指徐国。

孙",此"舍"可从曹锦炎先生说读为"舒",所谓"舍王"即舒国之君。① 值得注意的是,同墓所出另有一件郲頵君之孙缶(《新收》1249),时代与甚六器接近,当为徐国之器无疑,足以证实徐、舒在自名写法上确有分别,彼此可通并不代表混为一谈。②

倘若基于徐、舒"同源异流"的这一前提,那么早期舒人的根据地自当联系徐、奄之徐加以追溯。如前所论,《说文》云"鲁东有郐城",即《史记·鲁周公世家》之所谓"徐州",春秋时为郳邑,在今山东曲阜市东南、邹城市东一带,很可能是徐人南迁以前的旧居。另一方面,《史记·夏本纪》正义引《帝王世纪》云:"皋陶生于曲阜,曲阜偃地,故帝因之而赐以姓曰偃。"③是说从赐姓与地名关系的角度解释偃姓之由来,④尽管不甚可靠,然谓偃姓集团的始源亦在曲阜,则恰与嬴姓徐、奄的势力范围几乎重叠。准此,综合重名地名、族群谱系等若干线索来看,群舒旧居大致亦不出今曲阜为中心的汶泗流域,南迁以后遂与徐人相分别。⑤

关于巢、舒的南迁年代,学界迄今尚无定论,我们只能结合文献和考古资料提供的若干线索试作蠡测。首先,设若《国语》对"桀奔南巢"史事的追述可靠,则表明巢人早在夏世便已南迁江淮立国,⑥但此说暂时无法证实亦难以证伪。《书序》所言"巢伯来朝",传统观点一般也认为是指南巢。然而在西周早期金文中,亦可见到"巢"作国名之例,如子鼓甹簋(《集成》4047)云"唯巢来伐,王令东宫追以六师之年",䚄侯鼎(《集成》2457)言"䚄侯获巢,俘厥金、胄",均是讲巢人入侵而被西周贵族击败之事。考虑到班簋(《集成》4341)"秉繁、蜀、巢命"可能是指东土之巢,那么就情势推想,上铭之巢在战败后服属于周,从而接受毛公的统一调遣,也

---

① 曹锦炎:《遱邡编钟铭文释议》,《文物》1989年第4期;《关于遱邡钟的"舍"字》,《东南文化》1990年第4期。
② 何琳仪:《舒方新证》,《安徽史学》1999年第4期。此外,山东费县上冶镇台子沟村出土的春秋中期余子氽鼎(《集成》2390),器铭作"余子氽之鼎,百岁用之"。冯峰先生从国名用字习惯的角度,认为此"余"与徐国无关,或读为"舒",有可能是指《世本》任姓之舒。参见冯峰《"海岱朝宗"展品小记四则》,王春法主编《海岱朝宗:山东古代文物菁华》,第30—37页。
③ 《史记》卷2《夏本纪》,第83页。
④ 此种表述及其背后的历史观念,与《国语·晋语四》"黄帝以姬水成,炎帝以姜水成"之说具有相同逻辑。
⑤ 徐、舒虽然同源,却在南迁时间和徙居地域上均有不同,这可能是导致二者有嬴姓、偃姓之别的关键因素,详见下文讨论。
⑥ 至于考古学上所见夏后氏与南巢的关系,参见杜金鹏《关于夏桀奔南巢的考古学探索及其意义》,《华夏考古》1991年第2期。

是顺理成章的,所以未必要将此巢限定为南巢。

《小雅·渐渐之石》序云:"下国刺幽王也。戎狄叛之,荆舒不至,乃命将率东征。"郑玄笺:"舒,舒鸠、舒鄝、舒庸之属。"是知群舒于西周晚期已居南土,故以"荆舒"连言。20世纪50年代以来,安徽舒城及周边枞阳等地陆续出土大批青铜器,在器类、造型及器物组合方面均带有明显的区域文化特色,年代主要集中在春秋时期。① 值得注意的是,其中有部分约相当于西周早中期的铜器,尽管也夹杂有少许特殊的文化因素,但形制和纹饰总体更接近于商、周文化系统,②可见彼时尚未形成带有鲜明地域特征的群舒文化。上述北方风格的西周铜器出现在群舒故地,尽管并不具有明确的族属特征及指向作用,但若联系器物的时代背景及出土的集中性来看,它们恐怕不宜视作中原与江淮地区直接发生物质交流的结果,而多半是同所有者的轨迹保持一致,即反映了器主所属族群的流动,这样便不难联系到群舒的南迁背景。更确切地说,考虑到这批铜器与同时期中原的典型器物对比仍具特色,如卷角兽面纹和凤鸟纹的细部形态都出现了若干新变化,说明器主在维持原有主流风格的前提下,局部也许吸收了一些周边的文化因素,所以很可能属于南迁之后又经短期积淀的群舒遗存。那么由此上溯,舒人自东土故地徙居江淮之间,大约就是在西周初年或更早阶段。

海岱地区的"卢"为东周齐邑,在今济南长清区西南,汉置卢县,即是沿袭旧称。殷墟卜辞所见尚有"卢伯",如"卢伯漐"(《合集》28095)又称"卢方伯漐"(《屯南》667),乃是卢地的部族首领之名。殷墟妇好墓出土有一件玉戈,内部后端刻铭作"卢方䇂入戈五"六字,③意即卢方首领

---

① 关于群舒青铜器的分期断代,参见郑小炉《试论徐和群舒青铜器——兼论徐、舒与吴越的融合》,《文物春秋》2003年第5期;朱凤瀚《中国青铜器综论》,第1798—1809页。
② 安徽博物院编著:《江淮群舒青铜器》,合肥:安徽美术出版社,2013年,图版1—7、10,第12—18、21页;安徽大学历史系、枞阳县文物管理所编:《枞阳商周青铜器》,合肥:安徽大学出版社,2018年,图版1—2、5—8,第3—16、25—36页。就枞阳地区出土的多件铜鼎来看,其半球形浅腹、兽蹄足的造型和重环纹配以弦纹的纹饰,表面上与中原地区的春秋早期铜鼎比较接近。但相较而言,枞阳鼎的重环纹趋于线条化,显得简单,且重环纹内部及鼎耳所饰点线纹,也常见于安徽地区出土的铜器。这种现象大概表明,舒人在吸收北方商、周文化的基础上,约在两周之际后开始形成具有区域特色的青铜文化。此外,江淮地区出土带有浓厚地域特征的折肩锥足鬲,即所谓"淮式鬲",它的出现和兴盛的年代跨度,与群舒青铜器的时代也是基本一致的。
③ 中国社会科学院考古研究所:《殷虚妇好墓》,北京:文物出版社,1980年,第135—136页。今按:"卢伯"后一字系私名,简报径释为"皆",正式报告则改用原篆,更为审慎。孙亚冰、林欢《商代地理与方国》一书所收摹本作"䇂",可见该字上部从骨、从刀,会以刀剔骨之意,旧释作"皆"确有未安,今暂据摹本录其原形。

"𖡈"向商王贡戈五件,这枚玉戈当系其中之一,表明卢方在武丁时期服属于商。然据无名组卜辞"王其寻卢伯"(《合集》27041)之记载,可知商王曾将卢伯作为"寻祭"的对象,足见双方关系不甚稳定。关于卢方的位置,迄今主要有殷北说、甘肃平凉说及南土卢戎说等观点。① 不过,从卢方与商保持着密切关系,尤其是商人对卢伯颇为关注的情形来看,卢方到商王国核心区的距离恐怕不至过于悬远,那么,古济水之畔的东周卢邑、《汉志》卢县之地,相较而言应是合宜之选。

然在西周中期史密簋铭(《新收》636)中,又出现了"南夷卢、虎"的名号,据该铭所言,前者北上会同"杞夷""舟夷"联合进犯周人的"东国"。从"南夷"称谓及战事的地理背景推断,此"卢""虎"均是定居"南国"地区的异族势力,在周人的政治视角下,基本可以视同于"淮夷"或"南淮夷"。② 其中的"虎",过去一般都与"虎方"相联系,恐怕并不确切。据新见敔卣铭文所示,继而重审晋侯墓地 M114 出土敔甗铭(《铭图》3363)可知,所谓"虎"字右部从"才"表音,实系"豺"字之误释。③然则宋人摹录中方鼎铭(《集成》2752)之"虎方"是否准确,大抵也要重新考虑。当然,即便新出金文对"虎方"的存在提出了质疑,但"虎"字毕竟从虍得声,仍不妨碍读为"虎"或者从"虎"声之字。《左传》哀公四年载:"夏,楚人既克夷虎,乃谋北方。"杜预注谓"夷虎"即"蛮夷叛楚者",地望未详。丁山先生则据"夷""尸"二字古通,认为"夷虎"可对应《水经·肥水注》所载芍陂之北的"死虎",在今安徽寿县东南约四十里处。④ 设若"南夷卢、虎"之"虎"即《左传》"夷虎",地处淮水中游以南的今寿县、长丰县之间,则一方面符合"南夷"称谓所蕴含的地理指向;与此同时,今安徽庐江县境尚有地名"卢"的重名线索,而前者所在的位置恰又毗邻"夷虎",这一空间关系

---

① 参见孙亚冰、林欢《商代地理与方国》,第 446 页。
② 西周金文所见"南夷""淮夷""南淮夷"等部族名号,皆系名异实同之关系。参见王玉哲《论先秦的"戎狄"及其与华夏的关系》,《古史集林》,第 382—406 页;李学勤《兮甲盘与驹父盨盖——论西周末年周朝与淮夷的关系》,《新出青铜器研究》(增订本),第 117—123 页;李裕杓《西周时期淮夷名称考论》,《中国历史地理论丛》2015 年第 3 期。
③ 敔卣系私家所藏,后由曹锦炎先生撰文刊布。参见曹锦炎《新见敔卣铭文及其相关问题》,"李学勤先生学术成就与学术思想国际研讨会"会议论文集,清华大学出土文献研究与保护中心,2019 年。曹锦炎先生已将相关部族名号改释为"狄方",吴镇烽、朱凤瀚二位先生均释作"豺方",后说可从。参见吴镇烽《敔壶铭文补释》,复旦大学出土文献与古文字研究中心网站,2019 年 12 月 11 日;朱凤瀚《新见西周金文二篇读后》,北京大学出土文献研究所编《青铜器与金文》第 5 辑,上海:上海古籍出版社,2020 年,第 39—48 页。
④ 丁山:《甲骨文所见氏族及其制度》,北京:中华书局,1988 年,第 150 页。

显然与史密簋"卢""虎"连言的文本背景不谋而合。因此基本可以确定，西周中期作为"南夷"的"卢""虎"均分布在江淮之间，从其北上联合"杞夷""舟夷"叛周的情形来看，它们和海岱地区及东夷集团的关系应是十分密切的。若将关注点上移则不难发现，"南夷卢"和殷商卢方不仅具有重名关系，而且相对于中原王朝来说，均可归入族属有别、叛服不定的边域异族群体，彼此在名号、族属及政治立场等方面的种种联系或共性因素，多少已可透露相应的暗示，即二者可能存在前后相承的源流关系。

海岱地区的"奚"曾为齐、鲁交战之所。《春秋》桓公十七年："夏五月丙午，及齐师战于奚。"杜预注谓"奚，鲁地"，并于同年《传》下云："'夏，及齐师战于奚'，疆事也。"可知该地当在齐、鲁之间。清人江永尝以此"奚"为"兖州府滕县南奚公山下"之"奚邑"，①《谭图》亦从其说。但这一"奚邑"远在鲁南的今枣庄市薛城区附近，相传本与奚仲有关，并非东周初年齐、鲁两国的接壤之地，故不太可能作为双方疆界争端的冲突点。至于《春秋》之"奚"既为齐、鲁边邑，恐怕还应该在泰山南麓至汶水流域一线的区域内找寻。②

淮河流域的"奚"为国族名，但不见于史籍记载。1972年，河南罗山县高店乡高店村发现了三件青铜器，时代相当于春秋早期，经现场调查可知为窖藏出土。③ 其中的盘、匜均带有铭文，部分内容虽然经过刮削，仍依稀可辨认出作器者为"奚君单"。1975年，当地一处墓葬再次出土奚子宿车鼎2、盆1及奚季宿车壶、盘、匜各1件，④就鼎的造型风格推断，时代似较前者略晚，表明春秋早中期奚氏之邑很可能就在今罗山县境。此外，信阳市吴家店镇杨河村还出土过一件僕仲射子削（《集成》11816），上有铸铭6字，作"唯僕仲射子用"，"射子"即"僕仲"之名，联系同墓所出的番伯诸器，可定其年代为春秋早期。⑤ 关于这一奚氏的族属，解放前在潢川地区征集的一件叔单鼎（《集成》2657），其铭文中提供了关键依据，即：

唯黄孙子僕君叔单自作鼎，其万年无疆，子孙孙永宝用享。

---

① 江永：《春秋地理考实》卷2，《清经解》卷253，第2册，第241页。
② 陈絜：《"鸡麓"地望与卜辞东土地理新坐标》，《古代文明》2017年第1期。
③ 信阳地区文管会、罗山县文化馆：《河南罗山县发现春秋早期铜器》，《文物》1980年第1期。
④ 信阳地区文管会、罗山县文化馆：《罗山县高店公社又发现一批春秋时期青铜器》，《中原文物》1981年第4期。
⑤ 信阳地区文管会：《河南信阳发现两批春秋铜器》，《文物》1980年第1期。

不难看出，此"偯君叔单"即前揭高店村出土器铭中的"奚君单"，称"叔"是用于揭橥排行。值得注意的是，鼎铭开头便以"唯黄孙子"自称，对比潢川出土白亚臣罍（《集成》9974）"黄孙须颈子伯亚臣"的称谓推测，本铭之"黄孙子"很可能系"黄孙某某之子"的省文，然无论如何，器主身份当为黄国公室贵族后裔，则是毋庸置疑的。① 准此，上述成组铜器集中出土于今罗山、信阳及潢川等地，体现出奚氏的活动地域与黄国密迩相邻，实际正是以二者在血缘上的主支关系作为基础的。当然，根据"偯仲""奚季"及"奚君叔单"之称来看，奚氏家族内部的组织结构并不简单，暗示出前者可能已从黄国公族别出而独立发展了一段时期，在特征方面也许更接近于淮上小国，故有"奚君"之谓。

如前所论，海岱地区的"奚"既为鲁地，同时又处于齐、鲁之间，说明其位置很可能就在泰山南缘至汶水上游左近；而上述区域以北的齐境一侧，即淄水上游的今淄川区东北则有黄地，二者隔分水岭南北相望，正好相去不远。既然淮上黄国由东土嬴姓之黄南迁所建，那么作为黄国公族的别支，袭用本族之先在海岱旧居附近的地名"奚"，继而以之命名分立的新宗氏，应是合乎情理的。此种现象与西迁秦人的庶支非子，最终仍以东方故地之名"秦"来冠名国氏，其情形大体是接近的。

至于夷、莘、猒、赖（厉）这四组地名，两两在区域之间的特征变化情况基本相似。其中，海岱地区的"夷"为国族名号，②既可用作通名，表示"东方曰夷"之类的内涵，又作专名指周代的姜姓夷国，在今山东胶州市东北；"莘"即有莘氏，早在商代以前便已出现，在今山东鄄城县西南。③ 江淮地区的"夷"和"莘"则仅系地名，前者一名"城父"，在今安徽亳州市东南，属楚"东国"之地；后者见于《春秋》庄公十年"荆败蔡师于莘"，杜注以为蔡地，在今安徽界首市北。

与上述"夷""莘"恰好相反的是，"猒"和"赖（厉）"在海岱地区均为地名，至南部淮域则为国族名。在黄组卜旬辞中，"猒"作为商王出巡途中的占卜地，与"礜"和"上礜"存在同版关系，④说明彼此理应相去不远。李

---

① 李学勤：《论汉淮间的春秋青铜器》，《文物》1980年第1期。
② 仅就字形来看，《合集》20612的"人方"二字确可释作"夷方"。这个"夷方"可能与无名组、黄组卜辞的"人方"所指实一，写法不同仅系类组差异所致；当然，也不排除武丁时期另有一个"夷方"，此种情形的"夷"亦属专名。
③ 莘地具体位置素有两说，一说在今山东曹县西北，或谓在"汴州陈留县东五里"。实际上，即《左传》僖公二十八年"有莘之虚"及"莘北"之"莘"，约在今山东鄄城县西南。
④ 参见《合集》36875、《英藏》2532诸版卜辞。

学勤先生认为酀地近莒,就方位而言无疑是合理的。① 钟柏生先生主张"酀"从"五"声,可对应《春秋》文公七年"遂城郚"之"郚",氏说可从。② 据《英藏》2532所示,尽管商王驻跸于酀、獣二地的间隔时间长达一旬,但考虑到先前已在酀和上酀之间反复逗留,继而结合黄组卜旬辞的一般规律,不难推想商王此行实际很可能就是在酀地周边往来巡省。那么,同酀和上酀相对接近的獣地,其方位大致可以圈定在汶、泗地区一带。淮河流域之"獣"有二,早期在今河南郾城,东周以后在今安徽阜阳市境,所体现的乃是媿姓胡国的移徙轨迹,毋庸赘言。

周代淮北地区有"厉",国名。《左传》僖公十五年载齐人率诸侯联军"次于匡",遂"伐厉","以救徐也"。此厉在今河南鹿邑县东,与今河南睢县附近的匡地相去不远,彼时依附于楚,故移诸侯之师伐之。按"厉""赖"二字每相通假,《史记·老子韩非列传》云:"老子者,楚苦县厉乡曲仁里人也。"正义曰:"厉音赖。《晋太康地记》云:'苦县城东有濑乡祠,老子所生地也。'"③地名"赖"亦见于东周齐境。《左传》哀公十年载晋赵鞅伐齐,"取犁及辕,毁高唐之郭,侵及赖而还"。此"赖"在今山东章丘县西北。④ 按:殷墟卜辞和铜器铭文所见尚有族名"萬","萬"用为地名,或从水旁作"溝"。如宾组卜辞《合集》10948正、10951及黄组卜辞《合集》37786,即是商王和"子商"等贵族曾在萬(溝)地田游逐猎的占卜记录。在《花东》352中,"子"主持的连续活动又先后发生在溝、阬二地,而"阬"又是"商王田猎区"的核心地点之一,很可能坐落于泰山南麓至汶水北岸一带。准此,卜辞溝地的方位恐怕也在泰山周边,就名号和地望来看,均与上述齐地之"赖"比较吻合。

综上所言,尽管前揭巢(巢丘)、舒、卢、奚四者,在海岱地区仅具有地名属性,但通过对江淮地区同名国族的族属背景之考察,仍足以窥知有关人群的族源当在东方,这样就使若干地名一一成组关联的现象,可以从史学角度得到比较合理的解释。相较于前者而言,夷、莘、獣、赖(厉)这四组地名与同名国族的联系具有孤立性,就目前的资料来看,姜姓之夷和姒姓有莘氏的源流均在北方,并无南迁迹象;媿姓之胡的活动轨迹也相对清楚,基本是以淮北地区作为背景展开,其先世的来源或可追溯到汾水流

---

① 李学勤:《论商王廿祀在上酀》,《夏商周年代学札记》,第55—61页。
② 钟柏生:《殷商卜辞地理论丛》,第59—62页。
③ 《史记》卷63《老子韩非列传》,第2139—2140页。
④ 杨伯峻:《春秋左传注》(修订本),第1638页。

域；而豫东厉国、厉乡与齐地之赖是否存在关联，目前则完全无从得知。换句话说，它们在南、北两大区域之间的地点变化，恐怕都难以跟有关族群的播迁进行衔接。这样看来，夷、莘、猷、赖（厉）四者虽然局部具有指示人群的作用，但实际价值仍与纯粹的地名重名基本相当。

（三）丙类关联地名讨论举隅：白（帛）——白；淮（潍/雍）——淮

丙类关联地名，至少包括棠、乐（栎）、棘、潜、白、向、鄆（鄆氏）、成阳、淮、沂（沂）等10组，其主要特征即仅限于地名属性，具体涉及聚落名、土地名和山川名，但未见用作国族名之例。下面先以列表形式进行展示，续就个别问题略作说明。

表6.10 周代江淮地区与海岱地区的关联地名（丙类）

名号	江 淮 地 区	海 岱 地 区
棠	吴地，今南京市六合区北	齐地，今平度市东南
乐（栎）	栎，楚地，今新蔡县西北	水名作洓，齐地，今济南市历城区
棘	楚地，今永城市西北	齐地，今淄博市临淄区西；鲁地，今肥城市东南
潜	楚地，今霍山县东北	鲁地，今济宁市西南
白	楚地，今息县东	一作帛，盖齐之博邑，今泰安市东南
向	疑为徐地，今怀远县西北	鲁、莒间地，今兰陵县西北
鄆（鄆氏）	一作鄆阳，蔡地，今新蔡县境	鄆氏，今巨野县西南
成阳	楚地，今信阳市北	齐地，今沂水上游一带
淮	水名，今淮河	水名，今潍河；地名，今鲁北淄水流域
沂（沂）	水名，今沂河	楚地，今正阳县境

其中，楚地之"白"盖白公胜封邑。《史记·楚世家》："惠王二年，子西召故平王太子建之子胜于吴，以为巢大夫，号曰白公。"按"巢"已于鲁昭公二十四年为吴所灭，位于吴、楚边境地带，此言"以为巢大夫"者，即是对应《左传》哀公十六年"（子西）召之，使处吴竟"云云。杜预注："汝阴褒信县西南有白亭。"在今河南息县东约七十里。海岱地区的重名地名"白"见于黄组田猎刻辞和王步卜辞。如《合集》35501著录牛距骨刻辞

云："王曰：剭大乙襏于白菉（麓），盾（賄）宰丰。""白麓"即白地之林麓。而"宰丰"之名尚見于另一版雕骨刻辭（《合補》11299），其中出現了"王田麥麓"字樣，據所記干支、事類和文例判斷，此與《合集》35501及安陽第二煉鋼廠M11出土骨片應系同時之遺物。① 那麼這也就意味着，"白麓"和"麥麓"恐怕相去不遠，很可能均分布在"泰山田獵區"的範圍一帶。另外可以構成佐證的線索，即根據最近的甲骨綴合成果，地名"帛"和"高虘""虘""鼓"并見于同一版黃組卜步辭，共同構成一組前後連貫的商王行進路線。而"虘"正是卜辭田獵地名"虘"的省構形式，即"黎之蒐"的"黎"，所以帛地亦在東土，與"白"在名稱和方位上均相契合。研究者據此讀"白（帛）"爲"博"，并以齊國博邑及《漢志》泰山郡博縣當之，是合適的。②

至于"淮"在南、北區域的重名現象，因爲直接牽涉到淮夷的溯源、流變及時空分布，一直以來都是古史地理學者關注的重要問題。陳夢家先生較早注意到卜辭有"佳夷"一詞，并將"佳夷"理解爲文獻記載的"鳥夷"，認爲淮夷即是其中一支。③ 此後，郭沫若、童書業等先生都將卜辭"佳夷"視作商代已有淮夷的核心證據，④是說影響甚爲深遠。另一方面，顧頡剛先生通過總結典籍所見"淮""濰"通用之例，提出魯北濰水即古之淮水，同時又是淮夷最早的根據地，"族名和水名出于一源"。⑤ 不難看出，無論研究者是從出土資料抑或傳世文獻出發，都主張淮夷早至晚商階段就已出現，只是對其分布地域的認識有所不同。

然而事實上，上述涉及淮夷的材料即歷組卜辭《合集》32906，細審可知其中的所謂"夷"字，實系"比"字之誤釋，而完整該辭當作"乙巳卜：叀北佳比［失］"。⑥ 此處的"比"乃協同、配合之義，意即貞問從北面會同"失"開展行動的休咎，這樣便與右側的"叀西佳比"構成對貞關係。進一步說，通過將《合集》32906與《屯南》740的綴合，⑦可以發現整版卜辭的基本主題只有兩個：一是在"商""受""壴""失"等貴族中卜選遣命的對

---

① 劉釗：《安陽殷墟大墓出土骨片文字考釋》，李宗焜主編：《古文字與古代史》第2輯，第123—142頁。
② 陳絜、王旭東：《殷墟甲骨中的望乘與望地——兼談卜辭"虎方"之有無》，《蘭州大學學報》（哲學社會科學版）2019年第6期。
③ 陳夢家：《佳夷考》，《禹貢半月刊》第5卷第10期，1936年。
④ 郭沫若：《殷契粹編》，《郭沫若全集·考古編》第3卷，第352頁；童書業：《"鳥夷"說》，《童書業歷史地理論集》，第247—251頁。
⑤ 顧頡剛：《顧頡剛古史論文集》卷10，第829—832頁。
⑥ 鄢國盛：《卜辭"淮夷說"商兌》，《中國史研究》2011年第2期。
⑦ 即《合補》6615，系許進雄先生綴合。

象,再则即是围绕从哪个方向会同"失"进行占卜,显然都与淮夷毫不相涉,遑论由此衍生的所谓"北佳夷""西佳夷"之分,更是谬说明矣。因此,殷墟卜辞中已有"淮夷"的说法,实系前人的误解所致,并非确诂。不过,甲骨文可见"淮"作地名的用例,则是不争的事实,如:

1. 壬辰卜,贞:[王]迩于召,[往]来亡灾。
   戊戌卜,贞:王迩于召,往来亡灾。
   己亥卜,贞:王迩于𣲗,往来亡灾。　　　　　　(《合集》36642)
2. 丙戌[卜,在]𣲗[贞:今日王步]于[瀞,亡灾]。
   庚寅卜,在瀞次贞:王㣬林方,亡灾。　　　　　(《合集》36968①)
3. 戊午王卜,在敖贞:田旧,往来亡灾。兹孚,获鹿、狐。
   己未王卜,在敖贞:今日步于僅,亡灾。
   庚申王卜,在僅贞:今日步于勩,亡灾。
   [壬]戌王[卜,在勩]贞:[今日步于]𣲗,[亡]灾。
   　　　　　　　　　　　　　　　　　　　　　(《合集》37434)
4. 癸未卜,在旧贞:王步于㵋,亡灾
   乙酉卜,在㵋立贞:王步于𣲗,亡灾。
   ……卜,在[𣲗]贞:王步……亡灾。　　　　　　(《英藏》2564)

就上引4版黄组卜辞来说,例1属于田游性质,例2—例4都可排入十祀征人方日谱。其中出现的"𣲗"字,从水从佳,严格隶定作"淮"并无问题,但若理解为古"四渎"之一的淮水,则未免存在窒碍。比如,例1的"召"是商王田猎区内的常见地点,大致坐落于泰山东北方向;例3的"勩"又见于出组卜辞《合集》24347,据商王行程可知其介乎雝、麦二地之间,最有可能就在汶水上游周边;而例3、例4均提到的"旧",又被称为"人方邑旧",处于商王国与人方势力范围的交界地带,亦在鲁中丘陵附近。以此看来,与上述诸地空间关系甚为密切的这一"淮"地,其地望范围只能圈定在海岱地区,碍难远至南部的淮水沿线,否则绝非干支所示的一两日左右能够抵达。

李学勤先生敏锐注意到问题症结所在,乃谓卜辞之"淮"可读为"潍",是指今之潍水,②从而有利于解决新旧学说的矛盾。此外,学界还

---

① 《英藏》2563与之当为成套卜辞,彼此干支、地点及占卜事类全同。
② 李学勤:《帝辛征夷方卜辞的扩大》,《中国史研究》2008年第1期。

有一种意见值得重视，即将"㲋"视作田猎地名用字"𩃬（雍）"的异体，如姚孝遂先生主编《类纂》，便是采取将"㲋"形归入"雍"字条目的处理方式。① 陈絜先生则从形声字产生和田猎地名间距的角度，进一步阐述"㲋""雍"契合的理由。② 另据《合集》36591所示，在接连发生占卜的丁丑、己卯、辛巳、乙酉、戊子这五日，其中有四天贞问的内容均为"王迍于雍"，唯独辛巳日作"王迍于㲋"。这样的对比无疑凸显了孤例的意义，从而足以表明，所谓"㲋（淮）"字作为"雍"字省构的可能性更大。

二、东土族群的南迁与淮夷之形成

如前所论，殷墟甲骨刻辞中既无"淮夷"之名，也没有可以确切指为淮水的地名"淮"，而管见所及的数例"淮"字，不排除都是"雍"字之省。设若其中仍有适宜读"潍"之例，并在将来得以坐实，那么按照顾先生的推想，鲁北潍水流域的夷人部族在发生南迁后，使用原居地名"潍"来命名所徙之地，以致南土亦有水名曰"淮"，这种情形同样也合乎理据。但目前所知含义明确的"淮夷"，大抵始见于西周中期的录尊（《集成》5419）和录卣（《集成》5420），而年代接近的𢔇方鼎铭（《集成》2824）则有"淮戎"，三器均在穆王之世，称"淮戎"也许反映出早期名号的不稳定性。③ 上述"淮夷"与同时期金文所见的"南夷"，④均是泛指南土淮水流域周边的异族，二者在涵盖对象上颇有交集。至于《尚书》《诗经》等典籍中出现的"淮夷"，所涉篇目诸如《禹贡》《费誓》及《江汉》《閟宫》《泮水》等，其文本形成年代也不早于西周晚期。⑤ 因此，从名、实相应的角度来说，真正意义上的"淮夷"恐怕是在西周中期以后逐渐产生的，这一族群彼时主要分布于

---

① 姚孝遂主编：《殷墟甲骨刻辞类纂》，第655页。
② 陈絜：《卜辞雍地地望及其他》，李伯谦主编：《中华之源与嵩山文明研究》（第三辑），北京：科学出版社，2017年，第204—211页。
③ 春秋晚期曾侯与钟铭在追述曾国始祖就封的历史场景时，有云"王遣命南公，营宅汭土，君庀淮夷，临有江夏"。按西周初年尚未出现真正意义上的"淮夷"之称，这里的"淮夷"或可泛指淮水中上游至汉水以东的土著集团，乃是东周时人采用晚期通行的名号来称呼早期已经存在的对象。
④ "南夷"之名，见于西周中期竞卣（《集成》5425）、史密簋（《新收》636）、无㠯簋（《集成》4225）及应侯视工鼎（《集成》1456）、簋（《集成》1305），年代较晚者似为厉王默钟（《集成》260）。
⑤ 《书序》屡言"淮夷"，如《大诰序》云："武王崩，三监及淮夷叛，周公相成王，将黜殷。"司马迁撰《史记》对此亦多有采撷。但《书序》的文本年代要远远晚于所述史事年代，终究反映的只是后世经师的理解和认知，因而不能据以推断西周初年即已兼有"淮夷"的名和实，这里所说的"淮夷"其实是指海岱地区的东夷族群。

淮水流域至江、淮之间,地处王朝南土,故又加缀方位词"南"称为"南淮夷",正如厉王时的仲偁父鼎(《集成》2734)、虢仲盨盖(《集成》4435)、蓼生盨(《集成》4459)诸铭所示。

既然说商人以倾国之力征伐的人方、林方诸邦方,并不属于"淮夷"的范畴,那么以前者为代表的东土敌对势力,彼时理应另有合适的专称。按《左传》言"商纣为黎之蒐,东夷叛之",又云"纣克东夷,而殒其身",《吕览》则说"商人服象,为虐于东夷",皆是以"东夷"这一集合名词来统摄晚商东方地区的土著部族。尽管上述文本的年代同样偏晚,但西周早期金文中屡见"伐东夷"之类记载,正如塱方鼎(《集成》2739)、旅鼎(《集成》2728)、䚄鼎(《集成》2740)、小臣謎簋(《集成》4239)、保员簋(《新收》1442)诸铭所示,仍足以佐证有关称谓是切合史实的。鉴于铭文书写者的立场为西周本位,这里的"东夷"在涵盖对象的范围上或较商代有所扩展,即不排除将部分叛周的东土殷遗包括在内。不过,纵使受到政治因素的干扰,"东夷"一词本质上仍属于地域和族属的复合概念,其核心内涵是指定居海岱地区的异属族群。因此,就人群主体而言,《左传》等文献基于中原王朝视角所讲的商代"东夷",当与西周铜器铭文所见之"东夷"是大致趋同的。

综上讨论可知,东方海岱地区部分国族名和地名,往往又重复出现在淮水两岸至江、淮之间,其中能够廓清早晚关系甚至相应人群的始末源流者,包括徐、江、黄、永、樊、巢、舒、卢、奚、白、淮11组。客观地说,它们所对应的淮域居民,大多即可归入周人视域下的淮夷集团,或者至少在族属或地缘方面同淮夷有着千丝万缕的联系。准此,考虑到上述"重名地名群"总体呈现"北早南晚"的分布态势,更兼"东夷"这一称谓的出现,在时代上也要早于"南夷"和"淮夷"诸名号,那么不难推断周代淮域族群的部分前身,当可追溯到海岱地区的东夷。

东夷集团的分化与淮夷集团的形成,乃是一个内、外部力量交错作用的结果,即不单纯属于族群内部的自然演变和发展,商、周国家的势力介入亦在其间起到了关键影响。[1]《后汉书·东夷列传》云:"武乙衰敝,东

---

[1] 朱继平女士认为,商人东进相当程度上影响了鲁中南山地与苏北以南地区的联络,导致南迁夷人与其山东境内族群主体的交流一度受阻,从而真正揭开了东夷与淮夷分离的序幕。随着周人利用东征和分封,牢牢控制住山东境内的东夷集团,南迁淮域的部分群体则抓住独立发展的契机,最终形成了与前者并列的淮夷族群。参见朱继平《从商代东土的人文地理格局谈东夷族群的流动与分化》,《考古》2008年第3期。作者围绕商人东进对东夷、淮夷分立的具体影响,做了富有胜意的探讨,但结论涉及若干关(转下页)

夷浸盛，遂分迁淮、岱，渐居中土。"①所描述的只是东夷外迁的一个时段剖面。不可否认的是，晚商之前已有若干东土部族出于种种缘故，陆续南下徙居江淮地区，南巢与巢丘之分即为其例。鉴于商人东征涉及的人方、林方等部族，究竟与后世淮夷存在何种对应关系，已无法从名号上加以稽考；加之考古资料所见的"夷人商化"现象，反映出商人东进之后或与当地土著上层形成了较为稳定的统治关系，以致双方在殷周易代伊始一度结有"商夷同盟"。那么，引发东夷族群南迁的主要外部动力，恐怕还应归于周人势力在海岱地区的持续扩张。随着周初以后中原王朝在东方拓殖活动的加剧，东夷集团在军事压力下逐渐发生分化：部分被征服的夷人改弦更张，转变为西周国家统治当地的扈从者与合作者；另有相当一批不愿接受"王化"的异族，面对齐、鲁等封国的逼迫和包夹，只得被迫离开东方旧居，辗转南迁淮河流域甚至更远地带，以期负隅顽抗或寻求适宜的生存空间，于是在特定阶段内产生了一个颇具规模的东土族群外播浪潮。这批主要集中在西周早期南迁的东夷人群，连同早先阶段业已徙居南土的海岱故旧，与当地的土著势力杂处融合，逐渐形成一个自成体系的族群联合体，其典型特征即以相近族属为纽带、相同地域背景为基础，并以西周国家为统一的政治对立面，倘若站在周人统治者的角度，自可将区别于"我群"的这一"他群"统称为"淮夷"。

　　关于淮夷集团内部的具体构成，昔日史家往往未能言之甚明。《左传》昭公元年"周有徐、奄"下杜预注："《书序》曰：'成王伐淮夷，遂践奄。'徐即淮夷。"后世学者或据此将淮夷视同于徐，未免存在逻辑上的问题；或主张淮夷乃一部族群体，以徐为首，如徐中舒先生尝言"南淮夷非一而徐为最大国"，②也许较为允当。如果从东夷与淮夷的因袭关系来看，周代淮夷内部至少应该包括嬴、偃两大姓族及其建立的大小邦国。③ 诸嬴

（接上页）键前提，仍值得商榷。首先，晚商国家的东土经营活动，未必构成海岱地区与淮河流域往来交通的重要阻隔，毕竟在苏北的泗水和沂沭河流域，典型商文化遗存的分布远不如山东境内密集，所以很难确认商人势力彼时已经深入并有效控制了上述地区，从而阻断南北交流的主要通道。其次，作者称商人东进导致夷族南迁，其中就包括徐、奄和淮夷等在内，这恐怕是有问题的。我们知道，徐、奄与商人的关系非常密切，如奄地的恶来就服事于纣，后来还曾结成反周的"商夷同盟"，它们不太可能在商末集中播迁，而淮夷之名的出现也不会早至西周之前。因此，就商人东进之际而言，当时并不存在一个狭义的"淮夷"南迁至淮河流域，从而作为后来广义的"淮夷"之形成基础。

① 《后汉书》卷85《东夷列传》，第2808页。
② 徐中舒：《禹鼎的年代及其相关问题》，《考古学报》1959年第3期。
③ 刘翔：《周夷王经营南淮夷及其与鄂之关系》，《江汉考古》1983年第3期。

毋庸赘言，而江、淮之间的偃姓国族统属于淮夷，所体现的正是周人贵族的族群概念和史地认知，并且可以得到出土资料的有力证明。例如西周晚期的伯戏父簋(《铭图》5277)、翏生盨《集成》4459)诸铭，其中均提到周厉王亲征淮夷，讨伐桐、遹之事。此桐即《左传》定公二年"桐叛楚"者，亦为偃姓小国，在今安徽桐城市北一带，与同姓的宗、巢及英、六密迩比邻。① 鉴于桐和群舒不仅族系一致，而且地缘关系甚为紧密，可见群舒之属理应一并归入淮夷集团。需要说明的是，前面侧重于从族系溯源的角度分析淮夷的成分，但实际上，西周中期之前陆续南迁定居的众多对象，当然也并不局限于东夷的嬴、偃二姓。比如，1984年安徽舒城市古城乡出土商代晚期的青铜爵、觚各一，爵鋬内有铸铭"冀父辛"三字；②另外，肥西县上派镇则集中出土有时代相近的觚、爵2组，其铭文涉及族徽包括"🧍""犬🧍""戈"等。③ 上述器物的所有者，应是殷末周初南下移居江淮地区的商系贵族，无论就分布地域抑或政治立场而言，他们显然都与稍晚阶段出现的淮夷集团基本趋同，加之双方的族属背景亦比较接近，所以不排除最终合流。可以佐证这一推论的，是潜山县梅城镇黄岭东周墓所出的联体甗。④ 该器年代已在春秋早期，其中鬲的造型接近于"淮式鬲"，带有明显的群舒风格，甗的两道弦纹中间则缀有族徽"𠘨"，表明器主族属当为商系人群。而上揭不同文化因素的交融现象，适可反映出部分南迁殷遗一度经历了"淮夷化"的过程。

至此，倘若重新审视周代南土嬴、偃二姓的分布特征，我们不难发现一个颇有意思的现象：嬴姓国族基本都坐落于淮河两岸，如江、黄、养、樊四国皆在淮水上游近地，中、下游沿线又有钟离和徐；皋陶之后的偃姓英、六、桐及宗、巢等群舒之属，则主要聚居于今安徽中部的淮南、江北地带，另在偏西的淮、汉地区，尚有州、蓼、绞、贰、轸等小国。就分布态势来看，嬴、偃二姓国族总体上分别呈现相对集中的特征。另一方面，通过前文的论述可知，上述两大姓族集团的南迁背景也有明显差异。众所周知，以徐、奄为代表的东方嬴姓部族，在周初东征之际与周人的对抗最为激烈，

---

① 马承源：《关于翏生盨和者减钟的几点意见》，《考古》1979年第1期。
② 安徽大学、安徽省社会科学院、安徽省文物考古研究所：《安徽江淮地区商周青铜器》032，北京：文物出版社，2014年，第48页。
③ 安徽大学、安徽省社会科学院、安徽省文物考古研究所：《安徽江淮地区商周青铜器》018、022、030、031，第29、34、46—47页。
④ 安徽大学、安徽省社会科学院、安徽省文物考古研究所：《安徽江淮地区商周青铜器》139，第167页。相同的族徽另见于江陵万城出土"北子"器群中的一甗(《集成》847)。

而日后南迁淮水流域的诸嬴势力，大致亦以徐人为首，直到西周末年仍与王朝频启战端。相较之下，纵观西周早期对东夷发动的历次战事，似乎未尝见到确知为偃姓的国族在其间扮演过重要角色。至于巢、舒定居江淮地区，恐怕也要早至西周初年以前，群舒既与徐人的南迁背景殊异，故在轨迹、地望及名号等方面均自有分别，是为"同源异流"。而英、六及淮、汉地区的诸偃，目前仅知其奉皋陶为始祖，就族群谱系的重构来说过于简单，也许暗示出它们迁离东方旧居的年代同样较早，或与巢、舒相近，所以其间的家族记忆多为空白。综合以上分析可以看出，周代南土嬴、偃二姓所含对象的具体划分，与有关东土族群南迁的时间和空间背景都是密切相关的，而未必仅以血缘或族属作为标准。这种现象足以表明，"姓"这一血缘标识在实际运用的过程中，往往兼有地缘或政治因素的渗透和影响，这种复杂性可能代表了早期国家的某种特质。

  嬴姓、偃姓等东土族群接踵南迁后，其中的部分势力继续负隅抵抗，自西周中期以降又长期与周人发生战事，最终形成了以"淮夷"为名的国族集团。尽管族群分化与时空场景的变换，为东夷和淮夷两大集团确立了基本界限，但双方之间的交流与互动，却一刻也未尝止息。首先，就铜器铭文所见，禹鼎（《集成》2833）言"唯噩侯驭方率南淮夷、东夷，广伐南国、东国"，又默钟（《集成》260）称"南夷、东夷具见，廿又六邦"，均以南夷、淮夷与东夷并举，彼此联系之紧密可见一斑。其次，史密簋铭（《集成》）记载"南夷卢、虎"在挑起战端后，则北上联合今山东境内的杞夷、舟夷，一同袭扰王朝"东国"，而相似的现象犹见于西周晚期师寰簋（《集成》4313）。淮夷内侵之所以热衷于选择海岱地区，显然是要寻求与当地东夷故旧相互呼应，从而加强反周同盟的力量和声势。再则，即使在和平状态下，淮夷与东夷仍然也保持着不同形式的交流与联络。如沂水刘家店子莒墓出有黄太子伯克盆（《集成》10338），即是黄、莒两国山川悬隔，却仍然保持着联姻关系的明证。若以"中原与周边"的视角来看，上述政治联动多由南迁的东土族群发起或作为主导，表现为外部力量在西周国家的边缘地带反复游移或自外向内进行渗透。商代晚期至春秋早期，海岱地区多元族群文化对江淮地区的影响基本占据主流，除了象征"正统"的商文化和周文化，还有代表地域特征的东夷文化。如皖南地区出土鼎耳上经常发现点线纹，而这种纹饰又见于山东栖霞市吕家埠东周墓的随葬铜鼎，[①]后者

---

① 栖霞县文物管理所：《山东栖霞县松山乡吕家埠西周墓》，《考古》1988年第9期。

据葬式和其他随葬品判断,墓主族属当是东夷土著,此即反映了东土文化因素之南渐。另一方面,早期江南地区常见的硬陶、原始瓷等典型器物,同样出现在滕州前掌大遗址;①而在鲁南等地的东周时期遗存中,也出土有折肩鬲、曲柄盉等江淮特色铜器。上述现象总体呈现由少渐多的趋势,或可表明南、北两地文化交流的路径,大致经历了一个由单向传播为主到交错互动的转变。②

总的来说,海岱和江淮地区之间形成的种种区域联动,一方面既以族群迁徙作为基础,同时也得益于地理背景提供的便利条件。南迁的东土族群与早先的根据地及其间居民长期难以割裂,不仅缘于它们对故土及特定文化传统的情感认同,有时亦是宗亲情谊的纽带在发挥作用。毕竟,人群移徙若伴随血缘组织的分衍,则往往有迁、留之分,如徐人留居者即"殷民六族"之徐氏,南迁淮域者又建立徐国,相近之例可能还包括江(邛)、樊在内。③南、北两地一旦形成共祖同宗却又平行发展的不同分支,自可为区域联动提供必要的社会基础。另一方面,作为淮河下游主要支流的沂、泗二水,自古便是连接鲁中南丘陵和黄淮平原东部的空间纽带,而山东半岛与江淮乃至长江下游地区的往来交通,亦多赖此途径得以实现,有关族群流动之所以在宏观上呈现纵向格局,多少也是受到这些地理要素的综合影响。

第五节 黄河下游与燕辽地区:东方族群的纵向流动景观之二

据文献记载和出土资料显示,在商代晚期至西周早期,太行山沿线至河济、海岱之间的黄河下游地区,与燕山及环渤海北部地带组成的燕辽地区,其间存在过一股颇具规模的移民浪潮,整体大致呈现南北纵向流动的

---

① 黄川田修先生曾将滕州前掌大遗址发现的商周遗存,进一步划分为"商式""周式""土著式"和"江南式"四种类型,并推测当地可能存在上述四种不同的人群居住。参见黄川田修《早期王朝时期的鲁西南地区——试论鲁国发展之社会背景》,陈光祖主编《金玉交辉:商周考古、艺术与文化论文集》,第 327—356 页。
② 张爱冰等:《群舒文化研究》,上海:上海古籍出版社,2018 年,第 264—265 页。
③ 如前所示,这些国族的主体遗存分布于淮河流域,其年代基本已进入东周,然而就在同一阶段,相同家族的活动线索往往又出现在海岱地区,说明分居两地的人群很可能是各自独立发展的。

景观。至于族群移徙的经过，基本都可置于殷周易代的历史背景下，所涉史事大多也是围绕平定"三监"之乱、殷遗北播及分封诸侯这一主线展开的，并以周、召二公和武庚、箕子等人物的事迹为纽带。有鉴于此，本文拟从地名、族氏名的"重见"关系及古史传说的流布等方面出发，先对黄河下游与燕辽地区的种种联系作一梳理和排比，继而将核心人物的活动轨迹及相关史实作为系联依据，整体考察南、北两地在特定时段内的族群关系与政治联动。接着，通过梳理房山琉璃河、辽宁喀左等地的出土遗存，尤其是记载封燕史实的长篇铜器铭文和金文族徽资料，以期对西周燕辽地区居民的族系、源流轨迹及移徙背景形成较为系统的认识。

一、武王克商、成王东征与殷遗北奔

从传世文献的角度，殷周之际黄河下游与燕辽地区的交流与联动，大致可循以下两条主线进行梳理：一是武王克商、成王东征与殷遗贵族的流散，具体包括所谓"王子禄父北奔""箕子走之朝鲜"等相关史迹；另一方面，即召公建燕背景下商系人群的集体北播。关于"王子禄父北奔"之事，较详细的记载见于《逸周书·作雒》：

> 武王克殷，乃立王子禄父，俾守商祀，建管叔于东，建蔡叔于殷，①俾监殷臣。武王既归，成岁十二月崩镐，肂予岐周。周公立，相天子，三叔及殷东徐、奄及熊盈以略，周公、召公内弭父兄，外抚诸侯，元年夏六月，葬武王于毕。二年，又作师旅，临卫政殷，殷大震溃。降辟三叔，王子禄父北奔，管叔经而卒，乃囚蔡叔于郭凌。凡所征熊盈族十有七国，俘维九邑，俘殷献民，迁于九里。俾康叔宇于殷，俾中旄父宇于东。

按《尚书序》云："武王胜殷，杀受，立武庚，以箕子归。作《洪范》。"对照可知，上揭引文提到的"王子禄父"即商纣子武庚。而《书序》又曰"成王既黜殷命，杀武庚，命微子启代殷后"，《史记》即采是说，与《作雒》言"北奔"者相异。顾颉刚先生认为，此"杀"或是"鏺"字假借，表示放逐之义，氏说

---

① 王引之谓此"蔡叔"二字乃后人所加，其下"三叔"本作"二叔"、"囚蔡叔"本作"囚霍叔"。参见黄怀信、张懋镕、田旭东撰，黄怀信修订，李学勤审定《逸周书汇校集注》（修订本），第511页。然而管、蔡连言，既见于《左传》定公四年及《国语·楚语》，并为《史记》所采，似不宜轻易否定，故笔者仍取管、蔡并"二叔"之说。

颇有胜意。① 当然还有另一种可能性,即《作雒》言"王子禄父北奔",不过是将后代之事迹,尽归于某位著名祖先人物的一种特定书写,此类现象在古史传说中屡见不鲜。换言之,武庚确为周人东征平叛所诛,而"北奔"对象实系其家族成员或后裔,只因冠以"武庚"之名而显。若如是,上述矛盾之处自可得以冰释。

与相关史事年代接近的文字记录,首推成王之世的太保簋,该铭(《集成》4140)提到成王东征的对象为"录子𣄢":

> 王伐录子𣄢。䧹厥反,王降征令于大保,大保克敬亡谴。王侃大保,赐休余土,用兹彝对令。

学者对该铭的理解颇有出入,症结主要在于"䧹厥反"一句。唐兰先生谓"䧹"系发语词,即《尚书·费誓》"徂兹淮夷、徐戎并兴"之"徂",而"䧹厥反"是指成王伐"录子𣄢"的返程途中,对召公发布征召之命令。② 马承源等先生则将"䧹"视同于叹词"嗟",并认为"䧹厥反"意即"录子𣄢"叛周,在此补充说明"王伐"的原因。③

窃以为后说近是。④ 首先,设若"厥反"是指成王伐"录子𣄢"而返国,那么表示承顺用法的句首连词,似不如用"诞"合适,其例可见沫司土𫇭簋(《集成》4059)的"王来伐商邑,诞令康侯鄙于卫"。其次,录卣铭(《集成》5420)载周王命𢾙曰:"䧹淮夷敢伐内国,汝其以成周师氏戍于古师。"此"䧹"作为句首语词,殆有引出某一既成事实而揭示原因的意思。而"䧹厥反"的文例背景与前者相似,不妨亦理解为遣命太保出征的缘由,同时兼作"王伐录子𣄢"的补充成分,相对更为顺畅。故铭文大意是说,召公曾经参与成王征伐"录子𣄢"的战事,卓有功勋而受到"余土"之赏赐。白川静先生结合传世的商末周初铜器王子𣄢觚(《集成》7296),认为"王子𣄢"与"录子𣄢"系同一人,即商纣之子武庚禄父。⑤ 其说很有启发性,但学界对此仍存争议。无独有偶,清华简《系年》第三章也提到了相关史事,

---

① 顾颉刚:《顾颉刚古史论文集》卷10,第739—740页。
② 唐兰:《西周青铜器铭文分代史征》,第74页。
③ 马承源等:《商周青铜器铭文选》第3卷,第24页。
④ 有学者将"䧹"理解为国族名,然小臣谜簋(《集成》4238)云"䧹东尸大反",对比来看仍应视作句首语词为宜。
⑤ 白川静:《金文通释》1(上),《白川静著作集·别卷》,东京:平凡社,2004年,第59—60页。

内容作：

> 周武王既克殷，乃设三监于殷。武王陟，商邑兴反，杀三监而立录子耿。成王屎伐商邑，杀录子耿，飞历（廉）东逃于商盖（奄）氏。

整理者已指出"耿""耶"俱为耕部字，"录子耿"即太保簋的"录子耶"。[①] 由简文记述可知，"录子耿"既是殷遗叛周后拥立的对象，又是成王再伐商邑重点打击的目标，故从人物身份及地位来看，"录子耿"确与武庚最为相当。

饶有意思的是，"录子"与"王子禄父"更有一字重合，问题的关键即在于如何解释二者的关系。李学勤先生认为，"录子耶"可能是名、字联称，即名禄字子耶。[②] 但严格以称名习惯而论，"禄父"与贵族称"某父"之例相同，有别于私名，似当视作表字，而"录子"之"录"则是氏名为宜。那么，若循当时通行的命氏规则，"禄父"与"录子"之间最合理的联系便是贵族以字为谥、"因以为族"，亦即"王子禄父"后裔采用其字为氏，乃有"录氏""录子"之谓。这也就意味着，"录"作为氏名而被使用，理应始于"王子禄父"后裔自原先的殷遗家族分立。考虑到周人在平定"三监"之乱、诛杀武庚后，完全可能将归顺的武庚后裔另行安置，别立宗氏，以续前祀；而太保簋虽为成王世器，但作器时间要晚于周公东征，铭文内容亦带有追叙的色彩。那么，周人贵族在记史作铭之际，便从殷遗录氏的角度进行溯源，追称其所自出之始祖武庚为"录子"，而不复沿用"王子"之类旧称，同样合乎情理。准此，不仅可以满足太保簋的年代断限和贵族称名通例，而且表明《系年》"录子耿"之称确系渊源有自。

既已澄清若干久有争讼的问题，我们便可紧扣成王东征和殷遗北奔这一史事主线，重新审视商人故地所在的黄河下游与燕辽地区的联系。《史记·殷本纪》"太史公曰"对子姓商人后裔有如下记载：

> 契为子姓。其后分封，以国为姓，有殷氏、来氏、宋氏、空桐氏、稚氏、北殷氏、目夷氏。

[①] 清华大学出土文献研究与保护中心编，李学勤主编：《清华大学藏战国竹简》（贰），第142页。

[②] 李学勤：《纣子武庚禄父与大保簋》，宋镇豪主编，刘源副主编：《甲骨文与殷商史》第二辑，上海：上海古籍出版社，2011年，第1—5页。

其中既有殷氏,也提到了北殷氏。"北殷氏"下索隐曰:"《系本》作'髦氏',又有时氏、萧氏、黎氏。然北殷氏盖秦宁公所伐亳王,汤之后也。"①这里牵涉两个关键的问题,即髦氏与北殷氏以及北殷氏与"亳王"的关系。寻绎索隐之意,盖以髦氏为北殷氏,但这种对应关系从文本方面不易落实。按《左传》隐公元年疏引《世本》云:

> 子姓:殷、时、来、宋、空同、黎、比、髦、目夷、萧。②

若循司马贞说,《世本》较《殷本纪》多出时、萧、黎三氏,那么对比来看,上揭引文中可对应北殷氏者,则有"比、髦"二字。众所周知,"比""北"二字的隶楷化形体较为接近,在写本和刻本中均易相混,存在"北"转写讹作"比"的可能性,所以"北殷氏"这一名号恐非虚造,也许具有特定的史实基础。

就字面来看,北殷氏与殷氏的区别之处,仅在于前者冠有方位词"北"。这种在氏名基础上加缀地名成分的现象,往往反映出部族分衍及其血缘联系。如嬴姓之奄与运奄氏、金文所见"奠井"与"丰井"。至于秦宁公所伐之"亳王",旧说以为成汤之胤者,实系"亳"名衍生的附会,今既澄清其为西戎小国之君而非殷裔,自然无由领有"北殷氏"之称。顾名思义,殷氏是指留居殷墟故地的商王族后裔,毋庸赘言。那么通过比对名号之异同,不难推断北殷氏至少要具备两方面特征:一是分布于殷都以北地区,同时在族属上当为殷裔。按照上述标准,便很容易联系到"三监"乱平之后殷遗的北播。对此,顾颉刚先生有一段论述,业已揭示出其间原委:

> 周武王虽胜殷杀纣,但"百足之虫死而不僵",殷的势力不可能一下子就告消灭,它必然在周人力所不及的地方重新立国,企图实现它的恢复的志愿。秦宁公所伐的亳王,是殷裔在西方所建之国。这"北殷"该是武庚失败后逃到东北所建的新国,司马贞不得其解,以为即是《秦本纪》的亳王,其实那边只该称"西"而不该称"北"。③

---

① 《史记》卷3《殷本纪》,第110页。茆泮林辑《世本》案语作:"《史·殷本纪》索隐云:'《世本》有髦氏,又有时氏、萧氏、黎氏。'"参见宋衷注,秦嘉谟等辑《世本八种》,茆泮林辑本,第61页。
② 宋衷注,秦嘉谟等辑:《世本八种》,雷学淇校辑本,第50页。
③ 顾颉刚:《顾颉刚古史论文集》卷10,第746页。

尽管顾先生仍将"亳王"视作汤后,但他基于名号和方位关系,明确了"北殷"和武庚一支北奔的内在联系,并从亡国之馀远播而另立宗祀的角度,对有关推论作出合乎历史惯例的解释。

客观地说,武庚家族成员北奔和"北殷氏"的形成,不过是殷周之际黄河下游与燕辽地区人群流动的一个缩影。随着成王东征及此后周人势力在东方的持续扩张,殷遗贵族或迫于军事压力,或因缺乏政治和文化层面的认同,自商国故地播迁北土者恐怕不在少数。这方面的另一重要线索,即为传统士人所艳称的"箕子走之朝鲜",不同典籍对其来龙去脉的记载分别如下:

  1. 武王胜殷,继公子禄父,释箕子之囚,箕子不忍为周之释,走之朝鲜。武王闻之,因以朝鲜封之。箕子既受周之封,不得无臣礼,故于十三祀来朝。

(《尚书大传》)

  2. 武王既克殷,访问箕子。武王曰:"於乎!维天阴定下民,相和其居,我不知其帝伦所序。"箕子对曰:"在昔鲧陻鸿水,汩陈其五行,帝乃震怒,不从鸿范九等,常伦所斁。鲧则殛死,禹乃嗣兴。天乃锡禹鸿范九等,常伦所序。"……于是武王乃封箕子于朝鲜而不臣也。

(《史记·宋微子世家》)

尽管上述文字带有古史传说特征,且在细节方面略有出入,如《尚书大传》谓箕子因"不忍为周之释",乃自行前往朝鲜;而《史记》说周武王访问箕子,箕子告之以"洪范九畴",遂受封于朝鲜,但二者的史实主干仍是趋同的。《汉书·地理志》云"殷道衰,箕子去之朝鲜",则在表述上更为笼统。

围绕上述文献记载,学界总体无外乎信、疑两种立场,传统观点多持肯定态度,并以为朝鲜之地古今无别。顾颉刚先生对此提出质疑,主张箕子根本不曾到过朝鲜,并据《左传》的两则记载为线索,推测商末周初的箕子封邑当在晋西的古箕城。在顾先生看来,"箕子走之朝鲜"传说的发轫,最初或是北奔殷遗假托其名作为号召而已,后来其中细节又经历了若干演化,则是以中原王朝在东北地区的扩张为基础的。[1] 今之学者或据出土资料另辟"新证"之径,如李学勤、陈平先生从名号相通的角度,将甲骨、金

---

[1] 顾颉刚:《顾颉刚古史论文集》卷10,第753—757页。

文所见的"㠱侯"与箕子相联系,而北京房山、昌平及辽宁喀左等地都有"㠱侯"铭文的铜器出土,与箕子事迹的地理背景指向一致,似乎有助于印证文献记载的可靠性。① 不过,李先生认为商金文人名"小臣缶"(《集成》2653),就是黄组卜辞的"㠱侯缶"(《合集》36525),也即箕子,恐怕是有问题的。② 按金文"㠱侯"名号一般署在"亚"字形框内,且绝大多数都与"矣"构成复合氏名,作"矣亚㠱侯"。③ 由复合关系可知,"矣"即"㠱侯"所属之宗族名,而"㠱"或"㠱侯"则是矣氏贵族受封后别立的分族名。此"㠱侯"是否属于子姓商人,暂时无从判断;④但据小臣缶鼎所缀族徽可知,"小臣缶"属于裘氏贵族,与"㠱侯"的家族背景并不一致。另一方面,"㠱侯"铜器集中出自燕国境内,反映出㠱氏成员与燕侯家族的密切关系,通常被认为是殷遗民依附于周人贵族的真实写照,在身份特征上更接近诸侯之附庸,这与箕子受封的事迹显然也是大相径庭,故不足以引为佐证。另外,史载箕子乃商王文丁之子、帝辛之叔,主要活动时段为乙、辛之世至西周初年,大致相当于考古学上的殷墟四期。然据铜器断代可知,"㠱侯"及㠱氏所自出的母族"矣",早在殷墟二期便已出现,也许始自祖庚、祖甲时的贞人"矣"。⑤ 不难看出,晚商"㠱侯"在家族溯源方面也较箕子更为久远,恐怕无法牵合为一。

平心而论,若谓箕子一行远至朝鲜半岛立国,确有诸多不易解释之处;但将箕子传说的史实价值一概抹杀,尽以虚妄视之,未免也有武断之嫌。有学者通过爬梳文献记载,主张战国以前的朝鲜一地当在辽东以内,与今者有别。如常征先生推测,箕子之封或在燕国以东的滦河流域。⑥ 任伟先生则指出,随着燕国分封及其后势力的扩张,箕氏家族及朝鲜之名乃向辽西、辽东等地渐次移徙,大概至燕昭王阶段最终流入今朝鲜半岛。⑦ 窃以为,上述观点可能更符合实际情势。另外诚如顾先生所论,箕子之事迹总体仍停留在传说层面,它很可能只是后人基于若干史实素材所作的

---

① 晏琬:《北京、辽宁出土铜器与周初的燕》,《考古》1975年第5期;陈平:《燕史纪事编年会按》,北京:北京大学出版社,1995年,第46页。
② 李学勤:《小臣缶方鼎与箕子》,《殷都学刊》1985年第1期。
③ 以往或读作"亚矣㠱侯"或"㠱侯亚矣",似有未安。参见朱凤瀚《殷墟卜辞中"侯"的身分补证——兼论"侯"、"伯"之异同》,李宗焜主编:《古文字与古代史》第4辑,第17—18页。
④ 此"㠱侯"与周代铜器铭文中的姜姓㠱氏无关,后者在晚商阶段已有专名作"己"。
⑤ 王献唐:《山东古国考》,第101页。
⑥ 常征:《释〈大保鼎〉》,《北京社会科学》1993年第3期。
⑦ 任伟:《西周封国考疑》,第210—216页。

拼缀和演绎,最终托名古之贤者而已,自然不必落实到具体人物。进一步说,若在历史书写的认知前提下重加审视,不难看出箕子故事所蕴含的时空要素,适与西周初年部分殷遗北播燕辽的历史场景甚为吻合,那么有关传说的形成,也许就来源于这样的事实基础。

当然,无论"王子禄父北奔",抑或"箕子走之朝鲜",其中透露出殷遗贵族在殷周之际的移徙方向,总体则是比较一致的,即由黄河下游的原商王国核心区域向燕辽地区流动,这种现象理应有其特定的政治社会背景。首先,周人作为兴于西土的"蕞尔小邦",在完成政权更迭及对商王国政治版图的征服之际,势力扩张基本呈现自西徂东之势,其兵锋所及,渐次席卷"东国"和"南国"。殷众顽民既遭兵燹而故土沦陷,又不能改弦更张服属于周,遂只得移居处于战场后方的北土,以求暂避戎祸而得以生息。另外,这批殷遗贵族之所以选择北徙燕辽而非其他,恐怕也跟当地较为深厚的商文化传统有关,在此不妨以孤竹为例。孤竹的史迹,散见于《国语·齐语》《逸周书·王会》《管子·小问》及《史记》诸篇,如《伯夷列传》载伯夷、叔齐故事,称二贤并为孤竹君之子,曾试图劝谏周武王伐纣未果,遂不食周粟而饿死于首阳山。《周本纪》正义引《括地志》云:"孤竹故城在平州卢龙县南十二里,殷时诸侯孤竹国也,姓墨胎氏。"①这里交代了孤竹的时空背景,并确指其君为墨胎氏,颇有意义。墨胎氏,又作目夷氏,《世本》和《殷本纪》均以为子姓。或曰春秋宋公子目夷,子孙别为目夷氏。然《殷本纪》以目夷与殷、宋、空桐、北殷同列,谓诸氏皆系商契之后所封,这就表明目夷氏和殷氏理应属于平行发展的关系。目夷(墨胎)氏作为子姓别支,在殷时另立孤竹国,不仅直接证实孤竹的族姓,②同时也显示出商人同姓势力在北境的分布,是为后来的殷遗北奔提供了社会土壤。联系伯夷、叔齐的传说来看,"义不食周粟"的人物形象背后,也许蕴含着深层次的问题,即鼎革之际商系族群的政治归属和文化认同。可以想见,以孤竹为代表的北土国族,其所受商文化的浸淫之久、影响之深,与商王国核心地带的联系之紧密,均要远胜于西土周人。因此,无论是周初殷遗民的集体北播,抑或人群交流所见黄河下游与燕辽地区的种种联动,无疑都是建立在前述事实基础之上,概莫能外。

至此,关于西周立国之前北土居民的商系背景,仍有一个传统问题需

---

① 《史记》卷4《周本纪》,第116页。
② 李学勤:《试论孤竹》,《社会科学战线》1983年第2期。

要略作赘述。《左传》昭公九年载东周贵族追忆武王克商后的疆土四至，有"肃慎、燕亳，吾北土也"之说。所谓"燕亳"，近世学者或从旧注断作"燕、亳"，或理解为燕境之亳，其例同于景亳、西亳，但多将"亳"名与早期商人的活动轨迹相联系。如丁山先生以"燕亳"为"幽燕之亳"，并谓《世本》"契居蕃"之"蕃"是"亳"字转写。① 对商民族起源于北方说而言，上述观点的支持作用是不言而喻的。不过，近人仅从双声角度推断"蕃""亳"相通，②实在不够可靠；更何况商族起源问题迄今悬而未决，亦难与此形成有效互证。鄙意以为，此"燕、亳"可从林沄先生说，读作"燕、貊"，若"燕貊"连言，则指兼并貊地以后的燕国境土。③ 但无论如何，《左传》"燕亳"并不宜视作追溯商人发祥地的关键线索，也不足以说明商王国在北方拥有深厚的统治基础。

二、召公建燕背景下燕国的族群构成及其来源

周初分封是建立在周人军事扩张的基础上，通过对新占领地区土地、人口的重新分配而实现的，故与地理空间和人群族属两个方面密切相关。就居民族系和力量对比而论，凡西周贵族受命就封新地，大多属于少数统治多数的类型，即一面以本家族成员为股肱羽翼，一面承袭当地原有居民而据以立国。当然，除了占据一定比重的土著群体外，无论始封抑或徙封，其间都有可能存在异地徙民作为"授民"的现象。而且越是在燕国这样受到商文化影响较深，却又地处北方边裔的封国，立国前后人群流动及其族属面貌的复杂程度，往往越具有代表性，值得细加梳理和考察。职是之故，通过召公建燕这一史事背景加以考索，殷周之际商系族群徙居北土的若干细节，当可得到更为直观的呈现。

在涉及燕国始封的出土资料中，首先可举小臣𧻹鼎及琉璃河 M1193 出土的克罍、克盉，其铭文作：

1. 召公▨（建）匽，休于小臣𧻹贝五朋，用作宝尊彝。

（小臣𧻹鼎，《集成》2556）

2. 王曰（谓）大保："唯乃明乃心，享于乃辟。余大对乃享，命克侯于匽，旃（使）羌、狸、馭雩（与）骏、髟。"克宅匽，入（纳）土眾又

---

① 丁山：《商周史料考证》，第 16—17 页。
② "蕃""亳"二字上古声纽虽同，韵则一在歌部，一在鱼部。
③ 林沄：《"燕亳"和"燕亳邦"小议》，《林沄学术文集》，第 184—189 页。

（有）嗣（司），①用作宝尊彝。

（克盉，《新收》1367；克罍，《新收》1368）

例1"建"字，从裘锡圭先生释读。② 既言"召公建匽"，无疑证明燕国封建确与召公有关。然据克器铭文可知，始封君实际并非召公而是其子克，那么所谓"建匽"，大概是指召公率众亲赴当地，以确保燕侯克顺利就封，这与东方诸侯初立之际复杂的周边形势是密切相关的。而《鲁颂·閟宫》言王命周公"建尔元子，俾侯于鲁"，所反映的情形与燕国基本一致，之所以强调周、召二公在其间的重要作用，应是受到周人"元子代封"观念的深刻影响。

早在殷周易代之际，燕山以南地区主要分布有围坊三期文化，以及商末兴起于永定河以西、并逐渐向冀东扩张的张家园上层文化，其使用者基本代表了彼时燕地居民的主流。③ 值得注意的是，克器铭文讲到燕侯抵达封地伊始，便有"入（纳）土眔又（有）司"之举，按照西周分封"授民授疆土"的惯例，即是说燕侯作为新的最高封建主，开始着手接收土地、民人和当地原有的管理组织。以此看来，早在周人贵族到来之前，围坊三期文化及稍晚的张家园上层文化所对应的土著人群，大概就已在燕地形成了一定规模的复杂社会。④

从周初北土的政治局势来看，最高统治者分封燕侯的初衷，不仅为了镇抚盘踞当地的土著人群，同时也是考虑到燕山南北和太行两翼商系势力的潜在威胁。上述群体存在的直接线索，即见于克罍、克盉的"使羌、狸、叡雩駿、髟"之辞，⑤但其中所涉国族的数目及具体对象，目前仍有争议。就名号而论，"羌"对应殷墟甲骨文的"羌方"抑或"北羌"，均有成立

---

① "又嗣"二字，罍铭作"厥嗣"，"厥"系"又"字形近致讹，故从盉铭写作"又嗣"为是。
② 裘锡圭：《释"建"》，《裘锡圭学术文集》第3卷，第39—42页。
③ 蒋刚、王志刚：《关于围坊三期文化和张家园上层文化的再认识》，《考古》2010年第5期。
④ 在围坊三期文化的滦县后迁义墓地中，通过墓地的整体规划和丰富的丧葬礼俗，亦可窥见商末周初当地聚落社会的复杂程度。其中99M5、99M4和01M2三座墓葬，年代约相当于殷墟四期前后，更将中原式铜器的鼎、簋组合纳入葬仪，很可能反映出墓主对周文化的接受和认同。参见洪猛、王菁《滦州后迁义周时期墓葬遗存研究》，《华夏考古》2022年第6期。上述周文化与当地土著文化的交融互洽关系，也折射出周人贵族入主燕地，可能有着较好的社会基础。
⑤ 其中的"使"字省去"又"形，可从李学勤先生读为"使"，表任使、役使之义。参见《北京琉璃河出土西周有铭铜器座谈纪要》，《考古》1989年第10期。"髟"字从林沄先生释，参见林沄《释史墙盘铭中的"逖虘髟"》，《林沄学术文集》，第174—183页。

的可能,而"馘"也有卜辞"馘方"及金文复合氏名"裘馘"等不同选择。然而考虑到羌方、馘方作为"四邦方",同版共见于《合集》36528,那么克器铭文并举的"羌"和"馘",指羌方和馘方大抵较为合宜。① "狸",从张亚初先生释②,所指对象待考。"雩",学者多视作族名,林沄先生读为"于",此训为往,并认为"使羌、狸、馘于骏髟"一语,意即燕侯率领羌、狸、馘诸部族前往抵御髟人。③ 不过,西周金文所见作动词或介词的"于",一般就写成"于"而非繁化的"雩",本铭"令克侯于匽"的"于"和"雩"自有分别,即可为证。"雩"通常为句首语词或连词,作连词时,用于连接若干并列的同类事物,如乖伯簋(《集成》4331)"好朋友雩(与)百诸婚媾",又如毛公鼎(《集成》2841)"命汝嬖辝公族,雩(与)参有嗣、小子、师氏、虎臣,雩(与)朕亵事",不烦枚举。准此,若将本铭的"雩"同样视作连词,读为"与",恐怕更为妥帖,那么其后的"骏"和"髟",也就均是部族名号。

"骏",或认为即卜辞、金文之"御方",乃方国地名,非是。④ 窃以为当对应善簋铭文(《新收》1891)的"骏戎",即:

唯十月初吉壬申,骏戎大出于楷(黎),善搏戎,执讯获馘……。

"骏",或从杨树达读为"朔",⑤并谓"骏戎"即北方之戎。不过,金文所见"戎"字之前缀以限定词者,通常是用于标识部族的类属而非方位,如威鼎(《集成》2824)"淮戎"、班簋(《集成》4341)"痟戎"即是,故"骏戎"之"骏"亦当近同。按西周楷侯乃毕公高后裔所封,即文献所见之黎侯,在今山西长子县东南;而本铭言"骏戎大出于黎",文例与同时期臣谏簋铭(《集成》4237)的"唯戎大出于軝"完全一致,后者出自河北元氏县西张村墓葬,国别属邢。由此可见,西周早期北方戎人为患,当以太行山脉周边地带较为炽烈。那么,联系前揭克器铭文考虑,"骏戎"既得侵扰滏口陉附近的黎,想必是一度脱离北面燕侯的控制,而循太行山走向长驱南下,以

---

① 殷墟甲骨刻辞不同类组中的"羌"或"羌方",所指对象并非一致。如在历组、无名组卜辞中,馘方和巹方已连言并举(《合集》27990),而羌方则独立出现(《屯南》2907;《合集》27972),与前两者并无同版关系,表明此羌方恐非黄组卜辞"四邦方"之"羌方"。
② 张亚初:《太保罍、盉铭文的再探讨》,《考古》1993年第1期。
③ 林沄:《释史墙盘铭中的"逖虘髟"》,《林沄学术文集》,第180页。
④ 夏含夷先生指出"御方"为动宾结构,宜理解为"追御边方地区的人",似较合适。参见夏含夷《释"御方"》,《古史异观》,上海:上海古籍出版社,2005年,第82—92页。
⑤ 杨树达:《积微居金文说》(增订本),北京:中华书局,1999年,第39页。

致复成北土之乱。如是,无论就名号抑或地理背景而言,"駿"即"駿戎"均可相合无间。

用作族名、地名的"髟",见于殷墟甲骨刻辞和商末周初的铜器铭文,如宾组卜辞围绕"取髟伯"展开对贞(《合集》6987 正),即是向髟族首领征取某种贡纳之义。又,黄组卜辞《合集》36346 载:

己亥卜,在髟贞:王[令]亚其比⛢伯伐[䚄]方,不芌𡉚。在十月又□。

林沄先生推测"伐"下之字为"䚄",从残存笔势来看当可信从。① 据该辞所言,商王曾命"亚其"与"⛢伯"密切配合,②协同征伐䚄方。按䚄方为"四邦方"之一,大致位于殷都西北方向,而髟地既为商王指挥战事的驻跸之所,理应就在联合进攻䚄方的前沿。

若从金文族徽分布的角度,"髟"与北土的客观联系同样可以得到揭示,只是仍有关键之处需作澄清。1973 年,辽宁喀左县北洞村 1 号窖藏同批出土 5 罍 1 瓿,其中 1 罍的颈内壁铸有铭文,作"孤竹亚髟,父丁" 6 字。根据复合关系判断,该族徽或为孤竹氏定居髟地后所形成的分族标识,这也就暗示"髟"和"孤竹"可能存在密切的空间关系。按《孟子》仅言孤竹国君"居北海之滨",而《国语·齐语》韦昭注及《汉书·地理志》则记载辽西令支县有所谓"孤竹城",可比定在今河北迁安、卢龙县一带,恰与喀左北洞窖藏相去不远,故学者难免从上述孤竹地望出发,而将晚商髟人的势力范围置于大凌河流域至滦河流域之间。不过,通过对太行山东麓和燕

---

① 林沄:《释史墙盘铭中的"逖虘髟"》,《林沄学术文集》,第 178 页。
② "亚其"尚见于商金文族徽,一种作两字合铸形式,但绝大多数"其"字两侧带有手形(《集成》6950),主要出现在殷墟妇好墓的随葬铜器;另一种形式是将"其"字置于"亚"形框内(《集成》6955),或繁化作"䢔",或作"其(䢔)侯"二字,核心特点即常与"䢔"构成"复合氏名"。至于上述两类"亚其"的具体关系,研究者的认识仍存分歧。或谓二者属于同族,带手形之"亚其"也许就是指贞人"䢔",后来别为其(䢔)氏。参见曹定云《"亚其"考——殷墟"妇好"墓器物铭文探讨》,文物编辑委员会编:《文物集刊》(2),第 143—150 页;何景成《"亚䢔"族铜器研究》,《古文字研究》第 25 辑,第 148—155 页。也有研究者主张两种"亚其"所指可能有别,参见严志斌《商代青铜器铭文研究》,第 266—267 页。据黄组卜辞中"亚其"䢔侯并见的情形来看,此"亚其"和"其(䢔)侯"在源流方面恐怕有别,后者出自䢔族无疑,前者则可能是殷墟二期器铭所见"亚其"后裔。有学者提出"亚其"所封就在晋西的古箕城,尽管此说与䚄方的位置可以互洽,但结论尚难坐实,而且也无助于推定髟地安在。事实上,"亚其"既为王师的组成部分,自可扈从商王远征䚄方,未必须是临战就近调遣。

山以南地区考古学文化的分析与甄别,可知晚商阶段商文化的北界总体维持于唐河以南一带,仅在殷墟四期一度向北略有扩展。① 大致同时,环渤海北部地带则基本为当地考古学文化所占据,包括分布于唐河、拒马河以北至滦河一线的围坊三期文化和辽西大小凌河流域的魏营子文化,而伴随这一现象的正是"北方系"青铜器在该区域内的广泛传播。② 准此,若按前述孤竹及彭族之方位,则是孤悬于商文化势力范围之外,未免不合情理。再则,即便北洞 1 号窖藏铜器多为殷器,然据部分年代较晚的器物推断,其埋藏时间恐怕也不会太早,应当不过西周早期。③ 综上,孤竹亚彭罍最终以窖藏铜器的形式出现在辽西,实际并不足以直接反映同时期有关国族的分布地域,所以不必囿于晚出文献对孤竹史迹的追记,乃将彭地方位推定得过于悬远。

基于以上辨析,我们或可将晚商彭族的原居地,初步圈定在殷都以北的太行山脉北段周边,或与"骏戎"比邻。有助于佐证这一推论的,是史墙盘铭(《集成》10175)中涉及武王事迹的追述,即:

　　　 䊒圉武王,遹征四方,达(挞)殷㕙民,永不(丕)巩,狄(逖)虘、彭,伐尸(夷)童。④

这段文字凝练地总结了武王的赫赫功业,首先是征讨四方,克殷正民,奠定周邦的基业,继而驱逐虘、彭等异族势力,讨伐有罪之夷人。根据成组并见的关系判断,此"虘、彭"显然就是克器铭文的"𢦚"和"彭",分别对应殷墟卜辞中的𢦚方和彭,而𢦚方既在殷都西北,那么彭的方位亦当大致接近。

史载武王享国日短,克殷"后二年而崩",故墙盘仅称其有"逖𢦚、彭"之举;而克器铭文载燕侯受命役使"𢦚""彭",适可与墙盘内容相互发明。具体言之,即武王在位时期,始将盘踞在殷都西北的部分敌对势力驱逐至

---

① 殷墟二至三期阶段,典型商文化遗存在冀中地区的最北端者,即唐河南岸的定州北庄子墓地。参见张翠莲《商文化的北界》,《考古》2016 年第 4 期。
② 林沄:《商文化青铜器与北方地区青铜器关系之再研究》,《林沄学术文集》,第 262—288 页。
③ 原简报将 1 号窖藏所出铜器全部定为殷器,参见辽宁省博物馆、朝阳地区博物馆《辽宁喀左县北洞村发现殷代青铜器》,《考古》1973 年第 4 期。但事实上,其中的 5、6 号罍可能属于周初铜器,详见下文。
④ "伐尸童"或读为"伐夷、东",认为此"东"是国名或区域名,即"小东""东国"之"东"。参见裘锡圭《史墙盘铭解释》,《文物》1978 年第 3 期。

北方边裔,及召公建燕,自可就近对这些部族进行任使,迫使其归附燕侯统治,前后逻辑关系是很清楚的。若从族群迁移的角度来说,至少虘(叔方)、彭及西土羌方的分布地域,恐怕在商末周初一度发生过局部变化,其活动轨迹大体表现为自太行山脉的东西两翼向燕地播散,而动因即主要缘于周人的武装征服。至于"狸"和"駿戎"是否也经历过类似的移徙,考虑到目前只知其"流"而无法溯"源",暂时无从遽断。

以上所论,主要是从铜器铭文的直接记述切入,考察周初封燕之际当地的人群构成,并尝试对有关部族的来源作一推定。实际上,倘若立足于族徽"重见"视角,不难注意到黄河下游地区与燕国境内在人群族属上的更多联系,而其中透露的族群流动史迹及共性因素,同样可以置于召公建燕的历史背景下进行考察。下面,笔者拟以出土地明确的金文族徽为对象,①就其重见于不同地域的脉络逐一进行梳理,在此基础上重点辨析相关人群的源与流。按出土地点为线索,西周燕国及邻近地带集中发现的殷周青铜器主要包括以下四组:

1. 房山琉璃河墓地

自晚清以来,西周燕国铜器在北京西南郊一带便有所发现,如署有"矣亚冕侯"族徽的亚盉,据传即出自卢沟桥附近。20 世纪 70—90 年代,考古工作者在琉璃河镇以北的黄土坡村发掘、清理了数百座墓葬,出土铜器铭文有力地证实西周召公家族始封的燕国就在今北京地区,而黄土坡墓地西北方向的董家林古城,也相继被确认为最早的燕都遗址。

(1) 1973—1977 年的发掘中,黄土坡墓地被划分为Ⅰ区和Ⅱ区。②Ⅰ区出土青铜礼器的墓葬共有 5 座,具体情形如下:

墓号	铜器组合	铭文信息
M50	鼎、鬲、爵、尊、觯各1	丙父己爵(《集成》8574)、⿱入㐁祖丙尊(《集成》5599)、父乙觯(《集成》6100)
M52	鼎、鬲、尊、觯各1,爵2	复鼎(《集成》2507)、复尊(《集成》5978)、父乙爵(《集成》7898)、匽侯戟(《集成》10953)、匽侯铜钖(《集成》11854)
M53	簋、爵、尊、觯各1	攸簋(《集成》3906)

---

① 这里所说的"族徽"乃是统称,主要是指金文族名,实际也涵盖部分人名在内。
② 北京市文物研究所:《琉璃河西周燕国墓地 1973—1977》,北京:文物出版社,1995 年。

(续表)

墓号	铜器组合	铭文信息
M54	鼎、簋、盘各1	斅史鼎(《集成》2166)、亚矣妃盘(《集成》10045)
M65	爵1	母已爵(《新收》1353)

（2）Ⅱ区出土青铜礼器的墓葬亦有5座，具体情形如下：

墓号	铜器组合	铭文信息
M251	鼎6(含圆腹柱足鼎4)、簋4、鬲2、甗1、爵2、觯3、尊1、卣2、盘1、盂1及兵器	叔鼎(《新收》1356)、伯矩鬲(《集成》689)和盘(《集成》10073)、伯筋簋2(《集成》3538、3539)、斅簋2(《集成》3626、3627)、单子父戊尊(《集成》5800)和卣(《集成》5195)、庶觯2(《集成》6509、6510)、亚🐘父乙鼎(《集成》2248)和盉(《集成》9371)、父癸鼎(《集成》1279)、戈父甲甗(《集成》807)、麦鬲(《集成》490)、🐘爵(《集成》7728)、父辛爵(《集成》7866)、父辛戈(《新收》1357)
M253	鼎6(内含圆腹柱足鼎4)、簋2、鬲4、甗1、爵2、觯1、尊1、卣2、壶2、盘1、盂1及兵器	圉鼎(《集成》2505)、簋(《集成》3825)、①甗(《集成》935)、卣(《集成》5374)、堇鼎(《集成》2703)、矣亚贔鼎(《集成》2035)、宁羊父丙鼎(《集成》1836)、作宝彝尊(《集成》5711)和卣(《集成》5035)、未爵(《集成》7737、7738)、其史作祖己觯(《集成》6489)、父辛盉(《新收》1350)、諆錫(《新收》1360)
M209	鼎2、簋1、鬲1	由鼎(《集成》1978)、弨鼎(《集成》2255)、伯作乙公簋(《集成》3540)
M205	鼎1、簋2	
M401	觯1	

发掘者指出，Ⅰ区流行腰坑、殉狗，体现出了浓厚的商文化风格，墓主当为殷人；而Ⅱ区则在埋葬习俗、器物组合等方面均与Ⅰ区有别，墓主很可能是分封于燕地的周人。② 就文化属性来说，黄土坡墓地内部呈现出明

---

① 该簋器、盖异铭，盖铭显示器主为"圉"，而器铭言"伯鱼作宝尊彝"。2021年，北京市文物考古部门对 M253(新编号 M1901)重启发掘工作，出土铜簋1件，盖铭作"伯鱼"，器铭则作"圉"，足以说明先前出土的圉簋当系器、盖误置。

② 北京市文物研究所:《琉璃河西周燕国墓地 1973—1977》，第 128—129 页。

显的分异特征,无疑很值得重视,但这种差异究竟仅限于单个墓葬或者墓组之间,还是确已扩展到墓区的划分,可能还要谨慎对待。考虑到早年考古工作条件所限,整片墓地无法进行全面揭露,只是在人为分区下作了局部发掘,所以本文暂不以墓区和墓主族属的严格对应作为前提。

其中,M52 的复鼎、复尊乃是裴氏贵族所作,M53 攸簋的祭祀对象则作"父戊",两铭均记器主接受燕侯赏赐而作器的经过,其身份当为效命于燕的商系贵族,很可能分别就是两墓的主人。M251 和 M253 为两座中型墓,出土器铭纷繁复杂,除墓主所在家族的随葬之外,还应存在赗赙甚至分器等不同来源。M253 出土圉器数量最多,由铭文可知"圉"既为燕侯臣属,又曾受到周王赏赐,身份等级也许较高,与墓葬规格大致是相符的。M251 的伯矩鬲铭记载器主受到燕侯赐贝,盘铭则标识族徽作"𒁹",①可见"伯矩"具有殷遗身份,他最终埋葬在燕侯及其他公室成员之侧,蒙宠优渥可见一斑。其中的黻簋是饰以卷角兽面纹的垂珥方座簋,属于西周初年常见的典型周式铜器,前者或与叔鼎构成组合,不排除为周人贵族的馈赠之物。

另据报道,最近在 M253 和 M251 之间新发现的 M1902 中,又发掘出土了 1 件铜卣,卣铭提到太保曾亲赴燕地筑城,后至燕侯宫室举行祭祀活动,并对作册奂进行赏赐,②从使用日名"父辛"和族徽"庚"的情形来看,器主身份同样属于殷遗贵族。

(3)据简报介绍,1981—1983 年及 1986 年的发掘中,出土铜器的墓葬主要有 M1026、M1029、M1043 和 M1193。③

墓号	铜器组合	铭文信息
M1026	鼎、簋各 1	员鼎(《新收》1361)
M1029	兵器	匽侯戈(《集成》10887)、匽侯舞戜(《集成》11011)和匽侯舞钖(《集成》11861)
M1043	甗、爵各 1	史父己甗(《新收》1362)、父癸爵(《集成》8971)

---

① 相同族徽尚见于《集成》11768 著录的一斧。
② 《琉璃河遗址——两段铭文共证北京三千年建城史》,《人民日报·海外版》2022 年 1 月 10 日,第 11 版。
③ 中国社会科学院考古研究所、北京市文物工作队:《1981—1983 年琉璃河西周燕国墓地发掘简报》,《考古》1984 年第 5 期;中国社会科学院考古研究所、北京市文物研究所:《北京琉璃河 1193 号大墓发掘简报》,《考古》1990 年第 1 期。

(续表)

墓号	铜器组合	铭文信息
M1193	罍、盉各1,兵器	克罍(《新收》1368)、克盉(《新收》1367)、酋戈(《新收》1366)、成周戈(《新收》1364、1365)、匽侯舞戟(《新收》1363)、匽侯舞钖(《新收》1369、1370)

该发掘区位于黄土坡村西北、京广铁路东侧,紧邻先前的Ⅱ区。墓主身份大概多是亲近燕侯的周人贵族,而M202、M1193则可能均是燕侯之墓。M1026的员鼎,敛口垂腹,口沿下饰弦纹两周,已带有西周早中期之际特征,是该墓地所出较晚的铜器。

(4)《北京文物精粹大系·青铜器卷》一书中,相继介绍了琉璃河M509、M1149、M1190及立教村东M1、M2出土铜器的部分资料,[1]即:

墓 号	铜器组合及铭文信息	发掘时间
M509	冀父丁盉(《精粹大系》125)	1974年
M1149	戈鬲(《精粹大系》69)、子罍(《精粹大系》96)	1983年
M1190	肇作祖尊、卣(《精粹大系》97、98)	1986年
立教村东M1	春鼎(《精粹大系》49)	1981年
立教村东M2	遘鼎(《精粹大系》60)、遘簋(《精粹大系》86)	1981年

综合形制特征与铭文风格判断,上揭诸器多为商系贵族所作,时代均在西周早期,然而它们最终为何会随葬于燕国墓地,仍需结合器物的组合关系、共存关系及葬制、葬俗等因素来具体分析。

2. 顺义牛栏山金牛村墓葬

1982年6月,北京顺义县牛栏山金牛村的一处山坡上发现8件青铜器,计鼎、尊、卣、觯各1,觚、爵各2,从伴出陶器和铅器的情形来看,这处遗存的性质为墓葬的可能性较大。[2] 这批铜器俱有铭文,包括睪鼎(《集成》2374)和亚異父乙尊(《集成》5742)、卣(《集成》5078)、觯(《集成》

---

[1] 《北京文物精粹大系》编委会、北京市文物局编:《北京文物精粹大系·青铜器卷》,北京:北京出版社,2002年。

[2] 程长新:《北京市顺义县牛栏山出土一组周初带铭青铜器》,《文物》1983年第11期。

6402)以及 2 件亚父己觚(《集成》6805、《集成》7125)、2 件亚父己爵(《新收》1945、《精粹大系》111),时代相当于西周早期。根据器物组合与铭文风格判断,墓主身份很可能属于归附燕侯的殷遗贵族,按睪鼎铭文署有复合族徽"矣亚異",此与尊、卣、觯三器均出现的"亚異"所指无别,应即墓主所属族氏的标识。

3. 昌平白浮墓地

1975 年,北京昌平县白浮村附近发现 3 座西周墓,形制均为竖穴土坑木椁墓。M1 墓主为老年男性,随葬品仅玉系璧 1 件。M2 墓主为中年女性,墓底设有腰坑,内埋殉犬。随葬铜器有簋、壶及兵器、车马器、工具若干,尤以兵器种类丰富、数量较多,包括戈、戟、矛、短剑、刀、匕、弓形器、盔、甲泡等,其中 2 件带有铭文,即 ⺼ 戈(《集成》10786)和 ⺼ (丌)戟(《集成》10806),年代相当于西周中期早段。① M3 墓主为中年男性,同样采用腰坑葬俗,随葬品种类亦与 M2 相近。尤为重要的是,M2、M3 两墓均出土一定数量的带字甲骨残片,来源包括龟腹甲、背甲和牛、羊等肩胛骨,卜甲和卜骨都经过整治,可见钻、凿及灼痕,唯所施方凿异于殷代圆凿。② 综合葬制、葬式及遗物特征来看,白浮墓群的文化面貌与琉璃河遗址乃至中原地区基本接近,而且带有鲜明的商系色彩;但同时出土饰以马首、鹰首的短剑、铜刀及带铃匕首等"北方系"铜器,则反映出白浮墓主与北方族群有着更密切的接触。

4. 蓟县张家园墓地

1987 年,考古工作者在天津蓟县西北 20 公里的张家园遗址西部发掘清理了 4 座墓葬,规格均为小型墓,未见陶器。③ M1 为男性墓,随葬金耳环 1 对。M2 和 M3 均为女性墓,前者出土 1 件圆腹柱足鼎,口沿下饰以云雷纹衬底的对称龙纹一周,内壁有族氏铭文" ",时代相当于殷墟三期;后者出土鼎、簋各 1,并有金耳环 1 对,鼎的造型与 M2 相近,主体纹饰为蕉叶纹,簋则为高圈足、周身饰以方格雷纹和乳钉的盆形簋,时代当在西周初年。M4 出土兽面纹鬲鼎、圈足双耳簋各 1 及金耳环 1 对,铜器造型为周初常见,簋内底铸有一族徽"天",可见仍是殷遗之物。

---

① 朱凤瀚:《中国青铜器综论》,第 1411 页。林沄先生据昌平白浮 M2、M3 出土陶鬲的特征,推断该墓的下葬年代已进入西周中期甚至更晚。参见林沄《早期北方系青铜器的几个年代问题》,《林沄学术文集》,第 289—295 页。
② 北京市文物管理处:《北京地区的又一重要考古收获——昌平白浮西周木椁墓的新启示》,《考古》1976 年第 4 期。
③ 天津历史博物馆考古队:《天津蓟县张家园遗址第三次发掘》,《考古》1993 年第 4 期。

至此，根据笔者的初步统计，上述四地出土铜器上所见的族氏名号共有 22 个，分别为：

匽、矣、𠭰、爰、⺁（丙）、㕡、①戠、戈、曰、丩盾、单、✕、橐、嚳、宁、未、史、舟、庚、兄/𠂤（𠂤）、②川、天

客观地说，上揭族徽出现在各处遗存的意义实际并不相同，当以断代和铭文分析作为前提，并将器物置于具体的出土背景进行综合考察。

首先，"匽"是召公家族成员受封燕地后获得的氏名，代表了燕国的主导人群和统治阶层，不妨单列为一类。

其次，基于铭文内容的梳理与分析，可以确定部分族氏彼时就分布在燕国境内，其成员对燕侯保持着隶属和服事关系。如 M52 复鼎、复尊之"爰"，M253 堇鼎之"丩册"，M251 伯矩盘之"✕"和 M1902 作册奂卣之"庚"，尤其是"矣亚𠭰""矣亚𠭰侯"或"亚矣"之属，在琉璃河遗址及其周边的出现频率最高。就时空因素而论，这些族徽所对应的器物和人群显然是紧密结合的，彼此均以西周早期燕国作为背景。

再者，面对文字资料相对有限的遗存对象，我们通过器物年代、族别与组合关系及墓主族属等因素的考察，亦可对某些随葬铜器的由来试作推论，继而揭示其背后究竟隐含着人群流动，抑或单纯的器物流动。如立教村 M2 所出遣鼎、遣簋，乃是同人所作的成组之器，时代均在西周早期，共存关系亦相对简单，表明作器者与墓主很可能一致。据遣簋铭所示，器主所在家族的族徽为"舟"，族属上更接近东夷集团，此即有助于体现周初燕国居民成分的复杂性。

从考古学文化的角度来看，早在召公建燕前夕，燕地一带基本为围坊三期文化和张家园上层文化所控制，其间的商文化因素非常有限；周初以降，随着殷遗民的播迁和周人势力的北扩立足，以商、周文化为代表的中原文化集中涌入，继而出现叠压、打破或与张家园上层文化共存于同一遗址的景象，以致原有的文化格局逐渐发生改变。③ 由是观之，即便上述遗存均有典

---

① "㕡"字从又持三足爵形器状，"又"形为累增的构件。参见何景成《商周青铜器族氏铭文研究》，第 449 页。
② 昌平白浮墓地出土兵器上的族徽"𠂤"与"兄"当为繁简关系，暂且隶释作"𠂤"。
③ 李伯谦：《张家园上层类型若干问题研究》，北京大学考古系编：《考古学研究》（二），北京：科学出版社，1994 年，第 131—143 页；蒋刚、王志刚：《关于围坊三期文化和张家园上层文化的再认识》，《考古》2010 年第 5 期。

型的商式铜器出土,且在随葬品中所占比重较高,它们也不会是当地原有商文化各自独立发展的产物,而只能是外部因素随族群移徙而流入的结果,也不排除存在贸易交换所导致的单纯器物流动,此即需要明确的一个基本事实。

若具体到每个遗存,商文化因素所占据的地位也难以一概而论。比如,顺义金牛村墓地的文化面貌相对单纯,而随葬器铭显示作器者族徽为"亚異",彼此在族属指向上较为一致,故可准确揭示墓主的归属。至于房山琉璃河、昌平白浮和蓟县张家园等地,尽管都呈现出多元文化因素共存的景象,但具体情形犹有差异。琉璃河遗址总体包含商、周两系文化,就居民构成而言,核心自然是以燕侯家族为代表的周人贵族,同时也有相当数量的商系人群作为社会基础,其间的商文化因素很大程度就来源于此。① 而昌平白浮和蓟县张家园,在随葬品方面均可见到浓厚的地方文化特色,但前者主体上仍属商文化系统,尤其是葬制、葬俗和占卜文化等核心要素,都与中原地区大致趋同。这也就意味着,该遗存仅见的族徽"丌",应是墓主所在家族的标识。张家园墓地则不以陶器随葬,同时屡见两端扁平的圆形金质耳环,属于冀东北、辽西地区出土商代金饰的特有造型,②应系墓主自身使用之物,可见其族属当为围坊三期文化的土著居民。准此,当地出土缀以"川飞""天"徽识的数件商末周初铜器,理应视作具有异属特征的"舶来品"。

不难看出,以上讨论旨在结合金文族徽和出土背景,重点对西周早期燕地居民的族群构成进行考察,同时有助于辨识具体遗存中的异属铜器。倘若以此为前提,进一步借助族徽"重见"视角,不同族氏人群的来源甚至迁徙路径,便得以浮现出来。在前揭22种族徽中,除少数相对鲜见之外,多半都是比较著名的商系强族,通过铜器出土地信息的梳理,可对这些族氏原先的分布地域形成一些初步认识。比如,署以族徽"戈""矣"和"屮盾"的铜器,在殷墟一带都有集中出土,年代上亦有偏早特征;③"单"

---

① 当然,就多数族徽来说,铜器出土地是否能够直接反映相关人群的活动轨迹,研究者往往不易作出确切判断,但仍可循例试作一些蠡测。比如说,Ⅰ区的商系墓葬凡集中出现2种以上不同族徽,那么至少有1种当系异属铜器,并且来自赗赠的可能性较大;但在Ⅱ区的周系贵族墓中,族徽的多样化通常与墓主族属并无直接关联,而是意味着铜器来源的多元性。在这样的前提下,若欲进一步辨识孰为赗赠孰为分器,那么器物与墓葬的相对年代关系,恐怕是需要格外关注的因素。从常理来说,那些明显偏早的异属铜器,作为外来战利品随葬的可能性也许更大。

② 朱凤瀚:《中国青铜器综论》,第1426页。

③ 如北单戈簋(《集成》3239)、戈尊(《集成》5469)、戈乙觚(《集成》6826)、戈觯(《新收》173)、戈壶(《铭图》11953)、戈鼎(《铭图》46)、亚矣铃(《集成》413—414)、亚矣鼎(《集成》1432)、亚矣卣(《集成》4813)、屮盾父戊角(《集成》8531、《集成》8923)等。

或即甲骨文"四单"之"单";"宁"本为主管贮藏之官,"庚"则担任作册之职,二者并属内服职事;"未"盖取自地名"沫邑"之"沫"。根据具有指向意义的线索,上述殷遗旧族的原居地,很可能都集中分布在今安阳附近。

具有东方背景的商系族氏,至少应包括"舟""史""冀""嬰"四者。其中,舟族即史密簋(《新收》636)"舟夷"之先,原居地在今山东境内。① 史族根据地位于周代薛国境内,已为滕州前掌大墓地的发掘所证实,毋庸赘言。需要说明的是,以往学者或据"亚冀"铜器集中出自北京附近,乃将冀侯家族视作世居北土的土著集团,恐不确切。事实上,燕地铜器上出现的"冀侯"乃族氏名号,时代已在西周以后,换句话说,此中反映出冀侯家族在燕国境内的分布,应相当于"流"而非"源"。若要回溯商末冀氏的活动轨迹,不妨以黄组卜辞《合集》36525所见"冀侯缶自"与田猎地"目"的同版系联为依据,定在殷都以东地区为宜。② 如前所论,长清、费县等地出土成组"嬰"器的遗存,即代表商末嬰族定居东土建立的若干据点。考虑到时代先后相次、地理空间相近等因素,并结合召公家族的东征史实来看,如将燕境嬰族成员的由来追溯到其东土故地,恐怕是最为合理的。

晚商"丙"族的根据地位于晋南,已为灵石旌介商墓的发现所证实。③ 琉璃河M50墓主应是一位殷遗贵族,随葬铜器的时代相近,来源并不单一,若从器用和日名称谓出发,𢇩祖丙尊(《集成》5599)与父乙觯(《集成》6100)恰好可以构成组合,因而丙父己爵(《集成》8574)原非墓主所有的可能性较大,殆系丙氏贵族对琉璃河居民的赗赙或媵赠之物。另需注意的是,"丙"器在燕辽地区的出现并非孤例,喀左和尚沟M1还出土过一件晚商丙卣,墓葬性质则属于魏营子文化。④ 考虑到和尚沟M1与喀左窖藏的人群族属彼此一致,所以丙卣这一典型商器的出现,也许仍是缘于商系贵族与北方土著之间的物质交换。由此看来,数量和发现地点均不单一的器物流动背后,并非都隐含有人群播迁的因素,而出土背景的分析,在事实判断方面往往起到更重要的作用。⑤

---

① 详见本书第五章第一节。
② 详见本书第四章第二节。
③ 山西省考古研究所:《灵石旌介商墓》,北京:文物出版社,2006年。
④ 辽宁省文物考古研究所、喀左县博物馆:《喀左和尚沟墓地》,《辽海文物学刊》1989年第2期。
⑤ 结合西周早期燕国与部分晋地国族的交往史实来看,类似的物质交流与区域联系是比较常见的。如翼城大河口西周墓M1出土的燕侯旨卣(《铭续》874),即是燕侯旨为其"姑妹"所作之媵器,往适夫家应非霸伯莫属。无独有偶,该墓同时也出有1件丙父丁爵(《霸金集萃》030)。

"天"和"嶜"两种族徽,在空间分布上呈现出分散的特征,故其族源一时难以窥知。如商代"天"器,迄今在绥德墕头村、长武刘主河村、安阳殷墟西区和梅园庄村南、灵石旌介、益都苏埠屯、罗山天湖等地都有发现,①也许表明天族人群的活动地域本就颇为广阔。② 具体到蓟县张家园墓地,天簋和仅见的川鼎均与墓主族属无法相协,故可推定为中原流入的"舶来品"。揆情度理,上述铜器易主现象及其背后的文化交流,时间断限自当参照器物的年代下限,即西周早期。考虑到同族器物不见于琉璃河遗址,所以天簋和川鼎孤立地出现在围坊三期文化遗存中,无法确定是否为殷遗"天""川"二族成员曾经自行流散燕地的活动轨迹,不排除仅是中原商器通过赠予或交换途径流入异族之手。族徽"嶜"屡见于西周早期兵器铭刻,如崇信于家湾 M3 出土铜戈(《集成》10775)及宝鸡竹园沟所出铜泡(《集成》11842),③考虑到兵器有别于礼器,通常情况下不作赗赠、媵嫁之用,那么琉璃河 M1193 随葬的嶜戈,也许只是召公家族征伐所获的战利品,而不见得与嶜人的移徙有关。

就"丌"这一族徽而论,尽管物质载体亦为兵器,但与嶜戈不同的是,前者仅集中出现在昌平白浮 M2,墓葬的文化属性也以商系为主,表明这里应是丌族入周以后的遗存。不过,虑及族徽"丌"仅此两见,白浮墓地又多随葬"北方系"青铜器,体现出一定程度的"边缘"特征,所以其族属未必就是从中原地区北迁的殷商旧族。而 M2、M3 均出土占卜甲骨的现象,则暗示出墓主的身份等级较高,在政治社会层面似有更强的独立性,④此即区别于房山琉璃河、顺义牛栏山等地殷遗民的细节特征。综合以上因素来看,丌族可能并非随燕侯就封的殷遗人群,其原先的活动地域也许就在商王国北土周边,随着周人势力介入并根植于燕地,丌族于是归顺燕侯统治,并移驻昌平白浮建立据点,凭借自身力量对琉璃河燕都起到蕃屏作用。至于族徽"凤""乂""橐"及"斅史"之"斅"则相对罕见,基本都属孤立现象,进行溯源颇有难度,故不拟作过多蠡测。

---

① 何景成:《商周青铜器族氏铭文研究》,第 367—369 页。
② 相较之下,西周"天"器则集中出土于关中地区,如宝鸡斗鸡台、扶风齐家村、眉县杨家村和长安张家坡等地,这种现象殆是殷遗西迁或周人贵族分殷宗器的反映。
③ 此外仍见于湖北汉阳纱帽山出土的晚商铜尊(《集成》5687),或是随着殷遗南迁流转至此。
④ 目前来看,出土卜甲卜骨的西周早期遗存地点,如周原凤雏和齐家、周公庙、长安张家坡、房山琉璃河、邢台南小汪、高青陈庄等,其聚落性质一般属于王朝都邑、封国或高等级贵族封邑。

在前文中，笔者已从铜器铭文的直接记述和出土背景明确的金文族徽两方面出发，针对西周早期燕地居民的族属构成问题、尤其是商系人群之由来，尝试进行了一些正本清源的工作。除了部分族徽出现频率过低，无法据以梳理轨迹，多数对象都可基于出土背景的分析来揭示其存在的客观意义，并运用"重见"思路考索有关族氏的源流与分合。通过寻找区域之间成组族名（地名）的内在关联，可知西周燕地的居民成分是颇为复杂的，其中至少存在"两系"和"四类"人群集团。"两系"即燕侯家族代表的周系贵族，与数量上占据优势的商系人群；"四类"则是基于人群族属及其来源的辨识，乃按地域标准所划分的：① 西土周系人群、② 商王国故地的殷遗势力、③ 东方商系部族、④ 殷西北及本地部族。① 至于先前讨论所涉及的每个族徽及族氏，同上述四类人群集团的对应关系，大致即可归纳如次：

表6.11 西周燕地人群集团及其所含对象一览表

人群集团类别	包含对象的族氏名号或族徽
西土周系人群	匽
商王国故地的殷遗势力	戈、矣、刂盾、单、宁、庚、未（沫）
东方商系部族	冀、裳、史、舟
殷西北及本地部族	羌、馭（虘）、駿、彭、丌

如上表所示，西周燕地居民的族系、所属族氏及源流情况，业已初步得以缕清。鉴于金文族徽的发现地点基本都属西周遗存，而绝大部分随葬铜器的时代也要晚于殷周之交，那么这些遗存及其所反映的人群活动，恐怕多少都与召公建燕的历史背景存在关联。比如说，尽管"亚矣"和"亚冀"铜器集中出自房山琉璃河、顺义金牛村等地，但具体遗存的年代十分明确，当在西周早期，与燕侯之始封在时、空层面上均可重叠。这就足以表明商人强宗"矣"及其别支冀侯家族最终分布于燕境，理应与西周统治者在北土推行分封、建立藩屏有关，而非"矣""冀"二氏晚商以来既有势力范围之延续。当然，如果细致考察上述族群的流动轨迹，则可发现移

---

① 这里所讲的"本地部族"，主要是指利用金文族徽进行辨识和确认的北土商系人群，而不包括通过考古学文化进行考察的燕地土著居民。

徙的动因和路径也不尽相同。

首先,若以召公建燕作为时代断限,那么部分族氏北播燕地的过程,其实早在此先便已完成。比如殷周鼎革之际,周人武装曾在商王国核心区及周边地带发动过一系列战事,以肃清克殷进程中的残余敌对势力。① 经过史墙盘铭所谓的"遂虘、彤,伐夷童"之举,原分布在殷都西北及太行山脉两翼的虘、彤、羌、駿等部族,很可能迫于周人的军事压力而向北局部流动,因此在克器铭文中,前者尽皆作为燕侯役使的对象出现。至于单、宁、庚、未、戈、矣和丩盾诸氏,也许是曾任内服职事的商人世族,其来源则可追溯到殷墟为中心的"大邑商"地区。联系武王克殷和成王东征等重大史事来看,这些殷遗之所以在周初集中北播,大概属于局势动荡下被迫选择迁离故土。

另一方面,若循召公一行在东征、建燕等事件中的活动轨迹,并结合其家族势力的空间分布情况进行思考,我们很容易将目光投向发现"梁山七器"的东土地区,继而通过捕捉人群、史事和地理空间三者的内在联系,揭示出上述东方商系部族流入燕国境内的客观背景。按《史记·燕召公世家》载:"召公奭与周同姓,姓姬氏。周武王之灭纣,封召公于北燕。"② 不过,按照现今学界的共识,西周分封的全面推行,须建立在周人对广大新占领地区实现统治的基础上,故召公建燕实际当以东征的胜利作为前提。另据太保簋铭(《集成》4140)云,召公曾奉成王之命讨伐"录子聑",功成后受到"赐休余土"的殊遇。此"余土",可对应晚商田猎卜辞及四祀邲其卣(《集成》5413)所见之"梌"地,屡为商王巡游东土所经。这片土地既在东征后赐予召公为采邑,足以表明召公此行不但镇压了殷都故地的"录子聑"之叛,而且继续挥师东进,对盘踞在海岱地区的亲商势力展开征讨,其经过大致正如前揭《系年》第三章所载。《系年》将整个东征战事归于成王主导,与历来史家所艳称的"周公东征""周公践奄"云云有所不同,只是历史书写各有侧重之故。今幸得太保簋与《系年》相互发明,可知召公在平定"三监"之乱后,又随成王继续东征,其间或以武力涤荡东夷,因战功卓著而获"余土"之封。

值得注意的是,出土太保簋等"梁山七器"的今山东寿张县梁山一带,恰好正是连接中原与海岱地区东西交通干道的重要节点,而成王一行自

---

① 先前的相关研究,可参见杨宽《西周史》,第 88—100 页;李学勤《〈世俘〉篇研究》,《李学勤集——追溯·考据·古文明》,哈尔滨:黑龙江教育出版社,1989 年,第 142—155 页。
② 《史记》卷 34《燕召公世家》,第 1549 页。

故殷都东征商奄,定然也要途经并控制这一区域。① 有鉴于此,最高统治者遂在其间规划出一块土地,作为增益召公的采邑,通过控扼交通枢纽地带,以确保西周国家领土的持续东扩。② 由旅鼎(《集成》2728)诸铭可知,成、康之世王朝对东夷集团的战争中,召公往往也扮演着重要角色,这种现象恐怕与其宗族势力根植于海岱地区不无关系。

既然召公家族参与成王东征,并经武装拓殖在沿途设置据点,从而达到与当地人群进行交流或接触的可能性,那么燕境所见东土商系部族的由来及若干隐含史迹,自可通过这一联系的建立而得以浮现。其中,"舟"即州也,系姜姓古族,"史"则为薛侯所自出的任姓旧族,二者作为海岱地区土著的代表,原本就与商王国保持着亲附关系。至于"㠱""羍"二氏自不待言,均系商人经营东土所依赖的股肱力量,尤其是出自"㠱"族的㠱侯一支,在族系上还不排除属于子姓王族。因此,周人在入主东方以后,亟需通过军事征服、物质笼络和文化渗透等不同手段,以促使当地的商系集团尽快转变政治立场。尽管由于史料所限,目前还未能找到召公家族与有关人群发生直接接触的证据,但由琉璃河等地出土的器铭可知,"㠱""羍"二氏的部分贵族既在入周后委身效命燕侯,"史""舟"等族也接受周人"褒封"的殊遇,遂在东方故地得以延续,甚至裂土封疆,便足以说明问题。

综观西周早期东方的政治局势,正是在召公等人领导的东征拓殖运动下,这些原本亲商的势力或被武装征服,或接受安抚怀柔而主动归化,相继改弦易辙服属于周。不久适逢召公建燕,西周统治者于是就像处置其他殷遗强宗一样,也对归附的海岱部族采取"分而治之"的策略,即将某些较大的宗族组织分割为若干部分,迫使其迁至新土重新安置。③ 仅就表面上看,这些对象似与所谓的"殷民六族""殷民七族"大致相若,但具体人群规模和组织结构也许要相对精简,而且更确切地说,他们俨然已转变为召公家族的羽翼,远赴新开拓的领地去拥立政权,其身份大致近乎周人的同盟者而非被统治者。另外,从琉璃河墓地的情况来看,燕侯对待治下

---

① 贝塚茂树:《关于殷末周初的东方经略》,刘俊文主编:《日本学者研究中国史论著选译·上古秦汉》,第58—121页。
② 召公受赐"余土"之性质,殆与郑之祊田及康叔在"相土之东都"领有的飞地一般,均可供助祭泰山,配合周王巡狩东土之用。参见陈絜《"梁山七器"与周代巡狩之制》,《汉学研究》第34卷第1期,2016年。
③ 朱凤瀚:《商周家族形态研究》(增订本),第263—266页。

的不同族属之居民,恐怕也采取了殊异的管理方式,如允许殷遗民延续原有的文化习俗,同时保留其家族组织形态及上层群体的贵族地位。部分贵族亦在保持从属关系的前提下,陆续承担燕侯委任的各种职事,发挥自身所长效命于君,从而跻身西周地方政权的统治阶层。倘若联系燕召宗族的东方渊源考虑,双方之所以容易形成紧密而稳定的政治纽带,自然就不难理解。

这样,西周初年部分海岱部族移居燕地的背景与路径,便得以清晰起来。概言之,上述史实首先建立在周人对东方土著实现有效统治的基础上,继而在召公家族北上封燕的政治实践中遂告功成,由是,东土与北土的联系也得到了实质性加强。至此,综合前述其余部族的溯源结论,西周早期燕境移民的来历及其流动轨迹即可得以初步呈现,这无疑丰富了区域联动的空间图景。

三、喀左铜器窖藏性质与意义的再认识

通过上节的分析,可对燕国分封初期的势力范围及空间结构形成初步认识:房山琉璃河遗址(包括董家林城址和黄土坡墓地)即区域性中心聚落所在,其规模宏大,功能布局比较清楚,呈现出"两系一体"的文化面貌。以顺义金牛村墓地、昌平白浮墓地为代表的同期遗存分布于周边,二者族属特征明显,社会等级较高,且与北方民族存在文化交流,很可能属于都城聚落的外围据点,用以安置归附的商系贵族势力,兼有拱卫燕都的功能。蓟县张家园墓地则为当地土著的遗存,其中随葬商系铜器之现象,可能来源于赠予或交换等途径,而不足以视作彼时燕国的势力范围所及。

就地理空间和出土遗物而言,均与上述遗存颇具关联者,尚有 20 世纪中叶以来在今喀左境内发现的多处铜器窖藏。[①] 这些窖藏的分布较为集中,器物年代也相差不大,总体以商末周初为主。从出土器铭来看,窖藏内部周人与商系贵族的遗物共存,尽管后者在数量上占据优势,但有多件铜器与燕国关系密切。聚焦这一现象展开讨论,容易关注文化因素的地域扩展背后可能隐含的政权扩张,反而忽视窖藏本身的族属判别等关

---

① 有学者根据年代、分布地域及器物组合的差异,将辽西地区发现的商周铜器窖藏分为三类。其中,A 群窖藏属于喜鹊沟类遗存,年代不晚于殷墟早期,代表性遗存有克什克腾旗天宝同、翁牛特旗头牌子和赤峰西牛波罗;C 群大多分布于辽西走廊一线,器类以北方系青铜工具和兵器为主,代表性遗存包括绥中冯家和东王岗台、兴城杨河等窖藏。而本文所讨论的喀左铜器窖藏属于 B 群,此外还有义县花尔楼窖藏。参见付琳、王立新《夏家店下层文化消亡后的辽西》,《考古》2015 年第 8 期。

键问题。笔者希望通过这批遗存的重新梳理,重点关注窖藏的形成年代、不同器物的共存关系及文化属性,一方面廓清前者与燕国腹地遗存的内在联系,同时将族徽"重见"的视角扩展至海岱等其他区域,以期寻找喀左铜器群及其所属族氏更为广泛的来源。

1. 喀左马厂沟

1955年5月,热河凌源县(今辽宁喀左县)海岛营子村马厂沟小转山子发现16件青铜器,除2件出土时被掘碎外,计鼎1、甗2、簋3、盂1、卣2、壶1、罍2、尊1、盘1,其中带铭者包括匽侯盂(《集成》10305)、鱼父癸簋(《集成》3216)、蔡簋(《集成》2915)、史成卣(《集成》5288)、義①作父庚卣(《集成》5213)及鱼罍(《集成》9791)6件。据现场调查,出土地点周边分布有一定范围的生活遗址,而无墓葬迹象,②说明埋藏铜器的遗存性质当为窖藏。这批铜器的年代大多属于西周早期,但也有少数风格特征偏晚。如一鼎设有附耳,侈口浅腹,近乎盘形,口沿下饰长尾鸟纹一周,形制与沣西马王村出土卫鼎(《陕金》11.1301)及张家坡M152出土井叔温鼎(《陕金》11.1227)的上部较为接近,时代当在西周中期。同鸭形尊相似的素材和造型,尚见于丹徒大港母子墩出土的另一鸟形尊,③而后者与多件西周中期的代表性器物伴出,然则鸭形尊的年代也许相近。另外,如史成卣、贯耳壶亦可见稍晚的造型,约相当于早期晚段的昭王之世。④ 准此,上述器群的埋藏时间恐怕不能早至西周中期之前。

2. 喀左北洞1、2号

1973年3月和5月,辽宁喀左县北洞村先后发现两座铜器窖藏,两处地点相距仅3.5米。1号窖藏出土5罍1瓿,出土时,2罍1瓿与另3件罍分别呈三角形排列。其中,2号罍即孤竹亚㣔罍(《集成》9810),与3号罍外观接近而无圈足,4—6号罍的造型亦基本相同。⑤ 原简报将诸器一律定为殷器,但部分器物的绝对年代,恐怕也存在进入西周的可能性。如无

---

① 该字在器铭中作人名,而非族氏名,旧释为"戈",不确。从构形来看,其上部系"羊"首,下部似从"我"形,殆可隶释作"義"字。而"義"字左右分置一耳形,此即用作族氏铭文的"聝"。
② 热河省博物馆筹备组:《热河凌源县海岛营子村发现的古代青铜器》,《文物参考资料》1955年第8期。据介绍,有一件兽首罍内部也有铭文,但惜出土时损坏而无法辨认。后经修复,残字可释读作"……庚宝彝,鱼"。
③ 杨正宏、肖梦龙主编:《镇江出土吴国青铜器》,第44—45页。
④ 朱凤瀚:《中国青铜器综论》,第1428页。
⑤ 辽宁省博物馆、朝阳地区博物馆:《辽宁喀左县北洞村发现殷代青铜器》,《考古》1973年第4期。

衔环的 5、6 号罍,其束颈较长,肩部位置相对较低,而圈足略高,与西周早期克罍更为相似。①

2 号窖藏出土方鼎 1、圆鼎 2、方座簋 1、罍 1 和钵形器 1,原简报根据部分器物的特征,认为窖藏形成于周初。② 结合器形、纹饰及铭文风格来看,𝍍父甲鼎(《集成》1651)的年代略早,或在殷周之际,不排除可能早至殷末。方座簋(《集成》3409)内底铸"作宝尊彝"四字,同蟠龙盖罍均有典型的西周时期特征,后者在形态风格上则与彭县竹瓦街窖藏出土一罍甚为接近。③ 㚔方鼎(《集成》2702)这种方鼎造型及整排乳钉纹为饰,早在晚商阶段便已出现,然其外壁所缀以扉棱对称的兽面纹,则主要流行于西周早期。④ 鼎铭言"𠭯"赏赐给器主"㚔贝"二百朋,内底另署"矣亚冀侯"徽识,根据"冀侯"作族氏名的情形推测,㚔方鼎系周初铸造的可能性恐怕更大。值得注意的是一件带流钵形器,该器通体素面,深腹圜底,短窄管状流前出微翘,在文化面貌上颇具地方特色,与伴出的中原风格铜器迥异,大概属于魏营子文化的本地器物。⑤

3. 喀左山湾子

1974 年 12 月,辽宁喀左县山湾子村发现一处窖藏,出土青铜器 22 件,计鼎 1、鬲 1、甗 3、盂 1、尊 1、卣 1、罍 3、簋 10 及盘状器 1。⑥ 其中带铭文者 15 件,包括叔尹方鼎(《集成》1925)、何孁伮甗(《集成》885)、伯矩甗(《集成》893)、尹簋(《集成》3029)、����父甲簋(《集成》3144)、□父丁簋(《集成》3176)、𥝢父戊簋(《集成》3190)、亚□□簋(《集成》3245)、亚𫞩父乙簋(《集成》3299)、作宝尊彝簋(《集成》3406)、𪕪伯簋(《集成》3526)、倗万簋(《集成》3667)、鱼𔓐⑦尊(《集成》5589)、史方罍(《集成》9740)及配以串𤯌父丁卣盖(《集成》5069)的舟父甲卣(《集成》4907)。

---

① 刘雅婷主编:《喀左县文物精品图录》,北京:北京联合出版公司,2018 年,第 134 页。
② 喀左县文化馆等:《辽宁喀左县北洞村出土的殷周青铜器》,《考古》1974 年第 6 期。
③ 即报道所谓"兽面纹饰羊头加环耳罍"。参见王家祐《记四川彭县竹瓦街出土的铜器》,《文物》1961 年第 11 期。
④ 如上海博物馆藏员方鼎,其造型和纹饰布局即与㚔方鼎基本相同,唯前者口沿下所饰为对称蛇纹。参见陈佩芬《夏商周青铜器研究·西周篇(上)》,第 15 页。
⑤ 中国社会科学院考古研究所:《中国考古学·夏商卷》,第 616 页。阜新平顶山遗址出土的钵形器,即为魏营子文化的代表性陶器。
⑥ 喀左县文化馆:《辽宁省喀左县山湾子出土殷周青铜器》,《文物》1977 年第 12 期。
⑦ 该字像骨笄之形,或为"笄"字初文,此用作族氏铭文。相同族徽尚见于周原云塘制骨作坊 M20 出土的一件铜尊(《集成》5602)。参见蔡宁、种建荣、雷兴山《陕西周原云塘制骨作坊"居葬合一"论》,《四川文物》2022 年第 2 期。

总体来看,这批铜器的年代亦集中在西周早期,原器主多为商系贵族。如何孃氏甗与伯矩甗外观极为相似,而伯矩器又出土于琉璃河燕国墓地 M251,即可引为佐证。当然,其中仍有时代及文化特征殊异之处,需特别予以关注。如鱼❘尊形态似甗而硕大,或为殷末之器,舟父甲卣所配卣盖之钮及云雷纹饰,从造型风格推测时代亦有可能偏早。至于叔尹方鼎,通体素面,腹部呈明显倾垂状,设四柱足,铭文为"叔尹作旅"四字,其年代或可进入西周中期。另有一件饕餮纹甗,无铭文,口沿下饰弦纹两周,造型甚近于龙口归城所出遇甗,后者为穆王之世的标准器之一,同样可证窖藏的形成不能早于西周中期早段。此外,所谓盘状器相对更为特殊,其直径达 32.5 厘米,口沿部位有对称的圆形穿孔,并可见明显磨痕,殆作悬吊之用。该器出土时平覆于兽面纹盂之上,但彼此无法构成器用组合,不妨归入本地文化范畴为宜。

4. 喀左小波汰沟

1978 年 9 月,辽宁喀左县坤都营子乡小波汰沟发现一处铜器窖藏,由于原始资料迄今未刊,窖穴的埋藏状态、共存关系及外部环境均不甚清楚。据学者介绍,该窖藏共出土青铜器 14 件,既有典型的中原风格铜器,也有铃首匕、覆钵状器盖等地方特色遗物,但具体信息并不完整。[1] 现在结合《中国出土青铜器全集》与《喀左县文物精品图录》二书著录,暂梳理出窖藏铜器 9 件,包括兽面纹圆鼎、附耳鼎、弦纹甗、圉簋、作彝方座簋、登芧罍、朋五夆父庚罍、铃首匕及覆钵状器盖。[2] 其中,兽面纹圆鼎具有明显的偏早特征,时代大致相当于二里冈上层期。附耳鼎腹部以龙纹、直棱纹和蕉叶纹组合为饰,并缀六道齿状扉棱,相同造型尚见于宝鸡戴家湾出土𠊦鼎[3]及石鼓山西周早期墓出土的两件铜鼎,[4]一般认为带有鲜明的"西土"风格,时代当在西周初年。圉簋和作彝方座簋,均系西周早期的代表性器物,毋庸赘言。朋五夆父庚罍同马厂沟、北洞 1 号窖藏出土的涡纹罍都比较接近;与登芧罍形制、纹饰相似者,则有山湾子村采集的一件方

---

[1] 郭大顺:《试论魏营子类型》,苏秉琦主编《考古学文化论集》(一),北京:文物出版社,1987 年,第 79—98 页。
[2] 李伯谦主编:《中国出土青铜器全集》(20),北京:科学出版社,2018 年,第 157、172、185、186、196、197 页;刘雅婷主编:《喀左县文物精品图录》,第 136、143 页。
[3] 陈佩芬:《夏商周青铜器研究·西周篇(上)》,第 38—39 页。
[4] 分别为 M3∶2 和 M4∶309。参见石鼓山考古队《陕西宝鸡石鼓山西周墓葬发掘简报》,《文物》2013 年第 2 期;陕西省考古研究院等《陕西宝鸡石鼓山商周墓地 M4 发掘简报》,《文物》2016 年第 1 期。

罍。① 而弦纹瓶的同型器物，犹见于马厂沟所出一瓶，尺寸亦相差无几。以上诸器年代皆在西周早期为宜。铃首匕出土时置于登艸罍内，匕身呈舌状，柄上有一圆穿，末端为球形多孔铃首，属于"北方系"青铜器的作风。覆钵状器盖顶中无纽，盖面有一小型环纽，口沿上饰小方格纹、乳钉纹及水波纹的组合一周，这种纹饰主题为中原同期器物所无，而习见于北方地区出土的铜刀等兵器上，时代大致亦在商代晚期前后，下限不晚于周初。②

　　除上述五处铜器窖藏之外，另据早期报道，1941 年喀左县小城村一带也曾发现西周早期大型铜鼎一件，形制接近大盂鼎而有偏早特征，出土位置与发现马厂沟器群之地相邻。③ 总的来说，这些窖藏基本都分布于今喀左县西南方向的大凌河沿线，埋藏对象以中原文化系统的青铜器为主，根据使用族徽和日名现象判断，作器者大部分为商系贵族，时代跨度总体在商代晚期至西周中期，尤以商末周初者居多。鉴于各处窖藏的分布地域相对集中，埋藏器物的时代特征也比较接近，基本可以确定它们应是一个内在关联密切的整体。通过前文梳理可知，与西周燕国直接相关的遗存不仅有匽侯自作铜盂，北洞 1 号窖藏的孤竹亚㣇罍、2 号窖藏的㠱方鼎以及山湾子窖藏的史方罍、舟父甲卣诸器，其上所署"㣇""㠱亚㠱侯""史"和"舟"四种族氏名号，也都在燕地出土遗存中重复出现过，而伯矩瓶、圉簋的器主之名，更分别见于琉璃河 M251 和 M253 的随葬铜器。准此，基于两地出土器铭的重叠关系，同时考虑到喀左所在的大凌河上游地区，恰好处于连接燕山内外的交通要冲，与燕国腹地具有地理空间上的天然联系，那么只要站在西周国家的角度，自然容易将有关遗存视作早期燕人势力渗透至辽西的标志，亦即地方政权对外扩张的直观体现。

　　不过，倘若重新审视喀左窖藏铜器的时代与族属，不难发现上述认识其实颇有可疑之处。首先，这批铜器年代多在商末周初，也有部分可以晚到或接近于西周中期，如马厂沟的史成卣、贯耳壶、鸭形尊以及山湾子的叔尹方鼎、饕餮纹瓶等。尽管埋藏铜器的年代与窖藏的形成时间无法轻易等同，但一般来说，窖藏的年代上限大致即相当于遗物的年代下限，这也就意味着，喀左窖藏的实际年代当较原先估计为晚。其次，通过纷繁复杂的族徽铭文，虽可窥知铜器的具体来源，却无法直接透露埋藏者的有效

---

① 刘雅婷主编：《喀左县文物精品图录》，第 130 页。
② 郭大顺：《试论魏营子类型》，苏秉琦主编《考古学文化论集》（一），第 79—98 页。
③ 陈梦家：《西周铜器断代》，第 49 页。另说发现铜鼎数量为一对，未知孰是。

信息。假如这些窖藏确系燕侯所有,然而相较族别多元的商文化遗物,其中所见燕国公室之器的数量却明显过少;至于其他燕国贵族,恐怕又无力远在当地集中埋藏众多的异属铜器。另外,鉴于辽西地区目前并未发现典型的西周燕文化遗存分布,那么,若将喀左窖藏视作燕人经营辽西而形成的遗存,则未免显得过于孤立。事实上,只有不局限于铭文本身,同时充分关注"非主流"器物的文化属性及其存在的意义,方可摆脱西周国家本位的束缚。

1979年,考古人员在喀左县和尚沟A点发掘了4座墓葬,M1出土铜卣2件和金臂钏1对,2卣均系典型的商文化铜器,时代相当于殷墟三至四期,其中1卣底部还铸有族徽"冈",内置大量穿孔海贝。发掘者根据随葬陶器的基本特征,确认和尚沟A点墓葬属于魏营子文化,明确指出它"很可能是与窖藏铜器有关的一种文化遗存"。① 此后,学者基于中原风格铜器和魏营子文化陶器在特定遗存共存的证据,②并结合这些遗存与喀左窖藏在时空分布上的一致性,从而推断窖藏主人应即魏营子文化的土著居民。③ 若重新审视喀左窖藏的出土背景,我们还可对上述观点的合理性略作补充。

首先在组合形式方面。喀左窖藏铜器往往表现为无特定规则的集聚,彼此类别互不一致,也没有形成相对稳定的器用组合,总体明显有别于同时期中原文化区,可见铜器在埋藏之际或已脱离原生的文化背景。其次是埋藏形态。按喀左窖藏的实际埋藏情况,可以通过北洞1、2号窖穴的清理窥知大概,据介绍主要有以下特征:一是选址多在山坡,以浅埋为主;二是铜器摆放整齐,但空间布局不足以体现器用组合关系;三是利用石板或石片将铜器与坑口、坑壁隔开,这些特点与扶风庄白、眉县杨家村等地的西周贵族窖藏有所不同。更为关键的是,部分器物存在易主迹

---

① 辽宁省文物考古研究所、喀左县博物馆:《喀左和尚沟墓地》,《辽海文物学刊》1989年第2期。
② 如喀左和尚沟A点M1与喀左高家洞M1。参见辽宁省文物考古研究所《辽宁喀左县高家洞商周墓》,《考古》1998年第4期。
③ 郭大顺:《试论魏营子类型》,苏秉琦主编《考古学文化论集》(一),第79—98页;董新林:《魏营子文化初步研究》,《考古学报》2000年第1期;熊增珑:《试论大小凌河流域商周之际窖藏青铜器的归属》,《文物春秋》2008年第6期;赵宾福:《中国东北地区夏至战国时期的考古学文化研究》,北京:科学出版社,2009年,第77—78页。迩来有学者进一步指出,辽西地区原归入魏营子文化的诸遗存面貌其实并不一致,从陶器群的总体特征来看,至少可以划分为五类遗存,其中的后坟类遗存即与喀左铜器窖藏联系密切。后坟类遗存的主体年代约在商末周初,下限可至西周中期,主要分布于辽西大、小凌河上游地区。参见付琳、王立新《夏家店下层文化消亡后的辽西》,《考古》2015年第8期。

象。据调查报告介绍,马厂沟出土的多件铜器都有修补和焊接的痕迹,器表带有黑炭灰屑,地点周边还分布着厚度不等的灰层堆积和一些陶、石器残片,说明这些铜器在埋藏之前一度被作为生活实用器,①而使用者正是当地居民,如此便与其宗庙礼器的原始属性相去甚远。此外,其中的蔡簋铭文还曾遭到人为刻划,目的无非是掩盖原作器者的信息,该现象同样表明窖藏铜器经历过易主的事实。综上,喀左窖藏主人或器物埋藏者的身份应是本地土著人群,而非远道拓土至此的燕国贵族,基本可以确定。进一步说,在判定喀左窖藏的归属方面,出土铜器的主流文化因素(包括国名、族徽、人名等信息)并未起到决定性作用,反倒是以带流钵形器(北洞2号)、盘状器(山湾子)、覆钵状器盖(小波汰沟)代表的"另类",恰恰提供了关键的指向性线索,这对认识某些特定时空背景下的遗存,应当具有借鉴意义。

关于喀左窖藏所见中原系铜器的流通和埋藏背景,以往学者曾设想并提出过燕国势力东进、②交换或赏赐、③及战争掠夺等若干历史场景。现在既已澄清窖藏的人群归属,明确了作器者与埋藏者实际分属不同族群,那么因燕国贵族东迁建立据点以致器物发生空间流动的情况,也就基本可以排除。至于掠夺及贸易、赠予诸说,都可以解释窖藏铜器时代不一、族别纷杂的景象。如林永昌先生从祭祀用器的原始属性出发,强调"交换说"难以付诸实践,他通过对比宁城等地墓葬出土中原铜器的现象,并联系琉璃河墓地的年代和被盗情形,推测这批铜器多为当地人群从燕国掠夺的战利品。④曹大志先生则从区位交通和物质交换的角度进行考察,认为中原系铜器集中出现在大凌河流域,乃是殷周贵族与北方边地进行贸易交流的结果。⑤最近张振腾、井中伟先生也提出,燕国贵族通过赐

---

① 过去曾有学者怀疑,这些铜器窖藏或与当地的祭祀遗存有关,现从出土地点及器物本身所呈现的生活使用痕迹来看,上述推测恐怕并不准确。
② 晏琬:《北京、辽宁出土铜器与周初的燕》,《考古》1975 年第 5 期;葛英会:《燕国的部族及部族联合》,《北京文物与考古》(第 1 辑),北京:北京燕山出版社,1983 年,第 1—18 页;张亚初:《燕国青铜器铭文研究》,中国社会科学院考古研究所编《中国考古学论丛》,北京:科学出版社,1993 年,第 320—330 页。
③ 宫本一夫著,黄建秋译:《中国古代北疆史的考古学研究》,南京:江苏人民出版社,2023 年,第 153—168 页;杨建华:《燕山南北商周之际青铜器遗存的分群研究》,《考古学报》2002 年第 2 期。
④ 林永昌:《辽西地区铜器窖藏性质再分析》,《古代文明研究通讯》第 34 期,2007 年。
⑤ 曹大志:《贸易网络中的黄土丘陵(BC1300—1050)》,北京:北京大学出版社,2021 年,第 237—242 页。

予当地土著青铜器的手段,很可能是为了获取辽西地区的锡矿资源,或是维持锡料转运路线的畅通。① 以上诸说俱有其合理因素,却也存在一些尚待明晰的细节。如燕侯及其他高等级贵族的宗庙祭器(非日常实用器),为何会在较短时期内改变原有属性,转而作为燕国统治阶层主动笼络异族或进行交易的工具。另外,就琉璃河遗址西周中期遗存来看,似乎也未见外部势力大规模入侵和集中盗扰的现象。然而无论如何,喀左窖藏与琉璃河遗址有一个共同因素值得注意,即窖藏的形成与燕都的衰落大致同时,均相当于西周中期早段。② 这种现象可能是由于彼时燕国居民他徙,致使先前维持的赠予模式或贸易路径中断,抑或还存在其他原因,但至少暗示出燕地和辽西之间存在着特定的政治与社会联动,同时也为喀左窖藏铜器的燕国来源提供了佐证。

基于喀左窖藏的形成背景,尤其是明确了出土铜器与燕国的客观联系,我们不妨先对各窖藏所见金文族名资料作一梳理,接着分别从"重见"和"差异"两个角度,与燕境及其他区域的铜器遗存进行对比,探讨它们出现在辽西的意义。

表 6.12 喀左窖藏出土族徽铜器一览表

出土地	件数	铜 器 名
马厂沟	5	匽侯盂(《集成》10305)、蔡簋(《集成》2915)、鱼父癸簋(《集成》3216)、羲作父庚卣(《集成》5213)、鱼罍(《集成》9791)
北洞1号	1	孤竹亚䇂罍(《集成》9810)
北洞2号	2	㚸方鼎(《集成》2702)、㕣父辛鼎(《集成》1651)
山湾子	10	何孃皮甗(《集成》885)、尹簋(《集成》3029)、𠂤父甲簋(《集成》3144)、䲨父戊簋(《集成》3190)、亚㠱父乙簋(《集成》3299)、鼍伯簋(《集成》3526)、伽万簋(《集成》3667)、鱼尊(《集成》5589)、史方罍(《集成》9740)及配以串䲨父丁卣盖(《集成》5069)的舟父甲卣(《集成》4907)
小波汰沟	2	登䇂罍(《集成》9771)、朋五夆父庚罍(《集成》9808)

---

① 张振腾、井中伟:《辽西—冀东北地区商末周初青铜器窖藏再探讨》,中国社会科学院考古研究所主办、考古杂志社编辑《考古学集刊》第29集,北京:社会科学文献出版社,2023年,第105—123页。
② 刘绪、赵福生:《琉璃河遗址西周燕文化的新认识》,《文物》1997年第4期。

若将上表所涉及的相同族徽予以归并，同时保留复合氏名的形式不再拆分，这样经过累计之后，可以初步筛选出金文族名资料19种，即：

匽、鱼、珥、蔡、㚔、矣亚畀侯、孤竹亚髟、何、尹、冂、膚（庚）、🦌、①稟、倗、史、舟、串觿、登屵、朋五畲

按照这一基本范围，首先从"重见"角度进行归纳，可知其中同样出现在房山琉璃河等燕国境内遗存的族氏名共有6个，分别为"匽""矣亚畀侯""史""舟""庚"和"髟"；而"圉"和"伯矩"虽然属于作器者私名，却也同样符合"重见"标准，故不妨一并纳入。上述名号的成组重合关系，不仅体现出燕、辽两地遗存的紧密联系，同时也增加了同种族徽的样本数量，说明有关铜器在北方的出土不是孤立或偶然现象，更可能反映族氏的活动轨迹而非单纯的器物流动，此即有助于佐证前节对燕地居民族属的分析。

其次，基于前文对喀左窖藏铜器主要来自燕国的认识，但凡这些铭文中出现的族氏名和贵族人名，大部分都应代表西周早期燕国境内的居民，或者是在更早阶段便已定居燕地的人群。② 那么，在将喀左窖藏与燕地遗存所见族名进行对比后，呈现"差异"的部分无疑具有重要的补充作用。换言之，上揭金文族名资料不仅为揭示周初燕国的族群构成，增添丰富的考古学依据，而且也给探讨当地居民的来源提供了更多线索。

经过比对剔重可知，相异的这部分金文族名共有13个，依笔者之见，可按其基本特征初步划为三类。甲类包括"鱼""㚔""冂"三种常见族徽。它们不但出现频率较高，分布地域也颇为广阔，同时还有一个鲜明的共同特征，即署有三种族徽的铜器都在安阳地区多次出土，且年代区间为殷墟二期至殷墟四期，较其他地点明显偏早。③ 不唯如此，"鱼""㚔"分别有1鼎（《集成》1126）和1鼎（《集成》1176）、1爵（《集成》7675）出自西北冈侯家庄大墓，④足见二者所代表的对象当为商系强宗，与商王室的关系甚为密切。综上来看，殷墟恐怕就是有关族氏的早期聚居地之一。另一方面，相较"㚔""冂"在喀左地区的孤立出现，马厂沟和山湾子窖

---

① 该金文族名或释为"麋"，暂存疑。
② 除少数铜器可能属于"分器"或赗赠之物，它们最终出现在燕地，是与原作器者的活动轨迹相割裂的。
③ 何景成：《商周青铜器族氏铭文研究》，第334—335、344、364—365页。
④ 出土单位分别为M1001和M1550殉葬坑。

藏出土的"鱼"器则达 3 件之多。准此，尽管甲类族徽迄今暂未重见于琉璃河遗址，却仍可间接反映出相关人群在周初燕地有所分布。就人群族属和原居地域而论，前者与"戈""夨""丩盾""庚"诸氏最为接近，属于前节所归纳的"商王国故地殷遗势力"，可能是在克殷或东征之际自安阳一带播散至燕地的。

乙类族徽包括"尹""聑""何"和"登屰"。就共性来说，它们对应的族氏都曾效命于商王，并承担过某种特定的职事。"尹"本有治事之义，引申作主管官长之通名，如集合名词"多尹""百僚庶尹"即是。"尹"单独作族徽的情形较少，却常与"舟"构成稳定的复合氏名，①而"舟"又是晚商阶段盘踞在殷都以东、济水沿线的部族，若循复合关系的线索，或可推知"尹"的活动轨迹似乎介于内、外服范围之间。"何"和"屰"作为族氏名，②并见于无名组卜辞(《合补》8982)，其中出现的"戍何"与"戍屰"，即分别是由"何""屰"二族成员所组成的戍卒武装。目前集中发现"何"族铜器的地点，主要是安阳郭家湾北地，而晚商"屰"器已知有明确出土地者，亦在安阳。③ 不过，考虑到二者均有族众被编入特定的军事组织，奉命前往商王国边域驻屯戍守，可见相关人群的分布范围也许较广，具体情形或与"尹"族相若。同时也正因为此，若要追溯他们播迁北土之前的来源地，恐怕会存在一些不确定的因素。

"聑"为地名兼作族氏名，情况要复杂一些。黄组卜辞《合集》36943 有"在聑"二字残辞，乃是商王出巡途中的驻跸地。族徽"聑"常见于铜器铭文，且主要与"🅰""竹"和"佣"构成复合氏名。"聑🅰妇婞"器群集中出土于河南辉县褚邱村，含鼎、簋、尊、卣、牛首盖爵各 1 和爵 2，时代为殷墟三期至四期。④ 从上述铜器构成组合的情形推断，"聑🅰"作为"妇婞"所适夫家的族氏，其居邑恐怕就在今辉县境内，之所以邻近殷墟，很可能与"聑🅰"氏贵族一度服事于商有关。⑤"竹"，或认为即孤竹，尚待进一步确认。宾组卜辞《合集》6057 反记载，土方一度入侵蚁氏领地，"蚁妻

---

① 何景成：《商周青铜器族氏铭文研究》，第 498 页。
② 按"登屰"二字迄今未见同铭者，窃疑非"复合氏名"，此"登"不排除为登献之义，作祭祀动词。
③ 何景成：《商周青铜器族氏铭文研究》，第 386 页。
④ 新乡市博物馆：《介绍七件商代晚期铜器》，《文物》1978 年第 5 期；傅山泉：《新乡市博物馆藏"妇婞甗"组器》，《中原文物》2008 年第 3 期。
⑤ 如商末享京簋铭(《集成》3975)云"王饮多亚聑，享京逦"，而铭末所缀族徽正是"聑🅰"，表明该族成员曾在王室宴享时担任职事，佐助成礼。

笎"旋即将此事禀告商王。这里的"蚁妻笎"即蚁族首领之妻,"笎"系"竹"字加缀"女"旁,表示该女子的父家正是竹氏。根据该辞"允有来艰自北"的记录,说明此役的发生地当在殷都以北,那么与蚁族联姻的竹氏,其根据地范围恐怕亦不甚远。① 林沄先生曾举"聑"与"䰜""竹"结成的复合氏名为例,提出单一族徽之间不稳定的复合现象,当与不同族氏都曾居住在某个地点有关。② 基于这一思路,可知"聑䰜""聑竹"等分族的形成,理应是以有关对象存在相对密切的空间关系作为前提,那么结合辉县和商王国北土两则方位线索,并联系聑竹觚(《集成》6932)、聑酉戈(《集成》10869)俱出自安阳的背景,不难推想"聑"的地望范围可能就在今冀南、豫北一带。③

丙类族徽包括"倗""朋五夅""童""串鷟""🐎"和"蔡"6种。其中,"朋五夅"由"朋"与其他族徽要素复合而成,④"朋""倗"所指应当无别,亦即周代晋南媿姓倗氏的前身。"童"又见于无名组卜辞,如《合集》26898 以"王其春众成受人,叀童土人有戋",与"弜巳春众成受人,亡戋"构成正反对贞关系。这组卜辞的意思比较费解⑤,但可以确定的是,此"童土"犹言童氏或童人之地。《左传》成公十一年追忆武王克商之后,言"苏忿生以温为司寇,与檀伯达封于河"。按檀伯达所封在今河南济源附近的黄河北岸,与苏氏之邑相邻⑥,卜辞"童土"大概就指此地。

"串鷟"作为复合氏名似乎仅见,族徽"串"缺乏出土地信息,然由金文族名复合关系,可知"鷟"当为"舟"的分族。⑦ 据《春秋》经传记载,东周齐境有两处鄟地。其中,《左传》僖公二十六年"公追齐师,至酅"的

---

① 学者多将"竹"直接归入北方方国或北方族氏。参见孙亚冰、林欢《商代地理与方国》,第373页;严志斌《商代青铜器铭文研究》,第273页。
② 林沄:《对早期铜器铭文的几点看法》,《林沄学术文集》,第66—67页;
③ 《集成》8840 著录的一件西周早期铜爵,其内壁铭文为"聑倗祖丁"四字,柱上另有铸铭作"🔯",即三足爵形的族徽。饶有意思的是,其中出现的"聑""倗"和"🔯"三种族徽,均见于琉璃河遗址和喀左窖藏出土铜器,这不仅暗示上述族氏之间可能存在关联,对于思考复合氏名的内涵同样颇有助益。
④ 此"五"可能就是常见作横书的族徽"⋈",该族氏在商末周初主要活动于晋陕地区。"夅"字或释为"步",不确。
⑤ 《屯南》880 与之或为同文关系,具体解释参见裘锡圭《卜辞"异"字和诗、书里的"式"字》,《裘锡圭学术文集》第1卷,第226页;朱凤瀚《再读殷墟卜辞中的"众"》,李宗焜主编《古文字与古代史》第2辑,第20—21页。
⑥ 杨伯峻:《春秋左传注》(修订本),北京:中华书局,1990年,第854页。
⑦ 西周中期鷟簋篡铭(《集成》3940)整体铸于"亚"字形框内,其上端同样出现"舟"字族徽,表明器主以"鷟"为氏,属于舟族成员。

"鄙",在今平阴县西南的东阿镇一带,南距"舟道"甚近,这种空间关系与舟、禽的族属联系是相一致的,也表明禽族的活动轨迹与齐、鲁边境之禽地及"纪鄙"有关。① 至于族徽"🐎""蔡"所对应的人群,目前暂无明确线索可考。但今山东滕州市东郭乡辛绪村出土过一件西周早期铜鼎(《集成》1111),具体背景不详,内壁铭文作"🐎",其侧立形态与"🐎"颇为相似,尤其是凸显的目部、张口、立耳诸细节均趋一致,然则出土该鼎的滕州地区,或可作为考虑"🐎"器来源的一种可能性。

当然,就这批铜器的源流而论,"串禽"和"朋(佣)""霊"并非仅有地域上的东、西之别,它们各自出土于燕地的意义恐怕也不尽相同。具体说来,绛县横水墓地的发现表明,佣氏在鼎革之后对周人保持着归附状态,很可能就是从属于晋国的"怀姓九宗"之一;除了檀伯达受封的史实之外,霊季遽父作丰姬尊(《集成》5947)、卣(《集成》5357、5358)在周原刘家墓葬的出土,②也足以反映霊氏已经融入周人国家的政治体系。职是之故,诸如佣万簋、霊伯簋这样的西周早期铜器,便不太可能是因为遗民远播而出现在燕国境内,只有考虑赗赙、媵嫁等赠予性的流通途径,才会相对合乎逻辑。另一方面,据报道串禽父丁卣盖在出土时,正好与舟父甲卣保持上下扣合的状态,这无疑印证了"舟""禽"之间的紧密联系。然而考虑到卣盖具有殷末特征,相较时代为周初的器身偏早,那么二者相配成套之现象,也许只能归于"舟"器主人的行为。值得注意的是,房山琉璃河遗址范围内的立教村东M2,同样也出土有西周早期的舟族铜器——遘鼎和遘簋,③而族徽"禽"则在当地未尝并见。据此看来,串禽父丁卣盖及所配舟父甲卣最终流落北土,这一现象背后即便隐含着相应人群的流动,不排除也仅代表部分舟族成员的轨迹。

---

① 程少轩:《试说"禽"字及相关问题》,复旦大学出土文献与古文字研究中心编:《出土文献与古文字研究》第2辑,第131—145页。
② 陕西省考古研究所、陕西省文物管理委员会、陕西省博物馆:《陕西出土商周青铜器》(三),北京:文物出版社,1980年,"图版"第48—61页、"图版说明"第6—8页。
③ 《北京文物精粹大系》编委会、北京市文物局编:《北京文物精粹大系·青铜器卷》第80、86号;李伯谦主编:《中国出土青铜器全集》(1),第31页。

结　　语

　　商周时期的族群迁徙与地名变迁，是上古史研究中的重要课题。族群迁徙是关于古代人类社群的空间活动，地名变迁则包括地理称谓的纵向沿革与横向流动，尽管二者分属族群和地理范畴，却有着千丝万缕的联系。我们知道，中国早期国家阶段的血缘因素和地缘因素，一直是同时并存且相互交织、相互影响的。族氏名是血缘组织的标识，而地名具有地缘属性，彼此之间可以相互转化，即所谓"以地为氏"和"以氏名地"；另一方面，地名往往具有较强的流动性，它会随着族群的分衍、迁徙而发生位移，这种"地随族迁"的通例正是早期地名与族氏名保持动态的、历时性合一的客观表现。总之，无论是横向的地名流动，抑或纵向的地名沿革，通常都与人群活动保持密切的关联，因而国族移徙与地名变迁的关系，可以作为考察早期人类社群、政治组织与地理空间有机统一的一个侧面。

　　然而长期以来，学者在研究中往往是就地名谈地名，将古代地名的沿革考据放在突出位置，而对地名变迁及某些特殊现象背后蕴含的族群活动因素，似乎缺乏深入发掘；相应地，探索上古族群迁徙的主要任务，也集中在梳理个案的历史源流，地名资料只不过是为考察人群的居处、移徙增添了方位依据。至于族群活动和地名变迁的关系，若非尚未得到应有的重视，就是被过于夸大而流于泛化。因此，本文所做的核心工作，一方面是紧扣族群活动与地名、国族名的相互关系，试对"地随族迁"现象进行分类考察；再则，在整理先秦地名资料的基础上，系统探讨若干特殊的地名现象，继而揭示出一条探索古代族群迁徙的有效途径。总之，通过将"探史"与"考地"结合起来，在充分辨析人群和地理客体名、实关系的前提下，重新审视早期国家阶段的时空架构，分类梳理族群源流，即可为地名学、历史地理学和古史研究服务。

　　先秦时期不同类型的族群迁徙，对地名、国族名的影响各有殊异，若以移徙背景作为标准，大致可划分为"都邑迁徙""分封迁徙""被征服迁徙"和"服事迁徙"若干类型。一般来说，每当国族都邑发生变更，"国人"以上的统治阶层及部分平民多会随之移徙，其间常伴有原居地名的空间流动，所以早期国家阶段的迁都之举，往往也被称为"徙国"。即便是政权中心或行政中枢的局部转移的"迁宅"，迁徙主体仍在原居地人群中占据主导地位，因而也会导致原居地名的移植或国族名号的变动。而"分封迁徙"通常伴随家族组织的分衍，这些分族徙居封地后，往往采用新的居邑地名作为国族名号，由此完成"别立宗氏"的过程，所以不会造成原居地名的移徙。在"被征服迁徙"型下，被征服者往往保持原有的族氏名号，基本不会因为新的居邑地名而更改氏名。至于原居地名是否变动，则要视迁徙主体和迁入地的具体情况而定。如果迁徙主体的族组织结构相对完整，成员的族属成分较为单一，那么其原居地名很可能会随着有关人群而发生流动，反之则否；倘若迁入地位于王畿地区，或为诸侯国都邑等人群构成复杂的高等级聚落，则被征服者的迁徙几乎不会造成原居地名的移植。最后就"职事迁徙"型而言，考虑到迁徙主体移居王都主要出于服事之目的，有关国族人群的输出规模有限，大概无外乎个别分族，甚至仅为若干成员的个体家庭组织，因此不会造成原居地名的流动，也不会引起相关国族名号的变化。总的来说，上述迁徙类型之间既有区别和界限，同时也存在相互交织的可能性，尤其是在人群成分相对复杂的情况下，当视迁徙主体的具体类别而进行判断。

探索商周族群迁徙的资料来源十分庞杂，除了传世文献、出土文献中直接或间接的叙事性文字之外，还包括大量隐性的地名线索、带有传说性质的族群谱系和人物遗迹、考古学文化遗存及背景信息相对明确的金文族名资料。由于受到传统观念、学术背景等因素的影响，研究者对这些资料和途径的认识与利用，经历了一个较为漫长的过程。但时至今日，无论是考察早期阶段的族群迁徙，还是探讨地名、国族名与族群活动的关系问题，都应打破过去存在的种种壁垒，对这些不同来源的史料及相关途径加以综合运用，以期于研究范式的进步有所裨益。

古代地名的研究是在语言学、地理学和历史学交叉背景下进行的。关于不同文本中地名的判定，目前尚乏明确标准，然而借助古代汉语的语法结构，对其所处的文例背景进行考察，同样有助于从语言形态的角度辨识和认知地名要素。地名的命名，通常是在最初的一般概念"联系"到具体地点的过程中发生的。先秦地理称谓的主体为单字地名，多音节词的地名形式尽管早在晚商就已出现，但数量相对有限，时人往往会采取地名文字"形声化"与合文改造的办法，从而使单字地名能够表示与多音节词地名相同的内涵。东周以降，多音节词地名在数量和形式上都得到迅速发展，并最终取代单字地名成为主流。根据目前所知地名语源和构词形式的差异，早期多音节词地名大致可以划分为并列式、偏正式、补充式、附加式、动补式、动宾式及动词联合式、音译词与连绵词地名等类型。通过对专名、通名、方位词和区别字的组合关系加以观察，有助于揭示早期多音节词地名的形成机制。第一，在专名的基础上加缀通名，是多音节词地名产生的一种最主要、最常见的途径，其中专名居于核心词素的位置，而通名成分的形态并不十分稳定。第二，在专名的基础上加缀方位词和区别字，可以起到区分重名地名的作用。第三，"复合地名"是由若干专名词素连缀复合而成的特殊地名形式，形成机制可分为"领位式复合"与"同位式复合"两种，前者在地点名之前加缀区域名作为限定，后者由若干内涵相关、具有等质性的地名词素连缀而成。第四，部分地名并不含有专名词素，仅由通名、方位词和区别字等成分组合构成，它们起初在性质和用法上普遍带有通名色彩，后来则呈现出向专名发展的趋势，此种"通名专名化"现象即为古代地名发展演变的常见特征。当然，有些地名词素则由专名逆向变为通名，或在通名和专名之间相互转化，这些非主流现象同样值得关注。

在早期国家阶段，地名与国名、族氏名和人名等名号长期相互交织，彼此形成了错综复杂的关系，这首先体现在地名的来源与转化方面。一般来说，族氏名、人名、谥号和贵族称号，皆可构成商周地名相对稳定的来源。其中，族氏名转化为地名之例，如昆吾之虚、皋洛、无终等；人名转化为地名者，如颛顼之虚、祝融之虚等以及甲骨文"子某"所见"以人名地"之例；地名来源于谥号和贵族称号的情形较为罕见，前者可举襄城为例，后者包括帝丘、王城及王官之属。至于地名转化，主要是指地名演变为其他属性名称的类别及客观途径，而不涉及地名的承袭、改易和繁化、简化等沿革问题，具体包括人名取自地名、"以地名国""以地为氏"等类型，其中加缀地名成分的"复合氏名"需要特别注意。

另一方面，尽管地名与人名、国族名联系密切，但彼此之间的界限同样不容忽视。本书在对人名结构形式进行分类的基础上，考察有关成分究竟属于纯粹私名，抑或人名、族名通用之例，可以初步明确人名参与"三位一体"系统的实际限度和基本条件。分析表明，基于相同构词形式或人名结构的类比，来推定有关人名成分属性一致，其实在论证方面犹存缺陷；研究者宜从具体对象出发，遵循"律、例兼备"原则，从而建立同称对象之间的可靠关联。总的来说，早期人名、族名与地名的合一性确实存在，但不能因为这种现象具有代表性，从而视作普适定律，并无条件、无限制地加以推广和演绎，毕竟私名的使用在晚商时期业已出现，乃是无可争议的事实。此外，即便在西周以后私名得到广泛使用的背景下，"以氏代人"的现象仍然不乏其例，由是亦可窥见"三位一体"关系的延滞性和复杂性。

先秦时期国族名与都邑名的关系，经过了一个历时性变化的过程，总的趋势是由合一到逐渐分离，但其间也经常会因时、因地而有所反复。合一的形成机制主要是"以地名国"，即以都邑名来命名或称代国族；两分的根本动力则在于国家形态和领土结构的变化。此外，若在承袭故国之名的前提下，其都邑也未必与国号同称。国名和都邑名从统一走向相互对立，实际就反映出一国及其都城在空间形态上的关系变化。就"一国二名"问题来说，多半现象都缘于一国两都且新、旧都邑发生更迭之事实；此外，诸如国族名与都邑名的分合、别族阶段名号的更替以及国名用字的义近通用，也有可能导致二名甚至多名并存。至于自称和他称的区分，可以作为部分"一国二名"现象成因的解释，但无法适用于全部实例。

"同地异名"和"异地同名"是先秦时期普遍存在的特殊地名现象。就"同地异名"现象来说，可以分为地名改易、加缀成分和地名省称三种类型，其中的加缀成分，又可进一步划分为增加通名性成分、增加方位词或区别字及"复合地名"三种亚型。从理论上讲，不同人群对同一地理客体的命名结论或有差异，但即便是相同人群，处于不同时段或不同背景之下也完全可能采取相异的命名。实际上，地名使用者在国别立场、观察角度或认知能力方面的差别，乃至各地域之间的语音殊异，都有可能导致同一地理实体在名称上出现分歧。此外，早期族群活动与地名沿革的内在关联，也是一个不容忽视的重要因素。这不仅表现为"地随族迁"所导致的一地二名甚至多名并存，而且包括人群迁移引起原居地名的变更，还牵涉到列国扩张进程中对新占领的土地和城邑进行更名，不少"同地异名"现象实际即来源于此。

"异地同名"现象在先秦时期同样非常普遍，其成因也具有多元性。除地名用字的偶合之外，地名的通名属性、时人的表述习惯以及更改地名的构词形式，都是造成地名重名的重要因素，而地名使用者的本位意识、观察视角和知识构成等方面尤为值得注意。此外，族群迁徙也是造成"异地同名"的重要因素，古代族群的流动愈是频繁，地名变迁的问题就愈加复杂。这种地名重名现象直接缘于地名的空间流动,同一地理称谓出现在不同区域各地点之间的源流关系比较清楚,而根本动力则应归于方国、部族的迁徙往复。"地随族迁"这一机制的运行,是以当时政治组织、血缘集团与地理实体三者名号的合一性作为基础,所以根植于特定的社会土壤,具有相对稳定性和普遍性,同时也体现出较为鲜明的时代特征,可以作为探索早期族群活动与地理空间关系的一个重要视角。

随着早期国家的发展和转型,地名的空间流动机制又呈现出新的变化。战国中后期至秦汉时期,地名与血缘组织名号最终实现彻底分离,并成为国家行政区划的重要组成部分。在此阶段,尽管地名的空间流动现象依然存在,但总体特征表现为原先位于"华夏"边缘地带的部分地名,随着统一集权国家的领土扩张而向外推移,其间主要受到政治因素的影响和制约。中原王朝利用原有的"天下"观念塑造形成新的边疆,不仅实现国家政治版图和空间秩序的重新规划,同时也促使传统意义上的"华夏"范围得到扩展,从而为超越民族和文化界限的"大一统"举措提供了理论支持。至于秦汉以降的"异地同名"问题,则主要是针对同级政区名称的重复出现而言,这种现象对中央集权国家的行政治理势必会产生一定的不便,故往往需要通过更改或省并地名的方式,以减少同级政区的重名。围绕历史时期的"异地同名"问题进行断代研究或者对比考察,可为当代地名学研究提供更为丰富的借鉴。

古代人群迁移所导致的地名"层化",可以集中体现时间、空间、人群三大历史要素的综合作用。倘若基于迁出地和迁入地名称的比较,并以成组地名的重合程度作为标准,可将"地随族迁"的类型初步划分为"完整式播迁""区别式播迁"和"复合式播迁"三种。所谓地名"完整式播迁",是指迁徙的国族将原居地名完整地移植到迁入地,以致不同地点间的名称完全一致。或者,尽管有关地名在构词形式方面出现些许变化,但区别仅在于"邑""丘"之类通名成分的增减,对其本身意义并无实质性影响。如"商""秦""吕""芮""丹阳"等地名的流动及人群迁移,皆属此类。所谓"区别式"播迁,是指有关地名在经历"地随族迁"的过程后,被人为地加缀"东""西""上""下""大""小""新""故"等方位词或区别字,从而导致迁入地与迁出地的名称呈现局部相异。如"亳"有"景亳""西亳""北亳"之别,"虢"分东西、"蔡"分上下,俱属此类。至于"复合式播迁",则指原居地名 A 随人群迁徙而发生空间流动后,迁入地的旧有地名 B 并未因此消失,而是跟"移植"过来的地名 A 相结合,遂构成"复合地名"AB。若排除"复合氏名"的干扰,真正意义上的"复合地名"为数有限,如"荡杜""吴房""费滑""莱牟"及东周楚国诸"郢"皆属此类。

鉴于早期国族移徙经常伴随原居地名的"复制"和"移植",这样就通过同一地名在不同地点之间的有序播迁,最终产生若干成组的重名或关联地名,尽管"地随族迁"的客观情形不尽一致,但结果都导致有关地名的空间流动,其播迁轨迹在地理空间上总体呈现复杂交错的景象,似无特定规律可循。到了春秋晚期,各级血缘组织与其专属领地之间的固有联系趋于瓦解,国族名与地名的合一性自然也难以为继。战国后期至秦汉时期,地名已经成为国家行政区划的重要组成部分,它的沿革和演变基本是在政治因素的支配下完成的,而受人口迁移的影响相对减弱。尽管这一阶段的地名流动现象依然存在,但无论是在主导因素抑或客观表征方面,都与先前的"地随族迁"机制有着显著差异。具体而言,原本位于传统"华夏"边缘地带的部分地名,诸如"九原""苍梧""豫章""朝鲜""瓜州""流沙""三危""昆吾""大夏"等,都相对集中地随着统一集权国家的领土扩张而向外推移,从而在宏观上呈现"外向"的态势,其间无不折射出集权政治因素与新型国家形态的深刻影响。

由于"地随族迁"机制的客观存在,重名地名的出现往往暗示国族迁徙的可能性,而加缀方位词或区别字的关联地名,有时也足以反映人群的流动方向和国族的本末源流,故可作为探讨族群活动与地理空间关系的重要视角。至于不同区域之间的地名一旦呈现集群性重合,加之古史传说也透露出两地居民在族系方面的关联,则无疑又大大增加了区际族群交流的现实可能性,此即利用地名资料"逆向"推原人群流动的理论依据。除"地名组群"的重叠现象之外,"重见"的金文族徽、相互关联的古史传说及考古学文化的传播与分布,都是探讨先秦地理区域之间人群流动的重要线索。需要说明的是,尝试对区际族群交流进行复原的整体性工作,理应是以充分的个案研究作为基础。然而为客观史料所限,研究者往往难以将每组地名、国族名发生重名的原因逐一廓清。因此,只有发挥方法论的自身价值进行弥补,即依靠地名群的集群性特征,借助其中若干地名、国族名的固有联系来考察问题。这种联系首先是地域性的,同一"群"内的地名、国族名坐落于特定的区域之内,必然具有相对稳定的空间关系。另外,也有部分国族名所对应的主体人群之间,同时也存在相同的族属背景,这样就在纯粹地缘关系的基础上,又增添了一层血缘关系的纽带。

在唐以前的文献记载中,今豫东北、鲁西与鲁西南、豫东地区之间存在着一套重叠的地名群,就时代而言,各组重名地名出现在豫东北、鲁西者普遍较早。其中,"商""亳"和"戎""楚丘"扩展到鲁西南、豫东地区,分别为殷遗微子封宋和己氏之戎南迁的结果,属于"地随族迁"通例的具体表现,反映出区域间的族群移徙和政治联动。此后,人们基于汤始居亳为谷熟"南亳"或曹县"北亳"的史地认知,又在鲁西南、豫东地区以"商""亳"为中心重建地理坐标,陆续将"葛""莘"和"景山"等地名系联纳入其间。这俨然已属于后世的"层累",却一度被错误地认定为上古若干重要史事的实际发生地,早在魏晋时期,部分知识群体便已难以区分两地间的重名地名。实际上,无论"地随族迁"所导致的地名流动,抑或建立在特定知识背景上的地名层化,上述出现在鲁西南、豫东区域的地名群,整体都属于被不断"建构"起来的古史地理框架,仅相当于"流"而并非"源"。通过对重名地名群形成过程的复盘,不仅可以澄清若干重要国族及地名的源流关系,同时也有助于恢复部分古史地理背景的原貌。

先秦汾水流域与海岱地区存在一定数量的重名地名、国族名,其中不仅含有传世文献与金文、简牍资料所见的13组重名例,还包括见于殷墟甲骨刻辞的关联"地名组群",后者的确定则主要建立在"田猎区","人方"和"舌方","土方"东、西分置的认知基础上,而上述现象应是东、西两大区域之间族群交流和政治联动的结果。根据族源、族属及迁移方向的差异,有关族群的流动可以初步划分为三种类型。其中,以秦、京、黄为代表的东方夷族之移徙呈现自东徂西之势,有关遗迹和传说也是由海岱地区传播至汾水流域的。另一方面,以吕、箕/冀、竝、馘/蔽、沚、召为代表的6组地名,不仅重见于汾域和海岱地区,而且在两大区域之间地理位置的变动,亦与同名国族的人群活动轨迹基本相合。尤为关键的是,通过对史料的分期、断代及族源的追溯,它们集中成群出现在殷西地区的时间似乎也要早于东方。如是,其中所反映的族群流动就不仅具有明确的方向性,同时也很容易跟晚商至周初中原国家势力东扩的历史背景相联系。当然,古代人群迁移流动的实际情况,恐怕远较我们想象的更为复杂,而跨越不同地理区域的族氏分衍及迁徙,定然也并非局限于一时一地。比如,在晚商国家的不同地理区域,广泛分布有若干以"羌"为号的部族,尽管目前难以根据有限史料推原彼此的源流关系,但相近时期内同名部族并立之景观,往往是以共同的血缘或地缘背景及由此形成的族群意识作为基础,因而其间显然存在族群分衍及迁徙的可能性。

先秦晋南与淮、汉地区同样存在一系列地名、国族名的重叠现象，至少包括随、唐、鄂、吕、霍、梁、舌(江)、黄、沈、方(房)、屈、郇、瑕、栎、汾、稷、陉、景山18组。据分析表明，吕、黄、唐、鄂、方(房)这5组地名在两大区域内所对应的人群，分别存在较为明确的同源关系。除黄之外，其余4组地名在区域之间的地点变化，都能够跟有关国族的迁徙轨迹衔接起来，而且源流本末相对清楚，即晋南地区的样本象征着"源"，淮、汉地区的样本代表了"流"，故可作为考察早期北人南迁的重要示例。至于其他多数地名组，分别在晋南和淮、汉地区均可找到相应的地理坐标，只是目前尚未找到有关政治地理实体之间存在人群迁移的直接证据，甚至还有像沈这样的反例应予排除。然而即便如此，区域内部地名呈现成组和集群特征的重叠现象，仍足以暗示早期存在政治联动与人群、文化交流的可能性及合理性。进一步说，倘若不局限于"地名组群"的思路与实践，围绕北人南迁与区域联动的考察，还有不少例证和线索可供关注。诸如姜姓许国之始封、以胡、弦、复及裳族为代表的媿姓人群出现在淮、汉地区，同样也是早期北人南迁的典型示例。另一方面，若以西周太保、南宫家族铜器及相关遗存作为线索，不难发现二者在政治行为、社会往来方面具有诸多联系，且在文化属性和面貌上也较为相似，至于上述诸多共性所根植的空间背景，亦无外乎晋南和汉东二地，此即透露出南、北人群流动和政治联动的重要史实，而召公和南宫家族的历史活动，则在当中起到了关键的纽带作用。

在具有北方来源的周代南土国族当中，鄂、许二国及裳族成员的南迁恐怕都在西周早期，更具体地说，即在成王之世的可能性最大，它们皆是因为推行分封之故，或从北方故地南下立国，或随南宫氏之类的周系贵族受封而徙居新土。至于唐、房、复、胡、弦等汾域族群的大举南迁，既有可能同属周初分封的产物，也不排除是在早先阶段主动另寻发展空间的结果。然而无论如何，联系西周初年中原王朝势力对汉东等地的渗透来看，若谓周人利用"褒封"之手段，通过从形式上授予土地、人口及新的封国名号，乃将这批来源于北方的媿姓、祁姓和姚姓旧族集中安置在淮、汉地区，从而与蔡、应、曾、息"诸姬"及鄂、厉、陈、许等异姓封国共同构成王朝的南土藩屏，大概是较为合乎历史逻辑的。

周代海岱与江淮地区的重名地名、国族名至少有23组，可按属性和特征初步分为三种类型。其中，甲类包括徐、江(邛)、黄、永(养)、樊5组，这些地名均可兼作国族名，所对应的人群在族属及族源方面比较接近，在地理分布上也具有集群特征，可以视作早先阶段东方嬴姓族群大举移徙的产物。倘若联系商、周王朝相继推进东土拓殖的历史背景来看，这种相同族系之人群发生方向趋同的地域流动，最合理的解释便是外部势力介入所导致的东夷集团分化与南迁。乙类包括巢（巢丘）、卢、舒、赖（厉）、夷、莘、獣、奚8组。就每组地名而言，它们至少在南、北某一区域可以兼作国族名，但这种指示人群的作用缺少连贯性，即往往会随着地理空间的变换而存在某种缺环。具体来说，尽管巢、舒、卢、奚在海岱地区仅具有地名属性，但通过对江淮地区同名国族的族属背景之考察，仍足以窥知有关人群的族源当在东方，这样就使若干地名——成组关联的特殊现象，可以从史学角度得到比较合理的解释。相较于前者而言，夷、莘、獣、赖（厉）这4组地名与同名国族的联系具有孤立性，它们在南、北区域之间的地点变化，恐难跟有关族群的播迁进行衔接。丙类地名包括棠、乐（栎）、棘、潜、白、向、鄎（鄎氏）、成阳、淮、沂（沂）10组，它们仅限于地名属性，涉及聚落名、土地名和山川名，但未见用作国族名之例。这里的"淮"尤需注意，殷墟甲骨刻辞中既无"淮夷"之名，也没有可以确指为淮水的地名"淮"。

　　鉴于东方海岱地区部分地名和国族名，往往重复出现在淮水两岸至江、淮之间，其中能够廓清早晚关系甚至相应人群的始末源流者，包括徐、江、黄、永、樊、巢、舒、卢、奚、白、淮11组。加之它们所对应的淮域居民，多可归入周人视域下的淮夷集团，或至少在族属或地缘方面同淮夷有着千丝万缕的联系。准此，联系上述"重名地名群"总体呈现北早南晚的分布态势，更兼"东夷"这一称谓的出现，在时代上也要早于"南夷"和"淮夷"诸名号，那么不难推断周代淮域族群的部分前身，当可追溯到海岱地区的东夷。东夷集团的分化与淮夷集团的形成，乃是一个内、外部力量交错作用的结果，即并不单纯依靠族群内部的自然演变和发展，商、周国家的势力介入亦在其间起到了关键影响。随着周初以后中原王朝在东方拓殖活动的加剧，东夷集团在军事压力下逐渐发生分化：部分被征服的夷人改弦更张，转变为西周国家统治当地的扈从者与合作者；另有相当一批不愿接受"王化"的异族，面对齐、鲁等封国的逼迫和包夹，只得被迫离开东方旧居，辗转南迁淮河流域甚至更远地带，以期负隅顽抗或寻求适宜的生存空间，于是在特定阶段内产生了一个颇具规模的东土族群外播浪潮。这批主要集中在西周早期南迁的东夷人群，连同先前业已徙居南土的海岱故旧，遂与当地的土著势力杂处融合，逐渐形成一个自成体系的族群联合体,其典型特征即以相近族属为纽带、相同地域背景为基础,并以西周国家为统一的政治对立面,如果站在周人统治者的角度,自可将区别于"我群"的这一"他群"统称为"淮夷"。

从东夷与淮夷的因袭关系来看,淮夷集团内部的具体构成,至少应该包括嬴、偃两大姓族及其建立的大小邦国,此外可能也含有一度经历"淮夷化"过程的部分南迁殷遗。至于周代南土嬴、偃二姓涵括对象的具体划分,实际当与有关东土族群南迁的时间和空间背景密切相关,而未必仅以血缘或族属作为标准。尽管族群分化与时空场景的变换,为东夷和淮夷两大集团的划分确立了基本界限,但双方之间的交流与互动,却一刻也未尝止息。其中的政治联动,多是由南迁的东土族群发起或充当主导,表现为外部力量在西周国家的边缘地带反复游移或自外向内进行渗透;而南、北两地文化交流的路径,则大致经历了一个由单向传播为主到交错互动的转变。上述不同形式的区域联动,一方面既是以族群迁徙作为基础,同时也得益于地理背景提供的便利条件。

文献记载和出土铜器铭文显示,在商代晚期至西周早期,太行一线以东至河济、海岱之间的黄河下游地区,与燕山及环渤海北部地带组成的燕辽地区,其间存在过一股颇具规模的移民浪潮,整体同样呈现纵向的景观。至于有关族群迁徙和区域联动,总体可以置于殷周易代的历史背景下,并以周、召二公和武庚、箕子等人物的事迹为纽带,围绕以下两条主线分别展开:一是武王克商、成王东征与殷遗贵族的流散,具体包括所谓"王子禄父北奔""箕子走之朝鲜"等相关史迹;另一方面,即召公建燕背景下商系人群的集体北播。通过梳理房山琉璃河等地的出土遗存,尤其是记载封燕史实的长篇铜器铭文和金文族徽资料,我们可对西周燕地居民的族系、所属族氏、源流轨迹及移徙背景形成较为系统的认识。

首先,基于区域之间成组族名(地名)的内在关联,可知西周燕地的居民成分是比较复杂的,其中至少存在"两系"和"四类"人群集团。"两系"即燕侯家族代表的周系贵族,与数量上占据优势的商系人群;"四类"则是根据人群族属及其来源的辨识,乃按地域标准所划分的西土周系人群、商王国故地的殷遗势力、东方商系部族、殷西北及本地部族。

其次,若以召公建燕作为时代断限,那么部分族氏北播燕地的过程,其实早在此先便已完成。如原居殷都西北的叡、彭、羌、驭等部族,大概迫于周人的军事压力而向北局部流动,因此在克罍、克盉铭文中,他们尽皆作为匽侯役使的对象出现。至于单、宁、庚、未(沫)、戈、冀和丩盾诸氏,其来源均可追溯到殷墟为中心的"大邑商"地区，恐怕就是担任内服职事的商人世族。联系武王克殷和成王东征等重大史事来看，这些殷遗之所以在西周初年集中北播燕地，可能属于局势动荡下被迫选择迁离故土。

再者，若循召公一行在东征、建燕进程中的轨迹，并结合"梁山七器"所反映其家族势力的空间分布进行思考，部分东方商系部族流入燕境的背景与路径，适可通过人群、史事和地理空间三者的内在联系而得以揭示。大概正是在召公等领导的东征拓殖运动下，以冀、䣄、史、舟为代表的东土商系势力或被武装征服，或接受安抚怀柔而主动归化，相继改弦易辙服属于周。不久适逢召公建燕，周人统治者于是就像处置其他殷遗强宗一样，也对归附的海岱部族采取"分而治之"的策略，即将某些较大的宗族组织分割为若干部分，分别迫使其迁至新土定居。从琉璃河墓地的分区现象来看，燕侯对待治下的不同族属之居民，恐怕也采取了殊异的管理方式，比如允许商系人群延续原有的文化习俗，同时保留其家族组织形态及上层群体的贵族地位。部分贵族亦在保持从属关系的前提下，承担燕侯委任的各种职事，发挥所长效命于君，从而跻身西周地方政权的统治阶层。由是，西周燕国境内文化面貌的"两系一体"特征更趋鲜明，东土与北土的联系也得到了实质性加强。

辽西喀左境内的铜器窖藏，集中分布于大凌河上游沿线，埋藏对象以中原文化系统的青铜器为主，根据使用族徽和日名现象判断，作器者大部分为商系贵族，时代跨度总体在商代晚期至西周中期，尤以殷末周初之器居多。鉴于各处窖藏的分布地域相对集中，埋藏器物的时代特征也比较接近，基本可以确定它们应是一个内在关联密切的整体。其中，除了匽侯自作铜盂之外，北洞1号窖藏的孤竹亚㣇罍、2号窖藏的娶方鼎及山湾子窖藏的史方罍、舟父甲卣诸器所署的"㣇""䣄亚㣇侯""史"和"舟"4种族氏名号，也都在燕地遗存中重复出现过，而伯矩甗、圉簋的器主之名，更分别见于琉璃河M251和M253的随葬铜器，足见喀左窖藏与西周燕国人群的密切联系。

不过，综合遗存年代、埋藏特征及器物共存关系等因素来看，喀左窖藏主人或器物埋藏者的身份应是本地土著人群，而非远道拓土至此的燕国高等级贵族，基本可以论定。换句话说，在判定喀左窖藏的归属方面，出土铜器的主流文化因素（包括国名、族徽、人名等信息）并未起到决定性作用，反倒是以带流钵形器（北洞2号窖藏）、盘状器（山湾子窖藏）、覆钵状器盖（小波汰沟窖藏）所代表的"少数派"或"另类"，恰恰提供了关键的指向性线索。

倘若分别从"重见"和"差异"的角度,将喀左窖藏与燕国境内及其他区域的相关铜器遗存进行对比,可以进一步揭示它们出现在辽西地区的意义。首先,名号上的成组重合关系,不仅体现出燕、辽两地遗存的紧密联系,同时也增加了同种族徽的样本数量,说明有关铜器在北方的出土并非孤立或偶然现象,更可能揭示族氏的活动轨迹而非单纯的器物流动。其次,根据上述认识前提,但凡见于喀左窖藏的族氏名和贵族人名,基本都应代表西周早期燕国辖境的居民。这样,双方经过对比后所呈现"差异"的内容,无疑具有补充作用,亦即为揭示周初燕地人群的族属构成及来源提供了更多线索。这部分金文族名共有13个,按其基本特征可初步划为三类:甲类包括"鱼""𣪘""冂"三种,对应人群属于商王国故地殷遗势力,可能是在克殷或东征之际自安阳一带北迁燕地的。乙类族徽含有"尹""耴""何"和"登𠂤"。就共性来说,它们所对应的族氏都曾效命于商王,并承担过某种特定的职事,但播迁北土之前的来源地尚不明确。丙类族徽包括"㑋""朋五夅""䵼""串䲺""麇"和"蔡",其对象总体更接近于商王国"四土"的服属部族,然而有关铜器流入北土,既可能存在赠赗、媵嫁等赠予性的流通途径,也不排除代表了部分人群的迁移轨迹。

参考文献

一、基本典籍与旧学著述

班固：《汉书》,中华书局,1962年。
范晔：《后汉书》,中华书局,1965年。
刘向集录：《战国策》,上海古籍出版社,1998年。
阮元校刻：《十三经注疏》(影印清嘉庆刊本),中华书局,2009年。
上海师范大学古籍整理组校点：《国语》,上海古籍出版社,1998年。
司马迁：《史记》,中华书局,1982年。
宋衷注,秦嘉谟等辑：《世本八种》,中华书局,2008年。
许慎：《说文解字》,中华书局,1963年。
蔡沈著,王丰先点校：《书集传》,中华书局,2018年。
陈奂：《诗毛氏传疏》,山东友谊书社,1992年。
程恩泽：《国策地名考》(《续修四库全书》本),上海古籍出版社,1995年。
程俊英、蒋见元：《诗经注析》,中华书局,1991年。
丁寿征：《春秋异地同名考》(《小方壶斋丛书》本),上海交通大学出版社,2009年。
杜佑著,王文锦等点校：《通典》,中华书局,1988年。
杜预：《春秋释例》(《丛书集成》本),中华书局,1985年。
段玉裁：《说文解字注》,上海古籍出版社,1981年。
范祥雍：《战国策笺证》,上海古籍出版社,2006年。
方诗铭、王修龄：《古本竹书纪年辑证》,上海古籍出版社,2005年。
方向东：《大戴礼记汇校集解》,中华书局,2008年。
高士奇：《春秋地名考略》,李勇先生主编：《中国历史地理文献辑刊》第3编《诗礼春秋四书尔雅地理文献集成》(三),上海交通大学出版社,2009年。
顾栋高著,吴树平、李解民点校：《春秋大事表》,中华书局,1993年。
顾炎武著,陈垣校注：《日知录校注》,安徽大学出版社,2007年。
顾炎武著,王文楚等点校：《肇域志》,上海古籍出版社,2004年。
顾祖禹著,贺次君、施和金点校：《读史方舆纪要》,中华书局,2005年。
郝懿行：《山海经笺疏》,浙江人民美术出版社,2013年。

洪亮吉著,李解民点校:《春秋左传诂》,中华书局,1987年。
胡渭著,邹逸麟点校:《禹贡锥指》,上海古籍出版社,1996年。
黄怀信、张懋镕、田旭东:《逸周书汇校集注》,上海古籍出版社,2007年。
江永:《春秋地理考实》(《皇清经解》本),上海书店,1988年。
金鹗:《求古录礼说》,山东友谊书社,1992年。
雷学淇:《竹书纪年义证》,艺文印书馆,1977年。
郦道元著,陈桥驿校证:《水经注校证》,中华书局,2008年。
李步嘉:《越绝书校释》,中华书局,2013年。
李吉甫著,贺次君点校:《元和郡县图志》,中华书局,1983年。
李泰等著,贺次君辑校:《括地志辑校》,中华书局,1980年。
梁玉绳著,贺次君点校:《史记志疑》,中华书局,1981年。
罗泌:《路史》(《四部备要》本),中华书局,1936年。
吕大临:《考古图》,文物出版社,2019年。
马瑞辰著,陈金生点校:《毛诗传笺通释》,中华书局,1987年。
穆彰阿等纂修:《嘉庆重修一统志》(《四部丛刊》缩编本),上海书店,1985年。
钱大昕著,方诗铭、周殿杰点校:《廿二史考异》,上海古籍出版社,2004年。
钱大昕著,杨勇军整理:《十驾斋养新录》,上海书店出版社,2011年。
沈钦韩:《春秋左氏传地名补注》(《丛书集成》本),中华书局,1985年。
石光瑛校释,陈新整理:《新序校释》,中华书局,2001年。
宋翔凤著,梁运华点校:《过庭录》,中华书局,1986年。
孙星衍著,陈抗、盛冬铃点校:《尚书今古文注疏》,中华书局,1986年。
孙诒让著,王文锦、陈玉霞点校:《周礼正义》,中华书局,1987年。
孙诒让:《籀庼述林》,广文书局,2011年。
孙诒让:《古籀拾遗 古籀余论》,华文书局,1969年。
谭其骧主编:《清人文集地理类汇编》第1—7册,浙江人民出版社,1986—1990年。
王先谦:《汉书补注》,中华书局,1983年。
王先谦:《合校水经注》,中华书局,2009年。
王贻樑、陈建敏:《穆天子传汇校集释》,华东师范大学出版社,1994年。
王应麟著,王京州、江合友点校:《诗考 诗地理考》,中华书局,2011年。
王应麟著,傅林祥点校:《通鉴地理通释》,中华书局,2013年。
吴则虞:《晏子春秋集释》,中华书局,1962年。
向宗鲁:《说苑校证》,中华书局,1987年。
徐文靖著,范祥雍点校:《管城硕记》,中华书局,1998年。
徐元诰著,王树民、沈长云点校:《国语集解》(修订本),中华书局,2002年。
徐宗元:《帝王世纪辑存》,中华书局,1964年。
许维遹:《韩诗外传集释》,中华书局,1980年。
许维遹著,梁运华整理:《吕氏春秋集释》,中华书局,2009年。

阎若璩：《四书释地》（《皇清经解》本），上海书店，1988年。
杨伯峻：《春秋左传注》（修订本），中华书局，1990年。
杨守敬、熊会贞疏，段熙仲点校，陈桥驿复校：《水经注疏》，江苏古籍出版社，1989年。
杨守敬：《水经注图》（外二种），中华书局，2009年。
杨筠如：《尚书覈诂》，陕西人民出版社，2005年。
叶圭绶著，王汝涛等点注：《续山东考古录》，山东文艺出版社，1997年。
应劭著，王利器校注：《风俗通义校注》，中华书局，1981年。
袁珂：《山海经校注》（增补修订本），巴蜀书社，1993年。
乐史著，王文楚点校：《太平寰宇记》，中华书局，2007年。
郑樵撰，王树民点校：《通志二十略》，中华书局，1995年。
朱熹：《诗集传》，上海古籍出版社，1980年。
朱右曾：《逸周书集训校释》，世界书局，2011年。
[日]泷川资言著，水泽利忠校补：《史记会注考证附校补》，上海古籍出版社，1986年。
[日]竹添光鸿：《毛诗会笺》，大通书局，1975年。
[日]竹添光鸿：《左氏会笺》，新文丰出版社，1987年。

二、考古发掘报告与出土文物著录

安徽博物院：《江淮群舒青铜器》，安徽美术出版社，2013年。
安徽大学、安徽省文物考古研究所：《皖南商周青铜器》，文物出版社，2006年。
安徽大学等：《安徽江淮地区商周青铜器》，文物出版社，2014年。
安阳市文物工作队、安阳市博物馆：《安阳殷墟青铜器》，中州古籍出版社，1993年。
北京大学考古文博学院、北京大学古代文明研究中心：《吉金铸国史——周原出土西周青铜器精粹》，文物出版社，2002年。
北京市文物研究所：《琉璃河西周燕国墓地1973—1977》，文物出版社，1995年。
《北京文物精粹大系》编委会、北京市文物局编：《北京文物精粹大系·青铜器卷》，北京出版社，2006年。
曹玮编著：《周原甲骨文》，世界图书出版公司，2002年。
曹玮主编：《周原出土青铜器》，巴蜀书社，2006年。
陈昭容主编：《宝鸡戴家湾与石鼓山出土商周青铜器》，中研院历史语言研究所，2015年。
甘肃省文物考古研究所等：《西汉水上游考古调查报告》，文物出版社，2014年。
甘肃省文物考古研究所等：《秦与戎：秦文化与西戎文化十年考古成果展》，文物出版社，2021年。
郭宝钧：《浚县辛村》，科学出版社，1964年。
韩炳华主编：《晋西商代青铜器》，科学出版社，2017年。
河南省文物考古研究所等：《三门峡虢国墓》（一），文物出版社，1999年。
湖北省博物馆：《大宗维翰：周原青铜器特展》，文物出版社，2014年。
湖北省博物馆：《华章重现：曾世家文物》，文物出版社，2021年。

湖北省博物馆等:《随州叶家山:西周早期曾国墓地》,文物出版社,2013年。
湖北省文物考古研究所:《大冶五里界:春秋城址与周围遗址考古报告》,科学出版社,2006年。
湖北省文物考古研究所等:《襄阳王坡东周秦汉墓》,科学出版社,2005年。
湖北省文物考古研究所:《曾国青铜器》,文物出版社,2007年。
湖南省博物馆:《湖南出土殷商西周青铜器》,岳麓书社,2007年。
李伯谦主编:《中国出土青铜器全集》,龙门书局,2018年。
临汾市博物馆:《平阳撷珍:临汾市博物馆馆藏文物选粹》,科学出版社,2021年。
刘瑞:《秦封泥集存》,中国社会科学出版社,2020年。
刘雅婷主编:《喀左县文物精品图录》,北京联合出版公司,2018年。
洛阳市文物工作队:《洛阳北窑西周墓》,文物出版社,1999年。
洛阳市文物考古研究院编,张剑、周立著:《洛阳古代青铜器研究》,文物出版社,2020年。
马承源主编:《上海博物馆藏战国楚竹书》(二),上海古籍出版社,2002年。
清华大学出土文献研究与保护中心编,李学勤主编:《清华大学藏战国竹简》(壹~陆),中西书局,2010—2016年。
山东省文物考古研究所等:《曲阜鲁国故城》,齐鲁书社,1982年。
山东省文物考古研究所:《临淄齐故城》,文物出版社,2013年。
山西省考古研究所:《灵石旌介商墓》,科学出版社,2006年。
山西省文物局:《山西珍贵文物档案》(1、8、10),科学出版社,2018—2020年。
山西省文物考古研究院等:《佣金集萃》,上海古籍出版社,2021年。
山西省文物考古研究院等:《霸金集萃》,上海古籍出版社,2021年。
陕西省考古研究所:《高家堡戈国墓》,三秦出版社,1995年。
陕西省考古研究院等:《梁带村芮国墓地:二〇〇七年发掘报告》,文物出版社,2009年。
随州市博物馆:《随州出土文物精粹》,文物出版社,2009年。
襄樊市考古队等:《枣阳郭家庙曾国墓地》,科学出版社,2005年。
王春法主编:《海岱朝宗:山东古代文物菁华》,北京时代华文书局,2019年。
杨正宏、肖梦龙:《镇江出土吴国青铜器》,文物出版社,2008年。
中国国家博物馆田野考古研究中心、山东大学考古学系:《山东薛河流域系统考古调查报告》,科学出版社,2016年。
中国科学院考古研究所:《上村岭虢国墓地》,科学出版社,1959年。
中国科学院考古研究所:《长安张家坡西周铜器群》,文物出版社,1965年。
中国社会科学院考古研究所:《滕州前掌大墓地》,文物出版社,2005年。
中国社会科学院考古研究所:《偃师商城》(第1卷),科学出版社,2013年。
中国社会科学院考古研究所:《殷虚妇好墓》,文物出版社,1980年。
中国社会科学院考古研究所、美国哈佛大学皮保德博物馆:《豫东考古报告》,文物出版社,2017年。
中国社会科学院考古研究所、安阳市文物考古研究所:《殷墟新出土青铜器》,云南人民出版社,2008年。
中国社会科学院考古研究所等:《龙口归城:胶东半岛地区青铜时代国家形成过程的考古

学研究(公元前 1000—前 500 年)》,科学出版社,2018 年。
朱汉民、陈松长:《岳麓书院藏秦简》(壹),上海辞书出版社,2010 年。
邹衡主编:《天马—曲村(1980—1989)》,科学出版社,2000 年。

三、工 具 书

陈复华、何九盈:《古韵通晓》,中国社会科学出版社,1987 年。
高亨纂著,董治安整理:《古字通假会典》,齐鲁书社,1989 年。
国家文物局主编:《中国文物地图集·河南分册》,中国地图出版社,1991 年。
国家文物局主编:《中国文物地图集·陕西分册》,西安地图出版社,1998 年。
国家文物局主编:《中国文物地图集·湖北分册》,西安地图出版社,2002 年。
国家文物局主编:《中国文物地图集·山东分册》,中国地图出版社,2007 年。
国家文物局主编:《中国文物地图集·山西分册》,中国地图出版社,2009 年。
黄德宽主编:《古文字谱系疏证》,商务印书馆,2007 年。
容庚编著,张振林、马国权摹补:《金文编》(第四版),中华书局,1985 年。
谭其骧主编:《中国历史地图集》,中国地图出版社,1982 年。
唐作藩:《上古音手册》(增订本),中华书局,2013 年。
王力:《同源字典》,山东人民出版社,1992 年。
姚孝遂主编:《殷墟甲骨刻辞类纂》,中华书局,1989 年。
于省吾主编:《甲骨文字诂林》,中华书局,1996 年。
张亚初:《殷周金文集成引得》,中华书局,2001 年。
《中国大百科全书·地理学》,中国大百科全书出版社,1994 年。
[日]松丸道雄、高岛谦一编:《甲骨文字字释综览》,东京大学出版会,1994 年。

四、专著与论集

曹玮:《周原遗址与西周铜器研究》,科学出版社,2004 年。
曹玮、林嘉琳(Katheryn M. Linduff)、孙岩、刘远晴:《古代中国与欧亚大陆:边疆地区公元前 3000 年至公元前 700 年的金属制品、墓葬习俗和文化认同》,上海古籍出版社,2020 年。
晁福林:《夏商西周史丛考》,商务印书馆,2018 年。
陈公柔:《先秦两汉考古学论丛》,文物出版社,2005 年。
陈光祖主编:《金玉交辉:商周考古、艺术与文化论文集》,中研院历史语言研究所,2013 年。
陈剑:《甲骨金文考释论集》,线装书局,2007 年。
陈絜:《商周姓氏制度研究》,商务印书馆,2007 年。
陈絜:《商周金文》,文物出版社,2006 年。
陈梦家:《西周铜器断代》,中华书局,2004 年。
陈梦家:《殷虚卜辞综述》,中华书局,2004 年。

陈槃：《春秋大事表列国爵姓及存灭表譔异》（三订本），上海古籍出版社，2009年。
陈槃：《不见于春秋大事表之春秋方国稿》，上海古籍出版社，2009年。
陈佩芬：《夏商周青铜器研究》，上海古籍出版社，2004年。
陈伟：《楚"东国"地理研究》，武汉大学出版社，1992年。
陈伟：《燕说集》，商务印书馆，2011年。
陈昭容主编：《古文字与古代史》第1辑，"中研院"历史语言研究所，2007年。
丁山：《甲骨文所见氏族及其制度》，中华书局，1988年。
丁山：《古代神话与民族》，商务印书馆，2005年。
董珊：《简帛文献考释论丛》，上海古籍出版社，2014年。
董作宾著，严一萍编：《董作宾先生全集甲乙编》，艺文印书馆，1978年。
董作宾：《殷历谱》，"中研院"历史语言研究所，1982年。
杜正胜：《周代城邦》，联经出版事业公司，1981年。
杜正胜：《古代社会与国家》，允晨文化公司，1992年。
方辉：《海岱地区青铜时代考古》，山东大学出版社，2007年。
高崇文：《古礼足征：礼制文化的考古学研究》，上海古籍出版社，2015年。
高广仁、邵望平：《海岱文化与齐鲁文明》，江苏教育出版社，2005年。
高至喜：《商周青铜器与楚文化研究》，岳麓书社，1999年。
葛剑雄主编：《中国移民史》第一卷，福建人民出版社，1997年。
葛志毅：《周代分封制度研究》，黑龙江人民出版社，2005年。
顾颉刚、刘起釪：《尚书校释译论》，中华书局，2005年。
顾颉刚著，王煦华整理：《春秋地名考》（未刊本），国家图书馆出版社，2006年。
顾颉刚：《顾颉刚古史论文集》，中华书局，2011年。
广东炎黄文化研究会等编：《容庚先生百年诞辰纪念文集》（古文字研究专号），广东人民出版社，1998年。
郭沫若：《卜辞通纂》，《郭沫若全集·考古编》第2卷，科学出版社，1983年。
郭沫若：《金文丛考》，人民出版社，1954年。
郭沫若：《金文丛考补录》，《郭沫若全集·考古编》第6卷，科学出版社，2002年。
郭沫若：《两周金文辞大系图录考释》，《郭沫若全集·考古编》第7、8卷，科学出版社，2002年。
郭沫若：《中国古代社会研究》，《郭沫若全集·历史编》第1卷，人民出版社，1982年。
韩建业：《中国西北地区先秦时期的自然环境与文化发展》，文物出版社，2008年。
何浩：《楚灭国研究》，武汉出版社，1989年。
何介钧：《湖南先秦考古学研究》，岳麓书社，1996年。
何景成：《商周青铜器族氏铭文研究》，齐鲁书社，2009年。
何琳仪：《战国古文字典》，中华书局，1998年。
后晓荣：《秦代政区地理》，社会科学文献出版社，2009年。
后晓荣：《战国政区地理》，文物出版社，2013年。

湖北省文物考古研究所编：《曾国考古发现与研究》，科学出版社，2018年。
胡厚宣：《甲骨学商史论丛初集》，河北教育出版社，2002年。
胡谦盈：《胡谦盈周文化考古研究选集》，四川大学出版社，2000年。
华林甫：《中国地名学史考论》，社会科学文献出版社，2002年。
华林甫：《中国地名学源流》，湖南人民出版社，2002年。
黄然伟：《殷周史料论集》，（香港）三联书店，1995年。
黄盛璋：《历史地理与考古论丛》，齐鲁书社，1982年。
黄盛璋：《历史地理研究》，人民出版社，1982年。
黄天树：《殷墟王卜辞的分类与断代》，科学出版社，2007年。
黄锡全：《古文字与古货币文集》，文物出版社，2009年。
黄锡全：《湖北出土商周文字辑证》（增补本），武汉大学出版社，2019年。
雷兴山：《先周文化探索》，科学出版社，2010年。
李伯谦：《中国青铜文化结构体系研究》，科学出版社，1998年。
李峰：《西周的灭亡：中国早期国家的地理和政治危机》，上海古籍出版社，2007年。
李家浩：《安徽大学汉语言文字研究丛书·李家浩卷》，安徽大学出版社，2013年。
李零：《李零自选集》，广西师范大学出版社，1998年。
李民、张国硕：《夏商周三族源流探索》，河南人民出版社，1998年。
李守奎：《古文字与古史考——清华简整理研究》，中西书局，2015年。
李孝聪：《中国区域历史地理》，北京大学出版社，2004年。
李学勤：《殷代地理简论》，科学出版社，1959年。
李学勤：《走出疑古时代》（修订本），辽宁大学出版社，1997年。
李学勤：《夏商周年代学札记》，辽宁大学出版社，1999年。
李学勤：《当代学者自选文库·李学勤卷》，安徽教育出版社，1999年。
李学勤：《青铜器与古代史》，联经出版事业公司，2005年。
李学勤：《文物中的古文明》，商务印书馆，2008年。
李学勤：《通向文明之路》，商务印书馆，2010年。
李学勤：《三代文明研究》，商务印书馆，2011年。
李学勤：《夏商周文明研究》，商务印书馆，2015年。
李学勤：《新出青铜器研究》（增订版），人民美术出版社，2016年。
李宗焜主编：《古文字与古代史》第2~5辑，"中研院"历史语言研究所，2009、2012、2015、2017年。
林沄：《林沄学术文集》，中国大百科全书出版社，1998年。
林沄：《林沄学术文集》（二），科学出版社，2008年。
刘彬徽：《早期文明与楚文化研究》，岳麓书社，2001年。
刘节：《古史考存》，人民出版社，1958年。
刘俊文主编：《日本学者研究中国史论著选译·上古秦汉》，中华书局，1993年。
刘起釪：《古史续辨》，中国社会科学出版社，1991年。

刘庆柱、段志洪主编：《金文文献集成》，线装书局，2005年。
鲁西奇：《中国历史的空间结构》，广西师范大学出版社，2014年。
罗振玉：《殷虚书契考释三种》，中华书局，2006年。
罗琨：《商代战争与军制》，中国社会科学出版社，2010年。
马保春：《晋国历史地理研究》，文物出版社，2007年。
蒙文通：《周秦少数民族研究》，龙门联合书局，1958年。
蒙默编：《蒙文通全集》，巴蜀书社，2015年。
牛汝辰：《名实新学：地名学理论思辨》，中国社会科学出版社，2015年。
欧阳哲生编：《傅斯年文集》，中华书局，2017年。
齐思和：《中国史探研》，中华书局，1981年。
钱林书：《续汉书郡国志汇释》，安徽教育出版社，2007年。
钱穆：《古史地理论丛》，三联书店，2004年。
钱穆：《史记地名考》，商务印书馆，2004年。
裘锡圭：《裘锡圭学术文集》，复旦大学出版社，2012年。
曲英杰：《先秦都城复原研究》，黑龙江人民出版社，1991年。
任伟：《西周封国考疑》，社会科学文献出版社，2004年。
陕西省考古研究院、上海博物馆编：《两周封国论衡：陕西韩城出土芮国文物暨周代封国考古学研究国际学术研讨会论文集》，上海古籍出版社，2014年。
陕西省历史博物馆编：《西周史论文集》，陕西人民教育出版社，1993年。
上海博物馆编：《晋侯墓地出土青铜器国际学术研讨会论文集》，上海书画出版社，2002年。
沈长云：《上古史探研》，中华书局，2002年。
沈建华：《初学集：沈建华甲骨学论文选》，文物出版社，2008年。
石泉：《古代荆楚地理研究》，武汉大学出版社，1988年。
史念海：《史念海全集》，人民出版社，2007年。
宋新潮：《殷商文化区域研究》，陕西人民出版社，1991年。
宋镇豪、段志洪主编：《甲骨文献集成》，四川大学出版社，2001年。
宋镇豪：《夏商社会生活史》，中国社会科学出版社，1994年。
孙敬明：《考古发现与齐史类征》，齐鲁书社，2006年。
孙亚冰、林欢：《商代地理与方国》，中国社会科学出版社，2010年。
谭其骧：《长水集》（上、下），人民出版社，1987年。
唐兰：《唐兰先生金文论集》，紫禁城出版社，1995年。
唐兰：《西周青铜器铭文分代史征》，上海古籍出版社，2016年。
唐晓峰：《从混沌到秩序：中国上古地理思想史述论》，中华书局，2010年。
童书业：《春秋左传研究》（校订本），中华书局，2006年。
童书业：《童书业历史地理论集》，中华书局，2004年。
王恩田：《商周铜器与金文辑考》，文物出版社，2017年。
王辉：《一粟集：王辉学术文存》，艺文印书馆，2002年。

王贵民：《商周制度考信》，河北教育出版社，2014年。
王国维：《观堂集林》（附别集），中华书局，1959年。
王国维著，赵万里等编：《王国维遗书》，上海古籍书店，1983年。
王健：《西周政治地理结构研究》，中州古籍出版社，2004年。
王明珂：《华夏边缘：历史记忆与族群认同》，社会科学文献出版社，2006年。
王世民、陈公柔、张长寿：《西周青铜器分期断代研究》，文物出版社，1999年。
王文楚：《古代交通地理丛考》，中华书局，1996年。
王献唐：《山东古国考》，齐鲁书社，1983年。
王献唐：《炎黄氏族文化考》，齐鲁书社，1985年。
王迅：《东夷文化与淮夷文化研究》，北京大学出版社，1994年。
王尹成主编：《杞文化与新泰》，中国文联出版社，2000年。
王宇信、宋镇豪主编：《纪念殷墟甲骨文发现一百周年国际学术研讨会论文集》，社会科学文献出版社，2003年。
王宇信、宋镇豪、孟宪武主编：《2004年安阳殷商文明国际学术研讨会论文集》，社会科学文献出版社，2004年。
王玉哲：《古史集林》，中华书局，2002年。
王玉哲：《中华民族早期源流》，天津古籍出版社，2010年。
王震中：《商代都邑》，中国社会科学出版社，2010年。
王子杨：《甲骨文字形类组差异现象研究》，上海：中西书局，2013年。
吴良宝：《战国楚简地名辑证》，武汉大学出版社，2010年。
吴良宝：《中国东周时期金属货币研究》，社会科学文献出版社，2005年。
吴良宝：《出土文献史地论集》，中西书局，2020年。
吴荣曾：《先秦两汉史研究》，中华书局，1995年。
吴荣曾主编：《尽心集：张政烺先生八十庆寿论文集》，中国社会科学出版社，1996年。
徐少华：《周代南土历史地理与文化》，武汉大学出版社，1994年。
徐少华：《荆楚历史地理与考古探研》，商务印书馆，2010年。
徐少华、谷口满、罗泰主编，晏昌贵、郑威副主编：《楚文化与长江中游早期开发国际学术研讨会论文集》，武汉大学出版社，2021年。
徐旭生：《中国古史的传说时代》，文物出版社，1985年。
徐中舒：《先秦史论稿》，巴蜀书社，1992年。
徐中舒：《徐中舒历史论文选辑》，中华书局，1998年。
许倬云：《西周史》（增补二版），三联书店，2012年。
严耕望：《唐代交通图考》，上海古籍出版社，2007年。
严志斌：《商代青铜器铭文研究》，上海古籍出版社，2013年。
严志斌：《商代青铜器铭文分期断代研究》，中国社会科学出版社，2014年。
杨宽：《古史新探》，中华书局，1965年。
杨宽：《战国史料编年辑证》，台湾商务印书馆，2002年。

杨宽:《西周史》,上海人民出版社,2003年。
杨树达:《积微居金文说》(增订本),中华书局,1999年。
尹弘兵:《楚国都城与核心区探索》,湖北人民出版社,2009年。
尹盛平:《西周史征》,陕西师范大学出版社,2004年。
俞伟超:《中国古代公社组织的考察:论先秦两汉的单—僤—弹》,北京:文物出版社,1988年。
俞伟超:《先秦两汉考古学研究》,文物出版社,1985年。
于省吾:《甲骨文字释林》,中华书局,1979年。
张爱冰等:《群舒文化研究》,上海古籍出版社,2018年。
张秉权:《甲骨文与甲骨学》,国立编译馆,1988年。
张昌平:《曾国青铜器研究》,文物出版社,2009年。
张昌平:《方国的青铜与文化》,上海人民出版社,2012年。
张光裕、黄德宽主编:《古文字学论稿》,安徽大学出版社,2008年。
张光直著,张良仁等译,陈星灿校:《商文明》,辽宁教育出版社,2002年。
张光直:《中国青铜时代》,三联书店,1999年。
张国硕:《先秦人口流动民族迁徙与民族认同研究》,大象出版社,2011年。
张懋镕:《古文字与青铜器论集》,科学出版社,2002年。
张懋镕:《古文字与青铜器论集》(二),科学出版社,2006年。
张天恩:《周秦文化研究论集》,科学出版社,2009年。
张修桂:《中国历史地貌与古地图研究》,社会科学文献出版社,2006年。
张政烺:《张政烺文史论集》,中华书局,2004年。
赵宾福:《中国东北地区夏至战国时期的考古学文化研究》,科学出版社,2009年。
赵伯雄:《周代国家形态研究》,湖南教育出版社,1990年。
赵鹏:《殷墟甲骨文人名与断代的初步研究》,线装书局,2007年。
赵平安:《金文释读与文明探索》,上海古籍出版社,2011年。
赵平安:《新出简帛与古文字古文献研究》,商务印书馆,2009年。
赵世超:《周代国野制度研究》,陕西师范大学出版社,1991年。
赵铁寒:《古史考述》,正中书局,1965年。
郑德坤:《郑德坤古史论集选》,商务印书馆,2007年。
郑杰祥:《商代地理概论》,中州古籍出版社,1994年。
郑威:《楚国封君研究》,湖北教育出版社,2012年。
钟柏生:《殷商卜辞地理论丛》,艺文印书馆,1989年。
中国国家博物馆编:《中国国家博物馆馆藏文物研究丛书:甲骨卷》,上海古籍出版社,2007年。
中国社会科学院考古研究所:《殷墟的发现与研究》,科学出版社,1994年。
中国社会科学院考古研究所:《中国考古学·夏商卷》,中国社会科学出版社,2003年。
中国社会科学院考古研究所:《中国考古学·两周卷》,中国社会科学出版社,2004年。

中国社会科学院甲骨学殷商史研究中心编辑组：《胡厚宣先生纪念文集》，科学出版社，1998年。

中国先秦史学会秘书处编，唐嘉弘主编：《先秦史研究》，云南民族出版社，1987年。

中华书局编辑部编：《"中研院"历史语言研究所集刊论文类编·历史编·先秦卷》，中华书局，2009年。

周书灿：《西周王朝经营四土研究》，中州古籍出版社，2000年。

周振鹤：《汉书地理志汇释》，安徽教育出版社，2006年。

周振鹤：《中国地方行政制度史》，上海人民出版社，2005年。

周振鹤：《中国历史政治地理十六讲》，中华书局，2013年。

朱凤瀚：《商周家族形态研究》（增订本），天津古籍出版社，2004年。

朱凤瀚：《中国青铜器综论》，上海古籍出版社，2009年。

朱凤瀚等整理：《张政烺批注〈两周金文辞大系考释〉》，中华书局，2011年。

朱凤瀚主编：《新出金文与西周历史》，上海古籍出版社，2011年。

朱凤瀚、赵伯雄编：《仰止集：王玉哲先生纪念文集》，天津人民出版社，2007年。

朱继平：《从淮夷族群到编户齐民：周代淮水流域族群冲突的地理学观察》，人民出版社，2011年。

邹衡：《夏商周考古学论文集》（第二版），科学出版社，2001年。

邹衡：《夏商周考古学论文集》（续集），科学出版社，1998年。

David N. Keightley, ed., *The Origins of Chinese Civilization*. University of California Press, 1983.

David N. Keightley, *The Ancestral Landscape: Time, Space, and Community in Late Shang China (Ca.1200 – 1045 B.C)*. Institute of East Asian Studies, University of California, 2000.

Edward L. Shaughnessy, *Sources of Western Zhou history*, University of California Press, 1991.

Edward L. Shaughnessy, ed., *Imprints of Kinship: Studies of Recently Discovered Bronze Inscriptions from Ancient China*. Hongkong: The Chinese University Press, 2017.

Michael Loewe and Edward L. Shaughnessy, ed., *The Cambridge History of Ancient China: From the Origins of Civilization to 221.B.C.* Cambridge University Press, 1999.

J. Prusek, *Chinese Statelets and the Northern Barbarians in the Period 1400 – 300 B.C.* Humanities Press, 1971.

［美］夏含夷：《温故知新录——商周文化史管见》，稻禾出版社，1997年。

［美］夏含夷：《古史异观》，上海古籍出版社，2005年。

［挪］弗雷德里克·巴斯主编：《族群与边界：文化差异下的社会组织》，商务印书馆，2014年。

［日］白川静著，温天河、蔡哲茂译：《甲骨文的世界》，巨流图书公司，1977年。

［日］白川静著，温天河、蔡哲茂译：《金文的世界》，联经出版事业公司，1989年。

［日］白川静：《金文通释》，《白川静著作集·别卷》，平凡社，2004年。

［日］岛邦男著，濮茅左、顾伟良译：《殷虚卜辞研究》，上海古籍出版社，2006年。

［日］渡边信一郎著，徐冲译：《中国古代的王权与天下秩序》，中华书局，2008年。

［日］平势隆郎著,周洁译:《从城市国家到中华:殷周春秋战国》,广西师范大学出版社,2014年。

［日］松丸道雄:《殷墟卜辭中の田獵地について—殷代國家構造研究のために—》,东京大学东洋文化研究所,1963年。

［日］伊藤道治:《中国古代国家の支配構造—西周封建制度と金文—》,中央公論社,1987年。

［日］伊藤道治著,江蓝生译:《中国古代王朝的形成:以出土资料为主的殷周史研究》,中华书局,2002年。

［苏］茹克科维奇著,崔志升译:《普通地名学》,高等教育出版社,1983年。

［英］希安·琼斯著,陈淳、沈辛成译:《族属的考古——构建古今的身份》,上海古籍出版社,2017年。

附：出土文献著录书籍简称表

《合集》 郭沫若主编，胡厚宣总编辑：《甲骨文合集》，中华书局，1979—1982年。
《屯南》 中国社会科学院考古研究所：《小屯南地甲骨》，中华书局，1980年。
《怀特》 许进雄：《怀特氏等收藏甲骨文集》，加拿大皇家安大略博物馆，1979年。
《英藏》 李学勤、艾兰、齐文心：《英国所藏甲骨集》上、下，中华书局，1985、1992年。
《东大》 松丸道雄：《东京大学东洋文化研究所藏甲骨文字》，东京大学东洋文化研究所，1983年。
《合补》 彭邦炯、谢济、马季凡：《甲骨文合集补编》，语文出版社，1999年。
《花东》 中国社会科学院考古研究所：《殷墟花园庄东地甲骨》，云南人民出版社，2003年。
《村中南》 中国社会科学院考古研究所：《殷墟小屯村中村南甲骨》，云南人民出版社，2012年。
《缀续》 蔡哲茂：《甲骨缀合续集》，文津出版社，2004年。
《集成》 中国社会科学院考古研究所：《殷周金文集成》，中华书局，2007年。
《新收》 钟柏生、陈昭容、黄铭崇、袁国华：《新收殷周青铜器铭文暨器影汇编》，艺文印书馆，2005年。
《铭图》 吴镇烽：《商周青铜器铭文暨图像集成》，上海古籍出版社，2012年。
《铭续》 吴镇烽：《商周青铜器铭文暨图像集成续编》，上海古籍出版社，2016年。
《铭三》 吴镇烽：《商周青铜器铭文暨图像集成三编》，上海古籍出版社，2020年。
《陕金》 陕西省考古研究院、陕西省古籍整理办公室编，张天恩主编：《陕西金文集成》，三秦出版社，2016年。
《包山》 湖北省荆沙铁路考古队：《包山楚简》，文物出版社，1991年。
《新蔡》 河南省文物考古研究所：《新蔡葛陵楚墓》，大象出版社，2003年。

后　　记

呈现在读者面前的这部小书,是在笔者博士学位论文基础上修订而成的。

当年之所以考虑这个选题,主要是因为自己一直偏好族群与地理。地理被史家称为历史研究的"四把钥匙"之一,素为学界所重。然而战国以前的历史地理研究,由于史料所限,难以整体纳入沿革地理的框架,长期以来在诸多问题上,都形成了聚讼纷纭的局面,不免成为推进古史研究的"瓶颈"。当然,传统地名考订终究属于基础性工作,史学研究还需关注特定地理空间上的人以及史料背后的人,只有通过人群与地理的结合,方能使得逝去的历史图景重新"活起来"。自近代以来,不少研究者都将古代人群移徙同地名的"变与迁"加以合观,一时蔚然成风,创获尤夥,诸多高论使人深感先见之明,南开先秦史学科的奠基人王玉哲先生便是其中代表。彼时对读顾栋高《春秋大事表》与陈槃先生《譔异》,即想到若在上述命题的关照下,系统综理旧说而兼容新知,从学术传承的角度来说,或许也算是有些意义。

博士学位论文完成并通过答辩后,有幸被纳入北京大学出土文献研究所的学术著作出版规划,从而进入漫长的全面修改阶段。由于这一选题多少带有草创性,加之学殖尚浅,写作时间有限,初稿着实存在诸多不足。所以在后续修改过程中,我又对章节结构进行调整,内容加以充实和拓展,具体行文和观点也逐一作了修订完善,同时兼顾通篇协调的问题,因为自己的慵懒拖沓,这项工作直到2022年初才基本完成,书稿篇幅也扩充了几近一倍。此后又限于种种因素,出版时间一再迁延,至今始得成书而呈请学界见教,这是特别要向这些年关心我成长的诸位师友致以深歉的。

尽管如此,拙著仍有不够成熟之处甚至谬误,少数新资料和新见研究成果,也因完稿的时间断限而未能尽皆吸收,不免遗珠之憾,从作者视角来看，自然难言满意。其中有些疑问和难题，借此一并提出，如能引起更多同仁的关注和讨论，已属幸事；倘若未来借由高明之手得以"破局"，更是吾人所愿。往昔最为服膺前人"宁恨毋悔"之境界，而内心自知终究难逮，每个阶段无非力求其善，来日或可寡悔。面对上古史研究这个领域，不同时代的学人都有属于自己的使命，即一块块拼凑这张"已经切割为千百残片的图画"，拼错的只得撤下重来，从业一世，无非是能拼几块是几块，最终都要经历时间的检验。

我自年少就喜爱上古史，遥忆二十多年前观看的一部央视纪录片——《寻找失落的年表》，对我志趣的确定影响甚大，尤其是其中阐述的多学科交叉探索三代纪年的研究思路，使一个懵懂学生感到无比震撼。正是因为中学时期不务正业地时常"旁骛"，加之高考发挥不佳，遗憾失去了本已获得的通过"自主招生"进入名校的机会。就在前路迷茫之际，江苏师范大学历史学专业的接纳，犹如峰回路转，使我本科四年仍能畅游书海，延续与古史的前缘。

陈絜先生是我研究生阶段的导师。初入大学未久，因在"缘为书来"论坛交流的机会，我有幸认识陈老师，旋即确定未来负笈南开继续深造的想法。问学的近十年岁月里，陈老师不仅教我们读书和作文，也经常传授治学的思想和经验，其中的学术理念与价值取向，对我一直有着重要影响，而个人所取得的点滴创获，亦多得益于求教间的启发。我能走上今天的学术道路，与业师的悉心指导和精神引领是密不可分的。博士毕业后，我又进入北京大学历史学系博士后流动站，跟随朱凤瀚先生从事研究工作。朱老师是我景仰的前辈，在上古史、考古学、出土文献与古文字等领域均卓有建树，而从游期间，真切领略到先生的学术追求、思想格局和人格魅力，更使我深受感染。尽管先生平时很忙，但对我的成长和发展关爱有加，奖掖后进亦不遗余力，凡此唯有心怀感恩。回首往昔，能够先后于南开、北大这样拥有深厚积淀和优秀传统的研究平台进行深造，同时能够常在学术上亲炙于两位老师，实在是我莫大的荣幸；而每逢人生轨迹上的重要"节点"，又都会得到他们的关怀、帮助和提携，更是令我铭感于内。如果说，小书能够在传承与创新方面偶有一隅之得，无疑要感谢老师的包容、支持以及平台长期形成的学术氛围和自由气息。

作为南开先秦史学的前辈，赵伯雄先生对我亦多有鼓励与关怀。昔日每逢机会向先生问学，他的解惑总是鞭辟入里，使人有醍醐灌顶之感。先生荣休以后，仍不时挂念我的发展，屡次为我费心具函推荐，其情令人感怀。2016年夏,赵伯雄、杜勇、罗新慧、刘源四位先生不辞辛劳,于百忙之中出席了我的博士学位论文答辩会,答辩委员会和五位匿名评审专家从谋篇布局、观点论证及遣词造句等多个方面,对拙文提出了很多切中肯綮的意见,为后续的修改完善指明了方向,笔者谨向各位先生致以诚挚感谢。书稿修订及开展相关研究期间,夏含夷、陈昭容、冯胜君、吴良宝、董珊、严志斌、韩巍诸位先生,对我亦有种种关心和帮助。程少轩先生是我多年请益的同乡、学长和老友,每当面临困惑和难题时,他和蒋文女士总会在第一时间倾囊相助。在南开和北大求学、工作期间,不少同窗、同事与我有切磋攻错之谊,常承关照,惠我良多,恕不备举,点滴皆铭于心,专此一并致谢。

2023年,笔者以书稿为基础申报国家社科基金后期资助,得到了评审专家的肯定,先后顺利通过立项和结项。其中的部分内容,此前曾以单篇论文形式陆续发表于各类期刊,多承编辑部和外审专家提出改进意见,避免了许多疏失。拙著后续将列入"北京大学出土文献与古代文明研究丛刊",这与北京大学朱凤瀚、陈侃理二位先生及上海古籍出版社顾莉丹女士的鼎力支持是分不开的。责任编辑余念姿女士精心编校,工作细致、高效而富于耐心,为小书倾力付出甚多,在此需要特别表示感谢。

最后,要对一如既往宽容、理解和支持我的家人道上一声"谢谢"。正因为有你们的默默奉献和负重前行,我才得以逞志于"以有涯随无涯"的学术之旅。

图书在版编目(CIP)数据

商周族群移徙与地名变迁 / 赵庆淼著. -- 上海：上海古籍出版社, 2024. 12. -- ISBN 978-7-5732-1326-6

Ⅰ. K871.34

中国国家版本馆 CIP 数据核字第 2024V1H514 号

商周族群移徙与地名变迁

赵庆淼　著

上海古籍出版社出版发行

(上海市闵行区号景路 159 弄 1-5 号 A 座 5F　邮政编码 201101)

(1) 网址：www.guji.com.cn

(2) E-mail：guji1@guji.com.cn

(3) 易文网网址：www.ewen.co

上海中华印刷有限公司印刷

开本 700×1000　1/16　印张 40.25　插页 2　字数 659,000

2024 年 12 月第 1 版　2024 年 12 月第 1 次印刷

ISBN 978-7-5732-1326-6

K・3694　定价：178.00 元

如有质量问题，请与承印公司联系